INTRODUÇÃO AO DIREITO

www.saraivaeducacao.com.br
Visite nossa página

Antonio Bento Betioli

Mestre em Filosofia do Direito e Teoria Geral do Direito pela USP.
Ex-Professor de Introdução ao Direito e Ciência Jurídica da Faculdade de Direito da FMU e da Universidade Presbiteriana Mackenzie. Advogado da União (AGU) e ex-Chefe da Assessoria Jurídica da Delegacia Regional do Trabalho/SP. Advogado Credenciado junto ao Tribunal Eclesiástico Regional e de Apelação de São Paulo. Tradutor Público e Intérprete Comercial/Idioma: Latim.

INTRODUÇÃO AO DIREITO

LIÇÕES DE PROPEDÊUTICA JURÍDICA TRIDIMENSIONAL

16ª edição
revista e atualizada
2023

Av. Paulista, 901, Edifício CYK, 4º andar
Bela Vista – São Paulo – SP – CEP 01310-100

SAC sac.sets@saraivaeducacao.com.br

DADOS INTERNACIONAIS DE CATALOGAÇÃO NA PUBLICAÇÃO (CIP)
VAGNER RODOLFO DA SILVA – CRB-8/9410

B563i   Betioli, Antonio Bento

Introdução ao Direito: Lições de Propedêutica Jurídica Tridimensional / Antonio Bento Betioli. – 16. ed. – São Paulo: SaraivaJur, 2023.

728 p.

ISBN: 978-65-5362-717-8 (Impresso)

1. Direito. 2. Introdução ao Direito. 3. Propedêutica Jurídica Tridimensional. I. Título.

2022-3406

CDD 340
CDU 34

Diretoria executiva	Flávia Alves Bravin
Diretoria editorial	Ana Paula Santos Matos
Gerência de produção e projetos	Fernando Penteado
Gerência editorial	Thais Cassoli Reato Cézar
Novos projetos	Aline Darcy Flôr de Souza Dalila Costa de Oliveira
Edição	Jeferson Costa da Silva (coord.) Estevão Bula Gonçalves
Design e produção	Daniele Debora de Souza (coord.) Laudemir Marinho dos Santos Camilla Felix Cianelli Chaves Claudirene de Moura Santos Silva Deborah Mattos Lais Soriano Tiago Dela Rosa
Planejamento e projetos	Cintia Aparecida dos Santos Daniela Maria Chaves Carvalho Emily Larissa Ferreira da Silva Kelli Priscila Pinto
Diagramação	Lais Soriano
Revisão	Lígia Alves
Capa	Lais Soriano
Produção gráfica	Marli Rampim
	Sergio Luiz Pereira Lopes
Impressão e acabamento	Vox Gráfica

Índices para catálogo sistemático:

1. Direito   340
2. Direito   34

Data de fechamento da edição: 2-12-2022

Dúvidas? Acesse www.saraivaeducacao.com.br

Nenhuma parte desta publicação poderá ser reproduzida por qualquer meio ou forma sem a prévia autorização da Saraiva Educação. A violação dos direitos autorais é crime estabelecido na Lei n. 9.610/98 e punido pelo art. 184 do Código Penal.

CÓD. OBRA 5894   CL 608131   CAE 818243

À Elyane e ao Carlinhos,
que me ensinaram lições de vida,
estas lições de Direito.

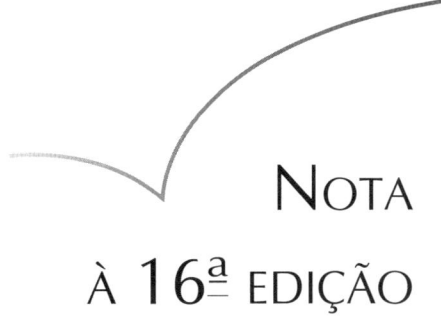

NOTA
À 16ª EDIÇÃO

Estas lições, ponto de partida para quem se inicia nos estudos jurídicos, foram longamente meditadas a fim de atingir uma simplicidade que não se confunde com uma mera visão de superfície. Contendo os temas centrais do direito, seu conteúdo não interessa só aos "calouros", mas também aos estudiosos e teóricos do direito e mesmo aos cientistas sociais. Nesta edição, que ora confio aos jovens acadêmicos e trazida a público pela colaboração da **Somos Educação/Saraiva**, houve duas modificações em relação à distribuição dos assuntos.

Dividimos a Lição II em duas, em vista da extensão da anterior e pela importância da *teoria dos objetos*, que merecia uma posição autônoma. Temos, assim, a **Lição II**, cuidando do "**Mundo do Direito**", e a **Lição III**, cujo objeto vem a ser a "**Teoria dos Objetos**" (ou a realidade ontognoseológica do Direito). Em segundo, a relevância que o **valor** apresenta tanto na compreensão do Direito quanto da Teoria Tridimensional (como um de seus elementos integrantes), fez com que acrescentássemos uma lição que o tivesse como tema específico. Pareceu-me de bom alvitre colocá-lo, então, na seção dos fundamentos do direito, constituindo a **Lição XL**.

Fora isso, outras mudanças havidas são meramente pontuais, buscando remover ou esclarecer passagens que poderiam dar azo a confusões. No fundo não há enfoques jurídicos novos ou desconhecidos. *Grosso modo*, parece que esta *Introdução* adquiriu, agora, a feição com que fora sonhada. Julgo ter-lhe dado a sua estrutura definitiva, sempre sujeita, é claro, a naturais complementos e atualizações, pois a tarefa de escrever é sempre inacabada. Procurei também, na medida do possível, transferir a erudição (mais própria de um livro de consulta) para notas de rodapé.

Resta evidente que seu fio condutor continua sendo a **teoria tridimensional concreta** de Miguel Reale. Isso significa que a norma não pode ser reduzida a uma mera entidade lógico-ideal, pois existe sempre algo de subjacente que são os fatos sociais, aos quais está ligado um sentido que resulta dos valores. Tudo isso acontece em um processo de integração dialética, pela qual a norma está sujeita a mutações operadas em razão de supervenientes alterações verificadas no plano normativo, factual e axiológico. Em suma, a norma é sempre momento de uma realidade histórico-cultural, e não simples proposição que afirma ou nega algo de algo.

Confesso, é bom dizer, que nunca tive a pretensão de "descobrir" coisas novas sobre o Direito. Admiro quem o conseguiu, mas sou um mero "semeador" de palavras conhecidas, de ideias já enunciadas na história do pensamento. Repito o gesto sereno do semeador, confiando à terra cuidadosamente lavrada a certeza das flores e dos frutos, às vezes acrescentando na cópia algo que não estava no original. Alguém que acredita na força maravilhosa que tem a "semente-palavra", uma coisa pequena e um grande mistério, pois há naquele grão minúsculo, aparentemente inerte, uma vida, uma força que, a seu tempo, explodirá fecundante, ao encontrar terreno em condições.

Há quem diga que nem aqui, sou criador. A comparação já está nas Escrituras: "O semeador saiu para semear a sua semente. Enquanto semeava, uma parte caiu à beira do caminho; foi pisada e os passarinhos a comeram. Outra parte caiu sobre pedras; brotou e secou, porque não havia umidade. Outra parte caiu em terra boa; brotou e deu fruto, cem por um" (Lc. 8, 5-8).

Seja como for, tenho para mim que não há no ser humano uma originalidade ou criação absoluta. Não há pensador que se baste. É a lição da história. Os homens, em todos os domínios da vida, quanto à origem e desenvolvimento das teorias e dos saberes humanos, usaram de duas forças contraditórias: o "**empréstimo**" e a "**invenção**". Emprestaram técnicas, culturas e valores de outros; e a partir daí inventaram novas técnicas e culturas, pondo na cópia algo que não estava no original. A propósito, o etnólogo francês André Leroi-Gourham já tinha ressaltado que há na História uma "**dialética da invenção e do empréstimo**". Nesse sentido, criação *ex nihilo*, somente a do Criador de tudo, Deus. Os povos primitivos até certo ponto partiram do nada. Os demais, seja da Idade Média, Moderna ou Contemporânea, aprenderam muito dos anteriores, sem os quais não seria o que foram ou são. De consequência, esta *Introdução* é devedora de diversas concepções precedentes, em especial, das lições de Miguel Reale.

De outro lado, as palavras merecem todo o respeito, em face da sua força e sedução. E pode ser maravilhoso o encontro da palavra-semente com o espírito do leitor. Num mercado saturado e competitivo como o de livros de direito no Brasil, não tive maiores preocupações a não ser a escolha de boas sementes e o desejo de que elas encontrem terra boa e frutifiquem cem por um, pois o Direito é uma das ciências fundamentais da experiência humana. Com esse resultado, sentir-me-ei bem-sucedido e recompensado.

Aos professores e alunos devo as seguidas edições desta *Introdução*, devendo-lhes meus agradecimentos. É em função deles que, a cada edição, procuro encontrar uma forma mais perfeita de transmitir a matéria, mediante as constantes modificações do texto.

Por fim, relembro o pensamento do nosso grande vate Castro Alves: "**Bendito o que semeia – Livros, livros à mão-cheia – E manda o povo pensar. O livro caindo n'alma – É germe que faz a palma, – É chuva que faz o mar!**".

Antonio Bento Betioli
São Paulo, 2020
Covid-19

NOTA À 15ª EDIÇÃO

"*Introdução ao Direito*" é um livro, cuja estrutura se firmou na sala de aula, destinando-se sobretudo aos que se iniciam no estudo do Direito. O que mais convém ao calouro é ir tomando conhecimento, pouco a pouco, do mundo em que vai construir a sua morada profissional. Por isso procuramos situá-lo dentro da experiência jurídica e consciência de sua dignidade cultural e ética. Daí também o seu tom mais coloquial e simples, com repetições próprias de uma preleção oral. Podem ser criticadas, quanto ao estilo; mas são recomendáveis didaticamente. A finalidade era ir envolvendo o estudante nas malhas do assunto e suscitar sua reação crítica.

Pois bem, essa nova edição da "Introdução ao Direito" não importou em qualquer alteração substancial, mas veio enriquecê-la sob alguns aspectos, mantido o enfoque tridimensional do direito como contraprova do seu alcance na compreensão positiva e técnica da experiência jurídica.

É assim que, por primeiro, pareceu-me de bom alvitre eliminar as **leituras complementares**, deixando o livro mais enxuto e por me parecer que cabe muito mais ao professor indicar as leituras que julgar oportunas naquele momento e assunto, orientando a pesquisa bibliográfica.

De outro lado, foi objeto de considerações a **interpretação jurídica**, tema de grande interesse doutrinário, constituindo hoje o problema central da metodologia da realização do direito.

Por fim, deixo aqui meus agradecimentos a **Somos Educação/ Saraiva**, na pessoa de Daniel Pavani Naveira e dos que cooperaram na revisão deste livro, e de modo especial agradeço aos **alunos e estudiosos**, responsáveis que são pelas sucessivas edições que esta Introdução ao Direito tem alcançado ao longo do tempo.

Antonio Bento Betioli
São Paulo, agosto de 2017

Nota
À 14ª edição

Em cada livro, vejo uma porta que se abre para a realização do leitor. Neste, em especial, vejo um filho que cresceu.

Seu primeiro rascunho foram anotações de aulas que, com o tempo, se viram ampliadas, atualizadas e polidas. O que buscavam? De um lado, ser "lições" que viessem a esclarecer a realidade jurídica, cujos segredos nos atraem. De outro lado, buscavam atingir tal finalidade, usando sempre da maior clareza. Clareza que, se é "a gentileza do filósofo", segundo Ortega y Gasset, deve ser muito mais da "gentileza do professor".

Um filho crescido, a quem desejo o melhor. Que ele, por exemplo, não tema a verdade, por mais dura que pareça. Que ele não seja egoísta, pois o mal dos males é o egoísmo. Que ele não se marginalize, ficando alheio às decisões que se fizerem necessárias. Que ele não seja instrumento para a defesa de um Direito injusto, da desigualdade e da opressão. Que ele ajude a construir o Direito do amanhã: o Direito da igualdade; o Direito das maiorias e minorias; o Direito que tanto beneficia quem produz, como defende os que hoje são oprimidos; o Direito que condena a exploração do homem pelo homem; o Direito do irmão e não o Direito do lobo. Enfim, que ele descubra o segredo que justifica uma existência, tendo sempre uma causa a que dedicar a vida, sendo-lhe fiel.

Utopia? Pode ser. Mas isso não representa, por si só, um fracasso. Em épocas como a nossa, fracassado não é quem não realiza tudo o que sonha; é quem não sonha tudo o que poderia realizar. A utopia pode ser a força motora de muitas realizações. Se ela significa aquilo que não existe, ela também pode fazer do inexistente algo que poderá ser construído.

É o que me vem à mente, quando a Editora Saraiva lança a presente edição desta Introdução ao Direito, que é indicada como um dos livros que compõem a Bibliografia Básica da disciplina de várias instituições de ensino, como a Faculdade de Direito da Universidade Presbiteriana Mackenzie e a Fundação Universidade Federal de Rondônia. Faço votos de que ela corresponda à expectativa do meio universitário e dos estudiosos em geral, responsáveis que são pelas sucessivas edições que vem alcançando ao longo do tempo.

São Paulo, maio de 2015.
Antonio Bento Betioli

NOTA À 12ª EDIÇÃO

Tenho afirmado que este livro representa uma fase da minha vida. Aquela dedicada ao direito, ao longo da qual ele foi aflorando como resultado dos esforços em conhecer o fenômeno jurídico, para transmiti-lo aos jovens que então iniciavam sua jornada universitária por esse mundo fascinante. Fase jurídica, pois houve outra que a precedeu, também me absorvendo por completo, quer na sua longa preparação, quer ao longo da sua vivência no exercício do ministério sacerdotal. Minha colheita intelectual acontecia, então, nas searas da Teologia Dogmática, da Teologia Moral e do Direito Canônico, coirmãos do personagem central da etapa que se seguiu: a Ciência Jurídica. É claro que a divisão da vida em duas partes é algo relativo. Ela é uma só, não sendo feita de compartimentos estanques. Mas não posso negar que era um mundo novo que se me abria. E a ele me dediquei, seja no magistério universitário, de cujas lições resultou esta obra; ou no exercício profissional como Advogado da União e Chefe da Assessoria Jurídica da Delegacia Regional do Trabalho no Estado de São Paulo.

As presentes lições, como já lembrava no prefácio da 1ª edição em 1989, são fruto dos anos de magistério, iniciado na Faculdade de Direito das Faculdades Metropolitanas Unidas (FMU) e continuado na Universidade Presbiteriana Mackenzie. Serviram-lhes de base as *Lições Preliminares de Direito*, do Professor Miguel Reale, com sua irresistível visão tridimensional da realidade jurídica: o Direito como fato, valor e norma. Não tinham, como continuam não tendo, pretensões maiores do que simplesmente "introduzir" o aluno no mundo fascinante do Direito, cujos segredos toda uma vida é insuficiente para descobrir. Esperava, então, que elas de fato auxiliassem os que pretendiam se dedicar a uma profissão jurídica, no alcance da meta maior que os devia atrair e traduzida por Dalmo Dallari nesses três mandamentos:

1º) "Conhecer bem o Direito, para senti-lo e acreditar nele".

2º) "Acreditar no Direito sempre, jamais cedendo ao arbítrio, a qualquer pretexto".

3º) "Fazer da crença no Direito uma arma de intransigente defesa da justiça e da dignidade humana" (*O Renascer do Direito*).

Em sendo o homem um ser sempre à procura da perfeição, as edições que se seguiram procuravam concretizar aquela atualização que, no momento, se fazia imperiosa, seja por meio de ligeiros acréscimos e retoques de redação, seja com temas novos, atendendo-se quase sempre a questões levantadas em sala de aula, mas sobretudo as presentes lições foram progressivamente situadas em função da Teoria Tridimensional do Direito, como uma projeção natural desta, a ponto de, com a 9ª edição (2004), parecer razoável que o seu subtítulo fosse alterado de "Lições de Propedêutica Jurídica" para "Lições de Propedêutica Jurídica Tridimensional".

O fato é que sempre tive diante dos olhos a advertência do Professor Miguel Reale de que não basta, para se poder falar de uma "teoria tridimensional", a simples constatação de que toda experiência jurídica implica sempre, de um modo ou de outro, a correlação de fatos, valores e normas. Tal verificação não é suficiente para representar, por si só, uma "teoria". É necessário indagar tanto da sua razão de ser como também inferir as consequências daquela constatação em todos os quadrantes da Teoria Geral do Direito. É assim que a correlação existente entre fato, valor e norma no interior de um processo de integração abrange os problemas do fundamento, da vigência e da eficácia do Direito, com consequências relevantes no que se refere aos problemas fundamentais das fontes do direito, dos modelos jurídicos e da hermenêutica jurídica.

A essa luz é que ocorreram as mudanças aludidas, que vieram enriquecer o texto, à medida que o autor ia se enfronhando cada vez mais nos ensinamentos hauridos junto ao Tridimensionalismo Jurídico Concreto formulado pelo Professor Miguel Reale, fruto, segundo ele, da fidelidade a "uma intuição da juventude". Ouso, então, parafrasear o "praeconium" pascal, ao proclamar: "Oh! Felix Intuitio". Inegável, sem dúvida, a satisfação intelectual que vai crescendo no espírito, na proporção em que, por meio da tridimensionalidade realeana, vamos alcançando uma visão integral do Direito, superando explicações unilaterais e setorizadas do fenômeno jurídico; ou ao nos darmos conta de que a pessoa humana é o valor-fonte de todos os valores; ou a constatação de que o Direito não é um fato abstrato, solto no espaço e no tempo, e sim algo que está imerso na vida humana, algo que acontece no processo existencial de cada um de nós e de toda a coletividade.

A obra, apesar de tudo, não perdeu sua característica inicial, continuando a ter certo sabor acadêmico. E nem poderia ser diferente, uma vez que nasceu das aulas na universidade e para elas se destina.

Por que relembro esses acontecimentos? Em primeiro, pelo convite da Editora Saraiva que, qualificando generosamente estas Lições de Propedêutica Jurídica como sendo uma "obra referencial no estudo da Introdução ao Direito", propôs que preparasse nova edição atualizada, com uma sumária retrospectiva histórica. Em segundo, movido pela satisfação que tive ao saber que esta obra fora selecionada para compor o acervo básico de títulos que integrarão o "Programa Fome de Livro". Uma iniciativa do Ministério da Cultura, por meio da Fundação Biblioteca Nacional (Portaria n. 170, de 25-10-2004, *DOU* de 28-10-2004, Seção 1, p. 27). Todos nós sabemos que o Brasil apresenta índices baixos de leitura. E foi procurando reverter esse quadro que o programa surgiu, tendo como um dos seus objetivos centrais implementar uma ação emergencial para zerar o déficit tanto de bibliotecas públicas como de leitura. Daí a seleção de livros que comporiam o acervo básico do Programa Fome de Livro. Seriam, depois, distribuídos às Bibliotecas Públicas Municipais do País, como implementação da política nacional de leitura e bibliotecas públicas.

Parece que ouço Castro Alves a declamar: "Bendito o que semeia – Livros, livros à mão-cheia – E manda o povo pensar. O livro caindo n'alma – É germe que faz a palma, – É chuva que faz o mar!" Com razão. O livro é uma das mais revolucionárias invenções do homem. Não pode ser considerado uma mera mercadoria. É uma *mercadoria cultural*. Como mercadoria, pode ser comprado, vendido ou trocado. Como instrumento cultural, difunde ideias, transmite conceitos, aumenta os conhecimentos, documenta a vida, produz entretenimento. Através do tempo e do espaço, "é germe que faz a palma, é chuva que faz o mar...".

Aprendi que um livro não tem de dizer sempre coisas novas. Pode se referir às coisas mais antigas que existem. E, falando coisas novas ou antigas, quando ele nos diz o que quiséramos ouvir ou dizer (mas não o soubemos ou não pudemos), então esse livro se torna amigo querido, conselheiro dedicado nas horas incertas e angustiosas da vida.

Não tenho a pretensão megalômana de estar falando deste livro. Mas sonhar é preciso. E sonho que ele, dizendo coisas novas ou antigas, fale ao coração de quem se inicia na aventura de ser paladino da Justiça. Desperte-o, qual varinha mágica, para uma vigília de atualidade consciente que o transforme em agente da História. Apenas ter ciência talvez não valha a pena; o que se sabe não tem tanto valor; o valor maior está no que se faz com o que se sabe. E fazer hoje, já que a vida acontece no presente, não no futuro. "*Carpe diem*" = colha o dia, aconselhava o velho Horácio. Sonho, ainda, que ele desperte quem espera que um dia este País deixe de ser uma democracia meramente formal para se tornar concretamente mais justa e fraterna. Desperte a todos que esperamos que na direção de nossos destinos haja dedicação, honestidade e competência. Sonho, enfim, que ele ensine a viver e conviver.

Por fim, lembro o poeta romano que dizia: "*Habent sua fata libelli*" = os livros têm o seu destino. Qual o destino deste livro? A semente aqui plantada (e as palavras são verdadeiramente sementes) frutificou alguma vez ou alguma vez frutificará? Gostaria de saber, mas sei que não há meio para descobrir. Não conhecer nunca perfeitamente o fruto pode ser parte do destino do semeador e das sementes. Mas sei que a semente tem seu ritmo e segue, infalivelmente, seu próprio destino. Ela germina e cresce quer o agricultor durma ou vele, saiba ou não da semente que ele num certo momento lançou à terra. Um dia, a semente talvez encontre um chão propício para dar frutos que alimentarão homens e mulheres que o semeador não viu. Da minha parte, espero sinceramente que o seu destino seja ajudar aqueles que o lerem a conhecer e amar cada vez mais o Direito, para que, com uma visão humanista dele, melhor possam servir à Justiça e colaborar como sujeitos de uma política eficaz de desenvolvimento nacional.

Antonio Bento Betioli
São Paulo/2012

Considerações Prévias

1. "Aviso aos Navegantes", expressão antiga, usada na navegação costeira ou de cabotagem, tornou-se hoje de uso corriqueiro para avisar ou alertar alguém sobre alguns cuidados que convém tomar em caminhos novos que se pretende percorrer. Nossos "navegantes" são especialmente aqueles que por aqui passam, levados pelo desejo de aprenderem a ciência da convivência, a Ciência Jurídica. Eles são a razão desse "aviso", para que não naveguem distraidamente ou, pior, não naveguem por rota errada.

O Direito é uma invenção humana. Um fenômeno histórico e cultural concebido como técnica de solução de conflitos e instrumento de pacificação social. Quem ingressa, portanto, no curso de Direito deve estar preparado para muita coisa. Dentre outras, preparado para discutir os problemas do seu país, assumindo uma postura crítica acerca do mundo que o cerca. A compreensão do Direito pressupõe, além do conhecimento da legislação em vigor, a vivência dos direitos fundamentais, juntamente com uma democracia cada vez mais participativa. O exercício da profissão jurídica deve se fundamentar numa ética que implica sempre uma necessária tomada de posição no plano de sua realização. Uma ética que ultrapassa o dever da mera legalidade, não se contentando simplesmente com a adequação da conduta à norma legal. Uma ética que leva em conta, tanto na política quanto no direito, uma justiça efetiva e concreta. Uma ética de boa-fé, lealdade, correção e integridade. Uma ética que procura incorporar criticamente as contradições e os fatores de conflito que existem na sociedade.

Você tem pela frente, portanto, uma missão difícil, como é a de realizar o Direito em um mundo cheio de crises, instabilidades e impunidades. Cheio de intolerância e de atrito entre os povos. Cheio de violência, que beira a crueldade, entre os cidadãos. Um mundo de contraposição entre a justiça e a realidade, em que se tende mais para o resultado econômico em detrimento da noção do justo, "pedra angular de todo o edifício jurídico" (Del Vecchio). Um mundo em que surge a grande questão da distribuição da renda, cuja injustiça gera os grandes conflitos dos sem-terra, dos sem-teto, dos sem--trabalho, dos sem-saúde etc. Um mundo que, em nosso país, tem algo de terra em construção, e requer um conjunto de esforços por parte de quem a constrói face ao convívio social.

Não se esqueça, porém, de que outras gerações antes da sua enfrentaram e superaram os desafios da sua época, para que você pudesse viver em um ambiente democrático e estar numa Faculdade de Direito. O privilégio de estudar Direito e dedicar-se aos problemas da *polis* é algo que você também deve a todos eles, que encontraram no Direito o papel que lhes cabia desempenhar na construção de um convívio social mais justo.

O seu curso de Direito não deve, portanto, ser uma simples preparação para o exercício profissional. Ele deve ser **uma preparação para a vida**. Podemos ser reprovados na faculdade, mas jamais devemos ser reprovados na vida. Consequentemente, a profissão jurídica depende de uma adequada formação humana e humanista e o estudo do Direito é um processo sem fim.

Buscamos, por isso, abrir caminhos aos que se iniciam na aventura de conquistar o país do Direito, novo e desconhecido, por meio dessas "lições de propedêutica jurídica".

2. Propedêutica vem a ser o estudo preparatório, que serve de iniciação ou introdução a uma ciência (do gr. *pro* – preliminar, e *paideutikê* – arte de instruir). Estas lições são de *propedêutica jurídica*, pois de fato o que buscamos é fornecer as noções básicas e indispensáveis à compreensão do fenômeno jurídico, introduzindo o aluno no mundo do Direito e preparando-o para receber conhecimentos futuros mais completos e específicos; para que sinta a sua sedutora beleza e adquira consciência de sua dignidade cultural e ética. Trata-se de uma "introdução", tomado o termo no seu sentido mais exato, ou seja, busca orientar progressivamente o leitor, partindo das realidades mais simples para chegar aos problemas mais abstratos.

3. Objeto. Essa propedêutica ao estudo dos diversos ramos do Direito possui um tríplice objeto: uma visão panorâmica do Direito, os princípios básicos e os conceitos gerais do Direito, a terminologia e o método do Direito.

a) *Visão panorâmica*. O Direito abrange um conjunto de disciplinas jurídicas: Direito Civil, Penal, Processual etc. Nossa disciplina procura oferecer ao iniciante dos estudos jurídicos não uma visão atomística do fenômeno jurídico, mas uma *visão panorâmica do Direito*, uma visão de conjunto da árvore jurídica, que não pode ser obtida através do estudo isolado de suas partes especiais, dos seus diferentes ramos. Digo, sem medo de errar, que aquele que não gosta da Introdução ao Direito não gosta do Direito.

Esta visão da Introdução ao Direito como uma composição destinada a integrar em unidade os valores filosóficos, teóricos, sociológicos, históricos e técnicos do Direito é essencial para não se fazer dela uma espécie de Enciclopédia Jurídica com um amontoado de definições ou noções. A compreensão da Introdução ao Direito deve permitir ao estudante uma visão de conjunto, uma espécie de viagem ao redor do mundo do Direito, para informação e formação do futuro jurista. Qualquer viajante ou turista que vai percorrer terras desconhecidas procura um guia que lhe diga onde poderá tomar um trem, um navio, um avião; onde terá um hotel, museus, e curiosidades que deva conhecer. Assim, quem está no primeiro ano de uma Faculdade de Direito deve receber indicações para sua primeira viagem, os elementos indispensáveis para situar-se no complexo mundo do Direito. Por isso, a disciplina introdutória já foi comparada com o alto de um mirante, de onde o estrangeiro observa a extensão de um país, para fazer dele a sua análise.

Miguel Reale enriquece a comparação com a seguinte descrição: "Como toda viagem bem programada, esta apresenta um itinerário que não obedece a linhas inflexíveis. Há idas e retornos, com pausas demoradas, quando o assunto reclama; há fugas do caminho principal, para uma espiada a paisagens ou monumentos significativos nas redondezas; há vias amplas e serenas, onde se explana e se espraia o comumente sabido, mas há também, vez por outra, uma subida mais íngreme, ou descidas arriscadas para ver, de longe, as profundezas dos princípios"[1].

b) *Princípios básicos e conceitos gerais*. Na árvore do saber jurídico, os conceitos e princípios equivalem a *frutos maduros* que darão ao aluno condições favoráveis de estudar posteriormente as várias disciplinas especializadas do currículo, uma vez que são aplicáveis a todos os ramos da árvore jurídica.

Exemplos: conceitos de "direito", "lei", "fato jurídico", "relação jurídica", "justiça", "segurança jurídica", "valor", "princípios gerais do direito" etc.

c) *Terminologia e método jurídicos*. Cada ciência exprime-se numa linguagem e tem um método que lhe são próprios.

O Direito, como ciência que é, possui uma *linguagem* própria e multimilenar, na qual expressões de uso corrente adquirem, muitas vezes, um sentido técnico especial. Daí a necessidade de adquirir e compreender a terminologia jurídica, sem a qual não podemos penetrar com vantagem no seu mundo. E, na aguda observação de Miguel Reale, à medida que vamos adquirindo o vocabulário do Direito, com o devido rigor, sentiremos crescer *pari passu* os nossos conhecimentos jurídicos. Aliás, há um pensamento de Wittegenstein que demonstra a importância da linguagem na vida humana: "os limites da minha linguagem são os limites do meu mundo". É sabido que o problema da linguagem adquiriu, desde Saussure, um papel especial na história das ciências, chegando à afirmação de que cada ciência, mais do que ter a sua própria linguagem, no fundo, ela se confunde com a mesma.

O Direito tem igualmente o seu *método*, a sua forma de verificação dos conhecimentos que enuncia. Sem método não há ciência; é ele que nos leva a um conhecimento seguro e também certo; isso demonstra a importância do conhecimento do método próprio do Direito.

4. Importância. Se o que foi dito até o momento já nos mostra a importância dessa disciplina introdutória, ela mais se evidencia quando observamos que:

---

[1] Miguel Reale, *Lições preliminares de direito*, São Paulo: Saraiva, 2003, p. XV-XVI.

a) ela auxilia o aluno no processo de adaptação ao curso jurídico, uma vez que funciona como um elo de ligação entre a cultura geral e a específica do Direito;

b) prepara o solo e as fundações da grande edificação do saber jurídico que se lhe seguirá; é dessa base que irá depender toda a solidez de uma cultura jurídica;

c) fomenta o desenvolvimento do raciocínio jurídico e desperta no estudante o espírito crítico, ajudando-o na formação duma "consciência jurídica", sem a qual o jurista mais erudito não será um autêntico jurista. A Introdução ajuda que o futuro profissional do direito não seja apenas um "técnico", mas também um "jurista". Precisamos de profissionais que saibam buscar o valor com a sua devida importância, fato necessário para se obter um sistema jurídico justo e adequado a cada momento da sociedade em que ele é aplicado.

5. Natureza. Trata-se de uma disciplina jurídica de *caráter propedêutico* e por isso situada num nível elementar, porém com a necessária profundidade e rigor da pesquisa. Podemos dizer que a perspectiva nela dominante é de tipo filosófico, mas que não deixa de recorrer também aos métodos e subsídios de outras formas de saber, como a dogmática jurídica, o direito comparado, a teoria geral do direito, a história do direito, o direito positivo etc.

É assim uma disciplina marcada por certo *hibridismo epistemológico e metodológico*, com prevalência do ponto de vista filosófico, que não é incompatível com o seu caráter propedêutico. Aliás, não é fácil, nem aconselhável, traçar uma fronteira rígida entre a Filosofia do Direito e a Teoria Geral do Direito. Para fins didáticos e sem olvido da acepção específica e própria, usamos o termo "teoria geral do direito" para significar uma visão global da experiência jurídica, abrangendo aspectos filosóficos, científicos e técnicos.

Essa colocação significa que se rejeitam as pretensões, inspiradas no cientificismo positivista, de reduzir a Introdução ao Direito a uma espécie de enciclopédia do direito positivo. Tal solução é incapaz de atingir a visão fundamentada e unitária do direito que se deve proporcionar aos estudantes universitários no limiar dos estudos jurídicos. Mesmo quando o conteúdo da nossa disciplina apresenta um caráter filosófico, o fato não prejudica a existência e importância de uma cadeira de Filosofia do Direito. Esta, como o coroamento dos estudos jurídicos, é um aprofundamento dos temas gerais estudados na Introdução.

"O curso de graduação em Direito deverá possibilitar a formação profissional que revele, pelo menos, as seguintes habilidades e competências: I – leitura, compreensão e elaboração de textos e documentos jurídicos ou normativos, com a devida utilização das normas técnico-jurídicas; II – interpretação e aplicação do Direito; III – pesquisa e utilização da legislação, da jurisprudência, da doutrina e de outras fontes do Direito; IV – adequada atuação técnico-jurídica, em diferentes instâncias, administrativas ou judiciais, com a devida utilização de processos, atos e procedimentos; V – correta utilização da terminologia jurídica ou da Ciência do Direito; VI – utilização de raciocínio jurídico, de argumentação, de persuasão e de reflexão crítica; VII – julgamento e tomada de decisões; VIII – domínio de tecnologias e métodos para permanente compreensão e aplicação do Direito"[2].

6. Definição. Tal disciplina introdutória, a rigor, não é uma ciência, pois lhe falta objeto formal próprio. Contudo, ela se apresenta como um sistema de conhecimentos, logicamente ordenados segundo um objetivo de natureza pedagógica, servindo-se de dados obtidos em diversos ramos do saber, como a Filosofia do Direito, a Sociologia Jurídica, a História do Direito e a Teoria Geral do Direito. Na realidade, para conhecer o Direito necessitamos saber muito mais que o Direito.

Assim, na esteira de Miguel Reale[3], podemos defini-la como sendo "**um sistema de conhecimentos, recebidos de múltiplas fontes de informações, destinado a oferecer os elementos essenciais ao estudo do Direito**".

7. Histórico. Entre nós, a disciplina propedêutica tem uma história, podendo-se dizer que sempre se reconheceu a necessidade de incluir no curso jurídico uma cadeira que correspondesse à sua finalidade.

Assim, quando da fundação dos cursos jurídicos, em Olinda e São Paulo, em 11 de agosto de 1827, a cadeira colocada, no currículo, com essa função propedêutica foi a de **"Direito Natural"**.

Com a reforma de Benjamin Constant, em 1891, em razão das ideias positivistas adotadas pela República, a cadeira de Direito Natural foi substituída pela "**Filosofia e História do Direito**", estudada no 1º ano. Em 1895, a cadeira foi desdobrada: "Filosofia do Direito" passou a ser estudada no 1º ano, e "História do Direito", no 5º, sendo posteriormente retirada do currículo.

Em 1912, a reforma de ensino Rivadávia Correia instituiu, como cadeira introdutória, a disciplina "**Enciclopédia Jurídica**", que teve, no entanto, vida efêmera, em face de sua supressão pela reforma Maximiliano, em 1915. A Filosofia do Direito continuou a integrar o currículo, ora no 5º, ora no 1º ano. Assim, sem outra cadeira introdutória que não fosse a Filosofia do Direito, permaneceu o estudo do Direito até 1931.

Em 1931, por ocasião da reforma Francisco Campos, foi instituída a cadeira de "**Introdução à Ciência do Direito**", colocada a matéria no 1º ano (Decreto n. 19.852, de 11-4-1931).

A Resolução n. 3/72 do Conselho Federal de Educação consagrou nova denominação da disciplina, que passou desde então a ser "**Introdução ao Estudo do Direito**", como reflexo da "Introduction Générale à l'Étude du Droit" dos franceses e da "Introdução ao Estudo do Direito", usada em Por-

---

[2] Art. 4º da Resolução n. 9, de 29-9-2004, da Câmara de Educação Superior do Conselho Nacional de Educação.

[3] Miguel Reale, *Lições preliminares de direito*, São Paulo: Saraiva, 1984, p. 11.

tugal. A disciplina é apresentada como disciplina básica do currículo mínimo do curso de graduação em Direito.

A Portaria n. 1.886, de 30 de dezembro de 1994, do Ministério da Educação e do Desporto, que estabeleceu novas diretrizes para o curso jurídico, alterou a sua denominação para "**Introdução ao Direito**", acentuando o caráter obrigatório da disciplina no currículo do curso de graduação em Direito. A Resolução n. 9, de 29 de setembro de 2004, do Conselho Nacional de Educação revogou a Portaria n. 1.886, confirmando a função insubstituível no currículo de formação em Direito, da nossa disciplina.

Duas observações finais: Infelizmente, com a expansão descontrolada dos cursos de bacharelato em direito, aliada a uma discutível orientação didática que privilegia a técnica profissional, muitos cursos jurídicos transformaram-se em cursos profissionalizantes, fazendo com que disciplinas como a Introdução ao Direito fossem relegadas a um plano secundário, com repercussões negativas para a formação integral do futuro jurista.

8. Divisão. As presentes lições estão distribuídas em cinco partes, que procuram alcançar a referida visão panorâmica e unitária do Direito, desde os seus elementos constitutivos, sua maneira de atuar na sociedade, até seu fundamento:

Primeira Parte – **O fenômeno jurídico**;
Segunda Parte – **A norma jurídica**;
Terceira Parte – **A relação jurídica**;
Quarta Parte – **Hermenêutica jurídica**;
Quinta Parte – **O fundamento do direito**.

Depois de cada lição há ainda um questionário que busca despertar o raciocínio jurídico do estudante e proporcionar um apoio didático-pedagógico ao professor.

QUESTIONÁRIO

Acerca da Introdução ao Direito, julgue as afirmativas como verdadeiras (V) ou falsas (F) e assinale a opção correta.

I – Trata-se de uma disciplina base, introdutória e definidora do objeto de estudo do Direito.

II – Não se apresenta como ciência, mas como um sistema de ideias gerais, organizado para atender a finalidades pedagógicas.

III – Embora disciplina autônoma, não possui objeto de estudo próprio, uma vez que objetiva proporcionar uma visão global do Direito.

IV – Como disciplina propedêutica, de natureza epistemológica, expressa uma Teoria de Ciência Jurídica.

A) V; V; F; F.
B) V; F; V; V.
C) V; F; F; V.
D) V; V; F; V.

Resposta: b, pois a Introdução ao Direito é

ÍNDICE

Nota à 16ª edição VII
Nota à 15ª edição XI
Nota à 14ª edição XIII
Nota à 12ª edição XV
Considerações prévias XIX
Questionário XXIV

Primeira Parte
O FENÔMENO JURÍDICO

Lição I – HOMEM, SOCIEDADE E DIREITO
1. Homem, ser social e político 3
   1.1. Sociabilidade humana 3
   1.2. Interpretações da sociabilidade do homem 5
2. Sociedade, interação e controle social 11
   2.1. Conceito de sociedade 11
   2.2. Características da sociedade 11
   2.3. Formas de interação social 12
   2.4. Instrumentos de controle social 12
3. O direito como instrumento de controle social 13
   3.1. Ordem e justiça 13
   3.2. Não pode haver sociedade sem Direito 14
   3.3. Não há direito sem sociedade 15
4. CONCLUSÃO 15
   4.1. Silogismo da sociabilidade 15
   4.2. O Direito como ordenação social 16
Questionário 16

Lição II – O MUNDO DO DIREITO
5. Natureza e cultura 20
   5.1. Conceitos de natureza e cultura 20
   5.2. Cultura e erudição 22
   5.3. Cultura e civilização 23

    5.4. O homem = ser cultural 24
6. Relações entre natureza e cultura 25
    6.1. Base da cultura 26
    6.2. Exageros culturalistas 26
    6.3. Tese dialógica 27
7. Características da cultura 27
    7.1. Ideia de fim e valor 27
    7.2. Cultura = mundo de fins valiosos 30
    7.3. Explicação e compreensão 31
    7.4. Juízos de realidade e juízos de valor 34
8. Mundo ético 37
    8.1. Plano compreensivo 37
    8.2. Plano normativo 38
    8.3. O Direito como realidade cultural-ética 38
Questionário 39

Lição III – REALIDADE ONTOGNOSEOLÓGICA DO DIREITO

9. Ontologia e ontognoseologia 42
10. Objetos natural e ideal 44
    10.1. Objeto = sujeito de um juízo 44
    10.2. Ordem do ser e do dever ser 44
    10.3. Axiologia e ontologia 45
11. Objetos naturais: físicos e psíquicos 45
    11.1. Objetos naturais 45
    11.2. Objetos naturais físicos e psíquicos 45
12. Objetos ideais: lógicos e matemáticos 46
13. Objetos valiosos 47
14. Objetos culturais 48
15. Objeto metafísico e ontognoseológico 49
    15.1. A metafísica 50
    15.2. Objeto ontognoseológico 50
16. Conteúdo axiológico do direito 50
Questionário 52

Lição IV – LEIS FÍSICAS, CULTURAIS E ÉTICAS

17. Leis físicas 53
    17.1. Determinismo rigoroso 54
    17.2. Leis descritivas 54
    17.3. Subordinadas ao fato 55
18. Leis culturais 55
    18.1. Leis compreensivas 55
    18.2. Espécies de leis culturais 56
19. Normas éticas 57
    19.1. Conceito 58
    19.2. Características 58

19.3. Espécies de normas éticas	59
20. Ética, moral e direito	62
20. Normas jurídicas	66
21. Normas éticas e normas técnicas	67
21.1. Diferença	67
21.2. Imperatividade	68
21.3. Valores	68
21.4. Norma simultaneamente ética e técnica	69
Questionário	69

Lição V – NOTAS DISTINTIVAS DO DIREITO

22. Imperatividade	71
22.1 Noção	71
22.2. Imperatividade axiológica	72
23. Heteronomia	75
23.1. Validade objetiva e transpessoal	75
23.2. Direito com autonomia	76
24. Coercibilidade	76
24.1. Compatibilidade da "força" com o "Direito"	76
24.2. Força "em ato" (coação) e "em potência" (coerção)	76
24.3. Teoria da Coação (Kelsen e Ihering)	78
24.4. Teoria da Coercibilidade	80
25. Bilateralidade atributiva	82
25.1. Noção	82
25.2. Elementos	82
25.3. Imperativo-atributivo	84
26. Paralelo entre direito, religião, moral e normas de trato social	85
26.1. Heteronomia/autonomia	85
26.2. Coercibilidade/incoercibilidade	86
26.3. Bilateralidade/unilateralidade	87
26.4. Atributividade	89
26.5. Quadro sinótico	89
27. Forma jurídica da ordenação social	89
Questionário	90

Lição VI – DIREITO, MORAL E RELIGIÃO

28. Direito e moral	93
28.1. Distinções quanto à forma	93
28.2. Distinções quanto ao conteúdo	93
28.3. Histórico	93
28.4. Teorias	95
28.5. Conclusão: distinguir sem separar	99
28.6. Não confundir direito e moral	99
28.7. Não separar direito e moral	101
28.8. Influência mútua	102

28.9. Critérios de Reale	103
29. Liceidade jurídica e exigência moral	103
29.1. Pessoa concreta	103
29.2. Comunidade política	103
29.3. Força da moral	104
30. Moral e religião	104
30.1. Moral teônoma e moral autônoma	105
30.2. Possibilidade da moral autônoma não religiosa	105
30.3. Possibilidade da moral teônoma	106
30.4. Ética civil	106
30.5. Conclusão	106
Questionário	107

Lição VII – SANÇÃO JURÍDICA

31. Noção de sanção	109
32. Sanção e coação	110
32.1. Coação jurídica	110
32.2. Consequências	111
33. Espécies de sanção	111
33.1. Sanções religiosas	112
33.2. Sanções sociais	112
33.3. Sanções morais	113
33.4. Sanções jurídicas	113
34. Aplicação da sanção	117
34.1. Vingança social	117
34.2. Vingança privada	117
34.3. Força submetida a regras	117
34.4. Monopólio do Estado	118
35. Sanção estatal e não estatal	118
35.1. Universalidade da sanção estatal	119
35.2. Última instância	120
Questionário	120

Lição VIII – ESTRUTURA TRIDIMENSIONAL DO DIREITO

36. O direito como fato, valor e norma	123
36.1. Visão técnico-formal	124
36.2. Corrente sociológica	124
36.3. Corrente culturalista	124
36.4. Tridimensionalidade	124
37. Tridimensionalismo concreto e dinâmico de Miguel Reale	127
37.1. Primeira tese: três dimensões essenciais	128
37.2. Segunda tese: dialética de complementaridade	132
38. Conclusão	135
38.1. Vida ética	135

38.2. Natureza do Direito	136
38.3. "O direito é o fato social na forma que lhe dá uma norma, segundo uma ordem de valores"	136
38.4. Limitação kelseniana	138
38.5. Ordenação jurídica tridimensional	138
Questionário	139

Lição IX – DEFINIÇÃO DO DIREITO

39. Critérios para a definição	141
40. Definição nominal do direito	142
41. Definição real do direito	143
41.1. Complexidade do fenômeno jurídico	143
41.2. Definição real analítica	144
41.3. Definição real sintética	144
42. Definições analíticas do direito	144
42.1. Direito-ciência	144
42.2. Direito-fato social	145
42.3. Direito-norma	145
42.4. Direito-faculdade	146
42.5. Direito-justo	146
42.6. Direito-relação	147
43. Definição sintética do direito	148
43.1. Gênero próximo e diferença específica	148
43.2. Imperatividade e atributividade	149
43.3. Corolários e estrutura tridimensional	149
43.4. Definição real sintética	150
Questionário	151

Segunda Parte
A NORMA JURÍDICA

Lição X – FORMAÇÃO E MANIFESTAÇÃO DO DIREITO

44. O direito na história	155
44.1. Teoria jurídica tradicional	156
44.2. Teoria crítica do Direito	157
44.3. Pós-positivismo	160
45. Formação do direito	160
45.1. O dado e o construído	161
45.2. Fatores sociais e valores	161
46. Manifestação do direito	165
47. Teoria das fontes do direito	165
47.1. Fonte como meios de formação e manifestação	166
47.2. Fonte como meios de manifestação	166
47.3. Diálogo das fontes	168

47.4. Ponto de transição	168
47.5. Caráter prospectivo	168
48. Pressupostos e elenco das fontes do direito	169
48.1. Presença de um poder	169
48.2. Capacidade de inovar	170
48.3. Quatro fontes do direito	170
49. A doutrina jurídica	171
49.1. Força convincente, não vinculante	171
49.2. Importância da doutrina	172
49.3. Conclusão	172
Questionário	173

Lição XI – A NORMA JURÍDICA

50. Gênese da norma jurídica	175
50.1. Processo de elaboração da norma	175
50.2. O poder no direito	178
51. Conceito de norma jurídica	179
51.1. Linguagem prescritiva	179
51.2. Proposição, enunciado e norma	180
51.3. Princípios e regras	181
52. Normas-princípio e normas-regra	182
52.1. Evolução histórica dos princípios	183
52.2. Distinção	184
52.3. Normas finalísticas e descritivas	186
52.4. A força normativa dos princípios	189
52.5. Segurança jurídica	189
53. Estrutura da norma jurídica	190
53.1. Juízo categórico ou juízo hipotético	191
53.2. Estrutura da norma de organização: juízo categórico	191
53.3. Estrutura da norma de conduta: juízo hipotético	192
53.4. Articulação lógica da hipótese e consequência	192
53.5. Conjugação de duas proposições hipotéticas	193
53.6. Esquema da estrutura da norma de conduta	194
53.7. Exemplos	194
53.8. Perinorma negativa e positiva	196
54. Causalidade, imputabilidade e responsabilidade	196
55. Estrutura tridimensional da norma jurídica	197
55.1. Formalismo jurídico (Kelsen)	198
55.2. Antiformalismo jurídico	199
55.3. A solução culturalista tridimensional	200
Questionário	202

Lição XII – CLASSIFICAÇÃO DA NORMA JURÍDICA

56. Quanto ao conteúdo	206
56.1. Normas de organização	206

56.2. Normas de conduta ... 207
57. Quanto à extensão espacial ... 207
57.1. Normas de direito externo ... 207
57.2. Normas de direito interno ... 207
57.3. Normas de direito interno brasileiro ... 208
58. Quanto ao grau de imperatividade ... 208
58.1. Normas cogentes ou de ordem pública ... 208
58.2. Normas dispositivas ou supletivas ... 209
58.3. Normas preceptivas, proibitivas e permissivas ... 210
59. Quanto à sanção ... 210
59.1. Normas mais que perfeitas (*leges plus quam perfectae*) ... 210
59.2. Normas perfeitas (*leges perfectae*) ... 210
59.3. Normas menos que perfeitas (*leges minus quam perfectae*) ... 211
59.4. Normas imperfeitas (*leges imperfectae*) ... 211
60. Quanto à extensão pessoal ... 212
60.1. Normas genéricas (ou de direito geral) ... 212
60.2. Normas particulares (ou de direito especial) ... 212
60.3. Normas individualizadas ... 212
60.4. Normas excepcionais (ou de direito singular) ... 213
61. Quanto à aplicabilidade ... 213
61.1. Norma autoaplicável ... 213
61.2. Norma dependente de complementação ... 213
61.3. Norma dependente de regulamentação ... 213
61.4. Normas constitucionais ... 214
62. Quanto à natureza das disposições ... 214
62.1. Norma substantiva ou material ... 215
62.2. Norma adjetiva ou formal ... 215
63. Quanto à sistematização ... 215
63.1. Normas codificadas ... 215
63.2. Normas consolidadas ... 215
63.3. Normas extravagantes ou esparsas ... 215
64. Quanto às fontes ... 215
64.1. Normas legais ... 215
64.2. Normas costumeiras ou consuetudinárias ... 215
64.3. Normas jurisdicionais ... 215
64.4. Normas negociais ... 216
Questionário ... 216

Lição XIII – NORMA LEGAL
65. Compreensão do termo "lei" ... 217
65.1. Acepção genérica ... 218
65.2. Sentido técnico ... 218
66. Etimologia e importância da lei ... 219
66.1. Origem etimológica ... 219

66.2. Importância da lei	219
67. O processo legislativo como fonte legal	220
67.1. Fonte da lei	220
67.2. Emendas à Constituição (CF, art. 60)	221
67.3. Leis complementares (CF, arts. 61 e 69)	221
67.4. Leis ordinárias (CF, art. 61)	221
67.5. Leis delegadas (CF, art. 68)	221
67.6. Medidas provisórias (CF, art. 62)	221
67.7. Decretos legislativos (CF, art. 49)	222
67.8. Resoluções (CF, art. 59)	222
68. Decretos e regulamentos	223
68.1. Regulamentos ou decretos regulamentares	223
68.2. Simples decretos	224
69. Primazia e hierarquia das normas legais	224
69.1. Primazia da norma legal	224
69.2. Hierarquia das normas legais	225
69.3. Finalidade da hierarquia	227
69.4. Esquema geral das leis	228
Questionário	228

Lição XIV – NORMA CONSUETUDINÁRIA

70. Costume jurídico	230
70.1. Definição	230
70.2. Elementos	230
70.3. Fixação de prazo	231
70.4. Costume jurídico e norma de trato social	232
71. O costume e a lei	233
72. Classificação dos costumes jurídicos	234
72.1. *Secundum legem* (segundo a lei)	234
72.2. *Praeter legem* (além da lei)	234
72.3. *Contra legem* (contrário à lei)	234
73. Valor dos costumes jurídicos	237
73.1. Tempos primitivos	237
73.2. Idade Média	238
73.3. Idade Moderna	238
73.4. Escola Histórica	238
73.5. Dias atuais: *common law* e *civil law*	238
Questionário	241

Lição XV – NORMA JURISDICIONAL

74. A atividade jurisdicional como fonte do direito	243
74.1. Conceito de jurisdição	243
74.2. Força vinculante	244
74.3. Capacidade de inovar	244
74.4. Participação ativa do juiz	245

75. Importância da atividade jurisdicional	246
75.1. Intermediação entre a norma e a vida	247
75.2. Judicialização e ativismo judicial	247
76. A jurisprudência como técnica de unificação	249
76.1. Conceito de jurisprudência	249
76.2. Força não vinculante	249
76.3. Súmula vinculante	249
76.4. Divergências na interpretação	250
76.5. Súmula e ementa	251
76.6. Importância da jurisprudência	251
77. Conclusão	252
Questionário	253

Lição XVI – NORMA NEGOCIAL

78. Autonomia da vontade e poder negocial	256
78.1. Princípio da autonomia da vontade	256
78.2. Poder negocial	257
79. Negócio jurídico	257
79.1. Conceito	258
79.2. Elementos essenciais	258
79.3. Vícios da relação negocial	260
79.4. Classificação	260
79.5. Interpretação	261
80. Negócios nulos, anuláveis e inexistentes	262
80.1. Nulos	262
80.2. Anuláveis	263
80.3. Inexistentes	263
Questionário	264

Lição XVII – VALIDADE DA NORMA JURÍDICA

81. Validade formal ou vigência	266
81.1. Aspecto temporal e formal	266
81.2. Órgãos competentes	267
81.3. Competência quanto à matéria	267
81.4. Legitimidade de procedimento	269
81.5. Declaração de inconstitucionalidade	272
82. Validade social ou eficácia	274
82.1. Conceito	274
82.2. A eficácia como condição de validade	275
82.3. Eficácia espontânea, compulsória e nula	276
82.4. Aplicação das leis em desuso	277
82.5. Eficácia e direito costumeiro	277
83. Validade ética ou fundamento	278
83.1. Conceito	278
83.2. Legalidade e legitimidade	279

83.3. Valor-justiça 279
84. Validade, tridimensionalidade e norma fundamental 279
    84.1. Validade integral 280
    84.2. Validade e estrutura tridimensional 281
    84.3. Validade e norma fundamental 281
Questionário 283

Lição XVIII – DIREITO OBJETIVO/POSITIVO

85. Estruturas sociais e modelos jurídicos 288
    85.1. Estruturas sociais e normativas 289
    85.2. Modelos jurídicos 289
    85.3. Modelos dogmáticos ou hermenêuticos 292
    85.4. Modelos jurídicos *stricto sensu* 292
    85.5. Modelo jurídico e norma jurídica 293
86. Direito objetivo/positivo 294
    86.1. Direito objetivo 294
    86.2. Direito positivo 295
87. Direito subjetivo e direito natural 296
    87.1. Direito objetivo e subjetivo 296
    87.2. Direito positivo e natural 296
88. Positividade, vigência e eficácia 297
    88.1. Positividade 297
    88.3. Vigência e eficácia 298
    88.4. Positividade e soberania 299
    88.5. Direito e Estado 299
Questionário 300

Lição XIX – ORDENAMENTO JURÍDICO

89. Noção e postulados 302
    89.1. Noção 302
    89.2. Postulados 303
    89.3. Postulado da unidade 304
90. Concepções do ordenamento 304
    90.1. Teoria da Concepção Lógico-Normativa 304
    90.2. Teoria Histórico-Cultural ou Tridimensional 306
    90.3. Teoria do Discurso de Habermas 308
91. Validade do ordenamento 308
    91.1. Validade formal 308
    91.2. Validade total 309
92. Elementos constitutivos 310
    92.1. Norma jurídica e modelo jurídico 310
    92.2. Instituto jurídico e instituição jurídica 311
    92.3. Sistemas 313
    92.4. Pluralidade dos ordenamentos internos 314
    92.5. Conclusão 316

93. Ordenamento brasileiro e sistema brasileiro 316
    93.1. História do sistema jurídico brasileiro 316
    93.2. Ordenamento constitucionalista e federalista 316
Questionário 318

Lição XX – PANORAMA DO DIREITO POSITIVO
94. Direito público e privado 319
    94.1. Distinção quanto ao conteúdo 320
    94.2. Distinção quanto à forma 320
    94.3. Direito comum e direito institucional 320
95. Direito internacional e interno 321
    95.1. Direito internacional público 322
    95.2. Direito internacional privado 322
    95.3. Direito interno 322
96. Direito interno público 322
    96.1. Constitucional 322
    96.2. Administrativo 323
    96.3. Processual 323
    96.4. Penal 324
    96.5. Do trabalho 324
    96.6. Financeiro 324
    96.7. Tributário 324
    96.8. Eleitoral 324
    96.9. Do consumidor 324
97. Direito interno privado 325
    97.1. Direito Civil 325
    97.2. Direito Comercial 325
    97.3. Unificação do Direito Privado 325
    97.4. Esquema 326
Questionário 326

Terceira Parte

A RELAÇÃO JURÍDICA

Lição XXI – O FATO NO DIREITO
98. O direito nasce do fato e ao fato se destina 331
    98.1. Nasce do fato 331
    98.2. Realiza-se no fato 331
    98.3. Revolta dos fatos 332
99. Passagem do fato para a lei 332
100. Fato-tipo e fato jurídico 334
    100.1. Fato-tipo 334
101. Fato jurídico 335
    101.1. Conceito 335

101.2. Classificação	336
101.3. Fato jurídico natural e voluntário	336
102. Ato jurídico e negócio jurídico	337
102.1. Atos jurídicos	338
102.2. Negócio jurídico	338
102.3. Histórico	339
103. Questão de fato e questão de direito	339
103.1. Questão de fato	339
103.2. Questão de direito	340
Questionário	340

Lição XXII – RELAÇÃO JURÍDICA

104. Relação social e relação jurídica	342
104.1. Critério de distinção	343
104.2. Papel do Estado	344
105. Conceito e requisitos	345
105.1. Conceito	345
105.2. Requisitos	345
106. Elementos da relação jurídica	346
106.1. Sujeitos da relação jurídica	346
106.2. Vínculo de atribuição	347
106.3. Objeto	348
107. Espécies de relação jurídica	348
108. Proteção jurídica e prescrição	349
108.1. Toda relação jurídica goza da proteção do Estado	349
108.2. Prescrição	349
Questionário	350

Lição XXIII – SUJEITOS DO DIREITO: PESSOA JURÍDICA INDIVIDUAL

109. Sujeito do direito e pessoa jurídica	352
109.1. Sujeito do direito	353
109.2. Multiculturalismo e os direitos de grupo	354
109.3. Participação social	357
109.4. Entes despersonalizados	357
109.5. Pessoa jurídica	357
110. Pessoa jurídica individual	358
110.1. Conceito	358
110.2. Personalidade e capacidade de direito	359
110.3. Início	360
110.4. Capacidade de fato, legitimação e capacidade plena	361
110.5. Fim da pessoa jurídica individual	362
Questionário	363

Lição XXIV – SUJEITOS DO DIREITO: PESSOA JURÍDICA COLETIVA

111. Conceito e características	366

111.1. Conceito	366
111.2. Características	367
112. Natureza da pessoa jurídica coletiva	368
112.1. Teoria da Ficção (Savigny: 1779-1861)	368
112.2. Teorias Realistas	369
113. Normativismo, tridimensionalismo e construção lógica	371
114. Classificação	372
114.1. De direito público e de direito privado	372
114.2. De direito público externo e interno	373
114.3. Associações, sociedades e fundações	373
115. Importância da pessoa jurídica coletiva	375
Questionário	375

Lição XXV – Situações subjetivas e direito subjetivo

116. Conceito e espécies de situação subjetiva	376
116.1. Conceito	376
116.2. Espécies	377
117. Direito subjetivo	378
117.1. Noção	378
117.2. Características	378
117.3. Vinculação com o direito objetivo	379
117.4. Direito subjetivo e direitos humanos	380
117.5. Origem do direito subjetivo	380
118. Faculdade jurídica	380
118.1. Conceito	381
118.2. Faculdade jurídica e direito subjetivo	381
119. Interesse legítimo	381
120. Poder-dever	382
120.1. Conceito	382
120.2. Direitos potestativos	383
121. Ônus	384
Questionário	384

Lição XXVI – Natureza do direito subjetivo

122. Teoria da Vontade (Bernard Windscheid)	386
123. Teoria do interesse (Rudolf Von Ihering)	388
124. Teoria eclética (Georg Jellinek)	389
125. Teorias de Del Vecchio, Kelsen e Duguit	389
125.1. Solução de Del Vecchio (1878-1970)	390
125.2. Monismo de Hans Kelsen (1881-1973)	390
125.3. Léon Duguit (1859-1928)	392
126. Compreensão de Miguel Reale e de Franco Montoro	393
126.1. Miguel Reale (1910-2006)	393
126.2. Franco Montoro (1916-1999)	396
Questionário	396

Lição XXVII – MODALIDADES DO DIREITO SUBJETIVO

127. Classificação quanto à eficácia 398
    127.1. Direitos absolutos 398
    127.2. Direitos relativos 398
    127.3. Direitos transmissíveis 398
    127.4. Direitos não transmissíveis 399
    127.5. Direitos principais 399
    127.6. Direitos acessórios 399
    127.7. Direitos renunciáveis 399
    127.8. Direitos não renunciáveis 399
128. Classificação quanto ao conteúdo 399
129. Direitos subjetivos privados 399
    129.1. Direito subjetivo simples 400
    129.2. Direito subjetivo complexo 400
    129.3. Direitos da pessoa e direitos da personalidade 400
    129.4. Direitos patrimoniais e não patrimoniais 403
130. Direitos subjetivos públicos 404
    130.1. Perspectivas históricas 404
    130.2. Fundamento dos direitos subjetivos públicos 405
131. Direitos subjetivos públicos na Constituição Brasileira 406
    131.1. Distinção entre direitos e garantias 407
    131.2. Art. 5º da Constituição Federal 408
    131.3. Direitos políticos 410
    131.4. Seguridade Social 410
Questionário 410

Lição XXVIII – DECLARAÇÕES DOS DIREITOS HUMANOS

132. Direitos humanos: conquista da cultura 412
133. Fundamento: a pessoa humana 413
134. Declarações dos direitos do homem 415
    134.1. Sentido do termo "declaração" 415
    134.2. Histórico 415
    134.3. Gerações dos direitos 416
    134.4. As Declarações dos Direitos do Homem 417
Questionário 423

Lição XXIX – DEVER JURÍDICO

135. O direito e a obrigação 427
136. Natureza e conceito do dever jurídico 428
    136.1. Natureza 428
    136.2. Conceito 429
137. Origem e extinção 430
138. Espécies de dever jurídico 430
139. Axiomas jurídicos 431
    139.1. Evolução histórica 431

139.2. Axiomas jurídicos 431
Questionário 433

Quarta Parte
HERMENÊUTICA JURÍDICA

Lição XXX – HERMENÊUTICA JURÍDICA
140. Hermenêutica jurídica 437
141. A interpretação jurídica 438
    141.1. Objetivos da interpretação 440
    141.2. Momento cognitivo 442
    141.3. Momento construtivo 442
    141.4. Casos fáceis e difíceis 445
    141.5. A força normativa dos princípios 447
142. Técnica da ponderação 448
143. Necessidade da interpretação 450
    143.1. Histórico 450
    143.2. *In claris cessat interpretatio* 451
144. Espécies de interpretação 452
    144.1. Quanto à origem de que emana 452
    144.2. Natureza da interpretação 453
    144.3. Efeitos da interpretação 454
    144.4. Interpretação segundo a Constituição 455
Questionário 456

Lição XXXI – ESCOLAS DE INTERPRETAÇÃO
145. Histórico e divisão 458
    145.1. Escola dos Glosadores ou de Bolonha (séculos XI a XIII) 458
    145.2. Escola dos Comentaristas 459
    145.3. Divisão 459
146. Escola da exegese 459
    146.1. Postulados básicos 460
    146.2. Crítica 462
    146.3. Declínio da Escola da Exegese 465
147. Escola histórico-evolutiva 466
    147.1. Escola Histórica do Direito 466
    147.2. Escola Histórico-Evolutiva 467
148. A livre pesquisa científica do direito 468
    148.1. Existência de lacunas 468
    148.2. Livre Pesquisa 469
    148.3. Conclusão 470
149. A corrente do direito livre 470
    149.1. Eugen Ehrlich (1862-1922) 471
    149.2. Hermann Kantorowicz (1877-1940) 472

149.3. Juízo crítico ... 472
Questionário ... 473

Lição XXXII – PROCESSO DO ATO INTERPRETATIVO
150. Momento literal, gramatical ou filológico ... 477
151. Momento lógico-sistemático ... 479
152. Momento histórico-evolutivo ... 480
153. Momento teleológico ... 481
154. Natureza lógico-valorativa da interpretação ... 482
    154.1. Caráter lógico da interpretação ... 482
    154.2. Natureza axiológica da interpretação ... 484
Questionário ... 493

Lição XXXIII – APLICAÇÃO E INTEGRAÇÃO DO DIREITO
155. A aplicação do direito ... 495
    155.1. Sentido técnico ... 496
    155.2. Natureza da aplicação ... 497
    155.3. Argumentação jurídica ... 500
156. A integração do direito ... 501
    156.1. Conceito ... 503
    156.2. Integração, fontes e interpretação ... 503
    156.3. A questão das lacunas ... 503
    156.4. Postulado da coerência ... 507
    156.5. Plenitude ou completude da ordem jurídica ... 508
    156.6. Meios de integração ... 509
157. O costume jurídico supletivo ... 509
Questionário ... 510

Lição XXXIV – ANALOGIA
158. Conceito ... 513
    158.1. Paradigma ... 513
    158.2. Fonte do direito ... 514
159. Princípio da igualdade jurídica ... 514
    159.1. Semelhança material de casos ... 514
    159.2. Identidade de razão ... 514
160. Operação lógica e axiológica ... 514
161. Modalidades ... 515
    161.1. *Analogia legis* ou legal ... 516
    161.2. *Analogia juris* ou jurídica ... 516
    161.3. Juízo crítico ... 516
162. Analogia e interpretação extensiva ... 516
    162.1. Interpretação extensiva ... 517
    162.2. Analogia ... 517
163. Exclusão da analogia ... 518
    163.1. Direito Penal ... 518

163.2. Direito Fiscal 518
163.3. Normas de exceção 518
Questionário 519

Lição XXXV – PRINCÍPIOS GERAIS DE DIREITO
164. Conceito de princípio 520
    164.1. Acepção moral e lógica 521
    164.2. Definição 521
    164.3. Princípios com força de lei 522
    164.4. O tridimensionalismo e o pós-positivismo 522
165. Funções 523
166. Princípios e valores 524
167. Natureza e fundamento 525
    167.1. Fase jusnaturalista (direito natural) 526
    167.2. Positivismo jurídico 527
    167.3. Pós-positivismo 528
    167.4. Norma-princípio e norma-regra 529
168. Princípios gerais e brocardos jurídicos 529
Questionário 530

Lição XXXVI – EQUIDADE
169. Como o direito do caso concreto 532
    169.1. Meio de integração de lacunas involuntárias 533
    169.2. Meio de integração de lacunas voluntárias 533
170. Como a justiça do caso concreto 533
    170.1. Generalidade da norma 534
    170.2. *Summum jus, summa injuria* 535
171. Aplicação da equidade 537
    171.1. Racionalismo jurídico e positivismo 537
    171.2. Arts. 140 do CPC e 34 e 5º da LINDB 537
    171.3. A equidade não é fonte do Direito 538
Questionário 539

Lição XXXVII – APLICAÇÃO DA LEI NO TEMPO E NO ESPAÇO
172. Eficácia da lei no tempo (até quando?) 541
    172.1. Revogação 542
    172.2. Retroatividade e irretroatividade 543
    172.3. Ato jurídico perfeito, direito adquirido e coisa julgada ... 544
173. Eficácia da lei no espaço (até onde?) 546
    173.1. Territorialidade e extraterritorialidade 546
    173.2. Territorialidade moderada 546
174. Antinomia jurídica 547
    174.1. Noção 547
    174.2. Critérios para solução 548
    174.3. Antinomias de segundo grau e metacritérios 549

174.4. Lacuna das regras de solução 551
174.5. Técnica do diálogo 552
Questionário 553

Lição XXXVIII – DIREITO COMO CIÊNCIA
175. A ciência do direito 557
    175.1. Epistemologia jurídica 557
    175.2. Ciência do Direito 557
176. Ciência 557
    176.1. Ciência e causas 558
    176.2. A ciência e seus objetos 559
    176.3. O Direito como ciência 559
177. Ciências naturais e culturais 560
178. Ciências jurídicas 562
    178.1. Ciência do Direito e dogmática jurídica 562
    178.2. Teoria Geral do Direito 563
    178.3. Sociologia Jurídica 565
    178.4. História do Direito 566
    178.5. Política do Direito 566
    178.6. Filosofia do Direito 566
    178.7. Zetética e dogmática jurídica 568
    178.8. Estudo da experiência jurídica e tridimensionalidade 568
    178.9. Discriminação do saber jurídico 569
Questionário 570

Lição XXXIX – METODOLOGIA DO DIREITO
179. Conceito e espécies de método 574
    179.1. Conceito 574
    179.2. Espécies 574
180. Intuição, indução, dedução e analogia 575
    180.1. Intuição 575
    180.2. Indução 575
    180.3. Dedução 576
    180.4. Analogia 577
181. Pluralismo metodológico do direito 577
    181.1. Certeza das ciências culturais 577
    181.2. Pluralismo metodológico 577
Questionário 578

Quinta Parte
O FUNDAMENTO DO DIREITO

Lição XL – O VALOR JURÍDICO
182. Noção elementar do valor 584

183. Subjetivismo e objetivismo axiológico	586
184. Realidade objetiva	586
185. Captação pelo homem	589
185.1. Homem situacionado	589
185.2. Elementos integrantes de uma situação	589
186. Estimativa	591
187. Características do valor	592
187.1. Bipolaridade	592
187.2. Implicação	592
187.3. Referibilidade	593
187.4. Preferibilidade	593
187.5. Absoluteza	593
187.6. Realizabilidade	593
188. Os valores, a liberdade e a justiça	594
Questionário	596

Lição XLI – A TEORIA DA JUSTIÇA

189. O direito como justiça	597
189.1. A ideia de Justiça	598
189.2. Histórico	598
190. Conceito e notas da justiça	600
191. A igualdade	603
192. Tipos de justiça	605
192.1. Justiça comutativa	606
192.2. Justiça distributiva	606
192.3. Justiça social	607
192.4. Justiça geral ou legal	608
193. Importância da justiça	609
193.1. Fator de legitimidade	610
193.2. Complementaridade entre Justiça e Direito	611
194. O problema clássico das leis injustas	611
194.1. Tese da separação	613
194.2. Tese da vinculação	613
195. Justiça ou segurança?	614
195.1. Prevalência da justiça	614
195.2. Prevalência da segurança	615
195.3. Posição equilibrada	615
195.4. A Justiça pode não ser o valor mais urgente	617
195.5. Direito incerto é direito injusto	620
Questionário	621

Lição XLII – O DIREITO NATURAL

196. Jusnaturalismo, positivismo jurídico e pós-positivismo	626
196.1. Jusnaturalismo	626
196.2. Positivismo jurídico	629

196.3. Pós-positivismo 632
197. A ideia de um direito natural na Antiguidade 633
  197.1. Grécia e Roma 634
  197.2. Patrística 636
198. Idade Média: o direito natural como expressão da razão divina 636
199. Idade Moderna: o direito natural como expressão da razão humana 638
200. Historicismo, como reação 641
  200.1. Escola Histórica do Direito (séculos XVIII-XIX) 641
  200.2. Juízo crítico 642
  200.3. Renascimento do direito natural 643
201. Maneiras de ver o direito natural 644
  201.1. Direito natural transcendente (jusnaturalismo clássico) 644
  201.2. Teoria Transcendental do Direito Natural 644
202. Concepção transcendental-axiológica 645
203. O direito natural como conjunto de princípios fundamentais 651
  203.1. Conceito histórico-cultural da natureza humana 652
  203.2. Noção de inclinação natural 657
  203.3. Tendências e exigências naturais 657
  203.4. Direito natural e direitos fundamentais do homem 659
  203.5. Direito natural e direito positivo 660
204. Conclusão 661
  204.1. Natureza humana 661
  204.2. Valores fixos e universais 662
  204.3. Seiva do Direito 662
Questionário 662

Referências bibliográficas 667
Índice analítico-remissivo 675

Primeira Parte

O FENÔMENO JURÍDICO

O inatismo foi uma doutrina formulada por Platão e retomada por Descartes, segundo a qual as ideias são inerentes ao conhecimento humano e existem independentemente da experiência.

Porém, a realidade é diferente. Não temos ideias inatas. Toda ideia é adquirida pelo contato com a realidade objetiva, por meio da experiência sensorial. Daí o conhecido adágio da Escolástica, seguindo Aristóteles: *nihil est in intellectu, quod prius non fuerit in sensu* (nada existe no intelecto que antes não tenha passado pelos sentidos).

Por isso, em nossa investigação do fenômeno jurídico, procuraremos captar os dados empíricos fornecidos pela sociologia e pela história, uma vez que ele está enraizado na sociedade. O Direito é um fenômeno histórico e cultural, concebido como técnica de solução de conflitos e ordenação das relações de convivência social.

Dessa dimensão sociológica e histórica do direito, extrairemos os elementos constitutivos da sua noção.

Lição I

HOMEM, SOCIEDADE E DIREITO

Sumário: 1. Homem, ser social e político; 2. Sociedade, interação e controle social; 3. O Direito como instrumento de controle social; 4. Conclusão: silogismo da sociabilidade e o Direito como ordenação social.

Existem muitas formas de se iniciar o estudo do Direito. Optamos por essa que busca, como primeiro lance da pesquisa sobre o fenômeno jurídico, descobrir os elos que vinculam o "homem", a "sociedade" e o "direito".

1. HOMEM, SER SOCIAL E POLÍTICO

1.1. Sociabilidade humana

Onde quer que se observe o homem, seja qual for a época e por mais rude e selvagem que possa ser na sua origem, ele sempre é encontrado em estado de convivência com os outros. Desde o seu primeiro aparecimento sobre a Terra, surge em grupos sociais, inicialmente pequenos (família, clã, tribo) e depois maiores (aldeia, cidade, Estado).

O fato indiscutível é que o elemento humano é dado à associação. Não há para o homem outro ambiente para sua existência senão o social. Sozinho, o homem não pode vir ao mundo, não pode crescer, não pode educar-se, não pode nem satisfazer suas necessidades mais elementares, nem realizar suas aspirações mais elevadas. A existência envolve coexistência, ou seja, o homem "existe" e "coexiste". Para ele, "viver" é "conviver", "ser com": com as coisas, com os outros, consigo mesmo. A pessoa tem uma estrutura de interioridade. Mas ela é também uma realidade aberta; é "um ser para o encontro". Era isso que Thomas Merton, inspirando-se no texto de John Donne, dizia em poucas palavras: "**homem algum é uma ilha**"[1]. Daí a afirmação do brocardo latino: *ubi homo, ibi societas* (onde há homem, aí existe sociedade). A ideia de homem exige a de convivência civil. Em suma, o homem vive na sociedade e em sociedades. O seu mundo é duplo: é natureza e sociedade; dois modos essenciais de "ser com"[2]. Além de um "**ser social**", o homem é também um "**ser político**". Se o homem aparece e se realiza como pessoa na convivência interpessoal, trata-se de uma convivência política. A politicidade dá a cor a todas as formas e a todos os níveis das relações humanas.

Podemos dizer que o homem apresenta duas dimensões fundamentais: a "sociabilidade" e a "politicidade". A primeira vem a ser "a propensão do homem para viver junto com os outros e comunicar-se com eles, torná-los participantes das próprias experiências e dos próprios desejos, conviver com eles as mesmas emoções e os mesmos bens. A segunda é o conjunto de relações que o indivíduo mantém com os outros, enquanto faz parte de um grupo social"[3].

Na realidade, são **dois aspectos correlatos de um único fenômeno**. O homem é "**sociável**" e por isso tende a entrar em contato com os seus semelhantes e a formar com eles certas associações estáveis. Porém, começando a fazer parte de grupos organizados, torna-se um ser "**político**", ou

---

[1] Thomas Merton, monge trapista, inspirando-se no texto de John Donne, escreveu o clássico *Homem algum é uma ilha*, para aqueles que lutam para viver uma vida mais rica, mais nobre e mais plena, já que todos dependemos uns dos outros. John Donne (+ 1631), por sua vez, inaugurou uma nova era na poesia inglesa. Apesar de ter se tornado um teólogo anglicano, sempre foi, como poeta, fiel à tradição católica, graças talvez à sua herança de bisneto de uma irmã de Santo Thomas Moore. O seu texto conhecido reproduz o que ele sentiu, ao ouvir, durante uma grave enfermidade, o dobre de finados por alguém. Pergunta: Já que cada homem é um pouco de mim mesmo, porque faço parte da humanidade, quem pode desviar o ouvido desse sino se ele está transpondo para além deste mundo um pouco de mim mesmo? Seu texto clássico é o seguinte:
"Homem algum é uma ilha – completa em si mesma;
todo homem é um fragmento do continente, – uma parte do oceano.
A morte de cada homem me enfraquece – porque sou parte da humanidade;
assim, nunca perguntes por quem o sino dobra; – ele dobra por ti" (Meditação 17).

[2] Arnaldo Vasconcelos escreve: "Livre, o homem pertence ao mesmo tempo a dois planos distintos, que se hão de compor, para que possa realizar seus fins. Como ser individual, é-para-si; na qualidade de ser social, é-para-o-outro. Existir implica coexistir, ou seja, limitação recíproca de liberdade. O modo dessa compartição é dado através de normas. Sociabilidade e normatividade constituem termos essencialmente comprometidos, de implicação mútua... A existência envolve coexistência e, esta, normatividade" (*Teoria da norma jurídica*, Rio de Janeiro: Forense, 1978, p. 2-3).

[3] Battista Mondin, *O homem, quem é ele?* São Paulo: Paulinas, 1968, p. 154.

seja, membro de uma *polis,* de uma cidade, de um Estado, e, como membro de tal organismo, adquire certos direitos e assume determinados deveres[4].

Em suma, o Direito não se refere ao homem na totalidade do seu agir. Somente se refere ao homem enquanto ser que, *agindo em sociedade,* assume dadas posições perante os demais homens, suscetíveis de gerar pretensões recíprocas ou pelo menos correlatas.

1.2. Interpretações da sociabilidade do homem

Como explicar esse impulso associativo do ser humano?

a) Platão (428-348 a.C.) e **Aristóteles** (384-322 a.C.), na antiguidade, interpretaram de maneira oposta a dimensão social do homem. Segundo aquele, trata-se de um fenômeno contingente, enquanto para este cuida-se de uma propriedade essencial. Tal divergência nasce das suas concepções diversas do homem.

Para **Platão**, o homem é **essencialmente alma**. Ele realiza a sua perfeição e chega a alcançar sua felicidade na contemplação das ideias, que povoam um mundo denominado metaforicamente por ele de lugar celeste *(topos uranos)*. Nessa atividade não necessita de ninguém. Cada alma existe e se realiza por sua própria conta, independentemente das outras. Mas, devido a uma grande culpa, as almas perderam sua condição original de absoluta espiritualidade e caíram na Terra, onde teriam sido obrigadas a assumir um corpo para pagar as próprias culpas e purificar-se. Agora o corpo comporta toda uma série de necessidades que podem ser satisfeitas apenas com a ajuda dos outros. A sociabilidade é, portanto, uma mera **consequência da corporeidade**, e dura apenas enquanto as almas estiverem ligadas ao corpo.

Aristóteles, de maneira oposta, vê o homem como constituído **essencialmente de alma e corpo**. Movido por tal constituição, é necessariamente ligado aos vínculos sociais. Sozinho ele não pode satisfazer suas próprias necessidades nem realizar suas aspirações. É, portanto, a **própria nature-**

---

[4] O poema de Bertolt Brecht "O analfabeto político" reafirma a "politicidade" do ser humano:
"O pior analfabeto é o analfabeto político.
Ele não ouve, não fala, nem participa dos acontecimentos políticos.
Ele não sabe que o custo da vida, o preço do feijão, do peixe,
da farinha, do aluguel, do sapato e do remédio,
dependem das decisões políticas.
O analfabeto político é tão burro que se orgulha e estufa o peito
dizendo que odeia a política.
Não sabe o imbecil que da sua ignorância política
nasce a prostituta, o menor abandonado,
e o pior de todos os bandidos
que é o político vigarista, pilantra,
o corrupto e o lacaio dos exploradores do povo".

za que induz o indivíduo a associar-se com os outros indivíduos e a organizar-se em uma sociedade. Por isso considerava o homem fora da sociedade um bruto ou um deus, significando algo inferior ou superior à condição humana: "O homem é, por natureza, um animal político. Aquele que, por natureza, não possui estado, é superior ou mesmo inferior ao homem, quer dizer: ou é um deus ou mesmo um animal" (*A política*). Em suma, para Aristóteles, o homem é um animal político, destinado por natureza a viver em sociedade de sorte que a ideia de homem exige a de convivência civil.

b) **Santo Tomás de Aquino** (1225-1274), na Idade Média, como Aristóteles, considera que o homem é naturalmente sociável: "O homem é, por natureza, animal social e político, vivendo em multidão, ainda mais que todos os outros animais, o que se evidencia pela natural necessidade"[5].

Assim, a sociedade política deriva a sua origem diretamente das **exigências naturais da pessoa humana**. Tomás de Aquino afirma, então, que a vida solitária e fora da sociedade é exceção, que pode ser enquadrada numa das três hipóteses: "*mala fortuna*", ou seja, quando por um infortúnio qualquer o indivíduo acidentalmente passa a viver em isolamento; "*corruptio naturae*", quando o homem, em casos de anomalia ou alienação mental, desprovido de razão, vai viver distanciado dos seus semelhantes; "*excellentia naturae*", que é a hipótese de um indivíduo notavelmente virtuoso, possuindo uma grande espiritualidade, isolar-se para viver em comunhão com a própria divindade.

c) **Contratualistas.** Durante a época moderna, a interpretação platônica do fundamento da sociabilidade encontrou adesão por parte de muitos filósofos, como Spinoza, Hobbes, Locke, Leibniz, Vico e Rousseau. Sustentavam que a sociedade, como o direito, é tão só o produto de um **acordo de vontades**, ou seja, de um contrato hipotético celebrado entre os homens. São os contratualistas. Existe uma diversidade muito grande de contratualismos[6]. Porém, se há diferentes explicações para a decisão do homem de

---

[5] S. Th. I, q. 96, a. 4.

[6] Podemos distinguir, quanto aos efeitos do contrato, um contratualismo *parcial*, que diz respeito somente ao Estado, sem abranger a origem da sociedade, como é, por exemplo, o contratualismo de Grócio, para quem a sociedade é um fato natural, oriundo do *appetitus societatis*, mas o Direito Positivo é o resultado de um acordo ou de uma convenção. E um contratualismo *total*, que envolve tanto a origem da sociedade quanto a do Estado, como aparece na obra de Hobbes ou de Rousseau. Quanto à natureza do homem no ato de contratar, há um contratualismo de ordem *pessimista*, que acaba sempre na apologia de um Estado forte ou de um Estado identificado com a justiça mesma (Hobbes), ou um contratualismo *otimista* que idealiza o homem natural, corrompido por um falso contrato social (Rousseau). Para Hobbes, o homem é um ser profundamente egoísta que a sociedade educa; para Rousseau, é um ser originariamente bom que a civilização corrompe. Há ainda um contratualismo que apresenta o contrato com a força de um *fato histórico*, um fato efetivamente ocorrido em determinado momento da evolução histórica, na passagem do estado selvagem para o estado

unir-se a seus semelhantes e de passar a viver em sociedade, há todavia um **ponto comum entre eles**: *a negativa do impulso associativo natural*, ou seja, a sociabilidade é um fenômeno secundário, derivado, com a afirmação de que só a vontade humana justifica a existência da sociedade. Esta se assenta sobre um contrato e é uma criação humana, algo posto pelo homem e que o homem pode desfazer ou alterar segundo seu arbítrio.

De outro lado, partindo de um homem concebido como sendo anterior à organização da convivência social (no "estado de natureza"), esse "homem natural" é um homem criado pela razão, com qualidades e tendências variáveis, segundo as preferências e os interesses dos vários autores contratualistas. Não é de espantar, portanto, que o contratualismo possa chegar às conclusões mais desencontradas, uma vez que seus adeptos partem de um "homem natural", que tenha precisamente aqueles defeitos ou qualidades indispensáveis à realização de um "contrato social", com as cláusulas e condições desejadas.

Thomas Hobbes (1588-1679), por exemplo, defendia que o homem não possui o instinto natural da sociabilidade. Por sua natureza, é um ser **mau e antissocial**. Por isso, cada homem encara seu semelhante como um concorrente que precisa ser dominado. A consequência dessa disputa dos homens entre si teria gerado um permanente estado de guerra nas comunidades primitivas: "**a guerra de todos contra todos**" ("bellum omnium contra omnes"); e, nessa guerra contra todos, "**o homem era o lobo do próprio homem**" ("homo homini lupus")[7].

Para dar fim à brutalidade social primitiva, os homens firmaram um **contrato** entre si, pelo qual cada um transferia seu poder de governar a si próprio a um terceiro, o Estado, para que este governasse a todos, impondo ordem e segurança à vida social. Essas ideias foram apresentadas no livro intitulado *Leviatã*, nome que se refere ao gigantesco monstro bíblico citado no Livro de Jó (Caps. 40 e 41), e que em Hobbes simboliza o Estado. O Estado, portanto, é comparado pelo filósofo inglês a uma criação monstruosa do homem, que acaba por engolir a todos os indivíduos[8].

---

civilizado; e um contratualismo em que o contrato tem um significado de ordem *lógica* ou *deontológica:* como critério da explicação, como um elemento explicativo da sociedade e do direito. Rousseau e Hobbes jamais pensaram no contrato como um fato histórico, mas desempenhando apenas uma função de natureza lógica.

[7] "Com isto se torna manifesto que, durante o tempo em que os homens vivem sem um poder comum capaz de os manter a todos em respeito, eles se encontram naquela condição a que se chama guerra; e uma guerra de todos os homens contra todos os homens" (Leviatã, cap. XIII, p. 74-76). Por sua vez, a expressão *"homo hominis lupus"* foi criada por Plauto (254-1874 a.C.), sendo mais tarde popularizada por Hobbes na sua obra Do Cidadão.

[8] Por meio do "contrato social", isto é, do acordo de todos com todos em favor de um, o Soberano, ou parlamento, com renúncia dos "direitos naturais" de todos para o bem da comunidade, o que vale dizer, para o bem de todos, temos o estabelecimento do que, hoje, se denomi-

Jean-Jacques Rousseau (1712-1778), por sua vez, em seu livro mais conhecido, *O contrato social*, afirma a predominância da bondade humana **no estado de natureza**. Nele o homem é essencialmente **bom e livre**. É o aparecimento da propriedade privada que marca o fim desse estado e o início de uma época de conflitos, males e guerras. O primeiro homem que cercou um campo e disse "isto é meu" foi o primeiro fator da infelicidade humana. A sociedade dividiu-se em ricos e pobres[9].

Aconselhados pelos ricos, os homens são levados a viver em sociedade e sob o poder de uma autoridade, que deveria manter a paz e a justiça por meio das leis. Contudo, deram assim mais força aos ricos, que destruíram as liberdades naturais, endeusaram a propriedade, fixaram as desigualdades e sujeitaram os demais homens ao trabalho, à servidão e à miséria. O homem, afastando-se do estado de natureza, foi situar-se no estado de sociedade, que só serve para corrompê-lo e torná-lo infeliz. O problema, então, para Rousseau, é como formar uma sociedade que defenda e proteja a pessoa e os bens de cada associado, e na qual cada um deles, ao unir-se a todos os outros, não obedeça senão a si mesmo, e permaneça tão livre como antes.

A solução para Rousseau encontra-se em organizar um Estado que só se guie pela "**vontade geral**" (*volonté générale*), e não pela vontade particular de cada um, de alguns ou da maioria dos indivíduos. E temos a vontade geral governando a sociedade, quando esta só pratica atos, ou edita leis, cujo conteúdo sempre contenha somente interesses comuns a todos os cidadãos e a ela, sociedade. Dessa forma, sempre reinarão só os interesses de todos, que assim se sentirão livres, satisfeitos e em paz[10].

---

na Estado. No dizer de Hobbes: "Eis a origem do grande Leviatã, ou melhor, para falar mais reverentemente, desse *deus mortal*, a quem devemos, sob o *Deus imortal*, a nossa paz e proteção" (*Leviatã*, Parte II, Cap. XVII).

[9] Rousseau escreve em suas *Confissões*: "Nasci em Genebra, em 1712, de Isaac Rousseau, cidadão, e de Suzanne Bernard, cidadã. Uma herança bem medíocre, para ser dividida entre quinze filhos, havia reduzido a quase nada a parte que coube a meu pai, que não tinha outro meio de subsistência senão a profissão de relojoeiro, na qual era, na verdade, muito hábil" (*Les confessions*, Paris, Garnier Flamarion, 1958, v. 1, p. 44). Segundo Rousseau: "O primeiro que, tendo cercado um terreno, lembrou-se de dizer: 'Isto é meu', e encontrou pessoas bastante simples para crê-lo, foi o verdadeiro fundador da sociedade civil. Quantos crimes, guerras, mortes, quantas misérias e horrores não teria poupado ao gênero humano aquele que, arrancando as estacas ou enchendo o fosso, tivesse gritado aos seus semelhantes: 'Guardai-vos de escutar este impostor; estai perdidos se esquecerdes que os frutos são para todos, e que a terra é de ninguém!' (*Du contrat social*, Paris: Édition Garnier, 1954, p. 97)".

[10] Para Rousseau, o que determina o Estado é a vontade; mas distingue, além da vontade individual, duas vontades coletivas: a *volonté générale* e a *volonté de tous*. Esta é a soma das vontades individuais, e quase nunca é unânime; a vontade geral é a que importa politicamente, a *vontade da maioria*, que é a *vontade do Estado*. A vontade majoritária, portanto, por ser majoritária, é a vontade da comunidade como tal; ou seja, também dos discrepantes, não como indivíduos, mas como membros do Estado. É o princípio da democracia e do sufrágio universal.

O instrumento pelo qual se fixa a estrutura dessa sociedade boa, na qual o Estado se guiará pela vontade geral, é **o contrato social**. Por ele, cada indivíduo transfere ao Estado a sua pessoa e todos os seus direitos e suas coisas. Mas como o Estado é composto de todos, todos se dando a todos, todos permanecem livres e senhores de si e de suas coisas: dão os direitos naturais, que são devolvidos como direitos civis. A função do Estado é, sob a luz da vontade geral, garantir dessa forma aos cidadãos o uso dos verdadeiros direitos naturais, como os da liberdade e igualdade, próprios da natureza humana. Vale relembrar que o direito, ou lei, que vige no Estado do contrato, expressa a vontade geral que, em Rousseau, é a vontade unânime dos cidadãos, não a soma das vontades individuais (a soma das vontades individuais resultaria na vontade de todos ou na vontade da maioria, não na vontade geral).

Note-se, todavia, que, para Rousseau, o contrato social, a rigor, não cria a sociedade ou o Estado: é um **programa que diz como eles devem ser**, para o bem da humanidade. Nele são estipuladas as condições que permitem aos homens retornar a viver sob os benefícios de um estado de natureza aperfeiçoado e no qual reencontram a sua autêntica natureza humana. Miguel Reale observa que ao contrato social e histórico, leonino, Rousseau contrapõe o contrato puro da razão. Daí duas obras que se completam: *Discursos sobre a origem e os fundamentos da desigualdade entre os homens* e *Do contrato social ou princípios do direito político*. Na primeira, mostra os erros de um contrato tal como foi constituído, em que os indivíduos foram vítimas dos mais fortes e dos mais astutos; um contrato da desigualdade e do arbítrio (se é que se pode denominar contrato o que é mero resultado da força). Na outra, passa a conceber a sociedade do futuro, oriunda de um contrato segundo as linhas puras da razão; um contrato ideal ou racional, que é o da liberdade e do consenso mútuo[11]. Quando, pois, se afirma que Rousseau pregou a volta ao estado de natureza, se comete um erro por omissão, perdendo-se de vista o real significado de suas duas obras: o Emílio e o Contrato Social.

d) **Impulso associativo e cooperação da vontade.** O contratualismo se caracteriza pelo esforço de explicar a sociedade e o direito partindo de um homem concebido como anterior à organização da convivência social,

---

O importante aqui é, por um lado, o respeito pelas minorias, que têm direito de fazer valer sua vontade, mas, ao mesmo tempo, a aceitação da vontade geral pelas minorias, como expressão da vontade da comunidade política. As consequências dessas ideias foram profundas. Rousseau procurava convencer por contraste: a sociedade que ele cria é, em linhas gerais, o contrário das instituições que mais pesavam sobre o povo. Daí a repercussão de sua obra. Rousseau morreu em 1778, antes do início da Revolução Francesa, mas suas ideias contribuíram essencialmente para esse movimento e tiveram grande influência na história política europeia.

[11] Ver Miguel Reale, *Filosofia do direito*, São Paulo: Saraiva, 1990, p. 647.

do homem em "estado de natureza". Porém, na observação arguta de Reale, **concebido fora da sociedade**, seguiu o destino que Aristóteles lhe traçara nas pontas de sua alternativa: **ou um** bruto **(Hobbes) ou um** deus **(Rousseau)**. De fato, o homem natural é um homem criado pela razão, com qualidades e tendências variáveis, ora concebido como um ser débil e tímido, ora como um lobo para os outros homens[12].

Em segundo, entendemos que a sociedade é fruto da **conjugação de um impulso associativo natural e da cooperação da vontade humana**. Isso quer dizer que o homem é levado a viver em sociedade por impulso natural e por opção da inteligência e disposição da vontade. A sociedade, longe de ser um fator originário, é condicionada pela sociabilidade do homem, isto é, por algo que é inerente a todo ser humano e que é condição de possibilidade da vida de relação.

Há, portanto, um **impulso associativo natural**, que se evidencia pela necessidade, tanto de ordem material como espiritual, de convivência. Fora da sociedade, o homem não poderia jamais realizar os fins de sua existência, desenvolver suas faculdades e potencialidades. Mesmo provido de todos os bens materiais suficientes à sua sobrevivência, o ser humano continua necessitando do convívio com seus semelhantes. De fato, o homem, enquanto realidade aberta, demonstra sua radical indigência. Não é uma realidade que se baste a si mesmo. Precisa do cosmos e precisa dos outros homens. O homem, assim, radicalmente insuficiente, abre-se à vida comunitária. Consequentemente, a raiz do fenômeno da convivência está na própria natureza humana. A sociabilidade é inata ao homem, não passando de mera ficção a teoria de que o homem começou a viver isolado num estado de natureza que teria precedido o estado social. O homem é um ser normativo[13].

Contudo, esse impulso associativo natural não elimina a **participação da vontade humana**. Consciente de que necessita da vida social, o homem a deseja e procura favorecê-la, aperfeiçoá-la. Os irracionais, ao contrário,

---

[12] Miguel Reale, *Fundamentos do direito*, São Paulo: Revista dos Tribunais/Edusp, 1972, p. 5-6.

[13] Para os contratualistas, o ponto de partida na evolução histórica do sistema normativo é a hipótese de uma condição humana em que ainda não existe um sistema de normas. É a hipótese do "estado de natureza" no sentido hobbesiano, que pode ser definida com a fórmula "tudo é lícito" (*ius in omnia*). A passagem do estado de natureza ao estado civil ocorre pela limitação da esfera primitiva da liceidade natural. Suprimiu-se toda liberdade natural; todo comportamento é ou proibido ou comandado e nenhum é lícito: "tudo é obrigatório". É a hipótese do "Estado totalitário", em que todo ato do cidadão é regulado por normas imperativas. Note-se que a realidade histórica não conhece nenhuma dessas duas hipóteses. A hipótese mais próxima da realidade é reconhecer que em todo Estado há situações em que o pressuposto é a liberdade natural, e outras em que o pressuposto é a ausência da liberdade natural (Estados liberal e socialista). Quanto muito, poderíamos distinguir Estados em que *prevalece* um ou outro desses dois pressupostos.

agrupam-se por mero instinto e, em consequência, de maneira sempre uniforme, não havendo aperfeiçoamento. Passando a viver em sociedade, o homem se viu forçado a modificar os seus hábitos e adotar normas de conduta adequadas à nova forma de vida. Sem a cooperação para satisfação das necessidades comuns, a vida social acabaria na desordem, na anarquia, na guerra de todos contra todos. E, como veremos, o direito teve origem nessa necessidade de estabelecer a paz e a segurança nas relações entre os homens.

Daqui podemos concluir também que **a sociabilidade humana e o processo cultural** surgem desde o início como elementos correlatos, ou seja, o homem, desde o primeiro momento, procura criar um sistema de bens ou coisas valiosas que compõem o mundo da cultura, atuando sobre a natureza dada.

Pessoa, sociedade e história são conceitos correlatos, numa concreção dialética que torna impossível a compreensão de um elemento com olvido dos outros dois. Hoje, com apoio nos estudos de Vico, entendemos a sociedade e o Estado como *realidades históricas* resultantes da natureza social do próprio indivíduo.

2. SOCIEDADE, INTERAÇÃO E CONTROLE SOCIAL

2.1. Conceito de sociedade

O conceito de sociedade apresenta controvérsias devido ao seu caráter amplo. De fato, o termo é tomado em vários sentidos: no de "nação", de fração social de "elite" (*high society*), de "grupo social" etc. Hoje é frequente os sociólogos empregarem o termo "sociedade" como sinônimo de "grupo social", significando **qualquer agrupamento de pessoas em processo de interação.**

2.2. Características da sociedade

Quatro são as características de qualquer sociedade: multiplicidade de indivíduos, interação, previsão de comportamentos e organização.

a) **Multiplicidade de indivíduos**. As realidades que denominamos genericamente de sociedade apresentam como pressuposto primeiro a multiplicidade de indivíduos. Trata-se de um conjunto ou agrupamento de indivíduos. Na definição de Tomás de Aquino: "a reunião de homens para fazer algo em comum"[14].

b) **Interação**. Não basta, porém, para a existência de uma sociedade, que indivíduos, em número maior ou menor, unam-se. É indispensável, conforme acentua Jean Piaget, que entre eles haja "interações", ou seja, que desenvolvam ações recíprocas, de forma que à ação de uns correspondam

---

[14] "*Adunatio hominum ad aliquid unum communiter agendum*" (*Contra Impugnantes Dei Cultum et Religionem*, Cap. 3, c).

ações correlatas de outros, dentro de uma estrutura bem definida. Daí a conceituação precisa, de Piaget, de que a sociedade se define como a "multiplicidade de interações de indivíduos humanos"[15].

c) **Previsão de comportamento**. A interação, por seu turno, pressupõe uma previsão de comportamento, ou de reações ao comportamento de outros. Na verdade, cada um atua na expectativa de que os demais indivíduos corresponderão às atitudes que assumimos dentro de um quadro de significações bem definidas. Cada um age orientando-se pelo provável comportamento do outro e também pela interpretação que faz das expectativas do outro com relação a seu comportamento.

d) **Organização**. Em geral, toda sociedade se organiza, ou seja, se arma dos meios necessários para obter seus fins. Para Santi Romano, a organização é essencial à sociedade; é essa sociedade organizada que ele chama de "instituição". Mas o elemento organização não é, a nosso ver, essencial para a existência de uma sociedade. Pode existir uma sociedade não organizada.

2.3. Formas de interação social

A interação compõe o tecido fundamental da sociedade e se apresenta sob as formas de "cooperação", "competição" e "conflito", encontrando no Direito a sua garantia.

Na **cooperação**, as pessoas estão movidas por um mesmo objetivo e valor e por isso conjugam o seu esforço. Na **competição** há uma concorrência, em que as partes procuram obter o que almejam, uma visando à exclusão da outra. No **conflito** se faz presente o impasse, ou seja, os interesses em jogo não logram uma solução pelo diálogo e se recorre, então, à agressão, moral ou física, ou buscam a mediação da justiça.

A cooperação une e inclui. A competição cria oposição e exclusão. Os conflitos são fenômenos naturais a qualquer sociedade. Quanto mais esta se desenvolve, mais se sujeita a novas formas de conflito, tornando-se a convivência, se não o maior, certamente um dos seus maiores desafios.

2.4. Instrumentos de controle social

De um lado, nenhuma sociedade poderia subsistir se ela se omitisse diante do choque de forças sociais e do conflito de interesses que se verificam constantemente no seu interior. Não haveria vida coletiva se fosse permitido que cada indivíduo procedesse de acordo com seus impulsos e desejos pessoais, sem respeitar os interesses dos demais. De outro lado, somente os fatos sociais mais importantes para o convívio social é que são juridicamente disciplinados.

---

[15] Jean Piaget (1896-1980) foi um psicólogo suíço, notável por seus estudos sobre o desenvolvimento intelectual nas crianças.

Esse processo de regulamentação da conduta em sociedade recebeu o nome de "controle social", expressão introduzida em 1894 na literatura sociológica por Albion Small (1854-1926) e George Vincent (1864-1941), sociólogos norte-americanos[16]. E os meios de que se serve a sociedade para regular a conduta de seus membros nas relações com os demais são os "instrumentos de controle social": como a **religião**, a **moral**, as **regras de trato social** e o **direito**.

3. O DIREITO COMO INSTRUMENTO DE CONTROLE SOCIAL

O Direito não é o valor único, nem o mais alto, uma vez que a religião, a moral, as regras de trato social igualmente contribuem para o sucesso das relações sociais. Contudo, ele é a garantia precípua da vida em sociedade e como instrumento de controle social, manifesta-se como um corolário inafastável da sociedade. Em suma, o direito não é um fim em si mesmo; é um instrumento de regulação social., com sua faixa própria de agir.

3.1. Ordem e justiça

A faixa própria do direito é regrar a conduta social, com vistas à ordem e à justiça. O direito não visa, pois, ao aperfeiçoamento interior do homem; essa meta pertence à moral. Não pretende preparar o ser humano para uma vida supraterrena, ligada a Deus, finalidade buscada pela religião. Nem se preocupa em incentivar a cortesia, o cavalheirismo ou as normas de etiqueta, campo específico das regras de trato social, que procuram aprimorar o nível das relações sociais.

O direito, dentro da faixa que lhe é própria, provoca, pela precisão de suas regras e sanções, um grau de **certeza e segurança** no comportamento humano, que não pode ser alcançado pelos outros tipos de controle social.

Como um manto protetor, o Direito tutela os comportamentos humanos[17]. Em relação ao **conflito**, por exemplo, a ação do direito opera-se em duplo sentido:

1º) age preventivamente, ao evitar desinteligência quanto aos direitos de que cada parte julga ser portadora, definindo-os com clareza em suas normas;

2º) diante do conflito concreto, o direito apresenta solução de acordo com a natureza do caso, seja para definir o titular do direito, deter-

---

[16] Parsons acentuou a noção de controle social. Um mecanismo de controle social é um processo motivacional em um ou mais agentes, individualmente considerados, que contraria uma tendência para o desvio da atuação esperada. Porque a adequação dos comportamentos não é espontânea.

[17] Posso, por exemplo, em virtude do Direito, ficar em casa, quando não estiver disposto a trabalhar, assim como posso dedicar-me a qualquer ocupação sem ser obrigado a estudar Medicina e não Direito, a ser comerciante e não mecânico. Mas, praticando os atos de uma profissão (como o médico que receita para um doente ou o advogado que subscreve uma petição), exerço também um ato jurídico.

minar a restauração da situação anterior ou aplicar penalidades de diferentes tipos.

3.2. Não pode haver sociedade sem Direito

Do exposto, podemos concluir que há **mútua dependência entre o direito e a sociedade**. Não há relação social que não apresente elementos de juridicidade, segundo o brocardo *ubi societas ibi jus (onde há sociedade, aí há direito)*; e, por outro lado, não existem relações jurídicas sem *substractum* social, quando então se diz *ubi jus, ibi societas (onde há direito, aí há sociedade)*.

Assim, em primeiro, não pode haver sociedade sem direito porque nenhuma sociedade poderia subsistir sem um mínimo de ordem, de direção. Certas condutas sociais podem lesar a integridade física, psíquica, moral e patrimonial das pessoas. Daí a necessidade de prever consequências para estas condutas. Se a existência envolve a coexistência, esta por sua vez envolve a normatividade. A vida em comum, sem uma delimitação precisa da esfera de atuação de cada indivíduo, de modo que a liberdade de um vá até onde começa o direito do outro, é inteiramente inconcebível. Fora da ordem jurídica, só restariam duas alternativas: a anarquia e o despotismo[18].

O fato inegável é que as relações entre os homens não se dão **sem o concomitante aparecimento de normas de organização da conduta social**. Segundo ensinamentos de Lévi-Strauss, um sentido de ordem, longe de ser uma conquista racional no plano de evolução da espécie humana, já é uma qualidade imanente no pensamento de todo ser humano, a começar pelo homem selvagem, sem cultura (*La pensée sauvage*). Ora se a convivência exige ser "ordenada", o direito, mais do que qualquer outro tipo de controle social, corresponde a essa exigência de ordem, essencial à sociedade e conatural ao ser humano. Ele é a máxima expressão desse imperativo da ordem.

Em suma, não é porque o homem precisa do direito que ele vive em sociedade; antes, ele vive em sociedade e, por conseguinte, ele tem necessidade do direito. A sociedade é o fim, o direito é o meio. O homem suporta o jugo do direito porque a sociedade o exige. Como não se concebe o homem fora da sociedade, igualmente não se concebe o indivíduo convivendo com os demais sem o direito. Daí o aforismo: *ubi societas, ibi jus* (onde está a sociedade, aí existe o direito)[19].

---

[18] Ver observações nesse sentido em José de Oliveira Ascensão, *O direito: introdução e teoria geral*, Rio de Janeiro: Renovar, 1994, p. 43-45.

[19] Santi Romano entende que os elementos do conceito do direito são três: a **sociedade** como base de fato em que o direito passa a existir; a **ordem** como fim a que tende o direito; e a **organização** como meio para realizar a ordem. Há direito quando existe uma organização de uma

Esse caráter "humano e social" do direito reflete uma concepção **antropocêntrica**, própria da cultura ocidental e que se baseia numa passagem do Digesto, 1.5.2: "hominum causa omne ius constitutum sit" (todo direito é constituído por causa dos homens). No entanto, hoje ela é objeto de crítica por parte dos que defendem um estatuto jurídico e moral também para os animais, como produto da evolução da bioética.

3.3. Não há direito sem sociedade

Salvaguarda e amparo da convivência social, o direito não tem existência em si próprio; ele existe na sociedade e em função da sociedade. Por isso é inconcebível fora do ambiente social. Se isolarmos um indivíduo numa ilha deserta, a ele não importarão regras de conduta. Ou, se a humanidade desaparecesse, o direito deixaria de existir com ela, muito embora permanecessem os códigos, as leis etc.

Não existem, pois, relações jurídicas sem *substractum* **social.** De igual modo, um direito anterior à sociedade seria um contrassenso, uma vez que a ordem jurídica não tem outra função que ordenar as relações sociais. Com outras palavras, o direito é inconcebível fora do ambiente social. É essencial à sociedade, mas não prescinde dela. Daí a validade também da recíproca da referida fórmula latina: *ubi jus, ibi societas* (onde o direito, aí a sociedade). Dante Alighieri (1265-1321), em sua obra *De monarchia*, II, 5, apresenta a ordem jurídica como fundamento da sociedade, na sua genial definição do direito: "O Direito é uma proporção real e pessoal, de homem para homem que, conservada, conserva a sociedade, corrompida, corrompe-a"[20].

4. CONCLUSÃO

Do exame da dimensão sociológica do direito, na investigação do fenômeno jurídico, podemos tirar as seguintes conclusões.

4.1. Silogismo da sociabilidade

Homem, sociedade e direito estão intimamente ligados, e os elos que os vinculam estão expressos no seguinte silogismo da sociabilidade:

---

sociedade ordenada. Essa sociedade ordenada e organizada é que ele chama de "**instituição**". Para ele, a organização é a razão suficiente do direito, é a razão pela qual o direito é aquilo que é, e sem a qual não seria aquilo que é. Isso significa que o direito nasce no momento em que um grupo social passa de uma fase inorgânica para uma fase orgânica ou organizada. É a razão pela qual concebe o Direito como "realização de convivência ordenada".

[20] "Jus est realis ac personalis hominis ad hominem proportio, quae servata servat societatem; corrupta, corrumpit". Caio Mário da Silva Pereira, por sua vez, define o Direito como "o princípio de adequação do homem à vida social" (Instituições de direito civil, Rio de Janeiro: Forense, 1992, p. 5).

ubi homo, ibi societas (onde há homem, aí há sociedade);
ubi societas, ibi jus (onde há sociedade, aí está o direito);
ubi homo, ibi jus (logo, onde existe homem, aí existe direito).

Esses brocardos exprimem um verdadeiro silogismo, em que a premissa maior é o **homem**; a menor, a **sociedade**; e a conclusão, o **direito**: onde existe o homem, surge a sociedade, e, onde há sociedade, manifesta-se o direito. Em suma, a "sociabilidade" e a "juridicidade" são dois fenômenos que se entrelaçam em íntima dependência com a natureza social do homem.

4.2. O Direito como ordenação social

Hans Kelsen inicia sua *Teoria geral do direito e do Estado* dizendo que "o Direito é uma ordem da conduta humana"[21]. De fato, vimos como a necessidade de uma convivência ordenada impõe-se como condição para a subsistência da sociedade. O direito, por sua vez, corresponde a essa exigência ordenando as relações sociais por meio de regras obrigatórias de comportamento e de organização. Portanto, é inerente à noção do direito o conceito de ordenação, de medida, de regra ou norma.

Podemos, pois, começar a defini-lo como sendo: "a ordenação das relações de convivência", segundo Miguel Reale[22]; ou "a disciplina da convivência", na expressão de Goffredo Telles Júnior[23].

QUESTIONÁRIO

1. Que significa dizer que o homem é um "ser social e político"?
2. Como Platão, Aristóteles e Santo Tomás de Aquino explicam o impulso associativo do ser humano?
3. Qual é o ponto comum entre os contratualistas quanto à interpretação da sociabilidade humana?
4. Por que, segundo Thomas Hobbes, o "homem era o lobo do próprio homem"?
5. Qual foi a solução, conforme Hobbes, para dar fim à brutalidade da vida social primitiva?
6. Qual é a função da "vontade geral" e do contrato social, segundo Rousseau?
7. Por que a sociedade é produto da conjugação de um impulso associativo natural e da cooperação da vontade humana?
8. Qual é o conceito e as características de "sociedade"?

---

[21] Hans Kelsen, *Teoria geral do direito e do Estado*, São Paulo: Martins Fontes, 2016, p. 5.
[22] Miguel Reale, *Lições preliminares de direito*, São Paulo: Saraiva, 1984, p. 67.
[23] Goffredo Telles Júnior, *Iniciação na ciência do direito*, São Paulo: Saraiva 2001, p. 381.

9. O que é interação social? Dê o significado de "cooperação", "competição" e "conflito", como formas de interação social.
10. Como opera o direito na sua função de instrumento de controle social?
11. Demonstre a mútua dependência entre sociedade e direito.
12. Como o silogismo da sociabilidade exprime os elos que vinculam "homem", "sociedade" e "direito"?
13. Do exame da dimensão sociológica do direito, por que podemos defini-lo como sendo "a ordenação das relações de convivência"?
14. No filme *Náufrago* (2000), o protagonista Chuck Noland, interpretado pelo ator Tom Hanks, passa quatro anos isolado numa ilha oceânica, após um acidente aéreo, quando estava a serviço da empresa FedEx.

    Neste período de isolamento forçado, o personagem ameniza os efeitos da solidão adotando "Wilson" como companheiro, uma bola de vôlei que restara do desastre, e estabelece uma espécie de amizade.

    Tendo em vista o texto, assinale a alternativa incorreta:
    A) O fato demonstra que o homem é "um ser para o encontro"; para ele, "viver" é "conviver", ou seja, ele vive na sociedade e em sociedades.
    B) O fato vem confirmar a opinião de Thomas Hobbes de que o homem não possui o instinto natural de sociabilidade, ou seja, por sua natureza é um ser mau e antissocial.
    C) O fato demonstra a inexistência de uma sociedade como um grupo social em processo de interação. Portanto, Chuck Noland não precisava se preocupar com regras jurídicas no seu relacionamento com Wilson.
    D) O fato não elimina a explicação da sociabilidade humana como sendo uma conjugação de um impulso associativo natural e da cooperação da vontade humana.
15. A revista *Veja* de 22 de junho de 2016 traz uma matéria (A solidão faz mal ao coração) em que se ressalta que o isolamento social, para muito além de uma condição humana cantada em verso e prosa, pode realmente prejudicar a saúde, de acordo com trabalho publicado no jornal científico *Heart*, da Sociedade Cardiovascular Britânica, que concluiu que o risco de solitários enfartarem é 29% mais alto e o de sofrerem um derrame é 32% mais elevado, em comparação com as pessoas mais gregárias.

    A conclusão desse estudo da Sociedade Cardiovascular Britânica vem corroborar a tese de que o homem é, por natureza, um ser social? Justifique sua opinião.
16. "Quando o estudante termina seu Curso, recebe um diploma: o diploma de Bacharel em Direito. Aquele diploma é, evidentemente, o título necessário para o exercício das profissões na área do Direito – para os

advogados, os juízes, os promotores públicos, os delegados da polícia –, mas não é só para isso. O conhecimento científico da Disciplina Jurídica da Convivência, de que aquele diploma constitui garantia, é luz, também, para o melhor desempenho de profissões em muitas outras áreas de trabalho" (Goffredo Telles Júnior, *Palavras do amigo aos estudantes de Direito*, São Paulo: Saraiva, 2014, p. 19).

No texto citado, o autor, Professor Emérito da Faculdade de Direito do Largo de São Francisco (USP) ressalta que o diploma recebido pelo bacharel em Direito é uma chave valiosa que abre muitas portas, tornando-o também um cientista da convivência humana.

Você saberia dizer por que a convivência é uma imposição da nossa natureza humana? Por que para os seres humanos viver é conviver?

Lição II

O MUNDO DO DIREITO

Sumário: 5. Natureza e cultura; 6. Relações entre natureza e cultura; 7. Características da cultura; 8. Mundo ético.

Vimos que é na sociedade, não fora dela, que o homem encontra o seu *habitat* natural. Mas isso não significa que ele não esteja também inserido na natureza. O homem é um ser natural, todo inteiro produzido pela natureza como o fruto mais evoluído.

Ele faz parte da natureza com duas particularidades. A primeira diz respeito ao fato de não encontrar resposta imediata para muitas das **suas necessidades**, ou seja, há necessidades que não são supridas diretamente pela natureza. Por isso, uma das primeiras coisas que o homem faz em sociedade é produzir para viver.

A segunda peculiaridade se refere à sua **inferioridade física** em relação aos outros animais. Trata-se de fato evidente e provado biológica e antropologicamente. Daí sua luta pela sobrevivência. O homem, porém, é dotado de uma arma invencível, ou seja, é dotado de desenvolvimento cerebral (**a inteligência**), com a qual pode afirmar-se na luta pela vida e pela preservação da espécie. Em suma, graças à sua inteligência, o homem pode suprir suas deficiências físicas por meios artificiais. É assim que quebra as pedras para usá-las lascadas depois polidas, descobre o fogo, faz a sua habitação, cultiva as plantas e o gado e acaba conquistando o espaço[1].

---

[1] "Há muitas coisas maravilhosas neste mundo, mas a mais maravilhosa de todas é o homem", dizia Sófocles, o dramaturgo grego que viver antes de Cristo. Uma das obras mais famosas do poeta latino **Ovídio** foi *Metamorfoses*. Nela, entre as qualidades que singularizam o homem, o poeta aponta a vantagem de sua posição vertical em que anda: "Pronaque cum spectent animalia cetera terram, os homini sublime dedit caelumque videre iussit et erectos ad sidera

O fato é que o homem, consciente de suas carências, desenvolve atividades no sentido de adaptar a natureza, o mundo exterior, às suas necessidades biopsicossociais. É em decorrência desse seu esforço e imaginação que surge, ao lado do "**mundo da natureza**", o chamado "**mundo da cultura**".

5. NATUREZA E CULTURA

Natureza e cultura constituem dois mundos complementares. Em que parte do universo se localiza o direito?

5.1. Conceitos de natureza e cultura

A **natureza** designa a totalidade das coisas, assim como originariamente são, **sem transformações operadas pelo homem**. Compreende "tudo o que existe antes que o homem faça alguma coisa" (Guardini); as "coisas que se encontram, por assim dizer, em estado bruto, ou cujo nascimento não requer nenhuma participação de nossa inteligência ou de nossa vontade" (Reale).

O mundo da **cultura**, por sua vez, é o mundo das **realizações humanas**, da interferência criadora do homem, adaptando a natureza a seus fins, à satisfação de suas necessidades vitais, impelido pela exigência de perfeição. São os objetos, as obras, os serviços, as atividades espirituais e as formas de comportamento que o homem veio, através da história, formando e aperfeiçoando, como a cadeira, o metrô, a canção, as crenças, os códigos, os costumes, as artes, os valores, as ciências etc.[2]. Toda cultura é histórica e não pode ser concebida fora da história.

---

tollere vultus" (enquanto os outros animais, inclinados olham para o chão, deu ao homem um rosto voltado para o alto, e ordenou-lhe olhar para o céu e para as estrelas). Emmanuel **Mounier** assim fala da transcendência da pessoa em relação à natureza: "O homem caracteriza-se por uma dupla capacidade de destacar-se da natureza: é o único que conhece esse universo que o absorve e o único que o transforma, ainda que seja o menos aguerrido e o menos poderoso de todos os grandes seres animados" (*O personalismo*, Santos: Livraria Martins Fontes Editora, s. d., p. 43).

[2] Donde as definições de cultura: "é a soma das criações humanas" (Franz Boas); "é aquilo que o homem, por sua intervenção planejadora e plasmadora, desenvolve partindo de si e das coisas e onde se realiza como ser histórico, lutando por seu constante e superior desenvolvimento" (Lotze); "é o conjunto de tudo aquilo que, nos planos material e espiritual, o homem constrói sobre a base da natureza, quer para modificá-la, quer para modificar-se a si mesmo"; ou "o conjunto de bens que a espécie humana vem historicamente acumulando para realização de seus bens específicos" (ver Miguel Reale, *Lições preliminares de direito*, São Paulo: Saraiva, 1984, p. 24-25; e *Filosofia do direito*, São Paulo: Saraiva, 1990, p. 21). Cultura em seu sentido lato, antropológico, consolida o que costumamos chamar de "**tradição**", pois compreende os usos e costumes, os modos habituais de um grupo se comportar, trabalhar, pensar. Também se consolida nas "**instituições**", como a família, a escola, a Igreja, as associações profissionais e até o próprio Estado. Ao longo do tempo, o termo cultura assumiu um sentido muito específico, referindo-se tão somente à produção ligada às **práticas artísticas**: pintura,

A cultura implica sempre algo referido a valores com a concomitante exigência da ação que lhes corresponde. Ela é a projeção que resulta nas interação de fatos naturais e sentidos de valor. É a razão de Reale afirmar que "a cultura é enquanto deve ser. Foi essa compreensão histórico-axiológica da cultura que escapou tanto a Husserl como a Hartmann, cuja compreensão do Espírito Objetivo se apresenta de maneira estática".

A cultura abrange tudo o que aconteceu e acontece no mundo. Por isso, o mundo da cultura inclui tanto **as criações materiais como as não materiais**. Não são apenas as coisas materiais e tangíveis que compõem o mundo da cultura, mas também os conhecimentos ou formas de comportamento social. Tanto compõem a cultura uma cadeira, como um teorema de Pitágoras ou um quadro de Rafael.

Assim, a criação não precisa ser necessariamente uma criação da "matéria" do objeto cultural, como ocorre quando construímos um automóvel. Tudo aquilo que o homem integra na sua atividade valorativa vira objeto cultural, quer essa atividade transforme ou não, fisicamente, a matéria. Assim, por exemplo, um rio constituído como "limite" entre dois países é, enquanto limite, um objeto cultural que delimita o campo de aplicação de duas ordens jurídicas. Uma árvore, "sagrada" para uma comunidade indígena, é um objeto cultural, pois expressa um sentido que deve ser compreendido.

A própria **sociedade**, como criação do homem, é realidade cultural e não mero fato natural. Embora seja próprio da natureza humana viverem os homens uns ao lado dos outros, o fato é que eles transformam e aperfeiçoam a sociedade em que vivem. A sociedade das abelhas e dos castores, pelo contrário, pode ser vista como um simples dado da natureza, porquanto esses animais vivem hoje como viveram no passado e hão de viver no futuro[3].

A cultura é projeção do ser social do homem no tempo. Vem a ser a ponte de comunicação que torna possível a continuidade do homem e da natureza. Por isso, a cultura é também um contínuo e transmissível. O homem é o único animal que, recebendo a cultura de uma geração anterior, melhora-a, aperfeiçoa-a, torna-a adequada e a **transmite a seus descendentes**.

---

dança, cinema, literatura, música, escultura, teatro, etc. Nesse sentido restrito, nem tudo o que o ser humano faz pode ser considerado como cultura, porque a arte traz um conhecimento muito específico do mundo (Maria Lúcia de Arruda Aranha e Maria Helena Pires Martins, *Temas de filosofia*, São Paulo: Moderna, 2005, p. 22).

[3] Poderíamos dizer que a **linguagem** ou a fala, como a sociedade, também é fato ao mesmo tempo natural e cultural. *Miguel* Reale esclarece que "fatos naturais mais basilares, como os da *sociedade* e da *linguagem*, são insuscetíveis de serem compreendidos, a não ser como fatos culturais. Não resta dúvida que os fatos originários e primordiais da *sociedade* e da *fala* estão no homem, tal a força do que é comunicável pelos imperativos da convivência existencial e da palavra, mas, no instante mesmo em que o homem se relaciona com seus semelhantes e lhes fala, surge, *uno in actu*, a cultura" (*Paradigmas da cultura contemporânea*, São Paulo: Saraiva, 1996, p. 22).

Esse fato não tem correspondente entre as outras espécies: o que cada animal aprende morre com ele. De outro lado, nem sempre isso significa um avanço para melhor; ao contrário, o fenômeno da poluição, por exemplo, está aí demonstrando quão maléfica pode ser a ação do homem, como o maior dos destruidores das riquezas naturais.

Em suma, podemos dizer que a natureza é o dado originário que foi posto à disposição do homem. A cultura, por sua vez, é tudo aquilo que o homem extrai desse dado original mediante a sua iniciativa. É o complexo e rico reino da criação humana, de tudo aquilo que o homem consegue arrancar à fria seriação do natural e do mecânico, animando coisas com um sentido e um significado, e realizando através da História a missão de dar valor aos fatos e de humanizar a Natureza. Direito, Moral, Religião, Economia, Arte são todas expressões do mundo da Cultura, representam conjunto de bens que estabelecem a ligação entre a Natureza e os valores, entre o ser e o dever-ser. As cavernas primitivas, com seus desenhos e restos de utensílios fabricados pelos primeiros seres humanos, são a prova de que o homem é um ser histórico-cultural.

5.2. Cultura e erudição

Assim como se diz que o século XIX foi o século da história, pode-se dizer que o século XX foi o século da "cultura", palavra rica de significados. Termo **plurissemântico**, é usado em diversas situações com diferentes significados. Assim, não devemos confundir o sentido dado aqui à palavra cultura com a acepção comum do termo, nem com seu conceito subjetivo.

a) No **sentido comum**, "cultura" vem a ser o simples **acúmulo de informações** e conhecimentos adquiridos por um indivíduo e que corresponde, mais propriamente, ao que geralmente se denomina "**erudição**". Na realidade, o simples "erudito" acumula conhecimentos, mas não aprimora o espírito em razão do que aprende.

b) Em seu **sentido subjetivo** ou **pessoal**, a "cultura" pressupõe, em cada um de nós, um longo **processo de seleção de conhecimentos e experiências**, por meio do exercício das faculdades espirituais, do qual resulta um complexo de ideias e de símbolos que passa a fazer parte de nossa própria personalidade. Não se reduz, portanto, a uma soma de conhecimentos, pois ela é antes o **aprimoramento do espírito** em razão dos conhecimentos adquiridos; é, segundo Ionesco, "aquilo que resta, quando se esqueceu tudo"; ou, como diz Reale, "o que nos resta, quando se retiram os andaimes da erudição"[4].

Nesse sentido subjetivo, "cultura" equivale ao conceito platônico da *paideia*, ou da *humanitas latina* – processo pelo qual o homem realizava sua verdadeira natureza desenvolvendo o conhecimento de si e do mundo

---

[4] Miguel Reale, *Paradigmas da cultura contemporânea*, São Paulo: Saraiva, 1996, p. 2.

(a filosofia), e a consciência da vida em comunidade. De modo substancial, equivale também ao nosso conceito de "**educação**".

c) **Aqui**, porém, cuidamos antes do conceito de cultura considerada do ponto de vista **objetivo ou social** (incluído o antropológico): os "frutos adquiridos pelo homem mediante o exercício das suas faculdades, sejam espirituais ou orgânicas" (Mathieu); ou o "acervo de bens materiais e espirituais acumulados pela espécie humana através do tempo, mediante um processo intencional ou não de realização de valores"[5].

Não se pode negar que as duas noções apontadas, a subjetiva e a objetiva, acham-se tão **intimamente ligadas** que poderiam, a rigor, ser consideradas como dois aspectos complementares de um mesmo conceito, focalizado de duas maneiras: do ângulo do sujeito e do ângulo do objeto.

5.3. Cultura e civilização

Da distinção entre natureza e cultura surgiu também, por obra de filósofos alemães, especificamente Spengler, a diferenciação entre cultura e civilização, já que antes os termos eram tidos como sinônimos. Qual a distinção?

Se a cultura é a soma dos bens materiais e espirituais acumulados pela humanidade através do tempo, a **civilização engloba um complexo de fenômenos culturais comuns** a várias sociedades relacionadas, principalmente pelo contato prolongado. A evolução cultural da humanidade se desdobra em longos períodos históricos que denominamos civilizações. Ou, nas palavras de Paulo Dourado de Gusmão, ela vem a ser "a cultura que, surgindo em uma sociedade, se torna comum a sociedades diferentes em que pode se repetir como se enriquecer, dando origem ao fenômeno denominado por Toynbee de grande sociedade, isto é, várias sociedades irmanadas pela mesma cultura. É, por exemplo, o caso da Civilização Ocidental que, tendo sua origem na Grécia, se espraiou para Roma, para, posteriormente, com o componente do cristianismo, modelar a Europa medieval, fundada em valores greco-romano-cristãos, que se tornaram depois comuns nos dois lados do Atlântico"[6].

Reale denomina as civilizações "**constelações axiológicas**", ou seja, as diferentes concepções ou interpretações do mundo, correspondentes a uma época ou momento histórico determinado, que se organizam como que "unidades históricas" da espécie humana, agrupadas ou subordinadas em torno dos valores fundamentais, dominando os comportamentos individuais e coletivos daquele momento histórico-cultural. Em suma, a cultura se desdobra em diversos "ciclos culturais" ou distintos "estágios históricos", cada

---

[5] Miguel Reale, *Paradigmas da cultura contemporânea*, São Paulo: Saraiva, 1996, p. 3.

[6] Paulo Dourado de Gusmão, *Introdução ao estudo do direito*, Rio de Janeiro: Forense, 1997, p. 39.

um dos quais corresponde a uma *civilização*[7]. Portanto, **cultura é gênero do qual a civilização é espécie.**

5.4. O homem = ser cultural

A filosofia clássica (Platão, Aristóteles, Zenão, Plotino e outros) considerava o homem um "**ser natural**", ou seja, constituído de essência imutável, que lhe é dada pela natureza, da qual derivam tanto as leis biológicas como também as normas morais. "Age segundo a natureza" era o imperativo categórico da filosofia grega. Era uma concepção estática do homem, fundada no primado da inteligência sobre a vontade, da contemplação sobre a ação, da natureza sobre a história.

A filosofia moderna, numa virada radical, não vê mais no homem um parto da natureza, mas antes **um produto de si mesmo**. O homem é o artífice de si mesmo (Nietzsche, Hegel, Sartre, Heidegger e a maior parte dos modernos). É uma concepção "historicista" do homem, baseada no primado da vontade e da liberdade sobre o conhecimento, da práxis sobre a teoria, da existência sobre a essência, da história sobre a natureza. No plano moral não existe outro imperativo fora daquele de traduzir em ato as próprias possibilidades, a própria potência.

Podemos considerar o homem, além de um ser natural e histórico, também como um "**ser cultural**". O que isso significa? Que a cultura é a presença do homem no universo da natureza. É a natureza humanizada. Em decorrência, o homem não é apenas produto da natureza e nem só da história, mas em parte da natureza e em parte da história. De fato, muito do que há em nós provém da natureza (toda a nossa dimensão somática e biológica). Mas grande parte daquilo que possuímos e que fazemos desde crianças é fruto da natureza e também da cultura. **Esse amálgama entre natureza e história chama-se cultura.** A característica mais notável, que distingue imediatamente o homem dos animais e das plantas é que, enquanto estes são dotados de um ser inteiramente produzido, pré-fabricado pela natureza e são determinados pelo ambiente natural que os cerca, o homem é em grande parte artífice de si mesmo e capaz de cultivar o ambiente natural que o cerca e transformá-lo profundamente, adaptando-o às próprias necessidades. A cultura não é para o homem algo acidental, um passatempo, mas faz parte de sua própria natureza, é um elemento constitutivo de sua essência.

No passado, para distinguir o homem dos outros seres baseávamo-nos na razão, na vontade, na liberdade, na linguagem etc. Hoje compreendemos que um aspecto, uma dimensão não menos específica do homem é a **cultura**. Os animais irracionais, por sua vez, não têm cultura, não são artífices de cultura; quando muito são receptores passivos de iniciativas culturais rea-

---

[7] Miguel Reale, *Filosofia do direito*, São Paulo: Saraiva, 1990, p. 231.

lizadas pelo homem. Assim, "se a vida em grupo não é a marca precípua da humanidade, uma vez que outros seres vivos também formam agrupamentos, a cultura é a marca da racionalidade na natureza"[8]. A cultura existe porque o homem existe. E desaparecido o homem, extingue-se a cultura, por ser esta a presença do homem no universo da natureza, na conclusão de Reale[9].

Conforme **João Paulo II**, o escopo primário da cultura é cultivar o homem enquanto homem, o homem enquanto pessoa, atribuindo o primado à dimensão interior do homem, à dimensão que se refere ao crescimento no ser mais do que no ter. Recordemos o que ele disse aos representantes da UNESCO: "A cultura é aquilo pelo qual o homem enquanto homem se torna mais homem, 'é' mais, acede mais ao 'ser'. É também aqui que se funda a distinção capital entre o que o homem é e o que ele tem, entre o ser e o ter [...]. Todo o ter do homem não é importante para a cultura, não é fator criativo da cultura a não ser na medida em que o homem, pela mediação de seu 'ter', pode ao mesmo tempo 'ser' mais plenamente como homem em todas as dimensões de sua existência, em tudo o que caracteriza a sua humanidade".

O **Concílio Vaticano II**, na constituição pastoral *Gaudium et Spes* (n. 53), dedica um capítulo especial à cultura. Ao enfocá-la enquanto realidade antropológica, afirma: "É próprio da pessoa humana o não chegar a um nível verdadeiro e plenamente humano senão mediante a cultura, isto é, cultivando os bens e os valores naturais. Sempre, pois, que se trata da vida humana, natureza e cultura acham-se unidas estreitissimamente"[10]. De fato, um universo de "coisas" se implica com um mundo de "pessoas". O homem e sua sociedade pressupõem cultura; cultura pressupõe natureza.

6. RELAÇÕES ENTRE NATUREZA E CULTURA

Reconhecer a distinção entre natureza e cultura não é o mesmo que afirmar a sua separação. Num primeiro momento, prevaleceu a subordinação

---

[8] Celso A. P. de Castro, *Sociologia e direito*, São Paulo: Atlas, 1979, p. 42.

[9] Miguel Reale, *Introdução à filosofia*, São Paulo: Saraiva, 1988, p. 204.

[10] Hoje, a relação entre cristianismo e cultura constitui uma das preocupações primordiais da reflexão e pastoral cristãs. Os números 57 e 58 da *Gaudium et Spes* analisam, por exemplo, o encontro na história da mensagem cristã com a cultura, como duas realidades que, por mais diferentes que sejam, são feitas para fecundar-se mutuamente. Criou-se mesmo um neologismo que, embora já fosse utilizado na antropologia cultural (como processo pelo qual um indivíduo chega a ser membro da sociocultura à qual pertence), passou a ser usado nos estudos teológico-pastorais e nos documentos do Magistério da Igreja Católica: "**inculturação**". Nos contextos teológicos, a inculturação vem a ser o processo complexo pelo qual o cristianismo se insere numa determinada cultura, ou seja, a palavra se refere aos processos de encarnação sócio-histórica do cristianismo.

passiva da cultura às imposições da natureza[11]. Depois, os homens se deram conta de seu poder próprio, irredutível ao determinismo naturalista. Já agora, abstração feita de certos culturalistas extremados, prevalece o entendimento de que a natureza está na base da cultura. Compartilhamos desse conceito moderado de cultura, como o correlato da natureza, sendo um ente autônomo, que abrange "tudo o que o homem é enquanto deve ser", tudo o que o homem pensa e realiza ao longo da história, na busca de seus fins específicos. A cultura não é um ente intercalado entre a natureza e o espírito, entre os fatos e os valores ideais, conforme tese de Miguel Reale contrária à posição de origem neokantiana.

6.1. Base da cultura

A natureza é, de fato, a base da cultura. No Brasil, Miguel Reale defendeu e propagou a tese de que o mundo da cultura é o mundo de valores objetivado pela intencionalidade do homem concreto. A cultura passa, então, a ser vista como a expressão da criação humana na época histórica em que vive. Há uma recíproca complementaridade. Da relação entre natureza e cultura resulta, pois, que se deve afastar a ideia de que são dois mundos que se repelem e se excluem.

Não devemos concluir, à maneira kantiana, que haja entre esses dois mundos um abismo intransponível. A concepção culturalista do Direito pressupõe o abandono da antítese entre "ser" e "dever ser". Assim sendo, o Direito é uma ordem de fatos integrada em uma ordem de valores que atribuem força normativa aos fatos. Não há uma oposição e sim uma correlação entre o mundo da cultura e o mundo da natureza, uma interpenetração entre ambos. Theóphilo Cavalcanti Filho, no prefácio à segunda edição de *Fundamentos do direito*, dissertação de Miguel Reale para concurso à cátedra de Filosofia do Direito da Universidade de São Paulo, ressalta que "o germe do tridimensionalismo está, precisamente, nessa concepção inicial, de que não há uma oposição, mas antes existe uma correlação entre o mundo da cultura e o mundo da natureza".

6.2. Exageros culturalistas

Com razão, pois, **Miguel Reale critica certos exageros culturalistas**, que fazem do homem um Barão de Münchausen pretendendo arrancar-se pelos cabelos para se libertar do mundo natural, no qual se acha imerso. Na realidade, são dois mundos que se completam: a cultura pressupõe a natureza, com apoio na qual ela surge e se desenvolve. É sobre o mundo dado pela natureza que o homem constrói um mundo histórico, cultural.

---

[11] Um famoso biólogo chegou a afirmar que nossa vida interior (quer se denomine alma, consciência ou espírito) não é senão o resultado de meros condicionamentos celulares, sendo o cérebro o órgão desse processo puramente material.

Portanto, a natureza é a base da cultura. Se na base de todo bem cultural há algo de natural, por sua vez sem a cultura não haveria compreensão da natureza. O jurista não despreza o que é natural; procura compreendê-lo, aceitando as explicações que as ciências exatas lhe fornecem, delas se servindo para a consecução de seus fins. Não há, pois, antinomia entre natureza e cultura como, entre nós, **Tobias Barreto** escrevia: "A cultura é a antítese da natureza, no tanto quanto ela importa uma mudança no natural, no intuito de fazê-lo belo e bom" (Questões Vigentes). Aliás, o ponto de vista de Tobias Barreto coincidia com o de vários culturalistas do direito, como Max E. Mayer: "Só a natureza é cega para o valor e, por isso, é a antítese da cultura" (*Filosofia do direito*).

6.3. Tese dialógica

No passado, as relações entre natureza e cultura foram interpretadas de maneiras diversas. Ou se fixando o centro na natureza (mundo clássico, medieval, renascentista e romântico), ou no homem (mundo do racionalismo ou do idealismo). Hoje prevalece a *tese dialógica*: as relações entre cultura e natureza são interpretadas como uma espécie de diálogo, que **comporta um recíproco dar e receber**; por meio da cultura o homem humaniza a natureza e, vice-versa, mediante os seus recursos, o mundo naturaliza o homem (Teilhard de Chardin, Garaudy, Chenu, Guardini).

Com outras palavras, a cultura pertence ao mundo da atividade humana: é obra e execução do homem. Mas cuida-se de um genitivo (do homem) em seu duplo sentido: subjetivo e objetivo, ou seja, o homem a faz e ela faz o homem; há um processo dialético em que mutuamente se transformam.

7. CARACTERÍSTICAS DA CULTURA

A principal característica da cultura é a **ideia de fim e valor** que ela implica e que a distingue da natureza. Hoje, não se compreende a cultura senão como uma realidade axiológica e, como tal, teleológica, visto haver conexão entre valor e fim. Um fim não é senão um valor posto e reconhecido como razão de conduta. Afinal adotamos um comportamento porque seus efeitos contribuem para promover o fim visado[12]. Então, o que é "fim"? O que é "valor"?

7.1. Ideia de fim e valor

O joão-de-barro constrói sua casa repetindo movimentos comuns a todos os demais, ou seja, reproduz algo já existente em seu ser e não esco-

---

[12] É importante notar que, se o valor caracteriza a cultura, isso não significa que Reale conceba a cultura como valor. Para ele, a cultura é antes elemento integrante, inconcebível sem a correlação dialética entre ser e dever-ser. Sem ela, a natureza não teria sentido e os valores mesmos não seriam possíveis (*Filosofia do direito*, São Paulo: Saraiva, 2016, p. 184).

lhido por ele. Já quanto ao homem, é específico dele conduzir-se, ou seja, escolher fins e os meios aptos a atingi-los. A ação dirigida finalisticamente é ação que só pertence ao homem. A rigor, só o homem atua; os outros animais movem-se. Dizer que o homem é um ser racional é o mesmo que dizer que é um ser que se dirige para algo, que é sempre um "valor". Todo valor é uma abertura para o dever ser. Em suma, valor e dever ser se exigem reciprocamente.

Pois bem. Quando o dever ser se origina do valor e é reconhecido racionalmente como motivo da atuação, temos aquilo que se chama "fim". Podemos dizer que o fim não é senão a veste racional do valor, isto é, o valor enquanto reconhecido como motivo determinante da ação. Estamos, é claro, falando de uma anterioridade lógica dos valores, que não deve ser confundida com a anterioridade cronológica das valorações no plano empírico. Toda cultura é uma objetivação ou projeção histórica de valores reconhecidos e queridos como fins. Se não há possibilidade de passagem do "ser" para o "dever ser" (como se reconhece desde Hume e Kant), a recíproca já não é verdadeira. Ao contrário, todo dever ser implica a potencialidade de ser, ou seja, a atualização prática de um fim.

a) **FIM**, portanto, é o dever ser do valor reconhecido racionalmente como motivo de agir. É aquilo pelo qual se faz uma coisa. Segundo a filosofia escolástica, **todos que agem o fazem por causa de um fim**[13]. *É possível* falar em fins, porque antes se põe o problema do valioso. Podemos dizer que a História humana é um processo dramático de conversão de valores em fins.

É um fato da experiência que todo agir das criaturas apresenta um objetivo determinado: as plantas possuem um ciclo vital que se orienta à produção de flores e frutos, origem de novos vegetais. Os animais se movem até um objeto que constitui como que o arremate de sua operação. Os homens atuam em busca de metas que esperam alcançar, caso contrário não agiriam, pois então se dariam conta de que sua atividade seria vã. Tanto a natureza, quanto a vontade humana necessitam de uma causa para agir. Todavia, na última, ela é a natureza psicológica (a finalidade); na primeira, ela é de natureza mecânica (a causalidade). A pedra não cai na terra com a finalidade de cair, mas porque deve, isto é, por lhe ter sido retirado o apoio. O homem que age não age em razão de um "porquê", mas de um "para quê". Esse "para quê" é para a vontade tão indispensável quanto o "porquê" para a pedra.

Assim, em relação à cultura, ela existe porque nós, em busca da realização de fins que nos são próprios, alteramos aquilo que nos é dado pela natureza. O direito, por sua vez, como bem cultural que é, manifesta-se ou existe porque o homem se propõe à criação de fins. Ihering viu a importân-

---

[13] *"Omne enim agens agit propter finem, quid habet rationem boni"* – pois todo agente age em vista de um fim que é, por essência, um bem (S. Th., I-II, q. 94, a. 2).

cia da ideia de fim no mundo jurídico, lembrando-nos que sem ela não pode haver compreensão do fenômeno jurídico[14]. No direito, o fim é o valor enquanto reconhecido como motivo determinante da ação. O modelo jurídico pode ser visto, portanto, como sendo de natureza teleológica. O valor se converte em fim; há uma necessária conversão do axiológico em teleológico. O fim não é senão a veste racional do valor, isto é, o valor enquanto reconhecido como motivo determinante da ação.

De outro lado, **o fim e o bem até certo ponto coincidem**, pois o agente não agiria se não fosse movido pela atração de um bem que trata de conseguir como fim. Se o valor é um bem e o bem coincide com o fim, o fim e o valor são sinônimos. De fato, algo é fim porque é considerado valioso; e, por ser valioso, apresenta-se como meta a ser alcançada, implicando a problemática dos meios idôneos à consecução de um resultado. Com outras palavras, um *fim* não é outra coisa senão a versão racional de um *valor* que se quer alcançar graças a *meios idôneos*. É o que sucede em toda norma jurídica em cujo âmbito os valores se põem objetivamente como fins[15].

b) **VALOR**. Sua noção é complexa, tanto que lhe dedicamos uma lição (XL). Em português, o termo valor possui três significados principais: em economia, significa dinheiro; em ética, é a virtude com que se enfrentam graves perigos e se realizam grandes empreendimentos; em ontologia, é a qualidade pela qual uma coisa possui dignidade e por isso é digna de estima e respeito. A ciência dos valores (axiologia) ocupa-se do conceito de valor entendido segundo o terceiro sentido.

Procurou-se, num primeiro momento, reduzir os valores **aos estados psicológicos**. Em aberta oposição a essa interpretação psicologista surge uma teoria que alcançou grande prestígio e que sustentava com Nicolai Hartmann que os valores não resultam de nossos desejos, mas algo que se põe antes do conhecimento ou da conduta humana, embora podendo ser razão dessa conduta. O **objetivismo de Hartmann** culmina, porém, num verdadeiro ontologismo axiológico, separando totalmente o mundo dos valores e o mundo histórico; ele volta no campo dos valores à posição platônica. Sem negar as contribuições da Psicologia ou da Sociologia, parece-nos que a **síntese** entre essas duas tendências unilaterais é o melhor caminho para a definição de valor. Na verdade, não deixam de ser duas dimensões que se complementam, ou seja, não são excludentes.

O assunto será objeto de considerações mais tarde. Por agora e sem a pretensão de uma definição rigorosa segundo as exigências lógico-formais

---

[14] Rudolf Von Ihering, *A finalidade do direito*, Rio de Janeiro: Ed. Rio, 1979, 2 v.

[15] A teoria dos fins chamamos de "teleologia" (do grego *telos* = fim, finalidade, e *logos* = teoria ciência); a teoria dos valores, de "axiologia" (do grego *aksión* = digno, apreciável). Veja maiores considerações sobre "fim" e "valor" no n. 52.3.

de gênero próximo e de diferença específica, podemos definir o valor como **a qualidade objetiva de um ser que, por significar uma perfeição para o homem, nos atrai, sendo reconhecida como motivo de conduta**[16]. Acreditamos, pois, que os valores não são nem coisas, nem estados psicológicos, nem ideias e conceitos. O valor é uma realidade objetiva, mas que precisa ser captada pelo homem, que se acha numa situação concreta.

7.2. Cultura = mundo de fins valiosos

Em decorrência, podemos dizer que o mundo da cultura é um mundo de fins valiosos. De fato, a vida humana é sempre uma realização de fins, uma constante tomada de posição segundo valores. Embora possamos não ter plena consciência disso, o fato é que, a todo instante, estamos optando entre dois ou mais valores. Leonardo Boff escreve: "É por valores que nos movemos e somos" (*Ética e moral*); segundo Johannes Hessen, *é da essência do ser humano conhecer e querer, tanto quanto valorar*.

O elemento valorativo deixa de ser algo que "é" (um dado lógico ou ideal) para passar a ser algo que "deve ser" (um dado deontológico), sendo a essência da compreensão da cultura. Sem ele, nada terá sentido. O que representariam os museus, por exemplo, sem o sentido do belo? Uma reunião de objetos em que nada vibra: pedaços de granito ou de mármore, blocos de bronze, retalhos de telas... Toda cultura existe exatamente porque o homem, em busca de realização de "fins" que lhe são próprios e intuídos como "valiosos", altera aquilo que lhe é dado pela natureza. É uma objetivação ou projeção histórica de valores reconhecidos e queridos como fins. Há uma relação essencial entre cultura e axiologia.

Trata-se, pois, de um mundo de fins valiosos, enquanto **a natureza é cega para os valores**. Isso significa dizer que, diferentemente do mundo da cultura, no mundo natural é suficiente a explicação causal. Uma lei física (a da inércia, por exemplo) explica o fenômeno do movimento, estabelecendo conexões necessárias entre os fatos observados, mas não o situa segundo uma escala positiva ou negativa de valores, nem determina que alguma coisa seja feita como consequência da verdade enunciada. Há sempre um valor banhando as matrizes de qualquer ato criador, de qualquer forma de trabalho, por mais insignificante que seja[17].

---

[16] Goffredo Telles, por sua vez, define o valor como a "quantidade da estima por um bem" (*A criação do direito*, São Paulo: Revista dos Tribunais, 1953, p. 534).

[17] Miguel Reale atribui ao problema do valor um alcance e uma fundamentação nova dentro da cultura e realidade humana; sua explicação da realidade é vinculada inteiramente com a cultura, tendo a axiologia como seu fundamento último. É tão estreita a relação entre axiologia, cultura e realidade que chega a explicar a realidade em termos axiológicos: é a sua concepção conhecida como "historicismo axiológico".

7.3. Explicação e compreensão

Outra característica da cultura está na afirmação de Dilthey (1833-1912): "a natureza se explica" e "a cultura se compreende". Explicamos a natureza, mas compreendemos a cultura. O mérito de Dilthey foi ter reivindicado, contra o formalismo kantiano, a experiencialidade do mundo histórico, ad o fenômeno da valoração a ele inerente

a) **A natureza se explica.** "Explicamos" um fenômeno quando indagamos de suas causas, procurando reproduzi-lo tal como ele é de fato. Explicamos aquilo que já é dado e que se procura captar e descrever[18].

b) **A cultura se compreende.** "Compreendemos" algo quando apreendemos o seu sentido e significado, apreciando-o sob prismas de valor. Por isso, em última análise, compreender é valorar. O problema dos valores é problema de compreensão, e não de explicação. Só o homem tem esta possibilidade de integrar as coisas e os fenômenos no significado de sua própria existência, dando-lhes assim uma dimensão que possuíam em si mesmo pelo menos de maneira virtual[19].

Assim, não temos a "compreensão" de uma estátua, quando apenas sabemos suas causas material e eficiente, ou seja, do que é feita ou por quem foi feita. Para compreendê-la, precisamos alcançar o seu sentido, o seu significado, que é a expressão de um ou mais valores. Daí surge o mundo da cultura, pois os bens culturais existem na medida e enquanto possuem um sentido. Uma relação sexual, por exemplo, é um fato que, além de poder ser explicado em sua natureza biofísica, pode ser "compreendido", ou seja, pode adquirir um valor ou significado conforme aconteça no casamento ou fora dele (adultério, concubinato, prostituição), se de forma voluntária ou forçada (estupro etc.).

---

[18] Importa observar que se operou fundamental alteração no conceito de explicação vigente na atual Filosofia da Ciência. Grande é o número de cientistas que não mais reduzem a explicação científica à explicação causal, nem tampouco reduzem esta a pressupostos deterministas. Miguel Reale pensa, todavia, que no pertinente às ciências culturais, a Sociologia inclusive, a explicação teleológica se insere na estrutura da compreensão, a qual pressupõe um conteúdo valorativo e relações de meio a fim, que podem dar lugar a enunciados que exprimem regularidades (*Experiência e cultura*, São Paulo: Edusp, 1977, p. 183-184).

[19] Valorar é interpretar segundo prismas de valor, ou seja, equivale a determinar algo em função de suas objetivas conexões de sentido, o que demonstra o caráter objetivo de toda valoração realizada no plano das ciências culturais, embora nestas o ideal da neutralidade científica ofereça maiores dificuldades do que no campo das ciências físico-matemáticas. A pesquisa do jurista, histórico-cultural como é, vale-se da compreensão para, através de dados axiológicos, captar o "sentido normativo" dos fatos, e, nesse ponto, se distingue da pesquisa do sociólogo, o qual não vai além do plano da mera verificação da conexões de sentido. Em suma, a pesquisa do jurista é necessariamente *compreensivo-normativa* e não *puramente compreensiva* (ver Miguel Reale, *O direito como experiência*, São Paulo: Saraiva, 2002, p. 111 e s.).

Quando o homem, perante os fatos, toma uma posição e situa o fato numa totalidade de significados, tal como deve ser, surge então o fenômeno da compreensão. Há uma **tomada de posição de natureza axiológica**. Em suma, o problema do valor surge, como critério de compreensão, quando o homem toma uma atitude perante o fato e o insere no processo de sua existência[20].

Como a cultura pressupõe a natureza, também a compreensão pressupõe a explicação. Elas se implicam.

c) **Estrutura dos bens culturais**. Os objetos culturais comportam, pois, dois elementos: um "suporte" e um "sentido", sendo este a expressão de um ou mais valores. Somente compreendemos o bem cultural quando **alcançamos o sentido expresso pelo seu suporte**. Este é percebido pelos sentidos sensoriais, aquele é captado pelo sentimento.

Numa estátua, por exemplo, o que sobressai, geralmente, não é o material de que é feita, mas o seu significado, ou seja, a sua forma que traduz uma expressão de beleza, o toque criador do artista que marca a razão de ser de um bem cultural. "A Vênus de Milo não é o mármore com o qual foi feita, mas é esse mármore que expressa um sentido. As duas coisas – mármore e sentido – são necessárias: o mármore como expressão do sentido e o sentido expresso pelo mármore" (Carlos Cossio). Numa estátua, portanto, a matéria (seja mármore, seja granito ou bronze) representa o suporte de um sentido ou significado de beleza[21].

Os grandes artistas preferem um material que já contenha, como que adormecida, uma virtual imagem de beleza. Sabemos que Miguel Ângelo ia escolher pessoalmente os blocos de mármore, nos quais vislumbrava, com sua imaginação criadora, as figuras, por exemplo, do seu *Davi* ou do *Moisés*. É inegável, portanto, a ligação entre o "suporte" e o "significado", num bem cultural como numa estátua. Mas é o *significado* (o toque genial de beleza) que sobreleva e marca a razão de ser de um bem cultural.

No mundo jurídico podemos dizer que tanto um objeto físico como um objeto psíquico, ou até um objeto ideal, pode ser suporte de um bem cultural. Para Carlos Cossio, por exemplo, o substrato da norma jurídica é

---

[20] Paulo Dourado de Gusmão observa: "Não explicamos uma sinfonia, um poema, mas os compreendemos, da mesma forma que compreendemos a ação humana, a norma ética ou jurídica. E compreendemos pelo sentido nelas oculto. Conhecimento pelo sentido oculto no objeto cultural denomina-se *compreensão*, que o jurista chama de *interpretação*" (*Filosofia do direito*, Rio de Janeiro: Forense, 2008, p. 118).

[21] Franco Montoro observa: "Num utensílio, num gesto, num escrito pouco adianta conhecer ou descrever a realidade física, que é apenas o 'suporte' de um 'sentido'. O importante é 'compreender' esse 'sentido' ou significação, que está sempre ligado a um valor, porque o homem sempre age em função de valores" (*Introdução à ciência do direito*, São Paulo: Revista dos Tribunais, 1997, p. 88).

a "conduta humana em interferência subjetiva", sendo então um objeto cultural "egológico". O sentido da norma, por sua vez, é sempre a expressão de um valor[22].

Exemplo de um bem cultural que tem um **suporte físico ou material** é o cheque: um pedaço de papel contendo palavras e números, e ao qual se junta um significado ou valor em termos de dever ser jurídico-econômico.

Há casos, entretanto, em que encontramos **um ato psíquico** como suporte de um significado jurídico. Por exemplo, a declaração de vontade dos nubentes, o depoimento de uma testemunha ou a confissão do réu.

Por fim, além dos suportes de ordem física ou psíquica, existem bens culturais jurídicos dotados de **um suporte ideal**, ou seja, apresentam como suporte objetos ideais. Exemplo é o "juízo lógico" que estrutura todas as normas jurídicas, e mediante o qual se busca alcançar um ou mais valores importantes para a convivência social. Com outras palavras, o suporte é a proposição ou juízo de dever ser, por meio do qual se objetiva ou se comunica um significado. Assim, o art. 121 do Código Penal enuncia um juízo lógico de natureza hipotética: "Se matar alguém – Deve ser a pena de reclusão de 6 a 20 anos". Contudo, nesse juízo lógico está implícito um valor que é o seu fundamento moral: o valor "vida" que se quer preservar.

Assim, toda norma jurídica é uma entidade lógico-formal, pois carrega sempre uma pretensão de verdade e de certeza. Mas não pode ser concebida com abstração de seu conteúdo axiológico. Além do valor lógico que lhe deve ser inerente, ela sempre aponta para um valor, destina-se a defender e realizar algo valioso, em termos de dever ser, seja de ordem moral, seja de ordem econômica, estética etc.

A existência de bens culturais dotados de suporte ideal é essencial à compreensão daquelas formas de vida que só se realizam e se aperfeiçoam quando atingem o plano da **normatividade**. É o caso da experiência ética, em geral, e da jurídica, em particular, sendo ambas impensáveis sem regras, isto é, sem enlaces lógicos servindo de suporte a valores ou sentidos de comportamento social reputados necessários à comunidade[23].

Por fim, é bom lembrar que toda norma jurídica está condicionada materialmente por um conjunto de sinais ou símbolos verbais. Não devemos, porém, confundir esta sua **expressão gráfica** com o que é pertinente ao seu suporte lógico-ideal portador de um significado. São realidades distintas.

---

[22] Ver *Miguel Reale, Paradigmas da cultura contemporânea*, São Paulo: Saraiva, 1996, p. 15.

[23] Sobre a compreensão da norma jurídica como um bem cultural de suporte ideal, Reale diverge de quantos só concebem a cultura como formada de objetos de suporte natural, físico ou psíquico.

7.4. Juízos de realidade e juízos de valor

O "juízo" é o ato pelo qual o intelecto afirma ou nega alguma coisa de outra. Em todo juízo, portanto, há sempre um "sujeito" (o ser de que se afirma ou se nega algo), um "predicado" (o que se afirma ou se nega do sujeito) e uma "afirmação" ou "negação" expressas por um verbo, chamado cópula (elo), pois liga ou desliga os dois termos.

Contudo, a ligação entre o sujeito e o predicado pode ser de duas espécies: simplesmente "indicativa", através do verbo copulativo "ser" (a Terra é redonda), ou "imperativa", através do verbo "dever ser" (a vida **deve ser** respeitada). Na verdade, "ser" e "dever ser" são como o olho esquerdo e o olho direito, que, em conjunto, permitem-nos ver a realidade, na comparação de Reale[24]. Temos, desse modo, os juízos "de realidade" (**S é P**) e os juízos "de valor" (**S deve ser P**).

a) **JUÍZOS DE REALIDADE.** Impropriamente chamados também "juízos de existência", são próprios do mundo da natureza. Neles nos limitamos a **constatar a existência do fenômeno**, sem possibilidade de opção ou preferência. Vemos as coisas enquanto elas "são". Indicando a relação causal entre o sujeito e o predicado, o juízo de realidade "explica" o fenômeno em suas causas e consequências. Por isso a lei física é uma explicação do fato.

b) **JUÍZOS DE VALOR.** São próprios do mundo da cultura. Por eles, **vemos as coisas enquanto "valem" e, porque valem, "devem ser"**[25].

Expressam, pois, um "dever", porque se reconheceu antes a existência de um "valor". A ligação entre o sujeito e o predicado, no juízo de valor, resulta de uma apreciação subjetiva, ou seja, há uma tomada de posição em referência ao objeto ou fato, reconhecendo nele um valor ou um desvalor e, em consequência, aceitando-o ou rejeitando-o, aprovando-o ou reprovando-o. O valor ou desvalor tornam-se a razão determinante de que algo deve ser feito, omitido etc.

A normatividade do direito não teria sentido se não estivesse relacionada com um juízo de valor que é precisamente o que a inspira. A experiência jurídica não *é* (não está aí, diante de nós, como uma pedra), mas tampouco *deve ser* (não deve ser uma entidade angelical, ou um arquétipo transcendente), mas *é* e *deve ser* ao mesmo tempo, ou "é enquanto deve ser", na expressão de Reale.

Como se reconhece a presença de um valor? Comparando. Há em nós tendências íntimas que nos impelem aos nossos fins próprios, que nos inclinam a fazer isso ou aquilo. E esses fins, aos quais tendemos, são vistos como valiosos (valores), por representarem um bem. Tais tendências naturais

---

[24] Miguel Reale, *Paradigmas da cultura contemporânea*, São Paulo: Saraiva, 1996, p. 13.
[25] Miguel Reale, *Paradigmas da cultura contemporânea*, São Paulo: Saraiva, 1996, p. 13.

culminam sempre numa projeção ou objetivização histórica, compondo o mundo da cultura. Assim, no juízo de valor há uma dupla atividade do sujeito. Uma, pela qual apreende o ser na sua "apetibilidade" real enquanto "bem" por significar uma perfeição para o homem, já que satisfaz a uma necessidade sua (*appetitus* = apetite = busca, segundo os escolásticos); e outra, pela qual confronta a inteligida bondade do ser com a "apetibilidade" de um fim ao qual tendemos naturalmente e racionalmente prefixado. Quando o julgamento verifica uma adequação entre ambas as apetibilidades, o valor se impõe e nos atrai, tornando-se motivo de conduta. Assim, as tendências e necessidades que brotam da natureza do homem passam a constituir um padrão de aferimento em face de experiências singulares e concretas. Confrontar com esse núcleo de apetibilidade prefixado como fim as qualidades que acompanham as realidades que têm o caráter de bens constitui um juízo de valor.

Por fim, o juízo de valor não é apenas aquele que estabelece uma avaliação qualitativa sobre algo, por exemplo, sobre a moralidade de um ato ou sobre a qualidade estética de um objeto. Não tomamos a palavra "valor" apenas no seu relacionamento com aquilo que é bom, útil, belo etc., mas também na sua relação com a noção de **prescrição**, ou seja, com algo que deve ou não ser realizado. Por isso, às vezes, é também chamado de juízo de "dever ser".

Em suma, o Direito não valora só por valorar, e sim tendo em vista um "dever ser". Cabe bem aqui a afirmação de Stenvenson: "Em todo juízo de valor há um propósito, uma pretensão de convencer para induzir à ação".

O Direito tem como início um contato com os fatos, não para subir dos fatos até as normas, mas para alcançar as leis e os princípios compreensíveis do fato social. O físico, sim, passa dos fatos à lei. A doutrina é hoje unânime em reconhecer que é impossível passar do mundo dos fatos ao mundo do dever ser jurídico. A norma não resulta apenas dos fatos, mas da atitude espiritual assumida pelo homem em face de um sistema de fatos. Os fatos são, por conseguinte, causa indireta, condição material da lei que tem a sua fonte direta nos valores que atuam sobre o espírito humano. A rigor, também as valorações não podem ser consideradas independentes dos fatos.

c) **SER E DEVER SER.** Segundo Miguel Reale, o homem é o único ente que originariamente é e deve ser, no qual "ser" e "dever ser" coincidem, cujo ser é o seu dever ser[26]. Dizer que o ser do homem é o seu dever ser é reconhecer a raiz ontológica do problema do valor; é sinal de que ele sente em sua finitude algo que o transcende, e que ele procura numa faina histó-

---

[26] Ver Miguel Reale, *Fundamentos do direito*, São Paulo, 1940, p. 304; *Filosofia do direito*, São Paulo, 1962, p. 187 e s.

rica renovada. Como dizia Abbagnano: "o homem é, originariamente, a possibilidade e a procura de seu dever ser"[27].

A diferença entre o plano do ser e do dever ser foi uma questão amplamente tratada por Kant na *Crítica da razão pura*, dando um novo rumo na fundamentação da axiologia. A filosofia da cultura, por exemplo, resulta da distinção entre realidade e valor, entre "ser" e "dever ser".

Qual a diferença? Sem acolher o formalismo kantiano, podemos afirmar que o "dever ser" está ligado à ideia de fim e valor; o "ser" à ideia de sucessão de ordem causal. O **mundo do ser** é o mundo governado por um sistema de relações constantes e que implicam a aceitação do postulado determinista. É o mundo das relações que se estabelecem segundo a lei de causalidade, ou seja, diz respeito ao mundo dos fenômenos que se desenrolam sem referência a fins que impliquem uma orientação à conduta (mundo físico).

O **mundo do dever ser**, ao contrário, exprime sempre um imperativo, uma norma que pode ou não ser seguida; mas que, seguida, realiza um valor, e, desobedecida, nega um valor. É o mundo da norma estabelecida em razão de um fim e dirigida à liberdade do homem.

Vale relembrar que a distinção entre "ser" e "dever ser" ocorre meramente no **plano lógico**. De fato, entendemos que "ser" e "dever ser" não são duas ordens essencialmente diversas, ou seja, não são duas interpretações ontológicas do ser no plano metafísico. São, antes, duas posições "lógicas" perante a realidade, duas perspectivas distintas, mas complementares, no processo do conhecimento. Na verdade, "ser" e "dever ser" são como o olho esquerdo e o olho direito que, em conjunto, permitem-nos ver a realidade[28].

Com a antítese kantiana (e acentuada em todas as correntes idealistas) entre ser e dever ser não seria possível a integração de fato e valor. Sendo o Direito uma ordem de fatos integrada em uma ordem de valores, não há, portanto, uma oposição e sim uma correlação entre o mundo da cultura ou

---

[27] Nicola Abbagnano, *Filosofia, religione, scienza*, Torino, 1947, p. 43 e s.

[28] Ver Miguel Reale, *Paradigmas da cultura contemporânea*, São Paulo: Saraiva, 1996, p. 13. A expressão "**dever ser**" pode ser tomada em duas acepções distintas: moral e lógica. Para o moralista, "dever" é o correlato de um preceito que se dirige à consciência de alguém, visando vincular-lhe a vontade. O dever-ser do ponto de vista ético, implica sempre o pressuposto de um fim que deve ser realizado. Em sentido puramente lógico, o dever-ser limita-se a designar apenas uma orientação objetiva de comportamento, de alcance puramente operacional. Equivale à mera indicação de caminhos possíveis sem qualquer apreciação de ordem moral. Em suma, o dever-ser lógico contém uma obrigação hipotética, ao passo que o dever-ser ético envolve o problema do conteúdo da norma. Os eticistas concluem que o Direito é norma, mas norma que vale pelo conteúdo do comportamento que prescreve. Os normativistas puros sustentam que a norma jurídica obriga, mas apenas em virtude de seu enlace lógico na totalidade do sistema e não pelo sentido moral de seu comando. Assim, Kelsen que, afastando-se de Kant, não atribui às normas morais um caráter categórico, afirmando que as ações positivas não podem ser prescritas sem condição.

da liberdade (dever ser) e o mundo da natureza ou da causalidade mecânica (ser), sendo o mundo histórico o mundo da concretização dos valores. Por isso, Reale condena referida antítese, desenvolvendo-se seu culturalismo no plano realista, e assenta-se sobre a consideração de que a pessoa humana é o valor fonte e que são os valores que atribuem força normativa aos fatos. Em suma, a cultura é o elemento de ligação entre ser e dever-ser; e o Direito é uma ordem de fatos integrada em uma ordem de valores, sendo ao mesmo tempo objeto de estudo da Jurisprudência e da Sociologia.

Um homicídio, por exemplo, pode ser visto segundo dois ângulos distintos. Pode ser analisado por um psicólogo, por um sociólogo ou por um médico; todos levarão em conta fatores determinantes ligados a problemas de ordem psicológica, sociológica ou biológica. Agem no mundo do ser. Outros profissionais também apreciarão o fato delituoso, como um delegado de polícia, um membro do Ministério Público, o advogado do criminoso ou um juiz de direito. Apreciarão a mesma realidade, o mesmo fato, mas dominados por outro critério: se as circunstâncias correspondem ou não a um sistema de dever ser que os autorizem ou os obriguem a efetivar a prisão e condenação do réu. Existe assim a possibilidade de um mesmo fato ser focalizado segundo aquilo que *é*, em suas conexões causais ou então segundo aquilo que *deve ser*, em sua significação e validade[29].

8. MUNDO ÉTICO

Os juízos de valor podem assumir duas feições distintas, ou seja, podem atingir o plano normativo ou permanecer apenas no plano compreensivo[30].

8.1. Plano compreensivo

Quando o "dever ser" decorrente permanece no plano "compreensivo", ele **não culmina em normas de conduta obrigatória**. Os valores são, então, meios ou formas de compreensão que terminam apenas em generalizações teóricas, na determinação de "leis gerais de tendência" ou em "esquemas ideais" de ação. É o que acontece na sociologia ou na história, visto como suas leis que não desempenham uma função regulativa não se destinam a reger atos futuros; são ciências compreensivas (e não causal-explicativas) cujos objetos são produtos históricos, realidades constituídas pelo trabalho criador da espécie humana.

---

[29] A atitude do jurista implica, pois, uma tomada de posição perante os fatos, naquilo que se refere a valores, não podendo ser reduzida ou confundida com a atitude do sociólogo ou do psicólogo. É verdade que não se é grande penalista quando se descuida dos motivos psicológicos e sociológicos; mas isto não quer dizer que o Direito Penal se reduza a termos de Sociologia ou Psicologia. A categoria do jurista é a categoria do dever ser, pois o Direito só compreende o ser referido ao dever ser.

[30] Ver Miguel Reale, *Lições preliminares de direito*, São Paulo: Saraiva, 1984, p. 29.

8.2. Plano normativo

Quando o "dever ser" alcança o plano normativo, os **valores são**, além de meios de compreensão, **motivo e razão de conduta obrigatória**. Há um caráter de obrigatoriedade conferido ao valor que se quer preservar ou efetivar, e, por isso, da tomada de posição axiológica resulta a normatividade, ou seja, pautas obrigatórias de comportamento. Estamos, agora, no campo da **ética**; atingimos o plano normativo. Isso significa que, se a ação humana se subordina a um fim, há uma direção ou pauta assinalando a via a ser seguida. Essa direção ou pauta de comportamento é o que chamamos de norma ou regra. Norma e conduta são termos que se exigem e se implicam, mas sem se reduzirem um ao outro, segundo uma dialética de complementariedade.

Desse modo, no continente da cultura há uma região em que a tomada de posição axiológica perante a realidade implica o reconhecimento da obrigatoriedade de um comportamento: é o "mundo ético", mundo dos comportamentos não só valiosos mas obrigatórios. À diferença do mundo da natureza que é regido pelo **princípio da necessidade**, o mundo ético integra o **reino da liberdade**: supõe e exige o *livre-arbítrio*[31].

8.3. O Direito como realidade cultural-ética

Já podemos concluir que o direito não pertence ao mundo da natureza física, embora nele esteja inserido. É realidade humana, cultural, pertencente ao mundo da cultura; é objeto criado pelo homem e dotado de um sentido de conteúdo valorativo. O direito não é, portanto, uma simples realidade física ou natural (naturalismo), nem um esquema meramente formal (formalismo), mas um objeto cultural, ou seja, uma realização do espírito humano, com um "suporte" e um "sentido".

---

[31] A pessoa humana está ligada à **liberdade**, pois o ato de valorar, de escolher, só é possível onde existe liberdade. Não haveria valor se não houvesse no ser humano a possibilidade de livre escolha entre alternativas imanentes à problemática axiológica. Nem poderíamos falar de liberdade, se não houvesse a possibilidade de opção e participação real das valorações. A liberdade, enquanto escolha de valores, é o que dá especificidade à pessoa humana. Só ela é capaz de criar um mundo novo, ao lado da natureza: o **mundo ético**. Assim, cada sociedade humana teve seus códigos éticos, seus valores éticos, mais ou menos sofisticados. São exatamente aqueles conceitos e juízos que lhe definem as exigências relacionadas com certo tipo de conduta ou de organização, ou relacionadas com os padrões ideais da vida individual ou coletiva. Alguns desses códigos são intrínsecos (poderíamos dizer genéticos) à própria natureza humana (não matar, cuidar da prole etc.). Outros são adquiridos através do meio cultural (a educação, as normas) e podem variar, portanto, com a evolução dos costumes. Isso não quer dizer que os valores éticos sejam hereditários, mas que os indivíduos da espécie humana estão geneticamente determinados como seres capazes de ser éticos. O comportamento ético das pessoas é o resultado de uma complexa influência cultural (herança cultural) que utiliza ou dinamiza uma capacidade geneticamente determinada (herança biológica). Em suma, não se herda uma ética concreta, mas a capacidade de seguir ou escolher uma determinada ética (ver o que escrevemos em *Bioética, a ética da vida*, São Paulo: LTr, 2015, p. 25 e s.).

De fato, o direito não é um presente que o homem recebeu em determinado momento da História. Pelo contrário, "é fruto maduro de sua experiência multimilenar" (Reale). É uma espécie de experiência cultural, ou seja, é uma realidade que resulta da natureza social e histórica do homem. A estrutura sociocultural manifesta-se e realiza-se através das objetivações do espírito humano. Assim, se o direito é criado pela sociedade para reger a vida social, é ele um objeto ou bem cultural³².

O direito, **como realidade cultural**, situa-se no plano da ética, uma vez que não se limita a "descrever" um fato tal como ele é, mas baseando-se naquilo que "é", determina que algo "deve ser", ou seja, **impõe pautas obrigatórias de comportamento, porque se reconheceu a presença de um "valor"**. E o faz, com a previsão de diversas consequências, caso se verifique a obediência ou não ao que determina. Tem por objetivo, portanto, a disciplina e a organização da vida em sociedade. O plano normativo não existe por si, como conjunto de regras e normas abstratas. Ele está vinculado ao plano dos fatos, das situações e ao âmbito dos valores. Em decorrência, no ato jurídico encontramos três dimensões: a dimensão factual, a axiológica e a normativa³³. Assim é que o direito, por exemplo, para estabelecer a maioridade das pessoas, a sua interdição, a idade para o casamento, ele o faz baseado na realidade com elementos buscados na biologia, visando ao bem da pessoa e da sociedade.

QUESTIONÁRIO

1. Que compreende o mundo da "natureza"?
2. Qual é o conceito de "cultura"?
3. Qual a distinção entre cultura, erudição e civilização?
4. Explique por que uma nota promissória pode ser suporte de um bem cultural jurídico.
5. Qual a importância do reconhecimento da existência de bens culturais dotados de um suporte ideal?
6. Qual a relação existente entre natureza e cultura?

---

[32] Contudo, se o direito é um fenômeno histórico-cultural, nem tudo é histórico e contingente no direito, pois possui um núcleo resistente, uma constante axiológica, invariável no curso da história, como veremos em outra ocasião.

[33] Miguel Real ensina: "A pesquisa do jurista, histórico-cultural como é, vale-se da *compreensão* para, através de dados axiológicos, captar o '*sentido normativo*' dos fatos, e, nesse ponto, se distingue da pesquisa do sociólogo, o qual não vai além do plano da mera verificação das conexões de sentido: *a do jurista, ao contrário, é necessariamente compreensivo-normativa e não puramente compreensiva*" (*O direito como experiência*, São Paulo: Saraiva, 2002, p. 119).

7. Como você define o valor? Exemplifique.
8. Por que a ideia de fim e valor caracteriza a cultura?
9. Que significa dizer que "a natureza se explica" e "a cultura se compreende"?
10. Que expressam os juízos de realidade e de valor?
11. Quais são as duas feições que o juízo de valor pode assumir quanto ao dever ser que dele decorre?
12. A distinção entre "ser" e "dever ser" (*sein* e *sollen*) ocorre no plano lógico ou no plano ontológico? Por quê?
13. Qual é o argumento de David Hume a respeito da passagem do "ser" para o "dever ser", conhecido como "a guilhotina de Hume"?
14. Que vem a ser mundo ético?
15. Por que o Direito é uma realidade "cultural-ética"

Lição III

REALIDADE ONTOGNOSEOLÓGICA DO DIREITO

Sumário: 9. Ontologia e ontognoseologia; 10. Objetos natural e ideal; 11. Objetos naturais: físicos e psíquicos; 12. Objeto ideais: lógicos e matemáticos; 13. Objetos valiosos; 14. Objetos culturais; 15. Objeto metafísico e ontognoseológico; 16. Conteúdo axiológico do Direito.

Embora não tenhamos ainda definido o que seja o Direito, sabemos desde logo que se trata de um "objeto", ou seja, de algo que pode ser conhecido. Há, pois, uma necessidade de discriminar as possíveis esferas ônticas de qualquer ser enquanto objeto de conhecimento. Em relação ao Direito, como objeto de conhecimento, surge então a necessidade de determinar a natureza e a estrutura da realidade jurídica. Onde situar o fenômeno jurídico como objeto da Ciência do Direito? Qual a estrutura objetiva da realidade jurídica e a sua situação no mundo da cultura?

Por isso, antes de defini-lo, vamos situá-lo no setor da realidade que lhe é próprio, tendo em vista a **estrutura do objeto** que lhe corresponde. Não é possível determinar o conceito do direito sem determinar ao mesmo tempo a sua consistência. São problemas correlatos, que correspondem a uma unidade de ordem, o que exclui a possibilidade de um conceito puramente formal do direito, assim como a sua redução a um fato puro. Para tanto, usamos da classificação dos objetos do conhecimento em quatro tipos: **objetos naturais, ideais, valiosos e culturais**.

A realidade jurídica não pertence à esfera dos objetos ideais, nem ao âmbito dos objetos psíquicos, pois lhe corresponde uma estrutura própria, a dos objetos culturais e, mais propriamente, a dos **objetos culturais tridimensionais**, por implicarem sempre elementos de fato ordenados valorativamente em um processo normativo. Procuramos, assim, aprofundar a discriminação das esferas da realidade, buscando situar o direito no setor da realidade que lhe é próprio, tendo em vista a estrutura do objeto que lhe corresponde. A definição do Direito será o resultado concomitante da indagação sobre a consistência da realidade jurídica e as características dessa região ôntica. Para isso enfocamos a realidade enquanto objeto do nosso conhecimento, ou, na terminologia realeana, no plano da ontognoseologia. O que isso significa?

9. ONTOLOGIA E ONTOGNOSEOLOGIA

Reservamos o termo gnoseologia para indicar a teoria do conhecimento do ponto de vista do sujeito cognoscente em geral, enquanto a palavra epistemologia fica reservada ao estudo do conhecimento relativo ao campo de pesquisa de cada ramo das ciências (conhecimento científico).

"O termo *ser* é utilizado em vários sentidos", escrevia Aristóteles[1]. Na tradição escolástica, há uma distinção entre a **metafísica geral** e a **especial**. Naquela, que vem a ser a **ontologia** propriamente dita, examina-se o conceito geral do "ser" e a realidade em seu sentido transcendente. Nesta, trata-se de domínios específicos do real, como a **cosmologia** (tratado do mundo e da essência da realidade material), a **psicologia racional** (tratado da alma, de sua natureza e propriedades) e a **teologia racional ou teodiceia** (tratado de Deus e das provas de sua existência, não pela virtude da fé, mas pela razão humana).

Pois bem, não cuidamos **aqui** da ontologia no sentido lato de "teoria do ser enquanto ser", do "ser em si", objeto da metafísica, mas sim num sentido estrito, ou seja, da "**teoria do ser enquanto objeto do conhecimento**", do "ser enquanto pensado", chamada por Miguel Reale de **ontognoseologia**, com a pretensão de oferecer uma síntese superadora das tendências ontológicas e gnoseológicas, que caracterizaram respectivamente as Filosofias clássica e medieval (que estão voltadas mais para o *ser*) e a Filosofia moderna (que dava mais relevo ao subjetivo no ato de *conhecer*)[2].

---

[1] Ver Aristóteles, *Metafísica*, tradução de Edson Bini, São Paulo: Edipro, 2016, p. 105. "Ser" é tudo aquilo que existe ou pode existir; daí os problemas sobre a essência, a existência e a causalidade dos seres etc. que constituem o problema ontológico. Modernamente, lembra Maria Helena Diniz, "é comum designar a ontologia como *teoria dos objetos*, pois é ela que terá que descobrir e definir as estruturas ônticas de cada grupo de objetos" (*Compêndio de introdução à ciência do direito*, São Paulo: Saraiva, 2012, p. 252, nota 341).

[2] José Cretella Júnior preleciona: "Até a época do Renascimento, a filosofia se orienta inteiramente para o 'ser'; é a fase da '*ontologia*'. A partir do Renascimento, sobretudo com Kant, a filosofia se volta para o 'conhecer'; é a fase da '*gnoseologia*'. Se tudo girava em torno do ser, agora tudo gravita em torno do conhecer; a filosofia que era uma 'filosofia do ser' passa a ser uma 'filosofia do conhecer'. Posteriormente, a pesquisa filosófica não se concentra de modo exclusivo em nenhum desses pontos. Procura envolver os problemas ontológicos e gnoseológicos, numa composição complementar que se preocupa com o problema do 'conhecer', ao

Assim, para Reale, toda gnoseologia corresponde a uma ontognoseologia, já que não podemos, no processo de conhecimento, prescindir da "referência a algo", ou seja, ao objeto do conhecimento, para mais especificamente se indagar da relação cognoscitiva entre o sujeito que conhece e o objeto que é conhecido. No processo gnoseológico há a indispensável coexistência destes dois elementos: **sujeito** e **objeto**. *Eles assumem uma* **atitude dialética**, *ou seja,* se implicam e se complementam, um se adequando concomitantemente ao outro, para que aconteça o ato do conhecimento. Um termo não é reduzido ao outro, e, ao mesmo tempo, um não é pensado sem o outro. Há, pois, o abandono de uma posição estática do conhecimento e assunção de uma atitude dialética; e, como veremos depois, a dialética correspondente a essa ação mútua somente pode ser uma dialética, chamada por Reale de complementariedade ou de implicação-polaridade, que leva em conta tanto as potencialidades do sujeito como as peculiaridades e circunstâncias do objeto que é conhecido.

Afastamo-nos, portanto, quer do **monismo** empirista, que faz do sujeito simples reflexo do objeto, quer do monismo idealista, que faz do objeto mera produção do sujeito, assim como do **dualismo** que não leva em conta a correlação dos dois termos, pois entre ambos há uma ligação só explicável à luz de uma dialética não de negação e resolução (à maneira hegeliana), mas de complementariedade. São termos que **se exigem reciprocamente e se completam,** mantendo porém cada qual seu valor irreversível. A palavra "cão" não morde! Na ontognoseologia o problema é posto ora do ponto de vista do sujeito, ora do ponto de vista do objeto, sendo essas duas considerações complementares, não podendo ser separadas. Em ambos os casos, mais do que contraposição, o que há é uma "implicação" segundo um processo dialético de polaridade que é essencial à compreensão do mundo da cultura[3].

A sua parte nuclear é a **Teoria dos Objetos**, cuja finalidade é determinar qual a natureza ou estrutura daquilo que é suscetível de ser posto

---

mesmo tempo que não deixa de lado o problema do 'ser'; é a fase da '*ontognoseologia*', que tem por objeto 'o estudo das inter-relações do ser e do conhecer acentuando a importância do ato do conhecimento, sem, entretanto, deixar de lado a indagação ontológica'" (*Primeiras lições de direito*, Rio de Janeiro: Forense, 1995, p. 12).

[3] *Vide* Miguel Reale, *Filosofia do direito*, São Paulo: Saraiva, 2002, p. 294. Em outro lugar, ele diz: "apesar do risco inerente a todas as simplificações que perdem em profundidade o que ganham em clareza, poder-se-ia dizer que coexistem atualmente três direções gnoseológicas fundamentais, parecendo-me que prevalece a orientação no sentido de que *o conceito não coincide com o objeto, ou o pensamento com o ser* (como se dá no idealismo); *o conceito não é mera reprodução de uma realidade já dada* (como pretende o realismo tradicional), mas *o conceito é síntese funcional e dinâmica de correlações subjetivo-objetivas*, ou seja, um construído ontognoseológico" (*Experiência e cultura*, São Paulo: Grijalbo-Edusp, 1977, p. 61).

como objeto do conhecimento[4]. Que classes de objetos, então, são suscetíveis de conhecimento? Onde situar o fenômeno jurídico como objeto da Ciência do Direito?

10. OBJETOS NATURAL E IDEAL

Para saber que classes de objetos são suscetíveis de conhecimento, precisamos de algumas considerações preliminares.

10.1. Objeto = sujeito de um juízo

Precisamos distinguir, na operação lógica da nossa mente que chamamos de "juízo", o "sujeito cognoscente" (o sujeito que conhece) e o "sujeito de um juízo" (o sujeito de quem se afirma ou se nega algo). Assim, ao afirmar que a Terra é redonda, o sujeito desse juízo lógico refere-se sempre a um "objeto" a respeito do qual se declara algo. E, por isso, Reale define *objeto*, em ontognoseologia, como sendo "tudo aquilo que é sujeito de um juízo lógico, ou a que o sujeito de um juízo se refere"[5]. Em suma: **objeto é igual a sujeito de um juízo**.

10.2. Ordem do ser e do dever ser

Devemos também distinguir duas posições primordiais do espírito humano perante a realidade: ou a enfoca no plano do "ser", verificando como ela é de fato; ou a considera sob o prisma do "dever ser", isto é, valorando e julgando como as coisas devem ou deveriam ser, embora elas de fato não sejam dessa forma. Em suma, **vemos as coisas de duas formas: ou as focalizamos enquanto elas "são"; ou as vemos enquanto "valem" e, porque valem, "devem ser"**. O conhecimento, portanto, se biparte em "ser" (*Sein*) e "dever ser" (*Sollen*). São dois pontos distintos, através dos quais indagamos, complementarmente, do real[6].

Não nos devemos iludir, contudo, ao pensar que as palavras "ser" e "dever ser" sejam **substantivos**, significando dois mundos irredutíveis ou

---

[4] Segundo Ferrater Mora, "assente a definição de objeto como sujeito de um juízo, a teoria do objeto investiga formalmente as diferentes classes de objetos existentes e adscreve-lhes as correspondentes determinações gerais. A teoria do objeto converte-se assim numa parte da ontologia, à qual corresponde a investigação do ser enquanto tal. A ontologia está, por conseguinte, situada num plano superior à teoria dos objetos; na qualidade de ontologia geral, trata das determinações do ser e faz parte, portanto, da metafísica como investigação do ser em si; como ontologia regional, averigua as determinações gerais que correspondem a cada um dos tipos do ser. Assim se liga a ontologia regional à teoria dos objetos" (*Dicionário de filosofia*, edição abreviada. Lisboa: Dom Quixote, 1991).

[5] Miguel Reale, *Filosofia do direito*, São Paulo: Saraiva, 1990, p. 177

[6] Veja Miguel Reale, *Introdução à filosofia*, São Paulo: Saraiva, 1994, p. 135 e s.; *Filosofia do direito*, São Paulo: Saraiva, 1994, p. 182 e s.

que se contrapõem. Na realidade, **são verbos** que indicam perspectivas complementares do processo do conhecimento, como dois enfoques distintos, não do ser enquanto ser, mas de tudo aquilo que se apresente como objeto de um juízo lógico. A distinção entre "ser" e "dever ser" (entre *sein* e *sollen*) é feita no plano gnoseológico, ou, como prefere Reale, no plano ontognoseológico, e não no plano ontológico. Com outras palavras, são duas **posições lógicas perante o real**, e não duas interpretações ontológicas do ser, no plano metafísico. Na verdade, no plano metafísico não pode subsistir a distinção ontognoseológica entre "ser" e "dever ser", pois nele se coloca, em toda a sua plenitude, o problema do ser enquanto ser.

10.3. Axiologia e ontologia

Ao ver de muitos, tanto a gnoseologia como a axiologia se subordinam à ontologia. Para Miguel Reale, porém, a **axiologia é uma das partes fundamentais e autônomas da filosofia** (não uma parte da Metafísica). Ele não subordina, pois, o axiológico ao ontológico. Reale pensa que uma ontologia jurídica não pode superar os limites da correlação Sein-Sollen, isto é, os limites do que ele denomina **ontognoseologia**, da qual emerge a axiologia jurídica como indagação "a se", marcadas ambas, todavia, pelo mesmo sentido de **dialeticidade histórica de complementaridade** (não a dos opostos de Hegel ou Marx). Dialeticidade esta que não interessou a Hartmann, constituindo a grave lacuna de seu pensamento, perdido num axiologismo radical incompatível com as carências e antinomias da experiência jurídica. **Os valores, para Reale, se situam no mundo do Sollen**, ao contrário de Hartmann que, na sua concepção dos valores como objetos ideais, coloca-os no mundo do Ser.

11. OBJETOS NATURAIS: FÍSICOS E PSÍQUICOS

Há objetos que pertencem à ordem do ser e outros à ordem do dever ser. Entre os que se situam na ordem do "ser", na qual procuramos determinar a essência do objeto, estão os objetos naturais e os ideais.

11.1. Objetos naturais

Neles o que predomina são os elementos **dados pela natureza, e não construídos pelos homens**. O que nos possibilita atingi-los e explicá-los é o *princípio da causalidade*, porquanto são fenômenos que acontecem, em geral, de acordo com nexos constantes de antecedente e consequente, razão pela qual são também suscetíveis de verificação experimental.

11.2. Objetos naturais físicos e psíquicos

Os objetos naturais apresentam duas modalidades: os *objetos físicos*, que se caracterizam por **não poderem ser concebidos fora do espaço e do tempo, sendo-lhes inerente a extensão** (uma árvore, por exemplo). E os *objetos psíquicos*, que não podem ser concebidos no espaço

45

físico, uma vez que **apenas duram no tempo**; eles acontecem no interior de um sujeito, num momento determinado (uma emoção ou uma paixão ou um desejo ou um instinto, por exemplo; cada um deles não pode ser concebido no espaço, porque só dura no tempo; esses elementos são enquanto duram).

Vários autores empenharam-se em defender a tese segundo a qual a Ciência Jurídica deve ser concebida em termos puramente físico-naturais ou psicológicos. Entre nós, **Pontes de Miranda**, cuja obra fundamental *Sistema de ciência positiva do direito* representa uma expressão do **naturalismo jurídico**, chega ao paradoxo de apresentar o Direito como fenômeno não peculiar ao homem, mas comum ao mundo orgânico e até mesmo aos sólidos inorgânicos e ao mundo das figuras bidimensionais, por significar apenas um sistema de relações e de conciliação ou composição de forças (v. II, p. 26). Felizmente, sua admirável obra dogmático-jurídica pouco se subordina a tais pressupostos, em que pese uma terminologia inspirada na linguagem da Física. De outro lado, **Petrasinsky**, a quem devemos preciosos estudos sobre a gênese da norma jurídica, reduz o Direito a mero capítulo da Psicologia, com o que se poderia denominar **psicologismo jurídico**. Não se pode contestar o alcance do elemento psicológico na gênese e desenvolvimento do Direito. Mas pretender focalizá-lo segundo o ângulo exclusivo da Psicologia empírica, como se fosse uma trama de atos psicológicos, nos parece excessivo.

12. OBJETOS IDEAIS: LÓGICOS E MATEMÁTICOS

Também são encontrados na ordem do "ser". Mas **não são "arquétipos"**, à maneira de Platão. **São seres que existem enquanto pensados**. Eles, na verdade, não se situam e não se manifestam no espaço ou no tempo, uma vez que existem somente na mente humana. Uma circunferência, por exemplo, não deve ser confundida com a sua representação gráfica. Ela é algo que existe como entidade lógica, universal e insuscetível de modificação. O seu ser, portanto, é puramente ideal.

Em segundo, os objetos ideais **não são realidades absolutas ou ontológicas. Isso significa que não são realidades que existem em si mesmas, independentemente do ato de pensar em geral, independentemente do pensamento que as pensa**. Em suma, não são realidades que existiriam mesmo que não fossem ou não tivessem sido pensadas, como queria N. Hartmann.

Tais objetos são próprios da **Lógica** e da **Matemática**: uma circunferência, um triângulo, um número, um juízo lógico, um silogismo etc. São atemporais e a-espaciais, mas não podem ser confundidos com o processo psíquico em que são pensados. Montesquieu já observava, no seu *Espírito das leis*, que antes de se traçar um círculo, os seus raios são iguais. Disso podemos concluir que os objetos ideais não provêm do fato empírico de serem pensados ou representados.

Alguns fenomenólogos, como **Gerhart Husserl**, afirmam a **natureza puramente ideal das normas jurídicas**, lembrando que estas permaneceriam em vigor ainda que todos os seus subordinados dormissem sem despertar. Fora do âmbito fenomenológico, temos **Cicala**, que afirma ser a norma jurídica uma entidade puramente ideal, de tal modo que seria impossível pensar em uma norma sem a representar como algo existente apenas no mundo das ideias.

13. OBJETOS VALIOSOS

Há autores que não admitem senão as esferas de objetos naturais e ideais, uma vez que incluem entre os ideais uma terceira esfera fundamental: a dos objetos valiosos. Não podemos negar que há elementos de **coincidência entre os valores e os objetos ideais**. Ambos são atemporais e a-espaciais, ou seja, ambos não se subordinam ao espaço e ao tempo. Mas há também elementos de **diferenciação**. Enquanto os objetos ideais são quantificáveis, os valores não admitem qualquer possibilidade de quantificação ou mensuração. Por exemplo, não podemos dizer que o *Davi* de Miguel Ângelo valha cinco ou dez vezes mais que o *Davi* de Bernini. Não se enumera, não se quantifica o valor. Às vezes, nós medimos o valor, por processos indiretos, empíricos e pragmáticos, como acontece quando exprimimos em termos de "preço" a "utilidade" dos bens econômicos. Mas são meras referências para a vida prática, conclui Reale, para quem os valores são insuscetíveis de serem comparados segundo uma unidade ou denominador comum[7]. Além disso, enquanto os objetos ideais valem independentemente do que ocorre no espaço e no tempo, os valores só se concebem em função de algo existente, ou seja, em função das coisas valiosas.

Por isso, uma terceira esfera fundamental, além dos objetos naturais e ideais, vamos encontrá-la na **ordem do "dever ser". Nela a realidade humana é julgada como deve ou deveria ser, embora de fato ela não seja dessa forma. É nesse plano que se projetam os valores, que sempre são portadores de um sentido que determina a nossa conduta. O valor é a expressão do "dever ser"** (*sollen*) **e não do "ser"** (*sein*); ou seja, é algo que se põe como fim que deve ser realizado.

Em decorrência, o valor, para Reale, é um **objeto autônomo, irredutível aos objetos ideais**. A axiologia, em suma, se desvincula dos objetos ideais, passando a constituir uma autônoma ciência dos valores. Por quê? Em primeiro lugar, porque o valor necessariamente "deve ser" (o belo, o bom, o útil etc.), isto é, lhe é essencial o seu "**ser para a ação**", para a práxis (o dever ser do Direito, por exemplo, se acha necessariamente vinculado à ação; não se compreende o Direito sem realizabilidade). Os valores

---

[7] Miguel Reale, *Introdução à filosofia*, São Paulo: Saraiva, 1988, p. 141.

se põem no plano lógico do "dever-ser" e carregam um sentido resultante de uma tomada de posição, positiva ou negativa, perante algo, implicando a expectativa ou o desejo de vê-lo convertido em realidade. Por sua vez, o objeto ideal pura e simplesmente "é", pertence ao mundo do ser, tal como um juízo lógico ou um teorema, abstração feita de nossas preferências ou de sua realizabilidade.

Em segundo lugar, porque o "dever ser" axiológico se distingue por pressupor a possibilidade de uma **não correspondência ao que se enuncia**, e até mesmo de algo em conflito com ele. No objeto ideal, ao contrário, mesmo que se diga que ele é enquanto "deve ser", trata-se de um "ter de ser" que não admite alternativa (como quando se afirma que 2 + 2 = quatro)[8].

Por fim, a atitude do jurista implica uma tomada de posição perante os fatos, perante aquilo que na conduta humana se refere a valores. Daí a importância da Axiologia para a Ciência Jurídica. Rudolf Von Ihering, embora sem formação axiológica, viu a importância do problema dos fins no mundo jurídico. Mostra a importância do "interesse" qual mola propulsora dos indivíduos e dos grupos e como conteúdo das normas jurídicas, abrindo as perspectivas da chamada "Jurisprudência dos Interesses" em contraste com a tradicional "Jurisprudência dos Conceitos". Miguel Reale, na sua concepção tridimensional do Direito, expõe que fatos e valores se integram dialeticamente em um processo normativo.

14. OBJETOS CULTURAIS

Há, finalmente, um aspecto do real, que representa uma **forma de integração do ser e do dever ser**: são os objetos culturais. Sua existência decorre da **realização histórica dos valores**. Se os valores jamais se realizassem, nada significariam para o homem. Assim, os valores são atualizados nos objetos culturais, embora não sejam reduzidos a eles.

Com outras palavras, da atualização dos valores surge uma nova realidade na esfera dos objetos: os objetos culturais, que constituem o **mundo da cultura**. Eles se distinguem, segundo a fórmula conhecida de Reale, "**por serem enquanto devem ser**", isto é, trata-se de realidades cujo ser é entendido sob o prisma de algum valor, em particular implicando um entendimento concreto e dialético do direito e demais experiências culturais. Por essa razão, seu ser não é acessível apenas do plano do "ser", mas do "dever ser" que os julga, sempre, como objetos valiosos. Daí também a vinculação

---

[8] Ver Miguel Reale, *Teoria tridimensional do direito*, São Paulo: Saraiva, 1994, p. 903. Ver as razões da divergência de Reale da tradicional teoria dos objetos de Brentano, extraindo do mundo do Ser (*Sein*) os valores, por serem expressões do "dever ser" (*Sollen*), passando eles a compor uma categoria autônoma de objetos (*Paradigmas da cultura contemporânea*, São Paulo: Saraiva, 1996, p. 87 e s.).

essencial do pensamento realeano ao tridimensionalismo concreto com a não redução dos valores a meros objetos ideais.

Os objetos culturais possuem, assim, uma **natureza binada**: são enquanto devem ser, ou seja, são realidades (ser) impregnadas de valores (dever ser) e, por conseguinte, existem tão somente na medida em que valem para algo. Em suma, "são e devem ser ao mesmo tempo". Podemos dizer que são objetos derivados e complexos, representando, como já foi dito, uma forma de integração do "ser" e do "dever ser"[9]. A "cultura" compreende não apenas aquilo que o homem conhece do "ser", mas também tudo aquilo que o homem conhece, faz ou realiza pondo o "ser" em função do "dever ser" ou valores.

Especificamente **no mundo do direito**, os juízos ou enlaces lógicos que o jurista estabelece entre os fatos, atribuindo a alguém um poder ou dever de agir, ou dando certa estrutura ou organização aos fatos, se desenvolvem como juízos de valor, compondo-se com juízos de realidade. A experiência jurídica não "é" (não está aí, diante de nós, como uma pedra), nem tampouco "deve ser" (como uma entidade angelical ou um arquétipo transcendente), mas "é e deve ser" ao mesmo tempo, ou "é enquanto deve ser".

Eis como Miguel Reale[10] esquematiza o assunto:

15. OBJETO METAFÍSICO E ONTOGNOSEOLÓGICO

Não devemos confundir o objeto metafísico ou ontológico com o ôntico ou ontognoseológico.

```
                    ┌ NATURAIS ┌ FÍSICOS
            ┌ SER ──┤          └ PSÍQUICOS
            │       │          ┌ LÓGICOS        OBJETOS
OBJETOS ────┤       └ IDEAIS ──┤                CULTURAIS
            │                  └ MATEMÁTICOS    (são enquanto
            │                                   devem ser)
            │                  ┌ OBJETOS VALIOSOS
            └ DEVER SER ───────┤ (religiosos, filosóficos,
                               └ artísticos, econômicos etc.)
```

---

[9] Paulo Dourado de Gusmão descreve: São objetos "criados pelo homem, servindo-se de objetos físicos como veículos, orientados por valores ou ideias, como, por exemplo, o Código de Hamurabi gravado em uma estela de diorite. Esses objetos estão no mundo, sendo o seu veículo captável pelos sentidos – o mármore em que foi esculpida a Vênus de Milo – têm valor, sentido, podendo ser situados no espaço" (*Filosofia do direito*, Rio de Janeiro: 2008, p. 113).

[10] Miguel Reale, *Paradigmas da cultura contemporânea*, São Paulo: Saraiva, 1996, p. 76.

15.1. A metafísica

Numa primeira aproximação, pode ser entendida como o estudo da causa última e dos princípios primeiros mais universais da realidade. Como ciência dos primeiros princípios e das causas últimas, só parece possível, segundo Reale, como "conhecimento conjetural", não como verdades assentes e demonstráveis. O que ele chama de "conjeturas" ou juízo de razoabilidade ou plausibilidade vem a ser a tentativa de pensar além daquilo que é conceitualmente verificável, que venha completar o experienciado. E conclui que a Metafísica é conjetural, e, mais ainda, uma conjetura inevitável[11].

15.2. Objeto ontognoseológico

Sob esse enfoque, a questão do objeto do Direito não se converte em questão metafísica, conservando sua natureza fundamentalmente **gnoseológica**. O que caracteriza a Teoria Geral do Conhecimento ou Ontognoseologia é o propósito de estabelecer o fundamento lógico de todas as formas de saber, visando a alcançar pelo menos certo grau de certeza. Mas não há dúvida que **a questão abre acesso aos problemas do Ser**, postulando mesmo uma necessária indagação de ordem metafísica.

Com isso não se estaria diminuindo o papel da Metafísica, pois **o conjetural, justifica Reale, desempenha significativo papel no âmbito da doutrina da ciência do nosso tempo**, que felizmente superou a redução neopositivista do científico ao empírico e matematicamente verificável. Nem significa um desligamento da Metafísica, o que no dizer do jurista argentino Carlos Cossio, "esto es imposible para el hombre, siendo el hombre mismo un animal metafísico" (*Teoría de la verdad jurídica*). Quanto à importância da Metafísica, Descartes não duvida em apontá-la como a disciplina por excelência da Filosofia. Comparava então a Filosofia a uma árvore, cujas raízes são a Metafísica; o tronco é a Física e do tronco é que partem todas as outras ciências (*Principia philosophiae*, IX, 4).

A Filosofia clássica, seguindo **Aristóteles**, define a Metafísica como a disciplina que "estuda o ente enquanto ente". Ente, por sua vez, significa "o que é", algo dotado da propriedade de ser. Praticamente, o ente ou ser está presente em todas as coisas, desde Deus que é o ser por excelência, até os nossos mais estranhos sonhos ou fantasias. Sob esse ângulo, Descartes tinha razão ao dizer que todas as ciências têm a ver com a Metafísica.

16. CONTEÚDO AXIOLÓGICO DO DIREITO

A realidade desdobra-se, portanto, em uma multiplicidade de objetos. Especificamente em relação ao Direito, seu conteúdo axiológico é inevitável.

---

[11] Ver Miguel Reale, *Introdução à filosofia*, São Paulo: Saraiva, 1988, p. 234; *Verdade e conjetura*, Rio de Janeiro: Nova Fronteira, 1987, p. 46 e s.; *Paradigmas da cultura contemporânea*, São Paulo: Saraiva, 1996, p. 90.

Os valores, por sua vez, são o fruto das diferentes projeções do espírito humano sobre a natureza. Por isso, a axiologia não pode ser desvinculada da sua relação com a história, nem com a cultura[12]. Daí o historicismo axiológico de Reale, em cujo âmbito se situa a Teoria Tridimensional do Direito. Aquilo que se torna fático, enquanto já posto e vivido, abre campo para novas exigências em relação ao que ainda se quer possuir. Essa compreensão plural do processo histórico, segundo distintos plexos de estimativas, foi denominada por Reale de "historicismo axiológico". E com razão, pois uma axiologia fora da histórica, ou meta-histórica, não tem sentido. Os valores são o fruto das diferentes projeções do espírito humano sobre a natureza, desenvolvendo-se e manifestando-se ao longo da história[13]. É impossível compreender o problema do valor fora do âmbito da História, entendida esta como realização de valores pelo homem. Eles não são, portanto, objetos ideais, mas se inserem em nossa experiência histórica.

Entre valor e realidade não há, pois, um abismo e sim "um nexo de polaridade e implicação, de tal modo que **a História não teria sentido sem o valor**. Um 'dado' ao qual não fosse atribuído nenhum valor seria como que inexistente. Um 'valor' que jamais se convertesse em momento da realidade seria algo de abstrato ou de quimérico, na lição realeana"[14]. **Os objetos culturais são objetos derivados dos valores**, embora os dois não se confundam. O Direito é um objeto, um fato cultural.

A mesma relação essencial se estabelece entre axiologia e cultura, entendendo esta como a realidade projetada e concretizada pelo homem ao longo da história, graças às diferentes seleções ou estimativas. A cultura implica sempre algo referido a valores com a concomitante exigência da ação correspondente. Os valores são, então, entes autônomos, acessíveis a partir do âmbito do "dever ser", que estima a realidade como ela deveria ser, isto é, sob a ótica de algum valor. É precisamente essa compreensão da axiologia em termos históricos, ou da história em termos axiológicos, que caracteriza e fundamenta o *historicismo axiológico*[15].

Vimos como o ser pode ser abordado sob dois pontos de vista: enquanto ele "é" e enquanto ele "deve ser" em vista de algum valor. Consequência

---

[12] Com razão escrevia Ascarelli: "Il diritto vive nella storia ed anzi com la storia" (*Antigone e Porzia*).

[13] Ver Miguel Reale, *Pluralismo e liberdade*, São Paulo: Saraiva, 1963, p. 39 e s.

[14] Ver Miguel Reale, *Introdução à filosofia*, São Paulo: Saraiva, 1988, p. 155-156.

[15] Miguel Reale diz que o valor tem uma tripla função na história, segundo seu historicismo axiológico: de caráter *ontológico ou constitutivo*, por ser ele o conteúdo significante dos bens culturais; *gnoseológica*, uma vez que só através dele podemos captar o sentido da experiência cultural; *deontológica*, visto como de cada valor se origina um dever ser suscetível de ser expresso racionalmente como um fim (*O direito como experiência*, São Paulo: Saraiva, 2002, p. 29)

disso é o surgimento de uma nova esfera na consideração do real: a dos **objetos culturais**, entendidos como "**aqueles que são enquanto devem ser**". Assim, o "cultural", embora tendo sempre como pressuposto um dado da natureza, transcende-a por seu caráter teleológico, ou seja, por ser integração do que "é" e "deve ser".

A **cultura** é, portanto, a projeção que resulta da interação de "fatos naturais" e "sentidos de valor". Segundo Reale, a cultura "é enquanto deve ser", na medida em que ela implica sempre algo referido a valores com a concomitante exigência da ação que lhes corresponde; não é, pois, algo de intercalado entre a natureza e o valor, ocupando um vazio deixado por ambos; é o próprio processo dialético que o espírito realiza sobre sua compreensão da natureza, um processo histórico-cultural que coincide com o processo ontognoseológico e que Reale denomina, como vimos, de "historicismo axiológico".

Lembramos que o culturalismo jurídico de Miguel Reale adquiriu forma bem acabada com a sua *Teoria Tridimensional do Direito*. Por ela, demonstrou que a norma jurídica está imersa no mundo da vida, na vida cotidiana da sociedade e encontra-se permeada pela cultura e pela historicidade. Esse culturalismo jurídico, presente de modo claro na Teoria Tridimensional do Direito, faz-se presente também em vários artigos do novo Código Civil brasileiro, procurando atrelar seus aplicadores aos princípios da equidade, da função social da propriedade e do contrato, para que o ordenamento jurídico, como um todo, atue no sentido de se alcançar o bem comum e a finalidade social da lei.

QUESTIONÁRIO

1. Qual a diferença entre ontologia e ontognoseologia?
2. Explique a afirmação de Miguel Reale: "toda gnoseologia corresponde a uma ontognoseologia".
3. Como se distinguem os objetos naturais e os ideais? Exemplifique.
4. Como se distinguem os objetos valiosos e os culturais? Exemplifique.
5. A axiologia se subordina à ontologia?
6. Qual a sua opinião sobre os objetos metafísicos?
7. O que vem a ser o chamado "historicismo axiológico".
8. Explique por que o culturalismo jurídico de Miguel Reale adquiriu forma acabada com sua Teoria Tridimensional do Direito.

Lição IV

LEIS FÍSICAS, CULTURAIS E ÉTICAS

Sumário: 17. Leis físicas; 18. Leis culturais; 19. Normas éticas; 20. Ética, Moral e Direito; 20. Normas jurídicas; 21. Normas éticas e técnicas.

Vimos que há três esferas de realidade: o mundo da natureza, o mundo da cultura e o mundo da ética. Cada uma é regida por leis próprias: leis físicas, leis culturais e leis éticas. Qual é o critério distintivo entre essas três espécies de leis? É o que buscamos descobrir.

17. LEIS FÍSICAS

A lei física que rege o mundo da natureza, a rigor, não é uma "lei". A palavra "lei" só é empregada aqui em sentido impróprio, pois haveria lei, propriamente dita, onde há "razão" e "liberdade" (Jolivet). Aristóteles nunca pensou em "leis" que não fossem leis do "comportamento humano". Foi Lucrécio, poeta e filósofo latino que viveu no século I a.C., quem falou em "Leis da Natureza" (*Leges Naturae*), em seu poema "De Rerum Natura", no qual expõe a filosofia de Epicuro, como a chave que poderia desvendar os segredos do universo. As leis físicas são, antes, "enunciados físicos"[1]. "A lei física exprime só isto que é, que acontece, e corresponde necessariamente a toda realidade" (Del Vecchio). Quais as suas características? Seu determinismo rigoroso, o fato de ser descritiva da realidade e ser subordinada ao fato.

---

[1] No dizer de Carlos Mouchet e Ricardo Becú: "Las leyes físicas no son reglas imperativas sino enunciativas, que traducen en una fórmula genérica lo que necesariamente ocurre en el reino de la naturaleza, ajeno a toda imposición humana. Pertenecen, por lo tanto, al mundo del ser" (*Introducción al derecho*, Buenos Aires: Ediciones Arayú, 1953, p. 205).

17.1. Determinismo rigoroso

As leis físicas enunciam fatos que acontecem de modo necessário. Significam que, dadas certas circunstâncias, seguir-se-ão determinados efeitos necessariamente. Regem, pois, um mundo dominado pela necessidade. São enunciados sobre o curso efetivo dos eventos, enquanto que as regras jurídicas são prescrições para a conduta do homem.

Com outras palavras, o mundo da natureza é regido pelo **princípio da causalidade = os fatos se sucedem, de forma rigorosa, uns aos outros, numa relação de causa e efeito**. Havendo uma causa, haverá, necessariamente, determinado efeito. Há, pois, uma sucessão infalível e previsível entre causa e efeito nos fenômenos naturais. Juntem-se, por exemplo, dois átomos de hidrogênio e um de oxigênio que se obtém fatalmente uma molécula de água.

Por consequência, as leis da natureza vinculam dois fatos numa **relação causal**. Quando se diz que "um metal se dilata ao ser aquecido", estamos vinculando o fato de aquecer um metal com o fato de sua dilatação, e a natureza dessa vinculação é "causal" porque consideramos o aquecimento do metal como causa do efeito de se dilatar. Outro exemplo temos na Lei da Gravidade: a matéria atrairá sempre a matéria na razão direta das massas e na razão inversa do quadrado das distâncias (Isaac Newton).

Não se pode negar o determinismo na natureza. Não devemos, porém, torná-lo um fator absoluto, já que **ele não elimina nunca o acaso** que pode intervir na elaboração dos fenômenos. As ciências biológicas, sobretudo, puseram à luz esse fato, como bem explicou **Jacques Monod** (Prêmio Nobel de Fisiologia e Medicina) em sua célebre obra *O acaso e a necessidade*[2].

17.2. Leis descritivas

A relação causal é conhecida por meio da explicação ou descrição. Explicar é analisar a relação causa-efeito; é determinar quais foram as causas de determinados efeitos, ou preanunciar quais serão os efeitos de certas causas.

As leis físicas, enunciando juízos de realidade, **são leis meramente "explicativas" ou "descritivas"**: apenas descrevem como os fatos ocorrem. Dizem o que "é"; são uma explicação sintética e neutra do fato em

---

[2] As novas formulações do princípio de causalidade, como as que resultam da "teoria quântica" de Planck, não alteraram a verificação de que a estrutura os objetos naturais implica "causalidade" como seu princípio informador. Segundo Bertrand Russel, tudo quanto julgamos conhecer do mundo físico depende da suposição de que existem "leis causais". Mesmo quando se admita a impossibilidade de previsões de ordem causal estrita em certos domínios da Física, não podemos confundir os dois campos, o natural e o espiritual: no primeiro, os fenômenos quando não são "determinados", são "indeterminados", mas nunca "autodetermináveis", capazes de suscitar, originariamente, em virtude da autodeterminação, efeitos imprevisíveis.

todos os seus aspectos. Em suma, são um "retrato" do fato observado. **As leis físicas são cegas para o mundo dos valores**; não são boas, justas, belas ou feias; são apenas *certas ou erradas*, conforme a sua correspondência aos fatos que elas explicam ou descrevem.

O físico observa uma série de fenômenos, fazendo abstração do que é secundário e particular, para retirar apenas aqueles elementos que são constantes, comuns a uma mesma série de fatos. **Não há, porém, uma opção subjetiva** no sentido preciso do termo, porque são os próprios elementos observados que ditam a escolha, impondo-se objetivamente ao espírito do pesquisador. Por isso, a lei física é uma explicação sintética do fato. Não teria sentido, por exemplo, conceber uma lei física impondo formas de comportamento aos átomos ou determinando órbitas aos astros. Quer se determine, ou não, as forças naturais atuariam normalmente.

17.3. Subordinadas ao fato

Sendo a lei física uma expressão neutra do fato, qualquer lei, por mais precisa que pareça, cede diante de qualquer fato que venha contrariar o seu enunciado.

No mundo físico, a ligação entre o fato e a lei opera-se no plano do "ser", de tal maneira que basta um fato contrário para que se desmorone toda uma teoria. Neste campo, entre a lei e o fato, prevalece o fato, ainda que seja um só fato observado; modifica-se a teoria, altera-se a lei. Trata-se, pois, de lei subordinada ao fato.

É por isso que não existe possibilidade de sanção no plano das leis físicas. A sanção é algo que se acrescenta à norma, para a garantia de seu adimplemento (tal como ocorre no mundo jurídico ou no mundo moral). Já a lei física é o resultado da indagação do fato e não acrescenta a este nenhum elemento para que determinado processo tenha ou não o seu curso. No mundo da natureza as consequências sobrevêm segundo nexos determinados ou determináveis.

18. LEIS CULTURAIS

No mundo das leis físicas, a **passagem** do fato para a lei é **direta**, sem intermediários estimativos, uma vez que elas não são senão explicações objetivas do fato. **No mundo da cultura, porém, é necessária a interferência de outro elemento, que é o "valor"**, marcando a tomada de posição estimativa do homem perante o fato. A não referibilidade a valores caracteriza sempre as leis puramente naturais, qualquer que seja o índice de sua revisibilidade. Daí a natureza compreensiva das leis culturais.

18.1. Leis compreensivas

Ao invés da síntese explicativa, própria das leis físicas, temos uma síntese compreensiva. Ou seja, as leis culturais se caracterizam, ao contrário das leis físicas que são cegas para os valores, por se referirem a valores, traduzindo sempre uma conexão de sentido. Mais especificamente, por adequarem "meios a fins" intuídos como "valiosos".

Com outras palavras, elas traduzem, além da relação causal peculiar ao suporte fático, a conexão de sentido ou a diretriz axiológica de obrigatoriedade resultante da tomada de posição inerente a todo acontecimento social e histórico. Daí sua natureza axiológica (valorativa) ou teleológica (finalística). São, em suma, leis "compreensivas", envolvendo juízos de valor. A compreensão, repita-se, pressupõe um conteúdo valorativo e relações de meio a fim. Se as ciências naturais culminam na enunciação de leis que estabelecem nexos transpessoais de causalidade, ou seja, em "leis causais", tomado o termo causalidade em toda sua amplitude, sem reduzi-lo a pressupostos deterministas, nas ciências culturais, em virtude de seu conteúdo axiológico, a valoração redunda em "nexos teleológicos", ou na terminologia de Husserl, de *causalidade motivacional*[3].

18.2. Espécies de leis culturais

Como as leis culturais elaboram juízos de valor, após terem tomado contato com a realidade, o "dever ser" decorrente do juízo de valor pode atingir ou não o plano "normativo". Determinadas leis culturais, como as da Moral e do Direito, ao elaborarem esses juízos de valor, atingem uma posição ou momento de normatividade, que não é necessária para todas as leis culturais. A lei cultural será, portanto, "puramente compreensiva" ou "compreensivo-normativa". Note-se que em ambos os casos há valoração e compreensão, pois são todas leis culturais.

a) **LEIS PURAMENTE COMPREENSIVAS** (ou explicativo-compreensivas): são as leis culturais que, com base nos fatos observados, **formulam apreciações de natureza valorativa** sobre esses fatos. Mas esses juízos de valor **não implicam o reconhecimento da obrigatoriedade de um comportamento, não envolvem o momento da normatividade**.

Tais leis ultrapassam o plano da mera explicação causal, porque são compreensivas, mas não atingem o plano normativo. São **"leis gerais de tendência" ou "esquemas ideais"** de ação. Encontrando oposição por parte dos fatos, podem ser corrigidas. Exemplo: **leis sociológicas, históricas e econômicas**. Observamos que é possível que, além de ser elemento de compreensão do fato social, surja um "momento normativo", mas como algo de contingente e acessório, sem demonstrar, todavia, o caráter necessário e universal da normatividade (como acontece com a moral e o direito)

De fato, o historiador, o sociólogo e o economista, se não se limitam a retratar os fatos observados, também não têm o propósito deliberado de disciplinar formas de conduta obrigatória, muito embora suas conclusões possam e devam influir por ocasião da regulamentação daquelas. Não ela-

---

[3] Ver Miguel Reale, *Paradigmas da cultura contemporânea*, São Paulo: Saraiva, 1996, p. 10.

boram "normas" ou "regras" para o comportamento coletivo, mas leis gerais de tendência ou esquemas ideais. A sociologia, por exemplo, não impõe regras à conduta humana, embora possa prever as consequências de determinada classe de comportamento no grupo social[4].

b) **LEIS COMPREENSIVO-NORMATIVAS.** São as leis culturais que não envolvem apenas um juízo de valor sobre os comportamentos humanos, mas **implicam também o reconhecimento da sua obrigatoriedade**. Culminam na escolha de uma conduta considerada obrigatória numa coletividade. Implicam **um juízo de valor + a obrigatoriedade de um comportamento**. Da tomada de posição axiológica resulta, assim, a "normatividade".

São as leis éticas ou, mais propriamente, "**normas éticas**". A lei ética é uma espécie de lei cultural de tipo normativo.

19. NORMAS ÉTICAS

Há muitas opções válidas para se compreender o significado da Ética na vida humana. Fazemos referência apenas a duas diretrizes fundamentais: uma que leva em conta os **fins que se quer atingir e os meios necessários para alcançá-los**; a outra dá maior realce aos **motivos ou fatores determinantes da ação moral**.

A primeira leva-nos a compreender a Ética como "a ciência do bem último" que deve guiar os homens e, por via de consequência, do dever ou dos deveres a que devemos obedecer. Essa concepção foi estabelecida na Grécia, sobretudo a partir de Platão e de Aristóteles, exercendo poderosa influencia na obra dos jurisconsultos romanos, em sua maior parte, porém, seguidores da rígida moral dos estoicos, mais afinada com a mentalidade romana. Mesmo na Grécia, com Gorgia e os Sofistas (e depois com Epicuro), pensadores houve que consideraram mais importante indagar dos *motivos* do agir, isto é, do *objeto* de nossa preferência, resultante por exemplo de desejos ou interesses. É nessa linha que se situa a Ética dos adeptos do utilitarismo ou do pragmatismo.

Miguel Reale entende que há mais "**complementaridade do que antinomia** entre a problemática dos fins e a dos motivos, e que, tudo somado, a opção por uma Ética de fins, de preferência a uma Ética de resultados, depende do homem ou da mulher que se é"[5].

---

[4] Não concebemos, pois, a História e a Sociologia como "ciências explicativas", como faz Windelband. Ambas são ciências que, tendo por objeto bens culturais, não podem deixar de ser "ciências de compreensão". O que se verifica é que a sua referência a *fins* não envolve necessariamente o momento da *normatividade*: poderíamos chamá-las de ciências *explicativo-compreensivas*. Já a Moral e o Direito são ciências *compreensivo-normativas*.

[5] Miguel Reale, *Questões de direito público*, São Paulo: Saraiva, 1997, p. 60. A palavra ou o verbo "dever" teve grande ressonância no mundo ético. Kant, por exemplo, tem o dever como critério normativo da ética, tendo o caráter de obrigação absoluta.

O mundo atual considera o problema ético sob o prisma axiológico, como uma "**ética material de valores**" (na expressão de **Max Scheler**), deixando de lado a mera formalidade. A ideia de valor supera, de certa maneira, as duas visões anteriores, mostrando que fins e motivos se entrelaçam e se complementam na concretude da existência humana. A problemática do valor leva-nos a conceber o ideal como algo que só é válido enquanto realizável, pois um valor que nunca se realiza é uma abstração, uma quimera. Doutro lado, um valor que se esgota na experiência, que se realiza definitivamente, deixa de ser um valor para converter-se em mero fato. É tendo o valor como esse novo paradigma, que **vemos a ética mais como um estilo de vida**, um modo de viver, um rumo comportamental que decidimos seguir. Um horizonte que aponta para frente, para uma meta que orienta nosso agir cotidiano. Ela não pode ser, por exemplo, um simples código de prescrições e proibições: "isto deve ser feito, aquilo não".

19.1. Conceito

A ética vem a ser a ciência normativa da conduta humana[6]. Não é, pois, mera descrição daquilo que usualmente os homens fazem, mas assinala uma aspiração no sentido de serem seguidas determinadas diretrizes consideradas necessárias ao aperfeiçoamento humano. Normas éticas são, portanto, aquelas que **prescrevem como o homem deve agir.**

Devemos ter em vista uma compreensão integral e concreta do homem e de sua vida prática. Daí o constituir-se de uma "Ética da Situação", que se estende a todo campo de indagação da Ética, da Política, da Sociologia e do Direito. Talvez seria melhor falar em "Ética do Homem Situado", a qual não constitui uma revelação súbita, mas representa antes o amadurecimento de ideias que se perfilam no processo histórico, no sentido de uma moral cada vez menos ancorada em valores abstratos e universais. Isso demonstra a necessidade e a importância do "normativo" em nossa vida individual e social. Sem ele, a aventura da existência dos homens perderia seu rumo: faltar-lhes-ia a instância crítica e orientadora.

19.2. Características

A norma ética caracteriza-se (a) por ser imperativa, (b) pela possibilidade de ser descumprida e (c) pelo fato de se impor ao comportamento que a contraria.

---

[6] Falamos em "conduta", e não em comportamento, porque a conduta é própria apenas dos homens. Os demais animais "movem-se". Só o homem se conduz, ou seja, tem consciência do seu agir, podendo mudar a decisão tomada, escolher outro caminho ou deixar de escolher. Daí a sua complementar responsabilidade pelo que faz ou deixa de fazer.

a) **Imperatividade.** A norma ética é um comando (era assim que Austin caracterizava o direito). **A norma ética enuncia algo que "deve ser"**, ou seja, não descreve, nem indica, nem aconselha; antes, determina, manda. Isso significa **a imperatividade da via escolhida, da direção a ser seguida**, que vem a ser característica essencial das normas éticas.

b) **Possibilidade de violação.** Contudo, a violação está na natureza de toda prescrição. De fato, a imperatividade de uma norma ética, ou o seu "dever ser", não exclui mas antes pressupõe a **liberdade** daqueles a quem ela se destina. Toda norma é formulada no pressuposto essencial da liberdade que tem o seu destinatário de obedecer ou não aos seus ditames. Ele possui o "livre-arbítrio", ou seja, a possibilidade de escolher, mesmo que de fato não haja escolha.

Por isso, a norma ética enuncia algo que "deve ser", e não algo que necessariamente "tenha de ser", uma vez que se trata de um dever suscetível de não ser cumprido. Igualmente por isso, a toda norma ética se liga uma *sanção*, isto é, uma forma de garantir a conduta que é declarada permitida, determinada ou proibida. Essa necessidade de ser prevista uma sanção, para assegurar a consecução do fim visado, revela-nos que a norma ética se caracteriza também pela possibilidade de sua violação. Essa correlação essencial entre o "dever" e a "liberdade" caracteriza o mundo ético, que é o mundo do "dever ser".

c) **Impõe-se ao fato contrário.** Em um sistema físico-científico, caso os fatos contradigam uma lei, busca-se a modificação da lei. Em um sistema ético-normativo, devemos, ao contrário, modificar a ação que violou a lei. Isso significa que a violação da norma ética não atinge a sua validade. Embora transgredida e porque transgredida, continua *válida,* fixando a responsabilidade do transgressor. Como disse Rosmini, "a norma ética brilha com esplendor maior no instante mesmo em que é violada". Ou como dizia Kelsen: "a regra jurídica é válida até mesmo nos casos em que lhe falta eficácia (não é cumprida). É precisamente nesse caso que ela tem de ser aplicada pelo juiz".

Consequentemente, ela se impõe ao fato isolado que conflitar com ela; sobrepõe-se ao comportamento contrário. É o que muitos chamam de "caráter contrafático" do direito.

19.3. Espécies de normas éticas

Na visão de Paulo Freire, não é possível pensar os seres humanos longe da ética, quanto mais fora dela[7]. Enquanto Kant fala numa "ética formal", Max Scheller se refere a uma "ética material de valores". A "ética formal" de Kant é a ética do "dever pelo dever", enquanto a "ética material de valores",

---

[7] Paulo Freire, *Pedagogia da autonomia*: saberes necessários à prática educativa, Rio de Janeiro: Paz e Terra, 2002, p. 34.

de Max Scheler, mostra que toda atividade humana dirigida à realização de um valor (bem) deve ser considerada conduta ética.

Acolhemos o prisma scheleriano das atividades éticas, discriminando as espécies principais de normas, em função de alguns valores fundamentais: o divino, o bem individual e o bem comum ou bem social[8].

A nossa vida, de fato, se desenvolve num mundo de normas. É repleta de placas indicativas, sendo que umas mandam e outras proíbem ter certo comportamento. A experiência da vida diária revela que, em vez de o homem ser "a medida de todas as coisas", como sonhou Protágoras, vivemos cercados de normas éticas, ou seja, de preceitos determinando ora que devemos adotar certas formas de comportamento, ora que não devemos proceder de certa maneira. (Também as sociedades humanas se caracterizam por ordenamentos de regras que disciplinam as ações dos homens que delas participam.) Verificamos ainda que essa ordem normativa da sociedade é uma ordem complexa, isto é, que as normas éticas que nos cercam são diferenciadas entre si[9]. Nosso mundo é um mundo extremamente variado e múltiplo.

O fato inegável é que todas essas normas se destinam a criar condições para a realização de uma ordem, de uma convivência ordenada entre nós, cada qual com suas peculiaridades. Assim, o homem não é apenas um realizador de interesses, de coisas valiosas, ou de bens, porque é também um ser que sente necessidade de proteger o que cria. Daí o aparecimento de um complexo normativo, formado por normas ou regras religiosas, morais, políticas e jurídicas[10].

a) **NORMAS RELIGIOSAS.** Algumas normas éticas têm características puramente "religiosas". São fundadas na **virtude da fé**; buscam orien-

---

[8] "Na ética, Kant era alérgico a qualquer motivo interessado, empírico ou material, como possível fundamento daquilo que fosse bom. Ele tenta ignorar os conteúdos ou matérias onde o que é bom apresenta-se perante nossos olhos. É preciso rejeitar qualquer sombra ou aparência de empirismo. Daí que o ponto de partida da sua ética seja o **puro dever**, aquilo que deve ser vazio e despojado de qualquer matéria, ou seja, a forma simples do valioso ou validade. Encontramo-nos perante o célebre formalismo kantiano" (*apud* Angeles Mateos García, *A teoria dos valores de Miguel Reale*, São Paulo: Saraiva, 1999, p. 16).

[9] Montesquieu escreve: "(O ser humano) poderia, a todo instante, esquecer o seu criador; Deus o chama a si pelas leis da Religião. Um tal ser poderia, a todo instante, esquecer-se de si mesmo; os filósofos o advertiram pelas leis da Moral. Feito para viver em sociedade, poderia esquecer os outros; os legisladores o submeteram aos seus deveres, pelas leis políticas e civis" (*O espírito das leis*, São Paulo: Saraiva, 2008, p. 82). Esse trecho leva alguns autores a concluir que Montesquieu divide a Ética em Religião, Moral e Direito.

[10] Bobbio exemplifica, dizendo que são regras de conduta tanto os Dez Mandamentos quanto as prescrições do médico, tanto os artigos de uma constituição quanto as regras do jogo de xadrez ou do bridge, tanto as normas de direito internacional quanto o regulamento de um condomínio, tanto as chamadas normas sociais quanto as regras de trânsito para nos movermos sem acidentes (*Teoria geral do direito*, São Paulo: Martins Fontes, 2010, p. 18).

tar o homem na conquista da felicidade eterna; ordenam as condutas tendo em vista as relações com Deus. Em suma, a conduta religiosa desenvolve-se no espaço e no tempo, como toda conduta humana, mas está subordinada intencionalmente a valores não temporais, que transcendem aos indivíduos e à sociedade. Visam a um valor transcendente: o valor do divino. Aliás, para entender a condição humana nos seus aspectos mais profundos, devemos levar em conta a religião.

Salientamos que não estamos aqui falando daquelas normas que regulam a organização e a prática religiosas das comunidades de crentes, dirigidas por *autoridades hierarquicamente escalonadas*. Tais normas têm um caráter positivo **e são** criadas pela hierarquia eclesiástica, por exemplo, o Código de Direito Canônico[11]. Aqui, nos referimos mais ao sentimento de religiosidade que a maioria dos homens carrega consigo.

b) **NORMAS MORAIS.** Outras normas éticas têm feição "moral", fundadas no foro íntimo de cada um e visando ao bem da pessoa (o que não significa que o indivíduo seja a medida dos atos morais). Dirigem-se ao aperfeiçoamento do indivíduo; baseiam-se num valor imanente, constituindo a chamada "Moral da Pessoa".

Há duas impossibilidades do ato moral. A impossibilidade de substituição, ou seja, não é dado a outrem realizar o ato; e a impossibilidade de execução forçada, isto é, a impossibilidade de coagir o sujeito a executá-lo. Daí por que, no ato moral, nosso comportamento se conforma a uma regra e nós a recebemos espontaneamente, como regra autêntica e legítima de nosso agir.

c) **NORMAS DE TRATO SOCIAL.** Outras normas éticas se revelam como preceitos de "trato social", já que os problemas éticos giram em torno da categoria da "pessoa" (Moral da Pessoa) ou da "sociedade" (Moral Social). Toda realidade ética tem a dupla fonte do pessoal e do social; o homem é, ao mesmo tempo, pessoa e membro de uma sociedade. Tratamos agora da Ética sob o *ângulo social*. A sua denominação varia entre os autores: "normas de trato social" (Recaséns Siches), "normas convencionais" (Stammler), "usos sociais" (Ihering), "costumes sociais" (Vanni, Gropali), "convencionalismos sociais" (García Máynez).

A moral de uma sociedade manifesta-se nos "costumes" (*mores*). O conjunto de costumes morais aceito por um grupo constitui o "éthos" dessa

---

[11] Devemos observar que a Constituição Apostólica de Promulgação do Código de Direito Canônico, quanto ao seu objetivo, dispõe: "O objetivo do Código não é, de forma alguma, substituir, na vida da Igreja ou dos fiéis, a fé, a graça, os carismas, nem muito menos a caridade. Pelo contrário, sua finalidade é, antes, criar na sociedade eclesial uma ordem que, dando a primazia ao amor, à graça e aos carismas, facilite ao mesmo tempo seu desenvolvimento orgânico na vida, seja da sociedade eclesial, seja de cada um de seus membros" (*Sacrae Disciplinae Leges*).

comunidade. Cuida-se, a bem ver, do nível sociológico da realidade ética. Seu valor consiste no aprimoramento do nível das relações sociais, através das várias manifestações, como as da moda, de cortesia, do cavalheirismo, da pontualidade, da galanteria etc. A existência de tais normas, bastante difusas, explica também fenômenos sociológicos como os preconceitos e elitismos de todo gênero.

Em tais normas convencionais sobreleva a conformidade exterior. O homem segue tais condutas em razão do que lhe dita a convivência social, sendo mais guiado pelos outros do que por si mesmo e recebendo do todo social a medida do seu comportamento. Aqui a força dos usos e hábitos é relevante. A Ética, vista sob esse ângulo, toma o nome de "moral social", que cuida dos deveres do indivíduo enquanto indivíduo para com o todo[12]. Em suma, são normas heterônomas, por serem impostas pela sociedade, provindo de fora de sua consciência.

d) **NORMAS JURÍDICAS.** Outras normas éticas, enfim, são "jurídicas", constituindo o campo do direito. Visam ao bem social, que é o bem do todo coletivo, o bem comum. Buscam assegurar a ordem através da justiça.

Mas, como já foi dito, a conduta social dos homens não se rege somente por normas jurídicas; existem outras ordens normativas, como a moral (socorrer um ferido, por exemplo), religiosa (rezar em certas ocasiões), de cortesia (cumprimentar os outros) e normas fixadas pelo uso ou convenções sociais (vestir de luto ou de branco).

20. ÉTICA, MORAL E DIREITO

No mundo moderno existe uma pluralidade de normas. A Ética, estudando a conduta do homem, seja perante ele mesmo, seja perante a sociedade, não poderia deixar de compreender a Moral e o Direito[13].

a) **ETIMOLOGIA DO "*ÊTHOS*" E DO "*MOS*".** A palavra "moral" vem do latim (*mos, moris*), e a palavra "ética" vem do grego (*ethos*). Ambas se referem a *costumes*, indicando as regras do comportamento, as diretrizes de conduta a serem seguidas. Etimologicamente indicam, a rigor, a mesma realidade, havendo uma identidade semântica de "ética" e "moral".

Os termos, todavia, são empregados às vezes como sinônimos, às vezes como algo distinto. Não podemos esquecer as lições que a história etimoló-

---

[12] **Radbruch** diz que, na sua origem, as regras de conduta não estavam diferenciadas. Com tempo, processou-se a diferenciação. Ele vê nos usos sociais a forma primitiva comum dentro da qual se encontram, no princípio, o direito e a moral, num estado ainda embrionário de indiferenciação. Desse estado indiferenciado partem, em direções distintas, as formas do direito e da moral.

[13] Eros Roberto Grau afirma que o direito moderno não é aético, mas a sua ética vem a ser a "**ética da legalidade**", do direito positivo, não uma ética fundada na busca da justiça (*Por que tenho medo dos juízes*, São Paulo: Malheiros, 2014, p. 18).

gica do "*êthos*" grego e do "*mos*" latino nos proporciona. O termo "*êthos*" foi usado no mundo helênico com notável carga expressiva. Escrito com "epsilon" o êthos designava o conceito de *costume* (éthos com *e* breve), enquanto que escrito com "eta" o êthos se referia ao conceito de *caráter* (*êthos* com *e* longo). Lembramos ainda que o vocábulo *êthos* (com *e* longo) não teve um só significado grego: queria dizer também "residência", "morada", "lugar onde se habita". O pensamento moderno, especialmente Heidegger, deu muita importância ao significado de ethos como "morada do ser", ou como "estilo humano de morar ou habitar".

Seja como for, no latim traduziu-se o *ethos* grego, em sua dupla forma linguística de *êthos*-caráter e de *ethos*-costume, pelo vocábulo latino "*mos*", que significava costume. Santo Tomás afirmava que o mundo da moral deve ser entendido e expresso com os termos derivados do *ethos*-caráter[14]. Contudo, nem sempre aconteceu assim. Muitas vezes se entendeu e se expressou a moral no sentido linguístico de "costume" e não no sentido de "caráter". A indiferença verbal do latim teve grande influência numa concepção ulterior da ética.

b) **ACEPÇÃO AMPLA E RESTRITA.** Colocamos aqui as normas morais como uma espécie de normas éticas, porque a palavra "moral" pode ser empregada em duas acepções distintas: ampla e estrita.

Num **sentido amplo**, abrange **todas as ciências normativas do agir humano**; e a palavra *ética* ficaria reservada para essa acepção ampla. A ética, compreendida como a ciência axiológica ou valorativa, tem por objeto os valores que presidem o comportamento humano em todas as suas expressões existenciais. E, uma vez reconhecidos os valores fundantes do comportamento humano, todos se subordinam a eles, na vivência da sociedade civil, tendo em vista tanto a realização de regras morais, como jurídicas, de trato social e políticas, que são espécies de normas éticas. Tomamos, portanto, a palavra "ética" como *continente* dentro do qual a religião, a moral, as etiquetas sociais e o direito são *conteúdos*, ainda que diferenciados[15].

Numa acepção **mais estrita** (e hoje mais corrente), identifica-se *moral* como a disciplina dos atos humanos, fundada na **consciência do agente**. Significa o conjunto de normas inspiradas por valores de determinado grupo, *tendentes a formar o homem perfeito em si mesmo*. Nesse sentido estrito, distinguimos uma moral filosófica (por exemplo, positivista, ou

---

[14] *Suma Teológica*, I-II, q. 58, a. 1.
[15] Michel Virally acentua o estreito parentesco que une o direito à moral, situados por ele no campo da ética: "Nous avons déjà eu l'occasion de remarquer l'étroite parenté qui unit le droit à la morale, compris tous deux dans le domaine de *l'éthique, largement entendue*" (*La pensée juridique*, Paris, 1960, p. 76).

kantista, ou existencialista, ou estoica) de uma moral religiosa vinculada a uma revelação (católica, ou luterana, calvinista, ou islamita, judaica, budista etc.)[16].

c) **VALOR DA SUBJETIVIDADE E DA COLETIVIDADE.** A ética, enquanto ordenação dos comportamentos em geral, na medida em que estes se destinam à realização de um **bem**, pode ser vista sob dois prismas fundamentais: o do valor da *subjetividade* do autor da ação; e o do valor da *coletividade* em que o indivíduo atua. Toda realidade ética tem, de fato, a dupla fonte do "**pessoal**" e do "**social**"; tem um horizonte pessoal e social. Isso porque a pessoa tem uma estrutura de interioridade, mas é também uma realidade aberta, ou seja, uma realidade intersubjetiva ou de alteridade, em que o "eu" constitui-se e é completado dialeticamente com o "tu" de outra pessoa, enlaçado com ela e com a comunidade, formando o "nós". Não se deve, portanto, entender tal divisão com mentalidade dualista e dicotômica.

No primeiro caso, temos a **moral individual ou moral da pessoa** que visa, antes de tudo, à plenitude da subjetividade do agente, para que este se realize como individualidade autônoma, isto é, como pessoa. Em suma, ela trata dos valores e das normas de conduta que são exigidas do indivíduo para realizar sua personalidade. Devemos, contudo, notar que, se a moral cuida, de maneira direta, imediata e prevalecente, do *bem enquanto individual, do bem da pessoa*, ela não é cega no que tange ou cabe ao todo. De fato, só realizamos plenamente a subjetividade de cada um em uma relação necessária de *intersubjetividade*; é por isso que a moral, visando ao bem da pessoa, implicitamente visa ao bem social.

---

[16] Além do sentido de disciplina normativa, a palavra "moral" apresenta outras acepções, como demonstra Elcias Ferreira da Costa: "Moral significando o *conjunto de valores sociais* vigentes num determinado grupo e dotados de coercibilidade social, convencional, não compulsiva. Nessa acepção, temos o conceito de 'bons costumes', variáveis segundo o meio cultural, histórico, geográfico, social. É de notar, aqui, a origem etimológica da palavra 'moral', que vem do latim *mos*, bem como de 'ética', que vem do grego *ethos*, ambas significando costumes vigentes. Moral, significando *qualidade de conduta* a que não falta qualquer dos requisitos essenciais de um ato humano perfeito, a saber, consciência e autodeterminação. Nesse sentido, emprega-se a palavra para contradistinguir uma relação de ordem física (influxo, causalidade, efeito) em face de uma relação de ordem moral, em que funcionam fatores de ordem psíquica, atuando sobre faculdades psicológicas ou por meios psicológicos. Moral significando *qualidade de uma pessoa* que se identificou com larga soma de hábitos virtuosos, de sorte a torná-la inclinada a praticar condutas normadas, seja pelo direito, seja pela própria religião ou pelas convenções sociais. Nesse sentido, entende-se a formação moral de certa pessoa educada em hábitos rígidos, em ambiente igualmente rígido; corresponde ao conceito aristotélico da virtude, a saber, a tendência psicológica a praticar o bom e o justo, tendência criada pela repetição de atos adequados às normas em vigor. Nesse sentido, diz-se também que certa expressão ofende ou atinge a moral de outrem" (*O conceito objetivo do direito*, Rio de Janeiro: Forense, 1983, p. 139).

No segundo caso, quando a conduta é analisada em função do valor da coletividade, o bem social pode situar-se em dois campos da ação humana, ou seja, o do **direito** e o das *convenções sociais*. O homem vive integrado em sociedade e entra em relação com os demais. Por isso é que existem as regras de etiqueta, de convenção social, e assim por diante. Elas ocupam uma *posição intermediária*, mas autônoma, entre as regras jurídicas e as propriamente morais. Em decorrência, quando a conduta é analisada em função do valor da coletividade, a ética assume duas expressões distintas: a da moral social e a do direito.

A **moral social** cuida dos deveres do indivíduo como indivíduo para com o todo, para com a coletividade em que atua; ela visa *o bem enquanto social*.

O **direito**, igualmente, preocupa-se de maneira direta, imediata e prevalecente, do bem *enquanto do todo coletivo,* isto é, do bem comum. Mas, vale ressaltar, isso não significa que o direito descuida do problema do indivíduo, muito menos que ignora a importância que o elemento intencional e subjetivo representa na experiência jurídica, como veremos depois. A distinção está na atributividade e coercibilidade do direito, enquanto a moral social não seria atributiva, nem coercível.

d) **DEONTOLOGIA, BIOÉTICA E BIODIREITO.** A palavra **"deontologia"**, do grego *déon-déontos*, também significa regras: dever, obrigação, aquilo que se deve fazer. Etimologicamente ela é, então, quase sinônimo de "moral" ou "ética". Historicamente, entretanto, a palavra foi ligada à experiência das profissões liberais tradicionais: medicina, direito, enfermagem etc. Ela indica, então, *o conjunto de deveres ligados ao exercício de uma profissão*. Fala-se, assim, indistintamente de "deontologia médica" ou de "ética médica", por exemplo.

A palavra **"bioética"** surgiu durante os anos 1960, e com ela uma disciplina nova se desenvolveu de maneira extremamente rápida, em face das questões novas que se colocaram diante do homem: inseminação artificial (bebê de proveta, ventres de aluguel), esterilização, transexualidade, eutanásia, manipulação dos genes para determinar a identidade dos indivíduos, clonagem etc. A bioética é um capítulo da ética. Muitas são as suas definições. Damos preferência àquela que parte da palavra: *bios – ethos* ou *ética da vida*. Então a bioética, em primeiro lugar, cuida da vida, especialmente da vida fragilizada. Sua tese primeira é o respeito à vida, tomada em suas três modalidades: humana, animal e vegetal.

Olinto Pegoraro acrescenta o ambiente: a bioética abrange as formas de vida situadas em seu ambiente como o ar, a água, o solo, a atmosfera. E conclui que uma boa definição é esta: *"bioética é o cuidado das formas de vida em seu ambiente"*[17]. A partir desse quadro, a bioética se ocupa com os seguintes temas:

---

[17] Olinto Pegoraro, *Ética dos maiores mestres através da história*, Petrópolis: Vozes, 2010, p. 160

1 – A discussão ética geral dos avanços da biotecnologia. É a bioética acompanhando a revolução biotecnológica em geral. Entram aqui todas as maneiras científicas de abordar a vida desde a concepção até a morte: maneiras novas da reprodução, técnicas de prolongamento do tempo de vida no seu declínio.

2 – A biogenética humana em especial, campo em que os debates éticos tornam-se mais intensos e complexos, uma vez que também se debatem concepções metafísicas, religiosas, psicológicas e políticas. Tratar da clonagem animal é relativamente fácil. Mas, quando a clonagem se transfere para o campo humano, as implicações éticas tornam-se bem mais complexas. O mesmo vale para o uso das células-tronco de seres humanos e da manipulação do nosso genoma.

3 – A biodiversidade é um capítulo específico da vida vegetal. A modificação genética das espécies de vida não é assunto pacífico; não se sabe qual possa ser o futuro dessas espécies modificadas e nem que influência poderão ter sobre a saúde humana nas próximas décadas.

Está surgindo, por outro lado, a expressão "**biodireito**", que não é mero sinônimo de bioética. É verdade que a matéria sobre que ele versa pode ser a mesma da bioética, mas a diferença específica em relação ao gênero ético seria a *juridicidade*. Com outras palavras, o biodireito se distingue da bioética pela maneira específica com que essa matéria é apreciada pelo direito: a forma *bilateral atributiva*, como veremos em outra ocasião. Seria, pois, um novo ramo do direito. Em suma, o objeto material de ambos é o mesmo; distinguem-se pelo objeto formal.

Por conseguinte, os profissionais do direito têm o compromisso de contribuir para a discussão acurada dos temas que têm por fontes imediatas a bioética e a biogenética, quer analisando as normas existentes, quer auxiliando na proposição de futuras leis. Não nos esqueçamos de que uma das razões da existência do direito é a promoção do convívio harmônico entre a ciência e a sociedade, para a proteção do cidadã

20. NORMAS JURÍDICAS

A norma jurídica será objeto específico da Segunda Parte de nossos estudos. Por ora basta destacar que ela é uma espécie de norma "ética", assim como esta é uma espécie de lei "cultural". É o que se vê do seguinte esquema:

A norma jurídica, como **espécie de norma ética**, reveste-se de todas as características que lhes são comuns e já examinadas, ou seja, a imperatividade, a possibilidade de serem violadas e o fato de se sobreporem ao comportamento que lhe é contrário. Contudo, a norma jurídica tem suas notas específicas, que a distinguem das demais normas éticas, como veremos. Um ilustre jurista pátrio, Pontes de Miranda, levado por um cunho essencialmente científico-naturalista, afirma que "para a ciência do Direito o que importa é o *Sein*, o ser, e não o *Sollen*, o dever ser"; declara também que "toda a preocupação do cientista do Direito deve ser a objetividade, a análise dos fatos, a investigação das relações sociais" e que "na Ciência do Direito – inconfundível com a Dogmática Jurídica que é a pesquisa dos preceitos e princípios em função de sua discriminação ou significação lógicas – deve primar o *método indutivo das ciência naturais*, reservando-se à *dedução* um papel posterior e secundário"[18]. Perante essa última afirmação, Miguel Reale observa que, paradoxalmente, o que há de mais vivo no pensamento jurídico deste saudoso Mestre situa-se no plano da Dogmática Jurídica, com reduzida aplicação do método indutivo[19].

21. NORMAS ÉTICAS E NORMAS TÉCNICAS

A atividade humana, além de subordinar-se às leis da natureza e conduzir-se conforme as normas éticas, tem necessidade de orientar-se também pelas chamadas "normas técnicas". A técnica representa hoje um setor muito grande e num crescimento contínuo, implicando uma ordem de condutas.

21.1. Diferença

A eficiência técnica segue regras técnicas, relativas aos meios; a eficiência ética segue normas éticas, relativas ao fim. A norma técnica rege a atividade criadora do homem e sua transgressão nem sempre tem consequência grave. Uma nota musical dissonante numa orquestra não tem a mesma consequência que a inobservância do coeficiente de resistência dos materiais numa construção habitacional. Esta implica o desabamento, aquela pode mesmo passar despercebida do grande público.

A diferença, portanto, entre as normas técnicas e as normas éticas está em que as normas éticas determinam o **AGIR** *em sociedade* e a sua vivência já constitui um *fim*. Enquanto as normas técnicas indicam fórmulas do **FAZER** e são apenas *meios* que irão capacitar o homem a atingir certos resultados. Indicam a maneira de fazer algo para alcançar um fim determinado.

Santo Tomás de Aquino definia as normas técnicas como certa ordenação da razão acerca de como, ou por quais meios, os atos humanos chegam a seu fim devido[20]. Ou, segundo García Máynez, aquela norma cujo cumpri-

---

[18] Pontes de Miranda, *Sistema de ciência positiva do direito*, Rio de Janeiro, 1922, v. 1, p. 474-48.

[19] Ver Miguel Reale, *Teoria do direito e do Estado*, São Paulo: Saraiva, 2000, p. 12.

[20] Lemos em Santo Tomás: "Assim como diz Aristóteles no início da Metafísica, o gênero humano vive de arte e de razões. O Filósofo nisto parece tocar algo que é próprio ao homem, pelo qual este difere dos outros animais. Pois os outros animais são conduzidos em seus atos por algum instinto natural, mas o homem é dirigido em suas ações pelo juízo da razão. Por isso é que diversas artes servem a que os atos humanos sejam realizados fácil e ordenadamente. Pois a arte não parece ser senão certa ordenação da razão, de modo que os atos humanos cheguem

mento está condicionado à realização de determinado fim. Assim, por exemplo, se alguém deseja locomover-se de um ponto a outro, por um caminho mais curto, terá de optar por uma linha reta, sem cuja escolha o trajeto não será encurtado. Em suma, regras técnicas são regras que prescrevem os meios para determinados fins.

21.2. Imperatividade

Quanto à **imperatividade**, a técnica abrange regras necessárias quanto aos **MEIOS**, mas deixa livre a escolha dos **FINS**. Indicam os meios que devemos usar para alcançar os fins desejados (fazer um soneto, construir uma ponte etc.). A sua formulação é, pois, condicional: "se você quiser". Isso vem demonstrar que as normas técnicas não têm *imperatividade* em si; sua observância não é obrigatória, e sim facultativa; a única consequência de seu descumprimento está no fato de não se alcançar o fim buscado. Caso o sujeito não queira alcançar aquele resultado, não violou nenhum dever. As normas técnicas, portanto, embora não constituam deveres, podem impor-se àqueles que desejam obter determinados resultados.

A ética, por sua vez, abrange regras que põem necessariamente *fins* de validade universal, do qual resultam o **dever** e a correspondente **sanção**. São normas imperativas, independentemente da vontade do seu destinatário. Poderíamos dizer que as normas éticas e as normas técnicas são duas espécies de leis culturais compreensivo-normativas: naquelas a obrigatoriedade de comportamento se refere ao "fim"; nestas, aos "meios", se quisermos obter um determinado resultado. Para assistir televisão, devo ligá-la; se não faço isso, não cometo uma infração, apenas não atinjo meu objetivo.

21.3. Valores

De outro lado, as normas técnicas são **neutras** em relação aos **valores**, uma vez que tanto podem ser empregadas para o bem quanto para o mal. A técnica dos explosivos, por exemplo, tanto pode servir ao engenheiro como ao arrombador de cofres.

A norma ética, por sua vez, como espécie de norma cultural, sempre se refere a valores aceitos pela comunidade, **envolve juízos de valor**, impõe uma conduta obrigatória porque se reconheceu a presença de um valor. Na base da ética encontra-se necessariamente a liberdade e a valoração. A escolha ou a decisão só é possível tendo por fundamento o mundo axiológico. Mais: na ética, o fim se impõe a partir de si mesmo; se o violo, cometo uma infração. Por conseguinte, do mundo dos valores passamos para o mundo do dever-ser, para o mundo normativo. Doutro lado, a liberdade, assim como a ética, não se reduzem a fenômenos meramente subjetivos; elas têm sempre dimensões sociais, históricas e objetivas.

---

ao devido fim por determinados meios" (Tomás de Aquino, *Expositio libri Posteriorum* – Exposição dos Segundos Analíticos de Aristóteles, Proêmio).

21.4. Norma simultaneamente ética e técnica

No campo do Direito existem inúmeras *normas técnicas, por exemplo, as normas de trânsito*. Nada impede que a norma jurídica tenha por conteúdo algo de caráter técnico. No entanto, se o direito, além de normas éticas, possui também normas técnicas, não devemos chegar ao exagero de dizer, como **Adolfo Ravà**, que as normas jurídicas são apenas normas técnicas[21].

Às vezes, um mesmo ato pode ser regulamentado **simultaneamente** pela norma ética e pela norma técnica, sendo sempre possível, porém, distingui-las. Isto quer dizer que o conteúdo de uma norma técnica pode ser assumido por uma norma ética. Por exemplo, o empregado encarregado de construir uma casa e que não usa os materiais adequados viola a norma técnica da sua profissão e ao mesmo tempo a norma ética que o obrigava a cumprir fielmente o contrato. No caso, o trabalhador devia respeitar as regras técnicas, não por estas terem imperatividade, mas por força da regra moral que lhe impunha a perfeição da obra e por força da regra jurídica que o obrigava ao cumprimento do contrato de trabalho.

QUESTIONÁRIO

1. Que significa o determinismo próprio das leis físicas?
2. Por que as leis físicas são descritivas?
3. Entre a lei física e o fato que a contraria, qual prevalece? Por quê?
4. Como se dá a passagem do fato para a lei cultural?
5. Explique, exemplificando, a diferença entre as leis culturais puramente compreensivas e as compreensivo-normativas.
6. Todas as normas éticas são imperativas? Por quê?
7. Não é paradoxal afirmar que a característica da norma ética é a possibilidade de ser violada? Explique.

---

[21] Adolfo Sánchez Vasquez escreve: "À diferença dos problemas prático-morais, os éticos são caracterizados pela sua generalidade. Se na vida real um indivíduo concreto enfrenta uma determinada situação, deverá resolver por si mesmo, com a ajuda de uma norma que reconhece e aceita intimamente o problema de como agir de maneira a que sua ação possa ser boa, isto é, moralmente valiosa. Será inútil recorrer à ética com a esperança de encontrar nela uma norma de ação para cada situação concreta. A ética poderá dizer-lhe, em geral, o que é um comportamento pautado por normas, ou em que consiste o fim – o bom – visado pelo comportamento moral, do qual faz parte o procedimento do indivíduo concreto ou o de todos. O problema do que fazer em cada situação concreta é um problema prático-moral e não teórico-ético. Ao contrário, definir o que é o bom não é um problema moral cuja solução caiba ao indivíduo em cada caso particular, mas um problema geral de caráter teórico, de competência do investigador da moral, ou seja, do ético" (*Ética*, Rio de Janeiro: Civilização Brasileira, 1995, p. 7).

8. A transgressão de uma norma ética afeta a sua validade? Por quê?
9. Cite algumas espécies de normas éticas.
10. Qual a diferença entre normas éticas e normas técnicas?
11. Que vem a ser a deontologia?
12. Como você define a bioética e o biodireito? Qual é a sua finalidade?
13. "Ética" e "moral" são a mesma coisa? Se não, qual é a diferença?
14. "A subjetividade da pessoa não tem nada que ver com a unidade sem portas nem janelas da mônada leibniziana: ela exige as comunicações da inteligência e do amor" (J. Maritain).

    Como você aplica esse pensamento do filósofo francês à divisão da realidade ética em pessoal e social?

15. Propriamente, o termo "moral" (do latim *mos* = costume) refere-se à vida *moral* (o que Aranguren chama de "moral vivida" e Santo Alberto Magno denominava *ethica utens*), e o termo "ética" refere-se à reflexão sobre esta vida moral (na terminologia de Aranguren: "moral formulada" ou "moral pensada"; e na terminologia de Santo Alberto: *ethica docens*).

    Embora essa distinção terminológica seja exata, há os que dão o mesmo significado à ética e à moral. Será através do contexto que podemos determinar se estamos tratando da *vida* ou da *reflexão*. Que reparos você faria à colocação supra? Por quê?

16. Na lição de Reale: "O filósofo alemão contemporâneo, Max Scheler, contrapôs à Ética formal de Kant, ou seja, à Ética do *dever pelo dever*, uma *Ética material de valores*, mostrando-nos que toda e qualquer atividade humana, enquanto intencionalmente dirigida à realização de um valor, deve ser considerada conduta ética" (*Lições preliminares de direito*, São Paulo: Saraiva, 1984, p. 37-40).

    Pergunta-se: Sob o prisma scheleriano do conteúdo axiológico das atividades éticas, como você discrimina as espécies fundamentais de normas, em função dos seguintes valores cardinais, que, através dos tempos, têm sido considerados o *bem* visado pela ação: belo, útil, santo, poder, bem individual e bem comum.

Lição V

NOTAS DISTINTIVAS DO DIREITO

Sumário: 22. Imperatividade; 23. Heteronomia; 24. Coercibilidade; 25. Bilateralidade atributiva; 26. Paralelo entre Direito, religião, moral e normas de trato social; 27. Forma jurídica da ordenação social.

Situado o direito no mundo ético, a pergunta que agora se levanta é sobre a distinção do direito dos demais instrumentos de controle social. Quais as suas notas características? A resposta nos remete à imperatividade, heteronomia, coercibilidade e bilateralidade atributiva do direito.

22. IMPERATIVIDADE

A imperatividade é característica essencial do direito, mas não é específica. De fato, ele a condivide com todas as normas éticas, especialmente com a norma moral. A imperatividade é o "gênero próximo" do direito, ou seja, o que ele tem em comum com as demais normas éticas. A "diferença específica" está na sua bilateralidade-atributiva, como veremos.

22.1. Noção

O direito essencialmente é imperativo, porque sua norma traduz um comando, uma ordem, uma imposição para fazer ou deixar de fazer alguma coisa. Traduz exigência de efetivação, de aplicação.

A regra do direito cria, pois, uma obrigação jurídica, um dever jurídico, cuja observância é urgida pela sociedade. Imperativo e obrigação são dois termos correlatos: onde há um, há o outro; o imperativo gera uma obrigação na pessoa a quem é destinado[1]. **Austin** caracterizava o direito como um

---

[1] **Cícero** escrevia: "Legem esse aeternum quiddam, quod universum mundum regeret, imperandi prohibendique sapientia [...] ad iubendum et ad deterrendum idonea" (a Lei é algo

"**comando**"; um comando é a expressão da vontade ou desejo de um indivíduo cujo objeto é a conduta de outro indivíduo. Costuma-se dizer que se trata dum comando "**despsicologizado**", ou seja, a conduta prescrita pela regra de direito é exigida sem que nenhum ser humano tenha de "querê-la" num sentido psicológico.

Não se trata, portanto, de mera descrição ou mero aconselhamento. As normas jurídicas não foram enunciadas para ser contempladas, mas sim para ser cumpridas, prevendo-se concomitantemente a consequência do seu não cumprimento, no que consiste o seu caráter preceptivo ou imperativo[2].

Em suma, o **direito não descreve. O direito prescreve.** Ainda quando um texto jurídico descreve uma situação, ele o faz para prescrever um comportamento. Se o Direito é normativo, ele não pode ser um simples juízo hipotético do qual não resulte a obrigatoriedade. O Direito, que o jurista analisa, é sempre imperativo, porquanto estabelece uma norma e determina as consequências que devem necessariamente advir, uma vez ocorrida determinada hipótese.

22.2. Imperatividade axiológica

Existem juristas que negam ser a imperatividade um dos elementos característicos do direito. Este teria apenas um **caráter "indicativo"**, ou seja, o direito não estabelece aquilo que deve ser obedecido, mas **apenas traça determinados rumos que poderão ser seguidos ou não** (Duguit, Binding)[3]. A fragilidade de tal colocação não imperativista fica evidente

---

eterno que rege o Universo por meio de sábios mandamentos e de sábias proibições [...] apropriada a dar ordens permissivas ou proibitivas (*De leg.*, Liber II, IV, tradução de Marino Kury, Caxias do Sul: Educs, 2004). **Modestino** dizia: "legis virtus haec est imperare, vetare, permittere, punire" (o mérito da lei é este: mandar, proibir, permitir e punir; D. 1.3.7).

[2] Lemos em **Giorgio Del Vecchio**: "Importantíssimo e caráter da norma jurídica é a imperatividade. Não podemos conceber uma norma que não tenha caráter imperativo, ainda que sob determinadas condições. O comando (positivo ou negativo) é um elemento integrante do conceito do direito, pois este [...] coloca sempre face a face dois sujeitos, atribuindo a um uma faculdade ou pretensão, e impondo ao outro um dever, uma obrigação correspondente. Impor um dever significa exatamente imperar" (*Lezioni di filosofia del diritto*, Roma, 1953, p. 230).

[3] Para Maria Helena Diniz, **Hans Kelsen** "jamais deixou de ser imperativista", enquanto os comentadores em geral reconhecem duas fases no pensamento kelseniano. Na primeira, Kelsen sustentou que a norma jurídica é um *juízo* e não um imperativo. A norma estabeleceria uma vinculação entre os fatos na forma do dever-ser. Um imperativo é o fato de que uma vontade psicológica expressou seu querer; mas essa vontade é um fato da natureza, do "ser", inadequada para fundamentar um "dever-ser". Por isso, na conclusão de Kelsen, a norma não é um imperativo, mas sim um juízo hipotético que estabelece como devida certa conduta e vincula ao fato de produzir-se essa conduta uma determinada consequência, também devida. Para o primeiro Kelsen, a norma como juízo hipotético significaria a sua redução a uma fórmula intelectual daquilo que a vontade determina como exigível; e a realidade do direito está nessa

em face da "**sanção**" de que o direito é dotado. De fato, se a obrigatoriedade do direito não implicasse um comando dirigido à vontade, obrigando o indivíduo a se comportar de determinada maneira, por que ligar à norma jurídica uma consequência na maior parte das vezes penal, e visando precisamente garantir seu cumprimento? **Tivesse a norma jurídica caráter**

---

fórmula intelectual e não na matéria criada pela vontade. Na segunda fase de seu pensamento, porém, Kelsen cancela sua atitude anti-imperativista. Distinguiu a norma da proposição jurídica. Para ele, as *normas jurídicas*, formuladas pelas autoridades, têm *caráter imperativo*, sendo fontes de direito, uma vez que impõem obrigações e conferem direitos. Seu objeto é regulamentar a conduta. As *proposições jurídicas*, por sua vez, têm por missão conhecer as normas e descrevê-las, não podendo prescrever nada. Seu objeto é, portanto, descrever a norma jurídica e não regulamentar a conduta humana. Logo não são fontes de direito; são antes a "função da Ciência Jurídica", no dizer de Kelsen. A proposição jurídica é um *juízo hipotético condicional* que contém uma enunciação sobre a norma jurídica. Para Kelsen, o dever-ser da norma jurídica tem sentido prescritivo, imperativo; o dever-ser da proposição tem um sentido descritivo, indicativo (ver Maria Helena Diniz, *Compêndio de introdução à ciência do direito*, São Paulo: Saraiva, 2010, p. 365-366). Bobbio, por sua vez, afirma que na realidade a doutrina kelseniana não é uma doutrina anti-imperativista, mas um certo modo de formular o imperativo jurídico, enquanto imperativo hipotético. Se a norma jurídica não contivesse um comando, ela deveria ser formulada como proposição descritiva, da seguinte maneira: "Se é A, é B", mas esta é a forma própria da relação causal, regulada por uma lei natural, e não pela jurídica, a qual é formulada numa proposição prescritiva do seguinte teor: "Se é A, deve ser B". É esta a formulação da norma jurídica dada por Kelsen. Nas suas primeiras obras, apresentou a sua concepção como uma crítica ao imperativismo. Queria dizer que o destinatário da norma não são os cidadãos, mas os juízes (Se é A, o juiz deve cumprir B). E Bobbio conclui dizendo que Kelsen precisa os caracteres do imperativo jurídico sob dois aspectos: s) a norma jurídica é um imperativo hipotético; b) que se dirige não aos cidadãos, mas aos juízes (*O positivismo jurídico*, São Paulo: Ícone, 2006, p. 190-195).

O fato é que Kelsen distingue "normas jurídicas " e "regras de direito". As normas jurídicas decretadas pelas autoridades legislativas são prescritivas; as regras de direito formuladas pela ciência jurídica são descritivas (ver *Teoria geral do direito e do Estado*, São Paulo: Martins Fontes, 2016, p. 63). Para **Léon Duguit**, as normas são regras técnicas de caráter hipotético e indicativo, já que indicam certas consequências, toda vez que se verificarem determinadas hipóteses. Duguit usa da expressão juízo hipotético e condena, mais de uma vez, toda e qualquer concepção do Direito como imperativo, embora ele diga que a lei "determina a atitude ativa ou passiva que devem tomar os membros do grupo". Há, pois, no mínimo, certa imprecisão terminológica (ver Miguel Reale, *Fundamentos do direito*, São Paulo: Saraiva/Edusp, 1972, p. 77). **Binding** afirmava não ser possível "entender as normas penais como imperativos, pois o Código Penal nada mais faz do que descrever certa conduta como delituosa e impor uma sanção a tal conduta". Ele chegou a dizer que os delinquentes não violam as normas penais, mas as cumprem. Ora, como bem observa Machado Neto, a crítica de Binding se fundamenta apenas em um argumento verbal, como se as normas jurídicas devessem vir obrigatoriamente redigidas de acordo com sua natureza: se fossem imperativas, deveriam assumir a forma gramatical de imperatividade (deve não matar, por exemplo) (*Teoria geral do direito*, Rio de Janeiro: Tempo Brasileiro, 1966, p. 33 e s.) De fato, pouco importa a "forma linguística" com que a norma se apresenta; tanto a força imperativa como descritiva não depende das palavras usadas. Importante é seu sentido, que sempre é imperativo ou prescritivo.

meramente indicativo, toda sanção penal seria um abuso e uma **violência**. Em suma: como conceber que haja "dever", no sentido jurídico, que possibilita até mesmo o exercício da coação, sem uma ideia de comando, de imperatividade?

Quanto à **natureza da imperatividade** do direito, devemos **evitar um mero antropomorfismo** que vê a norma como um comando do legislador. Achamos que a imperatividade não deve ser, à maneira tradicional, interpretada como expressão da vontade de um chefe ou do Estado, como ordem do soberano aos súditos (imperatividade voluntarista). Não se trata, pois, de uma imperatividade da norma jurídica como simples decorrência da força da autoridade. Ela deve, antes, ser vista como uma "**imperatividade axiológica**", ou seja, como a **expressão axiológica do querer social**. Com outras palavras, toda norma jurídica obriga porque contém preceito capaz de realizar um valor, porque sempre consagra a escolha de um valor que se julga necessário preservar. Na comparação de Ihering, se a organização social estivesse calcada unicamente sobre a coação, estaria segura enquanto empunhasse o chicote; dissolvida, entretanto, com a falta dele[4]. Consequentemente, é o valor objetivado pela norma jurídica que dá a razão última da sua obrigatoriedade.

Envolvendo valores, necessitam de ponderação, podendo às vezes ser **superáveis**. Em que condições? Que não prejudique, por exemplo, a promoção da *finalidade* subjacente à regra. Exemplificando: uma regra condicionava o ingresso num programa de pagamento simplificado de tributos federais à ausência de importação de produtos estrangeiros. Uma pequena fábrica de sofás efetuou uma importação e foi sumariamente excluída do programa. Ocorre que a importação foi de quatro pés de sofás, para um só sofá, uma única vez. Houve recurso, e a exclusão foi anulada, tendo em vista que a consequência do seu descumprimento não comprometia a promoção do fim que a justificava, ou seja, o estímulo da produção nacional por pequenas empresas. Ao contrário, permitir, individualmente, que a empresa permanecesse fruindo o benefício fiscal até favorecia a produção nacional, na medida em que a importação efetuada seria, justamente, para melhor produzir bens no país.

Deve-se ressaltar que, embora a teoria imperativista, muitas vezes, caminhe com a teoria estatista (segundo a qual as únicas normas jurídicas são as emanadas pelo Estado) e com a teoria da coação (segundo a qual a característica das normas jurídicas é a coação), não somos nem estatista nem coacionista. Reconhecemos que podem existir ordenamentos jurídicos diversos do estatal, e não defendemos, como o fez Jhering, a coação como um elemento indispensável da norma jurídica.

---

[4] Rudolf Von Ihering, *A finalidade do direito*, Rio de Janeiro: Ed. Rio, 1979, v. II, p. 5.

23. HETERONOMIA

A expressão é devida a **Kant**, que por primeiro afirmou ser o direito "heterônomo", e a moral "autônoma". Segundo ele, a **norma jurídica** é a que é obedecida pelas vantagens que dela se possam tirar, e como tal **se satisfaz com uma mera adesão exterior** (= heteronomia). Já a **norma moral** deve ser **obedecida por si mesma**, e como tal exige uma obediência interior, que não pode ser constrangida, isto é, **uma ação pelo dever** (= autonomia); para agir moralmente, devemos agir de tal forma que a nossa ação possa ser transformada em lei universal de comportamento[5].

Devemos notar, ainda, que as palavras "autonomia" e "heteronomia" têm sido usadas em diversos sentidos. O que, então, entendemos por heteronomia do direito?

23.1. Validade objetiva e transpessoal

Uma primeira observação que fazemos é que, uma vez que são elaboradas por terceiros, as **normas de direito podem coincidir ou não** com as convicções que temos sobre o assunto. No entanto somos obrigados a obedecê-las, devemos agir de conformidade com seus mandamentos. E para o direito **basta a adequação exterior do nosso ato à sua regra, sem a adesão interna**.

Com outras palavras, ao direito é indiferente a adesão interior dos sujeitos ao conteúdo das suas normas; ele quer ser cumprido com a vontade, sem a vontade ou até mesmo contra a vontade do obrigado. Nem todos, por exemplo, pagam o imposto de renda de boa vontade; no entanto, o direito não exige que, ao pagá-lo, se o faça com um sorriso nos lábios; a ele basta que o pagamento seja feito como ordenado: na época prevista, de acordo com a alíquota estabelecida etc.

Isso significa que as normas jurídicas são impostas, valem objetivamente, independentemente da opinião e do querer dos seus destinatários. Na lição de Reale, é essa "**validade objetiva e transpessoal**" das regras jurídicas, às quais é indiferente a adesão interior dos sujeitos ao seu conteúdo, que se denomina "heteronomia" do direito (do grego *heteros* = outro, e *nomos* = lei)[6]. Significa sujeição ao querer alheio, a leis exteriores.

---

[5] **Kant** constrói o conceito de direito buscando as características que o diferenciam da moral. Toda lei comanda ou proíbe uma ação; sob esse aspecto, direito e moral coincidem. A diferença surge quando se enfoca o impulso do seu cumprimento. A lei moral deve ser observada por puro amor do dever (o dever pelo dever). O imperativo moral basta a si mesmo, não requer outra finalidade senão aquela que se contém no próprio enunciado. A lei jurídica, por sua vez, admite outros impulsos que, segundo Kant, do ponto de vista ético são sempre patológicos.

[6] Miguel Reale, *Lições preliminares de direito*, São Paulo: Saraiva, 1984, p. 49.

23.2. Direito com autonomia

Há que ressaltar, no entanto, que a heteronomia deve ser concebida como o **mínimo exigível** pelo direito. De fato, pode haver, e **frequentemente há o direito com "autonomia"**, ou seja, o cumprimento da regra jurídica em virtude da **adesão espontânea dos obrigados**, isto é, com plena correspondência entre o conteúdo da norma e a sua vontade (do grego *autos* = próprio, e *nomos* = lei).

Assim, não devemos entender que o direito sempre e necessariamente seja heterônomo; **é uma simples possibilidade**. Por isso, o direito não se distingue, a rigor, da moral por ser heterônomo, como pretendia Kant, mas sim por *poder* ser heterônomo.

24. COERCIBILIDADE

A heteronomia é própria do direito, contudo não lhe é específica, visto que ele a condivide com as normas de trato social. Específico do direito é o seu caráter "bilateral-atributivo", em virtude do qual ele também **é coercível**, ou seja, **goza da possibilidade de invocar o uso da força para se valer, se necessário. Reflitamos sobre essa compatibilidade do direito com a força.**

24.1. Compatibilidade da "força" com o "Direito"

O direito, à diferença das demais normas éticas, surge aparelhado com a força para se fazer cumprir, impondo-se quando necessário. Caso não observemos voluntariamente o que ele determina, corremos o risco de ser compelidos, "forçados", pelos agentes do Estado, a cumprir o que é determinado por suas regras. Há, pois, um elemento distintivo do direito: a força organizada em defesa do seu cumprimento. Sustentar o contrário, que o direito nada tem que ver com a força, havendo em relação a ele a mesma incompatibilidade que há, por exemplo, com a moral, é "idealizar" o mundo jurídico, perdendo de vista a realidade, o que efetivamente acontece na sociedade, e tendo uma visão utópica[7].

Contudo, há que distinguir a "força em ato" e a "força em potência".

24.2. Força "em ato" (coação) e "em potência" (coerção)

Ato e potência são os elementos constitutivos do ente finito, mediante os quais primeiramente Aristóteles e em seguida a escolástica explicam o devir, o vir a ser.

---

[7] Durkheim definiu o *fato social* como "toute manière de faire, fixée ou non, susceptible d'exercer sur l'individu une constrainte exterieure". A expressão ("constrainte exterieure") não pode significar o uso da força física para se fazer respeitar, pois essa característica é exclusiva do Direito, que é um tipo especial de fato social. Os demais exercem apenas uma pressão psicológica ou força difusa sobre as consciências individuais visando seu cumprimento.

a) **ATO E POTÊNCIA**. O "ato" designa o ser realizado em sua ordem, a atualização de um fato. A "potência" é a aptidão para receber um ato (potência passiva) ou para produzir um ato (potência ativa). Quando em ato, a realidade "é", está acontecendo; quando em potência, "está para ser" ou pode vir a ser. É a passagem da potência para o ato que explica toda e qualquer mudança. É aqui que precisamente se baseia a diferença entre o tempo e a eternidade. O *tempo* é a duração das coisas que mudam. A *eternidade* é a duração das coisas que não sofrem mudança. Santo Agostinho escrevia que a eternidade não admite qualquer mudança; ao passo que o tempo é todo ele mudança (De Civ. Dei, XI, 6).

Essa distinção pode ser aplicada em todos os setores do agir humano. Baseados nela, podemos fazer uma distinção entre "força em ato" e "força em potência". Quando dizemos "**força em ato**", queremos significar **a força acontecendo**, realizando-se, a força efetiva, atualizada e atuando. "Força em potência", pelo contrário, é a força **como possibilidade de acontecer**, como objeto de uma possibilidade de vir a ser.

Chamamos aqui a força em ato de "**coação**" (coatividade, coercitividade, coativo ou coercitivo); e a força em potência de "**coerção**" (coercibilidade, coercível)[8].

b) **A FORÇA NO DIREITO**. Vale relembrar que o termo "coação" é empregado no mundo jurídico em dois sentidos distintos: como vício do negócio jurídico e como força juridicamente organizada.

Como "vício", significa a **violência física ou psíquica que pode ser feita contra uma pessoa**; é o constrangimento injusto para a obtenção de um ato, ou a pressão exercida sobre um indivíduo para levá-lo a concordar com um ato. A vontade deixa de ser espontânea e, por isso, essa coação é um dos vícios possíveis dos negócios jurídicos (CC, art. 151), e o ato, praticado sob coação, é anulável (CC, art. 171, II).

Quando dizemos que o **direito é dotado de coação**, estamos tomando a palavra no seu segundo significado: como "**força juridicamente organizada**" para garantir o seu cumprimento. A possibilidade da interferência da "coação", assim entendida, é necessária, visto que as normas jurídicas têm por finalidade a preservação do que é essencial na convivência humana. Por isso, não podem ficar à mercê da simples boa vontade, da adesão espontânea dos seus destinatários. Falamos aqui, é claro, da "**força do direito**", **não do "direito da força"**, ou seja, afastamos aquelas teorias que identificam o direito com a força (Spinoza, Nietzsche e Spencer).

---

[8] Os autores não são unânimes no sentido dado aos termos "coercitividade" e "coercibilidade". Francisco Amaral, por exemplo, escreve: "Coatividade é a possibilidade de coagir, não consistindo em característica essencial do direito. Não se confunde com a coercibilidade, que é a possibilidade de alguém ser coagido. Quem coage é o lesado, não a norma jurídica" (*Direito civil*: introdução, Rio de Janeiro: Renovar, 2008, p. 101).

Pois bem, essa força juridicamente organizada, que emana da soberania do Estado, **está presente**, sob as duas formas, isto é, em ato e em potência, no direito e só no direito. A pergunta que então se faz é: **qual das duas lhe é essencial, ou seja, sem a qual não há direito?** Para uns, a força em ato (teoria da coação); para outros, a força em potência (teoria da coerção). Fixemos sucintamente tais posições.

24.3. Teoria da Coação (Kelsen e Ihering)

Segundo ela, o direito seria "**a ordenação coercitiva da conduta humana**" (Hans Kelsen)[9]. Ou na lição de Ihering, o direito seria "**o conjunto das normas em virtude das quais, num Estado, se exerce a coação**". Segundo ele, esta definição encerra dois elementos: a norma, e a realização desta pela coação; só constituem direito os estatutos sociais sancionados pela coação pública. Jhering, ligando direito, coação e Estado, assim a define: "Por coação, no sentido mais amplo, entendo a realização de uma finalidade mediante a subjugação de uma vontade alheia". O direito, para ele "é a forma que reveste a garantia das condições vitais da sociedade, fundada no poder coercitivo do Estado", ou mais breve "o direito é o conjunto das normas coativas vigentes num Estado". O Estado, por sua vez, é definido como a organização definitiva do poder para as finalidades humanas, isto é, como "a organização social detentora do poder coativo regulado e disciplinador" (*Der Zweck im Recht*). Em suma, o direito se reduz a "norma + coação". Depois de Ihering a teoria da coação se tornou a *communis opinio* da filosofia do direito. Entre nós, temos Tobias Barreto que definiu o direito como a "organização da força", ficando famoso o seu confronto do direito à "**bucha do canhão**".

Seus adeptos, portanto, veem no direito uma **efetiva expressão da força** (não da violência). Ele seria dotado sempre e invariavelmente da força "em ato", ou seja, de "coação". Esta seria essencial ao direito e nota característica da juridicidade. Isso significa dizer que a força está sempre presente de modo efetivo no mundo jurídico, é imanente a ele, é inseparável dele. Em suma, não há direito destituído dessa força "em ato", destituído de "coação"; norma e coação seriam ingredientes inseparáveis de todo fenômeno jurídico.

Ihering, como se sabe, simbolizava a atividade jurídica com uma *espada* e uma *balança*: **o direito não seria o equilíbrio da balança se não fosse garantido pela força da espada**. São palavras suas: "O direito não é mero pensamento, mas sim força viva. Por isso, a Justiça segura, numa das mãos, a balança, com a qual pesa o direito, e na outra a espada, com a qual o defende. A espada sem a balança é a força bruta, a balança sem a espada

---

[9] Hans Kelsen: "As ordens sociais a que chamamos Direito são ordens coativas da conduta humana" (*Teoria pura do direito*, São Paulo: Martins Fontes, 2009, p. 36).

é a fraqueza do direito. Ambas se completam e o verdadeiro direito só existe onde a força, com a qual a Justiça empunha a espada, usa a mesma destreza com que maneja a balança"[10]. Ou ainda, segundo Ihering, uma regra de direito desprovida de coação jurídica não tem sentido; "**é fogo que não queima, chama que não ilumina**" (*L'évolution du droit*).

A teoria da coação conseguiu larga adesão na época do predomínio positivista. Mas hoje ela é alvo de **críticas irrespondíveis**. A principal funda-se na constatação de um fato: **via de regra, o direito é cumprido espontaneamente**, sendo exceção os casos em que há necessidade de se recorrer à força juridicamente organizada para solução dos conflitos. A teoria da coação nos levaria à absurda conclusão de que o direito voluntariamente cumprido não seria direito, porque não é acompanhado de coação, da força em ato. E Rousseau perguntava: "Que direito é esse que perece quando a força cessa?"[11].

A norma jurídica é anterior à coação; assim, primeiro ela existe e só depois é que pode ser violada. Ora, na hipótese de se definir a norma por meio da coação, o que a norma seria nesse momento anterior à sua violação e coação? – pergunta Goffredo Telles Júnior[12].

Ora, tudo isso vem confirmar o fato de que **a coação é contingente na vida da norma jurídica**; ocorre acidentalmente, não necessariamente; não é, enfim, essencial, mas acessória ao direito. Veremos depois como a "sanção" é toda consequência que se liga intencionalmente a uma norma para fins de garantir o seu cumprimento. Pois bem, quando essa medida se reveste de uma expressão de força física, temos a "coação" que, no fundo, é uma espécie de sanção, ou seja, a sanção de ordem física ou concreta, ou ainda, a aplicação forçada da sanção.

Não podemos definir a realidade jurídica em função do que acontece excepcionalmente, como o faz a teoria da coação. Afastamos, pois, não só aquelas teorias que identificam o direito com a força (Spinoza, Nietzsche, Spencer), como as que veem na coação do Estado um elemento essencial do direito (Kant, Kelsen).

---

[10] IHERING, Rudolf Von. *A luta pelo direito*, São Paulo: Revista dos Tribunais, 2008, p. 31.

[11] Joseph Raz igualmente defende que a coação não é logicamente necessária para que classifiquemos um sistema como jurídico. Segundo ele, podemos imaginar uma sociedade composta por seres "angelicais", que não necessitam da coação para fazer o que devem fazer, pois estariam sempre dispostos a agir corretamente. Não precisamos ir tão longe. Vimos como também entre os "homens", há aqueles que espontaneamente agem de acordo com a lei, dispensando a coação.

[12] Ver Goffredo Telles Júnior, *Iniciação na ciência do direito*, São Paulo: Saraiva, 2001, p. 91. O mesmo autor dizia: "Tenho horror à opressão. Tenho horror à coação. Eu teria abandonado o estudo do Direito se o Direito fosse coação. A vida não valeria a pena, se viver conforme o Direito fosse viver coagido".

24.4. Teoria da Coercibilidade

Segundo ela, **o direito é "a ordenação coercível da conduta humana"**, não coativa ou coercitiva. A diferença da anterior está em que dizer "ordenação coercível" é dizer que a força não é efetiva, mas "potencial", é força "em potência". Como a norma jurídica envolve a "possibilidade" da coação, parece-nos mais lógico considera-la coercível.

Assim, própria do direito é a coerção, ou a coercibilidade, ou seja, *a* **possibilidade de invocar o uso da força para a execução da norma jurídica, se necessário**. A possibilidade de obter, pela força, ou a prática do ato ou o ressarcimento decorrente da recusa. Em suma, a possibilidade do exercício da coação. A força passa a ser **um "meio"** a que o direito recorre para se fazer valer, quando se revelam insuficientes os motivos que, comumente, levam os interessados a cumpri-lo. Quando efetivamente se recorre à força física, temos a "coação" que somente se manifesta na hipótese do não cumprimento das normas jurídicas[13].

A pedra de toque da coercibilidade coloca-se nos casos em que houve uma efetiva violação de uma regra jurídica. Surge, então, de maneira autorizada o emprego da coação, não para reconstituir a situação que existiria se ela tivesse sido voluntariamente cumprida, mas para buscar o ressarcimento do seu descumprimento. Se foi praticado um homicídio, o direito é impotente para reconstituir a situação que se verificaria se a norma penal tivesse sido observada. Não se pode dar vida a um morto. A ordem jurídica não visa uma aplicação, mesmo tardia, da norma; o que se busca é o ressarcimento decorrente da sua violação.

a) **COERCIBILIDADE E HETERONOMIA**. A coercibilidade do direito é possível por causa da sua heteronomia. **Não exigindo a adesão interna do obrigado para se ver cumprido, o direito pode obrigar recorrendo à força quando há discordância**, voluntária ou não, entre a conduta externa e o previsto na norma jurídica.

De outro lado, **se a "coerção" pode exercer certa pressão sobre a vontade**, levando-a a respeitar a norma, **essa pressão psicológica não se confunde com a "coação"** de que o direito está dotado. Na hipótese da coação, a norma foi desrespeitada e o direito efetivamente se serve da força, seja para a realização do que foi ordenado (por exemplo, se o devedor não pagou a dívida, o pagamento será feito por execução judicial), seja para reparação do seu não cumprimento (punição, indenização dos prejuízos ou anulação do ato violador).

---

[13] Segundo Miguel Reale, é mérito de Thomasius ter reconhecido que o Direito pode estar unido à coação, mas que não está necessariamente unido a ela, ou seja, que o Direito não se realiza sempre pela força. Sua realização pode ser espontânea, graças a motivos ditados pelos interesses dos obrigados (*Filosofia do direito*, São Paulo: Saraiva, 1990, p. 655).

b) **DIREITO INTERNACIONAL PÚBLICO.** Não podemos negar que **há casos de prescrições** que, por razões de impossibilidade, conveniência ou oportunidade, **não são dotadas de coação ou coercibilidade**. Sobressaem, sob esse enfoque, as **normas do direito internacional público**. As condições de organização da sociedade internacional, com a falta de uma autoridade supraestatal, impedem que aí opere a coação em termos semelhantes aos do direito interno dos Estados. Contudo, a objeção, procedente com relação à teoria da coação, nada influi na teoria da coercibilidade. Mesmo antes do aparecimento de organismos internacionais, dotados de processos coercitivos (sanções econômicas etc.), era lícito prever a possibilidade de seu advento. Na lição de Reale: "se é certo que há casos de Direito desamparados de coação ou dotados de coação ineficaz, não é dito que a impossibilidade material e ocasional ponha termo à *possibilidade de coação*: subsiste a possibilidade de obter-se, pela força, ou a prática do ato ou o ressarcimento decorrente da recusa, tão logo outras venham a ser as condições de fato"[14].

c) **PROPRIEDADE.** A *coercibilidade é "própria" do direito*. "Propriedade" (ou "próprio") vem a ser um dos predicáveis, de inspiração aristotélica, isto é, um dos diversos modos de como o sujeito e o predicado se relacionam. Cuida-se de algo que **decorre da essência** *e se atribui a um sujeito a modo de qualidade necessária*. O riso, por exemplo, é "próprio" do ser humano; decorre da sua essência que é a racionalidade, mas não é a sua essência; um homem que nunca sorrisse, não deixaria de pertencer ao gênero humano; mas um ser a quem fosse impossível sorrir não seria humano, porque isso implicaria não ser racional. A coercibilidade, a rigor, pode definir-se como algo que decorre da essência do direito, mas sem ser a sua essência. Algo que a ele se atribui como uma qualidade necessária, que não esgota a realidade do direito, mas apenas reflete um aspecto parcial dela.

O direito de fato é "coercível", goza da possibilidade de recorrer ao uso da força juridicamente organizada, ou para obter a prática do ato imposto, ou o ressarcimento decorrente da recusa. Quanto a isso, a teoria da coercibilidade coloca o problema em termos corretos. Contudo, ela **não nos dá a razão última dessa compatibilidade** entre o direito e a força, ou seja, não nos responde por que o direito é coercível. É por isso que o pensamento jurídico contemporâneo procurou penetrar mais adentro no exame do fenômeno jurídico, para descobrir a razão última da sua coercibilidade, que nos desvendará a essência do direito: a sua "**bilateralidade atributiva**"[15].

---

[14] Miguel Reale, *Filosofia do direito*, São Paulo: Saraiva, 1990, p. 679.
[15] **Paulo Dourado de Gusmão**, no entanto, acha que a característica do direito é a coercibilidade, donde a sua definição como sendo o "conjunto de normas executáveis coercitivamente, reconhecidas ou estabelecidas e aplicadas por órgãos institucionalizados estatais ou internacionais" (*Introdução ao estudo do direito*, Rio de Janeiro, Forense, 1997, p. 48-50).

25. BILATERALIDADE ATRIBUTIVA

O direito é uma realidade histórico-cultural tridimensional de natureza bilateral-atributiva. É próprio do direito, portanto, ordenar a conduta de maneira bilateral-atributiva. O que isso significa?

25.1. Noção

Segundo Miguel Reale, a quem se deve o mérito de ter enriquecido a teoria com desenvolvimento próprio, a bilateralidade atributiva vem a ser "uma proporção intersubjetiva, em função da qual os sujeitos de uma relação ficam autorizados a pretender, exigir, ou a fazer, garantidamente, algo". Ou, com outras palavras, há bilateralidade atributiva "**quando duas ou mais pessoas se relacionam, segundo uma proporção objetiva, que as autoriza a pretender, exigir ou a fazer, garantidamente, algo**"[16].

25.2. Elementos

O conceito desdobra-se, pois, em quatro elementos: relação intersubjetiva, proporção objetiva, exigibilidade e garantia.

1º) **Relação intersubjetiva.** A relação jurídica é sempre intersubjetiva, ou seja, uma relação que **une duas ou mais pessoas**. De fato, do direito só podemos falar onde e quando se formam relações entre os homens, envolvendo dois ou mais sujeitos. É a bilateralidade em "sentido social", como intersubjetividade ou alteridade (a presença do outro = *alter*). É de Hegel a afirmação de que o espírito deve descobrir que não é somente "eu", mas "nós": "um eu que é um nós, e um nós que é um eu". Daí a conclusão de Renato Cirrell Czerna: "Eu, na realidade, só existo como dois"[17].

Assim, em direito sempre se pensa e se fala em termos de contato com os outros.

---

[16] Miguel Reale, *Lições preliminares de direito*, São Paulo: Saraiva, 1984, p. 51. Em muitos autores a bilateralidade figura entre os elementos formais, sem a nota da atributividade que julgamos essencial: a Moral é unicamente "bilateral", enquanto o Direito é "bilateral-atributivo".

[17] Renato Cirrell Czerna, A justiça como história, in *Ensaios de filosofia do direito*, São Paulo, 1952, p. 129. O caráter bilateral do direito deduz-se do pensamento de **Tomás de Aquino**, ao concebê-lo como *proportio ad alterum*, que vai corresponder ao *hominis ad hominem proportio* de **Dante**, ao "querer entrelaçante" de **Stammler**, à "conduta em interferência intersubjetiva" de **Carlos Cossio**. Contrária à teoria da relação intersubjetiva surgiu a "teoria da instituição". Segundo os defensores da instituição, uma simples relação entre dois sujeitos não constitui direito. O direito só surge quando essa relação esteja inserida numa série mais ampla e complexa de relações, isto é, a instituição. Duas pessoas isoladas que se encontram apenas para estabelecer entre elas a regulamentação de certos interesses mútuos não constituem ainda direito. Este só nascerá quando essa regulamentação se tornar de certo modo estável e der origem a uma organização permanente da atividade dos dois indivíduos (ver Norberto Bobbio, *Teoria geral do direito*, São Paulo: Martins Fontes, 2010, p. 29).

Ficam, desse modo, eliminados da relação jurídica todos aqueles atos que se referem só ao próprio sujeito operante. A **pura interioridade** não representa relevância jurídica; a atividade meramente interna não tem importância social, e assim se apresenta estranha ao mundo do direito. Porém, como exorta Reale, excluir a pura atividade interna não significa excluir todo elemento interno; toda ação humana inclui algo de interno, que o direito pode e deve levar em consideração, como veremos.

2º) **Proporção objetiva.** A relação entre os sujeitos deve ser "objetiva", isto é, **nenhuma das partes deve ficar à mercê da outra**. Como lembra Reale, não é essencial que a proporção objetiva siga o modelo da "reciprocidade" próprio das relações contratuais; basta que a relação se estruture segundo uma proporção que **exclua o "arbítrio"**, que é o não direito. É a bilateralidade em "sentido axiológico"[18]. Quando tratarmos do negócio jurídico, veremos como um dos elementos essenciais da relação negocial é a devida proporção entre os seus participantes.

Michael J. Sandel começa seu conhecido curso sobre a Justiça, fazendo referência ao furacão Charley, que varreu a Flórida no verão de 2004 e que além dos prejuízos deixou também em seu rastro uma discussão sobre preços extorsivos. Ele, então, pergunta: "É errado que vendedores de mercadorias e serviços se aproveitem de um desastre natural, cobrando tanto quanto o mercado possa suportar? Em caso positivo, o que, se é que existe algo, a lei deve fazer a respeito? O Estado deve proibir abuso de preços mesmo que, ao agir assim, interfira na liberdade de compradores e vendedores de negociar da maneira que escolherem?"[19]. É, precisamente, um tema em que a própria natureza do direito exige que a relação intersubjetiva, para ser autenticamente jurídica, seja **"objetivamente proporcional", ou seja, que não haja uma "prestação manifestamente desproporcional ao valor da prestação oposta"** (art. 157 do Código Civil).

3º) **Exigibilidade.** Da proporção estabelecida deve resultar a atribuição de pretender, exigir ou fazer alguma coisa. De fato, a análise mais superficial demonstra que em toda ideia de juridicidade está imanente uma noção de "exigir". A relação que se diz jurídica diz mais do que relação social, exatamente porque dela resulta um **"ter que fazer" ou um "ter que aceitar" inexorável**. Ninguém conceitua como direito a resultante de mera conveniência, ou de simples conselho.

Quando, por exemplo, alguém me pede uma esmola, há um nexo de possível solidariedade humana, de caridade. Quando, porém, tomo um táxi, temos um **nexo de crédito** por efeito da prestação de um serviço. No primeiro caso, não há laço de "exigibilidade", o que não acontece no segundo,

---

[18] Miguel Reale, *Lições preliminares de direito*, São Paulo: Saraiva, 1984, p. 52.
[19] Michael J. Sandel, *Justiça*: o que é fazer a coisa certa, Rio de Janeiro: Civilização Brasileira, 2013, p. 13.

pois o motorista pode "exigir" o pagamento da corrida. O direito, portanto, ordena a conduta estabelecendo relações de exigibilidade, segundo uma proporção objetiva. E, como veremos depois, a relação jurídica estabelecida entre duas ou mais pessoas pode ser do tipo contratual ou do tipo institucional sob a forma de coordenação, subordinação ou integração.

4º) **Garantia.** Da relação jurídica resulta a atribuição garantida de uma pretensão ou ação. Trata-se de um "**exigir garantido**". E é precisamente em vista dessa exigibilidade garantida que o direito goza da "coercibilidade", ou seja, da possibilidade de recurso à força que emana da soberania do Estado, capaz de impor respeito a uma norma jurídica. Garante o exigir porque é coercível. Em suma, da atributividade decorre a exigibilidade e desta a coercibilidade. Em suma, "**o Direito é coercível, porque é exigível, e é exigível porque bilateral atributivo**", na lição de Miguel Reale[20].

25.3. Imperativo-atributivo

Quando um fato "social" apresenta esses elementos, dizemos que esse tipo de relacionamento é "jurídico". Onde não existe um laço de exigibilidade, ou proporção no pretender, no exigir ou no fazer, ou não há garantia para tais atos, não há direito. Em conclusão, a norma jurídica, além de **imperativa** (impõe uma obrigação-dever), como as demais normas éticas, é ainda, e só ela, **atributiva** (atribui a faculdade de exigir garantidamente o seu cumprimento). É um "imperativo-atributivo", no dizer de **Petrazinsky (1867-1931)**, filósofo polonês da Universidade de Moscou[21]. A bilateralidade atributiva, peculiar ao mundo do Direito, integra em si duas valências, distintas mas complementares, visto como se ela liga pessoas entre si, ao mesmo tempo lhes discrimina esferas autônomas de ser e de agir. Obriga-as e, concomitantemente, lhes confere poderes[22].

Lembramos que **Goffredo Telles Júnior** define o direito como um "**imperativo autorizante**"[23]. Segundo o ilustre professor da São Francisco, a essência específica da norma jurídica é o *autorizamento*, porque o que compete a ela é autorizar ou não o uso da faculdade de reação do lesado, no sentido de exigir o cumprimento da norma ou a reparação pelo mal causado.

---

[20] Miguel Reale, *Filosofia do direito*, São Paulo: Saraiva, 1990, p. 692.

[21] Petrazinsky, para mostrar a diferença entre a Moral e o Direito, distingue entre imperatividade pura e simples e imperatividade atributiva. Deu uma forma precisa a um princípio de longa tradição, dizendo que a Moral determina que se faça, mas ao destinatário do comando cabe fazer ou não; ao passo que o Direito se caracteriza porque ordena e, ao mesmo tempo, assegura a outrem o poder de exigir que se cumpra. Daí sua conclusão: a Moral é *puramente imperativa*; o Direito é *imperativo atributivo* (ver Miguel Reale, *Filosofia do direito*, São Paulo: Saraiva, 1990, p. 695).

[22] Ver Miguel Reale, *Filosofia do direito*, São Paulo: Saraiva, 1990, p. 694.

[23] Goffredo Telles Júnior, *O direito quântico*, São Paulo: Max Limonad, 1980, p. 356; *Iniciação na ciência do direito*, São Paulo: Saraiva, 2001, p. 43 e s.

A norma jurídica não seria atributiva de uma faculdade, porque a faculdade é uma qualidade inerente ao homem ou propriedade da personalidade que independe das normas jurídicas. Em suma, a norma jurídica é imperativa porque prescreve as condutas devidas e os comportamentos proibidos; e é autorizante, uma vez que permite ao lesado pela sua violação exigir o seu cumprimento e a reparação do dano causado ou ainda a reposição das coisas ao estado anterior.

Quer nos parecer que, no fundo, fala-se a mesma coisa. Para quem diz que a norma atribui a faculdade de exigir garantidamente o seu cumprimento (imperativo atributivo), a palavra **"faculdade" não é tomada no sentido que possui na psicologia**, como uma qualidade própria do ser humano. Nesse sentido da psicologia, concordamos que a faculdade existe de maneira independente da norma jurídica. Mas faculdade, aqui, tem um sentido técnico e próprio do direito, de **natureza lógica**.

26. PARALELO ENTRE DIREITO, RELIGIÃO, MORAL E NORMAS DE TRATO SOCIAL

Nas sociedades primitivas, os vários campos da ética são como que uma nebulosa, com predomínio do aspecto religioso, e da qual se foram desprendendo aos poucos as normas jurídicas, discriminadas e distintas das normas religiosas, morais e as de trato social. Esclarecemos que, quando falamos em "religião", não estamos nos referindo às várias instituições religiosas, mas ao fenômeno da religiosidade que acompanha o homem desde a sua primeira aparição na cena da história e que nos leva a falar num "homo religiosus". Pois bem, numa análise comparativa desses quatro campos da ética, podemos tirar as seguintes conclusões.

26.1. Heteronomia/autonomia

O direito é "heterônomo", como explicado antes, ou seja, ele pode contentar-se com a adequação exterior do ato à regra, sendo dispensável a adesão interna ao seu conteúdo. Obriga os indivíduos independentemente de suas vontades. Nesse sentido, pode-se falar da exterioridade do direito; o importante, no caso, é que a norma seja cumprida, seja qual for a atitude do sujeito, voluntária ou forçada. A interiorização da norma, essencial, por exemplo, no ato moral, não precisa sê-lo no âmbito do direito.

A religião é "autônoma". Quem cultua a Deus, não o pode fazer verdadeiramente sem **adesão interna** e convicção da sua intrínseca valia, sob pena de merecer o estigma bíblico de "sepulcro caiado". A necessária interioridade do ato religioso não suporta o jugo da mera exterioridade.

A moral é "autônoma". Implica a adesão do espírito ao conteúdo da regra; implica a convicção de que se deve respeitá-la porque é válida em si mesma. Trata-se de um **agir "convencido"**, não bastando a adequação exterior do ato à regra. As normas morais cumprem-se através da convicção íntima dos indivíduos e exigem, portanto, uma adesão interna a tais normas.

Nesse sentido pode-se falar da interioridade da vida moral, ou seja, o agente deve fazer suas ou interiorizar as normas morais que deve cumprir. Por isso, a moral condena tanto quem quis e praticou uma ação má como aquele que quis e somente por circunstâncias exteriores não chegou a praticá-la. Consequentemente, não é possível conceber ato moral "fingido", ou praticado só *pro forma*. Ninguém é verdadeiramente bom, só na aparência exterior. O comportamento moral, vale repetir, é regulado a partir do interior do sujeito. Um ato moral, realizado por astúcia ou por força, não é ato moral no sentido autêntico da palavra.

As normas de trato social são "heterônomas". Abrangendo as regras mais elementares de cortesia até as mais refinadas formas de etiqueta social, compartilham da heteronomia própria do direito. Isso significa que não precisam necessariamente ser praticadas com sinceridade. Para seu atendimento **basta a adequação exterior** do ato à regra, sendo dispensável a adesão interna ao seu conteúdo. De fato, tanto atende às regras de etiqueta quem age com sinceridade como quem está fingindo ao executá-las. Aliás, é conhecido o fato de ser precisamente o hipócrita quem mais se esmera na prática de atos afáveis e corteses. Ainda que se possa dar à norma de trato social uma adesão íntima, o trato social constitui essencialmente um tipo de comportamento humano formal e exterior, lembra Adolfo Sánchez Vásquez[24]. Por sua exterioridade, pode entrar em contradição com a convicção interna, como acontece quando se cumprimenta cortesmente uma pessoa que interiormente se detesta. Em suma, quem saúda alguém pode ser hipócrita, mas não é descortês.

26.2. Coercibilidade/incoercibilidade

O direito é coercível. Nele há a possibilidade de se invocar o uso da força para a execução da norma jurídica. Significa a possibilidade de um agir "forçado". O constrangimento é próprio do direito.

A religião é incoercível. Uma oração, por exemplo, fruto da força ou da coação, perde todo o seu valor.

A moral é incoercível. O ato moral não pode ser "forçado", uma vez que a moral é o mundo da **conduta espontânea**. Não se pode coagir quem quer que seja a cumprir os preceitos morais contra a sua vontade. Por isso são incoercíveis, isto é, não podem servir-se da força, mesmo quando esta se manifesta juridicamente organizada. Nada e ninguém pode obrigar-nos internamente a cumprir a norma moral. Na verdade, ninguém é bom à força, por exemplo. O constrangimento é incompatível com a moral.

As normas de trato social são incoercíveis. Quem as desatende pode sofrer uma sanção social, mas não pode ser forçado a praticá-las. Por

---

[24] Adolfo Sánchez Vásquez, *Ética*, Rio de Janeiro: Civilização Brasileira, 1995, p. 86.

exemplo, ninguém pode ser **coagido a ser cortês**, a saudar alguém, a ceder o lugar a uma pessoa de idade etc.

26.3. Bilateralidade/unilateralidade

A teoria da bilateralidade atributiva teve desenvolvimentos próprios, dados por Miguel Reale. Ela corresponde à posição de outros jusfilósofos contemporâneos, por exemplo, Del Vecchio que diz que a Moral se distingue do Direito pelo elemento de "bilateralidade", "alteridade" ou "intersubjetividade", dando a esses termos um sentido talvez equivalente ao que nós damos com o acréscimo do adjetivo "atributivo". Devemos fazer referência também a Petrazinsky, um jurista polonês integrado na cultura russa do século passado, que emprega a expressão "imperatividade atributiva", para definir o direito, concluindo que a Moral é puramente imperativa; o Direito é imperativo-atributivo. Por outro lado, não podemos olvidar os antecedentes da doutrina já contidos nos conceitos de **relação de Aristóteles, de** *alteritas* **de Santo Tomás, de exterioridade desenvolvida por Christian Thomasius** (na passagem do século XVII para o XVIII); e no de **heteronomia exposto por Kant**, ou no de **querer entrelaçante de Stammler**.

a) **Sentido ôntico e axiológico.** Pois bem, a palavra "bilateralidade" pode ser usada em dois sentidos, ou seja, ôntico e axiológico. **Em sentido ôntico = como puro enlace social**, como relação entre dois ou mais sujeitos. **Em sentido axiológico =** quando atende mais à **intenção e participação do agente perante os que com ele se relacionam**; atende mais propriamente ao *sentido* dessa relação social, à instância valorativa que nela se verifica. Segundo o prisma valorativo ou deontológico é que podemos falar em unilateralidade ou bilateralidade,

b) **Onticamente, todas as formas de conduta são bilaterais**, porquanto são sempre fatos sociais que implicam a presença de dois ou mais indivíduos. Nunca agimos fora do meio social. Sob esse aspecto, colocamos sempre um sujeito perante outro sujeito, para mostrar que, tanto na conduta religiosa como na jurídica, moral ou convencional há de certa forma "relação de homem para homem". A bilateralidade é, pois, inerente à nossa personalidade sócia (vimos, aliás, como não existimos, mas coexistimos).

c) **Axiologicamente sim, devemos distinguir** as condutas éticas da seguinte maneira

A conduta religiosa é axiologicamente unilateral, uma vez que, mesmo tratando-se de uma posição do sujeito perante outros sujeitos, ela ocorre em razão de uma instância valorativa que não está no primeiro nem no segundo, mas que **transcende** a ambos: o *eterno*. O que se projeta como fundamental é o valor do "divino", norteando o homem tanto na sociedade como fora dela. A conduta religiosa desenvolve-se no espaço e no tempo, como toda conduta, mas subordinada intencionalmente a valores não temporais[25]. Isso não significa, é claro, que a atitude religiosa autêntica não deva frutificar em ações concretas, no relacionamento com os outros[26].

A moral, sob o aspecto valorativo, é unilateral, pois o ato moral encontra no plano da existência do sujeito-agente a sua razão de ser e tem sua instância axiológica no plano da existência do sujeito que pratica a ação. De fato, a instância última do agir é o homem na sua subjetividade consciente. Com outras palavras, a medida axiológica da ação é dada, em última análise, **pelo foro do sujeito**. Saliente-se que não é preciso que ele mesmo tenha posto a regra obedecida, porque basta que a tenha tornado sua.

Aqui vale também ressaltar que, embora a moral vise ao bem da pessoa, a subjetividade de cada um só se realiza plenamente numa relação necessária de intersubjetividade. Ela, aperfeiçoando a subjetividade humana, encontra seu pleno desdobramento e significado na **convivência social**. Assim, visando ao bem da pessoa, visa implicitamente ao bem social.

Os costumes ou convenções sociais são, axiologicamente, bilaterais. Porque nesse campo o indivíduo encontra na sociedade, no outro sujeito, a pauta do seu agir. O homem segue essas condutas convencionais em razão do que lhe dita a **convivência social**, sendo mais guiado pelos outros do que por si mesmo, mais se espelhando na opinião alheia do que na própria opinião, recebendo do todo social a medida de seu comportamento[27]. Por exemplo, sou cortês saudando sempre alguém; isso porque, além do fato de ninguém ser cortês consigo próprio (bilateralidade ôntica), tal conduta nos é ditada pela convivência social (bilateralidade axiológica).

O direito é bilateral, uma vez que apresenta sempre a característica de **unir duas ou mais pessoas entre si**, em razão de algo que atribui a elas certo comportamento e certas exigibilidades; é o que Reale chama de "bilateralidade atributiva". A medida do comportamento jurídico obrigatório não é dada nem pelo sujeito que age nem pelo outro sujeito a que se destina, mas é dada por algo que os entrelaça em uma "objetividade discriminadora de pretensões", na expressão realeana[28]. Há um superamento da subjetividade no plano social, razão pela qual se fala em "**transubjetividade**", ou seja, não se polariza em um sujeito ou no outro; não se trata, contudo, de transcendência para além do real. Em suma, na relação jurídica há sempre um valor que integra os comportamentos de dois ou mais indivíduos, permitindo-lhes e assegurando-lhes um âmbito de pretensões exigíveis.

---

[25] Ver Miguel Reale, *Filosofia do direito*, São Paulo: Saraiva, 1990, p. 395.
[26] Luis Legaz Lacambra escreve em sua *Filosofia do direito* que a alteridade, essencial ao direito, não é necessária à religião.
[27] Miguel Reale. *Filosofia do direito*, São Paulo: Saraiva, 1990, p. 403.
[28] Miguel Reale, *Filosofia do direito*, São Paulo: Saraiva, 1990, p. 403.

26.4. Atributividade

O direito é atributivo, ou seja, há nele uma atribuição garantida de uma pretensão ou ação, que podem limitar-se aos sujeitos da relação ou estender--se a terceiros. Por exemplo, o locatário está no imperioso "dever" de pagar o aluguel ao locador, cabendo a este a faculdade de "exigir", e com garantia, o pagamento.

A moral é não atributiva. Ela apenas **impõe deveres; não atribui o poder de exigir uma conduta do próximo.** O mendigo, por exemplo, que solicita uma esmola será atendido ou não, dependendo do sentimento de piedade ou de caridade do outro. Vimos que a norma moral, como puro enlace social, é "bilateral"; mas nada há que torne obrigatório o seu acatamento, ou seja, aquele que é solicitado não está no "dever" jurídico de acatar a solicitação; o mendigo não pode "exigir" que lhe seja dada a esmola.

A religião é não atributiva. O que se projeta como fundamental no terreno religioso é, como vimos, o valor do "divino", norteando o homem tanto na sociedade como fora dela, e **sem atribuição de uma pretensão ou ação.**

As normas de trato social são "não atributivas". Embora bilaterais, não são atributivas; por isso, **ninguém pode exigir**, por exemplo, que o saúdem respeitosamente. É claro que, se o ato se transforma em **obrigação jurídica**, surgirá a atributividade: a saudação do militar ao seu superior hierárquico ("continência"), o uso de certa indumentária ("uniforme militar") etc.

A visão das várias notas distintivas de um só lance torna-se possível no quadro sinótico a seguir; lembramos que a bilateralidade é tomada, aqui, em sentido axiológico.

26.5. Quadro sinótico

NOTAS	IMPERATIVIDADE	HETERONOMIA	COERCIBILIDADE	BILATERALIDADE AXIOLÓGICA	ATRIBUTIVIDADE
DIREITO	SIM	SIM	SIM	SIM	SIM
RELIGIÃO	SIM	NÃO	NÃO	NÃO	NÃO
MORAL	SIM	NÃO	NÃO	NÃO	NÃO
TRATO SOCIAL	SIM	SIM	NÃO	SIM	NÃO

27. FORMA JURÍDICA DA ORDENAÇÃO SOCIAL

Conhecidas as notas, sobretudo a específica, que distinguem o direito das demais normas éticas, podemos definir como ele, e só ele, ordena as relações de convivência. Com outras palavras, podemos definir a forma jurídica da ordenação social: **o direito ordena as relações de convivência de forma heterônoma, coercível e bilateral-atributiva.**

QUESTIONÁRIO

1. A imperatividade é característica essencial e específica do direito? Por quê?
2. Por que o direito é heterônomo e coercível?
3. Que vem a ser a força "em ato" e a força "em potência"? Como são denominadas no direito?
4. Segundo a Teoria da Coação, esta é essencial ao direito. Que crítica se pode fazer à teoria?
5. Quais são os elementos em que se desdobra a bilateralidade atributiva? Explique-os.
6. As normas morais e as de trato social são coercíveis? Por quê?
7. Que significa a bilateralidade em sentido ôntico e em sentido axiológico?
8. Só o direito é atributivo. O que isso significa?
9. O filho que paga a pensão alimentícia aos pais necessitados por força de sentença judicial está cumprindo uma norma "jurídica" e também uma norma "moral"? Por quê?
10. João pagou seu imposto de renda contrariado e reclamando, pois não estava convencido da sua justeza; a norma jurídica, no caso, viu-se cumprida? Justifique.
11. "Força do direito" ou "direito da força"? Justifique sua opção.
12. Comente esse pensamento de Pascal, a respeito das relações entre a força e a justiça:

    "A justiça sem a força é impotente; a força sem a justiça, tirânica... É preciso, pois, unir a justiça e a força; e, para tanto, fazer com que o que é justo seja forte ou o que é forte seja justo" ("La justice sans la force est impuissante; la force sans la justice est tyrannique... Il faut donc mettre ensemble la justice et la force; et pour cela faire que ce qui est juste soit fort, ou que ce qui est fort soit juste" – *Pensées*).

13. O "Desafio do Balde de Gelo" representou uma campanha para chamar a atenção (e arrecadar fundos) para a "Esclerose Lateral Amiotrófica" (ELA). Tendo diante dos olhos a "autonomia" da ação ética moral, pergunta-se: Para fazer o bem é necessário o incentivo de uma ducha gelada? Com outras palavras, fazer o bem por razões outras que não as do próprio bem pode ser "socialmente útil"; é no entanto "moralmente válido"?

14. A gaúcha Carla Dalvit estava com problemas financeiros quando começou a frequentar a Igreja Universal do Reino de Deus. A pequena loja que tinha com o marido estava com pouco movimento e havia várias prestações para pagar. Tinham acabado de comprar um Palio para levar o filho pequeno à escola. Queriam construir uma casa, mas, sem dinheiro, estavam morando na residência dos pais dela. Após ver pastores falando na TV, com mensagens positivas de esperança e prosperidade, Carla começou a frequentar os cultos. Tinha muitos depoimentos de gente que falavam que tinham saído da crise e que deviam à igreja tudo o que tinham. O pastores diziam que deviam dar 10% de tudo o que ganhava e que tudo o que desse, ia receber de volta. As doações de Carla começaram com o dízimo. Mas não pararam aí. Havia um evento especial, a Fogueira Santa, ocasião em que as pessoas faziam promessas de doações, doando até mesmo casa e carro. Desesperada com as dívidas, Carla disse que entregaria suas posses à igreja. Vendeu, então, o carro e doou o dinheiro à igreja. Deu também um colchão, um computador, dois aparelhos de ar-condicionado que vendia em sua loja, joias, um fax, uma impressora e alguns móveis de cozinha que sua mãe havia acabado de comprar. Tudo isso escondido da família.

Quando o marido e a família descobriram, foram ao templo tentar recuperar os bens doados. Conseguiram levar de volta o colchão, o fogão e outros itens de cozinha, apenas porque a mãe de Carla ainda tinha nota fiscal de tudo. Nenhum dos outros bens foi devolvido, apesar da insistência. A gaúcha então registrou um boletim de ocorrência. E quer entrar na Justiça (https/noticiais.uol.com.br).

O que você, como advogado da Carla, faria?

Lição VI

DIREITO, MORAL E RELIGIÃO

Sumário: 28. Direito e moral; 29. Liceidade jurídica e exigência moral; 30. Moral e religião.

Vimos as distinções, quanto à forma de agir, entre as diversas espécies de conduta ética. Agora vamos ver, de maneira mais pormenorizada, as relações entre a conduta moral e a jurídica e se elas no seu relacionamento se separam ou não[1].

A separação entre as esferas éticas é um fato histórico na chamada civilização ocidental, na qual religião, moral, política, etiqueta, direito, indiferentes no início evoluíram para uma diferenciação. Numa relação gênero/espécie, que não é unânime, **a ética é tida como continente dentro do qual religião, moral, direito, etiqueta, política são conteúdos, ainda que diferenciados**[2].

Todavia a análise comparativa entre direito e moral constitui tarefa das mais difíceis. Se para Ihering, o problema constitui o "**Cabo das Tormentas**" da Filosofia do Direito, pelas suas dificuldades, Benedetto Croce (1871-1942) considerou o problema da separação dos campos da moral e do direito como o "**cabo dos náufragos e das tempestades da ciência jurídica**", porquanto todas as doutrinas que tentaram solucioná-lo teriam falhado. Para Norberto Bobbio, distinguir o direito da moral é o "maior quebra-cabeça da

---

[1] A abstração não nos deve levar, contudo, a esquecer a **unidade fundamental** da vida ética. O Direito se esclarece pela Moral, pelos costumes, pela atividade religiosa ou pela econômica, e vice-versa. Em suma, o Direito se esclarece pelo todo do convívio social, no qual aqueles elementos se inserem.

[2] Ver João Maurício Adeodato. *Filosofia do direito*, São Paulo: Saraiva, 2009, p. 223.

filosofia do Direito". Porém, ele é de suma importância para a compreensão do fenômeno jurídico.

De outro lado, tema não menos fascinante e complexo que o existente entre "moral e direito" é o que versa sobre a relação que deve existir entre "**moral e religião**". Dentro dos limites próprios da nossa disciplina, abordaremos as duas questões.

28. DIREITO E MORAL

As distinções entre direito e moral podem ser enfocadas sob dois aspectos distintos: quanto à "forma" e quanto ao "conteúdo".

28.1. Distinções quanto à forma

Nós vimos, em sua funcionalidade, as *distinções* entre as diversas espécies de conduta ética. Especificamente quanto ao direito e moral, as principais já foram apontadas: enquanto o direito se apresenta revestido de heteronomia, coercibilidade e bilateralidade atributiva, a moral é autônoma, incoercível e bilateral-não atributiva.

28.2. Distinções quanto ao conteúdo

Agora, vamos ver, de maneira mais pormenorizada, as **relações entre a conduta moral e a jurídica**, e se no seu relacionamento se separam ou não.

De plano, percebemos que a matéria do direito e da moral é comum: a **ação humana**. Contudo, quais ações estão no campo da moral e quais no campo do direito? Com outras palavras, até que ponto a moral, formalmente distinta do direito, influencia no campo jurídico? Influência mínima, dizem os adeptos da **teoria do "mínimo ético"** (Jellinek e Wundt) que consideram o direito "porção mínima da moral". De outro lado, **pecam por excesso os que entendem o direito como sendo a moral sancionada pelo poder público**, como Petrone (o direito é o "precipitado histórico da moral"), Maggiore (o direito é a moral codificada ou petrificada), Schmoller (o direito é o "máximo ético"). Por sua vez, Thomasius, entendia que **não pode haver nenhuma interferência da moral no campo do direito e vice-versa**. O assunto, como se vê, foi colocado das mais diversas maneiras pelos juristas, através da história.

28.3. Histórico

Sabemos que o direito primitivo não distinguia as prescrições civis, religiosas e morais. Foi somente em tempos mais avançados da civilização que se começou a distinguir a religião do direito e o direito da moral.

a) **Grécia e Roma**. Pode-se dizer **que os gregos não chegaram a distinguir**, na teoria e na prática, as duas ordens normativas.

Os jurisconsultos romanos também não nos legaram uma teoria diferenciadora, embora se possa vislumbrar em algumas das suas afirmações **uma como intuição de que o problema do direito não se confunde com o da moral**.

Assim, de um lado, **Celso**, ao definir o direito como a "**arte do bom e do justo**" ("ius est ars boni et aequi" – D. I, 1, 1), parece confundir as duas esferas, já que o conceito de "bom" pertence à moral. Igualmente, os princípios formulados por **Ulpiano** e considerados como definição do direito: "viver honestamente, não causar dano a outrem, dar a cada um o que é seu" ("iuris praecepta sunt haec: honeste vivere, alterum non laedere, suum cuique tribuere" – D. l, 1, 10) demonstram a inexistência de uma diferenciação, dado que o primeiro deles, o da honestidade, possui um caráter puramente moral.

De outro lado, a observação de **Paulo** de que "**nem tudo que é lícito é honesto**" ("non omne quod licet honestum est" – D. 50, 17, 144) nega abertamente a coincidência do lícito jurídico com o honesto, ou seja, a esfera do direito e da moral, às quais fazia referência, não se confundem. Veja, ainda, esta outra afirmação: "**ninguém sofre pena pelo simples fato de pensar**" ("cogitationis nemo poenam patitur" – D. 48, 19, 18). O fato é que, como observa Miguel Reale, se não houve um propósito deliberado de apresentar uma teoria diferenciadora entre o mundo moral e o jurídico, vislumbrava-se a existência de um problema a ser resolvido[3].

b) **Na IDADE MÉDIA também não houve o deliberado propósito de traçar fronteiras entre a moral e o direito.** Preocupação dessa ordem não era de se esperar em trabalhos, não de juristas ou de moralistas puros, mas sim de *teólogos*, ou seja, de homens com a atenção voltada para a compreensão de Deus e de suas relações com o homem e com o mundo.

De fato, na Idade Média a **teologia** absorve o conhecimento científico e o filosófico. A conduta humana era encarada de um prisma eminentemente religioso, impossibilitando qualquer distinção formal entre as diversas ordens normativas. Predominava uma concepção teocêntrica do Direito, porque fundada numa concepção teocêntrica do universo e da vida. Num tal quadro ideológico, numa concepção jurídica escalonada, que vai da lei eterna à lei humana, passando pela mediação da lei natural, seria de certa maneira impossível uma distinção entre o mundo moral e o mundo jurídico.

c) Tal preocupação **surge na ÉPOCA MODERNA**. O século XVII foi pródigo em conflitos marcados pela política e religião. Na Inglaterra, por exemplo, temos o antagonismo entre a Coroa e o Parlamento, controlados, respectivamente, pela dinastia Stuart, defensora do *absolutismo*, e a burguesia ascendente, partidária do *liberalismo*. Esse conflito assumiu também **conotações religiosas e se mesclou com as lutas sectárias entre católicos, anglicanos, presbiterianos e puritanos**.

Nesse contexto, os chefes de Estado passaram a se atribuir o **direito**

---

[3] Miguel Reale, *Lições preliminares de direito*, São Paulo: Saraiva, 1984, p. 53.

de intervir na vida particular dos cidadãos, querendo que seus súditos professassem essa ou aquela crença. Houve, então, a necessidade de uma delimitação clara da zona de interferência do poder soberano, o que só seria possível por meio de uma distinção entre o mundo "jurídico" e o mundo "moral" e "religioso". **Surgem, então, as teorias.**

28.4. Teorias

a) Um jurista alemão, **Cristiano Tomasio ou Thomasius** (1855-1728), procurou apresentar uma diferenciação prática entre direito e moral, com uma delimitação entre o que chamou de "**foro íntimo**" e "**foro externo**". Separou as ações humanas em internas (foro íntimo) e externas (foro externo), e segundo ele, o **direito só devia cuidar da ação humana depois de exteriorizada**. Sua área ficava limitada ao *foro externo*. A **moral**, pelo contrário, **dizia respeito àquilo que se processa no plano da consciência**; enquanto uma ação se desenrola no *foro íntimo,* não poderia haver interferência de ninguém. Em suma, o direito tem por princípio o "justo" e rege as ações exteriores do homem, enquanto a moral tem por princípio o "honesto" e cuida das ações íntimas, não havendo possibilidade de invasão recíproca nos seus campos.

A Teoria de Thomasius teve grande aceitação. **Kant aceitou** a teoria, como quase todos os seus contemporâneos[4]. E não é de estranhar, uma vez

---

[4] **Kant** levou a doutrina de Thomasius às últimas consequências, procurando um conceito fornecido pela razão e independente da experiência, para fundamento do direito e da moral. Para ele, o critério distintivo entre a moral e o direito reside no motivo da ação, sendo a moral caracterizada pela autonomia, e o direito pela heteronomia. Ele colocou no centro da moral o *dever*, em vez do bem. A moralidade da ação não se fundamenta no seu objeto ou conteúdo, mas apenas na sua forma. O motivo do agir é o dever, sendo a moralidade o domínio do *imperativo categórico,* isto é, o imperativo do dever pelo dever. A primeira lei da moral é que cada um aja de tal maneira que o motivo de sua ação possa valer como princípio de uma lei universal. Desse modo, a moral é sempre lei interna ou norma **autônoma** do sujeito, pois o motivo do agir é necessariamente interno, ou seja, o dever pelo dever. O direito, por sua vez, estabelece uma regulamentação **heterônoma** das ações externas, com a imposição coativa de deveres, também externos, dos sujeitos. Neste caso, interessa apenas a *legalidade,* como mera coincidência da ação com a lei, independentemente da motivação do agente (isto sem prejuízo de que para Kant, o cumprimento da lei jurídica é também um dever moral). O direito, diferentemente da moral, situa-se no âmbito do *imperativo hipotético*. Assim, o imperativo categórico é um princípio ético formal da razão prática, absoluto e necessário, fundamento último da ação moral, expresso pela conhecida fórmula: "Age de tal forma que o motivo que te levou a agir possa ser tomado como lei universal". Já o imperativo hipotético é um princípio representando a necessidade prática de uma ação possível, considerada como meio de se alcançar um determinado fim. Exemplo: "Se queres X, então deves fazer Y". Se o imperativo categórico é *fim* em si mesmo, constituindo o verdadeiro imperativo da moralidade, o imperativo hipotético é um *meio* para a realização de um fim exterior a ele. Kant também incorre numa errônea visão separatista da moral e do direito, ao fazer da primeira o reino das leis internas e, do segundo, o reino das leis externas, a exemplo de Thomasius. Para ele, a moral se reduz a uma

que ela **correspondia a uma aspiração da época**, ou seja, à liberdade de pensamento e de consciência perante as ingerências do Estado, questão particularmente candente dado o princípio "*cuius regio, eius religio*" (a religião de um país é a do seu príncipe). Em face do absolutismo do século XVIII **essa liberdade religiosa recebia**, por meio da teoria, a **tutela desejada**, subtraindo a questão da esfera de competência do Estado. A doutrina do *forum internum* e do *forum externum* influenciou toda a filosofia jurídica individualista do Iluminismo. Aliás, Thomasius foi um dos primeiros iluministas alemães e era um defensor da liberdade de pensamento e particularmente da liberdade e tolerância religiosas.

Contudo, a separação total entre direito e moral forma dois mundos desvinculados:

D	M
Mundo do direito	Mundo da moral

O fato demonstra um **radicalismo que é objeto de justas críticas**. Se há atos puramente interiores, não há ações humanas exclusivamente externas. É verdade que o direito só aprecia a ação enquanto projetada no plano social, uma vez que não cuida do homem isolado, mas do homem enquanto membro de uma comunidade. À primeira vista, parece que o direito só cuida da exterioridade da vontade. Contudo, isso não significa que ele não leve em conta o mundo da intenção, o elemento intencional. **Em muitas situações, o foro íntimo é importante para o direito.** No direito penal, por exemplo, para a configuração do crime doloso e culposo examina-se a intenção do agente. No direito civil, a anulabilidade dos negócios jurídicos está ligada, em grande parte, ao exame da intenção (dolo, erro, coação ou fraude); na interpretação dos contratos "se atenderá mais à intenção nelas consubstanciada do que ao sentido literal da linguagem" (art. 112, do CC); e, segundo o art. 113, "os negócios jurídicos devem ser interpretados conforme a boa-fé e os usos do lugar de sua celebração" – ora, a boa-fé não existe sem a "intenção", sem o elemento psicológico da intencionalidade, caracterizando-se pela sinceri-

---

normatividade puramente formal, manifestação de uma radical autonomia do homem. Por sua vez, o direito se limita a assegurar a coexistência das liberdades, sem se interessar com os conteúdos, tornando-se também uma ordenação meramente formal. E devendo a lei jurídica ser cumprida por imperativo categórico interno, fica aberto o caminho à ideia, depois acolhida pelo positivismo jurídico, de que a lei, só pelo fato de existir, justa ou injusta, é obrigatória. Falta à concepção jurídica kantiana, conclui Mário Bigotte Chorão, um critério de *legitimidade* da lei baseado na natureza das coisas (*Introdução ao direito*, Coimbra: Almedina, 2000, v. 1, p. 197-198).

dade e probidade das partes quanto à execução fiel e adequada do que foi por elas acordado.

Por outro lado, **desvalorizou a importância, na moral, do elemento externo**. Por exemplo: a moral não se satisfaz somente com a boa intenção; ela exige a prática do bem, exige que se ponha em prática essa intenção; a sabedoria popular já nos ensinava isso, ao afirmar que "de boas intenções o inferno está cheio".

b) **TEORIA DO MÍNIMO ÉTICO.** A teoria do mínimo ético foi exposta por **Jeremias Bentham** (1748-1832) e depois desenvolvida por vários autores, entre os quais por um grande jurista alemão: **Georg Jellinek** (1851-1911). Segundo essa teoria, **o direito representa apenas o mínimo de preceitos morais necessários para que a sociedade possa sobreviver**[5].

Dizem seus adeptos que a moral, em regra, é cumprida de maneira espontânea. Mas, como as violações são inevitáveis, é indispensável que um "mínimo ético" seja declarado obrigatório para se fazer cumprir, impedindo assim a transgressão daqueles dispositivos que a comunidade considerar necessários à paz social. Bentham afirmava que "a legislação, em uma palavra, tem realmente o mesmo centro que a Moral, mas não possui a mesma circunferência", o que equivale dizer que a circunferência da Moral é maior que a do Direito[6]. A teoria pode ser representada pela imagem de **dois círculos concêntricos, sendo o círculo maior o da moral, e o menor, o do direito**:

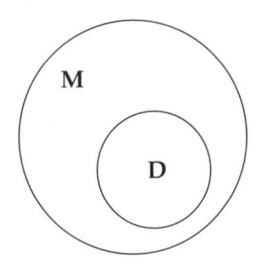

A teoria do mínimo ética enfrenta sérias **críticas**. A primeira delas decorre da sua afirmação de que o direito está implantado por inteiro no

---

[5] Petrone foi mais além, considerando o direito o "precipitado histórico da moral". Maggiore, por sua vez, compreendeu-o como a "petrificação da moral".

[6] Jeremias Bentham, *Introduction to principles of morales and legislation*, cap. XII. Filho mais velho de um próspero advogado e negociante de imóveis, Bentham nasceu em Londres em 1748. Dedicou parte de sua vida a escrever e propor transformações sociais na linha da filosofia utilitarista. Esta sua filosofia (o **utilitarismo**) marca um momento importante na evolução das ideias da Inglaterra, tendo sido completada depois pela obra de Stuart Mill; dizia ele: "uma ação é boa ou má, digna ou indigna, merecedora de aprovação ou de repulsa, na proporção de sua tendência a aumentar ou a diminuir a soma de felicidade pública".

campo da moral. Ele não seria algo diverso, mas uma **parte da moral**, armada de garantias específicas. Todas as normas jurídicas, consequentemente, contêm-se no plano moral.

Ora, se é inegável que o direito assume em seu seio o conteúdo de muitas normas morais, como o respeito à vida, conferindo-lhes eficácia coercível, na realidade, **nem tudo que é jurídico é moral**. Existem atos juridicamente lícitos que não o são do ponto de vista moral – são "**imorais**"; como também existe o que é apenas "**amoral**", ou seja, indiferente à moral. Como exemplo dos primeiros, Reale traz o de uma sociedade comercial de **dois sócios**, na qual um deles se dedica, de corpo e alma, aos objetivos da empresa, enquanto o outro repousa no trabalho alheio, prestando, de longe em longe, uma rala colaboração para fazer jus aos lucros sociais. Se o contrato social estabelecer para cada sócio uma compensação igual, ambos receberão o mesmo quinhão; isso é moral?[7]

Outro exemplo ocorreu em 2009 com os **bônus pagos aos executivos da AIG** (American International Group), que, embora estivessem de acordo com a tradição americana de respeito aos contratos (um dos pilares do capitalismo nos Estados Unidos), provocaram grande clamor popular. A seguradora americana AIG, então à beira da falência, pagou 165 milhões de dólares em bônus a um grupo de executivos, com a crise em seus momentos mais dramáticos, poucas semanas após a empresa ter recebido uma boia de salvação de 180 bilhões de dólares do dinheiro público. O presidente da AIG limitou-se a afirmar que não havia outra saída legal a não ser efetuar os pagamentos, prometidos contratualmente. A notícia despertou a ira dos americanos[8]. Legal? sim; mas isso era moral?

Quanto aos segundos, no direito existem normas éticas baseadas em **razões de ordem puramente técnica, indiferentes à moral**. Por exemplo, uma regra de trânsito (mão direita), ou a que estabelece determinado prazo para a prática de um ato; se amanhã o legislador optar pela mão esquerda ou pelo prazo de 20 dias em vez de 15, isso não influiria no campo moral.

Assim, não se justifica definir o direito como uma "moral mínima" da vida social, embora a teoria do mínimo ético seja seguida por correntes

---

[7] Miguel Reale, *Lições preliminares de direito*, São Paulo: Saraiva, 1984, p. 43. Veja-se também o art. 2194 do Código Civil Português, que declara nulas as disposições testamentárias a favor do médico ou do enfermeiro que tratar do testador, se o testamento for feito durante a doença e o seu autor vier a falecer. Ora, tais disposições poderiam ter sido motivadas pelo cumprimento do dever *moral* de gratidão!

[8] Uma manchete de página inteira no *New York Post* expressou o sentimento de muita gente: "Mais devagar, seus aproveitadores gananciosos" (*Not so fast you greedy bastards*) (*apud* Michael J. Sandel, *Justiça*: o que é fazer a coisa certa, Rio de Janeiro: Civilização Brasileira, 2013, p. 22).

doutrinárias que fazem depender a validade das normas jurídicas da sua adaptação aos valores morais.

c) **TEORIA DOS CÍRCULOS SECANTES.** Segundo **Claude du Pasquier**, professor suíço nas Universidades de Neuchâtel e de Genebra, **direito e moral possuem um campo de competência** comum **e, ao mesmo tempo, uma área** particular**, independente**. A representação das suas relações é, portanto, a de dois **círculos secantes**:

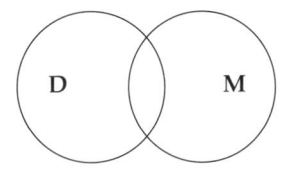

28.5. Conclusão: distinguir sem separar

A verdade, muitas vezes, consiste em distinguir as coisas, sem separá--las. É o que fez Du Pasquier, e com razão, pois não se devem confundir os conceitos de direito e moral sem, todavia, separá-los. Entre o direito e a moral não existe separação absoluta nem identificação. São ordens normativas distintas, mas intimamente relacionadas. Portanto não confundi-los nem separá-los totalmente. Direito e moral, afirmou Giorgio Del Vecchio (1878-1970), "são conceitos que se distinguem, mas não se separam". Como escrevia Du Pasquier, a moral circula no interior do direito como o sangue no corpo.

De outro lado, não se pode negar, na observação de Adolfo Sánchez Vázquez, que a ampliação da esfera da moral com a consequente redução da do direito é, por sua vez, sinal de um progresso social da humanidade[9]. De fato, quando o indivíduo regula as suas relações com os outros, não sob a ameaça de uma sanção penal ou pela pressão da coação externa, mas pela convicção íntima de que deve agir assim, pode-se dizer que se encontra diante de uma forma de comportamento ético mais elevada. Em suma, entre o direito e a moral não existe separação absoluta nem identificação. São ordens normativas distintas, mas intimamente relacionadas. Portanto não confundi-las, nem separá-las totalmente, como veremos.

28.6. Não confundir direito e moral

Há vários critérios que nos levam a não confundir direito e moral: teleológico, do conteúdo, da perspectiva, da presença do "imoral" e do "amoral" no direito.

a) **Critério teleológico.** Entre os critérios distintivos sobressai o critério teleológico: a moral visa à realização plena da pessoa humana, à

---

[9] Adolfo Sánches Vázquez, *Ética*, Rio de Janeiro: Civilização Brasileira, 1995, p. 84.

sua perfeição última, mediante a ação livre. Enquanto o direito, por sua vez, busca a realização da justiça na vida social ou a instauração de uma ordem social justa. Por isso, à moral interessa toda a conduta humana e o aperfeiçoamento pessoal do homem. O direito, por seu turno, volta-se para as condutas sociais e a consecução de uma ordem social justa.

b) **Critério do conteúdo.** Em segundo, pelo *critério do conteúdo*, o direito não tem a mesma extensão que a moral. Como visto, a moral regula toda a conduta humana, individual e social, interessando-lhe inclusive o que é puramente interno. O direito, ao invés, diz respeito exclusivamente aos comportamentos sociais. Enquanto o direito regulamenta somente certos aspectos parciais da vida social, a moral é totalizante, ou seja, em nenhum momento a pessoa humana pode dispensá-la e viver de maneira neutra. Sem falar que há assuntos da alçada exclusiva da moral, como as relações de gratidão, solidariedade etc., que não são objeto de regulamentação jurídica, mas somente moral.

c) **Critério da perspectiva.** Em terceiro, pelo chamado *critério da perspectiva*, a moral valora o comportamento humano partindo da perspectiva da consciência. Considera a conduta preferentemente "do lado interno" ou "de dentro para fora". O direito, por sua vez, valora a partir da perspectiva do ordenamento jurídico vigente; olha sobretudo para "o lado externo" ou "de fora para dentro". Em suma, na moral prevalece a interioridade; no direito, a exterioridade. Isso significa que o direito atende **diretamente** apenas ao que se manifesta externamente na conduta social. São-lhe indiferentes as intenções ou o simples pensamento. As motivações internas poderão interessar-lhe apenas *de modo indireto*, enquanto suscetíveis de inferir-se das condutas exteriores. Na moral, ao contrário, estando em jogo a plena perfeição do agente, conta muito a sua intimidade pessoal, as simples intenções, e pesam decisivamente, na avaliação do comportamento, as motivações internas.

Em decorrência, **a moral não depende de um legislador**; ela é uma relação do ser humano, com o bem e o mal que ele escolhe. Ela nos faz bons ou maus dentro de nós mesmos. Podem os outros ver-nos como bons ou maus conforme seus desejos; mas não podem criar em nós maldade ou bondade. Nossas ações não precisam de ninguém para aparecer como boas ou más: são uma escolha livre entre o bem e o mal. É sempre por meio de uma escolha que alguém se faz causa moral do ato responsável[10].

Em suma, o ato humano é indecomponível, mas há uma diferença de direção na maneira de apreciá-lo. O moralista examina a exteriorização do

---

[10] Ver Antonio Pinto da Silva, Nota crítica sobre a relação direito e moral, *in Ética e direito*: um diálogo (org. Márcio Fabri dos Anjos e José Reinaldo de Lima Lopes), Aparecida: Ed. Santuário, 1996, p. 150.

ato para melhor caracterizar a intenção, seu objetivo último. O jurista, por sua vez, visa caracterizar um ato exterior em face de um sistema jurídico positivo de normas e, para ajustá-lo melhor a esse sistema, indaga da intenção do agente.

d) **Presença do amoral e do imoral no Direito.** Em quarto, há problemas jurídicos estranhos à ordem moral, como a **existência de razões puramente técnicas resolvendo questões de caráter jurídico**. O direito não trata em si do bem e do mal, mas proíbe como errado o que pode causar prejuízo à vida social e exige comportamentos bons enquanto são necessários para a convivência. Exatamente por isso, além do bom e do mau, compete ao direito estabelecer normas sobre coisas em si nem boas nem más, mas cuja regulamentação permite a vida social organizada, fazendo com que essas coisas passem a ser consideradas como obrigatórias ou proibidas.

E, por fim, **distinguem-se porque sempre haverá relações que se realizam à sombra da lei e que contrariam a moral**, por mais que os homens se esforcem para que o direito tutele somente o "lícito moral". De fato, a ordem jurídica não pode ser necessariamente entendida como garantia da moral. Na observação de Marciano Vidal, professor de teologia moral no Instituto Moral de Madrid, caminhamos para um tipo de sociedade que, comparada com outras formas históricas, aparece como uma "sociedade permissiva"[11]. Essa permissividade supõe, em termos gerais, uma tomada de posição mais coerente com uma situação em que não se confunde o "lícito" jurídico com o "bom" moral.

28.7. Não separar direito e moral

Quais são as razões para não separar direito e moral?

a) **Campo comum.** Primeiro, porque há um campo comum em que o direito e a moral **coexistem**. Uma área comum que contém regras que, concomitantemente, apresentam qualidade jurídica e caráter moral.

Há, de fato, um grande número de questões sociais que se incluem, ao mesmo tempo, nos dois setores, como a assistência devida aos ascendentes, que é um preceito de ordem jurídica e, simultaneamente, de ordem moral; as regras jurídicas que proíbem o enriquecimento sem causa; a regra que veda o ato emulativo, ou seja, o exercício do direito só para prejudicar outrem, etc. Temos nesses exemplos o Direito acolhendo preceitos morais fundamentais. É interessante notar como os grandes preceitos morais são também preceitos jurídicos, e preceitos morais de hoje poderão transformar-se em novos preceitos jurídicos amanhã.

---

[11] Marciano Vidal, *Moral de atitudes*: moral fundamental, Aparecida: Ed. Santuário, 1983, p. 38 e s.

b) **Importância do foro íntimo**. Segundo, porque o foro íntimo é de importância para o direito, como vimos. Se o caráter de "exterioridade", de tanta serventia para os fins do direito, é de pouca monta para a Moral, não podemos todavia cair no simplismo de afirmar, como Thomasius, que o direito se ocupa da exterioridade do comportamento regulamentado, e a moral, da interioridade. **É falsa a demarcação de comportamentos estanques na caracterização quer do direito, quer da moral.** Assim, na hipótese em que se trata de pronunciar sobre a validade de um negócio jurídico, o elemento da interioridade é apreciado pelo direito, pelo menos nos seus sinais visíveis de manifestação. Seria absurdo, por exemplo, o direito deixar totalmente de lado o elemento interno e declarar válido um contrato concluído entre dois loucos (incapazes). Sobretudo quando se trata de punir o autor de um ato, o direito sente a necessidade de investigar mais o ânimo do sujeito, para medir a sua culpabilidade. Para medir o grau de culpa, o direito olha e perscruta a intencionalidade, indaga das intenções e da vontade que o moveram e determinaram por ocasião do crime.

c) **Moral sem direito é utopia; direito sem moral perde o sentido.** Ademais, sabemos que nem sempre a correção dos desvios em relação à moral se fará por forças interiores nas pessoas e sociedades. **Quantas vezes uma correção do *exterior* é indispensável e salutar, contanto que seja corretamente controlada pelo direito? De outro lado, se apoiado *exclusivamente* em fatores exteriores do relacionamento humano, o direito pode tornar-se uma cobertura de todas as injustiças.**

Em suma, podemos dizer que uma moral que queira desenvolver-se sem direito é uma utopia; e um direito sem moral pode perder completamente o seu sentido. **A elevação do nível moral favorece um "bom direito" e um bom direito favorece um crescimento nas condições que facilitam o "desenvolvimento moral"**[12].

28.8. Influência mútua

A separação do Direito e da Moral foi a base em que se apoiou o nazismo para levar a cabo, sob a aparência de legalidade, as maiores injustiças. Hoje se percebe uma tentativa de reaproximá-los, com o retorno, por exemplo dos valores na interpretação jurídica, com o reconhecimento da normatividade dos princípios jurídicos e com a defesa dos direitos fundamentais baseada na dignidade da pessoa humana (que é o valor-fonte). E com razão, pois Direito e Moral são instrumentos de controle social, como vimos, que, embora não se confundam, não se excluem, **mas se influenciam e se completam**. A Moral

---

[12] Ver Antonio Pinto da Silva, Nota crítica sobre a relação direito e moral, *in Ética e direito*: um diálogo (org. Márcio Fabri dos Anjos e José Reinaldo de Lima Lopes), Aparecida: Ed. Santuário, 1996, p. 161.

se preocupa pela vida interior das pessoas, com a consciência. Ela julga os atos exteriores apenas como meio de aferir a intencionalidade. O Direito, por sua vez, cuida das ações humanas em primeiro lugar e, em função destas, quando necessário, investiga o *animus* do agente.

28.9. Critérios de Reale

Miguel Reale apresenta uma sistematização de critérios distintivos entre a moral e o direito, por meio do seguinte quadro[13]:

		MORAL	DIREITO
DISTINÇÃO ENTRE DIREITO E MORAL	1) Quanto à natureza do ato	a) Bilateral. b) Visa mais à intenção, partindo da exteriorização do ato.	a) Bilateral-atributivo. b) Visa mais ao ato exteriorizado, partindo da intenção.
	2) Quanto à forma	c) Nunca heterônoma. d) Incoercível. e) Não apresenta igual predeterminação tipológica.	c) Pode ser heterônomo. d) Coercível. e) Especificamente predeterminado e certo, assim como objetivamente certificável.
	3) Quanto ao objeto ou conteúdo	f) Visa, de maneira imediata e prevalecente, ao bem individual, ou aos valores das pessoas.	f) Visa, de maneira imediata e prevalecente, ao bem social, ou aos valores de convivência.

29. LICEIDADE JURÍDICA E EXIGÊNCIA MORAL

É importante, primeiro, distinguir se se trata de uma pessoa ou de uma comunidade, para responder se podemos separar a exigência moral da liceidade jurídica.

29.1. Pessoa concreta

Quando se trata de uma *pessoa concreta*, é **a consciência moral que tem a primazia**. Portanto, existe uma subordinação do jurídico à ordem moral. Nesse caso, não há lugar para separação da liceidade jurídica da exigência moral.

29.2. Comunidade política

Mas quando se trata de uma **comunidade política**, sobretudo quando esta é de cunho pluralista e democrático, **pode haver distinção e separação entre exigência moral e liceidade jurídica**. De fato, pode acontecer que nem todos aqueles que compõem a comunidade política tenham idêntico sistema de valoração moral. Nesse caso, nenhum sistema moral pode impor sua primazia para que se adapte a liceidade jurídica à sua exigência moral.

A consciência cristã pode admitir uma norma jurídica sobre comporta-

---

[13] Miguel Reale, *Filosofia do direito*, São Paulo: Saraiva, 1990, p. 712.

mentos contrários a seu sistema de valoração moral, quando essa norma jurídica venha exigida pelo *bem comum* da comunidade política. Nesse sentido, diante da consciência moral, uma norma jurídica pode ser justa em sua exigência ainda que o comportamento que regula (impondo uma pena ou legalizando-o) seja imoral para tal consciência moral. Assim, em determinadas circunstâncias a realização do bem comum poderá postular certos dispositivos jurídicos sobre comportamentos contrários a um sistema moral concreto. Uma das circunstâncias, por exemplo, na qual se pode ver essa exigência do bem comum é a consideração de que a inexistência de tal norma jurídica trará maiores males. Devido ao pluralismo, o direito nem sempre poderá organizar o bem maior. Às vezes deverá contentar-se em tolerar o mal menor.

Além disso, dentro da realização do bem comum (postulado fundamental na justiça das leis jurídicas), entra a **liberdade de consciência**. A aceitação e a proteção dessa liberdade de consciência, contanto que não tragam imediatos danos sociais, podem postular normas jurídicas sobre comportamentos contrários a determinado código moral, mesmo que seja o prevalecente dentro de uma comunidade política. É um dado da mais sã tradição moral o respeito pelos direitos da consciência ética das pessoas. Numa sociedade pluralista temos o dever de respeitar as convicções alheias, embora não se coadunem com as nossas.

Em suma, embora as leis jurídicas se devam apoiar de algum modo na ordem moral, isso não impede que surjam normas jurídicas sobre comportamentos que de um ponto de vista moral são imorais.

29.3. Força da moral

Por fim, vale ressaltar que é peculiar da **moral ser uma realidade "socialmente desamparada"**, na expressão de Marciano Vidal[14]. Isso significa que enquanto o direito, e mesmo a religião, tem o apoio em estruturas correspondentes à sua realidade (organização jurídica, organização eclesial), a moral, enquanto tal, vive no abandono e se realiza à margem de instituições e estruturas de poder. Contudo, não é menos verdade que, se esse desamparo social e institucional lhe causa certa "fraqueza", **essa fraqueza, paradoxalmente, produz sua "força"**.

30. MORAL E RELIGIÃO

É fundamental ressaltar que tratamos aqui da coerência da **moral religiosa em geral**, não especificamente da *moral cristã* (que é uma espécie de moral religiosa). Sabemos que o compromisso moral dos cristãos tem seu fundamento último na transcendência. Feita essa observação, podemos dizer

---

[14] Marciano Vidal, *A ética civil e a moral cristã*, Aparecida: Ed. Santuário, 2001, p. 20.

que a relação que deve existir entre "moral e religião" é tema não menos fascinante e complexo que o existente entre "moral e direito".

A questão que se levanta é a seguinte: **a moral tem de apoiar-se necessariamente na religião?** De outro lado, será possível uma moral plenamente autônoma, sem referências religiosas? Ainda hoje, a relação entre atitude moral e atitude religiosa é objeto de muita discussão.

30.1. Moral teônoma e moral autônoma

Há de fato duas *posições extremas*. Uma que **nega a possibilidade de uma moral autônoma** sem referência direta e explícita à transcendência, sem referência à religião. Na tradição cristã, e mesmo em posturas neoconservadoras do catolicismo atual, encontramos essa oposição à moral puramente racional ou autônoma. No outro extremo, existe a tendência que elimina toda dimensão transcendente no discurso e na prática moral.

Diante dessas duas posições extremas, pensamos que a resposta correta à questão está na afirmação de que é possível uma moral plenamente autônoma (leiga, não religiosa) e uma moral religiosa, integrando-as numa convergência superadora, contanto que não sejam excludentes e aceitem um mínimo de valores.

30.2. Possibilidade da moral autônoma não religiosa

Não existe uma conexão absolutamente necessária da moral com a religião. A Moral é um **fenômeno humano universal**, que não está reservado somente aos que têm algum tipo de convicções religiosas. Moral e religião são duas realidades intimamente ligadas, mas não devem se identificar nem se reduzir uma à outra.

Não se nega que a religião tenha um conteúdo moral. Todas as grandes religiões têm ensinamentos morais. Mas a religião não se esgota na moral: há o culto, a oração, a doutrina teológica, a mística etc. Assim, não havendo uma conexão necessária da moral com a religião, podem ocorrer, como de fato ocorrem, formas válidas de moral vivida e formulada sem referência a Deus ou à transcendência. Embora seja certo que a abertura à transcendência não contradiz a autonomia da consciência moral nem a autonomia dos valores morais, e embora também seja certo que uma relação do homem com os valores morais pode terminar descobrindo a presença da transcendência, contudo igualmente é certo que é possível e correta uma fundamentação puramente autônoma (e consequentemente não religiosa) das exigências morais.

É interessante notar que a conexão entre religião e moral não é necessária do ponto de vista da moral, mas sim do ponto de vista da religião. Se pensarmos bem, é a atitude religiosa que necessita da moral para verificar e demonstrar sua autenticidade.

Em suma, a autonomia da razão humana e a afirmação do valor do homem são base suficiente para a formulação da moral humana não religiosa. Por isso, deve-se aceitar *cum grano salis* as afirmações radicais de Dostoievski, segundo o qual Deus é necessário para a moral e "se não houvesse seria necessário inventá-lo", já que se Deus não existisse "tudo estaria permitido".

30.3. Possibilidade da moral teônoma

Por outro lado, admitir a abertura da moral à transcendência não supõe privar a pessoa humana de seu valor. Para o crente, o homem está ordenado para Deus; mas não está no sentido de meio, mas como um fim em si. Santo Tomás de Aquino expressou isso ao entender a relação axiológica entre Deus e a pessoa por meio da dialética da amizade (S. Th., I, qu. 20, a. 2, ad 3). Deus é precisamente quem possibilita à pessoa humana ser o que ela é: um fim. A dialética escravo-amo é substituída pela dialética da amizade.

Assim, **a moral autônoma pode ser ao mesmo tempo teônoma**. Vale relembrar que é nesse paradigma da "autonomia teônoma" que muitos teólogos atuais fundamentam a moral teológica. Um paradigma que procura integrar as "convicções" religiosas cristãs (teonomia) no interior do movimento da racionalidade (autonomia). Dessa forma se corrige o deslize kantiano de que toda "teonomia" é "heteronomia", deslize que não corrigido a tempo distorce as relações da moral racional e da moral religiosa, e impossibilita a compreensão da ética teológica. Nesse sentido, também carece de apoio na realidade o postulado de Sartre existencialista que pedia a "morte de Deus" (na hipótese de que Ele existisse) para que pudesse ocorrer uma autêntica "moral humana".

30.4. Ética civil

As duas opções morais (religiosa e não religiosa) não só não se opõem (deísmo *versus* ateísmo), mas devem convergir para uma realidade superior, na qual poderão se assentar as bases de uma civilização e de uma história que não tem de ser formalmente religiosa ou ateia, mas que deve ser simplesmente **humana**. É sobre essa base que se apoia a formulação da chamada "**ética civil**". A secularização e o pluralismo são condições da sociedade atual. E foi a secularização da moral (desvinculação da religião) e um sadio pluralismo moral que trouxeram consigo o aparecimento da "ética civil", assim descrita por Marciano Vidal: "forma de moral que se desprende de cosmovisões religiosas e metafísicas e que, baseando-se na consciência ética da humanidade, projeta um ideal moral comum e aberto às próprias opções autenticamente democráticas"[15]. Em suma, entende-se por "ética civil" o mínimo moral comum de uma sociedade secular e pluralista.

30.5. Conclusão

A articulação correta entre moral e religião é aquela que se estabelece

---

[15] Marciano Vidal, *Moral de atitudes*: moral fundamental, Aparecida: Ed. Santuário, 1983, p. 144.

respeitando a peculiaridade de cada uma dessas formas de expressão do mundo pessoal e integrando-as numa síntese superior. Disso decorre que:

a) A atitude moral e a atitude religiosa **não são duas formas de vida contrapostas e irreconciliáveis**, como pensava N. Hartmann. Contudo, cada uma delas tem sua peculiaridade irrenunciável: a atitude moral organiza-se em torno do "bom", enquanto a atitude religiosa se organiza em torno do "santo".

b) O vínculo correto entre moral e religião se estabelece na sintaxe do único sujeito pessoal no qual se podem articular diversos sentidos sem se confundirem entre si. Para todo crente é válida a proposta de Aranguren: **"toda existência bem composta e moderada tem de ser, igualmente, religiosa e moral**. O esforço ético, retamente executado, abre-se necessariamente para a religião e termina por desembocar nela. E, por sua parte, a atitude religiosa frutifica em ação moral, em boas obras".

QUESTIONÁRIO

1. Os gregos distinguiram o direito e a moral?
2. Em Roma, como Celso definiu o direito? Na sua definição, o direito e a moral se distinguem?
3. Quais são os preceitos jurídicos essenciais segundo Ulpiano? Ele distingue direito e moral?
4. Na formulação do jurisconsulto Paulo, a respeito do lícito e honesto, a moral distingue-se do direito?
5. Quando e por que surge a preocupação deliberada de apresentar uma teoria diferenciadora entre o direito e a moral?
6. Qual o critério proposto por Thomasius para a distinção entre moral e direito? Que críticas podem ser feitas à sua doutrina?
7. Que vem a ser a "Teoria do Mínimo Ético"? Quais as objeções feitas a ela?
8. Qual a conclusão que se deve tirar, com base na Teoria dos Círculos Secantes, na distinção entre direito e moral?
9. Numa escala de 0 a 10, como você graduaria o "campo comum" ao direito e à moral, defendido por Du Pasquier, perante a "permissividade" da nossa sociedade? Justifique.
10. (Enem 2017) "A moralidade, Bentham exortava, não é uma questão de agradar a Deus, muito menos de fidelidade a regras abstratas. A moralidade é a tentativa de criar a maior quantidade de felicidade possível neste mundo. Ao decidir o que fazer, deveríamos, portanto, perguntar qual curso de conduta promoveria a maior quantidade de felicidade para

todos aqueles que serão afetados" (Rachels, J. *Os elementos da filosofia moral*. Barueri: Manole, 2006).

Os parâmetros da ação indicados no texto estão em conformidade com uma:

A) Fundamentação científica de viés positivista.

B) Convenção social de orientação normativa.

C) Transgressão comportamental religiosa.

D) Racionalidade de caráter pragmático.

E) Inclinação de natureza passional.

11. (Enem 2017) "Uma pessoa vê-se forçada pela necessidade a pedir dinheiro emprestado. Sabe muito bem que não poderá pagar, mas vê também que não lhe emprestarão nada se não prometer firmemente pagar em prazo determinado. Sente tentação de fazer a promessa; mas tem ainda consciência bastante para perguntar a si mesma: não é proibido e contrário ao dever livrar-se de apuros desta maneira? Admitindo que se decida a fazê-lo, a sua máxima de ação seria: quando julgo estar em apuros de dinheiro, vou pedi-lo emprestado e prometo pagá-lo, embora saiba que tal nunca sucederá" (Kant, *Fundamentos da metafísica dos costumes*, São Paulo: Abril Cultural, 1980).

De acordo com a moral kantiana, a "falsa promessa de pagamento" representada no texto

A) Assegura que a ação seja aceita por todos a partir da livre discussão participativa.

B) Garante que os efeitos das ações não destruam a possibilidade da vida futura na terra.

C) Opõe-se ao princípio de que toda ação do homem possa valer como norma universal.

D) Materializa-se no entendimento de que os fins da ação humana podem justificar os meios.

E) Permite que a ação individual produza a mais ampla felicidade para as pessoas envolvidas.

Lição VII

SANÇÃO JURÍDICA

Sumário: 31. Noção de sanção; 32. Sanção e coação; 33. Espécies de sanção; 34. Aplicação da sanção; 35. Sanção estatal e não estatal.

Temos duas acepções jurídicas da palavra "sanção". Pode significar o ato decisório que **declara a regra** ou a forma específica da **sua garantia**. Com outras palavras, pode ser usada em relação à formação da lei, passando a ser, então, o ato pelo qual o chefe do Executivo **confirma e aprova a lei votada pelo Legislativo**, para levar à promulgação e à publicação. Ou pode significar a **garantia do cumprimento da norma**. É nessa segunda acepção que falamos agora em sanção.

Todas as normas éticas, sejam religiosas, morais, de trato social ou jurídicas, foram formuladas para ser cumpridas e executadas. Sendo, pois, da sua essência a obediência e o cumprimento, é natural que todas aquelas normas se garantam, de uma forma ou de outra, para que não fiquem apenas no papel, para que não sejam tão só letra morta. As formas de garantia do cumprimento dessas normas denominam-se "sanções".

31. NOÇÃO DE SANÇÃO

a) Sanção, portanto, é "**toda consequência que se agrega, intencionalmente, a uma norma, com o fim específico de garantir seu cumprimento obrigatório**"[1]. Fica evidente que a sanção não diz respeito à validade da norma, e sim à sua *eficácia*, uma vez que é um expediente para conseguir que as normas sejam cumpridas ou menos violadas. Por isso, Norberto Bobbio a define como "o expediente com que se

---

[1] Miguel Reale, *Introdução à filosofia*, São Paulo: Saraiva, 1988, p. 207.

busca, em um sistema normativo, salvaguardar a lei da erosão das ações contrárias"[2].

Não há, pois, norma ética (religiosa, moral, social, política ou jurídica) desprovida de sanção. Podemos dizer que a sanção acompanha a norma, como a sombra acompanha o corpo. Não é possível conceber uma ética sem sanção, sem se prever uma consequência que se acrescenta à regra ética, na hipótese de sua violação. Em suma, a sanção é o correlato de toda e qualquer obrigação ética.

b) Dissemos que a consequência **liga-se intencionalmente à norma**. Portanto, resulta de uma tomada de posição do homem; ela sobrevém como fruto da interferência de um ato volitivo, e não de uma forma necessária. **No mundo físico**, à diferença do mundo ético, a consequência pelo desrespeito às leis naturais **ocorre necessariamente**. Por isso, a sanção não é compatível com o plano das leis físico-naturais. É verdade que quem desrespeita a natureza sofre uma consequência. Se alguém pula do vigésimo andar, o ato provocará um efeito de consequência desastrosa. Uma ponte construída sem levar em conta as leis sobre resistência dos materiais poderá cair de um momento para outro. O não cumprimento, pois uma lei natural implica uma consequência. Porém, não devemos chamar a essa consequência de "sanção", porque **ela está imanente ao processo**. O efeito já se contém no fato, resultando de forma predeterminada, postos certos antecedentes. No plano da natureza, não é possível ou necessária a interferência de nenhum ato volitivo para que a consequência sobrevenha.

Com outras palavras, a consequência não é resultado da interferência de algo externo ao processo, mas resulta do fato mesmo em seus nexos e consequências. A rigor, portanto, dizer que quem desrespeita a natureza sofre uma sanção é dar indevidamente a um "efeito físico" o nome de sanção. Em suma, as leis naturais não são sancionadas, nem sancionáveis, porque as consequências por elas previstas resultam necessariamente do fato em seus nexos causais.

32. SANÇÃO E COAÇÃO

No mundo jurídico, a sanção jurídica, como a consequência agregada à norma para garantir-lhe seu cumprimento obrigatório, tanto pode **atuar automaticamente**, como pode contar ou não com a **execução espontânea dos obrigados**. Quando a sanção não é aceita espontaneamente, surge a **coação**.

32.1. Coação jurídica

Temos aqui a coação em sua forma juridicamente válida, porque estatal e legal. De outro modo, aplicada por um particular, sob a forma de coação

---

[2] Norberto Bobbio, *Teoria geral do direito*, São Paulo: Martins Fontes, 2010, p. 145.

moral ou de coação física, constitui ato ilícito e redunda em vício de consentimento. Franco Montoro define a coação como sendo a "**aplicação forçada da sanção**", dando como exemplo o caso do não cumprimento de um contrato, hipótese em que a sanção mais frequente é a multa contratual; se a parte culpada se recusar a pagá-la, pode ser obrigada a fazê-lo por via judicial[3]. Ou ainda: Se alguém ocupa imóvel alheio deve desocupá-lo; se não o fizer, a infração desta regra tem uma sanção de ordem física: o imóvel é desocupado pela força, expulsando-se o transgressor. Na lição de Reale, "o Poder Público substitui-se ao indivíduo recalcitrante ou materialmente impossibilitado de cumprir o devido, obriga-o pela força a praticar certos atos, apreende-lhe bens ou priva-o de sua liberdade.

Eis aí a coação de que trata o jurista: é a sanção física, ou melhor, a sanção enquanto se concretiza pelo recurso à força que lhe empresta um órgão, nos limites e de conformidade com os fins do Direito"[4]. Assim, a **coação é uma espécie de sanção: é a sanção concreta ou a sanção de ordem física**. A coação está para a sanção, assim como a sanção está para a norma. Quem não acata a norma, sofre a sanção; quem não aceita a sanção, sofre a coação[5].

32.2. Consequências

Podemos dizer que pela coação, como execução compulsória, impõem-se certas consequências: (1) **a realização do que foi ordenado pela norma violada** e (2) **a reparação do não cumprimento**[6].

Quanto à primeira consequência, a coação procura tornar efetivos os resultados que normalmente derivariam da conduta espontânea do obrigado. Quanto à reparação do não cumprimento, há uma pena retributiva do mal praticado; por exemplo, a indenização dos prejuízos ou a anulação do ato violador ou a condenação do homicida que, embora não restitua o bem da vida, normativamente faz valer o valor atingido.

33. ESPÉCIES DE SANÇÃO

Um ordenamento jurídico que *nunca* seja violado e, por conseguinte, não tenha necessidade de recorrer à sanção, é uma hipótese abstrata. Como pondera Norberto Bobbio, tal aconteceria se as normas fossem "perfeita-

---

[3] Franco Montoro, *Introdução à ciência do direito*, São Paulo: Revista dos Tribunais, 1997, p. 468.

[4] Miguel Reale, *Filosofia do direito*, São Paulo: Saraiva, 1990, p. 673.

[5] A rigor, coação e sanção são coisas diferentes: sanção é prescrição que está na lei e coação é ato ou ação de aplicar a sanção.

[6] Eduardo García Máynez anota ainda a possibilidade das seguintes sanções mistas: 1. Execução forçosa + indenização; 2. Execução forçosa + castigo; 3. Castigo + indenização; 4. Execução forçosa + indenização + castigo.

mente adequadas às inclinações dos destinatários, ou se os destinatários fossem perfeitamente fieis às prescrições". Tratar-se-ia de uma sociedade de seres totalmente racionais ou de uma sociedade de seres totalmente automatizados, sem iniciativa e sem liberdade. No primeiro caso, teríamos uma sociedade "um pouco melhor do que a real e, no outro, uma sociedade um pouco pior do que a real". Ora, conclui Bobbio, "nas sociedades históricas, as normas nunca são tão racionais a ponto de ser obedecidas por todos por seu valor intrínseco, nem os homens são tão autônomos a ponto de obedecer às normas por uma espécie de passividade resignada"[7].

Por isso, todo sistema normativo, em uma sociedade real, encontra resistência e reações. Consequentemente, nele se apresentam **tantas espécies de sanções quantas são as dos distintos preceitos éticos**: religiosas, morais, sociais e jurídicas. O tipo de norma e o tipo de sanção estão estreitamente vinculados.

33.1. Sanções religiosas

Sanções religiosas, geralmente prefixadas, são as retribuições dadas numa vida ultraterrena, segundo o valor ético da existência e conduta de cada um[8].

33.2. Sanções sociais

Há também uma sanção externa que se reflete na sociedade, pelo **mérito ou demérito que o indivíduo adquire**, em razão dos atos praticados em relação à tábua de valores sociais vigentes. Essa sanção de natureza social tem uma força bem maior do que se supõe. É a crítica, a condenação, a marginalização, a opinião pública que se forma contra, e a forma mais grave de sanção social que é o linchamento. Não é uma sanção organizada, mas **difusa na sociedade**, isto é, incerta e imprevisível.

Não há dúvida de que sanções desse tipo, ou seja, a reação do grupo à violação das normas que garantem sua coesão é um dos meios mais eficazes de controle social. Existem muitos comportamentos que assumimos apenas por temer o juízo que os outros farão de nós, e as consequências que esse juízo poderá ter no nosso futuro. Os defeitos da sanção social são representados, segundo Bobbio, pela *incerteza do seu êxito*, pela *inconstância da sua aplicação* e pela *falta de medida na relação entre violação e res-*

---

[7] Norberto Bobbio, *Teoria geral do direito*, São Paulo: Martins Fontes, 2010, p. 146. Em outro lugar assim classifica as sanções: 1) *medidas preventivas*, compreendendo as medidas de vigilância (preclusão, medidas de controle) e medidas de desencorajamento (intimidativas); 2) *medidas sucessivas*, compreendendo medidas de retribuição (econômicas, multas, penas, privação de status, perda de direitos políticos) e medidas de reparação (reparação propriamente dita, sequestro, confisco de bens, execução forçada, nulidade etc.) (Sanzione, *in Novissimo digesto italiano*).

[8] O remorso também é para o crente uma forma de sanção religiosa.

posta (o linchamento é um exemplo típico dessa desproporção). Esses defeitos resultam sobretudo do fato de que esse tipo de sanção não é institucionalizado, ou seja, não é regulado por normas fixas e precisas, cuja execução seja confiada de maneira estável a alguns membros do grupo designados para isso[9].

33.3. Sanções morais

Mas o ser humano não existe apenas em função da sociedade em que age. Ele também é voltado para si próprio. Como Jano bifronte, ele tem **duas faces**: uma **voltada para si mesmo** e outra que **se espelha no meio social**. Ele tem também uma **tábua de valores individuais**, e, quando deixa de cumpri-la, a desobediência provoca determinadas consequências, que valem como sanção. Com outras palavras, a sanção pode ser tanto de natureza social como de natureza íntima.

A sanção de *foro íntimo*, como o remorso, o arrependimento, opera no plano da consciência individual e depende, até certo ponto, da formação de cada um. Geralmente encontramos dentro de nós mesmos uma censura, quando violamos um preceito moral.

Lembramos que a norma moral obriga em consciência, no sentido de que eu respondo por ela apenas diante de mim mesmo, não diante de outros numa relação externa, intersubjetiva, bilateral, que me faria entrar numa esfera normativa social ou jurídica. Enquanto eu respondo por ela apenas diante de mim mesmo, a resposta à eventual violação **depende apenas de mim**. Por outro lado, se eu cumprisse com o meu dever apenas por temer os outros, ou para agradar os outros, ou para evitar que os outros me punam, minha ação deixaria de ser por isso mesmo uma ação moral. Em geral chamamos de "moral" aquela ação que é realizada pela satisfação íntima que a adesão a ela nos provoca, ou pela repugnância à insatisfação íntima que nos provocaria sua transgressão. Em suma, a ação moral sempre é autônoma.

33.4. Sanções jurídicas

Com a finalidade de evitar os inconvenientes da sanção interna, a sociedade institucionalizou a sanção. São as sanções jurídicas, que são múltiplas e organizadas.

a) **Sanções organizadas de forma predeterminada.** *A execução das normas jurídicas é garantida por uma sanção externa e institucionalizada.* Isso se faz necessário em face da ineficácia para muitos das sanções religiosas ou morais, o que leva a sociedade a organizar as sanções no campo do direito. Cuida-se, pois, de uma sanção externa e institucionalizada. Miguel Reale exemplifica: "Matar alguém é um ato que fere tanto um mandamento ético-religioso como um dispositivo penal. A diferença está em

---

[9] Ver Norberto Bobbio, *Teoria geral do direito*, São Paulo: Martins Fontes, 2010, p. 146-151.

que, no plano jurídico, a sociedade se organiza contra o homicida, através do aparelhamento policial e do Poder Judiciário. Um órgão promove as investigações e toma as medidas necessárias à determinação do fato; um outro órgão examina a conduta do agente e pronuncia um veredicto de absolvição ou de condenação. Condenado, eis novamente a ação dos órgãos administrativos para aplicar a pena"[10].

Em razão de ser, a sanção jurídica, previamente estipulada, sabemos de antemão a que sanções estamos expostos se violarmos uma norma jurídica. Igualmente se formos lesados em nossos direitos, de antemão sabemos que poderemos recorrer à justiça para a devida reparação. Assegura, enfim, três coisas importantes: a certeza *da resposta à violação da norma*; *a sua proporcionalidade*; *e a sua imparcialidade*, uma vez que são estabelecidas as pessoas encarregadas da sua execução.

b) **Sanções "penais" e "premiais".** Enfocar a sanção da lei como sendo prêmio ou castigo, que decorrem como consequência do seu cumprimento ou da sua transgressão, não é novo. Ulpiano já escrevia: "Com base neste direito Celso nos denomina sacerdotes: pois cultuamos a justiça e professamos o conhecimento do bom e do justo, separando o justo do iníquo, discernindo o lícito do ilícito, desejando que os homens se tornem bons não só pelo medo das penas, mas também pela motivação dos prêmios, aspirando não a uma filosofia simulada, mas a uma verdadeira filosofia" (D. 1.1.1.1).

Santo Tomás de Aquino também já enfocava a sanção da lei como sendo prêmio ou castigo, como vemos neste trecho da *Suma contra os gentios*: "A observância ou a transgressão da reta ordem por parte do homem deve ter como consequência um bem ou um mal; visto, porém, que o ato humano se diferencia da atividade natural graças à sua liberdade, as referidas consequências não ocorrem com necessidade natural, mas em consonância com a atividade humana, que é pessoal; por essa razão também as sanções devem revestir um caráter pessoal; em outros termos, devem provir do próprio legislador, em forma de recompensa pela observância da reta ordem, e de castigo pela sua transgressão"[11].

Régis Jolivet, por sua vez, ensina que "a sanção nasce da responsabilidade, e é, no seu sentido mais geral, a recompensa ou o castigo exigidos pela observância ou violação do dever"[12]. Ou, segundo o *Dicionário de filosofia de Cambridge*, sanção é "qualquer coisa cuja função é penalizar ou recompensar".

O **empobrecimento do conceito de sanção**, vendo-a apenas sob o aspecto penal, é devido ao **positivismo jurídico**, que a reduziu à coação, ou seja, à execução compulsória da norma jurídica. Como adverte Reale, "a

---

[10] Miguel Reale, *Lições preliminares de direito*, São Paulo: Saraiva, 1984, p. 74.
[11] Tomás de Aquino, *Summa contra gentiles*, III, 140.
[12] Régis Jolivet, *Curso de filosofia*, Rio de Janeiro: Agir, 1995, p. 382.

visão kelseniana do Direito como ordem coercitiva da conduta humana não podia levar a outro resultado"[13].

O fato é que não podemos negar a existência de **consequências positivas e negativas** em função do cumprimento ou descumprimento do disposto em uma norma ética. E muitas vezes observamos uma norma em virtude do interesse pelas vantagens que nos advêm desse cumprimento. Assim, por exemplo, a quitação espontânea dos débitos no prazo estabelecido importa em benefícios no mundo dos negócios, como a aquisição de crédito e o bom nome empresarial. Essa consequência positiva do pagamento das dívidas opera como verdadeira sanção premial, à margem da sanção jurídica prevista pelo legislador. Somente nos casos excepcionais de não pagamento do débito é que ocorre a consequência negativa prevista em lei, ou seja, a sanção penal; esta é uma espécie de reserva de garantia que atua só quando comprovado o descumprimento da obrigação[14].

Pois bem, se a norma jurídica visa à realização de determinada conduta, nada impede que o legislador, além das consequências negativas do inadimplemento (sanção penal), sirva-se também de estímulos à sua consecução, representados por consequências positivas do adimplemento da norma jurídica (sanção premial). O direito não precisa nem deve ser exclusivamente "coativo"; pode ser também "persuasivo". A sua função não se limita a aplicar sanções repressivas ou penais. Possui também uma "função promocional", no sentido de incentivar, premiar e assegurar a execução espontânea de suas regras.

Portanto, não é somente mediante a aplicação de penas que se pode obter a atualização das normas jurídicas. É oportuno lembrar que a psicologia, a pedagogia moderna e as ciências sociais acentuam hoje a importância primordial dos estímulos positivos, mais do que a dos aspectos punitivos, na obra da edificação ou da direção do comportamento humano. Norberto Bobbio, em *Dalla struttura alla funzione*, analisa detidamente a função promocional do direito e as sanções positivas ou premiais, observando que no Estado contemporâneo torna-se cada vez mais frequente o uso de técnicas de encorajamento. "Função promocional" é, para ele, aquela que visa encorajar determinados comportamentos socialmente desejados. Realiza-se por meio de técnicas de incentivo.

c) **Natureza binada da sanção.** Hoje, começa-se a perceber a *natureza binada da sanção*, em razão da polaridade existente entre o valor positivo do adimplemento da norma jurídica (sanção premial) e o valor negativo do inadimplemento (sanção penal). Perante essa compreensão axiológica da sanção, a visão meramente coercitiva do processo sancionatório mostra-se parcial e acanhada. Por isso, essa compreen-

---

[13] Miguel Reale, *Nova fase do direito moderno*, São Paulo: Saraiva, 1990, p. 158.
[14] Miguel Reale, *Nova fase do direito moderno*, São Paulo: Saraiva, 1990, p. 159.

são vem-se afirmando dia a dia e as sanções premiais tornam-se cada vez mais frequentes.

Ao lado das sanções penais, intimidativas por infligirem penas, procura-se obter o cumprimento da norma jurídica por meio de processos que, propiciando incentivos e vantagens, possam influenciar na adesão espontânea dos seus destinatários[15]. São as sanções premiais, que oferecem um *benefício* ao sujeito obrigado, para facilitar o cumprimento do preceito: um desconto, por exemplo, ao contribuinte que paga o tributo antes da data do vencimento; ou a previsão, na celebração de um negócio jurídico, de vantagens na hipótese de adimplemento da obrigação em tais ou quais circunstâncias[16]. Com a sanção premial não se impõe um dever, mas a assunção de um ônus. Daí que descumprir a norma, nenhum castigo ou sanção negativa é de se aplicar; apenas deixa-se de pagar a recompensa.

Podemos, em suma, concluir com **Mário Bigotte Chorão** que, sob esse enfoque, o legislador assim se comporta: 1º) Perante as **condutas indesejadas**, reage, *a priori*, **prevenindo-as** por vários meios, como a indicação das penas a que se sujeita quem as praticar etc. (ação preventiva), e, *a posteriori*, *reprimindo-as* efetivamente (sanções penais ou negativas). 2º) Perante as condutas **desejadas**, reage, *a priori*, **promovendo-as**, e, *a posteriori*, **premiando-as** (sanções premiais ou positivas)[17].

d) **MULTIPLICIDADE DAS SANÇÕES JURÍDICAS.** São múltiplas, pois, as sanções jurídicas. Vão desde a declaração da nulidade de um contrato ao protesto de uma letra de câmbio; desde o ressarcimento de perdas e danos até o afastamento de funções públicas ou privadas; desde a perda da liberdade até a perda da própria vida, nos países que consagram a pena de morte; desde a limitação de direitos até a outorga de vantagens destina-

---

[15] O art. 127 da Lei de Execução Penal, por exemplo, dispõe que o preso, se não cometer falta grave durante o cumprimento da pena, terá um dia da pena subtraído a cada três dias de trabalho.

[16] **Eduardo García Máynez** tem opinião contrária: "Seguindo a opinião de Carnelutti, cremos que o termo sanção deve ser reservado para designar as consequências jurídicas que o descumprimento de um dever produz relativamente ao violador. Isto não significa que desconheçamos a existência de prêmios e recompensas, como consequências jurídicas de certos atos meritórios. Nosso propósito consiste somente em sublinhar a conveniência de restringir o emprego daquele termo ao caso das consequências jurídicas repressivas. Quanto ao prêmio, estimamos que deve ser visto como uma espécie dentro do gênero das medidas jurídicas. Tende a fomentar o cumprimento meritório das normas do direito e, como toda medida jurídica, assume sempre a forma de uma consequência normativa. Mas em vez de traduzir-se em deveres, implica faculdades. A realização do ato meritório autoriza o sujeito, efetivamente, a reclamar a outorga da recompensa, ao mesmo tempo que obriga a certos órgãos do Estado a outorgá-la... Há três classes de medidas jurídicas, a saber: preventivas, repressivas e recompensatórias. Chamamos sanções somente as segundas" (*Introducción al estudio del derecho*, México: Porrúa, 1972, n. 160).

[17] Mário Bigotte Chorão, *Introdução ao direito*, Coimbra: Almedina, 2000, v. 1, p. 129.

das a incentivar o cumprimento da norma. É claro que pode haver a aplicação simultânea de várias sanções penais, por exemplo, a aplicação de multa juntamente com a de indenização pelos danos causados.

34. APLICAÇÃO DA SANÇÃO

Podemos ver a passagem paulatina do mundo ético em geral para o mundo jurídico, na passagem da sanção "difusa" para a sanção "organizada predeterminadamente". Foi, de fato, pela organização progressiva da própria sanção que o direito foi-se desligando das regras religiosas e morais que enfeixavam primitivamente todo o mundo jurídico, até atingir contornos próprios. Durou milênios o processo de diferenciação das regras que hoje governam órbitas distintas de conduta, em especial a jurídica. Verifica-se na solução dos conflitos uma passagem gradual do plano da força bruta para o plano da força jurídica.

Assim, no princípio era a força, ou seja, nas sociedades primitivas, tudo se resolve em termos de vingança, prevalecendo a força, quer do indivíduo, quer da tribo a que ele pertence, a qual foi sendo submetida a regras, até o Poder Público chamar a si a distribuição da justiça.

34.1. Vingança social

Primeiro existiu a vingança social, ou seja, ofendido o indivíduo, a ofensa se estendia imediatamente ao clã, que reagia contra o outro grupo social, numa forma de responsabilidade coletiva. A ofensa era um assunto comum; assim, por exemplo, quem derramasse o sangue de um, derramava o sangue de todos, e, por isso, todos os membros do clã ou da tribo eram obrigados a vingar o sangue derramado.

34.2. Vingança privada

Depois surgiu a vingança privada, isto é, o ofendido contra o ofensor. De certa maneira, esta já representa um progresso, porquanto personaliza a responsabilidade.

34.3. Força submetida a regras

Com o correr do tempo, o fenômeno da vingança privada veio sendo submetido a regras que delimitavam o uso da força. Há uma passagem lenta do período da vingança privada, como simples força bruta, ao período em que as contendas passavam a ser resolvidas ainda pela força, mas já contida em certos limites. É o período dos duelos, das ordálias ou juízos de Deus, do talião (limitando a reação à ofensa a um mal idêntico ao praticado: sangue por sangue, olho por olho, dente por dente)[18].

---

[18] A lei do talião é de natureza social, não individual. Encontra-se no Código de Hamurabi (Art. 196: "Se alguém furou um olho de um homem livre, ser-lhe-á furado o olho". Art. 197: "Se alguém

34.4. Monopólio do Estado

Finalmente o Estado coloca-se em lugar dos indivíduos, chamando a si a distribuição da justiça, o que assinala um momento decisivo na história da humanidade. Por um lado, sempre é um mal ficar a justiça dependente da força. Por outro, como ninguém é bom juiz em causa própria, há a tendência de exagerar os agravos sofridos e minimizar os efetivamente praticados. Por isso, os órgãos públicos procuram intervir, iniciando um processo que teve como resultado final o monopólio da sanção por parte do Estado. O particular se vê privado do direito de recorrer à força (salvo em casos excepcionais), direito que passa para as mãos das autoridades públicas. Em contrapartida, ele recebe o poder, vantajoso para ele e para a paz social, de movimentar um processo jurídico que acabará por colocar a força pública a serviço do seu direito. Esse processo culmina em um julgamento determinando em que sentido a força pública deve ser utilizada e supõe a intervenção de um terceiro, independente e especializado naquela função, que é o juiz. Assim, no estágio atual, a sanção e a coação são monopólio ou privilégio do Estado, não se admitindo o emprego da força particular, a não ser quando, pela natureza do evento, não for possível invocar-se a proteção do Estado, como acontece, por exemplo, nos casos em que se permite a "legítima defesa" (autotutela). Assim se evitam arbitrariedades e tornam-se possíveis a ordem e a segurança social[19].

35. SANÇÃO ESTATAL E NÃO ESTATAL

Dizer que o Estado detém o monopólio da sanção **não significa negar a sua existência também fora do Estado** em organizações jurídicas não estatais. Existe Direito também em outros grupos, em outras instituições, que não o Estado. Por exemplo, existe um Direito no seio da Igreja Católica, com um complexo de normas suscetíveis de sanção organizada. É o Direito Canônico, que não se confunde com o Direito do Estado.

Dentro do Estado, pode haver também *organizações jurídicas não estatais*, ou seja, se há um "ordenamento jurídico" em cada país, formam-se **"ordenamentos menores" subordinados a ele**, com seu direito e

---

partiu um osso de um homem livre, ser-lhe-á partido o osso") e nas leis assírias. Quanto à sua formulação mosaica: v. Êxodo, 21, 24; Levítico, 24, 20; Deuteronômio, 19, 21.

[19] Miguel Reale lembra que a afirmação de que, em nossos dias, o Estado seja a entidade detentora por excelência da sanção organizada e garantida não significa negar a existência de "outros entes, na órbita internacional, que aplicam sanções com maior ou menor êxito, como é o caso, por exemplo, da Organização das Nações Unidas (ONU)"; ou de outras "entidades supranacionais, que dispõem de recursos eficazes para lograr a obediência de seus preceitos... como o Mercado Comum Europeu e o Mercosul" (Miguel Reale, *Lições preliminares de direito*, São Paulo: Saraiva, 2003, p. 76-77).

suas sanções (Teoria da Pluralidade das Ordens Jurídicas Internas). Sejam como exemplos, entre nós, as "**organizações esportivas**" e os "**grupos profissionais ou sindicais**", com um conjunto de normas, as primeiras até mesmo com Tribunais, impondo a um grande número de indivíduos determinadas formas de conduta sob sanções organizadas. O mesmo acontece com entidades representativas dos mais diversos interesses coletivos, como as chamadas "**Organizações Não Governamentais**" (ONGs). Como reconhece Santos Justo, professor português de introdução ao estudo do direito, há também grupos ou instituições que tutelam suas normas jurídicas. Embora o Estado seja a principal instituição que cria e tutela o direito, ele não tem o monopólio disso: o direito não permite caracterizar-se pela estatalidade[20].

É no Estado que a coação se reveste de maior intensidade e vigor. Isso não significa que não possa vir a existir um Estado ou Organização Universal, cujas sanções sejam tão ou mais eficazes que as do próprio Estado. Sabemos que há autores que, sob a influência de Marx, apresentam o Estado como uma entidade destinada a desaparecer, substituída por outras formas de vida social. Estamos, porém, no plano de meras conjeturas. **O que hoje predomina é a "soberania estatal"**, consciente e zelosa de seus direitos e interesses. E, de outro lado, cresce a fragilidade de certos organismos internacionais. O fato é que, quando se pretende dissolver o Estado na sociedade, pondo-se fim às relações de poder e de direito, caímos no "anarquismo", tão condenável como o poder totalitário que aniquila as forças criadoras dos indivíduos e da sociedade. Em nenhuma dessas organizações não estatais, contudo, encontramos certas características próprias da sanção aplicada pelo Estado, quer em extensão, quer em intensidade: sua universalidade e sua condição de detentor da sanção em última instância.

35.1. Universalidade da sanção estatal

Se podemos escapar à sanção "grupalista", abandonando o grupo ou a organização, ninguém pode abandonar o Estado, fugindo à sua sanção. Ele nos cerca de tal maneira que até mesmo quando saímos do território nacional continuamos sujeitos a uma série de regras que são do Estado, do direito brasileiro. Podemos dizer que até mesmo após a morte, porquanto determina a maneira pela qual os nossos bens devem ser divididos entre os herdeiros, preserva nosso nome de agravos e injúrias etc. Ele está presente até no próprio ato da concepção, já que entre nós o aborto é proibido; assim, quando um óvulo é fecundado, surge a norma jurídica com sua sanção para proteger o nascituro.

---

[20] A. Santos Justo, *Introdução ao estudo do direito*, Coimbra: Coimbra Ed., 2001, p. 164.

35.2. Última instância

Num país em que são múltiplos os entes que possuem ordem jurídica própria, só o Estado representa o ordenamento jurídico soberano, ao qual todos recorrem para dirimir os conflitos recíprocos; é o detentor da coação em última instância.

QUESTIONÁRIO

1. Qual é o conceito de sanção?

2. Marque a resposta correta: Sanção vem a ser

    a) um incentivo à vontade individual para que enquadre sua conduta no disposto pelo dever jurídico;

    b) consequência jurídica negativa que o não cumprimento de um dever produz em relação ao sujeito obrigado.

3. A sanção é compatível com as leis naturais? Por quê?

4. Explique como podem ser as sanções morais.

5. Que distingue as sanções morais das sanções jurídicas? Exemplifique.

6. As sanções jurídicas podem ser "penais" e "premiais". O que significam?

7. Explique a sinonímia: "coação – sanção concreta".

8. Como se operou a passagem do plano da força bruta para o plano da força jurídica, na solução dos conflitos?

9. Quem é competente, hoje, para aplicar a sanção jurídica?

10. Por que é possível uma sanção "não estatal"?

11. Explique as características da sanção aplicada pelo Estado.

12. Há norma ética desprovida de sanção? Por quê?

13. Pode haver aplicação da sanção sem coação? Explique.

14. Segundo o Estatuto da FIFA (art. 68), o recurso aos tribunais ordinários da lei comum é proibido, a menos que esteja especificamente previsto nos seus regulamentos. O recurso aos tribunais comuns de direito para todos os tipos de medidas provisórias também é proibido. Em decorrência, confederações e ligas devem cumprir integralmente todas as decisões aprovadas pelos órgãos da FIFA, que são finais e não estão sujeitas a recurso. E, segundo o art. 69, elas devem tomar todas as precauções necessárias para garantir que seus membros, jogadores e dirigentes, cumpram essas decisões. Qualquer violação será punida em conformidade com o Código Disciplinar da FIFA. A pena começa com uma advertência e depois evolui para multa, rebaixamento e desfiliação. A CBF,

por motivos óbvios, só não está sujeita a rebaixamento. Note-se que o art. 217, § 1º, da CF, que só permite o recurso à Justiça Comum após estarem esgotadas as instâncias da Justiça Desportiva, é visto por parte da doutrina como inconstitucional.

Em dezembro de 2013, a Portuguesa, clube paulista de futebol, foi condenada pelo Superior Tribunal de Justiça Desportiva (STJD) por ter escalado irregularmente um jogador, perdendo quatro pontos. Como consequência, foi rebaixada para a Série B no Campeonato Brasileiro. Inconformada, a Portuguesa pretende recorrer à Justiça Comum. Seu presidente, Manuel Da Lupa, teria afirmado: "Para entrar na Justiça comum, que é o que vai acabar acontecendo, é preciso correr antes todas as instâncias da Justiça Desportiva. Vamos atrás dos nossos direitos. A Portuguesa conquistou o direito de ficar na Série A. O Fluminense, não". Contudo, ao optar pela Justiça Comum para tentar se manter na Série A do Campeonato Brasileiro, o time corre o risco de ser punido pela FIFA, como prevê o estatuto da entidade mundial. O que você acha dessa possibilidade de a FIFA punir o clube de futebol, se for à Justiça Comum, mesmo esperando a conclusão do processo desportivo?

Lição VIII

ESTRUTURA TRIDIMENSIONAL DO DIREITO

Sumário: 36. O Direito como fato, valor e norma; 37. Tridimensionalismo concreto e dinâmico de Miguel Reale; 38. Conclusão.

A norma não vive sozinha. Mas convive num relacionamento dialético com **fatos** e **valores**, segundo o tridimensionalismo de Miguel Reale. Reale (1910-2006) foi um dos maiores juristas e filósofos brasileiros. Sua Teoria Tridimensional do Direito é conhecida internacionalmente. Por meio dela superou o mero normativismo jurídico que prevalecia nos meios acadêmicos e jurisprudenciais de sua época, demonstrando que o fenômeno jurídico decorre de um fato social, mas que recebe uma carga de valoração humana, antes de tornar-se norma. Assim, fato, valor e norma explicariam a essência do fenômeno jurídico[1].

Segundo ele mesmo confessa, o seu tridimensionalismo nasceu da sua intuição de que a **divisão tripartida**, acolhida por vários autores apenas

---

[1] Para Renato Geraldo Mendes, em *A quarta dimensão do direito* (p. 60), este possui outra dimensão, além do fato, valor e norma: o "**dado**", ou seja, o **enunciado**. Pretende superar a visão tridimensional de Miguel Reale, incluindo o dado (enunciado) à visão tridimensional já que é a única forma de o legislador comunicar a norma. Lembramos que Reale destaca, além do problema da concreção no processo histórico-social em geral, e no processo jurídico em particular, o aspecto enunciativo da norma ao defini-la como sendo a "**proposição enunciativa** de uma forma de organização ou de conduta, que deve ser seguida de maneira objetiva e obrigatória" (Miguel Reale, *Lições preliminares de direito*, São Paulo: Saraiva, 1984, p. 75). Para ele, o ato humano, sem se converter em algo de objetivo, se esfuma ou se esvai, sem deixar sinal de si; por isso ele sempre culmina em alguma forma objetiva. Ora, o "enunciado" é a expressão linguística e formal da norma jurídica ou o texto ainda por interpretar. Já a norma é o produto da aplicação do enunciado à situação da vida objeto de apreciação, dando a solução do caso concreto. Assim, esse aspecto já estaria implícito no tridimensionalismo realeano.

para fins didáticos, **ocultava um problema de fundo**. De fato, para fins meramente pedagógicos, dividia-se o Direito em três partes: uma destinada à teoria dos fenômenos jurídicos; outra cuidando dos interesses e valores que atuam na experiência jurídica; e, finalmente, uma terceira relativa à teoria da norma jurídica. Ao se expor os princípios gerais do Direito, sempre se seguia uma divisão didática segundo os três pontos de vista do fato, do conceito e do valor.

Intrigado com essa divisão tripartida da experiência jurídica, Reale começa a se perguntar se ela não escondia um *problema essencial quanto à estrutura* da experiência jurídica. Vale ressaltar que isso acontecia numa época em que a chamada "Teoria Pura do Direito", de Hans Kelsen, estava em seu esplendor, e defendia que o Direito era norma e nada mais do que norma. Miguel Reale, em sua tese de concurso à cátedra de Filosofia do Direito da Universidade de São Paulo, defendida em 1940 e intitulada *Fundamentos do direito*, começa a elaborar a tridimensionalidade do Direito, discordando de Kelsen. Para ele, o Direito não é só norma; a norma jurídica é a indicação de um caminho. Porém, para percorrer um caminho, devo partir de determinado ponto e ser guiado por certa direção; o ponto de partida é o fato, rumo a determinado valor. Daí a formulação do que seria qualificado como "fórmula realeana": **o Direito é uma integração normativa de fatos, segundo valores**[2].

36. O DIREITO COMO FATO, VALOR E NORMA

A história nos mostra como os significados da palavra "direito" se delinearam segundo três elementos fundamentais: o **valor do justo**, como intuição primordial; a **norma**, como ordenadora da conduta social; e o **fato**, como condição histórica e social da conduta. Podemos imaginar que o homem viveu primeiro o direito como experiência e o realizou como fato social envolto em laços míticos e religiosos, tal como a Sociologia e a Antropologia nos ensinam. Seja como for, no movimento das especulações filosófico-jurídicas, as múltiplas direções que se observam podem ser reduzidas a três direções fundamentais: a técnico-formal, a sociológica e a culturalista[3].

---

[2] *Miguel Reale, Teoria tridimensional do direito*, São Paulo: Saraiva, 1994, p. 117-118.

[3] A propósito, a tridimensionalidade do Direito se reflete no plano das doutrinas que sentem a exigência de uma compreensão integral da experiência jurídica e resultam de três grandes movimentos doutrinários: o **Normativismo Jurídico Abstrato** (ou teoria do Direito como simples sistema de comandos ou regras, como a Escola da Exegese na França e os Pandectistas na Alemanha); o **Eticismo Jurídico** (que vê o Direito como um sistema de regras e o subordina rigorosamente a valores morais, como o moralismo jurídico de Cathrein, um dos mais ilustres expoentes da concepção tomista do Direito Natural); o **Empirismo ou Sociologismo Jurídico** que, ao se contrapor ao normativismo puro, põem em realce a dimensão "fático-causal" do Direito, renovando certas teses já debatidas pelo *historicismo* de Savigny na primeira metade do século XIX, ou seja, a valorização dos usos e costumes dos vários

36.1. Visão técnico-formal

A primeira abrange todas as teorias que separam o Direito de qualquer outra ciência particular que aprecie o conteúdo das relações jurídicas ou indague dos fins éticos das regras. **A Ciência Jurídica tem como objeto próprio somente as normas**, as regras de organização e de conduta, postas por um sistema legal segundo uma ordem de competência. A tarefa do jurista é o estudo sistemático do Direito vigente. O Direito é *norma*, nada mais do que norma. E por isso o objeto único da ciência jurídica é a norma na plenitude de sua força lógica. Essa orientação culmina na chamada escola do "Direito Puro" de Hans Kelsen.

36.2. Corrente sociológica

Ao lado dessa doutrina, desenvolve-se outra corrente de pensamento segundo a qual **o Direito é, antes de mais nada, fato social**. Não é possível estudá-lo como simples sistema de preceitos normativos; o Direito não tem valor sem conexão com os dados que a Sociologia apresenta. Não há juristas puros; só pode haver "juristas sociólogos". As normas não são possíveis sem a realidade de que resultam, ou seja, o fato social; e que se impõe a todos, governantes ou governados.

36.3. Corrente culturalista

Essas duas correntes de pensamento nunca se mantiveram rigorosamente fiéis aos seus princípios, de modo que frequentemente considerações de ordem social e ética, ou referências ao valor, penetravam como que às escondidas em sua argumentação.

Foi notando essas concessões recíprocas que vários juristas contemporâneos colocaram o problema do Direito observando que tudo está em saber *distinguir sem separar*. O direito é fenômeno social e é norma. Impossível é pretender separar um do outro. Também é impossível separá-lo do fim que se busca atingir, do valor que se visa alcançar. Todo direito representa uma apreciação de fatos e atos segundo uma tábua de valores que o homem deseja alcançar tendo em vista o valor fundamental do justo. Em síntese, **o direito é o fato integrado na norma exigida pelo valor a realizar**. Chamamos essa corrente de *culturalismo* porque põe em evidência a ação criadora do homem, que subordina a natureza a seus fins, partindo da própria natureza.

36.4. Tridimensionalidade

Como consequência de tudo isso, chegamos, então, à tridimensionalidade jurídica, que vê o direito como uma realidade histórico-cultural, mas tridimensional. Isso significa que o Direito é uma realidade na qual e pela

---

povos, através de uma visão mais concreta e social do Direito como a expressão do espírito do povo.

qual se concretizam historicamente certos valores, de sorte que as relações intersubjetivas são sempre ordenadas segundo sistemas de regras que representam sínteses históricas de fatos e de valores.

A unidade ou a correlação entre os aspectos fático, axiológico e normativo do direito não foi logo claramente percebida pelos juristas. A história nos mostra como eles foram antes tentados a compreender o fenômeno jurídico à luz de um ou de dois dos elementos acima citados. Foi somente **a partir do segundo pós-guerra** que fica evidente a aspiração no sentido da **compreensão global e unitária da experiência jurídica**. Como consequência, surgem as primeiras doutrinas tendo por objeto a interdependência ou correlação dos três elementos. Porém, fizeram-no de modo abstrato, ainda ligadas a perspectivas setorizadas. É a chamada tridimensionalidade genérica ou abstrata, à qual seguiu a específica, como veremos[4].

a) **TRIDIMENSIONALIDADE GENÉRICA**. Concebe cada um dos três elementos, ou seja, o fato, o valor e a norma, de **forma abstrata e separada**, fazendo corresponder a cada um deles, singularmente considerado, um ramo distinto e autônomo do saber jurídico: o sociologismo jurídico (fato), o moralismo jurídico (valor) e o normativismo abstrato (norma). Não reconhece, portanto, que exista uma correlação ou implicação entre esses três fatores como algo essencial ao direito, dando origem a teorias reducionistas.

Segundo exemplo dado por Reale, **Gustavo Radbruch** concebia o Direito como fato cultural, estudado segundo três formas: a empirista ou factual, a gnoseológica do conceito e, por fim, a de seu valor ideal. Foi essa tricotomia traçada por Radbruch a base da teoria tridimensional genérica, seguida por vários autores, como **Carlos Cossio** e **García Máynez**[5]. Segundo essa diretriz, o Direito pode, em suma, ser estudado segundo três pontos de vista distintos: o fato, o valor e a norma.

---

[4] Na observação de Miguel Reale, a mentalidade do século XIX foi fundamentalmente analítica ou reducionista, tentando encontrar uma solução unilinear ou monocórdica para os problemas sociais e históricos. Em nossa época, prevalece um sentido concreto de totalidade ou de integração, superadas as pseudototalizações realizadas em função de um elemento ou fator destacado do contexto da realidade. Analisado o fenômeno jurídico sob esse prisma, verifica-se que muitos juristas ainda se mantêm féis ao espírito do século XIX, enquanto quem assume uma posição tridimensionalista já está a meio caminho andado da compreensão do direito em termos de "experiência concreta". As formas de tridimensionalismo jurídico são múltiplas, embora todas busquem inserir o direito no fluxo da história e da vida, sem perda dos valores de certeza e de segurança, exigidos por uma ciência que deve ser estável mas não estática, ser certa sem se cristalizar em fórmulas rígidas, ilusoriamente definitivas (*Teoria tridimensional do direito*, São Paulo: Saraiva, 1994, p. 10-14).

[5] García Máynez foi professor da Universidade Autônoma do México. Figura marcante do pensamento jurídico, é um dos grandes construtores da Lógica Jurídica atual.

b) **TRIDIMENSIONALIDADE ESPECÍFICA**. Foi por volta de 1940 que surgiram as primeiras tentativas, com **Wilhelm Sauer**, na Alemanha, e **Miguel Reale**, no Brasil, de demonstrar que fato, valor e norma devem ser considerados como sendo componentes essenciais da experiência jurídica. Consequência disso é que eles estão indissoluvelmente **unidos entre si, não sendo possível apresentá-los cada um abstraído dos demais**, como ocorria com a compreensão tridimensional genérica. Era a chamada tridimensionalidade específica.

Na descrição de Reale: "O Direito é sempre tridimensional, quer o estudo seja sociológico, filosófico ou científico positivo. A diferença entre eles é de perspectivas na análise, não da matéria a ser estudada, que, para todos, só pode e deve ser tridimensional. Assim sendo, se eu, como sociólogo, estudar o Direito como fato social, nem por isso poderei olvidar os outros dois sentidos essenciais: o que lhe dá o valor a ser realizado e mais o da regulamentação normativa. Por outro lado, o filósofo, ao indagar da essência do Direito, vê-lo-á também tridimensionalmente, ou seja, como valor que, incidindo sobre relações factuais, se refrange num conjunto de regras ou normas. Para aplicar o exemplo elementar que lhes dei supra, diria que o Direito é um bolo com sabor necessariamente trino, sendo sempre factual, axiológico e normativo, e não um bolo em fatias, cada uma delas com propriedades próprias"[6].

Devemos notar que tal concepção, cessando de apreciar fato, valor e norma como elementos separáveis da experiência jurídica, passa a concebê-los ou como **perspectivas (Wilhelm Sauer e Jerome Hall) ou como fatores e momentos (Miguel Reale e Recaséns Siches)** que não podem ser eliminados do direito[7]. Vê-se, pois, que até mesmo o tridimensionalismo específico oferece formulações múltiplas e até mesmo contrastantes: a de Sauer apresenta mais caráter estático ou descritivo; a de Hall se reveste de acentuado cunho sociológico; enquanto a de Reale procura correlacionar dialeticamente os três elementos em uma unidade integrante. Em suma, **aceita-se uma estrutura tridimensional no direito, mas suas formas de expressão variam**. Quando se pergunta como os três elementos se correlacionam na unidade essencial à experiência jurídica, ou como atuam uns sobre os outros, para Reale só pode ser unidade de processo dialético, no qual o elemento normativo integra em si e supera a correlação fático--axiológica, como veremos abaixo. O certo é que, apesar de implícito na obra de vários autores, é com o Professor Miguel Reale que o tridimensionalismo

---

[6] Miguel Reale, *Variações sobre a estrutura do direito*, OESP, 31 dez. 2005.
[7] **Siches** define: "Direito é uma obra humana social (fato) de forma normativa destinada à realização de valores" (*apud* Miguel Reale, *Teoria tridimensional do direito*, São Paulo: Saraiva, 1994, p. 42).

encontra seu aperfeiçoamento e formulação ideal que o credencia como rigorosa teoria[8].

37. TRIDIMENSIONALISMO CONCRETO E DINÂMICO DE MIGUEL REALE

A Teoria Tridimensional de Miguel Reale afirma que o *fenômeno jurídico não pode ser abstratamente concebido como norma vazia de conteúdo, mas sim como experiência concreta, forma de vida social em que se combinem três fatores*: (1) **o fato**, constituído por relações sociais reguladas por normas de direito; (2) **a norma** que regula tais relações; (3) **e o valor**, fator que se articula com os dois anteriores. Essa articulação não deve, entretanto, ser compreendida como justaposição ou somatório de elementos estanques, mas como implicação de cada uma com as outras duas, num processo de recíproca exigência e complementariedade, ao qual se denomina "**processo dialético**".

O tridimensionalismo de Reale, portanto, basicamente se distingue dos demais de caráter genérico ou específico, por ver a tridimensionalidade como requisito essencial do direito e pela **concreção histórica do processo jurídico numa dialética de complementaridade**. O mestre paulista desenvolve sua Teoria Tridimensional do Direito a partir de uma perspectiva concreta e dinâmica, consoante exige a compreensão histórico-cultural do direito. Não se trata, evidentemente, de uma *solução eclética*, como poderia parecer aos menos avisados ou aos críticos superficiais. Mas de uma solução que se caracteriza exatamente pelo superamento de posições abstratas, tanto assim que culmina num *normativismo jurídico concreto*, no qual fatos e valores se implicam dialeticamente. O direito, consoante a lição de mestres insignes, é uma abstração, mas uma abstração que corresponde a uma realidade concreta da qual é possível abstrair o elemento formal, ou seja, o suporte ideal representado pelos juízos normativos, desde que se reconheça sua necessária referibilidade a fatos e valores, sem os quais o Direito se esvazia de conteúdo e de sentido[9].

---

[8] **Goffredo Telles Júnior** escreve: "A norma não surge do fato e não surge do espírito; surge, isto sim, do espírito colocado diante do fato; do fato julgado pelo espírito; do espírito julgando o fato. A ordem ética repousa em três elementos entrosados: espírito, fato e norma" (*A criação do direito*, São Paulo: Revista dos Tribunais, 1953, p. 547-548).

[9] **Alysson Leandro Mascaro**, seguindo as pegadas de Jeannette Antonios Maman, coloca o pensamento de Miguel Reale como "um dos mais importantes da filosofia do direito positivista que se poderia chamar eclética... Em sua filosofia, tem nas normas postas pelo Estado um dos eixos de sua análise do direito. Mas transcende claramente tais limites juspositivos. É na tríplice estrutura fenomenal de norma, fato e valor que Reale situa o acontecer jurídico. O seu ecletismo aí fica patente: o direito não pode ser analisado apenas segundo um único padrão, normativista" (*Filosofia do direito*, São Paulo: Atlas, 2010, p. 324). Cremos que a denominação de "**positivismo eclético**" dada ao pensamento realeano é sumamente imprópria, pois

Nenhuma norma jurídica, explica Reale, conclui seu exame e processo jurígeno. Pois ela sofre **variações semânticas** em virtude de intercorrência de novos fatores, condicionando o trabalho de exegese e de aplicação dos preceitos. Por isso, uma das notas distintivas do normativismo concreto é o seu aspecto **dinâmico**. Há casos de alteração do conteúdo das normas jurídicas durante o período de sua vigência, por causa da mudança na tábua de valores sociais ou dos suportes fáticos. **Nesses casos, as palavras da lei conservam-se imutáveis, mas a sua acepção sofre um processo de erosão ou de enriquecimento, em virtude da interferência de fatores diversos que vêm amoldar a letra da lei a um novo espírito.**

Por tudo isso, podemos dizer que a norma jurídica é uma forma de integração fático-axiológica dependendo dos fatos e valores supervenientes. **É em função da tensão fato-valor que se põe a norma.** Daí que uma norma jurídica, uma vez emanada (norma 1), pode sofrer alterações semânticas, pela superveniência de mudanças no plano dos fatos e valores (fato 2 e valor 2), até se tornar necessária a sua revogação (norma 2). E assim por diante: um fato e valor 3 dariam origem a uma nova norma 3.

As duas teses que veremos não esgotam a concepção da teoria. São suficientes, porém, para o fim a que nos propomos[10].

37.1. Primeira tese: três dimensões essenciais

Quanto à primeira tese, ela coincide com a colocação do tridimensionalismo específico, quando temos a afirmação básica de que no direito há três dimensões essenciais.

"Fato, valor e norma estão sempre presentes e correlacionados em qualquer expressão da vida jurídica, seja ela estudada pelo filósofo ou pelo sociólogo do direito, ou pelo jurista como tal, ao passo que, na tridimensionalidade genérica ou abstrata, caberia ao filósofo apenas o estudo do valor, ao sociólogo o do fato e ao jurista o da norma"[11].

Toda análise, fenomenológica e histórico-axiológica do direito leva-nos a discriminar na realidade jurídica essas três dimensões, mais do que ele-

---

sua teoria não é nem positivista, nem eclética. Se para Kelsen o Direito é norma jurídica, nada mais do que norma, Reale discorda. Para ele, a norma é a indicação de um caminho. Porém, para percorrer um caminho, devemos partir de determinado ponto e ser guiado por certa direção. Segundo Reale, o ponto de partida da norma é o fato, rumo a determinado valor. Ou na sua fórmula, "o Direito é uma integração normativa de fatos segundo valores". Nem é uma teoria eclética, como se fosse uma reunião artificial de elementos diferentes, porque, a rigor, sua teoria resulta de uma análise dos pressupostos do Direito;. Transcender os limites positivistas não é sinônimo de ser eclético.

[10] Ver outras teses que completam a concepção do tridimensionalismo jurídico de Miguel Reale, que se insere num contexto de ideias e de opções doutrinárias (*Teoria tridimensional do direito*, São Paulo: Saraiva, 1994, p. 60-63).

[11] Miguel Reale, *Teoria tridimensional do direito*, São Paulo: Saraiva, 1994, p. 57.

mentos, que representam qualidades essenciais a toda experiência jurídica. É importante ressaltar que o termo "dimensão" é tomado no seu sentido lógico (filosófico), sem o reduzir à "dimensão dos corpos físicos". Entendê-lo somente neste último sentido (geométrico-espacial), seria perder o essencial na Teoria Tridimensional de Reale: sua intrínseca historicidade e concretude[12].

O fenômeno jurídico, qualquer que seja a sua forma de expressão, requer, portanto, a participação (dialética) do "fato", "valor" e "norma", que são elementos complementares da realidade jurídica. É em função da íntima tensão fato-valor que se põe a norma. Assim, o direito só se constitui quando determinadas valorações dos fatos sociais culminam numa integração de natureza normativa. Ou com outras palavras, as normas representam a integração de fatos sociais segundo múltiplos valores.

O **fato** vem a ser o acontecimento social que envolve interesses básicos para o homem e que por isso enquadra-se dentro dos assuntos regulados pela ordem jurídica[13]. É o elemento que condiciona o agir do homem, contrapondo-se à liberdade de iniciativa e de criação. Por isso é chamado de "polo negativo"[14].

O **valor** é o elemento moral do Direito. É a tendência a constituir e realizar fins; por isso é chamado de "polo positivo" do agir. Os dois (fato e valor) se exigem e se implicam. Há entre eles um nexo ou laço de polaridade e de implicação. Assim, se toda obra humana é impregnada de sentido ou valor, igualmente o direito. Ele protege e procura realizar valores ou bens fundamentais da vida social, notadamente a ordem, a segurança e a justiça. Para Reale, o valor se distingue dos objetos ideais por algumas notas essenciais que o vinculam ao processo histórico. A primeira é a realizabilidade,

---

[12] Ver Miguel Reale, *Teoria tridimensional do direito*, São Paulo: Saraiva, 1994, p. 41; e *Filosofia do direito*, São Paulo: Saraiva, 2016, p. 546.

[13] No Direito Penal há, por exemplo, o "princípio da insignificância", segundo o qual fatos irrelevantes não são sancionados.

[14] Miguel Reale chama a atenção para a distinção existente entre as duas acepções que a palavra "fato" comporta na teoria tridimensional: o direito como "**fato histórico-cultural**", ou seja, como um fenômeno social (como visto na definição do fenômeno jurídico) e como "**dimensão do direito**" (como exposto sob o ângulo tridimensional). São palavras suas: "Mister é distinguir entre o fato do direito, global e unitariamente entendido como acontecimento espiritual e histórico, e o fato enquanto fator ou dimensão daquela experiência. Neste segundo caso, a palavra fato indica a circunstancialidade condicionante de cada momento particular no desenvolvimento do processo jurídico. Ora, fato, nesta acepção particular, é tudo aquilo que na vida do direito corresponde ao já dado ou ao já posto no meio social e que valorativamente se integra na unidade ordenadora da norma jurídica, resultando da dialeticidade desses três fatores o direito como 'fato histórico-cultural'" (*Teoria tridimensional do direito*, São Paulo: Saraiva, 1994, p. 76).

uma vez que valor que não se realiza é quimera. A segunda vem a ser a inexauribilidade, já que por mais que se realize justiça, há sempre justiça a realizar. A terceira é a transcendentalidade, ou seja, todo valor supera suas realizações históricas particulares; uma sentença, por exemplo, não é toda a justiça. Finalmente temos a polaridade, pois só se compreende um valor pensando-o na complementaridade de seu contrário, ou seja, positiva e negativamente.

A **norma** é a centelha que resulta do contato do polo positivo com o negativo. Consiste no padrão de comportamento ou de organização social imposto aos indivíduos, que devem observá-la em determinadas circunstâncias. No tridimensionalismo de Reale, ela nasce na imanência do processo factual-axiológico, como uma relação concreta e não como simples e abstrato enunciado lógico, diferentemente da concepção kelseniana de norma jurídica como uma proposição lógica. O conceito de norma resulta da nomogênese, não podendo ser posta entre parênteses a tensão fático-axiológica da qual e na qual ela emerge. Toda regra de Direito assinala uma tomada de posição, representando um momento de equilíbrio, como composição das tensões que, em dada situação histórica e social, se verifica entre um complexo de fatos e um complexo de valores[15]. A norma em si não tem nenhum valor, não diz algo senão e enquanto se coloca em uma realidade orgânica, deixando de valer como puro dever-ser, para ser momento saliente de um processo do qual se origina e que por ela é expresso[16].

Em suma, em qualquer fenômeno jurídico, há sempre um "fato subjacente" (econômico, geográfico, demográfico, de ordem técnica etc.), sobre o qual incide um "valor" que confere determinado significado a esse fato, inclinando ou determinando a ação dos homens no sentido de atingir ou preservar certa finalidade ou objetivo; e, finalmente, uma "regra ou norma", que aparece como medida capaz de fazer a integração de um elemento ao outro, ou seja, do fato ao valor. Toda vez que surge uma regra jurídica, ela envolve o fato e o valora, mede-o em seu significado e consequências, tutela o seu conteúdo, realizando uma mediação entre o valor e o fato. Por isso, em todo e qualquer momento da vida jurídica, descobrimos: um aspecto "fático" (o Direito como acontecimento social que, por sua importância para o homem, deve ser regulamentado); um aspecto "axiológico" (o Direito como

---

[15] Ver Miguel Reale, *Teoria tridimensional do direito*, São Paulo: Saraiva, 1994, p. 96; e *Filosofia do direito*, São Paulo: Saraiva, 2016, p. 539.

[16] Giuseppe Capograssi, *Il problema della scienza del diritto* (*apud* Miguel Reale, *Filosofia do direito*, São Paulo: Saraiva, 1990, p. 573). Capograssi nasceu na cidade de Sulmona na Itália, em 1889, e morreu em Roma em 1956. Sua contribuição maior é de natureza metodológica, preocupado que foi com a construção de uma ciência rigorosa do direito. Sua posição é de superação de todo normativismo, uma vez que, para ele, a ciência jurídica é a mais experimentada e experimentável das ciências experimentais, já que a totalidade está no fato de ter como banco de prova a história do mundo.

valor); um aspecto "normativo" (o Direito como ordem ou ordenação). Assim, se para Kelsen o Direito é norma e nada mais do que norma, para Reale "a norma jurídica é, como já lembramos, a indicação de um caminho; porém, para percorrer um caminho, devo partir de determinado ponto e ser guiado por certa direção: o ponto de partida da norma é o fato, rumo a determinado valor"[17].

Consequentemente, o Direito não é *puro fato*, não possui uma estrutura meramente factual, como querem os **sociólogos**; nem *pura norma*, como defendem os **normativistas**; nem *puro valor*, como proclamam os **idealistas**. Essas visões são parciais e não revelam toda a dimensão do fenômeno jurídico. **Toda explicação monística do Direito mutila a sua verdadeira natureza.** O Direito congrega todos aqueles elementos: é o fato social na forma que lhe dá uma norma, segundo uma ordem de valores; ou segundo a conhecida fórmula realeana: "o Direito é uma integração normativa de fatos segundo valores". A compreensão integral do Direito somente pode ser alcançada graças à correlação unitária e dinâmica das três apontadas dimensões da experiência jurídica, como veremos na 2ª tese.

O art. 548 do Código Civil diz, por exemplo, que "é nula a doação de todos os bens sem reserva de parte, ou renda suficiente para a subsistência do doador". Aqui, o "fato" é a circunstância de alguém, possuidor de bens, desejar promover a doação de seu patrimônio a outrem, sem reservar o suficiente para o custeio de suas despesas. O "valor" que a lei protege, no caso, é o valor "vida" e pretende impedir um fato anormal que viria pô-lo em perigo. A "norma", então, expressa um dever jurídico, impõe uma conduta de abstenção: não fazer doação de todos os bens sem reserva de parte para a subsistência do doador.

Sílvio Venosa exemplifica: "suponha-se que exista um grande número de indivíduos em uma sociedade que necessitem alugar prédios para suas moradas. Os edifícios são poucos e, havendo muita demanda, é certo que pela lei da oferta e da procura os preços dos imóveis a serem locados tendem a se elevar. O legislador, apercebendo-se desse fato social, atribui valor preponderante à necessidade dos inquilinos, protegendo-os com uma Lei do Inquilinato, que dá maior proteção ao inquilino em detrimento do proprietário. Há aqui um fato social devidamente valorado que se transmutou em norma"[18]. Diríamos: um fato social devidamente valorado que culminou numa norma que os integra.

Reale, por sua vez, dá o exemplo de uma norma legal que prevê o pagamento de uma letra de câmbio na data de seu vencimento, sob pena do protesto do título e de sua cobrança, gozando o credor, desde logo, do privilégio de promover a execução do crédito. A norma de direito cambial re-

---

[17] Ver Miguel Reale, *Lições preliminares de direito*, São Paulo: Saraiva, 1984, p. 65.
[18] Sílvio Venosa, *Direito civil*: teoria geral, São Paulo: Atlas, 1984, p. 23.

presenta uma disposição legal que se baseia num fato de ordem econômica (o fato de, na época moderna, as necessidades do comércio terem exigido formas adequadas de relação) e que visa assegurar um valor, o valor do crédito, a vantagem de um pronto pagamento com base no que é formalmente declarado na letra de câmbio[19].

Como vemos, fato-valor-norma acham-se intimamente vinculados. Há uma interdependência entre esses três elementos. Eles se implicam e se exigem reciprocamente: um "fato" liga-se a um "valor" para se expressar através de uma "norma" legal que atende às relações que "devem existir" entre aqueles dois elementos. Em suma, o Direito somente se constitui quando determinadas valorações dos fatos sociais culminam numa integração de natureza normativa.

37.2. Segunda tese: dialética de complementaridade

Passamos, agora, para o segundo momento da teoria realeana: a dialética de complementaridade, expressa na afirmação de que "a correlação entre aqueles elementos é de natureza funcional e dialética, dada a implicação-polaridade existente entre fato e valor, de cuja tensão resulta o momento normativo, como solução superadora e integrante nos limites circunstanciais de lugar e tempo"[20].

a) **DIALÉTICA.** Um dos maiores equívocos de nosso tempo consiste na identificação simplista entre "dialética" e "dialética hegeliano-marxista". É nesse quadro amplo e renovado, superada a mentalidade reducionista e evolucionista do século passado, à qual se vinculam tanto Hegel quanto Marx e Engels, que se situam novas compreensões dialéticas, desde a "Dialética dos distintos" de Benedetto Croce à "Dialética da ambiguidade", como poderia ser caracterizada a de Merleau-Ponty. Por isso, reservamos a palavra "dialética" para indicar o **processo de desenvolvimento de uma realidade** segundo normas que lhe são próprias ou imanentes[21].

---

[19] Miguel Reale, *Lições preliminares de direito*, São Paulo: Saraiva, 1984, p. 66.
[20] Miguel Reale, *Teoria tridimensional do direito*. São Paulo: Saraiva, 1994, p. 57.
[21] *Dialética* é uma palavra polissêmica, ou seja, rica de sentidos na história da filosofia. Se a tradição filosófica lhe dá significados bem precisos, em nossos dias utiliza-se bastante o termo "dialética" significando qualquer pensamento que leve em conta o dinamismo dos fenômenos ou da história e se mostra sensível às contradições que eles apresentam. Para Nicola Abbagnano, é possível distinguir quatro significados fundamentais: 1º) dialética como método da divisão (conceito de Platão); 2º) como lógica do provável (Aristóteles); 3º) como lógica (estoicos); 4º) como síntese dos opostos (Idealismo romântico/Hegel). O fato é que, segundo ainda Abbagnano, na segunda metade do século XX, a problemática da dialética teve três linhas principais de evolução: 1. retomada da concepção platônica e/ou aristotélica; 2. atualizações e modificações da posição hegeliano-marxista; 3. crítica da forma de racionalidade que implica ou pressupõe uma metodologia de tipo dialético.

O **mundo cultural** somente pode ser compreendido em função do seu evolver, de sua dinamicidade, das leis ou fatores que governam o seu processo, ou seja, dialeticamente. O Direito, como componente essencial da vida humana, compartilha da dialeticidade do mundo da cultura. De fato, vimos como **fato, valor e norma não existem separados um dos outros, mas se coordenam em unidades concretas de ação, as quais se confundem com a própria experiência jurídica.** A "dialética da implicação-polaridade de Miguel Reale parece ser a que melhor corresponde a essa realidade jurídica, pois a alegada coexistência entre os elementos que a compõem não significa uma *simples adição*. Eles se implicam e se exigem reciprocamente, atuando *como elos de um processo*, de tal modo que a vida do direito resulta da interação dinâmica e dialética dos três elementos que a integram: cada um se refere aos demais e por isso só alcança sentido no conjunto. É o que Reale chama de *"dialética de implicação-polaridade"* ou **"dialética de complementaridade"**, ou seja, **o fato e o valor se correlacionam de tal modo que cada um deles se mantém irredutível ao outro e distinto (polaridade), mas se exigindo mutuamente (implicação), o que dá origem à estrutura normativa como momento de realização do direito.** Há, pois, uma correlação permanente e progressiva entre dois ou mais fatores, os quais não se podem compreender separados um do outro, sendo ao mesmo tempo cada um deles irredutível ao outro. Eles só logram plenitude de significado na unidade concreta da relação que constituem, enquanto se correlacionam e participam daquela unidade.

Em suma, há na experiência jurídica uma permanente *tensão dialética*, porque a vida humana, sendo uma sucessão de estimativas e opções, é ao mesmo tempo, estabilidade e movimento, adequação ao fato particular (segundo motivos de equidade) e exigência universal de certeza (através da previsão garantida de classes de ação possíveis, capazes de assegurar planos de ação à liberdade de iniciativa). Com outras palavras, se a realidade do direito é a de um processo histórico, somente graças a um processo dialético será possível compreender a experiência humana. Dialética de complementariedade, porque como se trata de experiência de natureza axiológica, ela participa da polaridade e da coimplicação essenciais aos valores.

b) **DIALÉTICA HEGELIANO-MARXISTA.** A dialética é compreendida por Hegel, o fundador do idealismo absoluto, como a lei do pensamento e do real, que, progredindo por negações sucessivas (tese, antítese), resolve as contradições chegando a sínteses, elas próprias parciais e convidadas a ser, por sua vez, ultrapassadas. *A dialética marxista* dos opostos não é senão uma das dialéticas possíveis e a menos adequada à compreensão da experiência jurídica. Fica claro que a dialética de complementaridade não se confunde com ela. E isso porque a dialética hegeliana desenvolve mais amplamente as relações de oposição e de síntese de valores diversos. É uma **dialética de termos contraditórios**: os elementos contrários se conciliam progressivamente em uma unidade englobante superadora, através de um esquema triádico de **teses, antíteses e sínteses**. Não salienta as suas relações de complementaridade[22].

Afirma-se, pois, a contraposição entre uma "tese" e uma "antítese", de cuja oposição surgiria, como terceiro termo, uma "síntese", expressão compreensiva da verdade almejada. E, na observação crítica de Reale, como é que, depois, essa síntese pode evoluir para novas teses e antíteses em conflito, preservando o contínuo progresso da ideia e da realidade, numa díade incindível, é o que os filósofos marxistas jamais souberam explicar. De fato, quando os opostos se identificam, cessa o processo dialético. Daí a necessidade de conceber-se a totalidade como expressão global de elementos que entre si se implicam e se correlacionam, mantendo-se cada um deles distinto no âmbito de uma síntese que não se fecha em si mesma, mas se mantém aberta, por ser dotada de sentido e da polaridade imanente ao mundo dos valores (é uma síntese de sentido).

c) **SÍNTESES ABERTAS.** Por isso a **dialética de complementaridade** (denominada também por Reale *dialética de implicação e polaridade*) **culmina, diferentemente do modelo hegeliano-marxista, em "sínteses abertas"**. Ela compreende o processo histórico, não como uma sucessão de sínteses que se imbricam através de novas teses e antíteses, mas sim como um processo sempre aberto, no qual os fatores opostos se implicam e se complementam, sem jamais se reduzirem um ao outro (ao contrário do que acontece na dialética hegeliano-marxista). Representa, não o superamento da contradição, mas a *correlação tensional* entre elementos contrários, que não se fundem, mas, ao contrário, se correlacionam, mantendo-se distintos. Ela "exclui que possa haver conciliação de elementos contraditórios. Ela compreende o processo histórico como um processo sempre aberto, no qual os fatores opostos, numa ação mútua, se implicam e se complementam, sem jamais se reduzirem um ao outro, ao contrário do que ocorre na dialética hegeliano-marxista; eles se correlacionam, mantendo-se distintos"[23].

Na dialética de implicação-polaridade há, portanto, uma mudança radical na colocação dos dados do problema: abandona-se a ideia de uma "síntese superadora e unitária" que, apesar de destruir os contraditórios no ato de superá-los, ainda os conserva como condição das fases ulteriores do processo. Nela atende-se aos inevitáveis conflitos axiológicos, mas se reco-

---

[22] A dialética é compreendida por Hegel, fundador do idealismo absoluto, como a lei do pensamento e do real, que, progredindo por negações sucessivas, ou seja, teses e antíteses, resolve as contradições chegando a sínteses, elas próprias parciais e convidadas a ser, por sua vez, ultrapassadas.

[23] Miguel Reale, *Teoria tridimensional do direito*. São Paulo: Saraiva, 1994, p. 73. Ver também *Experiência e cultura*, São Paulo: Grijalbo-Edusp, 1977, p. 137 e s.

nhecem também os nexos de implicação, superando-se, desse modo, antinomias aparentemente absolutas.

d) **TENSÃO DIALÉTICA NO DIREITO.** Aplicada a dialética de complementaridade ao *mundo jurídico*, **a norma vem a ser o enunciado resultante da correlação fato-valor, já que em geral há uma tensão dialética entre fatos e valores**. Ela ocorre porque as *exigências axiológicas podem ser as mais diversas*, distribuindo-se através de uma escala de tendências de ordem espiritual, moral, intelectual, econômica etc. Por outro lado, *as condições fáticas igualmente variam* com maior ou menor intensidade e extensão, por meio da história e em função do meio social em que o direito é vivido. Entre esse complexo de situações fáticas e o complexo de exigências axiológicas existe uma permanente tensão, chegando, às vezes, a haver aberto contraste. Em suma, não se podendo conceber valor que jamais se realize (realizabilidade), nem valor que se converta totalmente em realidade (inexauribilidade), há uma tensão permanente entre valor e realidade.

É claro que, diante de um contraste ou conflito entre valores e fatos, somente pode preponderar juridicamente uma única solução. Nada mais incompatível com o direito, lembra Reale, do que a incerteza, a carência de uma diretriz segura[24]. A norma, resultante da opção da autoridade, representa então uma solução dessa tensão dialética entre fatos e valores. Sendo trigêmeos, a norma apazigua os outros dois elementos, assinalando o momento culminante do processo histórico do Direito.

Graças a essa contribuição do professor Miguel Reale sobre a **dialetização do fato, valor e norma** (considerada "genial" por Angel Sanchez de La Torre) é que se pôde falar com propriedade em "Teoria Tridimensional do Direito".

38. CONCLUSÃO

38.1. Vida ética

Toda vida ética implica sempre o fato de uma ação subordinada a uma norma resultante de um valor que se quer realizar. Não há conduta humana que não se desenvolva situada num complexo de fatos e que não atenda a um valor, subordinando-se para isso a certas regras. Ela, a conduta humana, implica aqueles três fatores e com eles se confunde, caso contrário não passaria de uma atividade desprovida de sentido e de conteúdo. Em suma, a tridimensionalidade (fato, valor e norma) é uma qua-

---

[24] Miguel Reale, *O direito como experiência*, São Paulo: Saraiva, 2002, p. 193. Sobre as explicações unilaterais ou reducionistas da realidade jurídica, ou seja, o sociologismo jurídico, o normativismo lógico e o moralismo jurídico, veja Miguel Reale, *Filosofia do direito*, São Paulo: Saraiva, 1990, p. 434 e s.

lidade de toda conduta ética, inclusive a jurídica; específica desta é a sua bilateralidade atributiva.

38.2. Natureza do Direito

Devemos evitar o **simplismo reducionista e setorizante** das explicações unilaterais da experiência jurídica. Elas mutilam a verdadeira natureza do Direito. É assim que no *Sociologismo Jurídico* temos a prevalência dos fatos sociais em detrimento da norma e do valor; no *Normativismo Jurídico* prevalece a norma sobre os outros dois fatores; e no *Moralismo Jurídico* há uma exaltação do elemento axiológico, numa pura subordinação a valores ideais, de ordem lógica ou ética. Todas são explicações monistas ou unilaterais do Direito que o tridimensionalismo procura superar. É claro que nessas posições há algo de sólido e aproveitável, desde que se ultrapasse as perspectivas parciais que implicam.

38.3. "O direito é o fato social na forma que lhe dá uma norma, segundo uma ordem de valores"

A realidade jurídica é uma realidade complexa que reúne em si três elementos complementares. Eles não existem separados um dos outros. O direito é uma integração normativa de fatos segundo valores. Ou: o direito coimplica sempre um fato ordenado valorativamente em um processo normativo.

É **fato**: um acontecimento que envolve interesses básicos para o homem e por isso deve ser regulado pela ordem jurídica. Fato que perde sua rígida expressão causal, para embeber-se de exigências valorativas, tal como o demonstra a teoria do *fato-normativo*, que veio sendo desenvolvida desde Petrazinsky e G. Jellinek até Gurvitch e vários juristas de formação sociológica.

Mas não é apenas fato, como querem muitos sociólogos. Se é verdade que o jurista não pode perder contato com a realidade histórico-social, não é menos verdade que ele não pode excluir tanto o elemento normativo como a especulação ideal sobre a justiça e os valores éticos, como o fizeram o historicismo e o socialismo jurídicos.

É **valor**: fim visto como um bem. É a razão de ser da norma que se impõe. No bojo de cada norma jurídica lateja uma opção axiológica. A dinâmica do direito resulta precisamente da polaridade dos valores; por exemplo, existe sempre um autor e um réu, um contraditório no revelar-se do direito, dado que a vida jurídica se desenvolve na tensão de valores positivos e de valores negativos.

Mas o direito não é puro valor, como proclamam os idealistas. O valor pressupõe um fato, objeto da valoração; e uma norma, como elemento de mediação dialética entre ele e o fato. O direito aprecia os fatos segundo uma tábua de valores que o homem deseja alcançar tendo em vista o valor fundamental do justo. Em suma, sem o sentido normativo dos fatos, focados axiologicamente, não há direito. O direito não é o valor mais alto, mas condiciona os demais[25].

É **norma**: padrão obrigatório de comportamento e de organização. A norma é o enunciado resultante da correlação fato-valor. É a indicação de um caminho, na comparação realeana; o ponto de partida da norma é o fato, em direção a determinado valor, ponto de chegada.

Mas não é somente norma como defendem os normativistas. O direito sempre é de natureza normativa. Mas isso não significa que tudo que é "norma/Estado" seja sempre "direito/justo", que o direito seja um dado que já encontramos pronto, à nossa disposição. É um processo numa construção permanente que sintetiza ou integra o "ser" e o "dever ser". Assim, a norma precisa corresponder a uma realidade concreta, envolvendo o fato e a sua valoração.

Devemos, pois, ler **Eros Grau** com certa reserva quando escreve que: "a partir da segunda metade dos anos 1980, desde leituras de Dworkin, passamos a ser vítimas dos princípios e dos valores". Eros relembra, ainda, a expressão admitida pelo juiz nazista Carl Schmitt, ou seja, a "tirania dos valores". E aponta como consequência a destruição da positividade do direito moderno pelos valores; os juízes "despedaçam" a segurança jurídica quando "abusam" do uso de "princípios" e praticam os controles da proporcionalidade e da razoabilidade das leis[26]. Pensamos que essas afirmações só teriam sentido na hipótese de uma *situação patológica*, excepcional, não numa situação normal, em que o valor se impõe por significar um bem para a maioria da comunidade.

Perante aqueles que pensam que o Direito deve manter-se alheio a qualquer tipo de investigação axiológica, a fim de que a infiltração de "critérios subjetivos" não venha comprometer a sua autonomia ou neutralidade científicas, é preciso lembrar que a objetividade que eles buscam é ilusória, pois o sistema normativo fica reduzido, na prática, a um instrumental técnico suscetível de servir funções operacionais variáveis, segundo o requerido ou o imposto por aqueles fatores mesmos que eles haviam querido excluir do campo do Direito, à medida que novas circunstâncias fáticas ou novas exigências éticas venham dar sentido atual ao corpo autônomo das normas[27]. Desde a cisão entre Direito e Moral, iniciada por Kant e radicaliza-

---

[25] Diz Elcias Ferreira da Costa: "Toda norma, qual uma concha, esconde e emoldura um valor social que é mais precioso, mais firme, mais eficaz do que o invólucro que o encerra e possui mais aquela misteriosa fecundidade do embrião" *(Analogia jurídica e decisão judicial*, Porto Alegre: Fabris, 1987, p. 4). Vale lembrar que Santo Tomás de Aquino já estabelecia uma *distinção* lógica e real entre *direito e norma*: "*Lex non est proprie loquendo ius, sed aliqualis iuris ratio*" = rigorosamente falando, a lei não é direito, porém, certa manifestação do direito (S. Th., I-II, qu. 9, a. 57)

[26] Eros Grau, *Por que tenho medo dos juízes*, São Paulo: Malheiros, 2014, p. 21 e 120.

[27] Ver Miguel Reale, *O direito como experiência*, São Paulo: Saraiva, 2002, p. 95-96.

da por Kelsen, a modernidade nos legou um avanço desafiador da técnica, desacompanhado de um avanço moral. Ainda hoje nos debruçamos sobre a cicatriz histórica de Auschwitz, como fenômeno mortífero de dizimação humana a desafiar a concepção de civilização.

Doutro lado, quem pretendesse identificar o "justo" com o jurídico, afirmando que o Direito só vale quando for justo, sem levar em conta os elementos condicionantes e contingentes da realidade histórica e cultural (que corresponde à plenitude da experiência humana), repete o erro do velho jusnaturalismo.

38.4. Limitação kelseniana

A teoria kelseniana nasce como uma crítica das concepções dominantes na época sobre os problemas do direito público e da teoria do Estado, reagindo à anarquia conceitual a que se reduzira a meditação científica do direito. Kelsen, procurando uma pureza metódica, submeteu a ciência jurídica a uma *dupla depuração*, que retirou de seu âmbito qualquer análise de aspectos fáticos ligados ao direito e de aspectos valorativos, constituindo como seu objeto específico a norma jurídica. Para Kelsen, a ciência pura do direito só pode ter como objeto o fenômeno jurídico, a aparência do direito, que ele identifica com a *norma jurídica*. Se não negava, também não afirmava que pudesse existir algo essencial além do fenômeno normativo. Isso porque, de acordo com Kant, se existe algo mais, é incognoscível. O objeto da ciência do direito seria exclusivamente a norma. Qualquer esforço em conhecer mais profundamente a natureza do direito, seja como fato social ou como valor de justiça, seria para ele uma impureza metodológica.

Ora, essa limitação kelseniana, como também qualquer compreensão do Direito isoladamente como fato, como valor ou como norma, **se revela precária**. É de se refletir, por exemplo, na frieza sem coração e sem valores do formalismo normativista do primeiro Kelsen, quando simplesmente sustentava e baseava a essência da "juridicidade" nas manifestações de poder, afirmando que podemos condenar que nos Estados totalitários o governo possa condenar à morte indivíduos pelo pressuposto de serem nascidos de raça indesejável ou pertencerem a religião indesejável, só não podemos negar que seja direito[28].

38.5. Ordenação jurídica tridimensional

O Direito, desde a sua origem, isto é, desde o aparecimento da norma jurídica, se caracteriza por sua tridimensionalidade. Ou seja, fatos, valores e normas se implicam e se exigem reciprocamente desde a origem de uma regra de direito, até o momento em que é interpretada para dar-lhe aplicação. Em decorrência, a ordenação jurídica da convivência social neces-

---

[28] Hans Kelsen, *Teoria pura do direito*, São Paulo: Martins Fontes, 2009, p. 44.

sariamente também acontece numa estrutura tridimensional[29]. Por isso, podemos concluir a noção inicial do Direito, conjugando suas notas distintivas já estudadas com a sua mencionada estrutura tridimensional, como sendo: **a ordenação heterônoma, coercível e bilateral atributiva das relações de convivência, segundo uma integração normativa de fatos e valores**.

QUESTIONÁRIO

1. Explique as três dimensões essenciais ao fenômeno jurídico, segundo a Teoria Tridimensional do Direito.
2. Como devem ser caracterizadas as visões do direito como puro fato, pura norma ou puro valor? Por quê?
3. O fato, valor e norma se correlacionam segundo uma "dialética de complementaridade"; o que isso significa?
4. O direito, na sua compreensão tridimensional, pode ser definido como sendo: "o .... na forma que ...., segundo uma ....".
5. Conjugando a estrutura tridimensional com suas notas características, como vem a ser a ordenação jurídica das relações de convivência?
6. Explique por que todas as formas éticas de conduta são tridimensionais.
7. Quais são as objeções à visão "pentadimensional" de Oliveiros Litrento sobre o Direito?
8. O jurista Lenio Luiz Streck escreveu um artigo no site *Consultor Jurídico* (*Conjur*) com o título "Se Supremo deve obedecer à voz das ruas, qual é o valor das Constituição?". Refere-se, no mesmo, à contraposição da realidade social à normatividade constitucional, segundo a tese herdada de Laband e Jellinek: o "dualismo" que fundamenta a sobreposição da "voz das ruas" sobre a Constituição. E termina dizendo que um Supremo Tribunal não pode atender à "voz das ruas", porque, entre o clamor das ruas e da Constituição, vale o "ronco" da Constituição.

---

[29] Oliveiros Litrento chegou a analisar o direito sob a ótica da denominada "**pentadimensionalidade**", entendendo que, ao lado das dimensões do fato, valor e norma, existem necessariamente os aspectos dimensionais do "espaço" e do "tempo". Na verdade, tanto a temporalidade como a espacialidade são inerentes a qualquer das três dimensões que estruturam o fenômeno jurídico. Já estão implícitas, portanto, na estrutura tridimensional do direito, pois é inconcebível uma estrutura social estática, desvinculada do processo histórico. E o direito, em particular, é uma realidade histórico-cultural. Como o homem o é, o direito também é um "ser-no-tempo" e um "ser-no-espaço". Em suma, as palavras fato, valor e norma sintetizam um conjunto de fatores, cujo significado varia no tempo e no espaço e só no tempo e no espaço podem operar.

Para você, o Direito deve ficar surdo ou ouvir as vozes das ruas? Justifique sua opinião.

9. Se o direito é um conjunto de normas, ou seja, de juízos de "dever ser", como ele pode estar em relação causal com fatos de natureza social que, segundo a terminologia de Kelsen, pertencem ao mundo do "ser"?

Lição IX

DEFINIÇÃO DO DIREITO

Sumário: 39. Critérios para a definição; 40. Definição nominal do Direito; 41. Definição real do Direito; 42. Definições analíticas do Direito; 43. Definição sintética do Direito.

A tarefa de definir o direito não é simples, uma vez que o fenômeno jurídico é extremamente complexo[1]. Se "toda definição no direito civil é perigosa"[2], que dizer de uma definição do próprio direito? Kant dizia que "os juristas ainda estão à procura de uma definição para o Direito". Essa afirmação, proferida no século XVIII, sob certo aspecto mantém-se atual. Contudo, as dificuldades que o problema oferece não nos eximem de enfrentá-lo. E, após as considerações que fizemos até agora, podemos tratar da definição do direito. Não será uma fórmula vazia, porque vivemos realmente todos os elementos integrantes dessa definição.

39. CRITÉRIOS PARA A DEFINIÇÃO

A definição da definição vem a ser a oração que manifesta o que uma coisa é ou o sentido de uma palavra. O direito, como qualquer objeto que se

---

[1] Quando perguntamos o que é o direito, até certo ponto caem bem as palavras do poeta anglo-americano, W. H. Auden:
"O direito, diz o juiz com olhar de desprezo,
Falando com clareza e grande severidade,
O direito é o que suponho que vocês saibam,
O direito é o que eu já lhes disse antes,
O direito é o que vou explicar mais uma vez,
O direito é o direito" (*Collected poems*).

[2] Digesto, 17.202.

pretenda conceituar, pode ser definido sob esses dois critérios básicos: nominal e real.

Nominal, que procura dizer o que a palavra ou nome significa, seja indicando a origem do vocábulo (etimologia), seja indicando os diversos sentidos que a palavra adquiriu em seu desenvolvimento (semântica).

Real, que busca descobrir a essência do objeto a definir, traduzir que coisa ou realidade ele é.

Temos, assim, uma definição "nominal" e uma definição "real" ou "ontológica" do direito.

40. DEFINIÇÃO NOMINAL DO DIREITO

O estudo das palavras não é destituído de valor, uma vez que a palavra do homem é a expressão do seu pensamento e, muitas vezes, guarda o segredo de seu significado. Como dizia Henri Bergson, as palavras são prisões dentro das quais se contêm ideias, que se transformam, que vivem e se ajustam a situações diferentes. Assim, se é verdade que a definição nominal, a par de algumas contribuições que oferece, não pode ser nomeada como fator decisivo à formação do conhecimento científico, ela ajuda a compreender que realidade é o direito.

Na língua portuguesa, a palavra "direito" surgiu aproximadamente no século XIV, na Idade Média, provindo do baixo latim. Origina-se do **adjetivo** *directus* – qualidade do que está conforme à reta; o que não tem inclinação, desvio ou curvatura; é particípio passado do verbo *dirigere*, equivalente a "guiar, conduzir, traçar, alinhar, endireitar, ordenar".

Segundo **Levy-Bruhl**, em sua *Sociologia do direito*, a palavra provém de uma **metáfora** em que a figura geométrica (a linha reta = régua) adquiriu sentido moral e em seguida jurídico (regra). O direito é a linha reta, que se opõe à curva e que se liga à noção de retidão nas relações humanas; que traça uma direção, que traça o comportamento enquanto dirigido para a Justiça, alvo a ser atingido.

Em todas as **línguas neolatinas** e em muitas das ocidentais modernas, o vocábulo "direito" encontra similar: *derecho* (espanhol), *droit* (francês), *diritto* (italiano), *right* (inglês), *recht* (alemão), *ret* (escandinavo)[3].

É oportuno lembrar que os **romanos**, *no início, não usavam o vocábulo directus*; para significar o que era lícito usaram a palavra *jus*, e para designar o que era ilícito empregavam *injuria*. No correr dos séculos, a palavra *jus* foi sendo substituída por *derectum*, e a partir do século IV d.C. esta começou a ser usada também pelos juristas. Nos séculos VI ao IX, as

---

[3] Na língua inglesa, o conjunto de normas em vigor é expresso como "law", e as posições jurídicas individuais, como "rights".

fórmulas *derectum* e *directum* passam a se sobrepor ao uso de *jus*[4]. Depois do século IX, finalmente, *derectum* é a palavra consagrada, sendo usada para indicar o ordenamento jurídico ou uma norma jurídica em geral, na lição de Tércio Sampaio Ferraz Jr.[5].

A **etimologia de jus** é controvertida. Para alguns, *jus* provém do latim *jussum* (mandado), particípio passado do verbo *jubere*, que significa "mandar, ordenar"; e o radical de *jus* seria o vocábulo sânscrito *yu*, que significa "vínculo", de onde derivam palavras como "jugo", "jungir", "cônjuge".

Para outros, *jus* deriva de *justum* (aquilo que é justo ou conforme à justiça); *justum* teria sua raiz no védico *yos*, que significa "bom", "santo", "divino".

Seja como for, a língua portuguesa apresenta vários termos que provieram do vocábulo *jus*: justiça, juiz, juízo, jurisconsulto, jurista, jurisdição, judicial, judiciário etc.

41. DEFINIÇÃO REAL DO DIREITO

Se não podemos limitar-nos ao estudo do vocábulo e devemos passar do plano das palavras para o da realidade, que "realidade" é, então, o direito?

41.1. Complexidade do fenômeno jurídico

O fenômeno jurídico é extremamente complexo; apresenta vários aspectos ou elementos. Basta ver a **pluralidade de acepções que tem a palavra "direito"**: "ele estuda direito"; "o direito brasileiro permite o divórcio"; "o credor tem o direito de receber do devedor o valor da dívida"; "o salário que permita ao trabalhador e família um sustento digno é um direito seu"; "o direito é um fenômeno social". É por isso que, em lógica, a palavra "direito" é classificada como termo análogo, ou seja, que possui vários significados, os quais, apesar de se diferenciarem, guardam entre si alguns nexos, têm algo em comum[6].

Essa complexidade da realidade jurídica torna difícil a sua definição ou favorece a multiplicidade de definições. Pensamos que o direito, apesar ou

---

[4] Para Perelló, Direito parece provir da contração da expressão latina "de-rectum", expressando a ideia de encontrar-se reto o fiel da balança, o que permite pesar (*Teoría y fuentes del derecho*).

[5] Tércio Sampaio Ferraz Jr., *Introdução ao estudo do direito*, São Paulo: Atlas, 1989, p. 35.

[6] A multiplicidade de acepções geralmente ocorre com palavras que o homem emprega com mais frequência: liberdade, justiça, igualdade etc. Reale denomina-as "palavras cardeais" da cultura e da civilização, não comportando a univocidade peculiar às coisas neutras para o mundo dos valores (*Filosofia do direito*, São Paulo: Saraiva, 1990, p. 498). Em outro lugar Reale diz: "As palavras são como seixos rolados pela corrente da vida, tornando-se uns lisos e esféricos na monovalência de seu sentido concêntrico, enquanto outros se tornam multifacetados e poliédricos, refletindo uma pluralidade de significações" (*Paradigmas da cultura contemporânea*, São Paulo: Saraiva, 1996, p. 39).

por causa dessa complexidade, pode e deve ser definido de uma forma "analítica" e "sintética".

41.2. Definição real analítica

Busca, em primeiro, uma decomposição analítica, para **colher um aspecto, um elemento do objeto a definir**. A análise divide, decompõe o objeto para encontrar os elementos que o constituem; assim, por exemplo, pela análise, a inteligência decompõe a luz branca nas cores que a compõem[7]. O mesmo fazemos em relação ao direito: "analisamos" a realidade jurídica, ou seja, **fazemos a decomposição do todo jurídico em suas partes constituintes, definindo-as isoladamente**. São, portanto, concepções unilaterais ou setorizadas da realidade jurídica.

41.3. Definição real sintética

É, por sua vez, **uma definição integral, capaz de abraçar todo o fenômeno jurídico**; dá-nos uma compreensão unitária da realidade jurídica.

Alguns autores acham *não ser possível* estabelecer uma definição sintética, única do direito. Segundo eles, só é possível a multiplicidade de definições: tantas quantas são as acepções do vocábulo "direito". Na realidade, é sempre arriscado pretender dar uma definição sintética quando a análise revela no objeto a ser definido uma profunda complexidade. Mas cremos que, em vez de negar tal possibilidade, as regras da velha lógica sugerem uma definição do direito na integridade de seus diferentes aspectos ontológicos; uma definição integral ou sintética. Assim, à análise sucederá a síntese[8]. E, num controle mútuo, a síntese permitirá verificar se a análise foi completa. A bem ver, não se trata de uma mera exigência analítica de separar apenas para separar.

42. DEFINIÇÕES ANALÍTICAS DO DIREITO

Segundo as acepções principais da palavra "direito", temos as seguintes definições reais analíticas da realidade jurídica.

42.1. Direito-ciência

É o direito como um conjunto ordenado de conhecimentos ou **um conjunto sistematizado de princípios**, que constituem a chamada "ciência do direito". Essa definição enfoca o direito como o setor do conhecimen-

---

[7] Experiência do prisma de Newton: decomposição da luz com um prisma; ao passar por um prisma, a luz solar, que é branca, se decompõe nas cores do arco-íris: violeta, azul, verde, amarela e vermelha.

[8] Na observação de Fustel de Coulanges: "Para um dia de síntese são necessários anos de análise".

to humano que investiga e sistematiza os fenômenos jurídicos. Quando digo que "eu estudo direito" estou usando a palavra "direito" como "ciência"[9].

Hermann Post assim definiu a realidade jurídica: "Direito é a exposição sistematizada de todos os fenômenos da vida jurídica e a determinação de suas causas".

42.2. Direito-fato social

É o direito como **um conjunto de fenômenos que ocorrem na vida social**, como fato de convivência ordenada, independentemente de ser um conjunto de significações normativas. É o direito como fenômeno histórico-cultural.

O direito é, na realidade, um fenômeno social, configurado no tempo e no espaço, que sofre mudanças e apresenta manifestação morfológica e significação funcional. Ao realizar o estudo de qualquer coletividade, distinguimos nela diversas espécies de fenômenos sociais: fatos econômicos, artísticos, culturais, religiosos, esportivos etc. O direito é também um dentre eles, e talvez o mais complexo de todos, revelando a natureza íntima do grupo social. Vale relembrar que uma das características da realidade jurídica é a *sua* "sociabilidade", a sua qualidade de ser social. O direito vive e atua na sociedade humana; é, portanto, também um fato social que coexiste, na sociedade, com outros fatores não jurídicos (políticos, religiosos, esportivos, econômicos etc.), influenciando-se reciprocamente. E é sob esse aspecto, como fato social, que é definido, sendo objeto sobretudo da sociologia do direito.

Dentro dessa ótica, Kohler definiu: "O Direito é um fenômeno da cultura"; e Tobias Barreto: é "o conjunto das condições existenciais e evolucionais da sociedade, coativamente asseguradas".

42.3. Direito-norma

É o direito como um **conjunto de regras jurídicas de uma comunidade, traçando-lhe determinadas formas de comportamento ou de organização e conferindo-lhe possibilidade de agir**.

Trata-se de algo que se situa "fora" de cada indivíduo, que é exterior ao homem, mas que a ele se dirige e se impõe, atuando em sua vida particular e social. Por isso, o direito como norma é chamado de "direito objetivo"; contudo, vale relembrar que não é apenas o direito-norma que é "objetivo", mas também o direito como fato social, por exemplo.

Assim, quando dizemos: "O direito penal define os crimes e comina as penas correspondentes", ou "o direito brasileiro permite o divórcio", estamos empregando o vocábulo "direito" como norma, como regra de comportamento e de organização.

---

[9] A rigor, o Direito não é uma ciência, e sim o *objeto* de uma ciência, a Ciência do Direito.

Inúmeras definições correntes referem-se a essa acepção do direito: "Uma regra social obrigatória" (Clóvis Beviláqua). "Um conjunto de normas coativamente garantidas pelo poder público" (Jhering).

42.4. Direito-faculdade

É o direito como o **poder ou faculdade de uma pessoa de agir, amparada pela norma jurídica**.

De fato, há certas *situações favoráveis* que nos são garantidas pelos preceitos objetivos, certos poderes e pretensões que nos são conferidos, e que também são denominados "direito". É assim que se alude ao direito que tem o proprietário de construir um prédio no seu terreno; ao direito do Estado de legislar, punir, cobrar impostos etc.

Nesse sentido são as definições de direito como sendo: "O poder moral de fazer, exigir ou possuir alguma coisa" (Meyer); "a faculdade de exigir dos outros uma ação ou inação" (Ortolan); "a faculdade de exercer aqueles atos, cuja realização universalizada não impeça a coexistência dos homens" (Kant).

42.5. Direito-justo

Temos aqui o *sentido axiológico do direito*, e nessa acepção ele é colocado em relação com o conceito de justiça. É de salientar que a primeira noção que os grandes pensadores tiveram do direito foi como "justiça", e é nessa acepção que ele é mais acessível ao homem comum até hoje. Ele, que se mostra incapaz, muitas vezes, de discernir a natureza da violação de seu direito, tem sempre nítida sensação da injustiça que porventura sofra. *Sentir-se injustiçado machuca*. Também nesse sentido é usada a palavra "direito" na Declaração Universal dos Direitos Humanos. É o significado do Direito como um ideal que sobrepaira as contingências do espaço e do tempo. Sob esse enfoque, devemos distinguir dois sentidos diferentes: como o bem devido a alguém e a qualidade de estar conforme com as exigências da justiça.

Às vezes, a expressão **designa o bem devido por justiça a uma pessoa**[10]. **Por exemplo, quando dizemos que o respeito à vida é** *direito* de todos, ou o salário é *direito* do trabalhador, a palavra "direito" significa "aquilo que é devido por justiça". Tal acepção pode ser denominada "justo objetivo", porque o direito nesse caso vem a ser o "objeto da justiça", ou seja, aquele bem que é devido a uma pessoa por uma exigência da justiça.

A esse sentido é que se refere a definição de *Tomás de Aquino, que definiu o direito não como faculdade ou como lei, mas sim como "coisa", como uma realidade justa ("res justa")*. O direito é, antes de

---

[10] O "suum cuique tribuere" de Ulpiano ("Iuris praecepta sunt haec: honeste vivere, alterum non laedere, suum cuique tribuere" – D. 1, 1, 10).

qualquer coisa, a própria coisa que tem de se dar a alguém por lhe ser devida por justiça[11].

Outras vezes, a expressão significa a **conformidade com as exigências da justiça**. Por exemplo, quando dizemos que não é "direito" condenar um anormal ou que a segregação racial, ainda que legalmente estabelecida, é violadora do "direito", estamos querendo dizer que tal conduta não é conforme a justiça. Aqui, direito é sinônimo de justo, mas justo significa um qualificativo, indica a conformidade com as exigências da justiça. A essa acepção se refere, por exemplo, a definição de Liberatore (1810-1892): "Direito é tudo o que é reto, na ordem dos costumes".

42.6. Direito-relação

Há, enfim, a tendência de definir o direito como relação; vê o núcleo da experiência jurídica nas relações intersubjetivas. O direito seria, essencialmente, relação ou **um conjunto de relações intersubjetivas**. Bigotte Chorão[12] lembra que esta concepção "conta com uma profunda tradição na abordagem filosófica do direito", encontrando ecos, modernamente, em Kant e dispondo de favorável acolhimento, no plano científico, na Alemanha, por parte da Escola Histórica do Direito[13].

Essas diferentes posições **não são contraditórias**. Representam, antes, *ponto de vista sobre aspectos diferentes de um mesmo objeto*, revelando, muitas vezes, a orientação doutrinária ou filosófica de cada autor e de sua época. **O que não podemos é reduzir toda a realidade jurídica a uma dessas significações**. Toda redução representa um empobrecimento da realidade completa. Essas várias definições, como dissemos, apresentam apenas um aspecto, um elemento, do fenômeno jurídico em sua complexidade.

De outro lado, na conclusão perspicaz de Miguel Reale, esses significados fundamentais que, através do tempo, têm sido atribuídos a uma mesma palavra, já revelam que há aspectos ou **elementos complementares na realidade jurídica**[14]. Demonstram que eles correspondem a três aspectos

---

[11] S. Th., II-II, qu. 57, a. 1. Note-se que Ulpiano falava em "suum cuique tribuere" (dar a cada um o seu), enquanto Tomás de Aquino fala em "ius suum cuique tribuere" (dar a cada um o seu direito = a coisa justa).

[12] Mário Bigotte Chorão, *Introdução ao direito*, Coimbra: Almedina, 2000, v. 1, p. 67.

[13] Para Kant, há quatro tipos de relação de um sujeito com outros sujeitos: (1) a relação de um sujeito que tem direitos e deveres com um sujeito que tem apenas direitos deveres (Deus); (2) a relação de um sujeito que tem direitos e deveres com um sujeito que tem apernas deveres e não direitos (o escravo); (3) a relação de um sujeito que tem direitos e deveres com um sujeito que não tem n em direitos nem deveres (o animal, as coisas inanimadas); (4) a relação de um sujeito que tem direitos e deveres com um sujeito que tem direitos e deveres (o homem). Dessas quatro relações, só a última é uma relação jurídica.

[14] Miguel Reale, *Lições preliminares de direito*, São Paulo: Saraiva, 1984, p. 64.

básicos, discerníveis em todo e qualquer momento da experiência jurídica: um aspecto "normativo" (o direito como ordenamento e sua respectiva ciência); um aspecto "fático" (o direito como fato, ou em sua efetividade social e histórica); e um aspecto "axiológico" (o direito como valor de justiça). Essa observação vem confirmar a tridimensionalidade do direito.

43. DEFINIÇÃO SINTÉTICA DO DIREITO

A definição real de um objeto implica a análise de seus elementos constitutivos, destacando em especial suas notas diferenciadoras. Implica, pois, a determinação de suas notas mais gerais e as específicas, a fim de distingui--lo de qualquer outro. Em suma, a definição se faz pelo "gênero próximo" e pela "diferença específica" (*"definitio fit per genus proximum et differentiam specificam"*). A mecânica da definição sintética é a seguinte: a) indicar o que tem de comum com os outros (o *gênero*) e o que o diferencia (a *diferença específica*); b) relacionar gênero e diferença específica, obtendo-se a definição (a *espécie*).

43.1. Gênero próximo e diferença específica

Gênero, em lógica, tanto vem a ser o grupo lógico formado pela **reunião de muitas espécies, quanto o que é comum a muitas espécies**, o que há de geral em espécies diversas[15].

Espécie, por sua vez, pode ser definida como sendo **a essência inteiramente determinada**.

Diferença específica é o atributo que, ao acrescentar-se a um gênero, **forma a espécie e a distingue de todas as outras espécies do mesmo gênero**. Por exemplo, "racional" que, acrescentado ao gênero "animal", forma a espécie "homem".

---

[15] Entre os conceitos estabelecem-se, além de relações de coordenação, relações também de subordinação, nas quais os conceitos se põem sob outros mais amplos (os subordinantes). Na subordinação devemos distinguir o gênero, a espécie e o indivíduo. *Gênero* é o conceito que engloba outros conceitos, tendo maior extensão. Exemplo: "animal" é gênero em relação a vertebrado; vertebrado é gênero em relação a mamífero. Fala-se em gênero "próximo", por ser a ideia imediatamente superior, quanto à extensão, à ideia de homem ("animal" racional). *Espécie*, por sua vez, é o conceito que, em relação ao gênero, possui uma menor extensão, e consequentemente uma maior compreensão. Significa um conjunto de indivíduos da mesma natureza. Exemplo: o "homem" é espécie do gênero "animal". A Lógica nos ensina também que cada termo ou conceito tem duas propriedades: a compreensão e a extensão. "Compreensão", em lógica, é o conjunto das notas constitutivas do termo; é a sua amplitude com referência às notas que o caracterizam. "Extensão", por sua vez, é o conjunto de seres a que o termo se estende por lhe estarem sujeitos. A relação existente entre as duas propriedades é íntima, exprimindo-se na seguinte lei: "a compreensão e extensão acham-se em razão reciprocamente inversa"; ou seja, quanto maior for a compreensão, menor será a extensão; quanto maior for a extensão, menor será a compreensão.

Assim, definir uma ideia ou um termo é indicar o que ela tem de comum com outras ideias (gênero) e o que a diferencia (diferença específica). Relacionamos gênero e espécie e obtemos a definição. Por exemplo: ao definir "homem", relacionamos o que ele tem de comum com os outros elementos da classe (ser "animal") com aquilo que os distingue (ser "racional"). Estabelecemos, pois, uma relação entre o gênero mais próximo de homem que é "animal" e a espécie que o difere das outras espécies, ou seja, "racional". Ou com outras palavras, o gênero próximo é a "animalidade", que pode ser atribuída ao homem, ao cavalo etc.; e a diferença específica vem a ser a "racionalidade", que, acrescentada à animalidade, permite apreender de maneira completa a essência do homem, determinar a espécie humana.

43.2. Imperatividade e atributividade

Em relação ao direito, o **gênero próximo** de sua definição vem a ser o **núcleo comum aos diferentes instrumentos de controle social**. Com outras palavras, é a sua **imperatividade**, uma vez que "ordenação" implica o "poder".

O direito, como a religião, a moral e as regras de trato social, busca *ordenar as relações de convivência*, sendo como é um instrumento de controle social. Vale notar que no conceito de "ordenação" incluem-se duas noções: a) a de *imperativo* (não se trata de um simples conselho ou enunciado, mas de um comando obrigatório); b) a de *ordem* (o objeto do direito é organizar a coexistência em vista de um fim). Aliás, essa era a designação das leis, no velho direito português: *Ordenações do Reino*. As primeiras foram as *Afonsinas*, publicadas por D. Afonso V (1446); depois as *Manuelinas*, compiladas no reinado de D. Manuel (1512-1521); e quando Portugal passou para o domínio da Espanha foram adotadas as Ordenações *Filipinas* (1603).

A **diferença específica**, por sua vez, deve fornecer a **característica exclusiva do direito em ordenar a convivência social e que o distingue dos outros processos de conduta social**. Como já vimos, essa nota que só o direito possui é a **bilateralidade atributiva**, como força ordenatória, ou seja, a forma bilateral atributiva da ordenação jurídica das relações sociais.

43.3. Corolários e estrutura tridimensional

A assinalação do gênero próximo e da diferença específica é o bastante para ter uma definição correta do direito. No entanto, para sua maior elucidação, a definição procurará determinar ainda as notas da sua juridicidade, que são corolários imediatos *da sua nota específica*, ou seja da sua atributividade (a **coercibilidade** e **heteronomia**), lembrados de que da atributividade decorre a exigibilidade e desta a coercibilidade, que só é possível por causa da heteronomia do direito. E por fim apontaremos a sua estrutura essencial, ou seja, a tridimensionalidade do direito: como fato, valor e norma.

Esquema:

I – Gênero próximo – a ordenação das relações de convivência; o direito as organiza com imperatividade.

II – Diferença específica – a forma bilateral-atributiva da ordenação jurídica da convivência.

III – Corolários imediatos da atributividade – a coercibilidade e a heteronomia da ordenação jurídica da convivência.

IV – Estrutura essencial – a ordenação é baseada numa integração normativa de fatos e valores[16].

43.4. Definição real sintética

A definição real sintética do direito, sob o enfoque tridimensional, resultará da **conjugação dos elementos retro mencionados, sobretudo da sua estrutura tridimensional, com a nota específica da bilateralidade atributiva**. Assim, a compreensão integral do direito somente pode ser alcançada mediante a correlação unitária e dinâmica do fato, valor e norma. O jurista não pode perder contato com a realidade histórico-social. Mas não pode, como o fizeram o historicismo e o sociologismo jurídicos, excluir toda especulação ideal sobre a justiça e os valores éticos, com a pretensão de transformar fatos em valores. O direito é sempre de natureza normativa, o que não significa que a norma não precise corresponder a uma realidade concreta e não envolva o fato e sua valoração.

Nada impede, porém, que possamos **ressaltar uma dessas três perspectivas**, dando origem, dessa forma, a três noções. A primeira põe em realce a perspectiva da **norma**: "Direito é a ordenação das relações de convivência de forma bilateral-atributiva, coercível e heterônoma, baseada numa integração normativa de fatos e valores"[17]. A segunda ressalta a perspectiva do **fato**: "Direito é a realização ordenada e garantida do bem comum numa estrutura tridimensional bilateral-atributiva"[18]. A terceira, completando as duas noções anteriores, põe em realce a perspectiva do **valor**, cuja condição primeira de sua realização histórica é a justiça: "Direito é a con-

---

[16] Quanto ao problema da vinculação ou não do Direito a elementos morais (como a Justiça), ver adiante as duas posições fundamentais: a tese da separação (positivista) e a da vinculação (não positivista). Segundo a primeira, não existe nenhuma conexão necessária entre aquilo que o Direito ordena e aquilo que a Justiça exige, entre o Direito como ele "é" e como ele "deve ser". A segunda posição, ao contrário, defende que o conceito de Direito deve conter elementos morais (validade ética), além da legalidade (validade formal) e eficácia (validade social).

[17] Miguel Reale, *Lições preliminares de direito*, São Paulo: Saraiva, 1984, p. 67.

[18] Miguel Reale, *Lições preliminares de direito*, São Paulo: Saraiva, 1984, p. 67.

cretização da ideia de justiça na pluridiversidade de seu dever histórico, tendo a pessoa como fonte de todos os valores"[19].

Cada uma dessas três noções do direito obedece, respectivamente, a uma perspectiva da experiência jurídica: ou da norma (ordenação bilateral-atributiva de fatos segundo valores), ou do fato (realização ordenada do bem comum), ou do valor (concretização da ideia de justiça), sem olvidar a sua correlação unitária e dinâmica. Como podemos notar, as duas primeiras são mais de natureza lógico-descritiva, e a terceira, de caráter mais ético.

Temos sempre *a sociedade como condição do Direito; a Justiça, como fim último; a bilateralidade atributiva, como forma ordenatória específica; e o Poder como garantia de sua atualização*[20].

QUESTIONÁRIO

1. Qual é a utilidade da definição nominal do direito?

2. Como os romanos nomeavam o direito?

3. Por que é difícil a definição real do direito? Em sua opinião, ela é possível? Por quê?

4. É válida a distinção entre definição analítica e sintética do direito? Justifique.

5. Marque as frases em que a palavra "direito" é usada com sentido igual:

   a) A Constituição garante o direito de peticionar perante as autoridades.

   b) O direito espanhol estipulava a pena de morte por garrote para alguns delitos.

   c) O Presidente da Nação tem direito a vetar uma lei do Congresso.

   d) O direito penal brasileiro é condizente com certos princípios liberais.

   e) O direito requer de seus seguidores uma aguçada capacidade analítica para perceber as consequências das normas gerais em situações particulares.´

   f) "Direito" é traduzido em alemão por "*Recht*".

   g) Diferentes fatores socioeconômicos podem influenciar na evolução do direito de um país.

   h) O curso de direito é mais longo na Argentina que nos Estados Unidos.

---

[19] Miguel Reale, *Teoria tridimensional do direito*, São Paulo: Saraiva, 1994, p. 128.

[20] Ver definições do direito em Paulo Dourado de Gusmão, *Introdução ao estudo do direito*, Rio de Janeiro: Forense, 1997, p. 59-63.

6. Qual é o gênero próximo e a diferença específica na definição real sintética do direito?

7. Em sua opinião, é possível definir o direito sem se referir à sua estrutura tridimensional? Justifique.

8. Quando defino o direito como sendo um conjunto de normas, estou definindo todo o fenômeno jurídico? Por quê?

9. O Tribunal de Nuremberg foi instituído pelo *Acordo de Londres*, de 8 de agosto de 1945, para julgar nazistas, como Rudolf Hess e Hermann Goering, por "crimes contra a humanidade": assassínio, extermínio, redução à escravatura, deportação, perseguições por motivos políticos, raciais ou religiosos, ou outros atos desumanos cometidos contra qualquer população civil, antes ou durante a guerra.

    Discuta o conceito de Direito, considerando a *fundamentação* das acusações, segundo o positivismo jurídico e a visão tridimensional do Direito.

Segunda Parte

A NORMA JURÍDICA

As considerações precedentes nos permitiram constatar que o direito é "**normativo**", ou seja, disciplina o comportamento do homem, prescreve deveres para a realização de valores. E o faz por meio de certos esquemas ou padrões de organização e de conduta, que denominamos "**normas**" ou modelos jurídicos. O direito não é direito antes da sua realização, sem se manifestar na prática e como uma prática. A determinação da essência não comprova a existência. Desse modo, o conceito de direito ganha corpo e se realiza historicamente na norma jurídica. O homem, na expressão de MacCormick, é um "usuário de normas".

Considerando que as normas jurídicas vinculam o comportamento humano em sociedade, elas têm de lidar com a tensão entre liberdade e poder. Daí uma série de perguntas, tais como: as normas são necessárias? são fruto do arbítrio do legislador? são anteriores ao contrato social? As respostas assumem perspectivas diferentes: na tradição utópica, a norma ideal utópica deve guiar os rumos da norma jurídica (**Platão, Morus, Campanella**); na tradição naturalista, a norma jurídica é uma decorrência da norma natural (**Aristóteles, Locke, Grócio, Kant**); na tradição anarquista, a norma jurídica pode ser abolida por níveis mais elevados de autonomia, responsabilidade e liberdade na organização social (**Bakunin, Malatesta**); na tradição comunista, a norma jurídica pode ser abolida em busca de uma regulamentação comunitária (**Marx, Lênin, Trotski**); na tradição democrática, a norma jurídica deve se pautar na norma participativa para gerar consensos e mobilizar opiniões, consentimentos e resistências (**Hannah Arendt, Rainer Forst, Norberto Bobbio, Jürgen Habermas**); na tradição positivista, a norma jurídica, como ato do legislador, é ato de ordenação estatal que cumpre função social estabilizadora[1].

Cremos que as normas não devem ser reduzidas a meras entidades lógico-ideais. Em todo sistema legal existe algo de subjacente, que são os fatos sociais, aos quais está ligado um sentido que resulta dos valores, num processo de integração dialética que implica ir do fato à norma e da norma ao fato. Esses três elementos se combinam para culminar no momento normativo da experiência jurídica. Vejamos, então, as "fontes" da norma; depois, a "norma em si", na sua estrutura, classificação e validade formal, social e ética; e, por fim, a "norma no todo", compondo o direito objetivo/positivo e o ordenamento jurídico.

---

[1] Ver Eduardo Bittar, *Introdução ao estudo do direito*, São Paulo: Saraiva, 2018, p. 370-371.

Lição X

FORMAÇÃO E MANIFESTAÇÃO DO DIREITO

Sumário: 44. O Direito na história; 45. Formação do Direito; 46. Manifestação do Direito; 47. Teoria das Fontes do Direito; 48. Pressupostos e elenco das fontes do direito. 49. A doutrina jurídica.

O problema da origem do Direito sempre preocupou aos seus cultores, como revelam as contribuições da Escola Histórica, acentuando a força do elemento costumeiro numa trama de volições anônimas; ou as obras dos autores que não perderam de vista o papel criador da vontade no processo nomogenético. Ou ainda as diversas doutrinas que procuraram compreender a gênese do Direito em termos de luta de classes, de composição de interesses econômicos, de influências geográficas, demográficas, raciais etc. No quadro genérico da experiência social, o direito se caracteriza por se terem estabelecido, historicamente, relações de homem para homem com exigibilidade bilateral de fazer ou de não fazer alguma coisa, num todo de garantida coexistência.

Como o direito se forma e se manifesta na vida social? Cuida-se, a bem ver, do problema das **fontes do direito**, uma vez que ele se traduz em saber de que modo se constitui e se manifesta o direito positivo vigente em determinada comunidade histórica.

44. O DIREITO NA HISTÓRIA

O Direito é um fenômeno histórico e cultural. Uma realização do espírito humano com um suporte e um sentido axiológico, procurando adaptar a natureza às suas necessidades. É a expressão de um modo de vida de um povo e de sua cultura. Onde quer que haja um agrupamento humano, normas de organização e de conduta tendem a desenvolver-se, ainda que de forma tácita e precária. Sua história, no entanto, é acidentada, segundo

Roberto Barroso, a quem seguimos nesse histórico. Fundamentalmente, temos a teoria tradicional, a teoria crítica (com uma menção especial à Teoria tridimensional de Reale), e a teoria pós-positiva[1].

44.1. Teoria jurídica tradicional

a) **Roma** teve vocação jurídica. A história começa com o Direito vivido em Roma. Dela o Direito se espalhou pelos vastos territórios conquistados, dando origem à família jurídica romano-germânica, que dominou na Europa continental, com o desenvolvimento de seus conceitos pelos comentadores, sobretudo pela chamada escola das Pandectas. No fundo, a grandeza de Roma não consistiu em doutrinar o Direito, mas em vivê-lo. Não existiu uma teoria jurídica romana específica, mas existiu uma *experiência jurídica*. Nesse sentido, Roma foi a pátria do direito.

b) Com a **invasão dos bárbaros**, a civilização romana se desintegrou. Novos usos e costumes invadiram o mundo europeu, como os costumes da gente germânica, povo que ainda não havia alcançado o grau de evolução histórica atingido pelos romanos. Verificou-se, então, o amálgama de usos e costumes que ia se processar durante quase um milênio.

Um dos capítulos sugestivos da história da cultura é o da **formação do Direito medieval**, graças ao encontro de elementos germânicos e romanos, à luz das exigências éticas inspiradas pelo Cristianismo. Esse Direito vigorou durante vários séculos, devendo-se notar que é somente no século XI que tem início um trabalho de volta à tradição científica romana. Os juristas da Idade Média, perdida a tradição da Ciência Jurídica, querem reconstruir a obra romana. Através dos **glosadores**, a Ciência Jurídica foi se reconstruindo lentamente até a época do Renascimento e das grandes descobertas, quando já aparecem outras escolas e pensadores, desenvolvendo ideias que estavam apenas esboçadas no mundo romano. Surge, então, a grande corrente dos **comentaristas** ou dos "cultos", que prepararam o advento de uma compreensão racionalista do Direito como expressão da razão humana, meio caminho andado para o primado da lei, vista depois como "razão escrita" pelos jusnaturalistas do século XVIIII.

c) O **Estado moderno** surge no século XVI, ao final da Idade Média, sobre as ruínas do feudalismo e fundado no direito divino dos reis. Na passagem do Estado absolutista para o Estado liberal, o Direito incorpora o jusnaturalismo racionalista dos séculos XVII e XVIII, matéria-prima das revoluções francesa e americana. Começa a era das codificações, inaugurada pelo Código Napoleônico de 1804, que espelha a pretensão racionalista da época. O Direito moderno, em suas categorias principais, consolida-se no

---

[1] Ver Luís Roberto Barroso, *Curso de direito constitucional contemporâneo*, São Paulo: Saraiva 2015, p. 263 e s. Ver também as etapas do Direito através da história, em Miguel Reale, *Lições preliminares de direito*, São Paulo: Saraiva, 1984, p. 143-146 e 148-154.

século XIX, já arrebatado pela onda positivista, com status e ambição de ciência. Daí, dois acontecimentos: a positivação do direito e o aparecimentos de conhecidos mitos.

d) **Processo de positivação do direito e os mitos.** O contato entre os princípios do justo e as situações histórico-sociais contingentes por meio de processos complexos e sutis constitui a condição do aparecimento de certos ideais que dão lugar às "**representações jurídicas**" que são a mola propulsora do progresso do Direito, visto como tendem a se traduzir em regras de Direito Positivo. São essas representações jurídicas a primeira manifestação do Direito Positivo. Elas são como que regras de Direito Positivo em esboço, amalgamado com elementos que a positividade depois distingue e separa, até culminar sob a forma precisa de **norma jurídica**. Em suma, toda representação jurídica é dotada de uma força de expansão que a leva a se tornar norma jurídica positiva, primeiro dentro de um círculo social particular (direito costumeiro), para depois se estender as círculos periféricos, ou ainda diretamente no círculo mais largo representado pela integração nacional. Tende, pois, a se tornarem regras de Direito estatal, tanto para ter assegurada uma eficácia plena em virtude da tutela da força material suprema como para adquirir universalidade

Surgem, então, os mitos. A lei passa a ser vista como expressão superior da razão. A ciência do Direito é o domínio asséptico da segurança e da justiça. O Estado é a fonte única do poder e do Direito. O sistema jurídico é completo e autossuficiente: lacunas eventuais são resolvidas internamente, pelo costume, pela analogia, pelos princípios gerais. Separada da filosofia do Direito por incisão profunda, a dogmática jurídica volta seu conhecimento apenas para a sua própria estrutura, para a lei e o ordenamento positivo, sem qualquer reflexão sobre seu próprio saber e seus fundamentos de legitimidade. Na aplicação desse direito puro e idealizado, está o Estado como árbitro imparcial. A interpretação jurídica é um processo silogístico de subsunção dos fatos à norma. O juiz ("la bouche qui prononce les paroles de la loi", segundo Montesquieu) é um revelador de verdades abrigadas no comando geral e abstrato da lei. Refém da separação de Poderes, não cabe ao juiz qualquer papel criativo.

Em síntese, estas são algumas das **principais características** do Direito na perspectiva clássica: a) caráter científico; b) emprego da lógica formal; c) pretensão de completude; d) pureza científica; e) racionalidade da lei e neutralidade do intérprete. Tudo regido por um ritual solene, segundo a tradição e o formalismo. O Direito produz ordem e justiça, com equilíbrio e igualdade.

44.2. Teoria crítica do Direito

Sobre a base de que **o Direito pode não estar integralmente na lei**, tendo condição de existir independentemente da intervenção estatal, da positivação, do reconhecimento expresso pela estrutura de poder, **surge**

a teoria crítica do Direito. Sob essa designação genérica, abriga-se um conjunto de movimentos e de ideias que questionam o saber jurídico tradicional na maior parte de suas premissas: cientificidade, objetividade, neutralidade, estatalidade, completude. Funda-se na constatação de que o Direito não lida com fenômenos que se ordenam independentemente da atuação do sujeito, seja ele o legislador, o juiz ou o jurista. Esse engajamento entre sujeito e objeto compromete a pretensão científica do Direito e, como consequência, seu ideal de objetividade e de um conhecimento que não seja contaminado por opiniões, preferências, interesses e preconceitos.

A teoria crítica **preconiza a atuação concreta, a militância do operador jurídico**, à vista da concepção de que o papel do conhecimento não é somente a interpretação do mundo, mas também a sua transformação. O intérprete, então, deve buscar a justiça, ainda quando não a encontre na lei. A teoria crítica resiste, também, à ideia de completude, de autossuficiência e de pureza. O estudo do sistema normativo (dogmática jurídica) não pode isolar-se da realidade (sociologia do direito) e das bases de legitimidade que devem inspirá-lo e possibilitar a sua própria crítica (filosofia do direito). A interdisciplinaridade, que colhe elementos em outras áreas do saber, tem uma fecunda colaboração a prestar ao universo jurídico.

O pensamento crítico teve expressão na produção acadêmica de diversos países, notadamente nas décadas de 70 e 80. Na **França**, a *Critique du Droit*, influenciada por Althusser, procurou atribuir caráter científico ao Direito, mas uma ciência de base marxista, que seria a única ciência verdadeira. Nos **Estados Unidos**, os *Critical Legal Studies*, também sob influência marxista (embora menos explícita), difundiam sua crença de que "law is politics", convocando os operadores jurídicos a recompor a ordem legal e social com base em princípios humanísticos e comunitários[2]. Anteriormente, na **Alemanha**, a denominada Escola de Frankfurt lançara algumas das bases da teoria crítica, questionando o postulado positivista da separação entre ciência e ética, completando a elaboração de duas categorias nucleares (a ideologia e a práxis), bem como identificando a existência de duas modalidades de razão: a instrumental e a crítica. A produção filosófica de pensadores como Horkheimer, Marcuse, Adorno e, mais recentemente, Habermas, terá sido a principal influência pós-marxista da teoria crítica.

---

[2] Uma das lideranças do movimento foi o professor de Harvard, de nacionalidade brasileira, Roberto Mangabeira Unger. Através da crítica às teorias liberais, os expoentes da *Critical Legal Studies* chegaram a formular propostas alternativas ao sistema capitalista, como a de Unger, que apela à revolução cultural do eu, isto é, do sujeito individual concreto. Ao indivíduo desencarnado do liberalismo, ao homem racional da modernidade, que é instrumento do capitalismo, Unger opõe a pessoa concreta e passional, o sujeito individual que se torna condição necessária da transformação das estruturas sociais existentes (*Passion, an essay on personality*).

No **Brasil**, a teoria crítica do direito compartilhou dos mesmos fundamentos filosóficos que a inspiraram em sua matriz europeia, tendo se manifestado em diferentes vertentes de pensamento: epistemológico, sociológico, semiológico, psicanalítico e da teoria crítica da sociedade. Todos eles tinham como ponto comum a denúncia do Direito como instância de poder e instrumento de dominação de classe.

Fazemos menção especial à **Teoria Tridimensional de Miguel Reale**, em que o fenômeno jurídico não pode ser abstratamente concebido como norma vazia de conteúdo, mas sim como experiência concreta de vida social em que se combinam três fatores, ou seja, o fato, constituído por relações sociais reguladas pelas normas de direito; a norma que regula tais relações; e o valor, fator que se articula com os dois anteriores. Uma articulação que, ao invés de ser compreendida como justaposição ou somatório de elementos estanques, deve ser vista como implicação dialética de cada uma com as outras duas, num processo de recíproca exigência e complementaridade, peculiar tão somente à cultura. Miguel Reale percebeu que as transformações científicas e tecnológicas ocorridas após a Segunda Grande Guerra, revolucionando os meios de comunicação e de relacionamento social, repercutiram não apenas na esfera econômica, mas também no mundo do Direito, levando o pensamento contemporâneo a exigir novas soluções para os problemas da Justiça e da Ciência Jurídica. O tridimensionalismo atendia aos anseios da época, demonstrando a importância dos valores para a compreensão da validade do Direito. Antecipava, assim, o interesse crescente da doutrina pelos princípios, como ocorreu com o pós-positivismo.

O fato é que o pensamento crítico no país alçou voos de qualidade e prestou inestimável contribuição científica. Mas não foi, nem poderia ter sido, um sucesso de público. O embate para ampliar o grau de conscientização dos operadores jurídicos foi desigual. Além da hegemonia quase absoluta da dogmática convencional (beneficiária da tradição e da inércia), a teoria crítica conviveu, também, com um inimigo poderoso: a ditadura militar e seu arsenal de violência institucional, censura e dissimulação. A atitude filosófica em relação à ordem jurídica era afetada pela existência de uma legalidade paralela, ou seja, a dos atos institucionais e da segurança nacional.

A **redemocratização no Brasil** impulsionou uma volta ao Direito. É certo que já não se alimenta a crença de que a *lei* seja "a expressão da vontade geral institucionalizada" (Declaração dos Direitos do Homem e do Cidadão, 1789, art. 6º) e se reconhece que, frequentemente, ela estará a serviço de interesses poderosos, e não da justiça ou da razão. Mas ainda assim ela significa um avanço histórico: fruto do debate político, a lei representa a despersonalização do poder e a institucionalização da vontade política. O tempo das negações absolutas passou. Não existe compromisso com o outro sem a lei. É preciso, portanto, explorar as potencialidades positivas da dogmática jurídica, investir na interpretação principiológica, fundada em valores, na ética e na razão possível.

44.3. Pós-positivismo

A superação histórica do jusnaturalismo e o fracasso do positivismo abriram caminho para o "pós-positivismo": **um conjunto amplo e ainda inacabado de reflexões acerca do Direito, sua função social e sua interpretação.** Cuida-se duma designação provisória e genérica de um ideário difuso, no qual se incluem algumas ideias de justiça além da lei e de igualdade material mínima, advindas da teoria crítica, ao lado da teoria dos direitos fundamentais e da redefinição das relações entre valores, princípios e regras, aspectos da chamada nova hermenêutica.

Essa nova filosofia do Direito tem influenciado de maneira decisiva a produção acadêmica e jurisprudencial dos últimos tempos. Ela se apresenta, em certo sentido, como uma *terceira via* entre as concepções positivista e jusnaturalista. Não trata com importância menor as demandas do Direito por clareza, certeza e objetividade, mas não o concebe desconectado de uma filosofia moral e de uma filosofia política. Guarda deferência relativa ao ordenamento positivo, mas nele reintroduzindo as ideias de justiça e de legitimidade. Contesta, assim, o postulado positivista de separação entre Direito, Moral e Política, não para negar a especificidade do objeto de cada um desses domínios, mas para reconhecer a impossibilidade de tratá-los como espaços totalmente segmentados, que não se influenciam mutuamente. Como diria Miguel Reale, eles se dialetizam.

45. FORMAÇÃO DO DIREITO

O Direito está em todos os lugares, como o ar[3]. **Por isso, quanto à sua formação, há uma verdade fundamental: as normas geralmente não derivam de uma única fonte.** Seria absurdo querer *a priori* circunscrever a complexa e mutável gama de motivos geradores de uma norma de direito a um limitado número de fatores determinantes. A necessidade de regras de conduta em qualquer sociedade é tão grande que não existe poder ou órgão que possa satisfazê-la sozinho. São, por isso, como as estrelas do céu, dificultando a sua identificação[4].

---

[3] Santiago Nino, *Introdução à análise do direito*, São Paulo: Martins Fontes, 2015, p. 1.

[4] Segundo **Bobbio**, dois são os expedientes a que se costuma recorrer na formação de um ordenamento jurídico: a **recepção** de normas já existentes e a **delegação** do poder de produzir normas jurídicas. Esse duplo processo se reflete nas duas principais concepções com que os jusnaturalistas racionalistas do século XVIII, como Hobbes e Locke, explicavam a passagem do estado de natureza ao estado civil. Segundo a **hipótese hobbesiana**, os que estipulam o contrato renunciam completamente a todos os direitos do estado de natureza e o poder civil nasce sem limites. Se houver uma futura limitação, ela será uma autolimitação. Segundo a **hipótese lockiana**, o poder civil é criado com o objetivo de melhor garantir o gozo dos direitos naturais (tais como a vida, a propriedade, a liberdade) e, portanto, nasce originariamente limitado por um direito preexistente. Em suma, na primeira hipótese o direito natural desapa-

45.1. O dado e o construído

François Gény, em sua *Science et technique en droit privé positif*, fala em dois planos que se revelam na análise de qualquer sistema jurídico: **o dado** *(le donné)* e **o construído** *(le construit)*. O primeiro consiste em princípios descobertos pela pesquisa e que deveriam guiar a obra legislativa. O segundo compreende todos os meios para, com base naqueles princípios, criar a legislação adequada e necessária. Analisando este binômio (*le donné* e *le construit*), concluímos que no primeiro plano o homem deve contentar-se em descobrir e conhecer; no segundo, inventa e cria.

Gény, quando trata do *"le donné"*, diz que esses elementos fundamentais seriam reais, históricos, racionais e ideais. Os **dados reais** consistiriam nas condições de fato da vida humana, incluindo os da natureza física: clima, meio ambiente, aspectos fisiológicos, anatômicos e psicológicos do homem. Se eles não criam diretamente as normas, criam o meio necessário e a adequada lógica para que elas se construam. Os **dados históricos** seriam os fatos e as circunstâncias da vida social, incluindo o costume, a legislação, a doutrina, a jurisprudência. De tudo isso se extrairiam os valores daquela sociedade para tornar possível "a elaboração científica do direito objetivo". Os **dados racionais** seriam a reinterpretação do direito natural clássico, ou seja, as normas de conduta que a razão busca na natureza humana e nos contatos entre o homem e o mundo, apresentando-se não como algo metafísico, mas como "um produto da razão intuitiva, que penetra a essência das coisas". Os **dados ideais**, por sua vez, se referem às aspirações humanas de um direito melhor e mais progressista; as diferentes aspirações do ser humano sob a fórmula de valores.

Em suma, certos elementos constitutivos das regras de Direito são dados na natureza ou na vida. Podem ser verificados cientificamente, ou são sugeridos pela crença, pois (segundo Gény) o sentimento do justo coopera com a razão para distingui-los e apreendê-los. Esse dado pode ser como vimos, natural, histórico, racional ou ideal. Em face do que é dado, há uma parte dependente da vontade e da ação humana. É o *"construit"* que pressupõe o *"donné"* e na esfera do qual o jurista move-se com certa liberdade, mas não pode deixar de se subordinar ao dado.

45.2. Fatores sociais e valores

Sem contrariar a exposição supra, preferimos colocar a questão nos seguintes termos. **Toda norma jurídica corresponde ao momento culminante de uma multiplicidade de fatores**, os quais podem ser englobados, de modo geral, em duas categorias, a **de ordem axiológica e a de**

---

rece completamente ao dar origem ao direito positivo e a soberania civil nasce absoluta. Na segunda, o direito positivo é apenas instrumento para a completa atuação do direito natural preexistente (*Teoria geral do direito*, São Paulo: Martins Fontes, 2010, p. 207).

ordem fática. Em suma, a realidade cultural é o resultado da interação de muitos fatores: religiosos, políticos, geográficos, climáticos etc. Há, pois, um complexo de exigências axiológicas, que não opera *in abstracto,* mas condicionado por um complexo de circunstâncias fáticas. É dessa correlação fático-axiológica que se origina a norma ou um complexo de normas. Portanto, concorre todo um conjunto de fatores sociais e de valores, ou seja, todos os elementos que de um modo ou de outro provocam a elaboração e determinam a criação do direito, condicionando a decisão do Poder no ato de edição da norma jurídica. Não são ainda o direito, pois constituem seu antecedente lógico e natural. Mas é deles que o direito procede.

1º) FATORES SOCIAIS. A vida jurídica, sendo fenômeno cultural, está sempre na dependência de múltiplos fatores sociais. Há quem aponte como fato fundamental a raça; outros, o meio físico, a consciência coletiva, o meio geográfico, o acaso, a interferência dos grandes homens, o fenômeno econômico, a fé religiosa etc. etc. O erro consiste em atribuir a qualquer dos fatos sociais um relevo excepcional e desmedido. O certo é que o fenômeno jurídico está sempre na dependência de múltiplos fatores, seja econômico, religioso, político, moral ou natural.

a) *Fator econômico*. Não se pode negar a sua importância sobre o direito. Vemos, dia a dia, as novas relações econômicas modificando o panorama jurídico de qualquer país.

Para evidenciar a influência do fator econômico, lembramos o fenômeno conhecido por *Grande Depressão*, ocorrido em 1929 em Nova York, causando pânico, falências de bancos, de indústrias e de fazendeiros. O resultado foi a intervenção do Estado no campo econômico, com leis limitando tanto preços como a liberdade contratual e o exercício do direito de propriedade[5]. Há mesmo uma corrente filosófica, chefiada por **Karl Marx** (1818-1883), que reduz o direito, e todos os demais produtos culturais, a um fenômeno econômico. O fator econômico é, para Marx, o determinante de todos os outros fatores sociais. É a sua causa primeira e eficiente. A economia e o direito se encontram, assim, numa relação de causa e efeito. Segundo ele, o direito e o Estado surgem, na história da humanidade, devido a causas econômicas. As relações de dominação são anteriores ao capitalismo, mas foi o capitalismo que fundou a ideia de dominação contratual. Na visão do chamado "materialismo histórico", o direito, como uma superestrutura de caráter ideológico, estaria condicionado pela infraestrutura econômica. Esta é que modela a sociedade, determinando as formas de arte, de moral ou de direito, em função da vontade da classe detentora dos meios de produção[6].

---

[5] Ver Paulo Dourado de Gusmão, *Introdução ao estudo do direito*, Rio de Janeiro: Forense, 1997, p. 98.

[6] O materialismo histórico não passa, no fundo, de uma coleção de teorias sobre o desenrolar da História, desde seus primórdios até o dia glorioso em que o mundo inteiro será comunista.

Exagero à parte, não se pode negar a influência da economia sobre o direito. Porém, se o fenômeno econômico influi decisivamente sobre o fato político e o jurídico, ele é por sua vez governado pelo direito, o qual está sempre presente qualquer que seja a ordenação das forças econômicas. Não se pode conceber uma estrutura econômica anterior ao direito e independente dele. Há, pois, entre economia e direito uma *interação dialética* constante, não se podendo afirmar que a primeira cause o segundo, ou que o direito seja mera "roupagem ideológica" de dada forma de produção, na lição de Reale[7].

b) **Fator religioso.** Embora sem aquela importância extraordinária de outros tempos, quando o direito se confundia com a religião, o fator religioso ainda tem muita influência na determinação do direito de cada povo. Apesar de predominar o princípio da liberdade religiosa, cada povo tem sempre uma religião que conta com um maior número de adeptos, e ao elaborar seu direito o faz respeitando os sentimentos religiosos da maioria. Geralmente é no direito de família que a religião exerce a maior influência.

Alguns sistemas jurídicos, principalmente no mundo islâmico, continuam a ser regidos por livros religiosos. O Irã, por exemplo, restabeleceu em 1979 a vigência do Alcorão, livro da seita islâmica, para disciplinar a vida da sociedade iraniana.

c) **Fator político.** Sabemos que, em geral, as grandes modificações políticas de um país acarretam a adoção de novas leis, até de nova Constituição, na qual se esteia toda a sua vida jurídica. São necessariamente diferentes, por exemplo, os direitos de governos monárquicos e republicanos, de regimes ditatoriais e democráticos.

O Estado moderno caracteriza-se por uma acentuada interdependência entre a política e o direito. Este, na sua função ordenadora da convivência social, depende do Estado, que tem como estrutura a política. Contudo, não devemos, como Kelsen, **estabelecer a identidade do direito e Estado**[8]. Caso contrário, por exemplo, nossos antepassados, antes do estabelecimento do regime de Estado, teriam vivido sem direito, o que é inadmissível.

Por conseguinte, se os problemas fundamentais do nosso tempo exigem a autonomia do jurídico e do político, eles também impõem que o jurídico e o político se entrelacem. A harmonia entre eles é importante para toda a

---

Marx afirma que a estrutura econômica da sociedade, constituída de suas relações de produção, é a verdadeira base da sociedade. É o alicerce "sobre o qual se ergue a superestrutura jurídica e política ao qual correspondem formas definidas de consciência social". Em suma, o caráter fundamental das instituições jurídicas e políticas da sociedade é determinado pela natureza da estrutura econômica existente.

[7] Miguel Reale, *Lições preliminares de direito*, São Paulo: Saraiva, 1984, p. 21.

[8] Para a Escola Pura do Direito, ou Escola de Viena, Direito e Estado são a mesma coisa, tudo é norma; há entre eles uma identificação total.

vida humana. Dizia **Alceu Amoroso Lima**: "quando a Política nega o Direito, levanta-se o espectro da Tirania. Quando o Direito nega a Política, o espectro que se levanta é o da Anarquia. O ideal democrático, em sua verdadeira natureza, que orienta sempre a marcha da realidade democrática, é precisamente o regime que procura reunir política e direito no plano da ordem pública"[9]. Não sem razão, o jurista português Cabral de Moncada proclamava que "todo o direito serve uma política, como toda a política é sempre limitada por um direito, numa relação como a que existe entre o pensamento e a palavra que o traduz"[10].

Podemos concluir dizendo com Luís Roberto Barroso que, no plano da "criação" do Direito, ele não pode ser separado do processo da Política. Afinal ele é produto de um processo constituinte ou de um processo legislativo. Mas no plano da sua "aplicação", a separação do Direito da Política é não só possível como desejável. Estaremos, assim, evitando a ingerência do poder político sobre a atuação judicial[11].

d) **Fatores morais.** São outros fatores que exercem influência na configuração do direito. As virtudes morais de honestidade, decoro, decência, fidelidade, respeito ao próximo etc. são elementos que entram na formação do direito de cada povo e que merecem ser preservadas e por isso o direito se revela sensível a elas.

e) **Fatores naturais.** Não podem ser ignorados na formação do direito de um país. O clima, o solo, a raça, a natureza geográfica do território, a população, a constituição anatômica e psicológica do homem são elementos significativos como matéria do direito. Temos o exemplo do "polígono das secas", que por suas peculiaridades tem motivado o surgimento de várias leis de proteção. Montesquieu escrevia: "Elas (as leis) devem ter relação com o elemento físico do País; com o clima gelado, ardente ou temperado; com a qualidade do terreno, a sua situação, sua extensão; com o gênero de vida dos povos – agricultores, caçadores, ou pastores"[12].

2º) ELEMENTOS AXIOLÓGICOS. Além da realidade social, existem também elementos axiológicos, ou seja, valores que influem na determinação do direito.

As normas jurídicas não são, apenas, cópias de algo dado de antemão no processo social. A verdade é que todo direito existe como instrumento para a realização de valores. Os fatos se subordinam a exigências de valor.

---

[9] Alceu Amoroso Lima, Prefácio a *Legado político do Ocidente: o homem e o Estado*, Rio de Janeiro: Difel, 1977, p. 12-13.

[10] Cabral de Moncada, *Filosofia do direito e do Estado*, Coimbra: Atlântida Editora, 1966, v. 2, p. 153.

[11] Roberto Barroso, *Curso de direito constitucional contemporâneo*, São Paulo: Saraiva, 2015, p. 448.

[12] Montesquieu, *O espírito das leis*, São Paulo: Saraiva, 2008, p. 85.

Se a elas é inerente certa temporalidade, no entanto, como observa Luigi Bagolini, não é a temporalidade do "tempo do relógio". Há também um "tempo axiológico".

Queremos viver em uma sociedade em que haja o valor **justiça**, ou seja, em que se dê a cada um o que é seu; em que haja o valor **ordem**: organização e disciplina de suas forças; em que se garanta a cada um a certeza da continuidade das relações, isto é, em que vigore o valor **segurança**; em que haja o valor **paz**: plena concórdia entre os indivíduos e os grupos sociais componentes. Então, para a consecução desses objetivos, lançamos mão do direito. Inegável, portanto, a influência dos valores na formação da matéria do direito.

46. MANIFESTAÇÃO DO DIREITO

Uma vez formado, o direito aparece na vida social por certos meios ou formas de manifestação ou de expressão: a legislação, o costume jurídico, a jurisdição, os negócios jurídicos, como veremos, ao tratar das fontes do direito. Em suma, o direito se manifesta através da norma, que vem a ser o ponto culminante no processo da gênese do direito. Esses meios de manifestação não se confundem, é claro, com o documento em que a norma vem contida, ou seja, o *Diário Oficial*; este é meio instrumental que pode desaparecer sem atingir a norma.

47. TEORIA DAS FONTES DO DIREITO

A questão que de imediato se levanta é a seguinte: que devemos chamar de "fonte" do direito? Somente os elementos que revelam o direito? Ou os elementos que concorrem tanto para a formação como para a manifestação das normas jurídicas?

A resposta a essa pergunta mostra-nos que há duas maneiras de enfocar o assunto em questão. A doutrina jurídica não se apresenta uniforme a respeito da matéria, e por vários motivos, a começar pela metáfora fontes do direito que, usada com vários sentidos (polissemia), tem gerado equívocos. Na metáfora há uma pluralidade de significados para um só significante[13].

Há quem simplifica o problema, ao afirmar dogmaticamente que o **Estado** deve ser colocado na origem de todo o direito. Ele é a única fonte do

---

[13] A vastidão da imagem de fonte fica evidente nos vários sentidos com que é usada: a) *histórico* (as origens históricas e as influências sofridas); b) *instrumental* (os documentos que contêm as normas, como o Diário Oficial); c) *orgânico* (os órgãos que estão incumbidos da produção de regras jurídicas); d) *sociológico* (as circunstâncias sociais que provocaram determinada norma); e) *técnico-jurídico* (os modos de formação e manifestação das regras jurídicas). José de Oliveira Ascensão lembra que em Portugal há ainda as "fontes comunitárias", pelo fato da sua adesão à Comunidade Econômica Europeia (CE) (*O direito*: introdução e teoria geral – uma perspectiva luso-brasileira, Rio de Janeiro: Renovar, 1994, p. 197).

direito, o qual fica reduzido a uma série de ordens elaboradas ou aprovadas pelos órgãos do Poder Público. Porém, **a questão é bem mais complexa**, devendo-se, de início, **distinguir dois momentos** fundamentais na gênese do direito, dois momentos de uma única realidade: o primeiro é o da sua "**formação**" (causa material) e o segundo vem a ser o da sua "**manifestação**" (causa formal). A questão transcende o direito positivo, ou seja, o poder (*potestas*) não constitui por si só a juridicidade. Esta exige uma *validade* que a justifique ou fundamente.

Polissêmica, a expressão "fontes do direito" é empregada em sentidos diversos, como o sociológico, o histórico, o filosófico, o técnico-formal etc. Esse fato explica as discrepâncias da doutrina sobre o tema. Há autores que chamam de fonte tanto os meios pelos quais o direito se forma como aqueles por meio dos quais ele se manifesta. E há autores, aos quais nos filiamos, que preferem chamar de fonte tão somente os meios de expressão do direito na vida social[14].

47.1. Fonte como meios de formação e manifestação

Tradicionalmente, os autores costumam abranger, com a denominação "fontes" do direito, tanto aqueles elementos que concorrem para a **formação do conteúdo ou matéria da norma jurídica** (*fonte material* ou *fonte de produção*), como os modos ou **formas da sua manifestação** (*fonte formal ou fonte de cognição*). Seriam duas realidades ontologicamente distintas.

Tal distinção surgiu com a positivação do direito no século XIX, que deu lugar à preponderância da lei como fonte das normas jurídicas. Trata-se de uma visão estatalista e positivista, não como recursos plurais à disposição dos atores judiciais para solucionar os conflitos sociais.

47.2. Fonte como meios de manifestação

O Direito, porém, é uma experiência muito mais multifária e complexa do que a mais tradicional visão legalista. Por isso, Miguel Reale, tendo em vista os equívocos que a antiga distinção entre "fonte formal" e "fonte ma-

---

[14] Eduardo Bittar distingue entre fontes "sociais" e fontes "jurídicas" do Direito. As primeiras representam o complexo de fatores relevantes que advêm dos demais subsistemas sociais e da experiência do mundo da vida, e que podem afetar a forma e o conteúdo do fazer-Direito. As segundas compreendem o conjunto das fontes imediatamente disponíveis para embasar decisões técnico-jurídicas, discursivamente sustentadas e racionalmente justificáveis, expressando valores de justiça reconhecidos e validados pelo sistema jurídico-positivo de um Estado-nação (*Introdução ao estudo do direito*, São Paulo: Saraiva 2018, p. 251-252). Norberto Bobbio, por sua vez, assim define fontes do direito: "aqueles fatos ou aqueles atos aos quais um determinado ordenamento jurídico atribui a competência ou a capacidade de produzir normas jurídicas" (*O positivismo jurídico*, São Paulo: Ícone, 2006, p. 161).

terial" tem causado nos domínios da ciência jurídica, prefere **dar ao termo "fonte do direito" uma única acepção**, restrita ao campo da ciência do direito, como **sendo apenas os meios de expressão do direito**, produzindo normas jurídicas vigentes e eficazes. O termo fontes do Direito designam "as categorias formais através das quais os modelos jurídicos se revelam, as formas tipificadoras da modelagem experimental do Direito"[15].

Ele aponta a **impropriedade da expressão "fonte material"**, pois o que se costuma indicar com ela não é outra coisa senão o *estudo filosófico ou sociológico* dos motivos éticos ou dos fatos que condicionam o aparecimento e as transformações das regras de direito. Trata-se, antes, do problema do **"fundamento ético"** ou do **"fundamento social" das normas jurídicas**, situando-se, por conseguinte, fora do campo da ciência do direito, já que pertencem ao âmbito da filosofia ou sociologia jurídica[16]. Segundo ele, a distinção entre "fontes materiais" e "fontes formais" não passa de uma *pseudodistinção*, resultante de um *pseudoproblema*, pois não é possível saber qual é o significado de uma chamada "fonte formal" sem ter presente a "fonte material" ou a estrutura social correspondente, isto é, o conjunto de causas e motivos determinantes do aparecimento das normas de direito. Seriam, quando muito, dois momentos de uma única realidade.

Decorrentemente, assim define fonte do direito: são "**os processos ou meios em virtude dos quais as regras jurídicas se positivam com legítima força obrigatória, isto é, com vigência e eficácia no contexto de uma estrutura normativa**"[17]. Em suma, a fonte de direito representa sempre uma estrutura normativa que processa e formaliza determinadas diretrizes de conduta ou determinadas esferas de competência, conferindo-lhes validade objetiva.

---

[15] Miguel Reale, *O direito como experiência*, São Paulo: Saraiva, 2002, p. XXV.

[16] Miguel Reale escreve a respeito do superamento da distinção sempre ambígua entre "fonte material" e "fonte formal" do direito: "O estudo da primeira (fonte material) tem sido posto em três níveis distintos, ora no da Filosofia do Direito, significando o *fundamento*, isto é, a ideia ou o valor que dá legitimidade ética à regra jurídica; ora tem sido focalizado em termos sociológicos, com referência às *estruturas e fatos sociais* determinantes do surgimento da norma e de sua eficácia; e, por fim, tem sido conduzido no plano *dogmático*, em função da autoridade que emana a regra. A rigor, dever-se-ia conservar a designação de *fonte de direito* apenas para esta terceira hipótese, pois, sob o prisma dogmático-jurídico, é o *ato decisório do poder* que aperfeiçoa o processo nomogenético. A teoria das fontes ficaria, desse modo, circunscrita ao estudo das *condições de validade* requeridas pelas diversas formas de produção, alteração e revogação das regras de direito que compõem os *modelos jurídicos*, isto é, teria por objeto o estudo dos *processos válidos* de elaboração das normas legais, jurisdicionais e consuetudinárias, de que se compõem os modelos jurídicos" (*O direito como experiência*, São Paulo: Saraiva, 2002, p. 168 e 173).

[17] Miguel Reale, *Lições preliminares de direito*, São Paulo: Saraiva, 1984, p. 140.

47.3. Diálogo das fontes

No entanto, o relacionamento entre as fontes do Direito, além da hierarquia que gera certeza e segurança, deve ser colocado em termos de *diálogo*, em face da complexidade, pluralidade e multiplicidade das condições atuais da vida, *harmonizando complementar e subsidiariamente seus conteúdos*. Esse **diálogo de coerência e complementariedade** se dá, sobretudo, pelos princípios e regras constitucionais incidentes no caso concreto.

47.4. Ponto de transição

De outro lado, embora a palavra "fonte" possa significar tanto um local como um fator ou a relação entre dois fenômenos, dos quais o primeiro serve de causa para o outro, **fonte**, *em sentido próprio*, é **o ponto em que surge o veio d'água**. É o lugar em que ele passa do subsolo à superfície, do invisível ao visível. De fato, a água tem "origem" nas camadas mais profundas da terra. E chega até nós, tem sua primeira "aparição" na superfície da terra, "se manifesta" numa nascente (fonte). De certa forma, a fonte é o próprio curso d'água no ponto de transição entre essas duas situações ou momentos: do subsolo à superfície.

Assim, de forma semelhante, **procurar a fonte de uma norma jurídica** significa **investigar o ponto em que ela saiu das profundezas da vida social para aparecer na superfície do direito**. A "fonte do direito" é o próprio direito em sua passagem de um estado de fluidez e invisibilidade subterrânea ao estado de segurança e clareza; o lugar onde ele passa de invisível a visível, onde sobe do subsolo à superfície[18]. Em decorrência, a visão realeana ajusta-se melhor ao sentido próprio da palavra "fonte" (*fons, fontis* – nascente de água).

Por conseguinte, uma fonte de direito **só pode ser formal**, embora o intérprete, ao procurar alcançar o sentido daquilo que a fonte revela, não possa deixar de atender às suas causas e aos pressupostos materiais. Faz isso, porém, só na medida em que esses pressupostos possam esclarecer o conteúdo das regras jurídicas[19].

47.5. Caráter prospectivo

Outro aspecto a ser salientado é o *caráter retrospectivo* da ideia de fonte que prevaleceu *inicialmente*. Ficou-se, de fato, por demais apegado

---

[18] Horvath, *Les sources du droit pósitif*.

[19] Miguel Reale tem a expressão "formas de determinação" dos modelos jurídicos como mais adequada do que "fontes formais" (*Teoria tridimensional do direito*, São Paulo: Saraiva, 1994, p. 44). Propõe mesmo a superação da doutrina das fontes do direito por uma "teoria dos modelos", conceito este que tem uma conotação prospectiva, enquanto a de fontes é retrospectiva, além de outras: *Vide O direito como experiência*, São Paulo: Saraiva, 1968, p. 168-173.

à ideia do poder em virtude do qual a norma surgia, a tal ponto que prevalecia o entendimento de que a lei, por ser a expressão do Poder Legislativo, devia ser interpretada segundo a intenção do legislador. Esse entendimento, aliás, prevaleceu por muito tempo. Em decorrência desse caráter retrospectivo da teoria tradicional das fontes do direito, o conteúdo da fonte ficava vinculado ao seu processo de instauração. Prevalecia "a intenção do enunciante sobre o que era enunciado objetivamente como conteúdo da fonte mesma", na observação de Reale[20].

Hoje prevalece uma compreensão prospectiva da fonte do direito, ou seja, o seu conteúdo, a rigor, refere-se principalmente a atos futuros (ainda que não se possa esquecer o valor retrospectivo dos seus motivos determinantes). Em relação à lei, por exemplo, hoje se afirma que ela, uma vez promulgada, desliga-se da pessoa do legislador, **para passar a ter**, por si só, uma **validade objetiva**, a partir da qual deve ocorrer a sua aplicação.

48. PRESSUPOSTOS E ELENCO DAS FONTES DO DIREITO

Sendo a fonte do direito os meios pelos quais as regras jurídicas se manifestam com legítima força obrigatória, **dois pressupostos** se impõem: a presença de um poder e a capacidade de inovar.

48.1. Presença de um poder

Para que se possa falar de fonte de direito, isto é, de fonte de regras "obrigatórias", dotadas de vigência e eficácia, é preciso que haja **um poder capaz de especificar o conteúdo do devido**, de *exigir o seu cumprimento*, imputando ao transgressor consequências ou sanções penais (não sendo indispensável que ele mesmo aplique a sanção). Os processos ou formas de manifestação do direito sempre pressupõem, portanto, uma "estrutura de poder"[21].

Na realidade, a gênese de qualquer regra de direito só ocorre em virtude da interferência de um "poder", o qual, diante de um complexo de fatos e valores, *opta*, entre as várias vias normativas possíveis, por dada solução normativa com características de objetividade e obrigatoriedade. E isso ocorre quer ***erga omnes***, como acontece nas hipóteses da fonte legal e costumeira, quer ***inter partes***, como se dá no caso da fonte jurisdicional ou na fonte negocial. Uma norma é sempre uma "expressão de poder" (Bobbio). Por isso, as fontes do direito são sempre dotadas de capacidade de obrigar.

---

[20] Miguel Reale, *Fontes e modelos do direito*, São Paulo: Saraiva, 1994, p. 15.
[21] Miguel Reale, *Lições preliminares de direito*, São Paulo: Saraiva, 1984, p. 141.

48.2. Capacidade de inovar

Esse segundo pressuposto significa que a fonte, sendo constitutiva de direito, deve ser capaz de inovar no direito existente, ou seja, **capaz de introduzir algo de novo com caráter obrigatório no sistema jurídico** em vigor. Cuida-se da historicidade da fonte do direito.

O conteúdo de uma fonte do direito, **às vezes é formado de diretrizes imutáveis**, validas para qualquer tempo e circunstância, pois consagram um valor tido e havido como insuscetível de mudança. **A maioria das leis, porém**, não é promulgada de maneira rígida e intocável, uma vez que seus enunciados comportam, por sua natureza, **adaptações históricas ao processo da vida comunitária**. Seu conteúdo refere-se a eventos factuais ou a exigências axiológicas mutáveis, importando interpretação diversa daquela que estava inicialmente na intenção do legislador, e assim se projeta livremente no plano da experiência jurídica concreta. Em decorrência, o conteúdo de uma fonte do direito não pode ser analisado senão numa correlação de seus elementos constitutivos, visto como as regras que dela promanam são inseparáveis da vida social e histórica, sofrendo contínuas alterações resultantes de novos fatos e valores emergentes depois da sua promulgação. "A realidade histórica reage, continuamente, sobre a realidade normativa", dizia Enrico Paresce[22].

Não é necessário ser tridimensionalista para se reconhecer que a teoria das fontes do direito não pode ser elaborada apenas segundo critérios lógico-semânticos, por ser impossível fazer abstração de sua relação com a vida social e histórica.

48.3. Quatro fontes do direito

À luz do conceito dado de fonte e dos seus pressupostos, há um *numerus clausus* de fontes do direito, ou seja, só quatro são as fontes por excelência do direito, porque quatro são as formas do poder de decidir na experiência social: a fonte legal, a fonte jurisdicional (fontes estatais), a fonte costumeira e a fonte negocial (fontes não estatais). Outros institutos, tidos como fontes do Direito, na realidade não passam de estratégias para aplicação do Direito.

Temos, assim, como sendo fontes do direito:

a) **O processo legislativo**, ou seja, aquele conjunto de fases estabelecidas na Constituição Federal e que dão origem a normas jurídicas de ordem legal. É a expressão do Poder Legislativo.

b) **O costume jurídico**, isto é, a repetição habitual de um comportamento com a convicção da sua obrigatoriedade. Eles se vinculam ao poder social, que vem a ser o poder decisório anônimo do povo e inerente à vida coletiva.

---

[22] *Apud* Miguel Reale, *Fontes e modelos do direito*, São Paulo: Saraiva, 1994, p. 21-23.

c) **A jurisdição**, ou melhor, o exercício pelos magistrados do seu poder legal de conhecer e julgar os litígios. Corresponde ao Poder Judiciário.

d) **O negócio jurídico**, ou seja, a manifestação de vontade que, instaurando uma relação entre dois ou mais sujeitos, busca produzir determinado efeito jurídico protegido pelo direito. É a expressão do poder negocial como uma das exteriorizações da autonomia da vontade.

49. A DOUTRINA JURÍDICA

A doutrina vem a ser "o estudo de caráter científico que os juristas realizam a respeito do direito, seja com o propósito meramente especulativo de conhecimento e sistematização, seja com a finalidade prática de interpretar as normas jurídicas, para sua exata aplicação" (García Máynez). É a *communis opinio doctorum*.

49.1. Força convincente, não vinculante

A doutrina **não constitui uma fonte do direito**, porque não tem força bastante para revelar uma norma jurídica obrigatória. Não possui "estrutura de poder", indispensável à caracterização das formas de revelação do direito. Sua força é "convincente", não "vinculante".

É sabido que na *Roma antiga* os jurisconsultos de maior prestígio tinham o chamado ***jus publice respondendi***, o direito de emitir pareceres que deviam ser seguidos obrigatoriamente pelos pretores em suas decisões. No ano de 426 d.C., o Imperador Teodósio promulgou uma lei (Lei de Citas) pela qual os escritos jurídicos deixados pelos jurisconsultos **Papiniano, Ulpiano, Paulo, Modestino** e **Gaio** condicionavam as decisões dos pretores e tinham, portanto, força vinculatória, ao julgar uma questão em que houvesse divergência na interpretação do direito.

Em caso de igualdade de opinião entre eles, esta tinha força de lei e vinculava os juízes. Em caso de desacordo, deveria imperar a vontade da maioria. Se a opinião sobre determinado caso se dividia, prevalecia a opinião de Papiniano. Historicamente, a instituição criada passou a ser conhecida como "**Tribunal dos Mortos**", porque os mencionados jurisconsultos já eram falecidos.

Hoje, a doutrina não tem essa força. Não obriga os juízes nem vincula os comportamentos. Possui força "convincente", não força "vinculante". E é por isso, porque não se desenvolve numa "estrutura de poder", que vem a ser um dos requisitos ao conceito de fonte, como vimos, que a doutrina não é assim considerada.

Segundo Reale, **enquanto as fontes do direito produzem "modelos jurídicos"**, isto é, estruturas normativas que disciplinam as relações sociais com caráter obrigatório, **a doutrina produz "modelos dogmáticos ou hermenêuticos"**, isto é, esquemas teóricos, cuja finalidade é, por exemplo, determinar como as fontes podem produzir modelos jurídicos válidos, esclarecer o significado dos modelos jurídicos em vigor etc., como veremos depois[23].

49.2. Importância da doutrina

O fato de não ser fonte não significa que a doutrina não **exerça função importante** e influente no mundo jurídico.

De fato, a doutrina envolve toda a vida do direito, desde o momento de produção das normas jurídicas até o dia de sua interpretação e aplicação. Em última instância, como observa Arnaldo Vasconcelos, "todo Direito é doutrina". E em relação à lei, que em nosso sistema é a fonte mais geral do direito, "a doutrina está antes da lei, sugerindo-a; está na lei, apoiando-a; está depois da lei, vivificando-a"[24].

Assim, a doutrina **oferece subsídios valiosos ao legislador**, por ocasião da elaboração das leis. **Também ao seu intérprete e aplicador**, iluminando os fundamentos do dispositivo legal, revelando seu sentido e alcance, submetendo a legislação a juízos de valor e demonstrando suas falhas e deficiências. A lei, sem a participação da doutrina, não poderia atingir sua plenitude de significado nem se atualizar.

A doutrina é, enfim, uma das **molas propulsoras do direito**: cria neologismos, elabora novos conceitos, introduz teorias e institutos no mundo jurídico. Muitos temas do direito civil são obra de trabalhos doutrinários, por exemplo, a modificação de tratamento da concubina, dos filhos adotivos e adulterinos; a indenização por danos morais; os novos rumos da responsabilidade civil em geral etc.[25]. Esse aperfeiçoamento constante e necessário do direito deflui do trabalho dos juristas, da doutrina jurídica.

Não se poderia, ainda, deixar de ressaltar a influência e importância da doutrina no tocante ao **ensino do direito**. O instrumento básico dos estudantes, nas faculdades, são os livros doutrinários, ao lado dos códigos. As ciências da natureza possibilitam a investigação em laboratórios, mas a compreensão do fenômeno jurídico se alcança pelo estudo das teorias expostas em livros. A prática forense é necessária à formação do bacharel, mas a verdadeira cultura jurídica tem por fundamento o sólido conhecimento doutrinário.

49.3. Conclusão

O direito **resulta** de uma série de fatores sociais e de valores que a filosofia e a sociologia estudam, **mas se manifesta**, como ordenação vigente e eficaz, mediante as mencionadas formas de expressão ou fontes, que dão nascimento às correspondentes **normas jurídicas: legal, consuetudinária, jurisdicional e negocial**.

---

[23] Miguel Reale, *Lições preliminares de direito*, São Paulo: Saraiva, 1984, p. 176.
[24] Arnaldo Vasconcelos, *Teoria da norma jurídica*, Rio de Janeiro: Forense, 1978, p. 270.
[25] Ver Sílvio Venosa, *Direito civil:* teoria geral, São Paulo: Atlas, 1984, p. 34

QUESTIONÁRIO

1. Qual a posição do positivismo jurídico a respeito da gênese do direito?
2. Quais são os principais fatores sociais que influenciam na formação do direito?
3. Exemplifique os elementos axiológicos que podem influir na determinação do direito.
4. Tradicionalmente, o que os autores costumam chamar de fonte material e fonte formal do direito?
5. Qual a crítica que se pode fazer à classificação tradicional das fontes em material e formal?
6. Numa acepção restrita ao campo da ciência do direito, como Miguel Reale define as fontes do direito? Quais são os seus dois pressupostos?
7. Que significa dizer que a fonte do direito se desenvolve sempre numa estrutura de poder e com capacidade de inovar?
8. Como ocorre a gênese de uma norma jurídica, segundo a Teoria Tridimensional do Direito?
9. Quais são as quatro formas de poder que podem interferir na gênese de uma norma jurídica? Que significam?
10. Quais são as fontes do direito e como se denominam as normas jurídicas que delas promanam?
11. Que vem a ser o caráter retrospectivo e prospectivo dado à fonte do direito? Qual deve prevalecer, em sua opinião? Justifique.
12. (Enade 2006) Segundo as concepções teóricas de Karl Marx, é correto afirmar que:

    A) O direito não pode ser visto como uma superestrutura que justifica e mantém a dominação econômica, pois pertence à estrutura social básica.

    B) As relações econômicas são independentes das relações jurídicas.

    C) As relações de trabalho determinam as relações econômicas, mas não o contrário.

    D) A alienação é produzida como consequência das crenças religiosas e, por isso, a modernidade, ao romper com a concepção teocêntrica de mundo, funda uma nova ordem.

    E) As relações de dominação são anteriores ao capitalismo, mas o capitalismo fundou a ideia de dominação contratual.

13. Chamam-se fontes do direito as instâncias sociais reconhecidas como normas, porque o tema das fontes é exclusivamente sociológico. Perante tal afirmação, escolha a opção correta:

    A) Asserção certa e razão certa.
    B) Asserção certa e razão errada.
    C) Asserção errada e razão certa.
    D) Asserção errada e razão errada.

14. Por que a doutrina, para muitos, não é fonte do direito, em sentido restrito? Qual o seu papel na vida do direito, segundo eles?

Lição XI

A NORMA JURÍDICA

Sumário: 50. Gênese da norma jurídica; 51. Conceito de norma jurídica; 52. Normas-princípio e normas-regra; 53. Estrutura da norma jurídica; 54. Causalidade, imputabilidade e responsabilidade; 55. Estrutura tridimensional da norma jurídica.

O conceito de direito ganha corpo e se realiza na história através da norma, que vem a ser um elemento constitutivo do direito, além do fato e valor. Dispondo sobre fatos e consagrando valores, a norma constitui o ponto culminante do processo jurídico.

O direito disciplina a vida social por meio de normas. Examinemos, então, a norma em si, na sua gênese, conceito e estrutura, lembrando antes que, em sendo elemento constitutivo do direito, nela se encontram as mesmas notas características daquele: imperatividade, heteronomia, coercibilidade e bilateralidade atributiva[1].

50. GÊNESE DA NORMA JURÍDICA

50.1. Processo de elaboração da norma

Se o direito resulta de uma série de fatores sociais e de valores e se manifesta como ordenação vigente e eficaz mediante formas de expressão (ou fontes) que dão nascimento às normas jurídicas, como vimos na lição

---

[1] Alguns autores distinguem entre "norma jurídica" e "norma de decisão". A **norma jurídica** é tida como o resultado da interpretação do texto, enquanto a **norma de decisão** vem a ser a solução, a decisão do caso. Assim, a concretização do direito aconteceria em dois momentos: no primeiro caminhamos do texto até a norma jurídica; no segundo, caminhamos da norma jurídica até a norma de decisão.

anterior, as normas jurídicas não são concebidas abstratamente, mas são **abstraídas da realidade social** em função dos **fatos** que se pretende disciplinar e dos **valores** que se quer consagrar. Não são, pois, construções cerebrinas ou formas lógicas vazias. São necessárias devido à exigência da natureza humana de viver em sociedade, cabendo a elas disciplinar o comportamento de seus membros[2]. "**A norma**, escrevia Miguel Reale Júnior, é o **momento culminante de um processo no qual estão em contínua tensão fato e valor**"[3]. É dessa tensão entre os fatos e os valores que se origina a norma.

No processo de elaboração de uma norma legal sobre a **reforma agrária**, por exemplo, é evidente que todos os membros do Congresso Nacional (deputados e senadores) estão condicionados por um complexo de circunstâncias de fato em relação ao acontecimento que deve ser objeto da lei. A nova lei projetada deve atender a múltiplos fatores ou dados objetivos de ordem geográfica, climática, demográfica, de desenvolvimento econômico, de caráter financeiro, educacional etc., assim como deve atender ao direito existente determinando o regime jurídico da propriedade e do uso da terra. Todo esse quadro complexo de fatores ou de condições naturais e históricas que se relacionam com o acontecimento a ser regulamentado é denominado por Miguel Reale *fato* (F).

É perante esse complexo de circunstâncias de fato que os legisladores enunciam juízos de valor **pró ou contra** a pretendida reforma agrária. Essas diversas tomadas de posição dependem de um *complexo de valores* (V), segundo as múltiplas inclinações e convicções de cada um. Um deputado ou senador apegado aos princípios tradicionais do liberalismo econômico poderá ser levado a condenar toda e qualquer forma de intervenção do Estado no domínio econômico, julgando então que a lei tendente a disciplinar a economia agrária será danosa ao País. Outro parlamentar de tendências reformistas, ou um terceiro de formação socialista, já pensará de maneira diversa.

É evidente que cada uma dessas posições dá origem a uma proposição normativa, seja na forma de **projetos de lei**, seja na de substitutivos, emendas etc. Em suma, do ponto de vista do direito em elaboração, há sempre uma *pressão axiológica* (V) relacionada com uma *situação fática* (F), que pode ser expressa por diversos projetos de lei, ou diversas proposições normativas ou diversas *normas possíveis* (NP).

---

[2] No dizer de Eduardo Bittar, a norma jurídica atua de forma a transitar entre presente/passado/futuro, segundo o esquema: passado (recolhe experiência do passado); presente (age no presente sobre os fatos/atos que recaem sob a sua vigência); futuro (prevê hipoteticamente situações concretas futuras) (*Introdução ao estudo do direito*, São Paulo: Saraiva, 2018, p. 373-374).

[3] Miguel Reale Júnior, *Antijuridicidade concreta*, Bushatsky, 1974, p. 25.

É no instante mesmo em que o Congresso **sanciona o projeto vencedor** que uma das normas possíveis se converte em *norma jurídica legal* (NJ). Nessa escolha dotada de validade objetiva e de força constitutiva de direito novo revela-se a essência da coparticipação do *poder* (P) na gênese de uma norma jurídica[4].

Assim, na origem de uma norma jurídica, há: um *valor* (podendo ser mais de um) que se pretende tutelar ou realizar; e que incide sobre um *fato social* (não isolado, mas como um conjunto de circunstâncias); e se reflete em um leque de *normas possíveis*, das quais apenas uma se converterá em jurídica; com a interferência do *Poder* (legislativo, judicante, ou o poder difuso na sociedade ou da autonomia da vontade), que, ao eleger uma das várias vias normativas possíveis, converte-a em norma, armando-a de sanção, dando, assim, origem a uma *norma jurídica*.

Só é jurídica a norma que for declarada pelo "poder", ou seja, estabelecida por autoridades legais competentes (indivíduos ou órgãos investidos da qualidade de agentes da comunidade). Este ato decisório final põe termo ao flutuar das tensões fático-axiológicas, permitindo que a norma de direito se aperfeiçoe como modelo vigente. Há, portanto, uma correlação estreita entre direito e poder (Estado), a ponto de se afirmar que o **direito sem poder é vazio e o poder sem direito é cego**. A constituição de uma regra de direito sempre pressupõe um ato de escolha e de decisão, singular ou coletivo, anônimo ou de um órgão determinado. Seu efeito é a obrigatoriedade de uma dada via ou diretriz de ação dentre as múltiplas vias possíveis, no quadro das implicações fático-axiológicas próprias de cada conjuntura histórica[5].

Como numa fonte geradora de eletricidade há o polo negativo (por onde entra a corrente) e o polo positivo (por onde sai a corrente) e da junção dos dois, fechando-se o circuito, estabelece-se a corrente elétrica, assim do fato e do valor resulta a norma, que os integra. Como toda comparação claudica, vale ressaltar que não basta afirmar a existência desses três fatores. O importante é reconhecer que eles são inseparáveis, sendo a tridimensionalidade da essência mesma do direito.

E ainda mais. O direito consiste num processo dialético de implicação e polaridade de fatos, valores e normas, ou seja, entre fato (ou complexos de situações fáticas) e valores (ou complexos de exigências axiológicas), existe uma **permanente tensão**, chegando, às vezes, a um aberto contraste ou oposição. Pois bem, a norma jurídica, pela interferência decisória do

---

[4] O exemplo é dado por Reale, em *O direito como experiência*, São Paulo: Saraiva, 2002, p. 195.

[5] Se a experiência jurídica não prescinde do poder, ficamos cada vez mais conscientes dos riscos que ele comporta. Por isso é legítimo o sistema de precauções tendente a evitar abusos e desvios de autoridade.

poder, representa uma solução, temporária é verdade, nessa tensão dialética entre fatos e valores, porque ela corresponde a um momento de integração destes. A norma, portanto, "emerge de uma e numa tensão fático-axiológica", na lição de Reale[6]. A norma se origina, portanto, da correlação fático-axiológica.

Esquematizando:

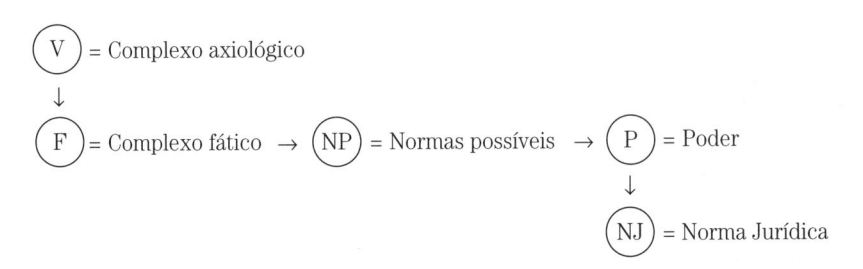

(V) = Complexo axiológico
↓
(F) = Complexo fático → (NP) = Normas possíveis → (P) = Poder
↓
(NJ) = Norma Jurídica

50.2. O poder no direito

A relação entre poder e o Direito exige cuidadosas distinções. O fenômeno jurídico, como vimos, é fenômeno universal, inerente a toda ordem social por mais que se recue no tempo à procura das primitivas formas de convivência humana. O Direito está sempre presente, ainda que em formas rudimentares de solidariedade social. As necessidades humanas nos conduzem naturalmente à **organização** assim como nos conduzem ao Direito. Daí o desenvolvimento concomitante, sincrônico, de uma e de outro, como aspectos de uma realidade única.

Quando um conjunto de homens, sob o estímulo de múltiplos motivos, passa a viver como grupo, ou seja, como unidade de vontades em razão de um fim comum, então o círculo social não pode deixar de ser organizado, o que quer dizer que passa a ter **um poder** que não se confunde com os poderes particulares dos membros componentes. Ora, **organizar-se é constituir-se com um poder social**. Este é o dado inicial, verificável em toda e qualquer forma de organização, em todo e qualquer grau de juridicidade do poder. Todo grupo social (família, clã, tribo, Estado) é uma organização do poder. O poder é a expressão de uma unidade social que se põe acima dos indivíduos ou de outras unidades sociais particulares. É a autoridade a serviço da instituição, ou seja, de algo de objetivo e de superior aos homens que o exercem.

Assim como não há organização sem presença do Direito, **não há poder que não seja jurídico**, isto é, insuscetível de qualificação jurídica, pois não se confunde com a força. É considerando a forma atual do Direito, com as suas características formais e a sua função normativa que fazemos a distin-

---

[6] Miguel Reale, *Teoria tridimensional do direito*, São Paulo: Saraiva, 1994, p. 96.

ção entre poder de fato e poder de direito. O poder, porém, não pode ser **reduzido** a uma pura categoria jurídica: são dois fenômenos concomitantes, reconhecendo que, se a atividade política do Estado não é toda jurídica, não é tampouco ajurídica, porquanto devem ser jurídicas as competências de decidir e a forma de exercício.

O poder, por conseguinte, nunca deixa de ser substancialmente **político**, para ser pura e simplesmente **jurídico**. Isto quer dizer que o poder não existe sem o Direito, mas pode existir com maior ou menor grau de juridicidade e o Direito não se positiva sem o poder, **um implicando o outro**, segundo o princípio de complementaridade. De maneira geral não há poder que se exerça sem a presença do Direito, mas daí não se deve concluir que o poder deva ser puramente jurídico. A expressão "**poder de direito**" é o resultado de uma comparação entre os diversos graus de juridicidade do exercício do poder. Não significa que o poder se torna todo substancialmente jurídico (o que equivaleria a identificar Estado e Direito), mas que o poder, em regra, se subordina às normas jurídicas cuja positividade foi por ele mesmo declarada.

Não se trata de um pretenso **direito do mais forte**. Rousseau já escrevia: "O mais forte não é nunca forte o bastante para ser sempre o senhor, se não transforma sua força em direito e a obediência em dever... A força é um poder físico. Ceder à força é um ato de necessidade, não de vontade; quanto muito, é um ato de prudência" (*Contrato social*).

51. CONCEITO DE NORMA JURÍDICA

As normas jurídicas, como expressão de um dever ser, são padrões obrigatórios de conduta e de organização social. Fixam pautas de comportamento interindividual e por elas também o Estado dispõe quanto à sua própria organização. Seu conteúdo são, pois, a conduta humana e os processos de organização social. Podemos defini-la como *a* **proposição enunciativa de uma forma de organização ou de conduta, que deve ser seguida de maneira objetiva e obrigatória**[7].

51.1. Linguagem prescritiva

Frequentemente a linguagem é usada para transmitir informação sobre o mundo do direito, sobretudo quando é usada de modo prescritivo ou diretivo. O uso prescritivo se dá quando, por meio da linguagem, **aquele que fala pretende direcionar o comportamento de outro, ou seja, tenta induzi-lo a adotar determinado rumo de ação.**

---

[7] Ver Miguel Reale, *Lições preliminares de direito*, São Paulo: Saraiva, 1984, p. 95. Para Kelsen, "norma" significa algo que deve ser ou acontecer, especialmente como um homem se deve conduzir de determinada maneira (*Teoria pura do direito*, São Paulo: Martins Fontes, 1998, p. 18 e s.).

As orações diretivas caracterizam-se em ser justa ou injusta, conveniente ou inconveniente, oportuna ou inoportuna, racional ou arbitrária, eficaz ou ineficaz, mas não que é verdadeira ou falsa, uma vez que não são destinadas a informar sobre a realidade. Costuma-se indicar que a oração expressa uma diretiva de comportamento empregando palavras denominadas "deônticas" (como "obrigatório", "proibido", "permitido"), ou "modais" (como "necessário", "possível", "impossível"). Quando a diretiva é uma prescrição rigorosa, o emissor não submete o seu cumprimento à vontade do destinatário, como no caso do conselho, pedido ou da súplica.

Em geral, as diretivas que são ordens ou mandados são chamados de "prescrições", embora nem toda norma seja uma prescrição, já que no fundo pode conter uma permissão ou autorização. Já sabemos que **toda norma jurídica é um bem cultural apresentando dois elementos**, ou seja, um "**suporte**" e um "**significado**" como expressão de um ou mais valores. Com outras palavras, as normas jurídicas são representadas mediante signos ou símbolos verbais, e o "juízo lógico" que as estrutura é, por sua vez, "suporte de significados" que transcendem o plano lógico-formal, referindo-se à salvaguarda de valores da existência humana. Por isso, se diz que a norma, do ponto de vista formal, é uma "proposição", sendo corrente distingui-la de seu "enunciado" ou "dispositivo", como veremos.

51.2. Proposição, enunciado e norma

Proposição vem a ser um *conjunto de palavras que possuem um significado em sua unidade*. O **enunciado**, por sua vez, é a *expressão linguística e formal das normas jurídicas*. Vem a ser o texto ainda por interpretar. Já a **norma** é o resultado ou o sentido construído a partir da interpretação do texto; é o produto da aplicação do enunciado à situação da vida objeto de apreciação, dando a solução do caso concreto. Não se aplicam os textos, mas se os interpretam; as normas, por sua vez, não se interpretam, mas se as aplicam[8].

Daqui decorre que, sendo a norma o significado de um enunciado, tanto ela pode ser expressa por diferentes enunciados normativos, como há normas que podem ser expressas sem a utilização de enunciados, como é o caso, por exemplo, das luzes de um semáforo[9]. Não há, pois, correspondência necessária entre norma e dispositivo ou enunciado; não há necessidade de que, em havendo um dispositivo, haja uma norma, ou que, em havendo uma norma, haja um dispositivo. Pode haver norma e não haver dispositivo;

---

[8] Na lição de Ricardo Guastini: "normas não são textos nem o conjunto deles, mas os sentidos reconstruídos a partir da interpretação de textos normativos. Daí se afirmar que os dispositivos se constituem no objeto da interpretação e as normas, no seu resultado" (*Teoria e dogmatica delle fonti; dalle fonti alle norme*).

[9] Robert Alexy, *Teoria dos direitos fundamentais*, São Paulo: Malheiros, 2011, p. 53-54.

haver apenas um dispositivo, a partir do qual se constrói mais de uma regra e haver mais de um dispositivo, mas a partir dele só é construída uma norma. A essa luz, mais do que a forma gramatical, o que interessa ao jurista, quando interpreta uma norma, é o seu sentido e significado[10].

51.3. Princípios e regras

Quanto ao seu **aspecto material**, está cada vez mais consolidada a teoria de que as normas jurídicas são um gênero que comporta duas grandes espécies: as *regras* e os *princípios*. Estes expressam valores ou fins a serem alcançados. Aquelas são relatos objetivos e descritivos de condutas a serem seguidas[11].

Modernamente prevalece essa concepção. O sistema jurídico ideal se consubstancia em uma distribuição equilibrada de regras e princípios. Há também aqueles que por motivos diversos, **rejeitam** a possibilidade ou a utilidade da colocação da matéria nos moldes indicados. Para eles, a distinção entre regra e princípio seria inócua do ponto de vista funcional, uma vez que o princípio não pode operar por si só, mas apenas através de uma regra que dele se extraia. Para Eros Roberto Grau, "**os princípios são regras**"[12]. Aulis Aarnio também rejeita a possibilidade ou utilidade da referida distinção[13].

Miguel Reale, por sua vez, percebeu que as grandes transformações científicas e tecnológicas ocorridas após a Segunda Grande Guerra, revolucionando os meios de comunicação e de relacionamento social, repercutiram não apenas na esfera econômica, mas também no mundo do Direito, levando o pensamento contemporâneo a exigir novas soluções para os problemas da Justiça e da Ciência Jurídica. Preferiu, no entanto, falar numa "**Nova fase**

---

[10] Norberto Bobbio dá o seguinte exemplo: "Passando em frente a um portão de uma casa leio um cartaz assim escrito: 'Cuidado com o cão!'. É uma exclamação? Se a proposição tivesse a função exclamativa, significaria que os proprietários da casa quiseram com aquela frase exprimir publicamente o seu estado de ânimo sobre a periculosidade do seu cão. Mas não é assim: lendo o cartaz, compreendo que devo passar longe. Mas isso quer dizer que aquela frase, na sua aparência de exclamação, tem função de comando, ou pelo menos de recomendação, ou seja, não exprime sentimentos, mas tende a influir no comportamento alheio" (*Teoria da norma jurídica*, São Paulo: Edipro, 2012, p. 78).

[11] O tema dos princípios ingressou na discussão filosófico-jurídica em 1967, por mérito de Ronald Dworkin, e invadiu a literatura jurídica em todo o ocidente.

[12] Para ele, a regra é que vem a ser gênero do qual são espécies os princípios explícitos e implícitos e as regras estrito senso. O que caracteriza os princípios como espécie de regra, é o seu grau de generalidade e uma certa proximidade aos valores (*Por que tenho medo dos juízes*, São Paulo: Malheiros, 2014, p. 98, 104 e 113).

[13] Ver ainda ensaios de debate e crítica à presente questão em *Crítica da ponderação*: método constitucional entre dogmática jurídica e teoria social, São Paulo: Saraiva, 2016. Organização de Ricardo Campos.

do direito moderno", título da obra em que apresenta o resultado de suas pesquisas sobre os problemas da Justiça e do Direito Positivo, fazendo uma abordagem filosófico-jurídica das perspectivas e das três fases em que divide a história do Direito Moderno[14]. Preferiu também ver no conceito de "cultura" o novo paradigma, colocando nela o lugar onde se dá a ligação entre os valores ideais e os fatos, tornando-se o culturalismo a corrente de filosofia brasileira mais extensa e original[15].

Aqui, é importante observar uma questão concernente à **força normativa dos princípios**, ou seja, se eles podem não ser aplicados em vista de princípios colidentes, como normas que se submetem a um sopesamento em casos concretos. Nesse sentido os princípios possuem uma força normativa dissipável em razão de princípios contrários. Pensamos que isso possa ocorrer, embora não venha a ser um elemento definitório dos princípios, ou seja, uma propriedade necessariamente presente em todos os tipos de princípios. Seguindo a lição de Humberto Ávila, os princípios são normas imediatamente finalísticas, para cuja aplicação se exige a avaliação da correlação entre o estado da coisas a ser promovido e os efeitos decorrentes da conduta necessária à sua promoção. Por isso, na sua aplicação, recorreriam com frequência à modalidade da ponderação. Os princípios não seriam, em absoluto, "normas carecedoras de ponderação" (como alguns pensam).

Fato inegável é que ambos, regras e princípios, se dirigem ao comportamento humano, como ocorre com qualquer prescrição normativa. A diferença está em que, enquanto as regras descrevem comportamentos permitidos, obrigatórios ou proibidos, os princípios descrevem estados ideais que devem ser promovidos ou conservados. É nessa direção, sensata mas também discutível, que se orientam nossas considerações sobre o tema, a respeito do qual há uma diversidade de opiniões.

52. NORMAS-PRINCÍPIO E NORMAS-REGRA

Seja como for, o direito, inclusive o brasileiro, constitui-se não só de **regras**, que descrevem comportamentos permitidos, obrigatórios ou proibidos, mas também de **princípios**, que exprimem os valores supremos do sistema jurídico, ou seja, estabelecem um estado de coisas para cuja realização é necessária a adoção de determinados comportamentos. Um sistema não pode ser composto somente de princípios, ou só de regras. Um sistema só de regras, aplicadas de modo formalista, seria demasiado rígido, pela ausência de válvulas de abertura para o amoldamento das soluções às particularidades dos casos concretos. E um sistema só de princípios seria demasiado flexível, pela ausência de guias claros de comportamento. Por isso,

---

[14] Miguel Reale, *Nova fase do direito moderno*, São Paulo: Saraiva, 1990.
[15] Miguel Reale, *Paradigmas da cultura contemporânea*, São Paulo: Saraiva, 1996, p. IX-X.

valores e princípios tornaram-se objeto de crescente interesse da atual doutrina jurídica, diversamente do pensamento jurídico anterior que, sob a influência do positivismo normativista, considerava o direito apenas como um sistema de normas e estas como o seu elemento fundamental.

52.1. Evolução histórica dos princípios

A temática dos princípios não é inteiramente nova, e podemos dizer com Virgílio Afonso da Silva, que a distinção entre princípios e regras não é recente[16]. Vejamos a evolução da normatividade dos princípios e os critérios usados para diferenciá-los das regras.

Na **fase jusnaturalista**, a mais antiga e tradicional, os princípios eram vistos na sua dimensão ético-valorativa como axiomas jurídicos que não passavam de **mera diretriz** dirigida ao legislador. Os princípios habitavam uma esfera inteiramente abstrata, com uma normatividade praticamente nula. Essa visão dominou a dogmática dos princípios até o advento da Escola Histórica do Direito que, com a elaboração dos Códigos, precipitou a decadência do Direito Natural clássico.

No positivismo legalista dos séculos XIX e XX, os princípios já entram nos Códigos como **fontes subsidiárias**, com a função integradora ou programática (no caso de lacunas), ocasionando um esvaziamento da sua função normativa e a separação entre o Direito e a Moral. Não passam de "válvula de segurança" (na expressão de Gordillo Cañas).

Com o pós-positivismo, surge a **força normativa autônoma e preponderante dos princípios**, servindo de arcabouço para o ordenamento jurídico. O pós-positivismo, com seu modelo de regras e princípios, embora não haja unanimidade da doutrina sobre a matéria, injetou no ordenamento jurídico elementos morais, padrões de justiça, valores, rearticulando aspectos vinculados ao direito natural. Uma das suas maiores contribuições foi acoplar ao modelo de regras e princípios o sistema de **direitos fundamentais**, estabelecendo modos de soluções de conflitos entre estes e estabelecendo limites às suas restrições, de forma a respeitar a aplicabilidade e efetividade máxima na concretização dos mesmos. O pós-positivismo, portanto, na busca de conciliar as premissas do jusnaturalismo clássico e do positivismo, eleva os princípios à categoria de *normas jurídicas*, ou seja, a norma é considerada como gênero do qual são espécies os *princípios* (*normas-princípio*) e as *regras* (*normas-regra*). Para isso muito contribuíram Friedrich Müller, Josef Esser, Karl Larenz, Claus-Wilhelm Canaris, Ronald Dworkin e Robert Alexy. Se vários critérios foram usados na distinção entre princípios e regras, ambos são expressões deônticas do dever, da permissão e da proibição e por conseguinte ambos **dizem o que** deve ser.

---

[16] Virgílio Afonso da Silva, Princípios e regras: mitos e equívocos em torno de uma distinção, *Revista Latino-Americana de Estudos Constitucionais,* Del Rey, n. 1, jan./jun. 2003, p. 609.

52.2. Distinção

Preliminarmente lembramos que o termo "princípio" apresenta vários sentidos na linguagem dos juristas (polissemia), os quais propuseram diferentes critérios para distingui-lo das "regras".

Para **Josef Esser**, por exemplo, os princípios seriam aquelas normas que estabelecem fundamentos para que determinado mandamento seja encontrado; o critério seria a função de fundamento normativo para a tomada de decisão. **Karl Larenz**, também define os princípios como normas que estabelecem fundamentos normativos para a interpretação e aplicação do Direito. Para **Claus-Wilhelm Canaris**, os princípios, ao contrário das regras, possuem um conteúdo axiológico explícito e careceriam das regras para sua concretização. E em segundo lugar há o modo de interação com outras normas, hipótese na qual os princípios, ao contrário das regras, receberiam seu conteúdo de sentido somente por meio de um processo dialético de complementação e limitação. **Ronald Dworkin** ensina que as regras são aplicadas ao modo *tudo ou nada*, no sentido de que, se a hipótese de incidência de uma regra é preenchida, ou a regra é válida e a consequência normativa deve ser aceita, ou ela não é considerada válida. Na hipótese de colisão entre regras, uma delas deve ser considerada inválida. Os princípios, ao contrário das regras, possuem uma dimensão de peso demonstrável na hipótese de colisão entre princípios, caso em que o princípio com peso relativo maior se sobrepõe ao outro. **Robert Alexy**, partindo das considerações de Dworkin, diz que os princípios consistem apenas em uma espécie de normas jurídicas por meio da qual são estabelecidos deveres de otimização aplicáveis em vários graus, segundo as possibilidades normativas e fáticas. A distinção entre princípios e as regras não pode ser baseada, segundo Alexy, no modo *tudo ou nada* proposto por Dworkin, mas deve resumir-se a dois fatores: (1) *diferença quanto à colisão,* na medida em que os princípios colidentes apenas têm sua realização normativa limitada reciprocamente, ao contrário das regras, cuja colisão é solucionada com a declaração de invalidade de uma delas ou com a abertura de uma exceção que exclua a antinomia; (2) *diferença quanto à obrigação que instituem*, já que as regras instituem obrigações absolutas, não superadas por normas contrapostas, enquanto os princípios instituem obrigações *prima facie*, na medida em que podem ser superadas ou derrogadas em função dos outros princípios colidentes.

Humberto Ávila, quanto à distinção entre princípios e regras, faz um resumo se referindo a duas correntes doutrinárias, que definem os princípios: corrente clássica e corrente moderna[17].

---

[17] Humberto Ávila, *Teoria dos princípios*, São Paulo: Malheiros, 2019, p. 111.

A **corrente clássica sustenta que os princípios são normas de elevado grau de abstração e generalidade**, ou seja, destinam-se a um número indeterminado de situações e de pessoas. Por isso, exigem uma aplicação influenciada por elevado grau de subjetividade do aplicador. **As regras, ao contrário, denotam pouco ou nenhum grau de abstração e generalidade**, ou seja, destinam-se a um número (quase) determinado de situações e de pessoas. Por isso, demandam uma aplicação com pouca ou nenhuma influência de subjetividade do intérprete. Se uma regra vale, então deve se fazer exatamente aquilo que ela exige. São normas que são cumpridas ou não.

A corrente moderna é liderada pelos estudos de Dworkin e Alexy. Segundo ela os princípios são diferentes das regras pelo modo de aplicação e de solução das antinomias que surgem entre eles.

a) A diferença quanto ao **modo de aplicação** é que **os princípios** estabelecem **deveres provisórios** (que podem ser superados por razões contrárias) e são aplicados mediante **ponderação** (sopesamento concreto entre as razões colidentes, com a atribuição de peso maior a uma delas). Podem ser realizados em vários graus. Vale relembrar que Alexy define os princípios como "**mandamentos de otimização**", pois devem ser realizados na maior medida possível. Na ponderação há um procedimento a ser seguido: (1) o primeiro passo é identificar os princípios; (2) o segundo, atribuir a cada um o peso ou importância que lhe corresponda, conforme as circunstâncias do caso concreto; (3) por fim, decidir sobre a prevalência de um deles sobre o outro ou outros, conforme o critério de que, quanto maior seja o grau de prejuízo do princípio que vai ceder, maior há de ser a importância do cumprimento do princípio que prevalece; ou seja, decidir se a importância da satisfação de um direito fundamental justifica a não satisfação do outro.

As regras, por sua vez, estabelecem **mandamentos definitivos** (não podem ser superados por razões contrárias) e são aplicadas mediante **subsunção**, já que o aplicador deverá confrontar o conceito do fato com o conceito constante da hipótese normativa e, havendo encaixe, aplicar a consequência. Com outras palavras, quando uma regra vale, então é determinado fazer exatamente o que ela exige, nada mais e nada menos. **Sua aplicação se opera na modalidade "tudo ou nada"**, isto é, ou a regra regula a matéria em sua inteireza ou é descumprida.

b) **A diferença quanto ao modo de solução de antinomias** está em que o **conflito entre regras ocorre no plano abstrato**, sendo necessária a declaração de invalidade de uma delas caso não seja aberta uma exceção. Na escolha de qual regra deve ser eliminada, devemos utilizar os **critérios tradicionais**: o da *hierarquia* (lei superior prevalece sobre a inferior), o *cronológico* (lei posterior prevalece sobre a anterior) e o da *especialidade* (lei específica prevalece sobre a lei geral).

Já **o conflito entre princípios ocorre apenas no plano concreto** (só ocorre diante de determinadas circunstâncias concretas) e não implica declaração de invalidade de um deles, mas apenas o estabelecimento de uma **regra de prevalência** diante de determinadas circunstâncias verificáveis somente no plano da eficácia das normas. Isso significa que ambos os princípios mantêm a validade após o conflito e que se trata de uma distinção forte, ou seja, os princípios e as regras não têm as mesmas propriedades, mas qualidades diferentes. Em suma, no caso de colisão dos princípios, será necessário empregar a técnica da ponderação, tendo como fio condutor, o princípio da proporcionalidade[18].

c) **Crítica.** Humberto Ávila diz, por sua vez, que esses modos de apresentar a distinção foram recebidos, com raras exceções, de maneira acrítica no Brasil, apesar da forte evolução doutrinária sofrida no exterior. E continua: Embora as regras e os princípios careçam de um sopesamento de razões para a sua aplicação, eles não se submetem ao mesmo processo discursivo, argumentativo e justificativo para a sua aplicação. Quando a Constituição contém um dispositivo que privilegia o caráter descritivo da conduta, estabelecendo, por exemplo, *regras* que proíbem a utilização de prova ilícita, não cabe ao intérprete desconsiderar e flexibilizar o comando normativo como se ele fora um conselho descartável diante de outros elementos. Ou quando a Constituição contém um dispositivo que privilegia um estado de coisas a ser promovido, há a instituição de um *princípio* que exige do aplicador um exame de correlação entre esse estado e os comportamentos que devem ser adotados para a sua promoção. Mas esses comportamentos devem ser adotados (pelos particulares ou pelo Estado), não cabendo ao intérprete desconsiderá-los como se o princípio, em vez de uma norma, fosse uma simples opinião desprovida de normatividade. No caso dos princípios, é *devido* tudo aquilo que for necessário para promover o fim buscado. E termina: Compreender os princípios dessa forma é bem diferente de entendê-los como normas concretamente afastáveis por processos de priorização horizontal, como defendem as teorias aqui criticadas[19].

52.3. Normas finalísticas e descritivas

Humberto Ávila reconhece que os critérios em geral apresentados para a distinção buscada são importantes, porém eles podem e devem ser objeto de uma **análise crítica20. Por isso, após tecer seus reparos aos critérios tradicionais, inicialmente concebidos nas obras de Dworkin**

---

[18] Ver Luís Roberto Barroso, Voto na Ação Declaratória de Constitucionalidade n. 43 e 44.
[19] Ver *Teoria dos princípios*, São Paulo: Malheiros, 2019, p. 158-162
[20] Quanto à sua análise crítica, *vide* Humberto Ávila, *Teoria dos princípios*, São Paulo: Malheiros, 2019, p. 61 e s.

e Alexis, apresenta a seguinte proposta de dissociação entre princípios e regras.

a) Os **princípios são normas imediatamente finalísticas**, determinando a realização de um fim juridicamente relevante. Funcionam, para o juiz, como instrumentos de auxílio à decisão judicial e, para o Direito, como dados fundamentais para a construção da validade do sistema. Em suma, eles estabelecem um fim a ser atingido; representam uma função diretiva para a determinação das condutas. O fim representa um conteúdo desejado: seja uma situação terminal (viajar até algum lugar), seja a realização de uma situação ou estado (garantir previsibilidade), ou a perseguição de uma situação contínua (preservar o bem-estar das pessoas) ou a persecução de um processo demorado (aprender o idioma japonês). É claro que para isso, precisam-se de meios correlatos que possibilitem a promoção gradual do conteúdo do fim.

Isso significa que os princípios não são apenas valores cuja realização fica na dependência de meras preferências pessoais. É mais do que isso. Significa que eles instituem o **dever de adotar comportamentos necessários** à realização do fim. Daí que, no fundo, os princípios, embora relacionados a valores (na medida em que o estabelecimento de fins implica a qualificação positiva de um estado de coisas que se que promover), deles se afastam, uma vez que se situam no plano **deontológico**, ou seja, estabelecem a obrigatoriedade da adoção de condutas necessárias. Ao passo que os valores situam-se no plano **axiológico** ou meramente teleológico e, por isso, apenas atribuem uma qualidade positiva a determinado elemento.

b) **Postulados**. O **modo** como devemos promover a realização desses valores, é chamado por Humberto Ávila de "**postulados normativos aplicativos**", estando entre os principais a ponderação, a proporcionalidade, a razoabilidade e a proibição de excesso. Duas observações: Normalmente, essas exigências são definidas como princípios[21]. Nem todos funcionam da mesma forma.

Embora não exista uma uniformidade terminológica, podemos dizer que a **ponderação** exige o sopesamento sem discricionariedade de quaisquer elementos (bens, interesses, valores, direitos, princípios, razões), ou seja, é um método destinado a atribuir pesos a elementos que se entrelaçam. A característica da **razoabilidade** é a ideia de ser uma diretriz que exige uma vinculação das normas jurídicas com o mundo ao qual elas fazem referência, ou seja, uma vinculação das normas com as individualidades do caso concreto. Como se vê, há uma semelhança muito grande com a noção tradicional de "equidade". A doutrina discute se o conteúdo da **proporcionalidade** e da **proibição de excesso** seja diverso do da razoabilidade. Quem distingue, como Humberto Ávila, vê a proporcionalidade como uma

---

[21] Humberto Ávila, *Teoria dos princípios*, São Paulo: Malheiros, 2019, p. 176.

relação de causalidade entre um meio e um fim concretamente perceptível. O exame da proibição de excesso analisaria a existência de invasão no núcleo essencial de um princípio fundamental, ou seja, proíbe a restrição excessiva de qualquer direito fundamental. Para compreender melhor a distinção, imaginemos um grande círculo. O postulado da proporcionalidade opera entre o limite da coroa mais interna e o da coroa mais externa, e compara o grau de restrição de liberdade com o grau de promoção da finalidade pública, para a declaração de invalidade de uma medida que causa restrição *demais* para promoção *de menos*. Seria como afirmar que a promoção de uma finalidade pública equivalente ao grau 1 não justifica uma restrição a um princípio fundamental equivalente ao grau 4. A medida, nessa hipótese, seria desproporcional. A proibição de excesso apenas indicaria que nenhuma restrição poderia equivaler ao grau 5, pois ele representaria o anel central não passível de invasão[22]. Seja como for, o fato é que todos esses postulados investigam o modo como devem ser aplicadas outras normas. Isso quer dizer que as exigências decorrentes da razoabilidade, da proporcionalidade e da proibição de excesso sobre outras normas não são para atribuir-lhes sentido, mas para estruturar racionalmente sua aplicação, com elas não se confundindo[23].

c) **As regras, por sua vez, são normas imediatamente descritivas**, estabelecendo obrigações, permissões e proibições, mediante a descrição e adoção de comportamentos necessários, para cuja aplicação exigem a avaliação da correspondência entre a descrição normativa e a construção conceitual dos fatos. Em suma, se os princípios são normas cuja qualidade primeira é a determinação da realização de um fim juridicamente relevante, as regras são normas que se caracterizam pela previsão do comportamento ou das atribuições de competência necessária para tanto[24].

Na verdade, tanto os princípios como as regras fazem referência a fins e condutas. Os princípios preveem imediatamente fins cuja realização depende de condutas necessárias. As regras, por sua vez, preveem imediatamente condutas que servem à realização de fins devidos. A distinção, portanto, está centrada na sua **relação, imediata ou mediata**, com fins que devem ser atingidos e com condutas que devem ser adotadas. Nos princípios

---

[22] Ver Humberto Ávila, *Teoria dos princípios*, São Paulo: Malheiros, 2019, p. 176 e s.
[23] Eros Grau afirma que "ao juízes despedaçam a segurança jurídica quando **abusam** do uso de 'princípios' e praticam os controles da proporcionalidade e da razoabilidade das leis. Insisto neste ponto: juízes não podem decidir subjetivamente, de acordo com seu senso de justiça. Estão vinculados pelo dever de aplicar o direito (a Constituição e as leis)" (*Por que tenho medo dos juízes*, São Paulo: Malheiros, 2014, p. 22). Pouco antes afirmara: "A partir da segunda metade dos anos 1980, desde leituras de Dworkin, passamos a ser vítimas dos princípios e dos valores" (p. 21). Tem razão, quando há "abuso"; mas "abusus non tollit usum"!
[24] Ver Humberto Ávila, *Teoria dos princípios*, São Paulo: Malheiros, 2011, p. 71-73.

a relação **com fins é imediata e mediata quanto à conduta** necessária. Nas regras, a relação é **imediata com a conduta necessária e mediata quanto ao fim**. Em suma, enquanto as regras compõem-se de uma "hipótese" (descrição de um fato) e de uma "consequência" (prescrição de uma relação jurídica), os princípios compõem-se de um "fim" (descrição de um estado ideal de coisas) e de "meios" (prescrição de comportamentos cuja adoção contribua para a promoção do estado de coisas).

52.4. A força normativa dos princípios

Embora alguns princípios possuam força normativa *prima facie*, ou seja, irradiem uma força dissipável em razão de princípios contrários, esse elemento não é uma propriedade necessariamente presente em todos os tipos de princípios. A sua "afastabilidade" por razões contrárias, é apenas algo contingente dos princípios. Para comprová-lo, é preciso examinar a relação que os princípios mantêm entre si, uma vez que a ponderação pressupõe a concorrência horizontal entre princípios, e nem todos os princípios mantêm uma relação paralela entre si. Para demonstrá-lo, Humberto Ávila ressalta a diversidade dos princípios[25].

Nem todos os princípios exercem a mesma **função**. Há os que prescrevem o âmbito e o modo da atuação estatal (como os princípios republicano, federativo, democrático, do Estado de Direito), e os que conformam o conteúdo e os fins da atuação estatal (como os princípios do Estado Social, da liberdade e da propriedade).

Nem todos os princípios se situam no mesmo **nível**. Há princípios que se diferenciam por se situarem numa relação de subordinação (como os princípios do Estado de Direito relativamente aos princípios da separação dos poderes, da legalidade e da irretroatividade).

Nem todos os princípios têm a mesma **eficácia**, já que exercem várias funções eficaciais, como a *interpretativa* (em que um princípio será interpretado de acordo com outro), a *integrativa* (em que um princípio atuará diretamente suprindo lacuna legal) e a *bloqueadora* (em que um princípio afastará uma norma legal com ele incompatível). Em todas estas situações, os princípios não entram em colisão horizontal com outros e, também por isso não se submetem a uma ponderação que possa levar à sua restrição e ao seu eventual afastamento, porque a relação não é de conflito, nem de oposição, mas de imbricamento. Em suma, o modo de aplicação dos princípios não é **necessariamente** a ponderação.

52.5. Segurança jurídica

Tendo em vista esse quadro, como fica a segurança jurídica? Alguns juristas, como Jerome Frank, reconhecem a segurança jurídica como algo

---

[25] Humberto Ávila, *Teoria dos princípios*, São Paulo: Malheiros, 2019, p. 151 e s.

impossível de ser atingido; é uma ilusão, um mito ou uma quimera. Enquanto outros, como Norberto Bobbio, entendem-na como algo possível de ser atingido.

É claro que não defendemos aqui uma segurança jurídica como sendo um princípio que se contrapõe ao princípio democrático, já que provocaria um engessamento das instituições. A segurança jurídica destina-se à proteção da confiança, tutelando expectativas legítimas e preservando efeitos de atos válidos. Trata-se, antes, de um princípio perfeitamente compatível com o ideal democrático, pois nos referimos ao dever de atingir um ideal de continuidade do ordenamento jurídico por meio de **mudanças suaves e protetoras** de legítimas expectativas, nunca nos referindo a uma segurança jurídica como sendo um dever de buscar um ideal de **imutabilidade normativa**, mediante a proibição de modificações legislativas sobre determinados temas. *Não somos robôs*26. *Voltaremos ao assunto, ao tratarmos da segurança e da justiça.*

53. ESTRUTURA DA NORMA JURÍDICA

Há autores que, sob a influência do jurista austríaco **Hans Kelsen** (1881-1973), afirmam que **toda norma jurídica se reduz a um "juízo hipotético"**, ou a uma "proposição hipotética", na qual se prevê um fato (A) ao qual se liga uma consequência (B): *se for A – deve ser B*. Observe-se que, na teoria de Kelsen, essa consequência corresponde sempre a uma *sanção*, entendida apenas como pena. Ele atribui precedência à norma sancionadora, a qual chama de "primária", por contraste com o enunciado da prestação, intitulado norma "secundária". A norma jurídica propriamente dita seria a que estabelece a sanção, ficando em segundo plano, a norma que fixa o que deve ou não ser feito, segundo a fórmula "dada a não prestação, deve ser a sanção; dado o ato temporal, deve ser a prestação"[27]. Com isso Kelsen configura a norma jurídica como norma coativa.

---

[26] Eros Roberto Grau é mais pessimista: "O Poder Judiciário aqui, hoje, converte-se em *produtor de insegurança*" (*Por que tenho medo dos juízes*, São Paulo: Malheiros, 2014, p. 16).

[27] Ver *Teoria pura do direito*, São Paulo: Martins Fontes, 2009, p. 60-61. Consequência disso foi Kelsen ter enquadrado o juízo hipotético (em que consiste a norma segundo o seu entender), como um juízo de *dever-ser*, como um dever-ser lógico, abstraído o valor ou o caráter axiologicamente positivo ou negativo do que deva ser. Com isso, inaugurou a lógica jurídica como lógica do dever-ser, diversa da tradicional lógica formal aristotélica como uma lógica fundada no ser. Nisso também se baseia a diferenciação entre *causalidade* (lógica do ser) que é a categoria específica da explicação do mundo natural (se é A, é B), e a *imputação*, categoria da normatividade que enuncia um enlace específico entre a hipótese normativa e sua consequência (dado A deve ser B).

53.1. Juízo categórico ou juízo hipotético

Miguel Reale entende, por sua vez, que essa estrutura lógica de **natureza hipotética** ("Se for A deve ser B") corresponde apenas às **normas de conduta**: destinadas a disciplinar os comportamentos sociais; não às **normas de organização**: aquelas que visam à estrutura e funcionamento de órgãos do Estado ou distribuem competências e atribuições. Estas assumem a estrutura de um "**juízo categórico**" no qual nada é dito de forma condicional: "A deve ser B"[28]. Concluímos, assim, que as normas jurídicas assumem a forma de um *juízo categórico* ou *hipotético*, segundo sejam de organização ou de conduta[29].

53.2. Estrutura da norma de organização: juízo categórico

As normas jurídicas de organização são aquelas que, possuindo um caráter instrumental, visam à estrutura e ao funcionamento dos órgãos do Estado, ou fixam e distribuem competências e atribuições, ou disciplinam a identificação, modificação e aplicação de outras normas. Elas assumem a forma de um **"juízo categórico", ou seja, nele a consequência não depende de uma hipótese ou condição, segundo a fórmula: "A deve ser B"**.

De fato, tais normas se limitam a enunciar, de maneira objetiva, algo que deve ser feito ou constituído, sem que o dever enunciado fique subordinado à

---

[28] Miguel Regale, *Lições preliminares de direito*, São Paulo: Saraiva, 1984, p. 94.

[29] A expressão "juízo categórico ou hipotético" está intimamente ligada à de "imperativo categórico ou hipotético", uma vez que aqueles (os juízos) são a forma como estes (os imperativos) se expressam; ou seja, o imperativo categórico ou hipotético é expresso com um juízo categórico ou com um juízo hipotético. Em segundo lugar, a origem da distinção entre **imperativo categórico e imperativo hipotético** está em **Kant**. Segundo ele, o primeiro impõe um dever, prescreve uma ação que deve ser realizada sem qualquer condição. É o que acontece com a *norma moral*. Exemplo: "Você não deve mentir". O imperativo hipotético, por sua vez, prescreve uma ação boa para alcançar um fim; portanto é realizada condicionalmente para a obtenção do fim. Kant sustenta, então, que o "dever hipotético" é possível porque temos *vontade*, e o "dever categórico" porque temos *razão*. E daí sua afirmação de que o dever categórico é derivado de um princípio que toda pessoa racional deve aceitar. Ele chama esse princípio de "imperativo categórico, expresso na seguinte regra: "Age somente conforme aquela máxima pela qual simultaneamente você pode desejar que tal ato torne-se uma lei universal". Em suma, o dever imposto pelo imperativo hipotético é condicional. Exemplo: "Se você quer se curar do resfriado, deve tomar aspirina". O imperativo categórico ordena por ser necessário; no hipotético, a conduta imposta é meio para atingir uma finalidade, e condição para a produção de determinado efeito. Se, para Kant, a norma moral é um imperativo categórico, **Kelsen** retomou essa distinção, considerando juízo hipotético a *norma jurídica*, uma vez que sua consequência depende da ocorrência de uma condição: se ocorrer deve ser aplicada uma sanção. Daí Kelsen dizer que a estrutura da norma jurídica e a seguinte: em determinadas circunstâncias, determinado sujeito deve ter determinada conduta; se não a tiver, outro sujeito, órgão do Estado, deve aplicar ao infrator uma sanção.

ocorrência de uma condição ou de um fato previsto hipoteticamente e do qual possam ou não resultar consequências. Não comportam alternativa de aplicação.

Tomemos como **exemplo** as normas que dispõem:

"São Poderes da União, independentes e harmônicos entre si, o Legislativo, o Executivo e o Judiciário" (CF, art. 2º).

"Todo o poder emana do povo, que o exerce por meio de representantes eleitos ou diretamente, nos termos desta Constituição" (CF, art. 1º, parágrafo único).

"Compete aos pais, quanto à pessoa dos filhos menores, dirigir-lhes a criação e educação" (CC, art. 1.634, I).

"Toda pessoa é capaz de direitos e deveres na ordem civil" (CC, art. 1º).

Nessas normas nada é dito de forma condicional ou hipotética, a não ser que se recorra a um *artifício verbal*. Mas, como lembra Miguel Reale, "a mera conversão verbal de uma proposição normativa, que enuncia simplesmente um dever ou confere poderes, em outra, que apresente esse dever sob a forma condicional, não é bastante para conferir a uma norma o caráter hipotético"[30].

53.3. Estrutura da norma de conduta: juízo hipotético

As normas jurídicas de conduta, ou seja, aquelas cujo objetivo imediato é disciplinar o comportamento dos indivíduos ou grupos sociais (e que são a maioria) assumem a estrutura de um "juízo hipotético". Nele a consequência depende da verificação de uma condição ou hipótese, que aconteça o fato previsto na hipótese[31].

De fato, nessas normas se impõe uma conduta ao sujeito que se encontra em determinada situação, sob pena de uma sanção penal na eventualidade de não agir de acordo com o que foi previsto. Assim, toda norma de conduta se desdobra em duas outras que se conjugam e se complementam. Há, com outras palavras, a **conjugação de duas proposições hipotéticas** que se integram numa só. Há também em ambas a articulação lógica de dois elementos, ou seja, dois fatos se relacionam entre si como condição e consequência. Por conseguinte, há também uma *hipótese* e uma *consequência*, *em cada uma das proposições hipotéticas, como veremos*.

53.4. Articulação lógica da hipótese e consequência

Em toda norma de conduta há sempre a articulação lógica de dois elementos: uma hipótese ou fato-tipo e uma consequência.

---

[30] Miguel Reale, *Lições preliminares de direito*, São Paulo: Saraiva, 1984, p. 95.

[31] As normas hipotéticas podem assumir duas formas: a) "Se você quer A, deve ser B"; cuida-se da aceitação ou rejeição das consequências imputadas pela norma; essa formulação é própria da "norma técnica". b) "Se for A, deve ser B"; trata-se agora da ocorrência ou não de um dado evento, de uma situação de fato; essa formulação é própria de qualquer norma condicionada; quando os juristas falam das normas jurídicas como normas hipotéticas o fazem sobretudo nesse segundo sentido.

a) **A hipótese ou fato-tipo** vem a ser a situação de fato prevista como condição para que ocorra a consequência. Portanto, da sua realização dependem as consequências estabelecidas pela norma. O fato-tipo ou hipótese normativa pode ser simples, quando constituído apenas de um requisito: "Não podem casar: as pessoas casadas" (CC, art. 1.521, VI). Será composto quando se presumir mais de um requisito; como exemplo, temos o direito de reunião em locais abertos ao público, independentemente de autorização, que fica condicionado a três hipóteses: que seja sem armas; que não se frustre outra reunião anteriormente convocada para o mesmo local; e que haja prévio aviso à autoridade competente (CF, art. 5º, XVI)[32].

b) **A consequência** pode ser (na endonorma) um dispositivo ou preceito que imponha uma conduta obrigatória; e (na perinorma) uma sanção penal, aplicável na eventualidade do descumprimento da conduta que se torne obrigatória. É de observar que, geralmente, chamamos a norma de "preceito ou dispositivo", quando este, a rigor, é apenas um de seus elementos; estamos tomando a parte pelo todo[33].

53.5. Conjugação de duas proposições hipotéticas

A essas proposições chamamos de **endonorma e perinorma**, nos socorrendo da terminologia usada por Carlos Cossio. Esclarecemos, contudo, que não nos parece correta a *fórmula disjuntiva* com que aquele autor descreve as duas proposições hipotéticas, uma vez que, como veremos, a segunda proposição não se apresenta como simples alternativa, mas como consequência do não cumprimento do enunciado na primeira; com outras palavras, a fórmula disjuntiva ocorre entre as duas consequências possíveis.

a) **Endonorma (norma medular):** é a proposição que enuncia um **dever**, impõe uma conduta, **verificada uma hipótese**, segundo a fórmula: "*se for A – deve ser B*". "**A**" corresponde à situação de fato ou hipótese e "**B**" é a conduta exigida, a conduta a que se está obrigado, desde a verificação da hipótese ou situação de fato. A essa proposição hipotética que enuncia um dever chamamos de "endonorma".

b) **Perinorma (norma envolvente, protetora):** contudo, a norma de conduta prevê também uma *sanção penal*, uma vez que há sempre a

---

[32] Pontes de Miranda emprega o termo "supedâneo fático" para indicar o "fato-tipo". Essa qualificação, inadequada para Reale, corresponde à compreensão fisicalista do Direito de Pontes de Miranda.

[33] Segundo Eduardo Bittar, a análise do enunciado normativo que, por exemplo, "proíbe fumar em locais públicos, sob pena de multa", mostra que ele tem quatro partes: (1) o functor normativo (é proibido); (2) o conteúdo normativo (fumar); (3) as condições de aplicabilidade ou incidência (em locais públicos); (4) sanção jurídica (multa) (*Introdução ao estudo do direito*, São Paulo: Saraiva, 2018, p. 374).

alternativa do adimplemento ou violação do dever que nela se enuncia, pelo fato de *seu destinatário ser dotado de liberdade*. Por isso, ao ordenar os comportamentos sociais, deve-se fazê-lo partindo desse pressuposto da liberdade do homem de cumprir ou descumprir o que na norma se prevê. Isso não significa, é claro, que a violação da norma seja permitida; tanto é verdade que o violador é punido.

Daí uma segunda proposição hipotética, prevendo uma *sanção penal* na eventualidade de o destinatário não agir em conformidade com o que foi determinado, cuja fórmula é: "*se não B – deve ser SP*". Aqui, "**Não B**" é o não cumprimento do que foi imposto, a transgressão ou o ilícito; e "**SP**" é a sanção penal aplicável na eventualidade do descumprimento de "**B**". Denominamos, ainda na terminologia de Cossio, a essa proposição hipotética que prevê a sanção penal "*perinorma*".

A norma jurídica de conduta básica apresenta, pois, a seguinte formulação:
"Se for A – Deve ser B" (endonorma)
"Se não B – Deve ser SP" (perinorma)

53.6. Esquema da estrutura da norma de conduta

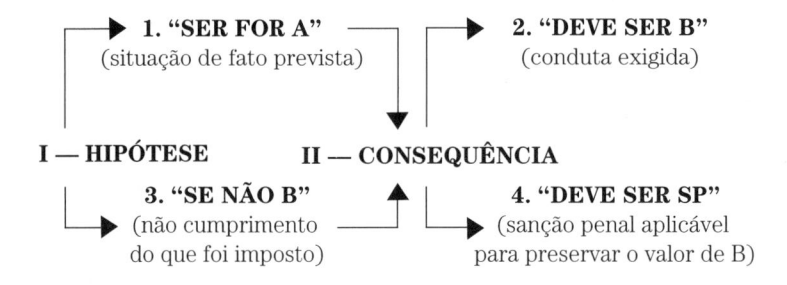

```
    ┌──▶ 1. "SER FOR A"         ┌──▶ 2. "DEVE SER B"
    │    (situação de fato prevista)  │   (conduta exigida)
    │                    │
    │                    ▼
    I — HIPÓTESE      II — CONSEQUÊNCIA
    │    3. "SE NÃO B"     ▲  │    4. "DEVE SER SP"
    └──▶ (não cumprimento ────┘  └──▶ (sanção penal aplicável
         do que foi imposto)           para preservar o valor de B)
```

53.7. Exemplos

a) Existem normas que possuem um **enunciado normativo completo**, com a endonorma e a perinorma. Contudo, elas podem estar em normas distintas, precisando, então, vincular diferentes textos normativos para a obtenção da norma completa, integral.

O art. 627 do Código Civil, por exemplo, diz: "Pelo contrato de depósito recebe o depositário um objeto móvel, para guardar, até que o depositante o reclame". Temos aqui uma endonorma, que pode ser formalizada da seguinte maneira:

"**Se houver contrato de depósito**" (**SE FOR A**);
"**Deve ser a guarda e a oportuna entrega do objeto móvel pelo depositário ao depositante**" (**DEVE SER B**).

Mas, como o depositário é livre, pode ocorrer que ele **não realize a sua prestação**, negando-se a devolver o depósito quando o depositante o requerer. Por isso, o art. 652 do mesmo Código contempla essa possibilidade ao estatuir: "Seja o depósito voluntário ou necessário, o depositário que

não o restituir quando exigido será compelido a fazê-lo mediante prisão não excedente a 1 (um) ano, e ressarcir os prejuízos". Temos aqui a perinorma, que, formalizada, seria em continuação:
"**Se o depositário não restituir o depósito, quando exigido**" (se não B);
"**Deve ser a prisão não excedente de um ano e a obrigação de ressarcir os prejuízos**" (**DEVE SER SP** – prisão e indenização).

Outro exemplo temos no "sigilo da correspondência", dever imposto pela Constituição Federal, sem prever sanção na hipótese de violação (art. 5º, XII). O Código Penal é que estabelece sanções para quem violar a correspondência alheia (art. 151), completando assim a norma constitucional.

b) Por outro lado, há normas que, em sua expressão gramatical, **não encerram todos os seus elementos**. As normas "imperfeitas", por exemplo, carecem da previsão de sanções (perinorma). Outras não trazem expressa a conduta exigida (endonorma), mas, implícita que está, deve ser inferida pelo raciocínio, ou seja, o raciocínio supre o silêncio. Por exemplo, o art. 938 do Código Civil, que dispõe: "Aquele que habitar prédio, ou parte dele, responde pelo dano proveniente das coisas que dele caírem ou forem lançadas em lugar indevido". Temos aqui uma perinorma, prevendo uma sanção, enquanto a endonorma impondo uma conduta não está expressa e sim implícita. Vejamos sua formulação completa:

"Se alguém habitar prédio" ⟶ Se for A } Endonorma
"Deve não deixar cair ou lançar coisas em lugar indevido" ⟶ Deve ser B } Implícita

"Se deixar cair ou lançar coisas em lugar indevido" ⟶ Se não B } Perinorma
"Deve responder pelo dano proveniente" ⟶ Deve ser SP } Expressa

Exemplo é o art. 1.235 do mesmo Código Civil, que dispõe: "O descobridor responde pelos prejuízos causados ao proprietário ou possuidor legítimo, quando tiver procedido com dolo". Qual seria a sua formulação completa?

"Se alguém achar coisa alheia perdida" ⟶ Se for A } Endonorma
"Deve não causar, no manuseio da mesma, prejuízo intencional ao dono" ⟶ Deve ser B } Implícita

"Se causar prejuízo intencional ao proprietário ou possuidor legítimo" ⟶ Se não B } Perinorma
"Deve responder pelos prejuízos causados" ⟶ Deve ser SP } Expressa

53.8. Perinorma negativa e positiva

A rigor, a norma jurídica de conduta desdobra-se em três outras que se conjugam e se complementam: a *endonorma*, a *perinorma positiva* e a *perinorma negativa*.

A **endonorma**, verificada uma hipótese, **enuncia um dever**, impondo uma conduta. A **perinorma negativa** prevê uma **sanção penal**, na eventualidade de seu destinatário não agir em conformidade com o que foi determinado.

Além dessas duas hipóteses, há também a **perinorma positiva**, ou seja, na hipótese de o legislador ter recorrido a uma **sanção premial** para garantir o cumprimento da conduta imposta, sem falar das **consequências jurídicas positivas** que decorrem do simples cumprimento da prestação.

Tomemos como exemplo a existência de uma lei que impõe a obrigação de pagar um imposto em prazo determinado e oferece ainda a possibilidade de pagá-lo antes desse prazo com uma dedução de 30%. O pagamento no prazo prefixado tem como consequência positiva, entre outras, a liberação do devedor; se o pagamento ocorrer antes do prazo determinado, dele decorre também o prêmio da dedução de 30% do valor devido.

Denominamos essa terceira proposição de *perinorma positiva*, sendo sua fórmula a seguinte: "*Se for B – Deve ser SPr*". Aqui, "**B**" corresponde às duas possibilidades de cumprimento da prestação: no prazo e antes do prazo determinado; e "**SPr**" (Sanção Premial) corresponde às consequências decorrentes: a consequência jurídica positiva que, em geral, advém com o cumprimento de toda obrigação e, especificamente, a sanção premial. Assim, a fórmula que sintetiza a estrutura completa da norma jurídica de conduta é a seguinte:

1ª) "Se for A" – "Deve ser B" ☐ Endonorma
2ª) "Se for não B" – "Deve ser SP" ☐ Perinorma negativa
ou
3ª) "Se for B" – "Deve ser SPr" ☐ Perinorma positiva

Somente essa formulação ampla corresponde integralmente à diversidade de situações jurídicas reais. Não há razão para excluir da estrutura da norma jurídica a proposição relativa às consequências positivas decorrentes do cumprimento da obrigação. Muito mais quando há uma sanção premial.

54. CAUSALIDADE, IMPUTABILIDADE E RESPONSABILIDADE

Quando sobrevém a consequência ou efeito jurídico predeterminado na norma? No momento em que se verificar uma "correspondência ou adequação" entre o fato particular e o fato-tipo previsto na regra jurídica. É dessa correspondência que resulta o nexo de "**imputabilidade**", ou seja, **a atribuição a uma pessoa das consequências de um ato por ela livremente praticado**. Da imputabilidade resulta, então, a "**responsa-**

bilidade" do agente pela autoria daquele fato particular; em decorrência, ele **irá gozar ou sofrer as consequências previstas na norma jurídica**. Há, pois, uma íntima ligação entre as ideias de imputabilidade e de responsabilidade, não chegando, todavia, a ser sinônimos. A imputabilidade é *pressuposto* da responsabilidade[34]. É de observar que, nessa relação de imputação, a consequência não sobrevém em virtude de uma relação de causa e efeito, como nas leis da natureza. Nela há uma condição para uma consequência e o efeito jurídico advém em virtude de uma subordinação ou subsunção lógico-axiológica do fato particular à norma, resultando daí o "nexo de imputabilidade".

Há, portanto, uma distinção entre **causalidade e imputabilidade**. Enquanto as relações entre os fatos naturais são explicáveis segundo o conceito de causalidade: se afirmo que um metal aquecido se dilatará, estou enlaçando causalmente o fato do metal aquecido ao efeito do aumento do seu volume por dilatação. A relação é de caráter necessário. Já as relações entre as atividades humanas, nos planos ético e jurídico, compreendem-se segundo a ideia de imputação. Assim, as normas jurídicas, por exemplo, imputam a fulano a responsabilidade pelo ato que praticou, conforme sua correspondência e adequação ou não ao que é enunciado pela norma. Não será demais insistir que, em seu aspecto lógico, a relação causal constitui expressão da "lógica do ser", e a relação imputativa expressa a "lógica do dever-ser".

Em suma, toda norma jurídica de conduta contém:

a) a previsão genérica de um fato ou fato-tipo (como a referência normativa à paternidade),

b) com a indicação de que, toda vez que um comportamento corresponder a esse enunciado (adequação), isso é, toda vez que ocorre o fato biológico do nascimento de um filho, no exemplo dado,

c) deverá advir uma consequência (imputação), ou seja, o pai está obrigado aos deveres jurídicos da paternidade e o filho está facultado a exigir a prestação devida.

55. ESTRUTURA TRIDIMENSIONAL DA NORMA JURÍDICA

Se a norma jurídica é um juízo lógico, ela é bem mais do que isso. Ela se refere necessariamente às condições "fático-axiológicas", objeto da sua

---

[34] Hart registra quatro sentidos de responsabilidade: 1º) como obrigações ou funções derivadas de um certo cargo ou papel (o pai é responsável pelos seus filhos); 2º) como fator causal (João foi responsável pelo meu atraso); 3º) como capacidade e estado mental (o capitão foi o responsável pela perda do navio, em vista da sua negligência); 4º) como merecedor de uma pena ou de uma crítica moral (o juiz considerou João responsável por não ter cumprido uma promessa). Talvez esse (o 4º) seja o sentido mais abrangente, pois em geral supõe que ocorreram as condições que caracterizam os precedentes; é também o sentido de "responsabilidade" que Kelsen inclui em seu esquema de expressões jurídicas fundamentais.

significação. Um dos grandes equívocos nesta matéria é pensar a normatividade em termos de generalidade abstrata. O normativismo jurídico, compatível com a concepção tridimensional do direito, só pode ser um normativismo *concreto*, e não um normativismo abstrato e formal ou um formalismo jurídico.

55.1. Formalismo jurídico (Kelsen)

O **formalismo jurídico** vem a ser a concepção formal do direito, ou seja, a concepção que **define o direito exclusivamente em função da sua estrutura formal, prescindindo completamente do seu conteúdo**. Em suma, ele considera somente *como* o direito se produz e não *o que* ele estabelece. Por exemplo, o modo de o positivismo jurídico definir o direito corresponde a este modelo chamado de formalismo jurídico. De fato, a característica fundamental da definição positivista do direito é o fato de que ela procura estabelecer o que é o direito prescindindo de seu conteúdo, quer dizer, da matéria por este regulada. Age assim sob a justificativa de que o conteúdo do direito é infinitamente variado e qualquer tentativa de defini-lo em relação ao seu conteúdo estaria fadada ao fracasso.

Kelsen dizia que "qualquer conteúdo pode ser direito; não há comportamento humano que não possa caber numa norma jurídica". É que para os positivistas o que interessa é a rigorosa estrutura escalonada das normas, a "forma" do direito. As causas, os fins, a razão de ser do direito não constituem problemas jurídicos. Para o jurista, dizem, o direito é a norma positiva, seja ela qual for, contanto que tenha sido elaborada em conformidade com o que estabelece a norma positiva anterior. Direito e vida passariam a ser duas realidades paralelas que jamais se encontram. Em suma, o normativismo kelseniano apresenta-se formalista na medida em que ele o reduz à descrição do fenômeno jurídico, sem jamais recorrer a juízos de valor.

Ora, se o conceito de direito é meramente formal, sem conteúdo, o edifício jurídico não passaria de um **castelo-fantasma**, erguido no espaço sem alicerces na realidade da existência humana. Para que serviria um direito que tanto serve para este mundo como para qualquer outro? Que não tivesse como cuidado principal o destino do homem concreto, vivo, lutador, que sonha e que realiza, que trabalha, que ri e que chora? Para que serviria um puro direito formal, indiferente à realidade, à vida; um direito com qualquer conteúdo, como se a vida real pudesse ser uma coisa qualquer? Um direito segundo o qual não é possível negar juridicidade ao regulamento de uma sociedade ilícita, de um bando de salteadores, o que repugna à consciência tradicional do justo[35]. O direito não pode ser determinado com

---

[35] Benedetto Croce, defensor da tese de que a ordem jurídica só se caracteriza por seus requisitos formais, coerentemente equipara a *Magna Charta* ao estatuto da Máfia siciliana e à *Regula Monachorum* de São Bento (*apud* Miguel Reale, *Fundamentos do direito*, São Paulo: Revista dos Tribunais, 1972, p. 35).

abstração de seu conteúdo axiológico, somente à luz de caracteres formais. Aliás, como lembra Reale, o movimento axiológico, em suas múltiplas manifestações, originou-se da crítica movida ao formalismo jurídico. É evidente, então, que para um adepto do formalismo jurídico, a norma jurídica se reduz a uma "proposição lógica" e nada mais.

55.2. Antiformalismo jurídico

Os princípios relativos ao estudo e à formulação do Direito foram preparados por uma série de trabalhos notáveis realizados na Alemanha e na França. Embora ocorrido em muitos países, a primazia cabe à contribuição germânica, não só cronologicamente, como pelo número e pela importância dos trabalhos referentes aos métodos e processos que o cultor do Direito deve seguir para penetrar no verdadeiro sentido do ordenamento jurídico.

Na Alemanha, terra por excelência do formalismo, as novas diretrizes metodológicas provêm, em linha reta, dos juristas que souberam reconhecer a existência de lacunas na legislação positiva e travaram uma verdadeira batalha em prol da livre indagação do Direito. O Direito Livre, movimento paralelo ao de *Le recherche du droit* de Gény, **levou até ao exagero a pretensão de libertar o juiz e o cientista do Direito dos quadros prefixados pela legislação**, e teve como resultado benéfico o abandono da velha doutrina que confundia o Direito com os Códigos e a Ciência com a casuística. Basta dizer que hoje são raros aqueles que confundem o Direito com a Lei.

Não tardou que essa orientação contra o formalismo transpusesse os limites razoáveis, dando lugar a uma **concepção romântica** da vida jurídica. Em verdade, ressurgiu na Alemanha de Hitler um romantismo jurídico, agravando, de certa forma, a concepção que Savigny e Puchta tiveram da sociedade e do direito. Segundo os juristas do nazismo, o centro de toda cosmovisão (*weltanschaung*) filosófica nacional-socialista é o povo com o seu espírito objetivo (*objektiver geist*), de sorte que o Estado e o Direito não são mais do que produtos desse Espírito, ou então, aspectos da comunidade do povo (*volksgemeinschaft*) na sua realidade histórica e dinâmica, da qual o Führer é o intérprete com o seu séquito. Dessa identificação absoluta entre o Estado e o Povo decorria uma ameaça à autonomia individual e também a impossibilidade de se distinguirem claramente os elementos "políticos" dos "filosóficos" e "jurídicos". Como se vê, o antiformalismo na Alemanha acabou incidindo em erro oposto ao que se pretendia combater[36].

---

[36] *Vide*, para uma apreciação sintética, Carlos Maximiliano em sua *Hermenêutica e aplicação do direito*, n. 71-89.

Na França, este movimento foi iniciado por dois juristas, François Gény e Saleilles, e logo se formou uma verdadeira legião de colaboradores para colocar o problema do Direito sobre novas bases, apreciando as leis em função dos imperativos sociais e guiando a função dos juízes segundo os fins essenciais ao desenvolvimento ético e material do povo. Devemos lembrar na França a extraordinária influência exercida sobre os estudos jurídicos pela ciência sociológica, especialmente por meio da escola de Durkheim. A inspiração sociológica com seus estudos sobre a consciência coletiva, a divisão do trabalho, a solidariedade, a interdependência dos grupos, contribuiu bastante para arrancar o jurista do plano das abstrações e reconduzi-lo, em boa hora, para o terreno das realidades palpitantes da vida. Outro representante desse movimento foi o movimento sindicalista, cujas doutrinas bateram em cheio contra os quadros frios e estruturas inflexíveis no direito clássico, reivindicando a existência autônoma de outros centros produtores de direito que não o Estado.

Todas essas causas puseram fim à Escola da Exegese. É por esse motivo que os estudos jurídicos na França perderam o caráter formalista, adquirindo um cunho eminentemente social. Há menos politicidade e mais sociabilidade. Em alguns autores se observa mesmo uma compreensão mais integral do problema jurídico, com o estudo da culturalidade do direito, especialmente entre os continuadores do institucionalismo de Hauriou.

55.3. A solução culturalista tridimensional

É a compreensão cultural do Estado, à luz de uma concepção tridimensional dinâmica e integrante, que nos poderá assegurar a autonomia da Teoria do Estado, libertando-a dos três declives que a ameaçam: a de tornar-se uma duplicata do Direito Público; a de reduzir-se à Sociologia Política; a de confundir-se com a Política, entendida como a ciência dos fins concretos e dos meios práticos de governo.

Para evitá-los, e outros exageros, devemos recorrer à concepção tridimensional, segundo a qual em todo fato jurídico se verifica uma integração de elementos sociais em uma ordem normativa de valores, uma subordinação da atividade humana aos fins ético da convivência. É essa concepção culturalista do Direito que nos permite compreender, harmonicamente, a exigência da lei e a exigência de razoável liberdade na aplicação da lei. Com efeito, o Direito, como realidade tridimensional que é, apresenta um *substractum* sociológico, no qual se concretizam os valores de uma cultura, e ao mesmo tempo é norma que surge da necessidade de segurança na atualização desses valores, segundo modelos obrigatórios de conduta. Assim, levando em conta o *substractum* sociológico dos institutos jurídicos e a forma que lhes é própria, considerando a matéria regulada e a função normativa dos modelos jurídicos, o Direito toma contato com a realidade social, ao mesmo tempo que conserva íntegra a sua autonomia, sem se transformar em uma pura técnica ou se reduzir a um mero capítulo da Sociologia.

A Ciência Jurídica é a ciência do ser enquanto deve ser, é a ciência que culmina em juízos de valor e se resolve em imperativos, mas depois da apreciação dos fatos sociais. Não se passa diretamente do fato à norma. Não devemos reduzir o Direito a um dos seus elementos. Não se pode negar o caráter formalista do Direito, mas não afirmamos que no formalismo esteja todo o Direito. Não há dúvida que para o jurista, enquanto jurista, o Direito é norma, mas a norma não é algo que se possa conceber em si mesma e para si mesma, sem o seu conteúdo social, sem os valores que nela se concretizam e que por ela queremos ver realizados e garantidos.

Por isso, segundo o **normativismo concreto** de Miguel Reale, **a norma jurídica não se reduz a uma proposição lógica. Ela, não obstante a sua estrutura lógico-formal, assinala o momento de integração de uma classe de fatos segundo uma ordem de valores, quer ligados originariamente à sua gênese e objetivação, quer supervenientes**. Por isso a norma jurídica não pode ser compreendida sem referência a esses dois fatores, que ela dialeticamente integra em si e supera. É a essa teoria que ele denomina "normativismo concreto", entendido como expressão da correlação dialética entre fato, valor e norma, em cada manifestação jurídica concreta[37].

Na realidade, a "forma lógica" da norma jurídica de conduta, como proposição hipotética, é inseparável da sua base fática e dos seus objetivos axiológicos ou valores. Dessa forma, sempre há a previsão de um "fato", que é a base necessária à formulação da hipótese, da qual resultará uma consequência. E se a consequência prevista é declarada obrigatória, é porque se pretende atingir algo de "valioso" ou impedir a ocorrência de um "desvalor". O dever lógico fundamenta-se sempre em um valor implícito.

No art. 121 do CP, por exemplo, não se enuncia apenas um juízo lógico de natureza hipotética ("Matar alguém – Pena – reclusão de 6 a 20 anos"), mas nele está *implícito o valor "vida"*, expresso no imperativo "não matar" e que é seu fundamento moral (dado o valor da vida humana, deve ser não matar).

Por isso, o aspecto lógico, por mais importante que seja, não exaure o problema normativo. Sendo elemento nuclear do direito, a norma jurídica não poderá deixar de ter também uma estrutura tridimensional, segundo o esquema:

---

[37] Ver Miguel Reale, *Lições preliminares de direito*, São Paulo: Saraiva, 2003, p. 104. Quanto à concepção de "normativismo concreto" e "normativismo abstrato", ver Miguel Reale, *O direito como experiência*, São Paulo: Saraiva, 2002, p. 190 e s.

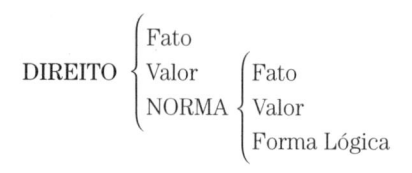

$$\text{DIREITO} \begin{cases} \text{Fato} \\ \text{Valor} \\ \text{NORMA} \begin{cases} \text{Fato} \\ \text{Valor} \\ \text{Forma Lógica} \end{cases} \end{cases}$$

QUESTIONÁRIO

1. Segundo o tridimensionalismo jurídico, como se dá a gênese de uma norma jurídica?
2. Há uma normatividade dos princípios?
3. Por que se diz que a norma jurídica é uma "proposição enunciativa"?
4. Todas as normas jurídicas assumem a estrutura de um juízo hipotético? Por quê?
5. A norma completa de conduta pode desdobrar-se em três proposições hipotéticas; o que elas enunciam? Como você as denominaria?
6. Tanto a endonorma como a perinorma apresentam uma hipótese e uma consequência? Explique.
7. A endonorma corresponde à norma secundária de Kelsen, porque aí temos a liberdade como ilicitude. Perante essa afirmação, escolha a opção correta.

    A) Asserção certa e razão certa.

    B) Asserção certa e razão errada.

    C) Asserção errada e razão certa.

    D) Asserção errada e razão errada.

8. A rigor, o preceito ou dispositivo é a norma toda? Por quê?
9. Na formulação da norma jurídica de conduta, que significam "A", "B", "Não B", "SP" e "SPr"?
10. Quando se dá o nexo de imputabilidade? Explique o binômio: imputabilidade/responsabilidade; causabilidade/imputabilidade.
11. Segundo a Teoria Tridimensional do Direito, a forma lógica exaure todo o problema normativo? Por quê?
12. Qual a formalização completa, incluindo a endonorma e a perinorma, das seguintes normas de conduta:

    a) "Aquele que habitar prédio, ou parte dele, responde pelo dano proveniente das coisas que dele caírem ou forem lançadas em lugar indevido"

(CC, art. 938).

b) "... perde-se a propriedade: ... III – por abandono" (CC, art. 1.275).

13. Há distinção entre imputabilidade e responsabilidade? Entre causalidade e imputabilidade? Explique.

14. (Provão 2000) Considere o seguinte texto de Miguel Reale:

"Se desejarmos alcançar um conceito geral de regra jurídica, é preciso, por conseguinte, abandonar a sua redução a um juízo hipotético, para situar o problema segundo outro prisma. A concepção formalista do Direito de Kelsen, para quem o Direito é norma, e nada mais do que norma, se harmoniza com a compreensão da regra jurídica como simples enlace lógico que, de maneira hipotética, correlaciona, através do verbo *dever ser*, uma consequência C ao fato F, mas não vemos como se possa vislumbrar qualquer relação condicional ou hipotética em normas jurídicas como estas: a) 'Compete privativamente à União legislar sobre serviço postal' (Constituição, art. 22, V); b) 'Brasília é a Capital Federal' (Constituição, art. 18, § 1º); c) 'Todo homem é capaz de direitos e obrigações na vida civil' (CC, art. 2º)..." (Miguel Reale, *Lições preliminares de direito*, São Paulo: Saraiva, 2000, p. 94). (NB: A questão é do Provão/2000 e a edição das *Lições preliminares* citada (2000) traz a transcrição do CC/1916).

Na passagem transcrita, o autor procura:

A) defender a noção de norma como juízo hipotético;

B) aderir à concepção positiva de Kelsen;

C) demonstrar a origem jusnaturalista de todas as normas;

D) mostrar que existem normas jurídicas que não podem ser pensadas como juízos hipotéticos;

E) deixar claro que não existe relação de consequência entre as normas constitucionais e as do Código Civil.

15. A ponderação é um método privativo de aplicação dos "princípios" ou o modo de aplicação das "regras" também não está totalmente condicionado pela descrição do comportamento, ficando dependendo do sopesamento de circunstâncias e de argumentos? Justifique e exemplifique.

16. O jornal *O Estado de S. Paulo* estampou em sua edição de 14 de maio de 2014, p. A19, a seguinte notícia: "Uma passeata de professores e funcionários da educação municipal bloqueou a Avenida Paulista, ontem. De acordo com a Polícia Militar, cinco mil manifestantes participaram do ato. Contra a proposta feita pela Prefeitura de São Paulo, os manifestantes se reuniram às 14h no vão livre do Museu de Arte de São Paulo

(MASP) para uma assembleia. Em seguida, o grupo seguiu pela Avenida Paulista e a Rua da Consolação, que ficaram parcialmente fechadas. Com buzinas e cartazes, o protesto terminou na Prefeitura, no viaduto do Chá, no centro, no início da noite. Às 19h, a Companhia de Engenharia de Tráfego (CET) registrou índice de lentidão de 165 km, ante uma média de 133 km para o horário".

No caso descrito, há a existência, de um lado, do "direito de reunião" e de outro, do "direito de locomoção", ambos garantidos pela CF (art. 5º, XV e XVI), podendo daí resultar um choque entre dois direitos fundamentais. Qual a solução jurídica para uma possível colisão?

17. A norma fundamental hipotética na visão kelseniana é:

    A) Uma verdade jurídica universal.

    B) Um postulado gnosiológico da ciência jurídica.

    C) Um princípio de direito natural.

18. Transforme a seguinte norma para que tenha caráter *proibitivo*: "Tendo sido firmado um contrato, este deve ser cumprido ou a outra parte deve ser indenizada pelas perdas e danos sofridos pela falta de cumprimento".

19. Deduza as *normas secundárias* (segundo Kelsen) correspondentes às seguintes normas:

    a) "Aquele que se apoderar de forma ilegítima de uma coisas total ou parcialmente alheia deve ser punido com dois anos de prisão."

    b) "Aquele que difamar outro e não se retratar publicamente deve ser punido com prisão".

    c) "Se alguém, ao firmar um contrato, não cumprir com suas obrigações, será demandado por seu contratante buscando a execução forçosa de seus bens com a finalidade de ressarcir as perdas e danos causados ao demandante."

20. Com que significado são usados os termos "responsável" e "responsabilidade" nas seguintes frases:

    a) Um infarto foi responsável pela morte de Pedro.

    b) João é um advogado muito responsável.

    c) A sentença do juiz responsabilizou Roberto pelo acidente de trabalho do operário Luis.

    d) Os peritos médicos determinaram que o homicida não é uma pessoa responsável.

e) O responsável pelo acidente foi o motorista do ônibus.

21. Quais das seguintes normas são inoperantes por serem necessariamente inaplicáveis ou supérfluas? Indique o porquê.

    a) "Quem desenhar um quadrado redondo terá uma recompensa de um milhão de reais".

    b) "Se uma pessoa jurídica coletiva cometer uma fraude, deverá ser reprimida com dois anos de prisão".

    c) "As pessoas que vão nascer têm capacidade de fato".

    d) "Os que cometerem o delito de rebelião, tendo êxito ou não em sua consumação, serão punidos com 10 anos de prisão e com inabilitação perpétua para ocupar cargos públicos".

    e) "Quando se tratar de maiores de idade, o incesto entre pessoas que não tiverem entre si parentesco legítimo ou natural não é punível".

    f) "Quem tentar matar um cadáver será reprimido com dois anos de prisão".

Lição XII

CLASSIFICAÇÃO DA NORMA JURÍDICA

Sumário: 56. Quanto ao conteúdo; 57. Quanto à extensão espacial; 58. Quanto ao grau de imperatividade; 59. Quanto à sanção; 60. Quanto à extensão pessoal; 61. Quanto à aplicabilidade; 62. Quanto à natureza das disposições; 63. Quanto à sistematização; 64. Quanto às fontes.

Os autores variam na apresentação das formas de classificação das normas jurídicas. Há mesmo certa ambiguidade e vacilação na terminologia. O fato é que a classificação pode ser feita segundo vários critérios.

56. QUANTO AO CONTEÚDO

O conteúdo da norma jurídica, como já visto, é a conduta humana e os processos de organização social. Daí a existência de dois tipos primordiais da norma jurídica: **de organização e de conduta**, segundo distinção estabelecida por Burckhardt. Luís Roberto Barroso as classifica pelo critério da "estrutura do enunciado", porque são concebidas ou na forma de um juízo hipotético (estrutura binada: Se for A, deve ser B = normas de conduta), ou não contêm um juízo hipotético, mas um mandamento taxativo: A deve ser B = normas de organização[1].

---

[1] Humberto Ávila, seguindo Ricardo Guastini, faz a divisão em regras "comportamentais" e regras "constitutivas"; aquelas descrevendo comportamentos como obrigatórios e estas atribuindo efeitos jurídicos a determinados atos, fatos ou situações, podendo ser reconstruídas a partir de dispositivos relativos a atribuição, exercício, delimitação e reserva de competência (*Teoria dos princípios*, São Paulo: Malheiros, 2019, p. 107).

56.1. Normas de organização

São aquelas que, a fim de assegurar uma convivência juridicamente organizada, **visam à estrutura e ao funcionamento dos órgãos do Estado, ou fixam e distribuem competências e atribuições, ou disciplinam a identificação, modificação e aplicação de outras normas**[2]. São normas de natureza mais instrumental. Alguns as chamam de "secundárias"; Bobbio prefere indicá-las como sendo de "segundo grau".

Exemplos: "A República Federativa do Brasil, formada pela união indissolúvel dos Estados e Municípios e do Distrito Federal, constitui-se em Estado Democrático de Direito" (CF, art. 1º). "Compete à União: [...] II – declarar a guerra e celebrar a paz" (CF, art. 21, II). "Compete aos pais, quanto à pessoa dos filhos menores: I – dirigir-lhes a criação e educação" (CC, art. 1.634). A Lei n. 3.912/61, que com caráter interpretativo disciplinava a aplicação de outra norma, ao dispor em seu art. 1º: "As inovações introduzidas no artigo segundo da Lei n. 3.884, de 15 de dezembro de 1960, não se aplicam às locações ajustadas por contrato escrito em vigor na data da sua publicação com prazo determinado e que não contenha a cláusula de pagamento, pelo locatário, dos encargos ali referidos".

56.2. Normas de conduta

São aquelas cujo objetivo imediato é disciplinar o comportamento dos indivíduos ou grupos sociais. **Constituem a maioria das normas jurídicas. São chamadas também de "primárias"; ou como sendo de "primeiro grau", segundo Bobbio.**

Exemplos: "Entre duas jornadas de trabalho haverá um período mínimo de onze horas consecutivas para descanso" (CLT, art. 66). "Ofender a integridade corporal ou a saúde de outrem: Pena – detenção de três meses a um ano" (CP, art. 129)[3].

57. QUANTO À EXTENSÃO ESPACIAL

57.1. Normas de direito externo

São as que compõem a ordem jurídica vigente em **territórios distintos do nacional.**

---

[2] Miguel Reale, *Lições preliminares de direito*, São Paulo: Saraiva, 1984, p. 95.

[3] Herbert Hart dá um sentido diverso às expressões "normas primárias" e "secundárias". Segundo ele, as normas *primárias* se referem à ação ou criam uma obrigação. As *secundárias* importam na atribuição de poderes, abrangendo três tipos de normas: de *reconhecimento*, que servem para identificar as normas primárias, possibilitando a verificação de sua validade; de *modificação*, que regulam o processo de transformação, revogação e ab-rogação das normas primárias; de *julgamento*, que disciplinam a aplicação das normas primárias. Podemos dizer que, no fundo, essas três espécies não passam de modalidades das normas de organização (como definimos *supra*).

57.2. Normas de direito interno

São as que vigoram no território nacional. Compõem o direito positivo de **determinado país**.

57.3. Normas de direito interno brasileiro

Quanto às normas do direito interno brasileiro, segundo o âmbito territorial que lhes é próprio, elas se distinguem em:

a) **NACIONAIS** (ou de direito comum). São aquelas que se destinam à **totalidade do Estado federal**, a todos se aplicando, independentemente de sua localização espacial no território brasileiro. Vigoram, portanto, em todo o território nacional, aplicando-se a todos os brasileiros.

Exemplos: Código Civil, Código Penal, Código de Processo Civil, CLT etc.

b) **FEDERAIS**. São as emanadas da União e apenas **aplicáveis à própria União e seus agentes, órgãos e instituições**, não podendo obrigar os Estados-membros e os Municípios. Aplicam-se, pois, em todo o território brasileiro, mas somente àqueles que a ela se acham submetidos. A União se autogoverna, se auto administra, mediante elas.

Exemplo: Estatuto dos Funcionários Públicos Civis da União.

c) **ESTADUAIS, MUNICIPAIS E DISTRITAIS**. São as editadas pelos órgãos competentes dos Estados-membros, dos Municípios ou do Distrito Federal e destinam-se a vigorar apenas em parte do território brasileiro, ou seja, nos respectivos **Estados e Municípios e no Distrito Federal** (são normas de direito local).

Exemplos: Constituição dos Estados e leis estaduais; Lei Orgânica que rege os Municípios e leis municipais; leis distritais que regem o Distrito Federal.

58. QUANTO AO GRAU DE IMPERATIVIDADE

Se todas as normas jurídicas são imperativas, contudo a imperatividade não se manifesta com a mesma intensidade, o que implica a possibilidade ou não de certa ação livre do obrigado perante aquilo que lhe determina um preceito legal. A essa luz, elas podem ser cogentes ou dispositivas.

58.1. Normas cogentes ou de ordem pública

São aquelas que **ordenam ou proíbem alguma coisa de modo absoluto**, sem admitir qualquer alternativa, pois vinculam o seu destinatário a um único esquema de conduta. Elas limitam a autonomia da vontade individual, não levando em conta as intenções ou desejos dos destinatários, porque defendem interesses que são fundamentais à vida social, os chamados interesses de "ordem pública".

Exemplos: o art. 1.521, VI, do Código Civil, que proíbe o casamento de pessoas já casadas; é norma cogente, pois, mesmo estando os nubentes de acordo, o casamento será nulo se um deles estiver ligado a matrimônio anterior. "Ao cego só se permite o testamento público" (CC art. 1.867). "Todo empregado terá direito anualmente ao gozo de um período de férias, sem prejuízo da remuneração" (CLT, art. 129).

58.2. Normas dispositivas ou supletivas

São as que, não ordenando ou proibindo de modo absoluto, **limitam-se a dispor com uma parcela de liberdade**. De fato, elas estabelecem uma *alternativa de conduta*: deixam aos destinatários a faculdade de dispor de maneira diversa; mas, se não fizerem, sujeitar-se-ão ao que a norma determina. Assim, a norma permite que os seus destinatários disciplinem a relação social. Na ausência de uma manifestação de vontade, ela a supre, devendo ser aplicado o disposto na regra. Alguns autores dizem que as normas dispositivas são as que podem ser revogadas pela vontade das partes. Contudo, não se trata de "revogação", pois as partes não revogam nenhuma lei pelo fato de disporem de forma diversa.

Exemplos: o art. 327 do Código Civil determina: "efetuar-se-á o pagamento no domicílio do devedor, salvo se as partes convencionarem diversamente". Nada impede, pois, que os contratantes estipulem de maneira diferente. Não o fazendo, vigora a norma.

O art. 252 do Código Civil diz que, nas obrigações alternativas (as que têm por objeto duas ou mais prestações, das quais uma só será efetuada), a escolha cabe ao devedor, se outra coisa não se estipulou. Se as partes, portanto, estipulam o contrário, ou seja, que a escolha cabe ao credor, prevalece a vontade das partes contratantes.

Note-se que a obrigatoriedade absoluta de uma norma resulta, em primeiro, **do seu próprio contexto**, sobretudo quando se cominam penas aos transgressores, como a de nulidade do ato que a contraria (CC. art. 166). Outras vezes, esse reconhecimento é **fruto da doutrina ou da jurisprudência**, como se deu, por exemplo, com o disposto no art. 924 do Código Civil de 1916, que possibilitava a redução proporcional, pelo juiz, da multa estipulada, quando se cumpria em parte a obrigação. Durante certo tempo se entendeu que a norma era "dispositiva", ou seja, só vigorava quando as partes não estipulavam no contrato que a multa seria devida sempre integralmente, no caso de mora ou inadimplemento. O juiz, nesse caso, não poderia reduzir a multa, porque as partes tinham assim contratado. Depois, a norma do art. 924 passou a ser considerada "cogente", e, por isso, ainda que houvesse cláusula estabelecendo que a multa era sempre devida por inteiro, o juiz podia reduzir a pena proporcionalmente ao restante da obrigação, à vista das circunstâncias de cada caso. Hoje, o art. 413 do Código Civil expressamente já dispõe: "A penalidade deve ser reduzida equitativamente pelo juiz se a obrigação principal tiver sido cumprida em parte, ou se o montante da penalidade for manifestamente excessivo, tendo-se em vista a natureza e a finalidade do negócio".

Vemos, pelo exemplo supra, como a norma jurídica está imersa na nossa vivência cotidiana, no mundo da vida, o qual muda, fazendo com que uma norma jurídica, mesmo sem sofrer qualquer mudança gráfica, passe a significar outra coisa, até que haja a alteração do texto legal pelo legislador.

58.3. Normas preceptivas, proibitivas e permissivas

Fala-se também em normas perceptivas: as que **determinam que se faça alguma coisa**, ou que estabelecem um status; "proibitivas": as que **negam a alguém a prática de certos atos**; "permissivas": as que **facultam fazer ou omitir algo**. A bem ver, as normas cogentes podem ser tanto preceptivas como proibitivas; e as permissivas constituem uma espécie das dispositivas.

Alguns autores distinguem ainda as leis em "**rígida**" e "**elástica**". Aquela não admite modificação por parte do juiz (por exemplo, quando estabelece prazo), enquanto que a elástica dá margem ao arbítrio judicial, ou seja, depende de como o juiz entende o caso a ser julgado. Assim, por exemplo, quando se trata da proteção de filhos menores, a questão pode ser decidida pelo juiz, no interesse do menor, de forma contrária ao prescrito na lei. É a mesma função que outros autores atribuem ao que chamam de "cláusula aberta". Através delas o ar oxigenado da vida real penetra no direito, quebrando a rigidez de suas regras. Às vezes fazem referência à "boa-fé", à "diligência habitual" ou aos "bons costumes", que são conceitos elásticos.

59. QUANTO À SANÇÃO

Sob esse enfoque há um tipo de classificação de normas que, segundo alguns tratadistas, remonta ao direito romano; segundo outros, vem-nos dos expositores medievais do direito romano.

59.1. Normas mais que perfeitas (*leges plus quam perfectae*)

São aquelas cuja violação determina duas consequências, ou seja, a **nulidade do ato** e a **aplicação de uma pena**, ou restrição, ao infrator. Cercam-se de dupla proteção.

Exemplos: "Não podem casar as pessoas casadas" (art. 1.521, VI, do CC); é uma norma mais que perfeita porque a sua violação acarreta a nulidade do casamento, segundo o art. 1.548, II, do Código Civil ("é nulo o casamento contraído por infringência de impedimento"); e acarreta também uma pena ao infrator, por crime de bigamia (art. 235 do CP: "contrair alguém, sendo casado, novo casamento: Pena – reclusão de 2 a 6 anos").

59.2. Normas perfeitas (*leges perfectae*)

São as que **fulminam de nulidade o ato**, mas não implicam qualquer sanção de ordem pessoal. O direito contenta-se com o restabelecimento da ordem jurídica, considerando que a volta ao estado anterior já é por si, até certo ponto, uma pena.

Exemplo: "É nulo o negócio jurídico quando celebrado por pessoa absolutamente incapaz" (CC, art. 166, I). Assim, se um menor de 16 anos contrata, assumindo encargos que afetam o seu patrimônio, aplica-se a regra jurídica que torna nulo o seu ato, mas sem estabelecer penalidade ou sanção relativamente à pessoa do infrator.

59.3. Normas menos que perfeitas (*leges minus quam perfectae*)

São aquelas que se **limitam a aplicar uma pena ou uma consequência restritiva**, mas não privam o ato de sua eficácia.

Exemplo: "Não devem casar o viúvo ou a viúva que tiver filho do cônjuge falecido, enquanto não fizer inventário dos bens do casal e der partilha aos herdeiros" (CC, art. 1.523, I). A violação dessa norma não implica a nulidade do ato (o casamento), mas tão somente a aplicação de uma consequência, que é estabelecida no art. 1.641, *caput* e inciso I, do Código Civil (casar obrigatoriamente no regime de separação de bens).

59.4. Normas imperfeitas (*leges imperfectae*)

A sua violação não acarreta **nem a nulidade do ato nem outra penalidade**.

a) Tais normas, às vezes, justificam-se por **razões de ordem social e ética**. Por exemplo, o art. 1.551 do Código Civil, que dispõe: "Não se anulará, por motivo de idade, o casamento de que resultou gravidez". Dessa forma, embora o contraente tenha-se casado fora do limite de idade estipulado por lei (16 anos), não será invalidado o ato, nem punido o agente, desde que tenha resultado gravidez dessa união. A justificativa é dar garantia, principalmente, ao nascituro.

b) São consideradas também "imperfeitas" as normas que apenas estabelecem uma **orientação programática**, ou seja, as que enunciam princípios gerais, diretrizes. Elas se limitam a traçar ao Poder Público certos "programas" das respectivas atividades, cujo cumprimento (tempo e meios) fica dependendo da opção do legislador (discricionariedade). Em suma, elas só se tornam obrigatórias quando uma disposição concreta de lei as aplica.

Exemplos: "A saúde é direito de todos e dever do Estado, garantido mediante políticas sociais e econômicas que visem à redução do risco de doença e de outros agravos e ao acesso universal igualitário às ações e serviços para sua promoção, proteção e recuperação" (CF, art. 196). "O Estado garantirá a todos o pleno exercício dos direitos culturais e acesso às fontes da cultura nacional, e apoiará e incentivará a valorização e a difusão das manifestações culturais" (CF, art. 215).

c) Mas as normas "imperfeitas" dizem respeito especialmente às chamadas **obrigações naturais** (ou "obrigação judicialmente inexigível", na terminologia do novo Código Civil), que se distinguem das "obrigações civis". Estas têm todo o amparo por parte da lei. Aquelas são baseadas em *dever moral ou de consciência*, e *reconhecidas pelo direito só de maneira indireta*: não merecem sua proteção por via de ação, não são judicialmente exigíveis, mas são reconhecidas pela impossibilidade atribuída ao devedor de reaver o pagamento feito em virtude delas. Assim, as normas que regem essas obrigações "naturais" são consideradas jurídicas imperfeitas porque, embora não imperem de maneira direta (obrigando a pagar tais obrigações naturais), implicam consequências indiretas de direito (uma vez pagas, esse pagamento passa a ser justo título da obrigação, não se permitindo reavê-lo).

Exemplos: um tipo de obrigação natural é o decorrente das dívidas de jogo: o indivíduo que perde no jogo não é obrigado, juridicamente, a pagar a dívida, ou seja, o credor dessa dívida não tem "ação" para cobrá-la; a obrigatoriedade do pagamento é de ordem ético-moral. Mas se o devedor paga, não tem como recobrar a quantia, salvo se foi ganha por dolo, ou se o perdente é menor ou interdito, nos termos do art. 814 do Código Civil. Outro exemplo é o art. 882 do mesmo Código: "Não se pode repetir o que se pagou para solver dívida prescrita, ou cumprir obrigação judicialmente inexigível".

60. QUANTO À EXTENSÃO PESSOAL

As normas jurídicas não têm sempre o característico da "generalidade". Atualmente admite-se também a existência de normas particulares e individualizadas, assim como a existência de leis desprovidas da nota de generalidade. Temos, assim, a seguinte gradação:

60.1. Normas genéricas (ou de direito geral)

São aquelas que abrangem a **totalidade dos indivíduos que se integram no País** (são as que, pelo critério de extensão espacial, denominamos "nacionais"). Exemplos: Código Penal, Código de Processo Civil etc.[4]

60.2. Normas particulares (ou de direito especial)

São aquelas que **vinculam determinadas pessoas**, como as que compõem um "negócio jurídico". Ou as de uma lei que expressamente contenha disposições aplicáveis somente a um campo restrito de relações jurídicas, tendo em vista a atividade, ou a situação do sujeito, ou a classificação do objeto por elas reguladas.

Exemplo: cláusulas de um contrato de compra e venda; convenção coletiva de trabalho; Lei Orgânica da Magistratura etc.

60.3. Normas individualizadas

São as que **se dirigem a indivíduos singularmente considerados**. Segundo Kelsen, as normas individuais são as determinantes da conduta de

---

[4] Para alguns autores a norma jurídica é geral e abstrata, não por regular caso singular, mas por estabelecer modelo aplicável a vários casos, que podem ou não ocorrer, enquadráveis no tipo nela previsto (ver Paulo Dourado de Gusmão, *Introdução ao estudo do direito*, Rio de Janeiro: Forense, 1997, p. 77).

um indivíduo em uma situação e, portanto, são válidas apenas para um caso particular e podem ser obedecidas e aplicadas somente uma vez. Exemplo: uma sentença judicial.

60.4. Normas excepcionais (ou de direito singular)

São aquelas **que estabelecem tratamento excepcional para determinados casos**, situações ou pessoas, diverso do estabelecido pelo direito geral, ou seja, quebrando a sistemática da ordem jurídica vigente.

Contudo é de observar que, se são criadas para atender a situações excepcionais, podem também servir ao arbítrio do poder para a perseguição política, sem os limites prescritos pelo direito geral ou especial. Exemplo: Ato Institucional n. 5, de 13-12-1968. À sombra do seu art. 10, foi praticada a tortura de muitos presos políticos: "Fica suspensa a garantia de 'habeas corpus', nos casos de crimes políticos, contra a segurança nacional, a ordem econômica e social e a economia popular".

61. QUANTO À APLICABILIDADE

61.1. Norma autoaplicável

Vem a ser aquela que não depende de complementação por meio de outra norma, ou de regulamentação pelo Poder Executivo. É a norma **imediatamente aplicável**, independentemente de qualquer ato legislativo ou regulamentar.

Note-se que, para submeter a vigência de uma norma à complementação ou à regulamentação, é necessário que essa circunstância seja *expressamente mencionada, ou resulte*, inequivocamente, *do sentido da disposição*. A regra geral é, portanto, toda norma ser autoaplicável; a dependência de complementação ou de regulamentação é a exceção.

61.2. Norma dependente de complementação

É aquela que **exige, para sua vigência, a criação de novas normas legais que a complementam**. O complemento normativo deve decorrer inequivocamente do sentido de suas disposições.

Exemplo: várias normas constitucionais dispõem a complementação de uma série de assuntos por leis ordinárias e complementares, como o art. 7º da Constituição Federal, que, entre os direitos dos trabalhadores urbanos e rurais, enumera o "aviso prévio proporcional ao tempo de serviço, sendo no mínimo de trinta dias, nos termos da lei" (inciso XXI).

61.3. Norma dependente de regulamentação

É aquela que exige, para sua vigência, a **sua regulamentação pelo Poder Executivo**, definindo e detalhando sua aplicação. A ausência de regulamentação obsta a execução da lei, na parte em que esta depender do ato regulamentador. A circunstância da necessidade de regulamentação deve ser expressamente mencionada.

Exemplo: a Lei n. 8.036, de 11 de maio de 1990, que dispõe sobre o Fundo de Garantia do Tempo de Serviço, uma vez que em seu art. 31 há referência expressa à necessidade de sua regulamentação pelo Poder Executivo.

61.4. Normas constitucionais

A complexidade e o pluralismo das sociedades modernas levaram ao abrigo da Constituição valores, interesses e direitos variados, cujas normas são classificadas, quanto à sua aplicabilidade, em de eficácia plena, contida e limitada[5].

a) Normas constitucionais de **eficácia plena**. São "aquelas que, desde a entrada em vigor da Constituição, produzem ou têm possibilidade de produzir todos os efeitos essenciais, relativamente aos interesses, comportamentos e situações que o legislador constituinte, direta e normativamente, quis regular". São, portanto, *autoaplicáveis*, como os chamados "remédios constitucionais", por exemplo.

b) Normas constitucionais de **eficácia contida**: ocorrem quando "o legislador constituinte regulou suficientemente os interesses relativos a determinada matéria, mas deixou margem à atuação restritiva por parte da competência discricionária do poder público, nos termos que a lei estabelecer ou nos termos de conceitos gerais nelas enunciados".

São, portanto, de aplicabilidade imediata, mas passíveis de restrição nos casos e na forma que a lei estabelecer. Por exemplo, o art. 5º, XIII, que dispõe: é livre o exercício de qualquer trabalho, ofício ou profissão, atendidas as qualificações profissionais que a lei estabelecer.

c) Normas constitucionais de **eficácia limitada**: são aquelas que apresentam "aplicabilidade indireta, mediata e reduzida, porque somente incidem totalmente sobre esses interesses, após uma normatividade ulterior que lhes desenvolva a aplicabilidade". São, portanto, as dependentes de complementação legislativa.

d) Há também, como vimos, as normas que estabelecem apenas uma *orientação programática*, as quais, na lição de Jorge Miranda, "são de **aplicação diferida**, e não de aplicação ou execução imediata; mais do que comandos-regras, explicitam comandos-valores". Elas se limitam a traçar alguns preceitos a serem cumpridos pelo Poder Público, como programas das respectivas atividades. O tempo e os meios pelos quais essas normas virão a ser revestidas de plena eficácia ficam dependendo da opção do legislador.

---

[5] Ver José Afonso da Silva, *Aplicabilidade das normas constitucionais*, São Paulo: RT, 1982, p. 91.

62. QUANTO À NATUREZA DAS DISPOSIÇÕES

62.1. Norma substantiva ou material
Vem a ser aquela que define e **regula as relações jurídicas ou cria direitos e deveres** das pessoas em suas relações de vida.
Exemplos: as relativas ao direito civil, penal, comercial etc.

62.2. Norma adjetiva ou formal
É a que **define os procedimentos a serem cumpridos para efetivar as relações jurídicas ou fazer valer os direitos** ameaçados ou violados.
É de natureza apenas instrumental.
Exemplo: as que se referem ao Código de Processo Civil, de Processo Penal.

63. QUANTO À SISTEMATIZAÇÃO

63.1. Normas codificadas
São aquelas que **constituem um corpo orgânico** sobre certo ramo do direito, como o Código Civil.

63.2. Normas consolidadas
Ocorrem quando **formam uma reunião sistematizada de todas as leis existentes e relativas a uma matéria**. A consolidação distingue-se da "codificação" porque sua principal função é a de *reunir as leis existentes* e não a de criar leis novas, como num código. Exemplo: Consolidação das Leis do Trabalho (CLT).

63.3. Normas extravagantes ou esparsas
Na terminologia canônica, diziam-se extravagantes as Constituições Pontifícias, posteriores às Clementinas, incluídas no mesmo direito. Daí dizer hoje "extravagantes" todas as **leis que não estão incorporadas às codificações ou consolidações**: são leis que vagam fora; são as editadas isoladamente, para tratar de temas específicos. Exemplos: Lei do Fundo de Garantia do Tempo de Serviço, Lei do Inquilinato.

64. QUANTO ÀS FONTES
Segundo os meios e processos pelos quais o direito se manifesta, temos as normas legais, costumeiras, jurisdicionais e negociais. A sua importância leva-nos a tratá-las com mais demora e profundidade nas próximas lições

64.1. Normas legais
São as que resultam do processo legislativo.

64.2. Normas costumeiras ou consuetudinárias
Resultam dos **usos e costumes jurídicos**.

64.3. Normas jurisdicionais
São as que resultam do **processo jurisdicional**.

64.4. Normas negociais
São as que surgem como produto da **autonomia da vontade**.

QUESTIONÁRIO

1. Que distingue uma norma de organização de uma norma de conduta? Exemplifique.
2. Que são normas de direito externo e de direito interno?
3. Que caracteriza uma norma nacional? Exemplifique.
4. Que são normas federais, estaduais, municipais e distritais?
5. Explique, exemplificando, que vem a ser uma norma cogente ou de ordem pública.
6. Qual a distinção entre uma norma mais que perfeita e uma norma perfeita? Exemplifique.
7. Como se explica a existência de normas imperfeitas?
8. Demonstre a diferença entre normas genéricas, particulares e individualizadas.
9. Que são normas excepcionais? Exemplifique.
10. Que caracteriza uma norma autoaplicável em face de uma norma dependente de regulamentação ou de complementação?
11. Distinga, quanto à aplicabilidade das normas constitucionais, as de eficácia plena, contida e limitada.
12. Qual a diferença entre normas codificadas e normas consolidadas?
13. Que são normas extravagantes ou esparsas? Exemplifique.
14. Qual a finalidade de uma norma substantiva e de uma norma adjetiva?
15. Como se classificam as normas jurídicas quanto às suas fontes?

Lição XIII

NORMA LEGAL

Sumário: 65. Compreensão do termo "lei"; 66. Etimologia e importância da lei; 67. O processo legislativo como fonte legal; 68. Decretos e regulamentos; 69. Primazia e hierarquia das normas legais.

A norma jurídica legal, ou lei, não é causa do direito, já que, como as demais normas jurídicas, constitui o próprio direito objetivo/positivo. E ninguém é causa ou fonte de si mesmo, uma vez que necessitaria ser anterior a si mesmo. Uma das condições da noção de causa é que ela deve ser realmente distinta do seu efeito, o que não ocorre com a lei em relação ao direito.

A lei é antes o produto ou resultado do processo legislativo, este sim uma das fontes do direito. Fonte é a atividade legiferante. Claude du Pasquier, a respeito, observava que, assim como a fonte de um rio não é a água que brota do manancial, mas é o próprio manancial, a lei não representa a origem, mas o resultado da atividade legislativa[1].

65. COMPREENSÃO DO TERMO "LEI".

São frequentes os equívocos que cercam a palavra "lei". Vejamos sua acepção genérica e seu sentido técnico.

---

[1] **Causa** é aquilo de que uma coisa depende quanto à existência. A análise revela três elementos ou condições na noção de causa. Em primeiro, a causa deve ser realmente distinta do efeito. Em segundo, o efeito deve depender realmente da causa, pois é em virtude da causa que é produzido. E por fim, a causa deve ter sobre o efeito uma prioridade de natureza, e não uma prioridade de tempo, pois a causalidade é uma relação que não implica necessariamente o tempo ou a sucessão (considerados no que têm de essencial, o exercício da ação causal e a produção do efeito são coisas simultâneas e indivisíveis). Ver Régis Jolivet, *Curso de filosofia*, Rio de Janeiro: Agir, 1995, p. 280.

65.1. Acepção genérica

Segundo a definição de Montesquieu, um dos grandes mestres da ciência jurídico-política da França no século XVIII, lei vem a ser a "**relação necessária que resulta da natureza das coisas**"[2]. Nesse sentido genérico, lei é toda relação necessária, de ordem causal ou funcional, estabelecida entre dois ou mais fatos, segundo a natureza que lhes é própria.

Essa definição ampla é válida tanto para o *mundo da natureza* como para o *mundo da cultura*, ou seja, é nesse sentido amplo que nos referimos tanto às leis físico-matemáticas como às leis sociais ou às leis éticas.

Ora, as leis "éticas", por implicarem diretivas de comportamento, denominam-se propriamente "**normas**", abrangendo as normas "morais", as de "trato social" e as "jurídicas". Dentre as espécies de normas jurídicas, por sua vez, destaca-se a *norma legal*, que, por natural variação semântica, denomina-se, pura e simplesmente, "**lei**", adquirindo um sentido técnico.

Note, ainda, que a "lei" é apenas uma das espécies da norma jurídica. Esta compreende também o costume, a jurisdição e os negócios jurídicos. Por isso, "norma jurídica" e "lei" não são sinônimas.

65.2. Sentido técnico

Três definições de lei são clássicas na literatura jurídica. A de **Tomás de Aquino**: "Lei é o preceito da razão dirigido ao bem comum e promulgado por aquele que dirige a comunidade" (S. Th., I-II, qu. 90, a. 4). A de **Francisco Suarez** que a vê como uma regra de fazer: "Lei é o preceito comum, justo, estável, suficientemente promulgado" (*De Legibus*). E a de **Del Vecchio**: "Lei é o pensamento jurídico deliberado e consciente, expresso por órgãos adequados que representam a vontade preponderante".

Segundo **Miguel Reale**, quando, nos domínios do direito, emprega-se o termo "lei", o que se quer significar é "**uma regra escrita (ou um conjunto de regras escritas) constitutiva de direito**"[3]. Constitutiva de direito, isto é, que introduz algo de **novo** com caráter **obrigatório** no sis-

---

[2] Estas palavras, com as quais Montesquieu inicia seu *Espírito das leis*, iluminam a origem e o caráter da noção de natureza das coisas. Trata-se de uma noção derivada do jusnaturalismo e que nasce da exigência de garantir a objetividade da regra jurídica. Luis Fernando Coelho faz o seguinte "reparo" à definição de Montesquieu: "Deve-se advertir, desde logo, que não existem propriamente as relações entre fenômenos. O que existe são os fenômenos, mas a relação é somente o modo como o intelecto os encara no processo de conhecimento. Por conseguinte, a lei não se confunde com a relação. As relações entre os fenômenos constituem produto de abstrações no processo de conhecimento. A lei é a mera expressão dessas relações, expressão linguística, lógica ou semiótica, já que ocorre mediante palavras ou signos em geral" (*Aulas de introdução ao direito*, Barueri: Manole, 2004, p. 164).

[3] Miguel Reale, *Lições preliminares de direito*, São Paulo: Saraiva, 1984, p. 163.

tema jurídico em vigor, disciplinando comportamentos individuais ou atividades públicas[4].

Assim, lei é o direito escrito (*jus scriptum*) e só existe lei, no sentido técnico da palavra, quando a norma escrita é capaz de *inovar* no direito existente (alterando ou aditando novos preceitos obrigatórios), isto é, capaz de conferir, de maneira originária, pelo simples fato de sua publicação e vigência, direitos e deveres a que todos devemos respeito.

66. ETIMOLOGIA E IMPORTÂNCIA DA LEI

66.1. Origem etimológica

A origem etimológica do vocábulo "lei" – ***lex*** não é clara.

a) Para alguns, *lex* vem de *LEGERE* (ler), tendo à frente Isidoro de Sevilha. Explicam que primitivamente as regras jurídicas que disciplinavam a vida social do povo romano eram todas consuetudinárias, formando o direito não escrito que se exprimia através dos *mores majorum* vindos de tempos imemoriais. Mais tarde, na época da República romana, o povo reunido em comício ou a plebe agrupada em plebiscito passou a elaborar regras jurídicas que, depois de votadas e aprovadas, eram, então, escritas em tabuinhas e divulgadas para serem lidas. Essas regras escritas em tabuinhas passaram a ser chamadas de *lex*, significando, então, *aquilo que se lê*.

b) Para outros, *lex* vem de *LIGARE* (ligar). Os adeptos dessa corrente, liderada por Tomás de Aquino, observam que entre os romanos a palavra *lex* servia para designar não só as leis propriamente ditas como também os contratos entre os participantes, que nem sempre eram escritos, não existindo nada para ser lido; não obstante eram chamados de *lex*. Por isso, a palavra *lex* deve provir do verbo *ligare*, pois o que há de comum na lei propriamente dita e nos contratos particulares é o fato de **ligarem os indivíduos em suas atividades**, obrigando a vontade dos agentes a seguir determinada direção. "Dicitur enim lex a *ligando*, quia obligat ad agendum" (S. Th., I-II, qu. 90, a. 1).

c) Outros acham que a palavra *lex* origina-se de *ELIGERE* (escolher), porque **o legislador escolhe, entre as diversas proposições normativas possíveis, uma para ser lei** (Cícero, *Das leis*).

66.2. Importância da lei

Vale relembrar que a doutrina juspositivista das fontes é baseada no princípio da prevalência de uma determinada fonte do direito sobre todas

---

[4] Claude Du Pasquier ensina: "C'est le droit écrit (jus scriptum), l'expression, par le pouvoir public compétent à cet effet, d'une règle, d'une volonté formulée pour l'avenir et énoncée dans um texte" (*Introduction à la théorie générale et à la philosophie du Droit*, Neuchâtel (Switzerland), 1967, p. 54). *Vide Développement moderne du droit écrit*: idem, p. 58.

as outras: **a lei**. Hoje é grande a importância da lei nos países de direito escrito e de Constituição rígida, sendo que, mesmo naqueles onde há predominância do costume, vem crescendo a influência do processo legislativo. Tal fato se explica pelos seguintes motivos:

a) A lei goza de **maior rapidez na sua elaboração**, o que permite ajustar melhor a regra de direito às necessidades sociais emergentes e em constantes mudanças.

b) É de **mais fácil conhecimento e de maior precisão**, por se apresentar em termos escritos.

c) Oferece, por tudo isso, **maior certeza e segurança às relações sociais**.

67. O PROCESSO LEGISLATIVO COMO FONTE LEGAL

67.1. Fonte da lei

No atual sistema constitucional pátrio, a "fonte legal" é o **processo legislativo**, havendo um processo legislativo ordinário e os especiais. A expressão "processo legislativo" é consagrada no art. 59 da Constituição Federal para designar **o conjunto de atos através dos quais se opera a gênese legal**, ou seja, dá-se origem a "atos normativos" com a consequente criação de novas situações jurídicas. Na lição de Maria Helena Diniz, o processo legislativo vem a ser um conjunto de fases constitucionalmente estabelecidas, pelas quais há de passar o projeto de lei, até sua transformação em lei vigente[5]. São elas: (1) a **iniciativa** ou apresentação do projeto de lei; (2) a sua **discussão, votação e aprovação** pelas duas Casas do Congresso; (3) **a sanção ou veto pelo presidente da República**; (4) a **promulgação** pela qual o que era projeto se transforma em lei; (5) e finalmente sua **publicação**. O texto legal, portanto, é fruto mais de um ambiente de disputas, do que da vontade do legislador. Pelo menos numa sociedade democrática. Esse ambiente de disputa reúne contraditório, interesses divergentes, grupos de pressão, ideologias, articulações partidárias e forças sociais opostas. Um ambiente, na maioria das vezes, de tumulto, conflito e discórdia.

Por sua vez, são **sete as modalidades** de leis resultantes da atividade legislativa. De fato, o processo legislativo compreende a elaboração de sete atos normativos:

I – **Emendas à Constituição**.
II – **Leis complementares**.
III – **Leis ordinárias**.
IV – **Leis delegadas**.

---

[5] Maria Helena Diniz, *Compêndio de introdução à ciência do direito*, São Paulo: Saraiva, 2012, p. 312.

V – **Medidas provisórias**.
VI – **Decretos legislativos**.
VII – **Resoluções**.
Sobrepondo-se a todos eles, como lei maior, está a Constituição Federal. Ela não integra o processo legislativo porque o antecede. Por isso, quando se fala em lei, é claro que nos referimos também à lei por excelência, à lei de ordem constitucional. Portanto, as categorias normativas abrangidas pelo "processo legislativo" não são apenas a "lei" entendida nos moldes superados de uma dicotomia (Constituição + lei ordinária), mas todos aqueles sete atos normativos supramencionados.
Vejamos, brevemente, cada um deles.

67.2. Emendas à Constituição (CF, art. 60)

Consistem nas reformas do texto constitucional, de grande ou pequeno alcance, promovendo-lhe adições, supressões ou mesmo modificações; **passam**, portanto, **a integrar o texto da Constituição**.

67.3. Leis complementares (CF, arts. 61 e 69)

Complementam a Constituição, **particularizando e detalhando matéria que ela abordou apenas genericamente**. Destinam-se, pois, a desenvolver a normatividade de determinados preceitos constitucionais. São admissíveis somente nos casos em que a Constituição expressamente autorize e não passam a integrar o seu texto, são leis em separado. O *quorum* legislativo para sua aprovação é especial: maioria absoluta.

67.4. Leis ordinárias (CF, art. 61)

São as leis comuns, oriundas do Poder Legislativo no exercício de sua função primordial: legislar. Constituem a grande categoria das normas legais, nascidas do pronunciamento do Legislativo, com a sanção do chefe do Executivo, e na prática são denominadas simplesmente "lei".

67.5. Leis delegadas (CF, art. 68)

São aquelas que **emanam do Poder Executivo mediante delegações de competência feita pelo Poder Legislativo**. O primeiro desses Poderes (delegado) normalmente não teria competência para elaborar a lei, mas veio a adquiri-la em virtude da delegação feita pelo segundo (delegante). A lei resultante dessa delegação de poderes para elaborá-la denomina-se "lei delegada". O § 1º do art. 68 da Constituição Federal especifica os assuntos que não poderão ser objeto de delegação.

67.6. Medidas provisórias (CF, art. 62)

Rui Barbosa já reconhecia a necessidade de conceder maior autonomia ao presidente da República para tomar decisões de caráter urgente, por exemplo, nas de ordem financeira. Ora, as medidas provisórias são uma figura legislativa que procura atingir essa finalidade. São **normas** editadas pelo Poder Executivo, com força de lei, em caso de relevância e urgência.

Devemos nos lembrar também que é uma figura própria do regime parlamentar, que outorgada ao Primeiro Ministro, este (por ser uma projeção das forças dominantes) merecia sua confiança, havendo, por isso, tendência natural à sua aprovação dentro de curto prazo. Confiada, porém, ao Presidente da República, assume diversa configuração, ficando sua aprovação dependente de acordos ou arranjos partidários. Daí que tais medidas provisórias perderão a eficácia, desde a edição, se não forem convertidas em lei no prazo legal de **60 dias** contados da publicação, **prorrogável uma vez** por igual período. Nessa hipótese de perda da eficácia, o Congresso Nacional deverá disciplinar, por decreto legislativo, as relações jurídicas delas decorrentes.

Portanto, se antes, passado o prazo de vigência que era de 30 dias, a medida provisória podia ter ilimitadas reedições e até com mudanças de texto em relação à original, com a Emenda Constitucional n. 32/2001 a reedição fica limitada à prorrogação, uma única vez, sendo proibidas mudanças de texto. A referida Emenda n. 32 veda também a utilização da medida provisória sobre certas matérias. De fato, não há "urgência" que se prolonga no tempo.

Como se vê, as medidas provisórias, à diferença do extinto "decreto-lei", não contam com a aprovação por decurso de prazo, uma vez que, embora passem a vigorar imediatamente após a sua publicação, há necessidade da manifestação do Congresso Nacional. A votação acontecerá separadamente em cada uma das Casas, com parecer de comissão mista. Se a medida provisória não for votada em 45 dias, entrará em regime de urgência, ficando sobrestadas, até que se ultime a votação, todas as deliberações legislativas da Casa em que estiver tramitando. Em suma, a medida provisória entra automaticamente no primeiro lugar da pauta de votação, se não for votada em 45 dias. Com a ratificação do Congresso Nacional, a medida provisória torna-se lei.

67.7. Decretos legislativos (CF, art. 49)

É o instrumento formal de que se vale **o Congresso Nacional para praticar os atos de sua exclusiva competência** (art. 49 da CF), como resolver definitivamente sobre tratados, acordos ou atos internacionais que acarretam encargos ou compromissos gravosos ao patrimônio nacional. Uma vez aprovado, o decreto legislativo é promulgado pela Mesa do Congresso Nacional, não se submetendo ao veto ou à sanção do chefe do Executivo.

67.8. Resoluções (CF, art. 59)

São atos vinculados à própria atividade do **Congresso Nacional, também independentes da sanção do chefe do Executivo, tendo por base finalidades específicas do seu peculiar interesse**, como: delegar competência ao presidente da República (CF, art. 68, § 2º); suspensão pelo Senado da execução da lei federal declarada inconstitucional pelo Supremo Tribunal Federal (CF, art. 52, X); fixação, pelo Senado, das alíquotas de certos impostos (CF, art. 155, §§ 1º, IV, e 2º, IV e V).

Dissemos que é próprio da norma legal inovar no direito vigente, quer alterando, quer aditando novos preceitos obrigatórios. É o que se dá com os atos normativos discriminados acima, e chamado por muitos de normas primárias. Deve-se notar, porém, que não são quaisquer "decretos legislativos" ou "resoluções" que pertencem à nossa fonte legal, mas somente aqueles que, por força da Constituição, integram o sistema de normas, *dando origem a um dispositivo de caráter cogente*. Por exemplo, os decretos legislativos mediante os quais o Congresso Nacional aprova os tratados internacionais. Ou as resoluções do Senado Federal que fixam alíquotas de imposto, como previstas nos itens IV e V do § 2º do art. 155 da Constituição Federal. O art. 59 da Constituição, embora fale pura e simplesmente em resoluções, na realidade, ele está se referindo exclusivamente às "resoluções de ordem legislativa", isto é, àquelas resoluções destinadas a completar os texto legislativos[6].

68. DECRETOS E REGULAMENTOS

Dispõe o art. 84, IV, da Constituição Federal que compete ao chefe do Executivo expedir "decretos" e "regulamentos", para a fiel execução das leis.

68.1. Regulamentos ou decretos regulamentares

Existem normas que não são autoaplicáveis. Algumas delas exigem, para sua vigência, um "regulamento" que lhes dê a forma prática com que deverão ser aplicadas. Assim, a lei, quando do tipo regulamentável, dá os lineamentos gerais, sem descer às particularidades. O regulamento, complementando-a, desce às minúcias, abordando os aspectos especiais necessários à sua aplicação prática; o Poder Legislativo formula normas genéricas, que contêm diretrizes, e confia ao Poder Executivo o encargo de torná-las exequíveis. Tais regulamentos são **baixados pelo Poder Executivo, por meio de decretos**, chamados "decretos regulamentares", **cuja validade não exige o referendo do Poder Legislativo**.

A rigor, o decreto não se confunde com o regulamento. O decreto é o meio pelo qual o chefe do Poder Executivo pratica os atos de sua competência e exterioriza, em caráter formal, a sua vontade político-administrativa, emprestando-lhe relevância e eficácia jurídicas. Não se concebe, porém, o regulamento sem esse meio de divulgação. Por exemplo, a Lei n. 8.036/90,

---

[6] Ver Miguel Reale, *Fontes e modelos do direito*, São Paulo: Saraiva, 1994, p. 19.

que dispõe sobre o Fundo de Garantia do Tempo de Serviço, estabeleceu em seu art. 31: "O Poder Executivo expedirá o Regulamento desta Lei no prazo de sessenta dias a contar da data de sua promulgação". Resultou daí o Decreto n. 99.684, de 8 de novembro de 1990, que aprovou o denominado "Regulamento do FGTS".

No que se refere ao problema da fonte legal, os regulamentos ou decretos regulamentares **não são leis, no sentido técnico, pois não podem "inovar"** a ordem jurídica, "criar" deveres ou obrigações. De fato, eles não podem ultrapassar os limites postos pela norma legal que especificam ou a cuja execução se destinam. Eles, em relação à lei que regulamentam:

1º) *não podem transgredir o disposto pela lei*, vinculando-se ao estabelecido textualmente por ela; têm caráter subsidiário;

2º) *não podem inovar, criar dever ou direito novo*; não podem exigir ou dar mais do que a lei que regulamentam.

Como adverte Pontes de Miranda: "onde se estabelecem, alteram, ou extinguem direitos, não há regulamentos – há abuso de poder regulamentar, invasão da competência do Poder Legislativo. O regulamento não é mais do que auxiliar das leis, auxiliar que sói pretender, não raro, o lugar delas, mas sem que possa, com tal desenvoltura, justificar-se e lograr que o elevem à categoria de *Lei*".

Por conseguinte, os regulamentos, que não raro são invocados como espécie de fonte legal, não integram o processo legislativo e somente poderiam ser considerados fontes legais "subordinadas" ou "complementares". Só podem ser concebidos como atos normativos de vigência e eficácia subordinadas aos ditames das normas oriundas do processo legislativo.

68.2. Simples decretos

Ao lado dos decretos regulamentadores existem os decretos simples ou autônomos, que são **editados na rotina da função administrativa**, sobre matérias definidas nas Constituições Federal e Estaduais e nas leis orgânicas dos municípios. Não passam de meros "atos administrativos", como as Instruções Ministeriais, as Portarias e as Ordens de Serviço.

69. PRIMAZIA E HIERARQUIA DAS NORMAS LEGAIS

69.1. Primazia da norma legal

A norma legal ocupa na escala das normas jurídicas um lugar proeminente, prevalecendo sobre as demais, desde que, ao tratar delas, não o faça contrariando o ordenamento constitucional. Segundo Bobbio, o dar a prevalência à lei como fonte do direito nasce do propósito do homem de modificar a sociedade, daí o surgimento da ideia da legislação no processo de formação do Estado moderno. Assim, desde que conforme com a Constituição, a norma legal **disciplina a vigência ou a eficácia das normas costumeira, jurisdicional e negocial**, suspendendo a eficácia daquelas que não se achem em sintonia com as normas constitucionais e as normas ordinárias que as complementam.

Só nesse sentido, preservado o valor primordial da Constituição, é que se pode falar em primado hierárquico da norma legal, de um ponto de vista lógico e não axiológico. **Sob o prisma do valor, todas as normas se equiparam**, dependendo a sua primazia axiológica do respectivo conteúdo e qualidade. Podemos dizer que, sob o aspecto da vigência, a rigor só a lei é fonte formal do direito, nos países de tradição romanística, porque todas as demais só possuem validade segunda, de adequação ou conformidade ao modelo legal. Mas no plano da experiência jurídica concreta, o modelo legal muitas vezes não é senão a consagração formal (e às vezes tardia) de um modelo jurisdicional, costumeiro, dogmático ou negocial.

Em suma, **sob o ângulo lógico-formal, a lei é sempre norma preeminente** no sistema jurídico, mesmo porque ela pode ser lei de ordem constitucional. Mas, do ponto de vista **axiológico**, outra norma pode ter maior significação ética ou econômica do que a atribuída à lei à qual ela se subordina.

69.2. Hierarquia das normas legais

As normas jurídicas são hierarquizadas, existindo entre elas **relações de superioridade e subordinação**. Por isso se diz que elas constituem um "sistema". Isso significa dizer que, dentro do ordenamento jurídico, os atos normativos compreendidos pelo processo legislativo têm uma posição hierárquica.

Lembramos que, nos Estados federais (como o Brasil), a hierarquia das normas jurídicas pode ser enfocada paralelamente de duas maneiras.

Na primeira, temos a hierarquia das normas no **âmbito de cada entidade federativa**, fixada no texto maior da respectiva entidade: a Constituição Federal, a Constituição Estadual, a Lei Orgânica do Distrito Federal e dos Municípios. Teríamos, assim, a hierarquia das normas federais, a hierarquia das normas estaduais e a hierarquia das normas municipais.

Na segunda maneira, temos a hierarquia das normas das **diferentes entidades federativas formando um todo**. Nessa hipótese, as normas das várias entidades são comparadas e hierarquizadas no intuito de resolver eventuais conflitos entre elas. Regra geral, a norma federal prevalece sobre a estadual e esta sobre a municipal. Mas há exceções previstas na própria Constituição Federal, que, em alguns casos, prevê que a entidade superior não pode desrespeitar a autonomia das inferiores, pois se trata de assuntos de sua competência exclusiva.

Seja como for, podemos concluir que no direito federal brasileiro, as normas jurídicas assumem a forma de uma **pirâmide**, na comparação de Kelsen, e se desenvolvem desde a norma constitucional no ápice da pirâmide até a base, contendo diversos escalões hierárquicos, como segue.

1º) **A Constituição Federal** (lei fundante ou fundamental que encabeça todo o sistema).

2º) **Leis constitucionais**, compreendendo as emendas à Constituição e as leis complementares à Constituição.

Quanto à **Emenda à Constituição**, ela, uma vez vigente, passa a integrar o próprio texto da Constituição e tem o mesmo valor hierárquico desta.

Quanto às **Leis Complementares**, elas estão situadas como intermediárias entre a Constituição Federal e as leis ordinárias e demais da mesma hierarquia. São um *"tertium genus* de leis, que não ostentam a rigidez dos preceitos constitucionais, nem tampouco devem comportar a revogação (perda da vigência) por força de qualquer lei ordinária superveniente[7]. De fato, a distinção entre lei complementar e lei ordinária deflui dos respectivos regimes jurídicos, que são distintos, uma vez que cada um deles contempla determinado processo de elaboração legislativa e peculiar âmbito material de validade. Porém, há autores, como Luiz Antonio Nunes, que acham não haver mais hierarquia entre lei complementar e lei ordinária, visto que a diferença entre ambas diz respeito somente à matéria a ser legislada e ao *quorum* previsto para sua aprovação, que é a maioria absoluta[8].

Por fim, entre nós, as regras de direito internacional situam-se no nível hierárquico da lei ordinária, sendo incorporadas no direito interno mediante decisão do Congresso Nacional (CF, art. 49, I). O Supremo Tribunal Federal, a partir de 2008, decidiu que os tratados internacionais que garantem direitos humanos são superiores às leis ordinárias brasileiras (tese da supralegalidade dos tratados internacionais), continuando porém inferiores à Constituição Federal (RE 349.703, rel. Min. Carlos Britto).

3º) **Leis ordinárias, leis delegadas, medidas provisórias, decretos legislativos e resoluções.**

4º) **Decretos regulamentares** (como norma subordinada e complementar), que devem ser editados sob as formas previstas pela lei; que só podem abranger matérias que não foram reservadas à lei; e que não podem contradizer a lei.

5º) **Outras normas de hierarquia inferior não compreendidas pelo processo legislativo**, como portarias, simples decretos, circulares etc.

Discutem os doutrinadores sobre **qual seria o elemento distintivo da lei em confronto com um decreto**, sendo conhecida a divergência surgida entre dois grandes mestres do Direito francês, Maurice Hauriou e Léon Duguit. Enquanto o primeiro entende que a lei se distingue pelo seu *conteúdo*, o segundo prefere um ponto de vista *formal*, considerando lei

---

[7] Miguel Reale, *Parlamentarismo brasileiro*, São Paulo: Saraiva, 1962, p. 110-112.
[8] Luiz Antonio Nunes, *Manual de introdução ao estudo do direito*, São Paulo: Saraiva, 1996, p. 70

toda disposição normativa emanada pelo órgão competente. Nesta última compreensão, os regulamentos seriam leis materiais, embora não sendo leis sob o prisma básico de ordem formal. Miguel Reale confessa que jamais se convenceu do antagonismo daquelas duas teses, preferindo dizer que a lei, ao mesmo tempo que formalmente se origina do órgão competente para editá-la, deve ter por objeto normas que, do ponto de vista do ordenamento jurídico, constituam uma *inovação*, em virtude de instaurarem algo de novo no sistema jurídico, quer por alterar disposições legais de igual natureza, quer por acrescentar novas regras[9]. Em suma, a distinção entre lei, decreto e regulamento mostra que é de natureza legislativa todo diploma normativo que altera preceitos da legislação em vigor; aduz novas disposições versando sobre matéria antes não disciplinada pelo legislador; e quando estabelece novas normas basilando o comportamento dos indivíduos e das sociedades por eles constituídas.

69.3. Finalidade da hierarquia

A finalidade prática dessa hierarquia é evitar o caos, pois, caso contrário, seria grande o problema de dispositivos conflitantes e imensa a confusão legislativa. Consequentemente, *respeitado o critério de competência privativa*, podemos afirmar que:

a) Um ato normativo só pode ser **revogado por outro da** *mesma hierarquia* ou de *escalão superior*.

Quanto à *medida provisória*, é verdade que ela possui vigência e eficácia imediata. Mas, como sua eficácia fica pendente de confirmação pelo Congresso, a doutrina tende a uma solução de compromisso: até ser convertida em lei, a medida provisória não revoga a lei anterior, mas apenas lhe *suspende a vigência e eficácia*. A *derrogação ou revogação* propriamente dita apenas viriam da conversão em lei da medida provisória pelo Congresso. E se rejeitada ou extinta, pela inércia do Congresso, a lei anterior tem *restaurada* imediatamente a vigência e eficácia, não havendo falar em repristinação.

b) É praticamente **ineficaz** ato normativo de escalão inferior, quando **incompatível com outro superior**, sobretudo quando incompatível com a lei fundamental.

c) Quanto às normas editadas pela União, Estados-membros e Municípios, **no plano da competência privativa**, ou seja, a que versa sobre matéria exclusiva e nas quais é vedada a interferência das outras pessoas jurídicas de direito público, **o critério hierárquico não é válido**. Assim, uma norma federal não prevalece contra uma lei estadual ou mesmo municipal, se o assunto disciplinado for de competência privativa ou exclusiva do Estado ou do Município.

---

[9] Miguel Reale, *Questões de direito público*, São Paulo: Saraiva, 1997, p. 170.

d) A rigor, as únicas normas jurídicas que **prevalecem sempre** são as "normas constitucionais federais". Elas primam sobre todas as categorias de normas vigentes que devem subordinar-se a elas, não tendo validade quando em conflito com tais normas vigentes.

69.4. Esquema geral das leis

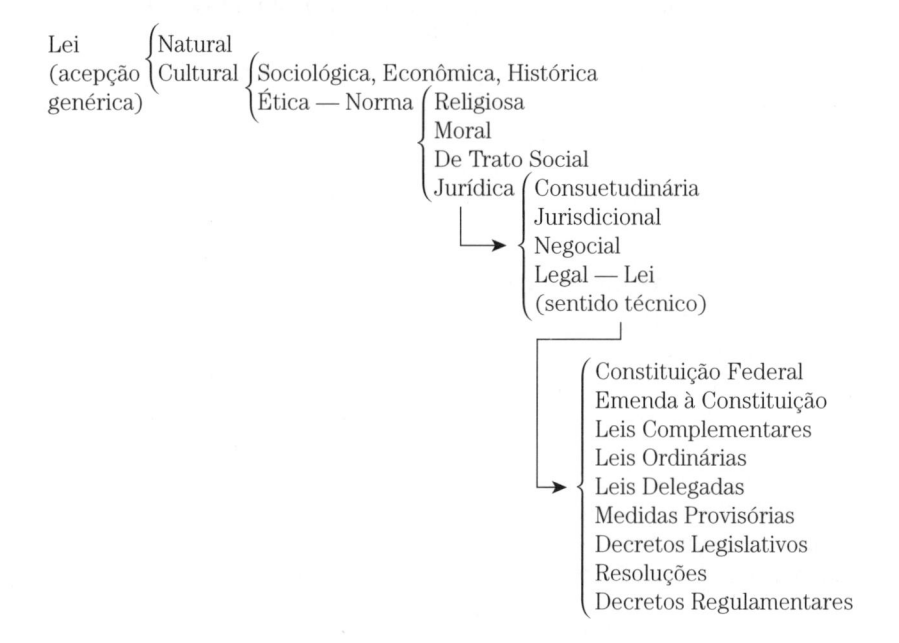

```
Lei         ⎧ Natural
(acepção    ⎨ Cultural ⎧ Sociológica, Econômica, Histórica
genérica)   ⎩          ⎨ Ética — Norma ⎧ Religiosa
                       ⎩               ⎪ Moral
                                       ⎨ De Trato Social
                                       ⎪ Jurídica ⎧ Consuetudinária
                                       ⎩          ⎪ Jurisdicional
                                              └─→ ⎨ Negocial
                                                  ⎪ Legal — Lei
                                                  ⎩ (sentido técnico)
                                                      │
                                                      ⎧ Constituição Federal
                                                      ⎪ Emenda à Constituição
                                                      ⎪ Leis Complementares
                                                      ⎪ Leis Ordinárias
                                                   └─→⎨ Leis Delegadas
                                                      ⎪ Medidas Provisórias
                                                      ⎪ Decretos Legislativos
                                                      ⎪ Resoluções
                                                      ⎩ Decretos Regulamentares
```

QUESTIONÁRIO

1. Qual a acepção genérica da palavra "lei", válida tanto para o mundo da natureza como da cultura?

2. Qual o sentido técnico de "lei" como resultado da atividade legislativa?

3. "Lei", em sentido técnico jurídico, é sinônimo de "norma jurídica"?

4. Quais os dois requisitos para que uma norma escrita seja "lei", no sentido técnico da palavra? Explique-os.

5. Qual a origem etimológica da palavra "lei"?

6. Quais são os aspectos positivos e negativos da lei?

7. No atual sistema constitucional pátrio, a nossa "fonte legal" é o "processo legislativo". Que essa expressão significa?

8. O "processo legislativo" compreende a elaboração de quais atos normativos?

9. Uma medida provisória pode revogar uma lei ordinária? Explique.
10. Todos os decretos legislativos e resoluções integram nossa fonte legal? Por quê?
11. Qual a posição do regulamento em relação à lei que ele regulamenta?
12. Quais são as consequências do escalonamento hierárquico dos atos normativos?
13. A norma legal é expressão de qual Poder?
14. Um parecer da Advocacia-Geral da União concluiu pela legitimidade de alteração de lei complementar por medida provisória, quando a matéria veiculada extravasa, incidentalmente, o seu âmbito material específico (Parecer n. AGU/TH/01/2001). Qual a sua opinião?
15. O Município de Itororó cria um novo tributo: o Imposto sobre Serviços de Qualquer Natureza (ISQN), que deveria incidir sobre operações de locação de bens móveis. O Município se fundamenta no disposto no art. 30 da Constituição Federal. Quando os boletos de cobrança começam a ser emitidos, uma das empresas afetadas pela lei municipal judicializa a questão, e após o julgamento em primeira instância, sobe ao Tribunal de Justiça, por via de recurso. Inconformada, a parte vencida recorre do acórdão do Tribunal e faz a questão chegar ao Supremo Tribunal Federal (STF) por via do Recurso Extraordinário, onde a discussão versa sobre a inconstitucionalidade do tributo municipal.

Tendo esse caso em vista, você, enquanto Ministro-Relator, formule o voto que será lido na próxima seção plenária do STF, fundamentando sua decisão na inconstitucionalidade da Lei Municipal, a partir da violação da hierarquia da legislação, da exacerbação das atribuições de competência do Município e de descumprimento de Súmula expressa do STF.

Lição XIV

NORMA CONSUETUDINÁRIA

Sumário: 70. Costume jurídico; 71. O costume e a lei; 72. Classificação dos costumes jurídicos; 73. Valor dos costumes jurídicos.

No princípio era o costume e o costume se fez norma. A norma jurídica consuetudinária é o resultado de uma prática costumeira ou de um costume jurídico, uma das mais antigas formas de revelação do direito.

70. COSTUME JURÍDICO

70.1. Definição

Costume jurídico é a **prática de uma forma de conduta, repetida de maneira uniforme e constante pelos membros de uma comunidade, acompanhada da convicção de sua obrigatoriedade.**

Dele resulta uma norma jurídica imperativo-atributiva, a ponto de os interessados poderem exigir coativamente o respeito a esse comportamento, em caso de transgressão. Há autores que afirmam que sua norma tem uma eficácia automaticamente assegurada, visto que os próprios interessados e destinatários são os responsáveis pela sua constituição e subsistência.

70.2. Elementos

Existem dois elementos essenciais no costume jurídico, que se influenciam reciprocamente: uma prática social reiterada e a convicção de obrigatoriedade.

a) **A repetição habitual de um comportamento** durante certo período de tempo (a *inveterata consuetudo* dos romanos) é o elemento objetivo ou material, também chamado de uso ou costume social. Uma conduta que é adotada, pelo menos, por um grupo de interessados, os quais, unidos pelos mais diversos motivos e sujeitos às mesmas necessidades, adotam naturalmente as mesmas formas de proceder.

b) **A convicção ou consciência social** de que tal conduta é necessária ou conveniente ao interesse da comunidade, e, assim, juridicamente obrigatória (*opinio juris seu necessitatis*) é o elemento subjetivo ou intencional. Não basta, portanto, a repetição material do ato para se ter um costume "jurídico", porque é essencial que seja marcada e acompanhada do convencimento da sua obrigatoriedade, da sua necessidade ou conveniência para realizar um valor positivo, considerado de interesse social, como para impedir a ocorrência de um desvalor. Sem essa convicção, não passaria de um simples costume ou uso "social", que não se confunde com o costume jurídico (coercível e atributivo). Seria mera prática social, a que falta a convicção de obrigatoriedade que é essencial ao costume jurídico[1].

70.3. Fixação de prazo

Problema complexo é o de saber durante quanto tempo deve ser repetida a conduta a fim de se tornar costume jurídico.

a) Entre nós, nos primeiros anos de formação nacional, prevaleceu a regra das **Ordenações Filipinas**, que determinava "respeitar o Direito consuetudinário quando fosse *longamente usado* e tal que se devesse guardar" (Ord. 3, 64).

b) Posteriormente, a fim de esclarecer dúvidas quanto a certos pontos do direito costumeiro, promulgou-se a **Lei da Boa Razão** em 18-8-1769, do Marquês de Pombal (1699-1782). O contexto histórico-filosófico da lei era o racionalismo jurídico. Fruto do espírito iluminista do seu tempo, estabelecia um preceito racional de validação das leis, segundo o qual só eram aceitáveis os diplomas que não colidissem com os princípios da razão (a boa razão) humana[2].

---

[1] No Código de Direito Canônico o costume propriamente dito não existe, pois a força de obrigar não lhe vem nem da repetição de atos, nem da vontade da comunidade, mas da aprovação pelo legislador, o que equivale na prática a uma lei (cân. 23). Esse sistema impede o surgimento de um autêntico direito consuetudinário na Igreja Católica.

[2] Portugal, com a atuação do Marquês de Pombal, recebeu grande influência das correntes doutrinárias que procuravam construir o Estado iluminista, caracterizado pelo absolutismo político do monarca e pelas reformas política, social, cultural, econômica e até religiosa, com o objetivo de reorganizar a sociedade em conformidade com normas racionais. Portugal não havia até então experimentado as teses do Renascimento, distanciando-se da modernidade científica e filosófica, do espírito crítico e das novas práticas do progresso material. A obra modernizadora de Pombal surgiu com um espírito contrário à tradição e laico, acreditando no poder da razão e na capacidade da lei para reformar a sociedade. Percebe-se que a força do pombalismo estava na crítica do saber jurídico tradicional, e que na prática buscava a certeza jurídica e a limitação do arbítrio dos juízes, com a libertação do direito laico da influência do direito canônico, a reinterpretação do direito romano, ainda em vigor, no sentido que lhe era dado nos países do centro da Europa, e também a instauração da filosofia política racionalista

Quanto ao costume, essa lei exigia que ele para ter força de direito necessitava de três condições:
– ser conforme com a boa razão (equivalia a corresponder, estar adequado aos princípios de direito natural e das gentes);
– não ser contrário a lei alguma;
– ter **mais de cem anos**.

Esta última exigência – duração de mais de cem anos – teve de ser revogada, por lei posterior, em virtude da absoluta impossibilidade de ser averiguada. Realmente, não é possível determinar o momento inicial do costume.

c) **Hoje se exige apenas um longo uso, sem a fixação de prazo.** É uma questão de *bom senso* a ser resolvida pelo intérprete ou aplicador do direito a de saber quando a repetição de determinada conduta passa a ser exigível pelos membros de uma comunidade.

70.4. Costume jurídico e norma de trato social

A sociedade em que vivemos tem muitos olhos e braços, que nos vigiam e interferem em nossa vida. Um deles é a "opinião alheia". Somos vulneráveis a essa pressão. Sem pedir licença, a preocupação com "o que eles vão pensar" entra em nossa existência, limitando e podando. Contudo, **os costumes jurídicos** não se confundem com essas normas de trato social, também chamadas de uso ou costume social. Aqueles se caracterizam pela **coercibilidade e exigibilidade**, por serem atributivos, e versam sobre interesses básicos dos indivíduos. **As normas de trato social não são coercíveis nem exigíveis** e relacionam-se, em geral, a questões de menor profundidade.

De fato, *as normas de trato social*, espécie de norma ética e que vão desde as regras mais elementares de decoro às mais refinadas formas de etiqueta e cortesia, são seguidas por força de hábitos consagrados. *São imperativas*, como toda norma ética, e quem desatende a essa categoria de regras sofre uma sanção social, como a censura ou o desprezo público. Mas não pode ser coagido a praticá-las, porque não são coercíveis, nem atributivas.

---

como a linha mestra da formação intelectual dos juristas. A reforma da prática jurídica foi complementada com a reforma do ensino jurídico na Universidade. O que se buscava era o monopólio da edição do direito a favor da lei do soberano, com raras exceções, como a possibilidade de invocar os princípios de direito natural, especificamente aqueles que tinham sido incorporados na legislação dos novos Estados iluministas. Portugal recebeu claramente a influência iluminista, que buscava a renovação da ordem jurídica a partir da codificação do direito, codificação essa levada a cabo na França no início do século XIX por Napoleão Bonaparte e logo em seguida por Portugal. Foi esse o sistema jurídico adotado pelo Brasil quando da instituição dos cursos jurídicos em território nacional em 11 de agosto de 1827 (José Fábio Rodrigues Maciel, *A lei da boa razão e a formação do direito brasileiro, disponível em: www.cartaforense.com.br*).

A coercibilidade e a atributividade surgem quando o hábito ou uso social se converte em norma jurídica costumeira, ou quando o ato de cortesia se transforma em objeto de uma norma jurídica legal.

Exemplo de norma de trato social que, apesar de não estar consagrada em lei escrita, nem por isso deixa de ser obrigatória é a chamada "**fila**", seja de ônibus, seja para ingresso em qualquer lugar. Obrigatória, porque norma ética. Mas não coercível, nem atributiva, como aconteceria se ela se convertesse, por exemplo, em norma jurídica costumeira (adquirindo o *animus*, a convicção de sua obrigatoriedade) ou em norma jurídica legal.

71. O COSTUME E A LEI

Numa comparação entre o costume jurídico e a lei, observamos que:

a) **A lei tem uma origem certa e predeterminada.** Há sempre um momento no tempo e um órgão do qual emana. O costume, por sua vez, nasce de maneira anônima. Geralmente não sabemos onde e como surgiu. Por isso o costume é chamado também de "fonte não intencional", e a lei de "fonte intencional".

b) **A forma de elaboração da lei obedece a trâmites prefixados.** É o resultado de um processo que, em todos os seus momentos, já está previsto seja numa lei anterior, seja na Constituição. O costume jurídico aparece na sociedade da forma mais imprevista. Ora é um ato consciente de alguém que, por atender a uma exigência social, passa a ser imitado. Às vezes, é uma casualidade que sugere uma solução no plano da conduta humana.

c) **O prazo de vigência de uma lei pode ser determinado** nela mesma ou vir a ser por nova lei. Quanto ao costume jurídico, não é possível a determinação do tempo de sua duração, nem prever a forma pela qual vai extinguir-se.

d) **A lei surge da reflexão e apreciação racional.** O costume tem um sentido de espontaneidade. Nasce espontaneamente, como que de forma instintiva.

e) **A lei dispensa a prova de sua existência**, valendo a suposição de que os juízes conhecem o direito (*jura novit curia*).

Quanto ao costume jurídico, há aqueles que sustentam que também o direito costumeiro deve presumir-se conhecido, o que dispensaria a produção de prova de sua existência. Outros pensam que ele deve sempre vir acompanhado dessa prova. Cremos que o caminho certo é uma posição intermediária: a prova do direito costumeiro deverá ser feita em havendo contestação da parte ou determinação *ex officio* do juiz. O nosso Código de Processo Civil, por exemplo, assim dispõe: "A parte, que alegar direito municipal, estadual, estrangeiro ou consuetudinário, provar-lhe-á o teor e a vigência, se assim o juiz determinar" (art. 376). Quanto aos usos e costumes comerciais, sua prova será feita mediante certidão da Junta Comercial.

72. CLASSIFICAÇÃO DOS COSTUMES JURÍDICOS

Segundo a posição do costume jurídico em face da lei, ele pode ser *secundum legem, praeter legem* e *contra legem*.

72.1. *Secundum legem* (segundo a lei)

É o costume que está previsto na lei, a qual reconhece sua eficácia obrigatória. A lei se reporta expressamente a ele, reconhecendo sua obrigação.

Exemplo: o art. 1.297, § 1º, do Código Civil manda observar, quanto às despesas na construção e conservação dos tapumes divisórios, os costumes do lugar. Vemos, no caso, que o costume, não contido na lei, mas que a ele faz referência expressa, é por ela reconhecido e admitido com eficácia obrigatória.

Para alguns, o costume *secundum legem* caracteriza-se quando a prática social corresponde à lei: a norma que a interpretação retira do costume tem o mesmo sentido da norma extraída da lei. E por isso falam também em costume "confirmativo" ou "interpretativo". Ora, nesse caso, não teríamos uma norma gerada voluntariamente pela sociedade, mas uma prática que decorre da lei.

72.2. *Praeter legem* (além da lei)

É aquele que intervém na falta ou omissão da lei. Nesses casos ele pode ser invocado, embora não mencionado pela legislação, tendo **caráter supletivo**, uma vez que supre a lei nos casos omissos.

O recurso aos costumes, nessas hipóteses, está disposto no *art. 4º da Lei de Introdução às Normas do Direito Brasileiro*, quando diz que o juiz decidirá de acordo com a analogia, os costumes e os princípios gerais de direito, se a lei for omissa. A *CLT*, em seu art. 8º, enumera o costume como fonte supletiva.

Exemplo: a lei silencia quanto ao modo pelo qual o arrendatário deve tratar a propriedade arrendada; deve-se então recorrer aos costumes locais. Os autores se referem também aos costumes que regulamentam a captação, o desvio e a repartição da água escassa em zonas como a Chapada Diamantina e a Chapada do Araripe, no Ceará.

72.3. *Contra legem* (contrário à lei)

É aquele que se forma em sentido contrário ao da lei; que **contraria o que dispõe a lei**. Diz mais que o "desuso" (quando a lei nunca foi ou a partir de certo momento deixou de ser vivida e aplicada), pois prevalece no seio da comunidade a obediência a uma norma consuetudinária diversa, criada pelo costume, tornando-se a norma legal letra morta.

Se o costume *secundum* e o *praeter legem* são aceitos *pacificamen-*

te pela doutrina, legislação e jurisprudência, quanto à aceitação do costume *contra legem* abre-se no campo do direito *grande controvérsia*[3].

a) **As legislações negam a possibilidade de um costume contra a lei escrita.** É o caso da nossa Lei de Introdução, que dispõe: "Não se destinando à vigência temporária, a lei terá vigor até que outra a modifique ou revogue" (art. 2º). Historicamente, a situação em que a lei prevalece sobre o costume contrário ocorreu com a formação do Estado moderno e foi teorizada pelo positivismo jurídico. O Código de Direito Canônico também procura suprimir o costume contra a lei: "Os costumes atualmente em vigor contra as prescrições destes cânones são completamente supressos e não se deixam reviver no futuro" (cân. 5, § 1º). Em suma, há uma desconfiança do legislador perante o costume *contra legem*.

b) **A doutrina, entretanto, apresenta soluções diferentes**, de acordo com sua orientação. Assim, autores de **tendência legicista ou formalista rejeitam** em geral a validade de costumes *contra legem*, por incompatíveis com a função legislativa do Estado e com a regra de que as leis só se revogam por outras leis. De outro lado, os autores de **orientação mais histórica, sociológica sustentam que o costume** *contra legem* **representa, como diz Gaston Morin, Decano da Faculdade de Direito de Montpellier, a "revolta dos fatos contra os Códigos" e constitui o "verdadeiro" direito positivo da comunidade**[4]. Nesse sentido é a pergunta feita por Machado Neto: *qual o direito positivo de um povo?* A lei, que ninguém segue e os próprios tribunais já não aplicam, ou o costume, que é vivido real e diretamente pelos membros da comunidade jurídica?

c) **Miguel Reale**, ressaltando que a estrutura tridimensional da norma jurídica exige que esta, além da vigência, **tenha um mínimo de eficácia**, conclui: "muito embora haja o princípio legal do artigo 2º da LINDB, é preciso reconhecer que se não pode admitir a eficácia de uma norma

---

[3] O exemplo de um ordenamento no qual lei e costume estão num mesmo plano (podendo ab-rogar-se reciprocamente) é representado pelo direito canônico. Na Idade Média, a doutrina canônica estava dividida quanto ao problema das relações entre lei e costume. A controvérsia para o direito canônico foi resolvida de modo autoritário por Gregório IX (com a Decretal *Quum tanto*), em que acolhia sem discutir e admitia que o costume pudesse ab-rogar a lei sempre que fosse *rationabilis* e *legitime praescripta* (tivesse sido observado por um determinado período de tempo). Essa solução é conservada em todo o desenvolvimento do direito canônico e foi consagrada no cânon 28 do *Codex Juris Canonici* em vigor: "Lex no revocat consuetudines centenarias aut immemorabiles, nec lex universalis consuetudines particulares" (uma lei não revoga costumes centenários ou imemoriais, nem a lei universal, costumes particulares).

[4] Gaston Morin escreve: "A l'insurrection des faits contre le Code, au défaut d'harmonie entre le droit positif et les besoins économiques et sociaux, a succédé la revolte du droit contre le Code, c'est-à-dire l'antinomie entre le droit actuel et l'esprit du Code civil" (*La revolte du droit contre le code*, Paris, 1945, p. 2).

legal que, durante largo tempo, não teve qualquer aplicação, tão profundo era o seu divórcio com a existência social. Por isso, também, positivado que seja o desuso e surgido um costume 'contra legem', seria absurdo pretender a aplicação de tal norma legal tão somente por apego ao princípio da revogabilidade formal da lei por outra lei, o qual constitui uma categoria histórica, variável no espaço e no tempo, e não um princípio lógico de valor geral". E continua: "Uma norma costumeira pode adquirir tamanha eficácia e importância que acaba prevalecendo sobre as normas legais, as quais entram em eclipse, suscitando o delicado problema da derrogação das leis pelo desuso"[5].

Serpa Lopes afirma que *uma lei pode impor tudo, menos a sua irrevogabilidade*, e, embora ela prescreva, como medida de segurança, que a sua revogação só se pode dar em razão de outra lei escrita, a realidade, entretanto, é mais forte do que os preceitos, podendo romper os diques de uma norma legal[6]. Na realidade, os fatos sociais não obedecem necessariamente às leis.

Santo Tomás de Aquino, na *Summa Theologica*, pergunta se o costume pode obter força de lei e ab-rogar a lei, e conclui pela prioridade do costume, reconhecendo a força normativa do costume, mesmo *contra legem*: "E sendo assim, o costume tanto pode ter força de lei, como ab-rogá-la e interpretá-la"[7].

Há um exemplo de decisão do Tribunal de São Paulo que, ao verificar a existência de um costume local contrário à lei escrita, passou a admiti-lo: "Segundo os usos e costumes dominantes no mercado de Barretos os negócios de gado, por mais avultados que sejam, celebram-se dentro da maior confiança, verbalmente, sem que entre os contratantes haja troca de qualquer documento. Exigi-lo agora seria, além de introduzir nos meios pecuaristas locais um fator de dissociação, condenar de antemão, ao malogro, todos os processos judiciais que acaso se viessem a intentar e relativos à compra e

---

[5] *Miguel Reale, Lições preliminares de direito*, São Paulo: Saraiva, 1984, p. 121-122.

[6] Serpa Lopes, *Comentários à Lei de Introdução ao Código Civil*, v. 1, p. 80.

[7] "Et, secundum hoc, consuetudo et habet vim legis, et legem abolet et est legum interpretatix" (S. Th. I-II, q. 97, art. 3). José de Oliveira Ascensão lembra que "a lei pode pretender revogar o costume, mas o que interessa não é a intenção ou a declaração, é a eficácia que porventura se consiga imprimir a essa declaração. Se a não conseguir, a declaração legal perde-se no vazio" (*O direito*: introdução e teoria geral – uma perspectiva luso-brasileira, Rio de Janeiro: Renovar, 1994, p. 211). Esse mesmo autor apresenta como um costume *contra legem* em Portugal, a prática e a convicção generalizada de que a lei sobre a obrigatoriedade do capacete se satisfaz se o motociclista trouxer o capacete, mas não o colocar na cabeça; um costume *contra legem*, alicerçado sobre uma interpretação errada, que praticamente revoga ou derroga a lei (p. 207, nota 2).

venda de gado"[8]. Essa decisão desprezou o art. 141 do Código Civil de 1916, que não admitia a prova testemunhal em contratos com valores como o do acórdão transcrito.

d) Em geral, **os autores realçam o aspecto político** (mais que jurídico) da questão da força do costume *contra legem*. Embora não admitido nos sistemas de tradição romanística, como o nosso, "excepcionalmente pode ser invocado quando, não obstante se opor à letra da regra, não se opõe às suas razões ou à sua finalidade (método teleológico) ou ainda quando realiza mais satisfatoriamente um princípio jurídico maior, mais atual, o qual a regra não satisfaz plenamente. De todo modo, ainda que seja aparentemente *contra legem* não é *contra ius*"[9].

Seja como for, o fato é que se torna, a cada dia, mais difícil a ocorrência de tal costume, uma vez que, dada a sua rapidez, a legislação se antecipa no tempo à lenta elaboração do costume.

73. VALOR DOS COSTUMES JURÍDICOS

A importância do costume como fonte do direito varia ao longo da História. Brevemente podemos dizer que as principais categorias elaboradas pelo pensamento jurídico para explicar o fundamento da juridicidade das normas consuetudinárias são: a doutrina romano-canônica, a doutrina moderna e a doutrina da escola histórica.

73.1. Tempos primitivos

No princípio era o costume e o costume se fez lei. Não havia outra fonte de direito além do costume. Só na Antiguidade Clássica vão aparecer as leis como expressão das forças políticas do Estado organizado.

Em Roma vemos os *mores maiorum* disputando com a *lex* a primazia da regulamentação social[10]. Depois, simultaneamente com a norma legal, ainda ligada ao costume, surge também a jurisdição, e, aos poucos, os costumes vão cedendo lugar ao direito jurisprudencial. Reale anota que o direito romano clássico não era um direito legislado, mas antes o fruto da doutrina dos jurisconsultos e da jurisdição dos pretores[11].

---

[8] Acórdão de 15-5-1941, *RT* 132/660 e 662. Note-se que a essência da regra inobservada manteve-se intocada: a finalidade fora alcançada, as negociações se celebraram corretamente ainda que verbalmente, ou seja, a *ratio legis* não foi negada pela circunstância fática.

[9] Mariá Brochado, *Magistratura*: noções gerais de direito e formação humanística, Niterói: Impetus, 2012, p. 150.

[10] O Digesto de Justiniano estabelece: "Diuturna consuetudo pro iure et lege in his quae non ex scripto descendunt observari solet" (O costume diuturno costuma observar-se como direito e lei em relação àquelas coisas que não decorrem do direito escrito) – D. 1.3.33.

[11] Miguel Reale, *Lições preliminares de direito*, São Paulo: Saraiva, 1984, p. 145; *Fontes e modelos do direito*, São Paulo: Saraiva, 1994, p. 18.

73.2. Idade Média

Com o desaparecimento da centralização do Estado, **o costume voltou a se impor na regulamentação da conduta, sobrepondo-se à lei em importância**. Todo o direito estava contido no costume dos feudos, ressalvando-se a situação especial do direito canônico.

Essa situação de importância do direito consuetudinário persistiu até o século XV, quando a legislação justinianeia redescoberta passou a ser adotada em vários países europeus.

73.3. Idade Moderna

O enfraquecimento do costume progrediu à medida que o Estado se afirmava. A formação dos Estados modernos foi um fator que concorreu poderosamente para desprestigiar o costume em benefício da legislação. No século XVIII, as doutrinas racionalistas, como fator ideológico dos Estados modernos, golpearam o costume como fonte de direito, endeusando a lei e levando o costume a um desprestígio que nem mesmo a reação romântica da Escola Histórica, do século XIX, com Savigny, conseguiu convalescê-lo.

73.4. Escola Histórica

Savigny qualificava o direito costumeiro de "autêntico", por ser a expressão imediata e espontânea do "espírito do povo" (*Volksgeist*). A escola histórica situa o fundamento da validade das normas consuetudinárias no próprio costume, pois o costume tem caráter jurídico independentemente do legislador, do poder judiciário e do cientista do direito, porque a sua validade se fundamenta na convicção jurídica popular, no sentimento inato de justiça do povo.

73.5. Dias atuais: *common law* e *civil law*

Na observação de Bobbio, prevalece a tendência a negar ao costume o caráter de fonte autônoma de direito[12]. Contudo, o costume desempenha função relevante na experiência jurídica, dependendo do país e da disciplina. Cabe, pois, distinguir dois tipos de ordenamento jurídico: o da **tradição romanística**, do direito romano medieval (nações latinas e germânicas), também referido como "civil law", e o da **tradição anglo-americana (*common law*)**. Esses dois grandes sistemas de direito no mundo ocidental correspondem a duas experiências culturais diversas, resultantes de múltiplos fatores, sobretudo de ordem histórica.

a) **Primado da lei e os precedentes judiciais**. O **Direito Romano Clássico** não teve a lei como fonte primordial, mas antes um trabalho combinado de doutrina e jurisdição, graças à ação conjugada dos jurisconsultos

---

[12] Norberto Bobbio, *O positivismo jurídico*, São Paulo: Ícone, 2006, p. 168.

(que forneciam a *norma iuris*), e dos pretores que lhe conferiam validade, tudo com base na solução concreta dos casos à medida que os fatos iam surgindo e as necessidades se revelassem necessárias (*factibus ipsis dictantibus ac necessitate exigente*). A bem ver, **o povo fundador do Direito não foi o povo da lei**. Não obstante isso, o primeiro tipo de ordenamento jurídico é chamado de "tradição romanístico-justinianeia" (assim dita por devermos a Justiniano a edição do *Corpus Iuris Civilis*) e caracteriza-se pelo **primado do processo legislativo** como fonte por excelência das normas jurídicas, com atribuição de valor secundário às demais fontes do direito. Ele se acentuou especialmente após a Revolução Francesa, quando a lei passou a ser considerada a única expressão autêntica da Nação, da vontade geral, tal como verificamos na obra de Jean-Jacques Rousseau, *Du contrat social*.

b) No segundo sistema, **o direito revela-se muito mais pelos usos e costumes e pela jurisdição** do que pelo trabalho abstrato e genérico dos parlamentos. O que caracteriza o *common law* é não ser um direito baseado na lei, mas antes o Direito é coordenado e consolidado em *precedentes judiciais*, ou seja, segundo uma série de decisões baseadas em usos e costumes prévios. Trata-se, mais propriamente, de um direito misto, costumeiro e jurisprudencial. Há países de direito predominantemente costumeiro, como a Inglaterra, os Estados Unidos e outros, filiados à tradição britânica do *common law*. O "*common law*" não é, pois, "a lei comum" (como se poderia pensar), mas sim "o direito comum" que emerge das intencionalidades e comportamentos individuais e coletivos, cuja juridicidade os tribunais vão consagrando.

Contudo, mesmo nesse regime nota-se que as normas legais ganham cada vez mais importância. De fato, os *Estados Unidos coincidem com a Inglaterra apenas no que tange ao Direito Privado*, uma vez que, no plano constitucional, o país apresenta o mais notável exemplo de Constituição rígida, apartando-se do Direito Costumeiro, enquanto *a Inglaterra não possui uma Carta Constitucional*. Assim, o direito do *common law* teve um desenvolvimento diferente nos Estados Unidos, uma vez que nesse país há uma Constituição escrita que se coloca no topo da pirâmide normativa. Em suma, os Estados Unidos possuem na verdade um direito misto, com muita influência do *Direito de tradição romanística, isto é, do direito legislado, o direito baseado em normas escritas*[13].

---

[13] A Constituição, quanto à forma de veiculação das normas constitucionais, pode ser *escrita* = quando sistematizada em um texto único, de que é exemplo pioneiro a Constituição norte-americana, ou *não escrita* = quando contida em textos esparsos e/ou em costumes e convenções sedimentados ao longo da história, como é o caso, praticamente isolado, da Constituição inglesa (ver Luís Roberto Barroso, *Curso de direito constitucional contemporâneo*, São Paulo: Saraiva, 2015, p. 105).

A **common law**, como observa Norberto Bobbio, não é o direito comum de origem romana, mas um direito consuetudinário tipicamente anglo-saxônico que surge diretamente das relações sociais e é acolhido pelos juízes nomeados pelo Rei. Numa segunda fase, ele se torna um direito de elaboração judiciária, visto que é constituído por regras adotadas por juízes para resolver controvérsias individuais, ou seja, regras que se tornam obrigatórias para os sucessivos juízes, segundo o sistema do precedente obrigatório. O **direito estatutário (*statute law* ou *civil law*)** se contrapõe à *common law*, sendo posto pelo poder soberano, isto é, pelo Rei e, num segundo momento, pelo Rei juntamente com o Parlamento. Na Inglaterra permaneceu em vigor, pelo menos nominalmente, o princípio segundo o qual o direito estatutário vale enquanto não contrariar o direito comum, ou seja, o poder do Rei e do Parlamento devia ser limitado pela *common law*[14].

Os Estados Unidos da América herdaram a tradição do direito inglês, e a VII Emenda da Constituição incorpora as garantias constitucionais dois aspectos dessa tradição, ou seja, o júri e a *common law*.

c) **Direito costumeiro hoje.** Verificamos uma força maior do direito costumeiro *em certos ramos ou para a solução de determinados problemas*, como é o caso do direito comercial e do direito internacional público. *No direito penal moderno* o costume, todavia, não encontra acolhida como fonte normativa. Vigora nele o princípio de que não haverá crime e nenhuma pena sem lei preexistente: "*nullum crimen, nulla poena, sine lege praevia*".

Vale relembrar que a promulgação do nosso Código Civil de 1916 expulsou, num primeiro momento, o costume dos seus domínios. A antiga Lei de Introdução a ele não fazia referência, e o art. 1.807 daquele Código dispunha: "Ficam revogadas as Ordenações, Alvarás, Leis, Decretos, Resoluções, Usos e Costumes concernentes às matérias *de direito civil* reguladas neste Código".

Porém, em 1942, com a promulgação da Lei de Introdução (atual Lei de Introdução às Normas do Direito Brasileiro), seu valor como fonte supletiva foi expressamente reconhecido no art. 4º: "Quando a lei for omissa, o juiz decidirá o caso de acordo com a analogia, os costumes e os princípios gerais de direito". De outro lado, raros são os casos em que a lei civil se reporta expressamente ao costume *secundum legem*; por exemplo, os arts. 597, 615 e 965, I, do Código Civil. Devemos ressaltar também que o art. 113 do novo Código Civil, sem correspondência no Código revogado, dispõe que

---

[14] Norberto Bobbio, *o positivismo jurídico*, São Paulo: Ícone, 2006, p. 33. No plano doutrinário, Hobbes afirma o poder exclusivo do soberano de pôr o direito, visto que isso é indispensável para assegurar o poder absoluto do Estado. Negou, assim, a legitimidade da *common law*, ou seja, de um direito preexistente ao Estado e independente deste fazendo a seguinte afirmação: "Não é a sapiência mas sim a autoridade que cria a lei".

"os negócios jurídicos devem ser interpretados conforme a boa-fé e os usos do lugar de sua celebração".

Seja como for, o Direito costumeiro tende a desaparecer, sendo certo que "no estágio atual de nosso direito, o papel do costume é diminuto, mormente devido à inelutável expansão legislativa, à pletora de leis, limitando a força criadora dos costumes", na observação de Sílvio Venosa[15].

d) **Povos e comunidades tradicionais.** *O Brasil é um país de vários povos*, cada um marcado por identidades coletivas próprias. Milhões de brasileiros e brasileiras fazem parte de povos e comunidades tradicionais, como os indígenas, os quilombolas, os ciganos, os ribeirinhos (pescadores artesanais), entre outros. Esses povos são grupos culturalmente diferenciados, que possuem formas próprias de organização social. A Constituição brasileira de 1988 reconheceu, por exemplo, *aos índios* sua organização social, costumes, línguas, crenças e tradições, e os direitos originários sobre as terras que tradicionalmente ocupam (art. 321). Sobre o processo de demarcação das terras indígenas, o Supremo Tribunal Federal decidiu pela demarcação contínua da Terra Indígena Raposa do Sol, no Estado de Roraima, em conformidade com a Portaria n. 534/2005 do Ministério da Justiça (Petição n. 3.388-RR, j. 19-3-2009). A competência para demarcação de terra indígenas é da União, na esfera do poder executivo.

O Decreto n. 6.040, de 7 de fevereiro de 2007, ao instituir a **Política Nacional de Desenvolvimento Sustentável** desses povos, impôs entre outros princípios "a preservação dos direitos culturais, o exercício de práticas comunitárias, a memória cultural e a identidade racial e étnica". Podemos ver nesses "direitos" reconhecidos, verdadeiros costumes locais que têm força equivalente às nossas leis estatais

QUESTIONÁRIO

1. Que vem a ser norma jurídica costumeira?

2. Costume é a reiteração das condutas dos membros de uma comunidade, porque entre costume jurídico e costume ou uso social não há diferença. Escolha a opção correta:

    A) Asserção certa e razão certa.

    B) Asserção certa e razão errada.

    C) Asserção errada e razão certa.

    D) Asserção errada e razão errada.

---

[15] Sílvio Venosa, *Direito civil: teoria geral*, São Paulo: Atlas, 1984, p. 33.

3. Dê a definição de costume jurídico, indicando os dois elementos essenciais para a sua caracterização.

4. É suficiente a repetição material de um comportamento durante certo período de tempo para caracterizar um costume jurídico? Justifique a sua resposta.

5. O costume, para ter força de direito, necessita ter mais de cem anos? Justifique.

6. O costume tem uma origem certa e predeterminada, como a lei?

7. É possível prever o tempo de duração, bem como a forma de extinção de um costume jurídico?

8. Quais as opiniões a respeito da prova da existência do costume jurídico, quando alegado em juízo?

9. Que é o costume *secundum legem*? Exemplifique.

10. Que é o costume *praeter legem*? Exemplifique.

11. O que é o costume *contra legem*? Como as legislações e a doutrina, em geral, comportam-se quanto à sua validade e aceitação?

12. A comunidade indígena Tukuré habita a região central do Mato Grosso do Sul, desde tempo imemoriais. A expansão das fazendas de soja pressionou a comunidade a fazer deslocamentos sazonais, provocando sua divisão em grupos menores. Há relatos na região de que "mascarados" estejam ateando fogo em áreas preservadas, contaminando a água de nascentes e destruindo os roçados, para amedrontar, provocar mortandades coletivas e expulsar os índios da região. Como a maioria dos povos indígenas brasileiros, o povo Tukuré pratica costumes comunitários fundados no respeito às terras tradicionais, à tradições simbólicas, à memória dos ancestrais, além de se dedicarem à caça e à pesca. Como ocorre com os povos indígenas em geral, os Tukuré não possuem registros escritos sobre as terras tradicionais, e nem podem provar os seus direitos, diante dos documentos cartorários obtidos pelos fazendeiros e pela "grilagem".

Tendo em vista o fato, fale sobre a "injustiça histórica" relativa às comunidades indígenas, indicando as fontes do Direito aplicáveis em favor das terras indígenas, considerando-se os seus costumes tradicionais, sua noção de propriedade e as políticas governamentais que lhes são favoráveis.

Lição XV

NORMA JURISDICIONAL

Sumário: 74. A atividade jurisdicional como fonte do Direito; 75. Importância da atividade jurisdicional; 76. A jurisprudência como técnica de unificação; 77. Conclusão.

A norma jurídica jurisdicional é elaborada pelas decisões dos juízes ou tribunais. Sua origem, pois, é a atividade jurisdicional, que vem a ser uma das fontes do direito, comumente chamada de "jurisprudência". Contudo, a rigor, a jurisprudência é antes uma técnica de unificação da diversidade de julgamento, ou o seu resultado, como veremos.

74. A ATIVIDADE JURISDICIONAL COMO FONTE DO DIREITO

74.1. Conceito de jurisdição

A "jurisdição" (termo derivado da expressão latina *juris dictio* – a dicção do direito) vem a ser **o poder legal dos magistrados de conhecer e julgar os litígios, dizendo o que é de direito naquele caso concreto**.

Diferencia-se de "**competência**", que é *a capacidade do juiz para o exercício da jurisdição* em certos lugares ou sobre certas matérias ou relativamente a certas pessoas, conforme a lei determina. João Mendes Júnior ensina que "a competência é a medida da jurisdição". Assim, se todos os juízes têm jurisdição, nem todos se apresentam com competência para conhecer e julgar determinada lide. Só o juiz "competente" tem legitimidade para fazê-lo.

Pois bem, uma das formas de revelação do direito se processa **através do exercício da jurisdição pelos juízes e tribunais**. De fato, da atividade jurisdicional resulta uma norma. O juiz, ao sentenciar, revela o direito para o caso concreto *sub judice*. Cria uma norma jurídica individualizada incidente sobre certo caso concreto (a sentença). E o faz situado numa "estrutura de poder" e com "capacidade de inovar" no direito vigente, pressupostos do conceito de fonte, como meio de revelação do direito. Assim, não há como negar à atividade jurisdicional a categoria de fonte do direito.

74.2. Força vinculante

O juiz torna obrigatório aquilo que declara ser "de direito" no caso concreto *sub judice*. Ele interpreta a norma legal situado numa "estrutura de poder" que lhe confere competência para converter em "sentença", que é uma norma jurídica individualizada, o seu entendimento da lei

A diferença entre a obrigatoriedade do direito criado pela atividade jurisdicional está em que:

a) Ela se limita à **órbita de ação ou competência do magistrado prolator da decisão, não obrigando os demais juízes**.

b) **Sua obrigatoriedade é *inter partes*, ou seja, atinge apenas as partes interessadas**. *Não se cuida de uma obrigatoriedade erga omnes* (contra todos), como ocorre na fonte legal e na consuetudinária.

c) **A norma jurisdicional vale apenas para o caso que está sendo julgado**. Mesmo na hipótese de outros magistrados, em casos semelhantes, decidirem de forma igual, a norma será sempre do tipo jurisdicional.

74.3. Capacidade de inovar

É bem verdade que, em tese, os juízes devem revelar o direito sempre por meio da lei. Entretanto, há ocasiões em que o trabalho jurisdicional inova em matéria jurídica, estabelecendo normas que não se contêm estritamente na lei. Uma das premissas da dogmática jurídica contemporânea é o reconhecimento de que juízes e tribunais desempenham, em alguma medida, um papel criativo do Direito. Isso pode ocorrer nas hipóteses de julgamento por equidade e de lacuna na lei.

a) **Atualização do sentido possível da lei (equidade).** Nessa primeira hipótese há o exercício da jurisdição enquanto realização das normas legais de forma adequada aos casos concretos, ou seja, segundo as peculiaridades próprias do fato social submetido a julgamento.

Não devemos nos esquecer de que uma lei, depois da sua publicação, destaca-se da pessoa do legislador para se integrar no processo social como um de seus elementos principais, começando a ter vida própria e mudando sob a influência do meio ambiente. Embora graficamente um texto legal possa permanecer o mesmo ao longo do tempo, pode verificar-se uma mudança de seu conteúdo, sobretudo quando se trata de regras que preveem, de maneira genérica, o comportamento ou ação que disciplinam, e as respectivas consequências. Elas possuem certa *elasticidade semântica* que comporta sua aplicação a fatos sociais, muitas vezes, não previstos pelo legislador.

Assim, uma lei pode sofrer uma variação de sentido, seja em função de múltiplos fatores de ordem social (técnicos, econômicos, demográficos, geográficos etc.), seja em função da alteração da tábua de valores vigentes, quando sofre uma pressão de ordem axiológica, segundo lição de Reale[1]. Isso confirma a tese de que toda norma é uma integração dinâmica de fatos e valores.

Destarte, o juiz, mesmo quando existe lei aplicável ao caso *sub judice*, sob a inspiração da doutrina e da justiça, não raro atualiza o "sentido possível" dela, ajustando-a às circunstâncias e contingências do momento. É o **julgamento por equidade**, no qual o juiz procura a justiça adequada ao caso concreto que se afasta dos critérios gerais e rígidos da legalidade.

Nessa hipótese, as normas jurisdicionais são aplicações *in concreto* daquilo que está configurado *in abstracto* na norma legal, afeiçoando-a sempre às exigências da vida comunitária. Na lição de Hamilton Elliot Akel, "a ação criadora do juiz sobre o direito escrito manifesta-se também quando ele adapta e atualiza uma disposição legislativa antiga ou ultrapassada pela realidade social, dando-lhe um significado e um alcance adequados a essa realidade e aos novos valores que com ela entram em tensão, como o determina, aliás, o artigo 5º da Lei de Introdução às Normas do Direito Brasileiro"[2]. O intérprete pode verificar que as circunstâncias determinantes da formulação da lei se alteraram e, por isso, corrige o texto da lei para realizar a sua intenção prática.

b) **Lacunas na lei.** Nessa hipótese de lacuna no sistema legal, há o exercício da jurisdição enquanto poder de editar criadoramente regras de direito. Nesse caso, o juiz a supre, *constituindo a norma para o caso concreto*, por meio da analogia, costumes e princípios gerais de direito (LINDB, art. 4º). Não há dúvida de que a função reveladora do direito pelo exercício da jurisdição torna-se mais evidente no caso de lacunas legais, hipótese na qual o magistrado, identificando e colmatando as lacunas, completa a obra do legislador.

74.4. Participação ativa do juiz

A existência dessa espécie de normas jurisdicionais (que colmatam as lacunas) decorre da correlação de dois princípios jurídicos fundamentais:

1º) **O juiz não pode deixar de sentenciar a pretexto de lacuna ou obscuridade da lei.** Hoje vigora a *proibição do non liquet* (expressão que significa que determinado pedido não estava claro o suficiente para ser julgado). O juiz deve julgar todos os conflitos que lhe são submetidos, mesmo que não esteja seguro sobre qual é a melhor solução. Em qualquer circunstância, o juiz está obrigado a decidir uma questão, está obrigado a dizer "o que é direto" (jurisdição). O juiz romano, ao contrário, podia declarar o

---

[1] Miguel Reale, *Lições preliminares de direito*, São Paulo: Saraiva, 1984, p. 169 e 171.
[2] Hamilton Elliot Akel, *O poder judicial e a criação da norma individual*, São Paulo: Saraiva, 1995, p. 123.

non liquet, e então se eximia de julgar os casos nos quais a resposta jurídica não era tão nítida.

2º) **Quando a lei for omissa, o juiz procederá como se fora legislador** (tal como se lia no art. 114 do revogado CPC de 1939, reproduzindo preceito anteriormente consagrado pelo Código Civil suíço), criando uma norma *ad hoc*.

Concluindo, devemos superar uma concepção **passiva** da função dos magistrados e, em decorrência, da sentença como uma aplicação automática da lei ao caso concreto, sem a participação criadora do juiz. Dentro do horizonte de concreção axiológica, o juiz não é mero intérprete da norma em abstrato. Mas, ao contrário, ele somente compreende a norma enquanto ela se refere a determinadas conjunturas circunstanciais, em função das quais os valores se realizam. É nesse cenário que se situa a Teoria Tridimensional do Direito. Não há lugar para a concepção abstrata da norma jurídica porque ela só se compreende enquanto referida a fatos objeto de adequada valoração. O fato somente adquire significado real enquanto visualizado segundo a perspectiva valorativa que a norma legal consagra. Isso vale para todas as fontes do direito, legal, costumeira, jurisdicional e negocial.

Isso não significa, contudo, que tal liberdade venha a desembocar no arbítrio e sentimentos pessoais do magistrado. Como lembra Hamilton Elliot Akel: "Embora seja livre para escolher a norma apropriada, o juiz é, ao mesmo tempo, um poder social no sistema, em uma sociedade organizada e que ele por isso mesmo encontra-se vinculado pelos princípios ideológicos e pelas grandes ideias básicas sobre cujo conjunto está fundado o edifício social. Bem por isso, ele não pode, para cumprir corretamente sua missão, desprezar esses princípios básicos, esses princípios gerais da organização jurídica do Estado. O respeito a esses princípios fundamentais da ordem social, a natureza mesma da sua função de julgar, o contato diário que o juiz tem com as realidades do quotidiano e os interesses em movimento, tudo isso constitui um obstáculo ao arbítrio e aos caprichos". Em suma, "a decisão do juiz é livre, mas não incondicionada"[3].

75. IMPORTÂNCIA DA ATIVIDADE JURISDICIONAL

Não devemos analisar a jurisdição apenas sob o aspecto formal, como em geral se faz no estudo do direito processual. Já entre os Romanos, havia os que, além de praticarem a justiça, dela se ocupavam e a cultivavam por ofício, e a promoviam entre os demais. Eram os jurisconsultos. A Jurisprudência era, portanto, uma virtude desenvolvida em um conjunto de conhecimentos teóricos e práticos com o fim de descobrir cientificamente o justo

---

[3] Hamilton Elliot Akel, *O poder judicial e a criação da norma individual*, São Paulo: Saraiva, 1995, p. 127.

e realizá-lo num meio social dado. É por isso que a jurisprudência representa, ainda hoje, um ato existencial de participação na vida de outrem. Representa, em suma, a intermediação entre a norma e a vida.

75.1. Intermediação entre a norma e a vida

Mediante a atividade, os juízes e tribunais *promovem a realização prática do direito objetivo/positivo*. Ela coloca o direito positivo, melhor, o ordenamento jurídico, em funcionamento, assegurando a realização dos princípios, fatos e valores que o fundamentam. Faz com que o direito se reajuste, adaptando-o aos fatos no tempo, e contribui para o seu desenvolvimento e aperfeiçoamento.

Com outras palavras, pela atividade jurisdicional, momento culminante da vida do direito, *ele se encarna, se entranha em nossa vida*, especificamente naquela relação vital que constitui o objeto da lide, visando solucioná-la. Nesse sentido é que se afirma ser, o juiz, o intermediário entre a norma e a vida, ao traduzir o comando abstrato imposto pelo legislador no comando concreto entre as partes. O ato de julgar, diz Reale, é talvez o mais complexo e dramático dentre os atos humanos; ele importa no dever do juiz de situar-se, solitária e corajosamente, perante a prova dos autos e os imperativos da lei, a fim de enunciar o seu juízo, reflexo de sua amadurecida convicção e de seu foro íntimo[4].

75.2. Judicialização e ativismo judicial

A consolidação da democracia no Brasil, após a Constituição de 1988, tem sido acompanhada de um fenômeno conhecido como judicialização da política e das relações sociais. Luis Roberto Barroso distingue a "judicialização" do "ativismo judicial". Entende por **judicialização o fato de questões relevantes do ponto de vista político, social ou moral, estarem sendo decididas, em caráter final, pelo Poder Judiciário.** Há, assim, como que uma transferência de poder para as instituições judiciais, em detrimento das instâncias políticas tradicionais (Legislativo e Executivo).

Segundo o ilustre professor, *o fenômeno é mundial*, sendo o resultado da conjugação de diversas circunstâncias. No Brasil, o fenômeno adquiriu proporção ainda maior por dois motivos: primeiro, em razão de a nossa Constituição ser abrangente e analítica; segundo, em razão de o acesso ao STF por via de ações diretas ser amplo, em vista da amplitude do nosso sistema de controle de constitucionalidade.

No fundo, essas decisões emanadas do Poder Judiciário, em face das omissões dos outros Poderes, encontram abrigo constitucional no princípio

---

[4] Miguel Reale, *Fontes e modelos do direito*, São Paulo: Saraiva 1994, p. 72. Ver também "a ética do juiz na cultura contemporânea", em Miguel Reale, *Questões de direito público*, São Paulo: Saraiva, 1997, p. 65, 67 e 72.

da separação harmônica de poderes (CF, art. 3º), uma vez que, longe de ser uma invasão na competência de um terceiro, é uma condição necessária para a manutenção da harmonia entre os tres Poderes e à efetividade dos comandos constitucionais.

Como consequência, quase todas as questões de relevância política, social ou moral, foram, estão ou serão discutidas em sede judicial, especialmente perante o Supremo Tribunal Federal. Exemplos: a instituição da contribuição dos inativos na Reforma da Previdência (ADI 3.105/DF); pesquisas com células-tronco embrionárias (ADI 3.510/DF); interrupção da gestação de fetos anencefálicos (ADPF 54/DF); demarcação da reserva indígena Raposa Serra do Sol (Pet 3.388/RR) etc.

O **ativismo judicial** apareceu pela primeira vez nos Estados Unidos, para qualificar a atuação da Suprema Corte americana, num período em que ocorreu uma revolução profunda em relação a inúmeras práticas políticas, conduzida por uma jurisprudência progressista em matéria de direitos fundamentais. A partir daí, por força de uma intensa reação conservadora, a expressão assumiu nos Estados Unidos, uma conotação negativa, depreciativa, equiparada ao exercício impróprio do poder judicial. Tirada essa crítica ideológica, conclui Luís Roberto Barroso, a ideia de ativismo judicial está associada a uma participação mais ampla e intensa do Judiciário na concretização dos valores e fins constitucionais, com maior interferência no espaço de atuação dos outros dois Poderes. Muitas vezes, nem sequer há confronto, mas mera ocupação de espaços vazios.

No Brasil, há precedentes de postura ativista do STF, como nessas hipóteses: aplicação direta da Constituição a situações não expressamente contempladas em seu texto e independentemente da manifestação do legislador ordinário; a declaração de inconstitucionalidade de atos normativos emanados do legislador, com base em critérios menos rígidos que os de patente violação da Constituição; a imposição de condutas ou de abstenções ao Poder Público, tanto em caso de inércia do legislador, como no de políticas insuficientes. São funções que se distanciam da função típica de aplicação do Direito vigente, se aproximando mais à de criação do próprio Direito. O ativismo judicial legitimamente exercido procura extrair o máximo das potencialidades do texto; é a escolha de um modo específico de interpretar a Constituição, expandindo o seu sentido e alcance. Seja como for, se de um lado, o ativismo normalmente se instala em situações de retração do Poder Legislativo, impedindo que determinadas demandas sociais sejam atendidas de maneira efetiva. De outro lado, ninguém quer o Judiciário como instância hegemônica e uma interpretação constitucional que usurpe a função legislativa. Impõem-se, pois, prudência e moderação[5].

---

[5] Luís Roberto Barroso, *Curso de direito constitucional contemporâneo*, São Paulo: Saraiva, 2015, p. 440-442.

76. A JURISPRUDÊNCIA COMO TÉCNICA DE UNIFICAÇÃO

76.1. Conceito de jurisprudência

A palavra "jurisprudência" designava a ciência do direito, em seu sentido antigo (Roma). Em seu sentido técnico moderno, podemos distinguir dois aspectos: jurisprudência em sentido amplo e em sentido estrito[6].

a) **Jurisprudência em sentido amplo** é o conjunto de decisões proferidas pelos juízes ou tribunais sobre determinada matéria, mesmo quando divergentes.

b) **Jurisprudência em sentido estrito** vem a ser o conjunto apenas de decisões uniformes e constantes dos tribunais **sobre uma mesma matéria jurídica**. A jurisprudência não se forma através de uma ou três sentenças, mas *exige uma série de julgados* que guarde, entre si, uma linha de continuidade e coerência. Para que se possa falar em jurisprudência de um Tribunal é necessário, portanto, certo número de decisões que coincidam quanto à substância das questões objeto de seu pronunciamento[7].

76.2. Força não vinculante

A jurisprudência, em sentido estrito, é uma forma de revelação do direito, mas que **não tem, regra geral, força obrigatória sobre os demais juízes e tribunais**. Na verdade, os juízes em geral gozam de autonomia, não sendo obrigados a seguir, em suas sentenças, o que os tribunais consagram como sendo de direito. É em vista disso que a jurisprudência não pode ser considerada fonte do direito, pois lhe falta a presença de um poder, necessário para revelar o direito com força obrigatória. Ela é tão somente o conjunto de normas emanadas dos juízes em sua atividade jurisdicional.

76.3. Súmula vinculante

No parágrafo anterior, negamos a força vinculante da jurisprudência como regra geral. Por quê? Porque, em 2004, após ter tramitado por treze anos no Congresso Nacional, o Senado Federal concluiu a votação da proposta da **Emenda Constitucional n. 45/2004 (Reforma do Judiciário)**,

---

[6] Para a tradição anglo-saxônica os precedentes judiciais têm força vinculante; trata-se de um sistema que teve origem na Idade Média, quando se decidia conforme casos semelhantes. Já na tradição romano-germânica que se formou no continente europeu e passou para os povos colonizados, os precedentes judiciais não vinculam os juízes aos tribunais superiores ou às decisões dos demais juízes da mesma hierarquia; o juiz é independente e deve julgar segundo a lei e conforme sua consciência.

[7] A Jurisprudência não resulta de um único julgado, como ocorre no direito anglo-americano em que, na ausência de anterior decisão semelhante, a sentença prolatada pelo juiz, contendo solução jurídica nova para determinado tipo de caso, se transforma em precedente judicial (Paulo Dourado de Gusmão. Introdução ao estudo do direito, Rio de Janeiro: Forense, 1997, p. 122).

que instituiu as súmulas vinculantes no sistema jurídico brasileiro, sendo o órgão competente para emiti-las somente o Supremo Tribunal Federal. A partir de então as súmulas podem ser classificadas em vinculantes e não vinculantes. Em regra, não são vinculantes; são uma orientação sobre o entendimento dos tribunais a respeito de certa matéria jurídica. Exceção à regra geral da não vinculação é o caso da "súmula vinculante". **Para serem vinculantes devem seguir rigorosamente o procedimento descrito no art. 103-A da Constituição Federal**:

"O Supremo Tribunal Federal poderá, de ofício ou por provocação, mediante decisão de dois terços dos seus membros, após reiteradas decisões sobre matéria constitucional, aprovar súmula que, a partir de sua publicação na imprensa oficial, terá efeito vinculante em relação aos demais órgãos do Poder Judiciário e à administração pública direta e indireta, nas esferas federal, estadual e municipal, bem como proceder à sua revisão ou cancelamento, na forma estabelecida em lei.

§ 1º A súmula terá por objetivo a validade, a interpretação e a eficácia de normas determinadas, acerca das quais haja controvérsia atual entre órgãos judiciários ou entre esses e a administração pública que acarrete grave insegurança jurídica e relevante multiplicação de processos sobre questão idêntica.

§ 2º Sem prejuízo do que vier a ser estabelecido em lei, a aprovação, revisão ou cancelamento da súmula poderá ser provocada por aqueles que podem propor a ação direta de inconstitucionalidade".

A **Lei n. 11.417, de 19 de dezembro de 2006**, regulamentou o art. 103-A da Constituição Federal, alterando a Lei n. 9.784, de 29 de janeiro de 1999. As principais questões que envolvem as súmulas vinculantes serão objeto de estudos do direito constitucional.

Cabe-nos ressaltar que *esse fato não chega a anular a regra geral de que os juízes conservam, tirante essas exceções, o seu poder-dever de julgar segundo suas convicções*. E, portanto, permanece igualmente válida a afirmação de que a *jurisprudência não pode ser fonte do direito*, pois lhe falta a presença de um poder constante, necessário para revelar o direito com força obrigatória. Como vimos, ela é tão somente o conjunto de normas emanadas dos juízes ou tribunais em sua atividade jurisdicional. Considera-se desacato à autoridade da súmula vinculante o ato que contrariar ou indevidamente a aplicar. Da violação da súmula vinculante cabe reclamação constitucional por seu descumprimento, diretamente ao Supremo Tribunal Federal (art. 103-A, § 3º, da CF).

76.4. Divergências na interpretação

Enquanto as leis físico-matemáticas têm um rigor e uma estrutura que não dão lugar a interpretações conflitantes, as leis jurídicas, ao contrário, *são momentos de vida que nem sempre são suscetíveis de um único entendimento*. Pode haver, e de fato há, divergências na sua interpretação.

Por isso, os juízes, na aplicação do direito aos casos concretos, devem realizar antes um trabalho de interpretação das normas jurídicas. Às vezes, diante dos mesmos fatos e com base nos mesmos textos legais, pode um juiz chegar a *conclusões diferentes das aceitas por outro, inspirado em critérios diversos.*

Todavia, essas divergências, que ocorrem no exercício da jurisdição, encontram nela mesma processos capazes de **atenuá-las ou até eliminá--las por meio de técnicas de unificação da diversidade desses julgamentos**. Os tribunais, verificando a divergência de interpretação a que acima nos referimos, costumam firmar seu entendimento sobre as teses controvertidas, reduzindo assim a ocorrência de decisões conflitantes. Por exemplo: em face da diversidade de julgados entre dois ou mais tribunais regionais federais ou tribunais de Estados diferentes, a parte interessada pode, com fundamento no art. 105, III, *c*, da Constituição Federal, interpor um recurso especial para pronunciamento do Superior Tribunal de Justiça, que ditará seu ponto de vista, provocando a unificação na interpretação da matéria em foco.

Também o Código de Processo Civil de 1973, em seus arts. 476 a 479, dispunha sobre as condições para a elaboração de súmulas pelos tribunais. Verificando a divergência de interpretação, o tribunal fixava, em primeiro, seu entendimento sobre a tese controvertida, para depois julgar a causa no seu mérito. Esse entendimento do tribunal, obtido pelo voto da maioria absoluta dos membros que o integram, será objeto de "súmula" e constituirá precedente na uniformização das decisões conflitantes, reduzindo ou atenuando-as. Esses artigos não têm correspondência no atual CPC.

76.5. Súmula e ementa

Súmula vem a ser o enunciado que resume uma tese consagrada pelo tribunal em reiteradas decisões, servindo de orientação a toda a comunidade jurídica. As súmulas de jurisprudência do Supremo Tribunal Federal, por exemplo, foram criadas a partir de 13 de fevereiro de 1963, por inspiração do ministro Victor Nunes Leal.

Ementa também passou a significar sumário, resumo. Todo acórdão é encimado por uma ementa, que procura resumir a decisão judicial.

76.6. Importância da jurisprudência

Se a jurisprudência não pode ser considerada fonte do direito, como visto, sua importância é indiscutível. Ela consagra a mais adequada forma de entendimento a ser dada a uma questão de direito, segundo os tribunais, e vai estabelecendo a possível uniformização das decisões judiciais. Esta, por sua vez, contribui para o estabelecimento da segurança jurídica, já que precisamos saber com certeza como as leis serão aplicadas, o que podemos e o que não podemos fazer, sobretudo quando houver decisões divergentes quanto ao mesmo assunto.

Em relação à **uniformização** buscada, na lição de Sílvio Venosa, "é inelutável que um conjunto de decisões sobre uma mesma matéria, no mesmo sentido, influi na mente do julgador que tende a julgar da mesma maneira". De fato, não se pode negar que há uma influência, psicológica e doutrinária, da interpretação uniforme dos tribunais sobre o pensamento não só dos juízes como também dos advogados. Contudo, ainda segundo Sílvio Venosa, "não deve o doutrinador e muito menos o juiz e o advogado acomodarem-se perante um enunciado de uma súmula se os fatos sociais demonstrarem que, como as leis, aquela forma de decidir já não atende às necessidades sociais"[8]. Na realidade, uma súmula pode sofrer alterações, mesmo que não se altere a lei. Com o passar do tempo, as circunstâncias de fato que envolvem a norma jurídica, ou mesmo a tábua de valores da sociedade, podem alterar-se, daí resultando talvez mudanças necessárias na sua interpretação, e consequente alteração do entendimento sumulado[9].

O momento é oportuno para transcrever a observação de Miguel Reale, em relação aos advogados que exercem a profissão com os olhos postos exclusivamente no que os tribunais decidem para seguirem-no passivamente: "Muitas vezes, a grandeza de um advogado consiste exatamente em descobrir uma falha na jurisprudência tradicional, abrindo caminhos novos na interpretação e aplicação do Direito. O verdadeiro advogado é aquele que, convencido do valor jurídico de uma tese, leva-a a debate perante o pretório e a sustenta contra a torrente das sentenças e dos acórdãos, procurando fazer prevalecer o seu ponto de vista, pela clareza do raciocínio e pela dedicação à causa que aceitou. É nesse momento que se revela advogado por excelência, que se transforma em jurisconsulto"[10].

77. CONCLUSÃO

Criadora de normas jurídicas imperativo-atributivas é a atividade jurisdicional. A **jurisprudência**, como conjunto de decisões uniformes e constantes dos tribunais, **é técnica de unificação da diversidade de julgamentos ou o seu resultado**, com todos os benefícios que traz ao entendimento do direito e às relações sociais que exigem soluções iguais para casos iguais[11].

---

[8] Sílvio Venosa, *Direito civil*: teoria geral, São Paulo: Atlas, 1984, p. 35-36.

[9] Segundo Miguel Reale, a súmula assinala o horizonte do Direito vigente, devendo ser alterada à medida que a Ciência do Direito avançar, "sob pena de operar-se o engessamento da Hermenêutica Jurídica, convertendo-se as disposições legais em cruzes que assinalam os túmulos das ideias mortas" (*Questões de direito público*, São Paulo: Saraiva, 1997, p. 99).

[10] Miguel Reale, *Lições preliminares de direito*, São Paulo: Saraiva, 1984, p. 174.

[11] Alguns autores veem a jurisprudência como um costume (*costume judiciário*), por ser uma série de julgados e decisões. Podemos dizer que o mecanismo da jurisprudência corresponde àquele do costume. No entanto, a jurisprudência enquanto costume possui caracteres

A **atual estrutura judiciária brasileira**, de acordo com a Constituição Federal de 1988 e a Emenda Constitucional n. 24/99 (que extinguiu a representação classista na Justiça do Trabalho), pode ser representada pelo seguinte organograma:

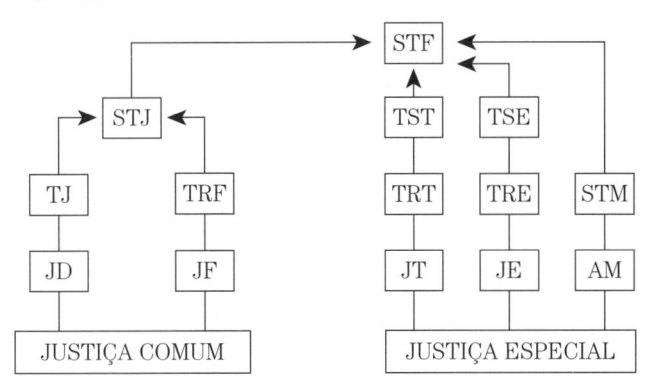

```
                    ┌──────→ STF ←──────┐
                    │         ↑          │
        ┌──→ STJ ←──┤       TST  TSE    │
        │           │                    │
    ┌───┴──┬─────┐  │  ┌────┬─────┬─────┤
    │ TJ   │ TRF │  │  │TRT │ TRE │ STM │
    ├──────┼─────┤  │  ├────┼─────┼─────┤
    │ JD   │ JF  │  │  │ JT │ JE  │ AM  │
    └──────┴─────┘  │  └────┴─────┴─────┘
    | JUSTIÇA COMUM |   | JUSTIÇA ESPECIAL |
```

QUESTIONÁRIO

1. Que vem a ser norma jurídica jurisdicional? Ela é expressão de que Poder?

2. Que é a "atividade jurisdicional" como fonte do direito? Explique como na atividade jurisdicional se encontram presentes os pressupostos de uma fonte do direito.

3. Quais as peculiaridades da obrigatoriedade da norma jurisdicional, em face da obrigatoriedade da lei?

4. Qual a importância da atividade jurisdicional? Como se explica a presença de divergências na interpretação do direito?

5 Qual o conceito de "jurisprudência" como técnica de unificação das decisões judiciais? Ela tem força vinculante? Qual é a sua importância?

6. Que vêm a ser "súmula" e "ementa"?

---

próprios distintos do costume jurídico, como vimos. Assim, devemos distinguir esse costume judiciário do costume jurídico, "visto que este é criação da consciência comum do povo, nascendo espontaneamente e naturalmente, como decorrência do exercício de direitos e obrigações e aquele, obra exclusiva da reflexão de juízes e tribunais, decorrente de decisões sobre casos litigiosos" (Maria Helena Diniz. *Compêndio de introdução à ciência do direito*, São Paulo: Saraiva, 2010, p. 299-300). Em suma, o costume surge da prática dos membros da comunidade; a jurisprudência, ao contrário, é obra de um setor bem definido da sociedade, formado pelos órgãos judiciais.

7. (Provão 2000) "Em Portugal e no Brasil o papel da jurisprudência é significativo. Muitas soluções tidas por assentes, nos últimos tempos de vigência do Código Civil português de 1867, eram de facto muito mais de filiar na jurisprudência que no Código, a que formalmente se referiam. E o mesmo diremos de muitas soluções hoje obtidas no Brasil. Em todo o caso, devemos dizer que a relevância prática da jurisprudência nunca terá sido tão grande como noutros países. Para isso terá contribuído em Portugal um certo alheamento da doutrina em relação à vida judiciária, bem como um excessivo individualismo dos nossos julgadores, que têm dificultado a criação de correntes jurisprudenciais estáveis. A publicação do novo Código Civil diminuiu logicamente o relevo da jurisprudência civil. Quanto ao Brasil, há uma excessiva desenvoltura da jurisprudência perante a lei, que por vezes leva a soluções claramente *contra legem*. Mas essa tendência não tem levado à proclamação teórica da independência do juiz perante a lei. E até podemos dizer que essa mesma liberdade jurisprudencial se torna um óbice à formação de correntes jurisprudenciais estáveis, pois cada juiz facilmente põe de novo tudo em questão, impressionado sobretudo pelas particularidades do caso concreto" (ASCENSÃO, José de Oliveira. *O direito: introdução e teoria geral* – uma perspectiva luso-brasileira. 10. ed. rev., Coimbra: Almedina, 1999, p. 314).

A partir do texto, analise a lei e a jurisprudência como fontes do direito; a independência e a criatividade do juiz; a admissão, no direito brasileiro, de soluções jurisprudenciais *contra legem*; o significado de eventual súmula vinculante no que se refere às mencionadas liberdade jurisprudencial e *formação de correntes jurisprudenciais estáveis*.

8. (Provão 2001) A função da magistratura é tema explorado pela sociologia jurídica. Vários estudos, no Brasil e no exterior, procuram traçar um retrato dos juízes e analisar o papel que desempenham na sociedade atual. Esses estudos destacam:

I. os fenômenos da "politização do Judiciário" e da "judicialização da política";

II. a origem social e a formação do magistrado;

III. a técnica específica de elaboração das sentenças;

IV. a hierarquia dos tribunais e o duplo grau de jurisdição.

Somente é correto o que se afirma em

A) I e II.

B) I e III.

C) II e III.

D) II e IV.

E) III e IV.

9. Como você analisa a questão da liberdade do juiz na criação da norma jurisdicional (sentença) e a necessidade de segurança? No sistema processual brasileiro vigora o princípio do livre convencimento, segundo o qual compete ao juiz da causa valorar com ampla liberdade os elementos de prova constantes dos autos, desde que o faça motivadamente. De outro lado, o Código de Processo Penal, em seu art. 239, considera "indício" a circunstância conhecida e provada que, tendo relação com o fato, autorize, por indução, concluir-se a existência de outra ou outras circunstâncias.

Essa indução autorizada pela lei não possibilita, segundo alguns autores, condenação se não há prova material. Mas outros entendem que nem sempre é possível obter diretamente a prova do crime e, por isso, torna-se necessária a captação dos indícios, por intermédio dos quais se chega à verdade real, permitindo uma sentença de condenação.

Para você, nesse panorama, o juiz pode valer-se também de indícios para a condenação de conduta criminosa, sobretudo em relação a crimes de colarinho branco, que não trazem em geral impressão digital ou fotografias? A eficácia dos indícios penais é menor que a da prova direta?

Lição XVI

NORMA NEGOCIAL

Sumário: 78. Autonomia da vontade e poder negocial; 79. Negócio jurídico; 80. Negócios nulos, anuláveis e inexistentes.

Vimos como as relações jurídicas não são disciplinadas apenas por normas legais, de caráter genérico, mas também por normas particulares que só ligam os participantes da relação. Entre elas destacam-se as "normas negociais", cujo exemplo clássico são as normas ou cláusulas contratuais.

78. AUTONOMIA DA VONTADE E PODER NEGOCIAL

Norma negocial vem a ser a norma elaborada pelo exercício do poder negocial, como uma das exteriorizações da autonomia da vontade. É a norma que resulta do acordo das vontades. A fonte das normas negociais, a sua força geradora, é, portanto, a "autonomia da vontade", sendo o "poder negocial" uma das suas exteriorizações. O que isso significa?

78.1. Princípio da autonomia da vontade

A autonomia da vontade vem a ser "**o poder que tem cada homem de ser, de agir e de omitir-se nos limites das leis em vigor, tendo por fim alcançar algo de seu interesse e que, situado no âmbito da relação jurídica, se denomina 'bem jurídico'**"[1]. É a capacidade de se autodeterminar; o poder de praticar certos atos ou abster-se deles, segundo sua vontade. Quanto ao conteúdo, pode ser de natureza econômica, estética, religiosa, de recreação, de comodidade social etc., segundo as diversas formas de vida social. Assim, afirma-se o reconhecimento de que a capaci-

---

[1] Miguel Reale, *Lições preliminares de direito*, São Paulo: Saraiva, 1984, p. 179.

dade jurídica da pessoa humana lhe confere o poder de praticar certos atos ou abster-se deles, segundo os ditames de sua vontade.

78.2. Poder negocial

O poder negocial, como uma das explicitações ou exteriorizações da autonomia da vontade, é, especificamente, o poder de estipular "negócios" para a realização de fins lícitos, graças a um acordo de vontades. Exercendo-o pela atividade negocial, as pessoas criam o seu próprio "dever-ser", assumindo espontaneamente novas obrigações e adquirindo direitos. Dão origem, assim, a normas negociais que as vinculam à prática dos direitos e deveres contratados, por terem assim livremente convencionado.

Essas normas negociais não podem ser elaboradas em conflito com as normas legais, pois, como vimos, há uma hierarquia entre as normas jurídicas, do ponto de vista lógico-formal. E, como adverte Miguel Reale, "pouco importa que o poder negocial seja um poder sujeito aos limites das leis, pois um raciocínio desse tipo obrigar-nos-ia a concluir pela tese extremada segundo a qual tão somente a lei constitucional seria fonte de Direito"[2].

Assim como as demais fontes do direito, também a fonte negocial, para que as normas dela emanadas sejam válidas, deve obedecer ao seu "devido processo legal", que cabe a cada disciplina jurídica determinar, de acordo com suas peculiaridades.

Relembramos que o pressuposto por excelência da fonte negocial diz respeito à *liberdade real de decidir* de todos os participantes do negócio jurídico, uma vez que fonte negocial e autonomia de vontade são termos que reciprocamente se implicam. Na lição realeana, é desse princípio que resultam todos os demais: "o do equilíbrio das prestações e contraprestações recíprocas, incompatível com o locupletamento de uns em detrimento de outros; a boa-fé nas declarações de vontade, pressuposto este que o desmedido individualismo costumava pôr entre parênteses; a possibilidade pelo menos parcial de ser satisfeita a prestação convencionada; a revisibilidade do avençado em razão de supervenientes fatores que importem em onerosidade excessiva; a exclusão de condições puramente potestativas que representem a sujeição de um ao arbitrário do querer de outrem"[3].

79. NEGÓCIO JURÍDICO

A fonte negocial desenvolve-se no plano das relações civis, justificando-se, por esse motivo, o tratamento privilegiado que lhe foi dado pelo novo Código Civil. Com efeito, o *art. 113* dá preferência aos negócios jurídicos

---

[2] Miguel Reale, *Lições preliminares de direito*, São Paulo: Saraiva, 1984, p. 179. Lembramos que a advertência referida é válida para todas as espécies de norma jurídica, além da norma negocial.

[3] Miguel Reale, *Fontes e modelos do direito*, São Paulo: Saraiva, 1994, p. 74.

como disciplina para a regulação genérica das relações sociais, estabelecendo a *eticidade* de sua hermenêutica, em função da "boa-fé", bem como a sua *socialidade*, ao fazer alusão aos "usos do lugar de sua celebração". Preferiu-se a espécie (negócio jurídico) ao gênero (fatos jurídicos). Em outra ocasião, voltaremos ao tema da diferença entre o negócio jurídico e o ato jurídico, como espécies do fato jurídico voluntário.

79.1. Conceito

As avenças que resultam diretamente da vontade manifestada são denominadas "negócios jurídicos", que, na atualidade, são considerados o passo mais importante para a construção dinâmica do direito, pois permitem um melhor ajustamento nos interesses sociais. Ainda é relativamente novo na doutrina jurídica o conceito de negócio jurídico.

Miguel Reale o define como sendo "o ato jurídico pelo qual uma ou mais pessoas, em virtude de declaração de vontade, instauram uma relação jurídica, cujos efeitos, quanto a elas e às demais, se subordinam à vontade declarada, nos limites consentidos pela lei"[4]. Para J. Belleza dos Santos, são "as declarações de vontade, tendo em vista um fim prático que o direito protege, reconhecendo ou atribuindo efeitos jurídicos a essas declarações, de harmonia com o seu fim e com o presumido interesse social".

Assim, pelo negócio jurídico as partes escolhem, elas próprias, os efeitos jurídicos a que ficarão submetidas. Como relembra José de Oliveira Ascensão, "nem todas as consequências jurídicas ditadas pela regra resultam da mera verificação de fatos do mundo exterior; muitas vezes dependem precisamente de uma manifestação de vontade dos sujeitos nesse sentido. Quando isso ocorre, temos o chamado 'negócio jurídico'"[5].

Em suma, o negócio jurídico consiste, fundamentalmente, na **manifestação de vontade que, instaurando uma relação intersubjetiva, procura produzir determinado efeito jurídico, protegido pelo direito e que se subordina à vontade declarada**.

Os princípios sociais do contrato não eliminam os princípios liberais como o princípio da autonomia privada. O contrato nasce de uma correlação essencial entre o valor do indivíduo e o valor da sociedade: é um elo que, de um lado, põe o valor do indivíduo como aquele que o cria, mas, de outro lado, estabelece a sociedade como o lugar onde o contrato vai ser executado.

79.2. Elementos essenciais

O que caracteriza o negócio jurídico é a convergência dos seguintes elementos essenciais

---

[4] Miguel Reale, *Lições preliminares de direito*, São Paulo: Saraiva, 1984, p. 220.
[5] José de Oliveira Ascensão, *O direito*: introdução e teoria geral, Rio de Janeiro: Renovar, 1994, p. 13.

a) **Sujeito capaz legitimado para o ato.** Trata-se da "capacidade de fato" que torna o agente apto a intervir em negócios jurídicos. Quanto à "legitimação", esta é a **competência específica que a parte, em determinado negócio, deve ter para praticar o ato**. Exemplo: qualquer um dos cônjuges, para a prática dos atos enumerados no art. 1.647 do Código Civil, necessita do assentimento do outro. Só assim terá legitimação, embora tenha capacidade.

b) **Manifestação expressa da vontade.** É fundamental, no negócio jurídico, que **a vontade se exteriorize pela palavra falada ou escrita, ou até mesmo por gestos ou atitudes que revelem uma manifestação de vontade, sem a qual não se pode sequer falar de negócio jurídico**.

É importante salientar que, se o negócio jurídico implica uma declaração de vontade, esta por sua vez instaura uma *relação* entre dois ou mais sujeitos tendo em vista um objetivo protegido pelo ordenamento jurídico. E a relação intersubjetiva decorrente do negócio jurídico é atual ou potencial, isto é, o negócio jurídico ou culmina numa relação jurídica ou abre possibilidade para instituí-la. Assim, o elemento "relacional", potencial ou atual é relevante no negócio jurídico; e a relação negocial é, por sua vez, uma das formas essenciais de relação jurídica. Reale chega a afirmar que no negócio jurídico "o que sobreleva não é o aspecto 'declaração de vontade', mas sim 'o encontro das vontades' para dar nascimento a um conjunto de direitos e obrigações".

c) **Objeto lícito, possível, determinado ou determinável.** É questão discutida a de saber se a "causa" é um elemento essencial do negócio jurídico. Podemos afirmar, contudo, que os conceitos de "objeto" e "causa" muito se aproximam, uma vez que se referem à mesma ideia: o fim do negócio. Assim, **dizer objeto lícito equivale a dizer causa lícita, em razão do fim visado**. Importante é notar que o Código Civil, quando trata das hipóteses de nulidade do negócio jurídico, refere-se expressamente ao "objeto ilícito" e ao "motivo determinante ilícito".

d) **Forma de querer prescrita ou não vedada em lei.** Se a regra geral é a forma livre, **às vezes a lei exige uma forma especial** (a forma escrita, por exemplo). Também as partes podem impor determinada forma.

e) **Devida proporção entre os participantes da relação negocial.** Isso significa que **não deve haver desequilíbrio do negócio a tal ponto que uma parte fique à mercê da outra** (é consequência da "proporção objetiva", própria da bilateralidade atributiva do direito, como visto na ocasião). O Código Civil, por exemplo, dispõe que "Ocorre a lesão quando uma pessoa, sob premente necessidade, ou por inexperiência, se obriga a prestação manifestamente desproporcional ao valor da prestação oposta" (art. 157), quando o negócio jurídico é anulável.

Além desses elementos essenciais gerais, há outros, específicos, que variam segundo a natureza de cada modelo negocial. O negócio jurídico pode também apresentar elementos acidentais: condição, termo, modo ou encargo.

79.3. Vícios da relação negocial

Em contrapartida, a ilegitimidade de uma relação negocial pode resultar dos seguintes vícios.

a) **Quanto ao poder de negociar,** ou há o vício do "abuso de poder", ou do "desvio de poder". **Há abuso de poder, quando ele é exercido além do necessário e razoável à satisfação do direito, causando danos a terceiros.** Há várias teorias que procuram explicitar sua complexa natureza. Identificamos, com De Ruggiero, o abuso de direito com o ato emulativo, conceituando-o como o exercício de um direito com o ânimo de prejudicar terceiro e sem efetivo proveito para o titular.

Há o desvio de poder quando este é desviado de sua finalidade específica, para servir de instrumento a fins diversos daqueles que constituam a razão de ser do poder reconhecido ou outorgado. Os negócios que são expressões de abuso de poder negocial dizem-se "*potestativos*", segundo Miguel Reale[6].

b) **Quando há uma forma exigida, ela é da essência do ato** (*ad solemnitatem*), o qual não vale sem ela.

c) *Quanto ao* **objeto,** ele pode ser **ilícito, impossível** (física ou juridicamente) ou **indeterminável**.

d) *Quanto ao* **desequilíbrio do negócio,** *este pode tornar-se um* "**negócio leonino**". O Código Civil fala na "**lesão**" como meio de viciar o negócio jurídico (art. 157). Na lição de Sílvio Venosa, "o instituto da lesão justifica-se como forma de proteção ao contratante que se encontra em estado de inferioridade. Em um contrato, mesmo naqueles paritários, ou seja, naqueles em que as partes discutem livremente suas cláusulas, em determinadas situações, um dos contratantes, por premências da vida, é colocado em situações de inferioridade. O direito não pode (então) ser convertido em instrumento do poderoso contra o fraco"[7]. Na hipótese, presentes os requisitos objetivos e subjetivos, o ato é anulável.

79.4. Classificação

Entre outros, cabe distinguir os seguintes negócios jurídicos:

a) **UNILATERAIS.** Pressupõem apenas uma declaração de vontade, no sentido de que **só uma das partes se obriga**. Ou seja, a prestação fica por conta de apenas uma das partes (testamento, a promessa de recompensa, renúncia etc.).

BILATERAIS. Nascem do encontro ou correspondência de **duas ou mais vontades exteriorizadas, que igualmente se obrigam**; dependem sempre da manifestação de duas ou mais vontades; são "sina-

---

[6] Miguel Reale, *Lições preliminares de direito*, São Paulo: Saraiva, 1984, p. 180.
[7] Sílvio Venosa, *Direito civil*: teoria geral, São Paulo: Atlas, 1984, p. 369.

lagmáticos" *(sinalagma,* grego – contrato com reciprocidade). Exemplo: a doação, os contratos.

b) **SOLENES.** Quando a lei exige para a sua validade o **adimplemento de formas determinadas** (por exemplo, que seja por escrito).

NÃO SOLENES. Quando desprovidos de qualquer formalidade. Como se dá, por exemplo, quando compro um jornal na banca de revistas.

c) *MORTIS CAUSA.* São aqueles que *só produzem efeitos após a morte do agente*: seguro, testamento.

INTER VIVOS. São os realizados *para valer em vida das partes:* todos os demais.

d) **GRATUITO.** Aquele no qual **não existe contrapartida** (a doação, por exemplo).

ONEROSO. Quando **existe contrapartida** (uma compra e venda, por exemplo).

e) **ALEATÓRIOS.** Os que dizem respeito **a coisas futuras em que o adquirente assume o risco de não chegarem a existir, ou a coisas existentes, mas expostas a risco no todo ou em parte** (compra da colheita de um pomar; perfuração de poços de petróleo, por exemplo).

COMUTATIVO. Nele as partes se obrigam a **prestações certas, determinadas e equivalentes** (compra de uma casa, por exemplo).

f) **TÍPICO.** Nele **o resultado prático**, visado pelo negócio jurídico, **já está configurado num modelo legal** (o Código Civil traz vários contratos típicos).

ATÍPICO. Quando o negócio jurídico representa **algo de novo, não previsto pela legislação, mas compatível com ela**. Resulta, em geral, da fusão de dois ou mais tipos de contratos previstos na lei (por exemplo, a cessão de clientela, a constituição de servidão mediante pagamento de certa quantia, a troca de uma coisa por obrigação de fazer ou por outros serviços).

g) **GRUPOS SOCIAIS.** Lembramos, por fim, que os *grupos sociais* também **têm o poder de estabelecer suas próprias ordenações jurídicas** (como a Igreja, o clube, o sindicato etc.), desde que conformes com o ordenamento jurídico estatal. É assim que uma Universidade tem seus estatutos; um grêmio, seu regimento; uma sociedade mercantil, seu contrato social. São normas elaboradas pelos grupos sociais para disciplinar a sua vida interna.

79.5. Interpretação

Quanto à interpretação dos negócios jurídicos, destacam-se duas teorias: a "objetiva" e a "subjetiva".

a) **TEORIA OBJETIVA.** Segundo ela, **deve prevalecer tão somente o aspecto gramatical, sem qualquer referência à intencionalidade dos sujeitos.**

b) **TEORIA SUBJETIVA.** Dispõe que o intérprete **deve descobrir a intenção das partes**, condenando-se a interpretação literal ou gramatical (a não ser quando o conteúdo semântico das palavras esteja plenamente adequado ao elemento volitivo).

Dentro dessa ótica, temos aqui um exemplo de caso em que o direito abandona sua característica de exterioridade, pela pesquisa do foro interno, ou seja, do elemento intencional.

c) No **DIREITO BRASILEIRO** houve a **adoção da teoria subjetiva**, uma vez que, nos termos do art. 112 do Código Civil, "nas declarações de vontade se atenderá mais à intenção nelas consubstanciada do que ao sentido literal da linguagem". E o art. 113 dispõe que "os negócios jurídicos devem ser interpretados conforme a boa-fé e os usos do lugar de sua celebração". Como já foi dito, o art. 113, dando preferência aos negócios jurídicos como disciplina para a regulamentação genérica das relações sociais, fixa, como ressalta Reale, a **eticidade** de sua hermenêutica, em função da "boa-fé", bem como a sua **socialidade**, ao fazer alusão aos "usos do lugar de sua celebração". Exemplos ainda são os arts. 46 a 48 e 51 do Código do Consumidor (Lei n. 8.078/90) sobre a interpretação dos contratos.

É claro que a adoção da teoria subjetiva não implica o abandono total da linguagem. Tão somente se quer dar preeminência ao elemento vontade em relação ao gramatical.

80. NEGÓCIOS NULOS, ANULÁVEIS E INEXISTENTES

Os negócios jurídicos podem ser, sob outro aspecto, nulos, anuláveis ou inexistentes.

80.1. Nulos

São os que padecem de um **vício insanável** que os impede de ter existência legal e produzir efeito, uma vez que não foi obedecido algum requisito que a lei tenha por essencial. Estão eivados, assim, de "nulidade absoluta", a qual repousa mais em causas de ordem pública, ou seja, a existência, além do interesse individual, de um interesse social que o negócio assim realizado não tenha validade. Carecem de validade formal ou vigência.

Os **arts. 166 e 167 do Código Civil** apontam as hipóteses em que o negócio jurídico é nulo:

I – quando celebrado por pessoa absolutamente incapaz;

II – quando for ilícito, impossível ou indeterminável o seu objeto;

III – quando o motivo determinante, comum a ambas as partes, for ilícito;

IV – quando não revestir a forma prescrita em lei;

V – quando for preterida alguma solenidade que a lei considerar essencial para sua validade;

VI – quando tiver por objeto fraudar lei imperativa;

VII – quando a lei taxativamente o declarar nulo, ou proibir-lhe a prática, sem cominar sanção;

VIII – quando houver simulação, mas subsistirá o que se dissimulou, se válido for na substância e na forma.

O negócio jurídico nulo não pode ser retificado nem ratificado. Para conseguir os seus efeitos é preciso praticá-lo de novo, seguindo agora todas as formalidades legais. E é a partir desse segundo ato que se contarão os efeitos visados. A sentença que decreta a nulidade absoluta também retroage à data do nascimento do negócio viciado *(ex tunc)*. O art. 169 do novo Código Civil dispõe: "O negócio jurídico nulo não é suscetível de confirmação, nem convalesce pelo decurso do tempo".

80.2. Anuláveis

São os que se constituem com desobediência a certos requisitos legais que não atingem a substância do ato, mas atingem a sua eficácia tornando-os **inaptos a produzir os efeitos** que normalmente produziriam (vícios sanáveis). As causas da sua anulabilidade residem no interesse privado, uma vez que têm em vista o desrespeito a normas que protegem certas pessoas. Nos termos do art. 171 do Código Civil, é anulável o negócio jurídico: por incapacidade relativa do agente e por vício resultante de erro, dolo, coação, estado de perigo, lesão ou fraude contra credores.

Tais atos padecem de "nulidade relativa", podendo ser sanados ou ratificados por meio de processos que variam segundo a natureza da matéria disciplinada. O negócio jurídico anulável produz efeitos até ser anulado. Os efeitos da anulação passam a correr a partir do decreto anulatório *(ex nunc)*. O art. 172 do Código Civil dispõe: "O negócio anulável pode ser confirmado pelas partes, salvo direito de terceiro".

80.3. Inexistentes

São aqueles que **carecem de algum elemento constitutivo**, permanecendo juridicamente embrionário *(in fieri)*, devendo ser declarada a sua "não significação jurídica", se alguém o invocar como base de uma pretensão. Diferentemente, os negócios nulos e anuláveis já reúnem todos os elementos constitutivos, mas de maneira inidônea a produzir efeitos válidos, em virtude de vícios inerentes a um ou mais de um de seus elementos constitutivos. Sua nulidade resulta da não correspondência dos elementos existentes com as exigências previstas em lei. Os negócios inexistentes, assim, não chegam a ingressar no mundo do direito, em face da carência de elementos formadores.

São negócios inexistentes, por exemplo, o casamento concluído apenas perante a autoridade religiosa e ainda não devidamente registrado de conformidade com a nossa lei civil. Se alguém pretender divorciar-se invocando-o, não se pode declarar o autor carecedor da ação por ser "nulo" o seu casamento, mas sim por ser "inexistente" em face da lei brasileira. Em se tratando, porém, de casamento de duas pessoas já casadas e realizado com todas as formalidades legais, o negócio será "nulo" e não "inexistente".

A teoria da "inexistência" deve-se a Zaccharias, encontrando adeptos na doutrina italiana e francesa. É contestada por diversos autores que **equiparam** os negócios inexistentes aos negócios nulos. A nosso ver, no entanto, sem razão. Na lição de Sílvio Venosa, "não se pode negar que por vezes o jurista, perplexo, na enorme variedade de fenômenos que o cerca, encontrará casos típicos de inexistência do ato. Embora se diga que o ato inexistente prescinda de qualquer declaração judicial, a aparência de ato pode ser tão palpável que a declaração por sentença talvez se mostre necessária. A declaração judicial, no entanto, terá os mesmos efeitos da declaração de nulidade, à qual, para efeitos práticos, a inexistência se assemelha"[8].

QUESTIONÁRIO

1. Que vem a ser a norma jurídica negocial? Ela é a expressão de qual Poder?

2. Que vem a ser "autonomia da vontade", como fato gerador das normas jurídicas negociais?

3. Que é "poder negocial", como explicitação da autonomia da vontade?

4. Há na fonte negocial uma força vinculante e obrigatória? Explique a sua resposta.

5. Que são "negócios jurídicos"? Quais são os elementos essenciais que o caracterizam?

6. Qual a diferença entre "capacidade" e "legitimação"?

7. Como pode ser expressa a manifestação da vontade?

8. Que significa a devida proporção que deve existir entre os participantes da relação negocial?

9. Quando uma relação negocial é ilegítima?

10. Que são negócios jurídicos nulos e anuláveis?

11. Que são negócios jurídicos inexistentes?

---

[8] Sílvio Venosa, *Direito civil*: teoria geral, São Paulo: Atlas, 1984, p. 423.

Lição XVII

VALIDADE DA NORMA JURÍDICA

Sumário: 81. Validade formal ou vigência; 82. Validade social ou eficácia; 83. Validade ética ou fundamento; 84. Validade, tridimensionalidade e norma fundamental.

Uma norma jurídica, para que seja obrigatória, não deve estar apenas estruturada logicamente segundo um juízo categórico ou hipotético, pois é indispensável que apresente certos requisitos de validade. Toda norma jurídica pode ser submetida a três valorações distintas: formal, social e ética.

A palavra "validade" é de uma extrema ambiguidade. Há uma diversidade de formulações a respeito desse termo[1]. Seguindo a esteira de Miguel Reale, empregamos o termo "validade" em sentido genérico, abrangendo a validade técnico-formal, a validade social e a validade ética. Assim, a validade de uma norma jurídica pode ser vista sob três aspectos:

1º) **técnico-formal – vigência**;
2º) **social – eficácia**;
3º) **ético – fundamento axiológico**.

Vigência, eficácia e fundamento são, na comparação realeana, "**as três asas com que se projeta a experiência do direito na história**"[2].

Devemos também distinguir a validade de "sistemas normativos" e a validade de "normas individuais", uma vez que o que vale para aqueles não vale, necessariamente, para estas. O problema da validade de um **sistema normativo** como um todo aparece com maior nitidez quando dois sistemas

---

[1] Segundo Santiago Nino, há, por exemplo, duas interpretações principais sobre o conceito kelseniano de validade (*Introdução à análise do direito*, São Paulo: Martins Fontes, 2015, p. 158).

[2] Miguel Reale, *O direito como experiência*, São Paulo: Saraiva, 1968, p. 120.

incompatíveis concorrem entre si. No caso de uma revolução ou guerra civil, por exemplo, um novo sistema normativo pode passar a valer, na hipótese de se impor ao antigo. Nossa atenção se volta, aqui, para a validade das **normas individualmente consideradas**.

81. VALIDADE FORMAL OU VIGÊNCIA

Duas observações preliminares tornam-se necessárias. Primeiro, "vigência" equivale à *validade técnico-formal*, na nossa terminologia, enquanto há autores que empregam o termo como sinônimo de "**eficácia**". Em segundo, vale relembrar que, se a norma jurídica pode resultar de distintos processos (legislativo, jurisdicional, costumeiro e negocial), aqui estamos referindo-nos especificamente à *norma jurídica legal*, à "lei" em sentido formal.

81.1. Aspecto temporal e formal

Vigência pode significar **o período, durante o qual uma lei tem, teve ou terá a possibilidade de ser exigida, num determinado lugar**. Abrangeria, por assim dizer, o nascimento, a vida e a morte da regra legal. É o aspecto temporal, que alguns autores chamam de *validade material*, para fins de estabelecer uma diferenciação entre existência e validade. A essa luz, vigência da norma refere-se ao seu período de validade, seu tempo no sistema jurídico, que se estende do momento da publicação oficial até o momento em que é retirada do sistema jurídico por revogação ou pela sua caducidade[3]. Imaginemos um diálogo entre um filho e seu pai. Nele, o filho diz: "Está na hora de termos um novo pai. Quando termina o seu mandato?". "Sinto muito, filho, mas o meu cargo é vitalício." "Vitalício?! Vamos recontar os votos." "Isso não está previsto." "Por quê? Você escreveu a Constituição?" "Sim, sua mãe ajudou um pouco". Pois bem, considerando-se uma suposta norma que houvesse instituído o mandato de pai, a resposta deste negando o término de seu mandato constitui questão referente à vigência da norma, quanto ao seu aspecto temporal.

Pode igualmente significar o processo da **elaboração da lei de conformidade** com os requisitos exigidos pelo próprio ordenamento jurídico, ou seja, a sua validade formal.

Nós aqui *englobamos* na expressão vigência *as duas acepções*, não estabelecendo diferenciação entre "vigência" e "validade formal", uma vez que ambas pressupõem o exame daqueles requisitos exigidos em sua gênese. São termos que se exigem: uma lei, *se vige, vale formalmente; e, se vale formalmente, vige*. Do exposto, podemos definir a vigência como

---

[3] Ver Sílvio Venosa (*Introdução ao estudo do direito*, São Paulo: Atlas, 2004, p. 122) e Mariá Brochado (*Magistratura*: noções gerais de direito e formação humanística, Niterói: Impetus, 2012, p. 164).

sendo "a executoriedade compulsória de uma norma jurídica, por haver preenchido os requisitos essenciais à sua feitura ou elaboração"[4].

Assim, as normas jurídicas só têm vigência (ou validade formal) quando podem ser executadas compulsoriamente pelo fato de terem sido elaboradas com obediência aos requisitos essenciais exigidos:
a) emanadas de **órgão competente**;
b) com obediência aos **trâmites legais**; e
c) cuja matéria seja **da competência** do órgão elaborador.

81.2. Órgãos competentes

Na construção do Estado brasileiro encontramos três pessoas jurídicas fundamentais de direito público interno: União, Estados-membros e Municípios, às quais somamos uma quarta, já que a Constituição Federal garantiu também ao Distrito Federal a natureza de ente federativo autônomo (CF, art. 18). Cada uma dessas pessoas pode declarar o direito próprio por meio dos órgãos competentes para isso.

1º) **QUANTO À UNIÃO:**

a) Ao **Congresso Nacional**, composto da Câmara dos Deputados e do Senado Federal, cabe dispor sobre todas as matérias de competência da União. Contudo, deve-se notar que, no regime constitucional vigente, não é o Congresso só que faz a lei, embora nenhuma lei possa ser elaborada sem o Congresso. Como veremos, a "sanção" ou o "veto" pertencem ao presidente da República. Assim, se o Congresso editar sozinho uma lei, ela não terá vigência ou validade formal, por faltar-lhe a legitimidade do órgão de que emanou.

b) O **presidente da República** tem competência para expedir decretos e regulamentos para a fiel execução de leis federais (CF, art. 84, IV), e adotar medidas provisórias com força de lei, manifestando-se o Congresso *a posteriori* (CF, art. 62).

2º) Quanto aos **ESTADOS-MEMBROS** e aos **MUNICÍPIOS**, temos as **Assembleias Legislativas** (e o governador do Estado) e as **Câmaras Municipais** (e o prefeito municipal), respectivamente.

3º) Quanto ao **DISTRITO FEDERAL**, é a **Câmara Legislativa** que elabora suas leis distritais por seus próprios deputados distritais (e o governador do Distrito Federal).

4º) Nos **TERRITÓRIOS** temos as **Câmaras Territoriais** (CF, art. 33).

81.3. Competência quanto à matéria

Não basta, porém, que a lei emane de um "órgão" competente. É necessário também que a "matéria" sobre que versa a norma seja da sua competência. Uma lei só é válida quando dispõe sobre matéria de seu

---

[4] Miguel Reale, *Lições preliminares de direito*, São Paulo: Saraiva, 1984, p. 108.

domínio de competência. Quem estabelece qual a competência quanto à matéria (ratione materiae) é a Constituição Federal. É ela que distribui originariamente as competências da União, Estados-membros, Municípios e Distrito Federal.

A competência pode ser **PRIVATIVA, CONCORRENTE E EXCLUSIVA**. Assim, o art. 22 da Constituição Federal enumera as matérias sobre as quais compete "privativamente" à União legislar: direito civil, comercial, penal, processual, eleitoral, agrário, do trabalho; desapropriações; trânsito e transporte; seguridade social etc., com a observação de que a lei complementar poderá autorizar os Estados a legislar sobre questões específicas das matérias relacionadas no mencionado artigo (parágrafo único).

Por sua vez, o art. 24 da Constituição enumera as matérias sobre as quais compete à União, aos Estados e ao Distrito Federal legislar "concorrentemente": direito tributário, financeiro, penitenciário, econômico e urbanístico; orçamento; juntas comerciais; educação, cultura, ensino e desporto etc.

Quanto aos Estados-membros, são "reservadas" a eles as competências que não lhes sejam vedadas pela Constituição (CF, art. 25, § 1º).

O art. 30 explicita as matérias sobre as quais compete aos Municípios legislar: assuntos de interesse local; também, por exemplo, suplementar a legislação federal e a estadual no que couber; instituir e arrecadar os tributos de sua competência etc.

O Distrito Federal tem, em regra, todas as competências legislativas e tributárias reservadas aos Estados e Municípios (CF, arts. 32 e 147), excetuando-se somente a regra prevista no art. 22, XVII, da Constituição Federal (compete privativamente à União legislar sobre a organização judiciária, do Ministério Público e da Defensoria Pública, bem como sobre a sua organização administrativa).

Do exposto podemos perceber que há uma competência "**privativa**", ou seja, um **campo de ação exclusivo e próprio de cada pessoa de direito público interno, dentro do qual pode declarar o direito próprio**. Trata-se de uma esfera própria de atribuições que lhe é reconhecida pela Constituição Federal. Nenhuma dessas pessoas pode invadir o campo próprio e exclusivo da outra, sob pena da inconstitucionalidade da norma assim elaborada.

Há também uma competência "**concorrente**", ou seja, um campo de ação onde aquelas pessoas jurídicas mencionadas no art. 24 podem exercer a sua atividade. Quanto a isso, a Constituição Federal dispõe que: no âmbito da legislação concorrente, **a competência da União limitar-se-á a estabelecer normas gerais**; a competência da União para legislar sobre normas gerais não exclui a competência suplementar dos Estados; **inexistindo lei federal sobre normas gerais, os Estados exercerão a competência legislativa plena, para atender as suas peculiaridades**; a superveniência da lei federal sobre as normas gerais suspende a eficácia da lei estadual, no que lhe for contrário (CF, art. 24, §§ 1º a 4º).

Os autores ainda distinguem entre competência "privativa" e competência "**exclusiva**" (art. 21 da CF, por exemplo). A diferença está em que aquela é delegável, e esta, **indelegável**.

81.4. Legitimidade de procedimento

Além da competência do órgão e quanto à *matéria, é necessário que o órgão competente obedeça às exigências legais* de procedimento, ao elaborar a norma jurídica (*o due process of law*). São a constituição e as leis de cada país que predeterminam os requisitos caracterizadores de cada fonte do direito. Entre nós, há três procedimentos: o *ordinário*, que é o procedimento comum destinado a elaboração das leis ordinárias; o sumário, que vem a ser o procedimento abreviado destinado à elaboração de leis ordinárias em regime de urgência solicitado pelo Presidente (CF, art. 64, § 1º); e o especial, aquele destinado à elaboração das demais espécies de atos normativos previstos no art. 59 da CF

O processo ordinário de elaboração de uma lei consiste numa sucessão de fases e de atos que vão desde a apresentação de seu projeto até a sua efetiva concretização, tornando-a obrigatória. Assim, temos:

a) **INICIATIVA.** Trata-se da apresentação do projeto de lei, como determinado na Constituição Federal. Por exemplo, nos termos do seu art. 61 e parágrafos, a iniciativa de uma lei ordinária ou complementar cabe a qualquer membro ou Comissão da Câmara dos Deputados, do Senado Federal ou do Congresso Nacional; ao presidente da República, existindo matérias que são de iniciativa privativa deste; ao Supremo Tribunal Federal; aos Tribunais Superiores; ao procurador-geral da República e aos cidadãos (iniciativa popular).

b) **DISCUSSÃO – VOTAÇÃO – APROVAÇÃO.** Apresentado o projeto de lei, este passa, em primeiro, por diversas comissões parlamentares (Comissão de Constituição e Justiça e Comissão Temática), às quais se vincula por seu objeto. Passado pelo crivo das comissões, deverá ir ao plenário para discussão e votação pelas duas Casas do Congresso: a iniciadora e a revisora.

Assim, o projeto de lei aprovado por uma Casa será revisto pela outra, ocasião em que, sendo emendado, voltará à Casa iniciadora. Se rejeitado, será arquivado. Se aprovado, será enviado à sanção e promulgação (CF, arts. 64 e 65).

O presidente da República poderá solicitar **urgência** para apreciação de projetos de sua iniciativa. Nessa hipótese, a Câmara dos Deputados e o Senado Federal devem manifestar-se, cada qual, sucessivamente, em até 45 dias. Se o não fizerem, a proposição será incluída na ordem do dia, sobrestando-se a deliberação quanto aos demais assuntos, para que se ultime a votação (CF, art. 64, §§ 1º, 2º, 3º e 4º). Não há mais, portanto, a aprovação por decurso de prazo acolhida pela Constituição anterior.

O *quorum* (número mínimo de pessoas para funcionamento de órgão colegiado) pode ser "*quorum* de instalação" (para o início dos trabalhos de votação) e "*quorum* de aprovação" (para aprovação do projeto ou deliberação submetida à votação). Três são as hipóteses: **maioria qualificada** = aquela que exige um *quorum* especial para aprovação, como a Emenda Constitucional, que exige um número superior a três quintos (3/5) dos respectivos membros de cada Casa do Congresso Nacional; **maioria absoluta** = metade + 1 dos membros do órgão legislativo, como na aprovação da Lei Complementar (art. 69 da CF); **maioria simples** = metade + 1 dos presentes em determinada sessão. Quando a composição for ímpar, a maioria é o número imediatamente superior à metade dos membros ou dos presentes

c) **SANÇÃO – VETO**. A Casa na qual tenha sido concluída a votação enviará o projeto de lei aprovado ao presidente da República, que, aquiescendo, o sancionará (CF, art. 66, *caput*).

"**Sanção**", pois, é *a aprovação do projeto pelo Poder Executivo*. Se o presidente da República considerar o projeto, no todo ou em parte, inconstitucional ou contrário ao interesse público, o vetará total ou parcialmente, no prazo de 15 dias úteis, contados da data do recebimento, e comunicará, dentro de 48 horas, ao presidente do Senado Federal os motivos do veto (CF, art. 66, § 1º).

"**Veto**", pois, é *a rejeição, total ou parcial, do projeto de lei pelo presidente da República*, por ser inconstitucional ou contrário ao interesse público.

O veto será apreciado em sessão conjunta, dentro de 35 dias a contar do seu recebimento, só podendo ser rejeitado pelo voto da maioria absoluta dos deputados e senadores, em escrutínio secreto. Esgotado o prazo sem deliberação, o veto será colocado na ordem do dia da sessão imediata, sobrestadas as demais proposições, até sua votação final, ressalvadas as matérias objeto de "medidas provisórias" (CF, art. 66, §§ 4º e 6º). Na Constituição anterior, vencido o prazo sem deliberação, tinha-se por mantido o veto. Por outro lado, decorrido o prazo de 15 dias, o silêncio do presidente da República importará a sanção do projeto de lei (CF, art. 66, § 3º).

d) **PROMULGAÇÃO**. Sancionado o projeto, expressamente ou pelo silêncio do presidente da República, ou não mantido o veto, deve aquele ser promulgado dentro de 48 horas pelo presidente da República. Se não o fizer, o presidente do Senado Federal o promulgará em igual prazo. Não o fazendo, caberá ao vice-presidente do Senado fazê-lo (CF, art. 66, §§ 5º e 7º).

A "promulgação" é, pois, **o ato proclamatório pelo qual o que antes era "projeto" passa a ser "lei" e, consequentemente, a integrar o direito positivo pátrio**. Consiste, de fato, na *declaração formal da exis-*

tência da lei, devendo ser posta em execução pelas autoridades que tenham tal atribuição. Via de regra, como vemos, a promulgação é ato do Poder Executivo e se segue à sanção, dentro de 48 horas.

Vale relembrar que o Código de Águas, elaborado pelo governo provisório que se constituiu em consequência da revolução vitoriosa de 1930, foi sancionado e promulgado pelo Presidente Getúlio Vargas, em 10 de julho de 1934, e remetido à Imprensa Oficial para publicação, antes da promulgação da Constituição Federal de 1934. Como os trabalhos da Constituinte eram muito extensos e exigiam publicação imediata para chegar logo ao seu término, e o Código de Águas também era volumoso, deu-se preferência à publicação dos trabalhos da Constituinte. E o Código de Águas só foi publicado depois de promulgada a Constituição de 1934, quando cessaram os Poderes Legislativo e Executivo que o Presidente Getúlio Vargas até então encerrava em suas mãos.

As companhias concessionárias de serviço público levantaram, então, o seguinte problema jurídico: estavam sujeitas aos preceitos do Código de Águas, uma vez que, quando publicado, já se achava em vigor a Constituição de 1934? Themístocles Cavalcanti, procurador da República, demonstrou que a lei, embora comece a obrigar a terceiros da data da entrada em vigor, passa a existir como tal desde a sua promulgação, que precede a sua publicação. Mas, como lei, está perfeita com a sua promulgação, e, desde aí, tem força de lei. Orientação que firmou jurisprudência. Há, no entanto, autores que pensam que o projeto de lei torna-se lei com a sanção presidencial; a promulgação, segundo eles, incidiria sobre uma lei já existente.

Lembramos que segundo o cân. 7 do Código de Direito Canônico: "Lex instituitur cum promulgatur" (a lei é instituída quando promulgada). Santo Tomás de Aquino, depois de perguntar "Se a promulgação é da essência da lei" e citar o Decreto de Graciano, assim define a lei: "é o preceito da razão dirigido ao bem comum e promulgado por aquele que dirige a comunidade" (S. Th., I-II, qu. 90, a. 4).

e) **PUBLICAÇÃO.** Se as leis nascem com a promulgação (a nosso ver), só obrigam e entram em vigor após sua publicação oficial. Esta vem a ser, portanto, a divulgação do texto da lei pelo órgão oficial para que passe a ser conhecida pelo público e demais autoridades, formando-se, então, a presunção de que, publicada a lei, todos a conhecem: "Ninguém se escusa de cumprir a lei, alegando que não a conhece" (LINDB, art. 3º). Mas é um princípio que se justifica pela necessidade social, uma vez que a coletividade sairia prejudicada se a ignorância da lei, como regra geral, afetasse sua obrigatoriedade. É um princípio que se impõe, portanto, por motivos peculiares ao mundo jurídico, ou seja, é um *postulado da razão prática jurídica*: o direito exige que assim seja, porque, se assim não fosse, não haveria certeza, nem segurança no viver social.

f) **ENTRADA EM VIGOR**. A lei passa a existir como tal desde a sua promulgação, mas começa a obrigar da data da sua publicação, produzindo efeitos com sua entrada em vigor[5].

Como, então, determinar a data em que a lei passa efetivamente a vigorar? Pode ser por meio de **disposição textual**: na data de sua publicação, ou em um prazo determinado. Silenciando o texto a respeito: **45 dias depois de oficialmente publicada**. **No exterior**, quando admitida a nossa lei, **esse prazo dilata-se para 3 meses** (LINDB, art. 1º e § 1º).

O tempo que vai da publicação da lei à sua entrada em vigor chama-se *vacatio legis* (vacância da lei). Durante esse tempo, embora a lei exista, já que promulgada, e seja obrigatória, uma vez que publicada, não produzirá nenhum efeito, considerando-se ainda em vigor a lei anterior sobre a mesma matéria e válidos os atos praticados de conformidade com esta. Se, durante a *vacatio legis*, a norma vier a ser corrigida em seu texto, por conter erros materiais ou falhas de ortografia, far-se-á *nova publicação*. As emendas ou correções ao texto já em vigor são consideradas *lei nova* (LINDB, art. 1º, §§ 3º e 4º).

g) Em suma, observadas a competência do órgão, em si e quanto à matéria, e a legitimidade de procedimento, podemos dizer que:
– uma lei **existe formalmente após a sua promulgação**;
– torna-se **obrigatória, após a sua publicação**;
– torna-se **exigível, executável, com sua entrada em vigor**;
– **só então pode ser executada compulsoriamente, só então vige, adquire "vigência"**, que é, como vimos, a executoriedade compulsória de uma norma jurídica.

Sobre a revogação da norma legal, trataremos quando falarmos da aplicação do direito.

81.5. Declaração de inconstitucionalidade

O órgão incumbido de verificar e reconhecer ou não a validade formal de uma lei, perante a Constituição, é o **Poder Judiciário**. No Brasil, o controle da constitucionalidade é misto, ou seja, é exercido tanto de forma concentrada quanto de forma difusa.

1) O **CONTROLE DIFUSO**, ou por via de exceção, caracteriza-se pela permissão a todo e qualquer juiz ou tribunal de realizar no caso concreto a análise sobre a compatibilidade do ordenamento jurídico com a Constituição

---

[5] Podemos dizer que "**vigor**" é uma qualidade da norma jurídica relativa à sua força obrigatória, pela qual ela vincula o destinatário ao seu comando; é a sua força vinculante, manifestada quando começa a produzir efeitos concretos. Nos termos do art. 1º da Lei de Introdução, "salvo disposição em contrário, a lei começa a vigorar em todo o país quarenta e cinco dias depois de oficialmente publicada". O "vigor" da lei pode, portanto, ser separado cronologicamente do momento da sua publicação.

Federal. A manifestação do Judiciário não é feita enquanto manifestação sobre o objeto principal da lide, mas sim sobre questão prévia, indispensável ao julgamento do mérito. A declaração de inconstitucionalidade, no caso, não acarreta a anulação da lei com efeitos *erga omnes*, **aplicando-se somente ao caso concreto em que a norma foi julgada inconstitucional**, produzindo **efeitos** *ex tunc* **(retroativo) entre as partes do processo**.

O Supremo Tribunal Federal, decidindo o caso concreto, poderá incidentalmente declarar, por maioria absoluta de seus membros, a inconstitucionalidade de uma lei ou ato normativo do Poder Público (CF, art. 97). A partir disso, **poderá oficiar o Senado Federal**, para que este, nos termos do art. 52, X, da Constituição Federal, mediante resolução, **suspenda a execução de lei declarada inconstitucional** por decisão definitiva do Supremo Tribunal Federal. Nesse caso, a declaração terá efeitos *erga omnes*, porém *ex nunc*, ou seja, a partir da publicação da citada resolução do Senado. Há, pois, uma ampliação dos efeitos da declaração incidental de inconstitucionalidade pelo Supremo Tribunal Federal.

2) Por meio do **CONTROLE CONCENTRADO** ou por via de *ação direta*, procura-se obter a declaração de inconstitucionalidade da lei ou do ato normativo em tese, independentemente da existência de um caso concreto. Dentre as espécies de controle concentrado, vejamos apenas as duas que seguem:

a) **Ação Direta de Inconstitucionalidade (ADIn)**. A decisão cabe, originariamente, ao Supremo Tribunal Federal ou ao Tribunal de Justiça Estadual. De fato, o art. 102, I, *a*, da Constituição Federal dispõe que compete ao Supremo Tribunal Federal a guarda da Constituição, cabendo-lhe processar e julgar, originariamente, a ação direta de inconstitucionalidade ou ato normativo federal ou estadual. A decisão terá **efeito retroativo (*ex tunc*) e para todos (*erga omnes*)**. Transitada em julgado, a lei declarada inconstitucional sai do ordenamento jurídico imediatamente, não havendo a comunicação ao Senado para fins de suspender a sua execução (como há no controle difuso).

Em relação às *leis ou atos normativos municipais ou estaduais* contrários às Constituições Estaduais, compete ao **Tribunal de Justiça local** processar e julgar, originariamente, a ação direta de inconstitucionalidade (por exemplo, o art. 90 da Constituição do Estado de São Paulo).

No entanto, o controle da constitucionalidade de *leis ou atos normativos municipais*, diante da Constituição Federal, só se faz pelo sistema difuso, ou seja, no julgamento de casos concretos, com eficácia *inter partes*, não *erga omnes*.

b) **Ação Declaratória de Constitucionalidade (ADC)**. A Emenda Constitucional n. 3/93, alterando o art. 102, I, *a*, da Constituição Federal, introduziu essa nova espécie de controle da constitucionalidade. Assim, compete ao **Supremo Tribunal Federal** processar e julgar, originariamente, a ação declaratória de constitucionalidade de lei ou ato normativo federal. O seu objetivo é transferir ao STF a decisão sobre a constitucionalidade de um dispositivo legal que esteja sendo atacado pelos juízes e tribunais inferiores, afastando-se o controle difuso da constitucionalidade, uma vez que declarada a constitucionalidade da norma, o Judiciário e também o Executivo ficam vinculados à decisão proferida. **Seus efeitos são, assim,** *ex tunc* **(retroativos),** *erga omnes* **(contra todos) e** *vinculantes* **a todos os órgãos do Poder Executivo e aos demais órgãos do Poder Judiciário.** Da mesma forma, se considerar improcedente a ação, julgará a inconstitucionalidade da lei ou ato normativo, com os mesmos efeitos: *ex tunc*, *erga omnes* e *vinculantes*.

c) **Modulação de efeitos.** O uso da chamada "modulação de efeitos" em decisões judiciais foi inaugurado pelo STF em 24 de março de 2004, quando a Corte resolveu, durante o julgamento de uma ação do Ministério Público contra o Município de Mira Estrela, no interior do Estado de São Paulo, limitar o número de vereadores da câmara municipal da cidade. Ao decidirem aplicar a nova regra apenas a partir da legislatura seguinte, os ministros impediram que a decisão retroagisse, fosse *ex tunc*. Podemos dizer que, na prática, a modulação **significa estabelecer uma data a partir da qual a decisão do Supremo surta efeitos**, evitando um possível caos jurídico-institucional que uma mudança de jurisprudência possa causar.

82. VALIDADE SOCIAL OU EFICÁCIA

Sob o prisma técnico-formal, uma norma jurídica pode ter validade e vigência, ainda que seu conteúdo não seja cumprido. Mesmo descumprida, ela vale formalmente. Contudo, o direito autêntico é aquele que também é reconhecido e vivido pela sociedade como algo que se incorpora ao seu comportamento. O direito não pode ser estudado apenas do ponto de vista formal, deixando de lado a realidade social. Por conseguinte, a regra do direito deve ser *não só "formalmente válida", mas também "socialmente eficaz"*.

82.1. Conceito

A eficácia da norma é o **fenômeno fático-real da sua observância, vivência e aplicação**. Quando as normas jurídicas são acatadas nas relações intersubjetivas e aplicadas pelas autoridades administrativas ou judiciárias, há eficácia. Eficácia, portanto, vem a ser **o reconhecimento e vivência do direito pela sociedade; "é a regra jurídica enquanto momento da conduta humana**"[6]. Significa que os homens realmente se conduzem como devem se conduzir, segundo as normas jurídicas.

---

[6] Miguel Reale, *Lições preliminares de direito*, São Paulo: Saraiva, 1984, p. 112. Tércio Sampaio Ferraz Jr. distingue **eficácia** *social (*no sentido que demos ao termo) de **eficácia**

Com outras palavras, a eficácia social de uma norma jurídica consiste em sua observância ou em punição caso ela não seja observada. Ela pode ser reconhecida por meio de *dois critérios: o da observância e o da punição da não observância*. Esse último critério (punição da não observância) inclui, em última análise, o exercício da coação física, organizada pelo Estado.

Finalmente, **vigência não se confunde com eficácia**; logo, nada obsta que uma norma seja vigente sem ser eficaz, ou que seja eficaz sem estar vigorando. Nesse ponto encontramos duas tendências: a do "positivismo jurídico" e a do " realismo jurídico". Enquanto naquela, na definição do direito não se introduz o requisito da eficácia; nesta, o direito é o conjunto de regras que são efetivamente seguidas numa determinada sociedade.

82.2. A eficácia como condição de validade

Pode ser que certas normas jurídicas, por entrarem em choque com a tradição e valores da comunidade, não encontrem condições fáticas para atuar, não sejam adequadas à realidade. Contudo, o fato é que **não há norma jurídica sem um mínimo de eficácia**, de execução ou aplicação no seio da comunidade a que se destina. Daí a importância da valoração do fato social, para que a norma seja eficaz.

O próprio Kelsen, em certo momento da vida, condicionou a validade da lei a um mínimo de eficácia: "uma norma que nunca e em parte alguma é aplicada e respeitada, isto é, uma norma que não é eficaz em uma certa medida, não será considerada como norma válida (vigente). Um mínimo de eficácia é a condição da sua vigência"[7]. Em sua *Teoria geral do direito e do Estado*, escreve: "A eficácia é uma condição de validade; uma condição, não a razão da validade. Uma norma não é válida **porque** é eficaz; ela é válida se a ordem à qual pertence é, como um todo, eficaz"[8].

Alexy vai no mesmo sentido: "não é condição da validade jurídica de uma norma individual o fato de ela ser socialmente eficaz em termos globais, e sim o fato de ela apresentar *um mínimo de eficácia social ou de possibilidade de eficácia*. A isso corresponde o fenômeno da derrogação pelo direito consuetudinário (*desuetudo*), que consiste na perda da validade de uma norma em razão da redução de sua eficácia abaixo daquele mínimo". Portanto, segundo ele, as normas jurídicas individuais perdem sua validade

---

técnica (chamada também de eficiência e que vem a ser a possibilidade ou aptidão para produzir efeitos concretos, de ser aplicada), (*Introdução ao estudo do direito*, São Paulo: Atlas, 2003, p. 203; *A ciência do direito*, São Paulo: Atlas, 2010, p. 58). Há, ainda, quem distinga entre "eficácia" e "efetividade"; aquela seria o resultado social positivo alcançado pelas normas jurídicas, enquanto esta seria o fenômeno social de obediência às normas jurídicas

[7] Kelsen, *Teoria pura do direito*, São Paulo: Martins Fontes, 2009, p. 12 e 236.
[8] Hans Kelsen, *Teoria geral do direito e do Estado*, São Paulo: Martins Fontes, 2016, p. 58.

jurídica quando não apresentam um mínimo de eficácia (e também quando são extremamente injustas)[9].

A distinção entre "vigência" e "eficácia" ajuda-nos a **compreender algumas teses jurídicas**, como a dos "**direitos adquiridos**", ou seja, *quando uma lei é revogada, ou perde vigência, nem por isso ficam privados de eficácia os atos anteriormente praticados*; a da "**irretroatividade**", isto é, *a lei nova ou a vigência de uma nova lei não retroage, não tem eficácia pretérita*. Voltaremos ao assunto quando tratarmos da aplicação do Direito.

82.3. Eficácia espontânea, compulsória e nula

Vimos como a eficácia de uma norma oferece uma **graduação** que pode ser reconhecida com o auxílio de dois critérios: o da observância e o da punição da não observância da norma. Uma norma, que é observada em 80% das situações de aplicação e cuja não observância é punida em 95% dos casos, tem um grau de eficácia muito alto. Em contrapartida, uma norma, que só é observada em 5% de suas situações de aplicação e cuja não observância é punida em apenas 3% dos casos, tem um grau de eficácia muito insignificante[10]. Podemos então falar em uma eficácia espontânea, compulsória e nula de uma norma jurídica.

a) Uma norma jurídica apresenta **eficácia espontânea** quando seu reconhecimento e vivência resultam de uma adesão racional deliberada dos obrigados ou de mera intuição da sua conveniência ou oportunidade.

b) Excepcionalmente, outras há que só logram ser cumpridas de maneira **compulsória**, por contrariarem as tendências e inclinações dominantes numa comunidade, e os tribunais não podem recusar aplicação às normas vigentes, a não ser quando estiver caracterizado e comprovado que a lei caiu em efetivo desuso.

c) A eficácia **nula** de uma lei ocorre precisamente quando ela cai em efetivo **desuso**, *isto é, quando nunca foi, ou a partir de certo momento deixou de ser aplicada e vivida*. Às vezes, até pode chegar a prevalecer no seio da comunidade uma norma consuetudinária contrária ao disposto na lei, caso em que teríamos o **costume jurídico** *contra legem*.

As causas do desuso estão em certos defeitos das leis. Há "**leis anacrônicas**", ou seja, as que envelheceram enquanto a vida evoluía, havendo uma defasagem entre as mudanças sociais e a lei; "**leis artificiais**", isto é, mera criação teórica e abstrata, estão distanciadas da realidade; "**leis injustas**", quer dizer, aquelas que, traindo a mais significativa das missões do direito, negam ao homem aquilo que lhe é devido; "leis **defectivas**", que são as que

---

[9] Robert Alexy, *Conceito e validade do direito*, São Paulo: Martins Fontes, 2009, p. 108 e 110.
[10] Ver Robert Alexy, *Conceito e validade do direito*, São Paulo: Martins Fontes, 2009, p. 102.

se revelam, na prática, sem condições de aplicabilidade, pois não fornecem todos os recursos técnicos para a sua aplicação (por exemplo, quando prescreve o uso de certa máquina pelo operário, mas que não existe no mercado).

82.4. Aplicação das leis em desuso

Embora raras, pode haver leis que caíram em desuso. Como se comportar nessa hipótese?

a) **Há autores** que afirmam não poder nenhum tribunal ou juiz deixar de aplicar uma lei que não foi revogada por outra, alegando ser lei em desuso, sem eficácia. Dando primazia à lei, citam a regra segundo a qual "**uma lei só se revoga por outra lei de igual ou maior categoria**" (LINDB, art. 2º).

b) **Miguel Reale** pensa que, "positivado que seja o desuso, mediante prova inconcussa da perda de eficácia do dispositivo legal, seria absurdo pretender a sua aplicação tão somente por apego ao princípio da revogabilidade formal da lei por outra lei, o qual constitui uma categoria histórica, variável no espaço e no tempo, e não um princípio lógico de valor geral. Não são apenas razões éticas e sociais que justificam a não aplicação da norma legal em manifesto desuso, mas é a estruturação tridimensional mesma da regra jurídica que exige que essa, além da vigência, tenha um mínimo de eficácia"[11].

Poderíamos dar como exemplo a norma legal que proíbe o jogo do bicho como contravenção e que, dia a dia, vai perdendo eficácia, se é que já não a perdeu de todo[12].

82.5. Eficácia e direito costumeiro

O direito quer ser *efetivo* e o costume aspira à *validade*. De fato, as normas costumeiras nunca surgem com validade formal. Esta é resultante da eficácia de um comportamento, de uma prática habitual. Assim, uma norma jurídica costumeira é, primeiro, socialmente eficaz, e como tal reconhecida para depois adquirir validade formal. E perde a validade quando, com o decorrer do tempo, é privada de eficácia social.

---

[11] Miguel Reale, *Lições preliminares de direito*, São Paulo: Saraiva, 1984, p. 122.

[12] "Contravenção – Jogo do Bicho – Inocorrência. Apesar de ser contravenção por definição legal, o jogo do bicho, como o futebol, empolga e fascina o brasileiro. A lei que o proíbe, dia a dia, vai perdendo eficácia. Envelheceu. Está caducando, e poucos são os que ainda se animam a aplicá-la. A repressão ao jogo do bicho não tem mais razão de ser, depois do advento da loteria esportiva e da loto. Esta não passa de variação piorada daquele. Além de mais onerosa, restringe a possibilidade de ganho do apostador, que fica limitado a arriscar apenas combinações de dezenas, enquanto que naquele as combinações são múltiplas. Não pode o Estado que institui, incentiva e propaga determinada modalidade de jogo exigir que alguém se abstenha de praticá-lo na forma original, mais fácil e menos onerosa" (TACrimSP, Ac. un. da 6ª Câm., 4-10-1983, Ap. 298.725-Capital, Rel. Juiz José Pacheco).

Com outras palavras, **na lei, a vigência é *prius*, a eficácia é *posterius***, ou seja, primeiro adquire vigência, depois a eficácia. **Na norma costumeira, a *eficácia* é "prius", a *vigência* é "posterius"**: a vigência decorre da eficácia. Quando o juiz reconhece a habitualidade duradoura de um comportamento, com intencionalidade ou motivação jurídica, confere-lhe validade formal (vigência) e obrigatoriedade.

83. VALIDADE ÉTICA OU FUNDAMENTO

A teoria positivista tornou a legalidade um verdadeiro fetiche, convertendo-a em *legalismo e tecnicismo*. Isso significou uma sobrecarga das fontes estatais e formais, em detrimento das fontes sociais e axiológicas. Houve um esquecimento de que **sem legitimidade não há legalidade**. O fato é que, embora doutrina predominante, entrou em crise, fazendo com que uma característica do direito a partir da metade do século XX fosse o retorno do valor ético-político no debate jusfilosófico. Por conseguinte, afirma-se hoje que toda norma jurídica, além da validade formal (vigência) e validade social (eficácia), deve ter também validade ética ou fundamento.

83.1. Conceito

"Fundamento" é **o valor ou fim visado pela norma jurídica** e que vem a ser sua validade moral. É o valor que, captado nos fatos ou como se revela na experiência, é considerado como fim a ser atingido, convertendo-se em motivo racional de conduta. Na realidade, toda norma jurídica deve ser sempre uma tentativa de realização de "valores" necessários ao homem e à sociedade. Com outras palavras, existe sempre um valor iluminando a regra jurídica, como fonte primordial de sua obrigatoriedade.

Indagar, pois, do fundamento da norma jurídica é estudar os valores enquanto deles resultam fins, cuja realização possa implicar relações intersubjetivas. Se ela objetiva atingir um valor, ou afastar um desvalor, ela é um meio de realização desse fim valioso, encontrando nele a sua razão de ser ou seu fundamento. Onde há uma norma de direito, aí há sempre um problema axiológico. As regras que protegem, por exemplo, a liberdade são consideradas como tendo "fundamento", porque buscam um valor considerado essencial ao ser humano; ou as que protegem a propriedade particular, por visarem a um valor considerado essencial ao nosso modo de conceber a vida e a sociedade, segundo as estimativas da cultura ocidental[13].

---

[13] Como diz Bobbio, o jurista que não ultrapassar o direito positivo é capaz de estabelecer o que é juridicamente válido (problema de validade), mas não é capaz de reconhecer o que vale como direito (problema do valor do direito). A única via para compreender o direito como ideia de justiça é a de abandonar o terreno empírico, ascendendo ao do fundamento do direito, os valores (*apud* Francisco Amaral, *Direito civil*: introdução, Rio de Janeiro: Renovar, 2008, p. 15).

83.2. Legalidade e legitimidade

É o valor que "legitima" uma norma jurídica, que lhe dá a legitimidade que lhe assegura a obediência. Então ela se justifica em seu uso e necessidade, sem recorrer ao uso da força. Daí a distinção entre **"legal" (que possui validade formal)** e **"legítimo" (que possui validade ética)**. Igualmente é o valor que dá a **razão última da obrigatoriedade da norma**. Ela obriga porque contém preceito capaz de realizar um valor. Em última análise, este é a fonte primordial da obrigatoriedade de uma regra de direito (imperatividade em termos axiológicos). Ter que é a "coerção" ou a "coação" que assegura a obrigatoriedade do direito é atitude que resulta no amesquinhamento da natureza humana. Nem a coação-ato nem a coerção-potência podem substituir satisfatoriamente o sentimento jurídico; só o entendimento do direito sob o prisma de valor dignifica a condição do ser humano.

83.3. Valor-justiça

Há uma **pluralidade de valores** que o direito procura tutelar e que fundamentam as normas jurídicas: utilidade, saúde, liberdade, intimidade, integridade física, igualdade, ordem, segurança etc. Na lição de Miguel Reale, **a justiça** não se confunde com nenhum deles. É antes a **"condição primeira" de todos eles**, a condição de sua possibilidade como atualização histórica: "ela vale para que todos os valores valham"[14].

O direito, assim, destina-se a realizar a justiça, não em si e por si, mas como condição de realização ordenada dos demais valores. Em suma, a obrigação, como dever ser, implica considerações axiológicas, e estas, a noção superior de justiça, que será objeto de considerações futuras, assim como a questão das leis que não apresentam validade ética ou fundamento.

Hoje, fala-se em critério da **injustiça extrema**, critério que corresponde à afirmação de que uma norma individual perde sua validade jurídica quando se encontra na situação de um caso-limite, ou seja, não é suficiente que ela seja "apenas injusta". Segundo **Alexy**, esse critério (e não o de um mínimo de justificabilidade moral) merece prioridade. "**As normas individuais perdem seu caráter jurídico e, com isso, sua validade jurídica quando são extremamente injustas**". Em decorrência, uma norma meramente injusta (não extremamente injusta) pode ser juridicamente válida[15].

84. VALIDADE, TRIDIMENSIONALIDADE E NORMA FUNDAMENTAL

Vigência, eficácia e fundamento são problemas distintos e independentes um do outro?

---

[14] Miguel Reale, *Lições preliminares de direito*, São Paulo: Saraiva, 1984, p. 371.
[15] Robert Alexy, *Conceito e validade do direito*, São Paulo: Martins Fontes, 2009, p. 110 e s.

84.1. Validade integral

Robert Alexy observa que os conceitos *sociológico* e *ético* de validade (eficácia e legitimidade) são conceitos de validade "puros", no sentido de não precisarem conter necessariamente elementos dos outros conceitos de validade. Para ele, no entanto, a situação é diferente no caso do conceito *técnico-formal* de validade. Nessa hipótese, há duas situações. Para quem tenha um conceito positivista de validade jurídica, quando um sistema normativo ou uma norma não tem nenhum tipo de validade social, ou seja, não apresenta a menor eficácia social, esse sistema normativo ou essa norma não pode ter validade jurídica. Para quem admite um conceito não positivista, o conceito de validade da norma jurídica inclui também elementos de validade ética[16]. Bobbio acha que são tres valorações independentes uma das outras, no sentido de que a justiça não depende nem da validade nem da eficácia[17].

Em nossa opinião, são elementos distintos, mas não se trata duma distinção absoluta, ou seja, **não se trata de uma separação em compartimentos estanques**. A experiência jurídica deve ser compreendida tendo como elementos constitutivos o fundamento ético (valores a serem realizados), as normas vigentes para realizá-los, acompanhadas duma eficácia social. Como são três os aspectos essenciais da validade do direito, três são os requisitos para que a norma jurídica seja legitimamente obrigatória: o fundamento ético, a vigência e a eficácia social. Consequentemente, a validade *integral* está simultaneamente na vigência (obrigatoriedade formal das regras jurídicas), na eficácia (efetiva correspondência dos comportamentos sociais ao seu conteúdo) e no fundamento ou valores capazes de legitimar a experiência jurídica[18].

---

[16] Robert Alexy, *Conceito e validade do direito*, São Paulo: Martins Fontes, 2009, p. 103-104.

[17] Norberto Bobbio, *Teoria geral do direito*, São Paulo: Martins Fontes, 2010, p. 40. Segundo Bobbio: "São três as perspectivas do direito: justiça, validade e eficácia. Mas nem sempre a justiça material, a validade formal e a eficácia factual andam juntas. Podem existir normas justas, justíssimas, que não são válidas nem eficazes. Podem existir normas válidas que não são justas nem eficazes: normas emanadas pela legítima autoridade, mas que ninguém pratica. E podem existir normas eficazes que não são nem justas nem válidas. A teoria do direito desenvolve-se nestes três níveis: fatos, normas e valores. Eficácia das normas, validez das normas, justiça das normas" (*Bobbio no Brasil*: um retrato intelectual, Carlos Henrique Cardim (org.), Brasília: Ed. UnB, 2001, p. 106). Nesse ponto a teoria de Bobbio se separa da teoria de Reale, para quem tais elementos se implicam.

[18] Cabe relembrar as antinomias e absurdos a que chegaríamos, segundo Radbruch, se o problema da validade da norma jurídica fosse analisado segundo prismas distintos e separados: "O jurista que fundasse a validade de uma norma tão somente em critérios técnico-formais, jamais poderia negar com bom fundamento a validez dos imperativos baixados por um paranoico que por acaso viesse a ser rei. Aquele que fizesse repousar o Direito em razões históricas e sociológicas ver-se-ia obrigado a avaliar o grau de obrigatoriedade do Direito pelo grau de sua

84.2. Validade e estrutura tridimensional

Como conclui Miguel Reale, essa apreciação vem comprovar a "estrutura tridimensional" do direito, pois a **vigência se refere à "norma"**, a **eficácia se reporta ao "fato"** e o **fundamento expressa sempre a existência de um "valor"**[19]. Vigência, eficácia e fundamento são qualidades inerentes a todas as formas de experiência jurídica, muito embora prevaleça mais esta ou aquela, segundo as circunstâncias, sem quebrar o nexo que as vincula com o todo.

De fato, a História nos mostra que **nem sempre prevaleceu a compreensão unitária desses fatores**, mas o primado ou a exclusividade de um deles, surgindo então soluções unilaterais ou setorizadas. Na sociedade oitocentista, por exemplo, sob o influxo do individualismo liberal dominante na cultura burguesa, prevaleceu a subordinação do direito ao ângulo da vigência ou validade formal. Dominava entre os juristas a convicção de uma correspondência essencial entre a realidade socioeconômica e os modelos jurídicos consagrados na lei. No entanto, as profundas inovações operadas na ciência e na tecnologia deram lugar a conflitos sociais e ideológicos, gerando a percepção da necessidade de abandonar atitudes estereotipadas, incompatíveis com uma sociedade em mudança. Na procura de novos caminhos, visando a atingir o direito concreto, o problema da efetividade ou da eficácia assumiu posição de primeiro plano, ainda que com o sacrifício dos valores da certeza e da segurança. É nesse contexto histórico que se situam as **diversas formas do tridimensionalismo jurídico**, evitando interpretações setorizadas ou unilaterais da experiência jurídica. Torna-se geral, a partir do fim da Segunda Guerra Mundial, a aspiração de uma compreensão global e unitária dos problemas jurídicos, abandonando-se as teorias reducionistas, das quais os conceitos de vigência, eficácia e fundamento resultavam mutilados.

84.3. Validade e norma fundamental

Uma norma fundamental é uma norma que fundamenta a **validade de todas as normas** de um sistema jurídico. No exemplo dado por **Kelsen**, quando perguntamos por que a requisição do funcionário do Fisco é uma norma individual juridicamente válida, e a ordem do gângster não é, a resposta seria que o funcionário do Fisco pode reportar-se a uma autorização legal, enquanto o bandido, não. Pois bem, se a Constituição autoriza o legislador a promulgar leis desse tipo, por que a Constituição é válida?

---

real eficácia, falho de critério para resolver em caso de conflito entre duas 'ordens jurídicas'; e, finalmente, quem identificasse o Direito e o justo, deveria rejeitar toda lei positiva contrária a seus anseios de justiça a que nos levaria ao caos, pois não há meios científicos de determinação objetiva desse valor supremo do Direito" (*apud* Miguel Reale, *Filosofia do direito*, São Paulo: Saraiva, 1990, p. 522).

[19] Miguel Reale, *Lições preliminares de direito*, São Paulo: Saraiva, 1984, p. 116.

Sabemos que há respostas tradicionais dadas ao problema do fundamento último do poder, cada uma das quais pode ser concebida como a formulação de uma norma superior à norma fundamental. Seria a verdadeira fonte última de todo poder.

a) A primeira dessas respostas afirma que o dever de obedecer ao poder constituinte deriva de **Deus**, ou seja, foi autorizado por Deus para criar normas jurídicas válidas. Portanto, acrescenta-se à pirâmide do ordenamento um grau superior que é o poder normativo divino.

A segunda defende que o dever de obedecer ao poder constituído deriva da **lei natural**, distinta de uma lei posta por uma autoridade histórica.

E finalmente o dever de obedecer ao poder constituído deriva de uma **convenção originária** (contrato social), da qual o poder extrai a própria justificação. Isto é, o poder constituído de um contrato social extrairia sua legitimidade não do fato de derivar de Deus ou da natureza, mas do acordo de vontades daqueles que o criaram.

Kelsen admite que as normas sejam materialmente postas por um fato (por exemplo, por um ato revolucionário), mas que a sua *juridicidade* não resulta do fato em si, mas da norma fundamental que se supõe ligada a esse fato. Ou seja, resulta do reconhecimento de que aquilo que o primeiro órgão constituinte manifestou como sua vontade tem valor de norma. Esta é a fórmula sistemática da norma fundamental, de uma ordem jurídica. Hans Kelsen ensina: "Todas as normas cuja validade pode ser reconduzida a uma e mesma norma fundamental formam um sistema de normas, uma ordem normativa. A norma fundamental é a fonte comum da validade de todas as normas pertencentes a uma e mesma ordem normativa, o seu fundamento de validade comum. O fato de uma norma pertencer a uma determinada ordem normativa baseia-se em que o seu último fundamento de validade é a norma fundamental desta ordem. É a norma fundamental que constitui a unidade de uma pluralidade de normas enquanto representa o fundamento da validade de todas as normas pertencentes a essa ordem normativa"[20]. Em outro lugar, escreve: "Ela (a norma fundamental) é simplesmente a formulação do pressuposto necessário para qualquer compreensão positivista de materiais jurídicos"[21].

Reale deduz que há nessa argumentação um **artifício**: no fundo Kelsen não faz mais do que mascarar a aceitação de um fundamento de fato pela referência a um fato só, ao fato inicial constituinte de toda a ordem jurídica. Ora, se a hipótese primeira (*Grundnorm*) se baseia em um fato, a conclusão é que toda a ordem jurídica decorre desse fato. Não importa que seja um ato compreendido como um *pressuposto*, com um valor hipotético. O certo

---

[20] Hans Kelsen, *Teoria pura do direito*, São Paulo: Martins Fontes, 2009, p. 217.
[21] Hans Kelsen, *Teoria geral do direito e do Estado*, São Paulo: Martins Fontes, 2016, p. 563.

é que uma ponte se estabelece entre ser e dever-ser, e este, embora disfarçadamente, encontra o seu fundamento real naquele.

Se, por outro lado, se declara que a juridicidade decorre, não do fato, mas da norma hipotética posta como uma fórmula interpretativa do sistema do Direito, por uma razão de segurança, por um motivo de paz social ou de ordem, estamos reconhecendo que a *normatividade* não resulta do fato, nem de um pressuposto, mas de um *valor* ideal pelo qual damos sentido aos fatos e explicamos a imperatividade das normas. Portanto, pomos na base da ordem jurídica uma ideia de valor, que constitui uma dimensão axiológica que no fundo traduz uma antiga verdade, ou seja, não se pode compreender a ordem jurídica positiva sem o estudo dos valores éticos que dirigem a atividade humana.

b) A nosso ver, se a resposta se basear apenas na legalidade efetiva e na eficácia social da Constituição, estaríamos indo diretamente **do "ser" para o "dever ser"**. Torna-se necessária, portanto, uma premissa suplementar e intermediária que, para os positivistas e Kelsen, vem a ser a norma fundamental. Para nós é **o valor**, que constitui o cerne do direito natural. Aliás, vem a calhar a comparação feita pelo próprio Kelsen: a norma fundamental "é válida...como uma norma de direito natural".

Miguel Reale ressalta que os positivistas criaram a teoria da "norma fundamental" para não terem que fundamentar a validade da ordem jurídica nem no *direito natural* (porque seria adotar um critério metafísico) nem num *fato* psicológico, sociológico, econômico etc. (porque o dever ser não se infere do ser, um valor não se obtém da realidade). E conclui, referindo-se ao impasse da doutrina kelseniana: ou Kelsen resolvia o problema pela norma fundamental, ou deveria escolher entre estas duas soluções, ou seja, ou reconhecer que os fatos criam o ideal, os valores; ou reconhecer que é o fim que o homem objetiva que dá força normativa aos fatos[22].

QUESTIONÁRIO

1. Que é a validade formal ou vigência de uma norma jurídica legal?
2. Quais são os requisitos essenciais para que uma norma jurídica legal tenha vigência ou validade formal?
3. Quais são os órgãos competentes para a elaboração da norma legal?
4. Quem discrimina o campo da competência quanto à matéria a ser legislada?
5. Que é competência privativa, exclusiva e concorrente?

---

[22] Ver Miguel Reale, *Direito natural/direito positivo*, São Paulo: Saraiva, 1984, p. 1-2; e *Fundamentos do direito*, São Paulo: Revista dos Tribunais/Edusp, 1972, p. 170.

6. Qual é, em linhas gerais, o processo de elaboração da norma legal?
7. Que são sanção e veto?
8. Que vem a ser promulgação e quais seus efeitos?
9. Como uma lei é publicada e quais são seus efeitos?
10. Como se determina a data em que uma lei entra em vigor?
11. Que é a *vacatio legis* e quais são seus efeitos?
12. Qual é o órgão incumbido de reconhecer ou não a validade formal de uma norma jurídica legal perante a Constituição?
13. Qual é, entre nós, a técnica para a declaração de inconstitucionalidade de uma norma jurídica legal?
14. Que vem a ser validade social ou eficácia da norma jurídica? Qual é a sua importância?
15. Com base na distinção entre vigência e eficácia da norma jurídica, explique as teses dos "direitos adquiridos" e da "irretroatividade da lei".
16. Quando a eficácia é compulsória? E nula?
17. Quais são as causas que podem levar uma lei a cair em desuso? Qual a sua opinião sobre a aplicação das leis em desuso?
18. Qual a correlação da vigência com a eficácia de uma norma legal e uma norma costumeira?
19. Como se define a validade formal ou vigência e a validade ética ou fundamento da norma jurídica?
20. Qual o sentido da distinção entre "legal" e "legítimo"?
21. Por que o valor dá a razão última da obrigatoriedade da norma jurídica?
22. Na pluralidade de valores que fundamentam a norma jurídica, qual é o papel da justiça?
23. Como a validade da norma jurídica, vista como vigência, eficácia e fundamento, comprova a estrutura tridimensional do direito?
24. O fato de uma lei ser injusta faz com que ela perca a sua vigência? Explique.
25. (Provão 1998) A validade formal do direito (vigência da lei) tem por requisitos:

    A) o expressivo consenso e o apoio popular à lei.

    B) o reconhecimento da legalidade pelo Poder Executivo e o expressivo consenso popular.

C) a elaboração e a aprovação da lei por órgão competente e na forma prescrita no ordenamento jurídico.

D) a elaboração da lei pelo órgão competente e seu expressivo cumprimento pelo povo.

E) a promulgação da lei e sua aplicação pelo Poder Judiciário.

26. (Provão 1997) É publicada no *Diário Oficial* lei federal dispondo sobre a proteção ambiental. Quanto à vigência, qualidade e eficácia social desta lei, pode-se afirmar que sua:

A) vigência não se inicia no dia da publicação, salvo se ela assim determinar, sendo ela válida e eficaz se efetivamente obedecida e aplicada.

B) vigência não se inicia no dia da publicação, salvo se ela assim determinar, sendo ela válida se compatível com a Constituição, observando o procedimento legislativo estabelecido para a sua produção e eficaz se efetivamente obedecida e aplicada.

C) vigência se inicia necessariamente 45 dias após a publicação, sendo válida se compatível com a Constituição, observando o procedimento legislativo estabelecido para a sua produção e eficaz se efetivamente obedecida e aplicada.

D) vigência não se inicia no dia da publicação, salvo se ela assim o determinar, sendo ela válida e eficaz se produzida por órgão complementar, observado o procedimento legislativo estabelecido para a sua produção.

E) vigência se inicia necessariamente no dia da publicação, sendo ela válida se efetivamente obedecida e aplicada e eficaz se produzida por órgão competente, observado o procedimento legislativo estabelecido para a sua produção.

27. Consoante o sistema de controle de constitucionalidade adotado na Constituição brasileira:

A) somente no exercício do controle concentrado de constitucionalidade pode ser examinada a questão da inconstitucionalidade de lei lesiva a um direito fundamental, sendo que a decisão proferida nesse controle valerá inter partes ou erga omnes, conforme o caso.

B) todos os tribunais podem, por maioria absoluta de votos, afastar a aplicação de uma lei inconstitucional lesiva a um direito fundamental, produzindo sua decisão efeito erga omnes.

C) somente o Supremo Tribunal Federal pode apreciar a questão da inconstitucionalidade de uma lei lesiva a direito fundamental e sua decisão terá sempre efeito *erga omnes* e vinculante.

D) qualquer lesão a direito fundamental pode provocar o exercício do controle de constitucionalidade difuso ou concentrado, perante qualquer juiz ou tribunal, e a respectiva decisão terá sempre efeito *erga omnes*.

E) qualquer juiz pode apreciar lesão a direito fundamental violado por lei inconstitucional, em decisão que opera efeito *inter partes*. (Provão/2003).

28. (Enade 2006) A ação direta de inconstitucionalidade é instrumento de controle

    I – concentrado e produz efeitos erga omnes e vinculantes, por força de disciplina constitucional.

    II – concentrado e produz efeitos inter partes e ex tunc, por força de disciplina legal.

    III – difuso ou concentrado e produz efeitos inter partes e vinculantes por força de disciplina constitucional e legal.

    IV – concentrado e pode produzir efeitos *ex nunc* ou *ex tunc*, conforme disciplina legal.

    Estão corretas as afirmações contidas nos incisos

    A) I e II.
    B) I e IV.
    C) II e III.
    D) II e IV.
    E) III e IV.

29. (TJSP 2011) Assinale a alternativa correta.

    A) Se durante a *vacatio legis* ocorrer nova publicação de texto de lei, destinada à correção, o prazo da obrigatoriedade, com relação à parte corrigida, começará a correr pela publicação do texto corrigido.

    B) Os direitos adquiridos na vigência da lei publicada com incorreções são atingidos pela publicação do texto corrigido.

    C) As correções a texto de lei em vigor consideram-se lei nova, tornando-se obrigatórias de imediato.

    D) A lei nova que estabelece disposições gerais a par das já existentes revoga a lei anterior.

    E) A lei nova que estabelece disposições especiais a ar das já existentes revoga a lei anterior.

30. Distinga em que sentido é usado o termo "validade" nestas frases:

   a) Esta lei é perfeitamente válida, pois foi estabelecida pelo Congresso no âmbito de sua competência constitucional.

   b) Esta norma é claramente inválida, uma vez que contradiz os princípios mais elementares de justiça e não pode ser reconhecida.

   c) O princípio de que em caso de dúvida na interpretação de uma lei penal deve-se adotar a interpretação mais favorável ao réu é um princípio válido do direito brasileiro.

   d) Esta lei é válida. Apesar de ser radicalmente injusta, somos obrigados a cumpri-la, enquanto não for revogada por outra lei.

Lição XVIII

DIREITO OBJETIVO/POSITIVO

Sumário: 85. Estruturas sociais e modelos jurídicos; 86. Direito objetivo/positivo; 87. Direito subjetivo e direito natural; 88. Positividade, vigência e eficácia.

Considerada a norma jurídica em si, ela será objeto agora "no todo", compondo o direito objetivo/positivo e, em seguida, constituindo um sistema global que vem a ser o ordenamento jurídico.

85. ESTRUTURAS SOCIAIS E MODELOS JURÍDICOS

O pensamento jurídico de Miguel Reale não se reduz ao tridimensionalismo. A concepção do direito como experiência e como um sistema de modelos jurídicos, é parte não menos importante de suas ideias, compondo um todo unitário. O que eles significam? Das diferentes fontes do direito resultam *normas* ou "estruturas objetivas" que, como vimos, disciplinam os comportamentos (normas de conduta) ou instituem entidades e ordens de competência (normas de organização); concomitantemente, as fontes criam "situações subjetivas" constituídas sob a garantia daquelas normas jurídicas ou estruturas objetivas.

As normas jurídicas constituem e compõem o direito objetivo/positivo. Aquelas situações constituídas sob a garantia do direito objetivo/positivo comportam várias espécies, das quais o direito subjetivo é uma delas, e que serão objeto de exame em outra oportunidade. Por ora, vamos concentrar nossa atenção nas referidas estruturas objetivas que compõem o direito objetivo e que são verdadeiras estruturas normativas ou modelos jurídicos.

Miguel Reale se serve dos conceitos de "estrutura" e de "modelo", para uma melhor compreensão da complexa experiência jurídica de nosso tempo. É a teoria das estruturas culminando numa teoria dos modelos, entendidos como "estruturas normativas". Fixemos o seu sentido

85.1. Estruturas sociais e normativas

Quando analisamos a experiência social ou a experiência histórica dos homens, verificamos a repetição constante de certos atos ou comportamentos correlacionados, visando a alcançar objetivos mais ou menos permanentes, envolvendo interesses individuais ou grupalistas. É então, segundo Miguel Reale, que surge uma **estrutura social**, a qual, em suma representa "uma ordenação de elementos interdependentes, ligados entre si, em razão de certos fins que se quer atingir". Exemplos: a família, uma empresa, um partido político etc.[1]. A noção de estrutura implica, portanto, a de pluralidade de elementos componentes que só adquirem significação plena na medida em que eles se complementam e se completam. Toda estrutura social é uma unidade orgânica (é uma *unitas ordinis*)[2].

Quando, porém, uma estrutura social se põe como padrão ou razão de comportamentos futuros, ela assume as características de uma **estrutura normativa** (política, jurídica etc.). Portanto, segundo Reale, uma estrutura social não se destina apenas a representar, em unidade orgânica, determinados aspectos da realidade social. Mas pode implicar também o problema de seu "sentido" e, por conseguinte, dos comportamentos que deste defluem, hipótese na qual ela adquire o valor de um "**modelo**". Nas ciências jurídicas, a teoria das estruturas culmina necessariamente numa teoria dos modelos, entendidos como "estruturas normativas". Uma estrutura adquire a qualidade de "modelo" quando, além de representar um complexo de significações, se converte numa expressão de dever-ser. Estrutura é gênero, do qual o modelo é espécie.

Em suma, no campo da experiência jurídica, as estruturas sociais apresentam-se sob a forma de estruturas normativas, ou sistemas de modelos, sendo cada modelo dotado de uma especial estrutura de natureza tridimensional.

85.2. Modelos jurídicos

O conceito de modelo, em todas as ciências, está sempre ligado à ideia de *planificação lógica e à representação simbólica e antecipada dos resultados* a serem alcançados por meio de uma sequência ordenada de medidas ou prescrições. Em suma, cada modelo expressa uma ordenação lógica de meios segundo fins, ou uma ordem lógica e unitária de relações. Assim acontece, por exemplo, com o modelo "arquitetônico",

---

[1] Uma estátua é uma estrutura. Nela três elementos compõem um todo válido em si e por si: o material empregado pelo artista, a sua intencionalidade estética criadora e a forma alcançada. O ordenamento jurídico é um exemplo expressivo de uma "constelação estrutural". Sob esse ângulo, o direito é uma macroestrutura social, historicamente composta de estruturas e subestruturas ordenadoras de comportamentos intersubjetivos.

[2] Miguel Reale, *Teoria tridimensional do direito*, São Paulo: Saraiva, 1994, p. 107.

que vem a ser um projeto que antecipa e condiciona a construção de um edifício[3].

Quanto aos **modelos jurídicos**, à medida que as fontes de direito ordenam os fatos, vão surgindo distintos modelos normativos, correspondentes às diversas estruturas sociais e históricas. **Das fontes de direito resulta toda uma trama ordenada de relações sociais, dotadas de garantia específica ou sanções.** Desse modo, opera-se, através da história, o que Miguel Reale chama de **processo de "modelagem jurídica"** da realidade social, em virtude de qualificações valorativas dos fatos. À medida, pois, que a legislação se desenvolve e ordena os fatos, vão surgindo distintos modelos normativos, correspondentes a diversas estruturas sociais e históricas.

Eles não são, portanto, meras criações da mente ou meros esquemas lógicos ou arquétipos ideais a serem alcançados. Longe de construções arbitrárias ou artificiais da mente, os modelos jurídicos surgem e se põem como realidades ou objetos culturais, representando distintos aspectos da experiência jurídica, em função das fontes de que promanam, e em razão dos fins que buscam atingir na vida em sociedade. Em suma, as estruturas da experiência jurídica positiva são verdadeiros modelos, **por ser-lhes inerente um sentido de obrigatoriedade da conduta, ou seja, por serem estruturas normativas**[4].

O termo "modelo jurídico" foi proposto por Miguel Reale **como complemento necessário à teoria das fontes do direito**. Com eles procurou **dar sentido de conteúdo prospectivo** à antiga teoria das fontes do direito, tendo em vista que o conceito de modelo está sempre ligado à ideia de planificação lógica e à representação simbólica e antecipada dos resultados a serem alcançados por meio de uma sequência ordenada de medidas ou prescrições. Expressa, pois, uma ordenação lógica de meios a fins. Segundo exemplo dado por Reale, o modelo arquitetônico é um projeto que antecipa e condiciona a construção de um edifício. Os modelos jurídicos, analogamente, representam a opção, pela autoridade competente, por determinadas formas de conduta ou de organização, às quais confere caráter obrigatório. Neles existe a previsão ou prefiguração de uma ordem de condutas e competências, estando também sempre predeterminadas as consequências que

---

[3] Ver Miguel Reale, *Lições preliminares de direito*, São Paulo: Saraiva, 2003, p. 184 e s.

[4] "Os *modelos jurídicos* se estruturam graças à integração de fatos e valores segundo normas postas em virtude de um ato concomitante de escolha e de prescrição (ato decisório), o que, como veremos, pode ser tanto do legislador ou do juiz, como resultar das opções costumeiras, ou de estipulações fundadas na autonomia da vontade. Já os *modelos dogmáticos* são os elaborados no âmbito da Ciência do Direito como estruturas teórico-compreensivas do significado dos modelos jurídicos e de suas condições de vigência e de eficácia na sistemática do ordenamento jurídico" (Miguel Reale, *o direito como experiência*, p. 163). Ver também *Fontes e modelos do direito*, São Paulo: Saraiva, 1994.

vêm do seu cumprimento ou de sua violação. Resultam, pois, das fontes como estruturas normativas de comportamento futuro e são *prospectivos:* voltados para a realização futura dos objetivos que lhes deram origem. Vale ressaltar uma consequência importante desse enfoque prospectivo: a mudança radical no processo hermenêutico, que não fica retrospectivamente apegado às fontes (à "intenção do legislador", ou à "intenção da lei", por exemplo), mas prospectivamente orientado no sentido dos fins enunciados nos modelos jurídicos. A problemática dos modelos jurídicos abre novas perspectivas para a teoria das fontes do direito, que na opinião de Reale está a exigir uma reformulação conceitual de fundo. Uma das vantagens técnicas inegáveis da compreensão da experiência jurídica em termos de modelos, segundo Reale, é o superamento da distinção sempre ambígua entre "fonte material" e "fonte formal" do direito[5].

Reale salienta, ainda, **a importância da descoberta dos jurisconsultos romanos** quando verificaram que, dadas certas circunstâncias, é possível prever determinado tipo de comportamento, e que a vida social, apesar de sua contínua mudança, apresenta relações estáveis e regulares, permitindo uma representação antecipada do que vai ocorrer. Descobriram, em suma, que há comportamentos humanos que obedecem a certas condições de fato e a certas finalidades, razão pela qual são dotados de determinada regularidade ou constância. E conclui, o mestre paulista, dizendo que o direito surgiu como "ciência" com essa descoberta: quando vislumbraram na sociedade "tipos de conduta" e criaram, com visão antecipada dos comportamentos prováveis, os "modelos jurídicos" do direito romano.

Pois bem, Reale dá ao termo "modelos do direito" um sentido genérico que abrange **duas espécies**: a dos modelos jurídicos *stricto sensu* e a dos *modelos dogmáticos* (também chamados por ele de hermenêuticos), segundo o esquema:

Modelos do direito
(estruturas normativas
da experiência jurídica)
{
a) modelos jurídicos
(dotados de força prescritiva)

b) modelos dogmáticos
(dotados de força indicativa
ou persuasiva)
}

Os **modelos jurídicos *stricto sensu*** são prescritivos e resultam das fontes do direito. Os **modelos jurídicos dogmáticos** são de caráter puramente teórico ou doutrinário, não obrigatórios. O mestre paulista explica a distinção, dizendo que alguns dos princípios, pela sua importância, recebem

---

[5] Ver Miguel Reale, *O direito como experiência*, São Paulo: Saraiva, 1992, p. 168.

do legislador "**força de lei**", com a estrutura de "modelos jurídicos", fazendo-os **constar de texto legal**, inclusive constitucional, como os princípios da isonomia e da irretroatividade da lei para proteção de direitos adquiridos. Em sua opinião, porém, a maioria deles não constam de texto legal, representando apenas "**modelos doutrinários ou dogmáticos**", enunciações doutrinárias fundamentais ou diretrizes. Mas observa, relembrando Josef Esser, que os princípios, enquanto são princípios, são eficazes independentemente do texto legal. Quando consagrados por texto legal, este lhes dá força cogente, própria da lei, mas não lhes altera a substância. Vejamos cada um deles.

85.3. Modelos dogmáticos ou hermenêuticos

São os modelos elaborados pela ciência dogmática do direito como **estruturas teóricas** do significado dos modelos jurídicos prescritivos e de suas condições de vigência e de eficácia na sistemática do ordenamento jurídico.

Os modelos doutrinários, embora tenham em comum um papel científico-doutrinário, se distribuem em diversos tipos, como a chamada "**doutrina**". São expressões da elaboração doutrinária, não sendo obrigatórios ou coercíveis.

Há, de fato, interpretações de natureza doutrinária ou científica que são formuladas pelos juristas e destituídas de força cogente, tendo a função de dizer o que os modelos jurídicos significam e que no seu todo compõem o corpo da Doutrina ou do Direito Científico, conforme terminologia de Savigny. Reale lembra como a doutrina exerce uma função de vanguarda, pois além de dizer o que as normas jurídicas efetivamente significam, cabe-lhe enunciar como deve ocorrer a sua vigência e eficácia, bem como conceber os modelos hermenêuticos destinados a preencher as lacunas do sistema normativo, modelos esses convertidos em modelos prescritivos graças ao poder constitucionalmente conferido ao juiz[6].

85.4. Modelos jurídicos *stricto sensu*

*S*ão, por sua vez, **imperativos** e se estruturam como **integração de fatos e valores segundo normas** postas em virtude de um ato concomitante de escolha e de prescrição que pode ser tanto do legislador como do juiz, ou resultar de opção costumeira ou de estipulações fundadas na autonomia da vontade. Teríamos, então, os modelos jurídicos legais, jurisdicionais, consuetudinários e negociais.

Nos termos da Teoria Tridimensional do Direito, Reale assim define o modelo jurídico em questão: "**estrutura normativa de atos e fatos pertinentes unitariamente a dado campo da experiência social, pres-**

---

[6] Ver Miguel Reale, *Fontes e modelos do direito*, São Paulo: Saraiva, 1994, p. 107.

crevendo a atualização racional e garantida dos valores que lhes são próprios"[7].

Resumindo: os modelos jurídicos dogmáticos são os elaborados no âmbito da Ciência do Direito como estruturas teórico-compreensivas do significado dos modelos jurídicos e de suas condições de vigência e de eficácia na sistemática do ordenamento jurídico. Já os modelos jurídicos stricto sensu se estruturam graças à integração de fatos e valores segundo normas postas em virtude de um ato concomitante de escolha e prescrição (ato decisório), o que, como vimos, pode ser tanto do legislador ou do juiz, como resultar das opções costumeiras ou de estipulações fundadas na autonomia da vontade.

Cada modelo, portanto, é dotado de uma especial estrutura de natureza tridimensional que pressupõe:

a) dado campo de *atos* ou *fatos* da experiência social;

b) uma *ordenação normativa* racionalmente garantida;

c) o propósito de realizar *valores* (ou impedir desvalores), de conformidade com a natureza de cada porção de realidade objeto da investigação científica.

Como adverte Reale, quando se fala em "modelo jurídico" não se está pensando em nenhum "protótipo ideal", em alguma coisa que se ponha como "algo superior a ser atingido". Os modelos jurídicos são, antes, **formas do viver concreto** dos homens, podendo ser vistos como "estruturas normativas que, em caráter obrigatório, disciplinam as distintas modalidades de relações sociais, mudando ou desaparecendo em função dos fatos e valores que nelas operam".

Em suma, na sociedade se constituem formas de vida, modos de comportamento que têm força de "estruturas sociais obrigatórias": são as fontes do direito e seus modelos jurídicos. Ao tratarmos dos elementos constitutivos do ordenamento jurídico, veremos como, conforme a amplitude da matéria, um modelo jurídico pode ser expresso por uma única regra de direito, ou por um conjunto de regras interligadas.

85.5. Modelo jurídico e norma jurídica

O emprego da palavra modelo é frequente na obra de Miguel Reale. Note-se, todavia, que norma jurídica e modelo jurídico **não são termos sinônimos**; os modelos jurídicos são espécies ou especificações ou tipificações das normas jurídicas. Há, assim, **normas jurídicas isoladas** que não reúnem as características próprias dos modelos; são meras formulações de um ou mais juízos, cada um deles válido ou prescritivo por si só. Por exemplo, o art. 3º da Lei de Introdução às Normas do Direito Brasileiro, segundo o qual "ninguém se escusa de cumprir a lei, alegando que não a conhece".

---

[7] Miguel Reale, *Lições preliminares de direito*, São Paulo: Saraiva, 1984, p. 185-186.

Ou o art. 4º da mesma Lei, dispondo que "quando a lei for omissa, o juiz decidirá o caso de acordo com a analogia, os costumes e os princípios gerais de direito". São juízos dotados de sentido em si pleno e acabado.

Ao lado dessas normas jurídicas não estruturadas sob a forma de modelo, temos os chamados modelos jurídicos que, geralmente, resultam de uma **pluralidade de normas entre si articuladas**, compondo um todo irredutível às suas partes componentes. Às vezes, o modelo jurídico pode coincidir com uma única norma de direito, hipótese em que a norma já surge como uma estrutura que denota uma diversidade de elementos entre si interligados. Exemplo: os arts. 2º e 6º da Lei de Introdução às Normas do Direito Brasileiro que constituem um modelo jurídico contendo os elementos essenciais que assinalam "o processo de vigência e eficácia de uma norma legal". O art. 7º da mesma Lei de Introdução é outro exemplo de modelo jurídico que, por meio de seus oito parágrafos, fixa os princípios norteadores da "lei da pessoa" nacional ou estrangeira.

A **gênese de todo modelo jurídico**, qualquer que seja a fonte de que promana, é a mesma das normas jurídicas, ou seja, os valores, como raios luminosos, incidem sobre um complexo fático, refletindo-se num leque de normas possíveis, uma das quais se converte em norma legal, graças à interferência opcional do Poder. Em suma, as fontes de direito produzem modelos jurídicos prescritivos, isto é, produzem estruturas normativas que, com caráter obrigatório, disciplinam as distintas modalidades de relações sociais.

86. DIREITO OBJETIVO/POSITIVO

Vimos como na sociedade se constituem formas de vida, modos de comportamento, que têm força de "estruturas sociais obrigatórias": são as fontes do direito e seus modelos jurídicos que constituem o direito objetivo/positivo.

Com outras palavras, aquelas estruturas normativas ou modelos jurídicos, quando surgem, põem-se ou "positivam-se" como uma realidade "objetiva". Eles se positivam e se objetivam. Em suma, eles vigem e têm eficácia em certo tempo, como realidades culturais, postas e garantidas pela sociedade e pelo Estado. São "direito positivo e objetivo". Daí poder dizer que "objetivo" e "positivo" são termos que se implicam. Consequentemente, o direito objetivo/positivo é o **direito como norma**, ou **conjunto de normas, que buscam a disciplina social**.

86.1. Direito objetivo

O direito como norma é chamado de "objetivo" porque, ao surgir, "objetiva-se", põe-se como uma **realidade objetiva**, isto é, **independente** da pessoa do observador e irredutível à sua subjetividade. É o direito como norma numa visão exterior, no seu ângulo externo; de "objeto": aquilo que jaz perante nós, que se põe diante de nós (do latim ***ob*** *+**jectum***); objeto é alguma coisa que está colocada, não dentro de nós, mas diante de nós. Assim, direito objetivo é o direito como uma realidade objetiva que está diante de nós. Não se pode negar que, sob esse enfoque, também o direito como "fato social" pode ser chamado de direito objetivo[8].

86.2. Direito positivo

O mesmo direito como norma objetiva pode ser visto sob outro prisma, ou seja, ser enfocado como **posto** ou **reconhecido pelo Estado** que o garante, quando então se denomina direito "positivo". É o direito posto em virtude de um procedimento preestabelecido, consistente em fatos ou atos objetivamente observáveis. O jurista pergunta se a regra foi "posta" de acordo com um procedimento regular. Prevalece o ponto de vista "formal".

É o direito **institucionalizado pelo Estado**, o direito historicamente constituído e objetivado Contudo, quando se fala em direito "institucionalizado" pelo Estado, não significa que todas as normas tenham sido elaboradas por este, e sim que todas elas valem como normas de direito vigentes, porque, seja qual for sua origem efetiva, "o Estado as quer como tais e as aplica como tais", no dizer de Recaséns Siches[9]. Ou, segundo Miguel Reale, "é o direito declarado ou reconhecido pelo Estado, através de suas próprias fontes ou que resulta das demais fontes, sem conflito com as fontes estatais". E continua, "o Direito Estatal não é o único Direito Positivo, mas aquele em que a positividade se apresenta em mais alto grau"[10].

De fato, é só ver a questão da pluralidade da ordem jurídica positiva e sua graduação. De consequência, tanto o direito objetivo como o direito positivo não só abrangem as normas elaboradas pelo Estado, mas também as originadas de outras fontes e que são reconhecidas e garantidas por este.

Deve ser igualmente afastada a falsa impressão de que o direito objetivo/positivo é sempre **escrito**. Ele é tanto o direito escrito, elaborado pelo poder competente, como a norma consuetudinária, não escrita, resultante dos usos e costumes de cada povo[11].

---

[8] Miguel Reale, tendo em vista que a objetivação normativa é essencial à experiência jurídica, ou seja, que não se pode conceber o direito desprovido de objetivação, conclui que, "quando se fala em Direito Objetivo, a qualificação de 'objetivo' é, em última análise, redundante" (*O direito como experiência*, São Paulo: Saraiva, 2002, p. 171).

[9] Siches, *Panorama del pensamiento jurídico en el siglo XX*, México: Porrúa, 1963, p. 511.

[10] Miguel Reale, *Lições preliminares de direito*, São Paulo: Saraiva, 1984, p. 189.

[11] Os romanos não conheciam a expressão "direito positivo". Eles distinguiam o *ius civile* (direito do cidadão romano) do *ius gentium* (direito dos estrangeiros residentes no império romano); e depois os distinguiram do *ius naturale*, tendo por fonte a natureza. Os glosadores também não referiam ao direito positivo, apesar de, na Idade Média, ter sido usada pela primeira vez a expressão *ius positivum*. É com os jusnaturalistas que o problema do direito positivo e da positividade, como nota específica do direito, começou a ser questionado.

87. DIREITO SUBJETIVO E DIREITO NATURAL

Pelos enfoques dados ao direito como norma, podemos assim correlacionar o direito "objetivo" ao "subjetivo" e o direito "positivo" ao "natural".

87.1. Direito objetivo e subjetivo

Tradicionalmente, a noção de direito objetivo tem sido contraposta à de direito subjetivo. Enquanto o direito "objetivo" é a norma no seu **ângulo externo**, irredutível à subjetividade da pessoa, o "subjetivo" é o **direito "personalizado"**, visto sob o seu ângulo interno, como possibilidades de ser, pretender, exigir ou fazer algo, que a ordem jurídica garante à pessoa. Subjetivo, porque é próprio de quem o possui, podendo ou não ser exercido por ele. Na verdade, o direito objetivo e o subjetivo não são duas realidades separadas, mas se completam, não sendo possível conceber um sem o outro. Formam uma díade inseparável, não havendo entre ambos antítese ou oposição.

Na língua portuguesa não há termos diferentes para indicar essas realidades distintas, como acontece com o idioma inglês, em que se distingue claramente entre o termo *law* (ordenamento jurídico objetivamente válido) e o termo *right* (direito subjetivo de determinada pessoa).

Os direitos subjetivos eram desconhecidos até o final da Idade Média, uma vez que os ordenamentos jurídicos do período não tinham uma visão individualista, interessando-se mais pela situação dos grupos e pelos deveres dos súditos e não pelos direitos individuais. Quem começa a elaborar o conceito de direito subjetivo são os **autores jusracionalistas** da Idade Moderna, preocupados com os direitos dos seres humanos que consideravam naturais e com a tutela desses direitos perante o Poder Público.

87.2. Direito positivo e natural

Toda a tradição do pensamento ocidental é dominada pela distinção entre direito positivo e direito natural, embora o uso da expressão "direito positivo" é relativamente recente, uma vez que se encontra apenas nos textos latinos medievais. Podemos dizer que o direito positivo e o direito natural não constituem duas ordens legais diferentes: uma que possui validade em si e por si (direito natural) e outra contingente e derivada (direito positivo). Existe apenas uma realidade jurídica, embora ela possa ser abordada sob diferentes perspectivas. O direito natural, como esquema normativo de exigências que possibilitam a experiência jurídica (transcendental, no sentido especial que Reale dá ao termo). O direito positivo, como ordenamento normativo dos fatos e valores no plano concreto da experiência; é o direito histórica e objetivamente estabelecido, vigente ou que teve vigência, num determinado país.

Por ora, é suficiente relembrar que o direito positivo é o direito posto ou reconhecido pelo **Estado que o garante**. O direito natural, por sua vez, reflete exigências sociais da **natureza humana**, comuns a todos os homens, e que se impõem ao consenso universal. Representa tendências axiológicas constantes e naturais do ser humano, como veremos em outra ocasião com mais vagar.

Isso não significa que antes da elaboração do direito positivo já houvesse na sociedade humana **uma prefiguração das normas jurídicas positivas**, de tal modo que ao legislador só coubesse o trabalho de descobri-las como algo preexistente. As normas jurídicas, de fato, não são cópias de algo dado de antemão no processo social. O que existe, na lição de Reale, são "**condicionantes naturais**" e "**tendências constantes**" que, "primeiro, balizam e orientam o trabalho criador do legislador, e do intérprete, depois"; elas condicionam, *a priori*, formal e materialmente, a experiência jurídica possível[12]. Há, em consequência, uma relação complementar entre direito natural e direito positivo, embora delimitando o âmbito específico de cada um. Ambos possuem uma **recíproca convergência**, a fim de que se tenha uma ordem jurídica substancialmente justa.

À luz do que foi dito, podemos afirmar que o direito positivo é histórico e válido em **espaços geográficos** determinados ou determináveis, isto é, para certo Estado (direito brasileiro, francês etc.), podendo perder sua validade por decisão do poder elaborador. O direito natural, por sua vez, por refletir exigências sociais comuns a todos os homens, impõe-se ao consenso universal; é válido no **espaço social**.

88. POSITIVIDADE, VIGÊNCIA E EFICÁCIA

A análise da vigência, nestas lições introdutórias, ocorreu sob o seu aspecto técnico-formal: competência do órgão elaborador da norma, competência quanto à matéria e a legitimidade de procedimento. Contudo, há também o problema filosófico da vigência, bem mais complexo e profundo, e que desborda da finalidade destas lições. Por isso, aqui apenas acenamos para o problema da **positividade** do direito como correlação essencial entre *vigência* e *eficácia*. De fato, o problema da positividade do direito consiste em saber como os preceitos jurídicos se tornam vigentes de maneira efetiva, e não apenas aparente.

88.1. Positividade

O direito, para que possa nos dar segurança (entendida como a garantia de sua possibilidade de conhecimento, de sua operatividade e de sua aplicabilidade), requer positividade. Esta é a garantia da certeza do direito, uma vez que sua existência não é contestada por ninguém. A positividade significa, simplesmente, a circunstância de que **o direito está fixado**; que as características da lei estão determinadas da maneira mais exata possível

---

[12] Miguel Reale, *Lições preliminares de direito*, São Paulo: Saraiva, 1984, p. 186-187.

e, em consequência, pode ser estabelecida sem arbitrariedade. Assim, o Direito Estatal (o direito posto pelo Estado) não é o único Direito Positivo, mas aquele em que a positividade se apresenta em mais alto grau.

A positividade **envolve vigência e eficácia**. São elementos que se implicam e se exigem reciprocamente. A positividade surge quando a eficácia se faz vigente e quando a vigência se torna eficaz. Toda norma jurídica vige com pretensão de eficácia e de ser justa. Vejamos, pois, essas duas correlações: do fundamento com a vigência e da vigência com a eficácia. A elas acrescentamos uma terceira: positividade e soberania.

88.2. Fundamento e vigência

A vigência implica necessariamente uma referência aos valores que determinaram o surgimento da norma jurídica, bem como às condições fáticas capazes de assegurar a sua eficácia. Há, na verdade, **uma força nos valores** que os inclina a se realizar. Eles se atualizam mediante a vigência de normas como as de natureza jurídica. O fenômeno jurídico é um dos modos principais de vigência do valioso e de sua garantia.

Todavia, ante a possibilidade de diversas formas de atualização do valioso e ante a necessidade de atualizá-lo no decurso da história, põe-se o problema da "positividade do Direito", que consiste em saber como os preceitos jurídicos se tornam vigentes de maneira efetiva e não apenas aparente. Toda norma vigente destina-se a influir efetivamente no meio social e é porque vige e influi que se torna positiva.

88.3. Vigência e eficácia

A correlação entre vigência e eficácia é de tal ordem que não pode ser olvidada. **Kelsen** observa que a eficácia é condição da vigência; condição, mas não a razão dela. E continua: uma norma não é válida porque é eficaz; é válida se a ordem a que pertence é, no seu todo, eficaz (*Teoria geral do direito e do Estado*). **Reale** acentua então o que Kelsen não teria feito: a **correlação dialética entre vigência e eficácia**, sem a qual não há positividade jurídica[13]. O modo de existir da norma jurídica é a sua **vigência**. Esta só é pensável quando orientada para algo, visando a se realizar como comportamento e relação social, ou seja, com **eficácia**. As leis que não atingem o momento da eficácia não podem se dizer positivas. Validade ou vigência é uma qualidade do Direito, a chamada eficácia é uma qualidade da conduta efetiva dos homens. Isso quer dizer que o êxito de um dispositivo legal depende da correspondência entre a sua "vigência" e as **estruturas sociais**, como condição *sine qua non* de sua "eficácia". É a razão pela qual as leis promulgadas de afogadilho, sem adequação com a sociedade a que se destinam, têm vida fugaz. Pode, pois, surgir uma lei que jamais venha a ser cumprida por absoluta falta de ressonância no seio da coletividade.

---

[13] Ver Miguel Reale, *Filosofia do direito*, São Paulo: Saraiva, 1990, p. 607.

Existe apenas como "vigência" formal, sem "eficácia". É lei, mas por não atingir o momento da eficácia, não é "positiva".

A essa luz, podem ocorrer as seguintes situações. Em primeiro, a de que a norma jurídica, uma vez vigente, tornar-se eficaz, mesmo quando revogada. Por exemplo, quando outra lei vigente manda respeitar as situações jurídicas definitivamente constituídas ou aperfeiçoadas no regime da lei anterior, ou quando se deve aplicar a lei em vigor na época em que dados fatos ocorreram. Desse modo, uma lei não mais em vigor continua produzindo efeitos, é positiva, "como certas estrelas remotas, há séculos extintas, que ainda nos encantam com suas cintilações", na comparação de Reale[14].

Por outro lado, há regras de conduta efetivamente cumpridas e que, por o serem durante certo tempo com convicção de juridicidade (costumes jurídicos), atingem o plano da "vigência" e tornam-se juridicamente positivas. Podemos, pois, dizer que a positividade surge tanto quando a eficácia se faz vigente como quando a vigência se torna eficaz, em ambos os casos valendo o pressuposto de um valor a realizar, quando mais não seja o de ordem e segurança[15].

88.4. Positividade e soberania

Dissemos que o direito positivo é declarado ou reconhecido pelo Estado, por suas próprias fontes, ou resulta das demais, sem conflito com as fontes estatais. Este poder de ditar o direito positivo e fazê-lo observar é o que se denomina "soberania". Ela não é senão o **poder originário de declarar, em última instância, a positividade do Direito.**

Desse modo, soberania e positividade do direito são dois conceitos que se exigem reciprocamente. "Soberano" diz-se do poder que, em última instância, põe ou reconhece o direito positivo; direito "positivo" é, por excelência, aquele que tem, para garanti-lo, o poder soberano do Estado[16].

88.5. Direito e Estado

Para alguns autores, o conceito de Estado não pode ser senão jurídico, como o afirmam, por exemplo, Santi Romano e Georges Burdeau, e constitui a tese radical de Kelsen. A identidade kelseniana entre Direito e Estado tem cunho metodológico, ou melhor, epistemológico, pois, desde que o jurista não pode conceber o Estado sob prisma que não seja jurídico, para o jurista o Estado é um modo de ser do Direito.

No entanto, Kelsen, prefaciando a tradução castelhana de dois escritos enfeixados sob o título geral de "*Teoría comunista del derecho y del Es-*

---

[14] Miguel Reale, *Filosofia do direito*, São Paulo: Saraiva, 1990, p. 608.
[15] Ver Miguel Reale, *Filosofia do direito*, São Paulo: Saraiva, 1990, p. 609
[16] Ver Miguel Reale, *Lições preliminares de direito*, São Paulo: Saraiva, 1984, p. 189

tado" (Buenos Aires, 1957) já não fala em identidade, mas em correlação ou implicação entre Estado e Direito.

QUESTIONÁRIO

1. Defina o direito objetivo/positivo, explicando a razão da existência dos dois adjetivos.
2. O direito objetivo/positivo abrange somente as normas escritas e elaboradas pelo Estado. Que dizer dessa afirmação?
3. Qual o papel dos modelos jurídicos no Direito, segundo Miguel Reale?
4. Demonstre a correlação existente entre direito objetivo e subjetivo; e entre direito positivo e natural.
5. O direito positivo abrange a lei que já foi revogada? Por quê?
6. Explique por que a positividade do direito envolve a sua vigência e eficácia.
7. Qual a correlação da vigência com a eficácia?
8. A positividade é mais que vigência? Justifique.
9. Como você demonstra que positividade e soberania são conceitos que se exigem reciprocamente?
10. (*Introdução ao estudo do direito* / Cassiano Luiz Lurk). Sobre o sentido objetivo do vocábulo direito, assinale a alternativa correta:

    A) Em seu sentido objetivo, o direito é expressão de fé.

    B) No sentido objetivo, pode-se entender a norma ou conjunto de regras em vigor num determinado país.

    C) O Direito Canônico é sinônimo de Direito Positivo.

    D) O Direito Positivo é sinônimo do chamado direito natural.

    E) Nenhuma das anteriores.

11. (Enade 2019) Nas democracias contemporâneas, a soberania interna da ordem jurídica está intimamente associada

    A) À norma fundamental de Kelsen, tendo em vista que toda democracia pressupõe universalidade de direitos.

    B) Às normas do direito internacional, donde derivam as formas pelas quais os regimes democráticos extraem a fundamentação de sua existência.

    C) Às normas derivadas da ética do homem médio, fundamento de todo valor e de todo direito.

D) Às normas constitucionais, como base de regramento formal e material de todas as normas do sistema jurídico.

E) Às normas da burocracia de Estado, tendo em vista que o modelo de dominação legal-burocrático do Estado moderno pressupõe atribuição de toda estabilidade do poder à burocracia.

Lição XIX

ORDENAMENTO JURÍDICO

Sumário: 89. Noção e postulados; 90. Concepções do ordenamento; 91. Validade do ordenamento; 92. Elementos constitutivos; 93. Ordenamento brasileiro e sistema brasileiro.

O direito objetivo/positivo, como conjunto de normas e modelos jurídicos, constitui no seu todo um sistema global que se denomina "ordenamento jurídico". De fato, o direito se apresenta, concretamente, em qualquer país, sob a estrutura de um ordenamento. O que isso significa?

89. NOÇÃO E POSTULADOS

As normas jurídicas nunca existem nem atuam isoladamente, mas se correlacionam e se implicam, formando **um todo uniforme e harmônico**, chamado "ordenamento jurídico". Entre os seus problemas fundamentais sobressaem o postulado da sua **unidade**, que se baseia na hierarquia das normas; o postulado da sua **coerência,** isto é, o problema das chamadas antinomias jurídicas; e por fim, o postulado da sua **completude**, quando é enfocado o problema das lacunas do direito[1].

89.1. Noção

Não sabemos dizer como e quando a expressão "ordenamento jurídico" entrou no uso corrente. Os autores variam na sua definição. Segundo Miguel

---

[1] Norberto Bobbio defende a tese segundo a qual o que distingue o direito não é o caráter da norma, mas o do ordenamento. Tese que já era clara em Kelsen, quando este distingue entre sistema estático próprio da moral e sistema dinâmico próprio do direito, e que posteriormente estará no centro da teoria de Hart (*Teoria geral do direito*, São Paulo: Martins Fontes, 2010, p. 11).

Reale, é "o sistema de normas jurídicas *in acto*, compreendendo as fontes de direito e todos os seus conteúdos e projeções: é, pois, o sistema das normas em sua concreta realização, abrangendo tanto as regras explícitas como as elaboradas para suprir as lacunas do sistema, bem como as que cobrem os claros deixados ao poder discricionário dos indivíduos (normas negociais)"[2]. Entende, portanto, a expressão "ordenamento jurídico-estatal" como sendo o conjunto de normas que constituem o conteúdo das quatro fontes do direito que diretamente se subsumem ao poder estatal, quer em razão de atos originários estatais (fontes legislativa e jurisdicional), quer derivadamente em virtude de atos, cuja autonomia é reconhecida com validade jurídica própria (fontes costumeira e negocial).

Resumidamente, podemos dizer que o ordenamento jurídico vem a ser o **conjunto de normas vigentes**; é a expressão normativa da experiência jurídica. Ele não se confunde, nem se reduz a um "sistema de leis"; é a experiência jurídica mesma na medida e enquanto se objetiva e se expressa num sistema de normas, realizando-se através destas uma incessante integração de fatos segundo valores. É um sistema de "normas jurídicas", desde as legais até as judiciais e negociais. É verdade que, de todos os sistemas de normas, o que se coloca como fundamental em nosso direito é o sistema das normas legais, ou das leis. Mas ele não constitui todo o nosso ordenamento jurídico. Este é formado pelas diversas fontes do direito, sob a proteção do Estado[3].

89.2. Postulados

Na terminologia de Humberto Ávila (que até certo ponto corresponde ao "modelo jurídico" realeano), os postulados estabelecem **diretrizes metodológicas**, destinadas à compreensão (postulados hermenêuticos) ou à aplicação do Direito (postulados aplicativos). Há, assim, o postulado da "**unidade**", que exige do intérprete o relacionamento entre a parte e o todo mediante o emprego da ordem e unidade; o postulado da "**coerência**", que impõe ao intérprete a obrigação de relacionar as normas com aquelas que lhe são formal ou materialmente superiores; o postulado da "**hierarquia**", que impõe a compreensão do ordenamento como uma estrutura escalonada de normas; e o postulado da "**plenitude**", que exige que o ordenamento jurídico não deixe a descoberto, sem dar solução, qualquer litígio ou conflito jurídico.

Veremos agora apenas o postulado da unidade, uma vez que a coerência, a hierarquia e a plenitude serão tratadas por ocasião da aplicação e integração das normas, quando cuidaremos da antinomia e lacunas.

---

[2] Miguel Reale, *Lições preliminares de direito*, São Paulo: Saraiva, 1984, p. 190.
[3] Ver Miguel Reale, *O direito como experiência*, São Paulo: Saraiva, 2002, p. 121.

89.3. Postulado da unidade

O ordenamento jurídico é formado pela totalidade das normas vigentes, e estas devem estar ajustadas entre si e conjugadas à Constituição Federal. **Os elementos que integram o ordenamento jurídico formam**, pois, **um todo uniforme e sistemático**. Eles se articulam uns aos outros. Eles se ordenam logicamente. Em suma, a complexidade do ordenamento não exclui sua unidade.

Quando se analisa, por exemplo, qualquer dos códigos vigentes, verificamos como eles estão distribuídos em livros que se subdividem em *títulos*, discriminados, por sua vez, em *capítulos* e *seções*. O elemento básico dessas unidades maiores são os *artigos*, graças aos quais os sistemas "se articulam", podendo coincidir com uma única norma jurídica, ou abranger duas ou mais, desdobrando-se, às vezes, em *incisos, itens* ou alíneas. Podem os artigos conter também um elemento de especificação normativa, chamado *parágrafo*, cujo sentido depende do sentido do *caput* do artigo a que pertence. Se não houvesse tal interligação, não se poderia falar de sistema, ordem, ordenamento jurídico. Os conflitos entre as normas seriam frequentes, acarretando o desequilíbrio e a desintegração do próprio sistema.

De outro lado, o postulado em foco possibilita e justifica a *interpretação "sistemática"* pela qual se vê o direito como um todo lógico, e a norma a ser interpretada como parte desse todo.

90. CONCEPÇÕES DO ORDENAMENTO

A compreensão da estrutura e fundamento do ordenamento jurídico deu azo, contudo, a duas teorias: a da concepção lógico-normativa e a histórico-cultural.

90.1. Teoria da Concepção Lógico-Normativa

Kelsen apresenta uma teoria da construção escalonada do ordenamento jurídico[4]. Segundo **como uma pirâmide ou um sistema escalonado de** ele, **a realidade jurídica é concebida normas, desde as legais até as judiciais e negociais**. É a primeira condição lógica da sua validade. A essa luz, o ordenamento jurídico obedece a uma ordem lógica e coerente, pois as normas subordinam-se umas às outras, **gradativamente**, como a estrutura de uma pirâmide. Na sua base estão as normas de menor incidência, como as "individualizadas" e as "particulares", seguindo em ordem de subordinação crescente, as "genéricas" até atingir no seu ápice o plano normativo supremo, que é o constitucional. As normas não se encontram

---

[4] A teoria piramidal do ordenamento jurídico foi obra de Adolfo Merkel, depois continuada por Kelsen e Cossio.

soltas, mas mutuamente entrelaçadas. A forma ou o modo desse enlace é uma forma a que se chama *fundamentação* e *derivação*.

A **validade** de todo o ordenamento jurídico, segundo Kelsen, **depende do disposto na Constituição vigente**, não cabendo ao jurista indagar das causas sociais ou políticas que dão origem a determinado ordenamento jurídico. Este obriga pelo simples fato de ter *vigência* e possuir o mínimo de *eficácia* suficiente para assegurar a sua aplicação. A validade jurídica, portanto, é apreciada de um ponto de vista **puramente formal**: as normas jurídicas se ordenariam hierárquica e logicamente, como degraus escalonados, a começar pelas de menor incidência, como as normas particulares (negócios jurídicos) e as individualizadas (sentenças), até alcançar as genéricas (leis), dentre as quais sobressaem as normas constitucionais.

Por sua vez, **toda a pirâmide normativa só é válida**, para Kelsen e seus adeptos, se admitimos **uma norma fundamental**, que não é a expressão de um ato legislativo, mas que representa apenas uma exigência lógica, ou seja, um *pressuposto lógico*, segundo o qual "deve ser obedecido o estabelecido pelo constituinte originário", sob pena de não poder subsistir o sistema de regras jurídicas, privando-o também de eficácia (validade social). A norma fundamental estabelece que todos os cidadãos devem obedecer às normas emanadas do poder constituinte, ou seja, daquela força política capaz de pôr normas para toda a sociedade e de exigir-lhes a sua observância. Ela não se fundamenta em nenhuma outra, sendo ela a *ratio* final de todas as outras normas e, assim, de todo o ordenamento. Com outras palavras, é a norma fundamental que engendra normas, sem ser engendrada por nenhuma outra. Funciona assim como o fundamento da cadeia de validação do sistema de normas jurídico-positivas, evitando-se uma regressão ao infinito em busca de um fundamento para o Direito. Com ela se completa a pirâmide do ordenamento jurídico. Não se trata da norma de cujo conteúdo todas as outras normas são deduzidas, mas da norma que cria a suprema fonte do direito, isto é, que a autoriza ou legitima o supremo poder existente num dado ordenamento a produzir normas jurídicas. Esta norma-base não é positivamente verificável visto que não é *posta* por um outro poder superior qualquer, mas sim *suposta* pelo jurista para poder compreender o ordenamento. Trata-se de uma hipótese ou um postulado ou pressuposto do qual se parte no estudo do direito e que foi submetida a muitas críticas.

Essa norma fundamental, para Kelsen, **seria uma norma transcendental**. Vale relembrar que Kant, de quem Kelsen é um adepto, denomina "transcendental" toda condição lógica que torna possível a experiência. Por conseguinte, do ponto de vista estritamente lógico, é a norma fundamental que torna possível a experiência do direito, como um conjunto gradativo de regras entre si logicamente subordinadas e coerentes. Kelsen denomina sua teoria da norma fundamental de "direito natural lógico-transcendental". Em suma, a validade da norma jurídica é explicada pela validade das normas jurídicas hierarquicamente superiores, sendo que a validez da norma constitucional é justificada pela norma fundamental. Ora, é bem de ver que se trata de uma validade "por suposição", ou seja, é válida porque é supostamente válida. Isso significa que, a rigor, Kelsen deixa o Direito suspenso no ar.

Hart, por sua vez, chama a sua norma fundamental de "**regra de reconhecimento**" (*rule of recognition*). Ela contém os critérios para identificar regras como direito vigente. Para Hart, portanto, o direito é um sistema de regras que pode ser identificado por meio de uma "regra de reconhecimento". Ela é a regra máxima (*ultimate rule*) do sistema jurídico e, nessa qualidade, contém os critérios e os fundamentos da validade de todas as outras regras do sistema jurídico, além dela mesmo. Assim como em Kelsen, chegamos até ela quando, na estrutura escalonada do sistema jurídico, perguntamos cada vez mais pelo fundamento da validade. Para Hart, a questão acerca da existência de uma *rule of recognition* quanto a do seu conteúdo são questões empíricas, ou seja, a norma de reconhecimento só existe como uma prática complexa que envolve a identificação do direito pelos tribunais, autoridades e indivíduos privados; sua existência é uma questão de fato, afirma Hart (*O conceito de direito*).

A crítica que se faz é que aceitar uma regra que encontra sua expressão numa prática comum significa passar do "fato" de que existe a prática ao "juízo" de que se ordena o comportamento em conformidade com essa prática, ou seja, a transição direta do ser para o dever ser[5].

Dworkin defende, contra a norma fundamental de Hart, que o direito não pode ser identificado com base numa regra que se orienta pela legalidade conforme o ordenamento e pela eficácia social. Pelo menos, devemos admitir que uma norma fundamental que somente tome por base fatos empiricamente constatáveis (legalidade/eficácia) não é capaz de identificar totalmente o direito, ou seja, vai identificá-lo do modo limitado[6].

Recordamos o que disse Reale: os positivistas criaram a teoria da norma fundamental *para não terem que fundamentar a validade da ordem jurídica nem no direito natural (porque seria abandonar a esfera do positivismo jurídico e adotar um critério metafísico) nem num fato psicológico, sociológico, econômico etc. (porque o dever ser não se infere do ser)*[7].

90.2. Teoria Histórico-Cultural ou Tridimensional

Miguel Reale, superando essa concepção lógico-normativa do ordenamento jurídico que nos permite apenas focalizar a validade formal do

---

[5] Ver Robert Alexy, *Conceito e validade do direito*, São Paulo: Martins Fontes, 2009, p. 145-147.

[6] Robert Alexy, *Conceito e validade do direito*, São Paulo: Martins Fontes, 2009, p. 122-123.

[7] Miguel Reale, *Fundamentos do direito*, São Paulo: Revista dos Tribunais, 1972, p. 170.

direito, procura uma compreensão integral da experiência jurídica por meio da teoria que prefere chamar de "histórico-cultural" ou "tridimensional" do ordenamento jurídico. Em que consiste? Segundo ela, "o ordenamento jurídico é, sem dúvida, normativo, mas não é apenas um conjunto gradativo de normas e muito menos um sistema de proposições lógicas. **As normas representam o momento culminante de um processo que é, essencialmente, inseparável dos fatos que estão em sua origem e dos valores ou fins que constituem a sua razão de ser**"[8]. O ordenamento jurídico é "a expressão normativa da experiência jurídica", segundo o mestre paulista. Isso significa que ele não se confunde com o mero sistema das regras de direito em vigor. É, antes, "a experiência jurídica mesma na medida e enquanto se objetiva e se expressa num sistema de normas, realizando-se através destas uma incessante integração de fatos segundo valores". Por isso, o objeto da Ciência Jurídica nunca pode ser uma ou mais normas erradicadas do contexto histórico-social; ele deve ser visto como "a ciência histórico--cultural que tem como objeto a experiência social na medida e enquanto esta normativamente se desenvolve em função de fatos e valores, para assegurar, de maneira bilateral-atributiva, a realização ordenada da convivência humana"[9].

De outro lado, Reale, em contraposição à pirâmide escalonada de um único sistema de normas, como apresentado por Hans Kelsen, entende que o ordenamento jurídico se distribui em "**faixas normativas**" distintas, correspondentes sàs diferentes regiões ou esferas da realidade social. Segundo seus ensinamentos, "essas faixas de gradação normativa colocam-se umas em correlação com outras, mas nem sempre de forma escalonada ou hierárquica, de sorte que a imagem de uma pirâmide, que aponta para um vértice, não corresponde à natureza histórico-cultural do ordenamento".

Assim, "*longe de se distribuir segundo um escalonamento unilinear e gradativo de normas, o ordenamento jurídico, enquanto expressão social e histórica, é constituído por múltiplos* **complexos normativos** *entre si correlacionados. Tais complexos normativos acham-se em contínua transformação, havendo um que se põe como círculo envolvente dos demais: é o 'complexo normativo constitucional'*. Este condiciona a vigência e a eficácia das demais normas, mas delas é inseparável, assim como a atmosfera condiciona a vida terrestre, sendo ela mesma parte integrante do planeta"[10].

---

[8] Miguel Reale, *Lições preliminares de direito*, São Paulo: Saraiva, 1984, p. 194.
[9] Miguel Reale, *O direito como experiência*, São Paulo: Saraiva, 1968, p. 120-121.
[10] Ver *Miguel Reale, Lições preliminares de direito*, São Paulo: Saraiva, 1984, p. 194-195.

90.3. Teoria do Discurso de Habermas

Jürgen Habermas trabalha a ideia de sistema jurídico enquanto subsistema social, *procurando diferenciar sistema e mundo da vida (Lebenswelt)*.

A teoria parte do pressuposto de que a ação social é, sobretudo, agir comunicativo que se desenvolve de forma espontânea no mundo da vida, de forma a que as experiências individuais encontram a capacidade de compartilhar coletivamente experiências socialmente valiosas. Por isso a comunicação é o elo entre os atores sociais, que tornam suas experiências individuais um patrimônio do convívio comum. Não se pode falar em socialização, sem se considerar que para que esta ocorra, o fato depende de interação comunicativa, onde se destacam a ação social, o trabalho e a fala, como estruturas mínimas.

A sociedade moderna, em seu desenvolvimento histórico, produzirá a diferenciação do sistema social em subsistemas sociais. O Direito irá figurar como um dos subsistemas sociais diferenciados, como a Economia a Política. O sistema jurídico, enquanto subsistema social, nasce da experiência de mundo da vida para se diferenciar em linguagem específica, como uma teoria da ação social que age como teoria normativa. Disputa espaço com outros subsistemas sociais, mas somente o Direito age com base no código binário "lícito/ilícito", que estabelece sua linguagem interna própria. Cumpre a função de ligar-se à dignidade humana, à emancipação e à justiça, à base democrática e legítima parta os discursos, construções simbólicas e lutas sociais. Direito e democracia possuem um vínculo interno.

A teoria do discurso desenvolve uma concepção procedimentalista do Direito e retira do jusnaturalismo e do solilóquio do legislador, a fonte de legitimação do Direito, depositando-a na soberania popular e nos direitos humanos. Por isso, o Direito realiza a forma de expressão das necessidades reais de justiça decorrentes do exercício da soberania popular de uma opinião pública qualificada, fundada no diálogo social[11].

91. VALIDADE DO ORDENAMENTO

O problema da estrutura do ordenamento está correlato ao problema do seu fundamento, uma vez que, em última análise, no modo de conceber o ordenamento jurídico já está implícita a sua fundamentação. Quanto à questão da *validade*, devemos falar numa validade "formal" e numa validade "total".

91.1. Validade formal

Mesmo não se aceitando a experiência jurídica como um sistema gradativo de normas, não se pode negar que todos os modelos jurídicos só

---

[11] Ver Eduardo Bittar, *Introdução ao estudo do direito*, São Paulo: Saraiva, 2018, p. 418 e s.

podem valer, isto é, ter vigência e eficácia no âmbito de validade traçado ou consentido pelas *normas constitucionais* que distribuem originariamente as esferas de competência. **Há, na estrutura do ordenamento jurídico, um princípio básico: o da fundamentação ou derivação.** Ele estabelece que as normas se fundam ou derivam de outras normas constituindo uma verdadeira linha de descendentes sucessivos a partir de um ascendente comum (normas fundadas e norma fundante ou fundamental).

Portanto, quer se trate de um sistema gradativo e linear de normas (Kelsen), quer se cuide de uma gradação de faixas normativas distintas (Reale), **formalmente, todas as normas jurídicas só valem quando estão em conformidade com as normas constitucionais que distribuem originariamente as esferas de competências.** Uma sentença, por exemplo, tem validade formal porque se funda materialmente no estabelecido no Código Civil, e formalmente no disposto no Código de Processo Civil, já que ditada segundo o procedimento ali previsto. A sentença deriva deles. Os códigos, por sua vez, foram elaborados em conformidade com a Constituição Federal, que é a lei fundamental.

91.2. Validade total

Contudo, a validade do ordenamento jurídico não deve ser apreciada de um ponto de vista puramente formal, pois ele não é apenas um conjunto gradativo de normas entre si logicamente subordinadas e coerentes. Como já vimos, as normas representam o momento culminante de um processo que é, essencialmente, inseparável dos "fatos" que estão na sua origem e dos "valores" que constituem a sua razão de ser. **Não devemos, portanto, ater-nos somente ao aspecto formal**, "uma vez que a forma, no caso, se coloca a serviço de uma estrutura concreta, bem viva e rica de dados valorativos (como é a humana), e que não pode ser devidamente compreendida sem se levar em consideração essa mesma realidade, que lhe serve de pressuposto e sem a qual o Direito não teria consistência, nem razão de ser", na preciosa lição de Theóphilo Cavalcanti Filho[12]. Em suma, todo ordenamento jurídico de um povo origina-se de valores, e deles recebe seu sentido e significado.

Não podemos, pois, deixar de considerar o problema da **validade total do ordenamento jurídico**, não mais, todavia, em termos de mera subsunção ou subordinação lógico-formal de umas normas às outras. O que confere, então, validade ao ordenamento, exigindo que seus preceitos sejam obedecidos, segundo Reale, "é uma *razão de ordem prática* que resulta da consideração histórico-social da experiência jurídica, legitimando-se pelo absurdo da tese contrária: se se admitisse a geral desobediência às regras de direito, estas deixariam de ser regras jurídicas". E essa exigência da razão

---

[12] Theóphilo Cavalcanti Filho, *Teoria do direito*, São Paulo: Bushatsky, 1976, p. 100.

prática jurídica assim é descrito por ele: o ordenamento jurídico vale, no seu todo, como uma exigência da razão, em função da experiência histórica e pelo absurdo a que levaria a tese oposta.

A validade e a eficácia do ordenamento jurídico não são, pois, decorrência de uma norma fundamental, como expõe Kelsen, nem é mero fato, como pretendem os positivistas, mas são antes qualidades imanentes ao **sentido da experiência jurídica, como experiência axiológica**. O ordenamento jurídico é a expressão de uma experiência social e histórica, impondo-se a todos os membros da comunidade, por ser o quadro axiológico necessário à convivência social. Não basta, assim, a visão "sincrônica", ou lógico-formal, do ordenamento, com olvido da sua compreensão "diacrônica", ou histórica, porque se trata de uma experiência social de natureza dialética, ou seja, a ordenação lógico-formal corresponde a um momento destacado de um processo em si mesmo uno e concreto[13].

92. ELEMENTOS CONSTITUTIVOS

O ordenamento jurídico é, no fundo, a expressão normativa da experiência jurídica. Ele se apresenta, portanto, de uma forma complexa e diversificada. Isso não significa que não haja nele um sentido global de ordem, reconhecido como um postulado necessário da convivência social. Os elementos que integram o ordenamento jurídico formam *um todo uniforme e sistemático*. Eles se articulam uns aos outros. Eles se ordenam logicamente. A complexidade do ordenamento não exclui sua unidade.

O ordenamento jurídico é complexo. Nele discriminamos, de fato, vários elementos constitutivos que se articulam uns aos outros e que correspondem a diversos aspectos da experiência jurídica conforme sua maior ou menor complexidade: a "norma", que é o elemento nuclear do ordenamento; os "modelos jurídicos"; os "institutos jurídicos"; as "instituições jurídicas"; e os vários "sistemas".

92.1. Norma jurídica e modelo jurídico

Outra criação do gênio de Miguel Reale é a teoria dos modelos jurídicos.

a) Devemos notar, em primeiro, que normas jurídicas e modelos jurídicos **não são sinônimos**. Cada norma é o elemento nuclear do ordenamento e põe-se como uma diretriz prescritiva de organização ou de conduta, a partir da qual os sujeitos de direito podem formar suas pretensões e formular suas exigências, dada a sua natureza bilateral-atributiva. Os modelos jurídicos, por sua vez, são especificações ou tipificações das normas; não representam todo o conteúdo das fontes do direito. Além deles, **há normas jurídicas isoladas** que não reúnem as características próprias dos modelos. São meras formulações de um ou mais juízos, cada um deles

---

[13] Miguel Reale, *Lições preliminares de direito*, São Paulo: Saraiva, 1984, p. 195-196.

válido ou prescritivo por si só. Exemplos: na legislação, temos o art. 3º da Lei de Introdução, segundo o qual "ninguém se escusa de cumprir a lei, alegando que não a conhece". Ou o art. 4º da mesma Lei de Introdução: "Quando a lei for omissa, o juiz decidirá o caso de acordo com a analogia, os costumes e os princípios gerais de direito". São juízos dotados de sentido em si pleno e acabado.

b) Ao lado dessas normas jurídicas não estruturadas sob a forma de modelos jurídicos existem outras que o legislador, intencionalmente ou não, formula **de maneira unitariamente coordenada**, como é próprio de uma estrutura normativa destinada a operar como **modelo**, ou seja, como uma estrutura de tipo normativo que objetiva uma classe de comportamentos futuros.

Às vezes, o modelo jurídico pode coincidir com **uma única norma** de direito, quando esta já surge como uma estrutura cuja formulação denota uma pluralidade de elementos entre si interligados numa unidade lógica de sentido.

Exemplos: os arts. 2º e 6º da Lei de Introdução às Normas do Direito Brasileiro constituem um modelo jurídico que contém os elementos essenciais que assinalam "o processo de vigência e eficácia de uma norma legal". O art. 7º da mesma Lei de Introdução às Normas do Direito Brasileiro é outro exemplo de modelo jurídico que, por meio de seus oito parágrafos, fixa os princípios norteadores da "lei da pessoa" nacional ou estrangeira.

O modelo jurídico, contudo, resulta em geral de uma **pluralidade de normas entre si articuladas, compondo um todo irredutível às suas partes componentes**. Vale também relembrar que uma norma jurídica, mesmo quando não constitui um modelo jurídico, acaba, no mais das vezes, por se compor com outras normas em vigor para incorporar-se a modelos jurídicos existentes.

Por outro lado, sendo os modelos jurídicos configurações de normas jurídicas, também se aplicam a eles as qualificações e classificações que estabelecemos no tocante às normas de direito, distinguindo-as segundo diversos critérios, como vimos. Por exemplo, além dos modelos jurídicos "legais", cujo quadro é bem mais amplo, podemos falar em modelos jurídicos "costumeiros", "jurisdicionais" e "negociais". Sílvio de Macedo é de opinião que se um dia conseguirmos realizar a construção de uma Linguística Jurídica, não poderemos prescindir da teoria dos modelos de Miguel Reale[14].

92.2. Instituto jurídico e instituição jurídica

No intrincado quadro do ordenamento jurídico, há normas que não somente existem em função de uma multiplicidade de fins correlatos, como também adquirem mais estabilidade, ordenando-se como "institutos" e

---

[14] *História do pensamento jurídico*, Porto Alegre: Fabris Editor, 1997, p. 164.

"instituições". É sabido que as normas jurídicas se ordenam logicamente, e essa ordenação tem múltiplos centros de referência, em função dos campos de relações sociais que elas disciplinam, havendo uma ou mais ideias básicas que as integram em unidade.

a) Quando há **núcleos de normas da mesma natureza, em virtude de uma comunhão de fins**, que se articulam em modelos, eles se denominam "**institutos**". São estruturas normativas complexas, mas homogêneas, relativas a dada esfera da experiência jurídica, cujas normas estão subordinadas a determinadas exigências comuns ou a certos princípios. Por exemplo: os institutos do penhor, da hipoteca, da falência, do usufruto etc.

b) Às vezes, costuma-se dizer que há uma instituição jurídica e não um instituto. Qual a diferença?[15]

Entre os pontos fundamentais de organização da sociedade, estão as **instituições sociais**. Elas vêm a ser o entrelaçamento de práticas sociais articuladas num complexo duradouro de relações, costumes, sentimentos e através do qual se exercem controles sociais e se satisfazem necessidades e desejos das pessoas conviventes. As principais instituições da vida social são a família, a propriedade e o Estado. Na definição de Paulo Dourado de Gusmão, as chamadas instituições sociais são "modelos de ações sociais básicas, estratificados historicamente, destinados a satisfazer necessidades vitais do homem e a desempenhar funções sociais essenciais, perpetuados pela lei, pelo costume e pela educação". São organizações sociais ou mecanismos sociais dotados de uma determinada ordem e uma organização interna, que se criam e se justificam por um fim comum. Por satisfazerem necessidades vitais básicas, são estáveis, sem serem *imutáveis*. Ou seja, perduram no meio social, mas se adaptando às transformações ocorridas na sociedade. Há instituições *políticas* (Estado, partidos políticos etc.), *religiosas* (Igreja), *educacionais* (Universidades), *econômicas* (propriedade, contrato, bancos etc.) e *familiares* (família, casamento etc.)[16].

Pois bem. Quando, pela sua importância para a convivência social, as instituições sociais são objetos de normas jurídicas, isto é, o Direito delas também se ocupa, temos as chamadas **instituições jurídicas**. Estas são, na comparação de Jhering, a ossatura do direito à qual se vincula toda sua substância composta pelas regras jurídicas (O espírito do direito romano).

As **instituições jurídicas** são, pois, núcleos estáveis de normas que "correspondem, de maneira mais acentuada, a uma estrutura social que não oferece apenas uma configuração jurídica, mas se põe também como realidade distinta, de natureza ética, biológica, econômica etc.". E Reale conclui:

---

[15] Ver Lino Rodrigues-Arias, La teoría de la institución, *in Anais do VIII Congresso Interamericano de Filosofia*, São Paulo: Instituto Brasileiro de Filosofia, 1974, p. 463-470.

[16] *Paulo Dourado de Gusmão, Introdução ao estudo do direito*, Rio de Janeiro, Forense, 1997, p. 33.

"A não ser por esse prisma de maior objetivação social, envolvendo uma infraestrutura associativa, não vemos como distinguir um instituto de uma instituição"[17]. Ela não apresenta apenas uma face jurídica. Há nela **também um enfoque social mais profundo**, envolvendo uma *infraestrutura associativa com um sentido* **de maior continuidade**, como ocorre com a *família*, a *propriedade privada*, os *sindicatos*, as *sociedades empresariais*, o *Estado* (instituição jurídica máxima) etc.[18]. Em relação à família, lembramos que o ser humano, depois que nasce, tem, por sua complexidade superior, o processo evolutivo mais lento de todos os animais. Por essa razão se precisa garantir sua educação. E essa exige estabilidade entre os progenitores (pai e mãe), cuja falta faz com que a criança em geral se sinta insegura. Não raro uma instituição se constitui como "**pessoa jurídica**": o Estado, as entidades autárquicas, as sociedades empresariais, as associações culturais, ou de assistência. Em suma, o direito dá garantia e estabilidade às instituições sociais, quando vitais e básicas. As instituições jurídicas são, a rigor, espécies do gênero instituições sociais[19].

92.3. Sistemas

Por fim, normas, modelos, institutos e instituições se ordenam em "**sistemas**", porque são hierarquizados, existindo entre eles relações de superioridade e de subordinação.

Sistema vem a ser "**o conjunto de elementos dependentes uns dos outros, de modo a formar um todo organizado**" (Lalande). O direito não é simplesmente um conjunto de normas, mas ele constitui um sistema cujos elementos são interligados e ordenados, cumprindo determinadas funções. Os elementos citados obedecem, portanto, a exigências lógicas ditadas pela correlação dos fatos e das razões de sua disciplina, segundo espécies, gêneros e classes. Temos, assim, os sistemas legal, consuetudinário, jurisdicional e negocial. Eles, no seu todo, constituem um "sistema global", que é o ordenamento jurídico.

---

[17] Miguel Reale, *Lições preliminares de direito*, São Paulo: Saraiva, 1984, p. 191. Francisco Amaral assim distingue: "Os institutos são conjuntos de normas que disciplinam uma determinada relação jurídica. As instituições, termo de natureza sociológica, são grupos sociais dotados de uma determinada ordem e uma organização interna, que se criam e se justificam por um fim comum" (*Direito civil*: introdução, Rio de Janeiro: Renovar, 2008, p. 7). Na lição de Roubier, instituição jurídica é o "conjunto orgânico, que contém a regulamentação de um dado concreto e durável da vida social e que está constituído por um núcleo de regras jurídicas dirigidas para um fim comum" (*Théorie générale du droit*).

[18] Para Renard, a instituição jurídica é uma "entité juridique qui a sa racine dans la personne, et qui pourtant la dépasse en durée, en continuité et en permanence" (*La théorie de l'institution*, Paris, 1930).

[19] Há mesmo uma teoria que encontra na "instituição" a origem do direito: a Teoria da Instituição (Hauriou, Renard e Santi Romano).

92.4. Pluralidade dos ordenamentos internos

O pluralismo jurídico vem a ser uma doutrina que contesta a existência exclusiva do ordenamento jurídico estatal e afirma que ao lado do direito do Estado e até mesmo contra o Estado, há uma multiplicidade de ordenamentos, aos quais não se pode negar juridicidade positiva. Trata-se de uma teoria que se opõe ao monismo jurídico.

Há um denominador comum que é o **antiformalismo**, ou seja, o repúdio à lei como forma, isto é, sem o conteúdo concreto da vida social. Daí um primeiro perigo que ameaça a todo sistema pluralista: de descambar para o sociologismo, de fazer Sociologia em lugar de Direito. Se exageram os monistas, propensos a dizer que "direito é forma", não menos perigosa é a afirmação oposta: "direito é conteúdo socioeconômico".

O pluralismo foi, em primeiro lugar, uma reação das forças vivas da sociedade contra a máquina do Estado montada com a função exclusiva de editar leis, de fazer direito, e também contra o Estado de Direito erroneamente concebido, à maneira de Kant, como ordenamento destinado à mera tutela da ordem das liberdades individuais. Explica-se, assim, a adesão encontrada pelo pluralismo entre os afirmadores dos direitos dos grupos econômicos, das associações e dos sindicatos, ressurgidos triunfantes por imperiosas necessidades do mundo contemporâneo.

Se hoje não faltam endeusadores do Estado como fim do direito ou como realização concreta dos ideais éticos ou das exigências econômicas de um povo, também não faltam juristas que negam o primado interno do direito estatal, e afirmam a supremacia do direito das instituições particulares, ou então do direito que Gurvitch denomina "social", mas que na realidade é direito *in fieri*, em via de formação.

Não se deve, porém, confundir o pluralismo contemporâneo com toda e qualquer doutrina que admite a existência de direito fora do Estado. Os pluralistas afirmam que fora do Estado há direito positivo, ou seja, direito dotado de garantia jurídica e não apenas de garantias extrajurídicas ou metajurídicas, como pretende o estatalismo relativo de Jellinek e, mais ainda que há uma equivalência qualitativa entre o direito positivo estatal e o direito não estatal.

É inegável a importância dessas pesquisas, mas não é menos certo que ela só se justifica uma vez que se saiba distinguir o momento especulativo sobre o direito como fenômeno social, do momento especulativo prático no qual se considera o direito como norma, tendo-se em vista as atividades dos homens e os fins éticos da convivência. **Miguel Reale** apresenta uma análise do monismo e o pluralismo, notando que as divergências entre os autores decorrem do fato de verem a realidade estatal de pontos de vista distintos. De fato, a realidade estatal pode ser olhada de duas maneiras. Ou sob o ângulo social e político, levando-se em conta o seu conteúdo e os processos de expressão daquilo que na sociedade se considera indispensável à ordem, à justiça e à paz. Ou sob o ângulo jurídico, atendendo-se mais às formas de garantia e de exercício, ao valor do que é posto como preceito imperativo de conduta. Os que adotam a primeira atitude focalizam mais o momento da afirmação dos direitos ou o momento da **liberdade**, até o surgimento das regras de direito positivo estatal e não estatal. Já os que preferem se colocar do ponto de vista da tutela e da garantia da ordem social focalizam mais o momento da **autoridade**, e à unidade da ordem, da justiça e da paz fazem corresponder a unidade do ordenamento jurídico declarado pelo Estado. Em suma, **monismo e pluralismo** refletem duas tendências que se poderiam chamar as constantes da evolução jurídica, porque ora se salienta o elemento liberdade e o pluralismo se acentua, ora predomina a ideia de autoridade e o monismo se exacerba.

Assim, à medida que essas posições se estabelecem, uma outra se constitui que **integra** os dois pontos de vista. Ela sintetiza liberdade e autoridade, mostrando que uma vive da outra. Sintetiza também pluralismo e monismo em uma concepção de Estado ao mesmo tempo una e múltipla., pois o Estado, como realidade cultural que é, é uma unidade de ordem ou de integração, síntese de uno e de múltiplo assim como é, ao mesmo tempo, fim e meio. Fim como expressão dos fins intersubjetivos ou sociais. Uno como expressão da ordem e da paz que a autoridade deve realizar segundo os imperativos da justiça. Múltiplo como expressão das diferentes formas da liberdade. Em suma, para Reale, o Estado é *meio* sob o prisma dos valores da pessoa humana, que lhe cumpre assegurar, mas é *fim* para o homem enquanto indivíduo, pois os interesses privados não se harmonizam sem a interferência do poder que supera as particularidades subjetivas conflitantes numa ordem objetiva de convivência pacífica.

Há, enfim, uma pluralidade de ordenamentos, mas não se pode acompanhar os pluralistas quando vão além e afirmam que todos os ordenamentos se *coordenam* sem existir diferenças qualitativas entre uns e outros. Os pluralistas e monistas moderados, ao contrário, sustentam a supremacia do ordenamento estatal. E com razão, porquanto o Direito Positivo não se confunde com a Lei, havendo uma **graduação de positividade** jurídica. Existe positividade fora do Estado e o direito estatal se distingue dos demais por sua generalidade e por sua validade objetiva *erga omnes*, visto assinalar o momento culminante do processo de integração social. Daí reconhecermos que o direito estatal é aquele que o Estado declara ou admite, embora não seja de fato a única expressão da positividade, mas a forma por excelência do direito positivo.

O fato é que em cada país há um ordenamento jurídico. Mas, **subordinados a ele, podem formar-se "ordenamentos menores", com menor grau de positividade**. É a teoria da pluralidade dos ordenamentos internos. Entre nós, como já vimos, encontramos as "organizações esportivas" e os "grupos profissionais ou sindicais", com um conjunto de normas (as primeiras até mesmo com tribunais), impondo a um grande número de indivíduos determinadas formas de conduta sob sanções organizadas. Mas só o Estado representa o ordenamento jurídico soberano, ao qual todos recorrem para dirimir os conflitos recíprocos.

92.5. Conclusão

Seria impossível enumerar e descrever todos os elementos articulados no ordenamento jurídico, criados pela lei e pelas demais fontes do direito. Miguel Reale, com razão, pergunta: "Como dar, num relance, a ideia desse prodigioso mundo de regras que se projeta das culminâncias dos tratados internacionais e das constituições até as simples instruções e ordens de serviço, num emaranhado de artigos, seções, parágrafos, incisos e alíneas?"[20].

De fato, à medida que a sociedade se desenvolve e ordena os fatos sociais vão surgindo distintos modelos jurídicos, correspondentes a diversas estruturas sociais e históricas. Contudo, nem por isso podemos conceber o ordenamento jurídico desarticulado e contraditório. A sua unidade é um imperativo de sobrevivência social, um postulado da razão ético-jurídica.

93. ORDENAMENTO BRASILEIRO E SISTEMA BRASILEIRO

93.1. História do sistema jurídico brasileiro

A história do sistema jurídico brasileiro começou **antes da História do Brasil**, pois pertence ao sistema codificado, ou seja, seu direito é escrito tendo a lei como fonte principal. Quanto ao conteúdo, através do direito português, sofreu a influência do direito romano, do direito germânico e do direito canônico. Nosso sistema constitucional, desde a proclamação da República, foi *presidencialista*, e *federativa* é a forma de Estado que adotamos. O modelo da nossa Constituição foi a *norte-americana*. É *escrita*, só podendo ser modificada por lei constitucional (emenda constitucional), com observância de procedimento especial diverso do previsto para as leis ordinárias. No que diz respeito aos grandes campos do direito, estão, em regra, contidos em *códigos*. Nosso sistema jurídico teve três fases: a *época colonial (1500-1822)*, mais portuguesa que propriamente brasileira; a *época imperial (1822-1889)*, que se caracteriza pela transição para o que se poderia chamar brasileira; a *época republicana*, que só se desabrocha, com toda desenvoltura, no fim do século vinte. Em qualquer uma dessas fases está presente a influência do direito português contido nas Ordenações do Reino.

93.2. Ordenamento constitucionalista e federalista

a) **Constitucionalista**, uma vez que o sistema de legalidade brasileiro é do tipo em que **a Constituição Federal preside a todo o ordenamento jurídico**. Isso significa que todas as normas jurídicas têm de estar em

---

[20] Miguel Reale, *Fontes e modelos do direito*, São Paulo: Saraiva, 1994, p. 102.

conformidade com os seus preceitos, sob pena de serem inválidas pelo vício da "inconstitucionalidade".

b) **Federalista**, pois o Brasil é um Estado federal. O art. 1º da Constituição Federal afirma que a República Federativa do Brasil é formada **pela união indissolúvel dos Estados e Municípios e do Distrito Federal**. Todos são autônomos e possuidores da tríplice capacidade de (1) **auto--organização e normatização própria**, (2) **autogoverno** e (3) **autoadministração**. Assim, quanto à capacidade de auto-organização e normatização própria, além do ordenamento jurídico "federal" ou "nacional", que vigora em todo o território, cada Estado-membro da Federação, cada Município e o Distrito Federal têm também seu ordenamento jurídico, a partir da Constituição Federal. Há, portanto, um ordenamento jurídico de âmbito federal, com eficácia em todo o país, assim como há um ordenamento jurídico de âmbito estadual, exclusivo para cada Estado-membro da Federação; e há ainda um ordenamento jurídico de âmbito municipal para cada um dos municípios, em consonância com a Constituição Federal e a Constituição do respectivo Estado.

Por conseguinte, a **União** se auto organiza por meio do exercício do seu poder constituinte, consubstanciando-se na Constituição Federal e depois mediante a edição de leis federais.

Os **Estados-membros** se auto organizam por meio do exercício de seu poder constituinte derivado-decorrente, consubstanciando-se na edição das respectivas Constituições Estaduais e, posteriormente, por sua própria legislação (CF, art. 25, *caput*), respeitando sempre os princípios da Constituição Federal. A legislação estadual obedece, na essência, a esquema hierárquico semelhante ao do ordenamento jurídico federal.

No que diz respeito aos **Municípios**, estes se auto organizam por meio de sua Lei Orgânica Municipal e, posteriormente, pela edição de leis municipais, em consonância com a Constituição Federal e a Constituição do respectivo Estado.

Quanto ao **Distrito Federal**, a Constituição garante-lhe a natureza de ente federativo autônomo, em virtude da sua tríplice capacidade antes referida, vedando-lhe a possibilidade de subdividir-se em municípios. Dessa forma, não é Estado-membro, nem Município. Tem, porém, em regra, todas as competências legislativas e tributárias reservadas aos Estados e Municípios (CF, arts. 32 e 147), excetuando-se somente a regra prevista no art. 22, XVII, da Constituição Federal (organização judiciária, do Ministério Público e da Defensoria Pública, e sua organização administrativa). Sendo assim, o Distrito Federal se auto-organizará por lei orgânica, atendidos os princípios estabelecidos na Constituição Federal; e pelas leis distritais, editadas no exercício de sua competência legislativa (CF, art. 32) e elaboradas pelos seus próprios deputados distritais, componentes do Poder Legislativo local (Câmara Legislativa).

QUESTIONÁRIO

1. Que se entende por ordenamento jurídico?
2. O ordenamento jurídico se constitui de um sistema de leis ou de normas? Explique.
3. Que significa o princípio da plenitude do ordenamento jurídico?
4. Como você explica a concepção lógico-normativa do ordenamento jurídico defendida por Kelsen?
5. Como a teoria histórico-cultural de Miguel Reale explica a validade do ordenamento jurídico?
6. Se não houvesse uma interligação entre as normas jurídicas, quais as consequências?
7. Você acha suficiente a demonstração da validade formal do ordenamento jurídico? Justifique.
8. Indique os elementos constitutivos do ordenamento jurídico. Que diferencia um "instituto" de uma "instituição jurídica"? Exemplifique.
9. Explique por que há "normas" que se distinguem dos "modelos jurídicos" como elementos constitutivos do ordenamento jurídico.
10. Que significa a teoria da pluralidade dos ordenamentos internos? Exemplifique.
11. Que significa dizer que o ordenamento jurídico brasileiro é constitucionalista e federalista?
12. Uma "sentença judicial" e um "negócio jurídico" como o de compra e venda pertencem ao nosso ordenamento jurídico? Por quê?
13. Nas democracias contemporâneas, a soberania interna da ordem jurídica está intimamente associada:

    A) à norma fundamental do pensamento de Kelsen, tendo em vista que toda democracia pressupõe universalidade de direitos.

    B) às normas do direito internacional, donde derivam as formas pelas quais os regimes democráticos extraem a fundamentação de sua existência.

    C) às normas derivadas da ética do homem médio, fundamento de todo valor e de todo direito.

    D) às normas constitucionais, como base de regramento formal e material de todas as normas do sistema jurídico.

    E) às normas da burocracia de Estado, tendo em vista que o modelo de dominação legal-burocrático do Estado moderno pressupõe atribuição de toda estabilidade do poder à burocracia.

Lição XX

PANORAMA DO DIREITO POSITIVO

Sumário: 94. Direito público e privado; 95. Direito internacional e interno; 96. Direito interno público; 97. Direito interno privado.

O ordenamento jurídico é um conjunto harmônico de regras que não impõe, por si, qualquer divisão em seu campo normativo. Aliás, na Antiguidade, em virtude da simplicidade da organização social, o direito era único, encerrado muitas vezes em um único código. O direito babilônico foi todo consolidado e reunido no "Código de Hamurabi", enquanto o dos romanos, por muito tempo, encontrava-se na "Lei das XII Tábuas".

O desenvolvimento social, a ampliação e a complexidade crescente das relações jurídicas fizeram com que o campo jurídico fosse dividido em regiões, dominadas por princípios e regras próprias. Não se pode negar que a divisão setorizada do direito positivo em ramos ou disciplinas, obra da ciência jurídica, torna mais fácil o seu conhecimento e o seu ensino. Não pretendemos esgotar a matéria, mas dar ao estudante uma visão panorâmica do direito positivo, apresentando os ramos principais da árvore jurídica.

94. DIREITO PÚBLICO E PRIVADO

Devemos aos Romanos a primeira divisão do direito em público e privado, sendo que este se subdivide em *ius civile* (direto civil ou do cidadão romano) e *ius gentium* (estatuto do estrangeiro), posteriormente ampliados pelo direito pretoriano e pelo direto dos jurisconsultos. A divisão entre direito público e direito privado, os romanos a fizeram segundo o critério da utilidade ou interesse visado pela norma. Tratando-se de interesse pertinente às coisas do Estado, o direito era "público"; cuidando-se do interesse particular de cada um, o direito era "privado" ("Publicum jus est quod ad statum rei romanae spectat, privatum quod ad singulorum

utilitatem: sunt enim quaedam publice utilia, quaedam privatum" – Digesto I, 1, 1, 2).
Miguel Reale[1] e Goffredo Telles Júnior[2] apresentam um critério misto. Ou seja, complementando a colocação romana, distinguem o direito privado do direito público não só quanto ao conteúdo da relação jurídica (o interesse preponderante), mas também quanto à sua forma. Temos, assim, uma distinção quanto ao conteúdo e uma distinção quanto à forma.

94.1. Distinção quanto ao conteúdo

Quando numa relação jurídica **predomina o interesse geral**, sendo ele que se busca de forma imediata, o direito é "**público**". Quando, ao contrário, o **interesse imediato e predominante é particular**, o direito é "privado". Como exemplifica Miguel Reale, "quando uma norma proíbe que alguém se aproprie de um bem alheio, não está cuidando apenas do interesse da vítima, mas imediata e prevalecentemente do interesse social. Por esse motivo, o Direito Penal é um Direito Público, uma vez que visa a assegurar bens essenciais à sociedade toda".

94.2. Distinção quanto à forma

Em se tratando de uma **relação jurídica de "coordenação"**, ou seja, quando *as partes se acham no mesmo plano de igualdade*, contratando de igual para igual, a relação é de **direito privado**. Quando, porém, **uma das partes é o Estado, que, investido de sua autoridade (*ius imperii*), assume uma posição de preeminência**, de tal modo que há um **subordinado** e um **subordinante**, a relação é de **direito público**. É claro que o Estado pode participar de uma relação jurídica como se fosse um particular, sem se investir do seu poder de mando, da sua supremacia jurídica, hipótese em que a relação, sendo de coordenação, é de direito privado.

Luís Roberto Barroso ressalta que a demarcação conceitual entre direito público e direito privado é mais típica dos sistemas fundados na tradição romano-germânica do que no *common law*. E conclui lembrando que, além da União, Estados-membros, Distrito Federal e Municípios, igualmente têm personalidade jurídica de direito público as autarquias e as fundações públicas; as sociedades de economia mista e as empresas públicas, embora controladas pelo Poder Público, são pessoas de direito privado[3].

94.3. Direito comum e direito institucional

O **critério do interesse** parece ser **insustentável**, uma vez que não há uma distinção radical entre o interesse público e o *interesse privado*. Não

---

[1] Miguel Reale, *Lições preliminares do direito*, São Paulo: Saraiva, 1984, p. 335-337.
[2] Goffredo Telles Júnior, *Iniciação na ciência do direito*, São Paulo: Saraiva, 2001, p. 227-229.
[3] Luís Roberto Barroso, *Curso de direito constitucional contemporâneo*, São Paulo: Saraiva, 2015, p. 77-78.

podemos afirmar, com segurança, se o interesse protegido pela norma é do Estado ou do particular. Há, antes, uma correlação, de modo que a norma jurídica que busca o interesse do indivíduo, busca também o do Estado. Assim, o interesse público corresponde, pelo menos indiretamente, aos interesses particulares; e os interesses particulares são protegidos porque há um interesse público nesse sentido. Tanto isso é verdade que se procurou reformular este critério, dizendo-se que o fundamento da divisão estava no interesse preponderante. Direito público seria aquele que servisse predominantemente, ou essencialmente, à realização de interesses públicos, e direito privado o que, nas mesmas condições de prevalência, servisse a interesses privados. A dificuldade continuou, pois os **interesses estão tão interligados que é impossível verificar, com exatidão, qual o que prepondera. O fato é que o critério do interesse é hoje abandonado em favor do critério da posição dos sujeitos (coordenação ou subordinação) na distinção do direito público e do direito privado**[4].

O fato é que, para além dos ramos institucionais de direito há um **direito comum**. Grande número de regras não estão por si ligadas a nenhuma instituição em particular, **estabelecem antes princípios técnicos que podem ser aplicados independentemente, ou submetidos aos fins de uma instituição**. Assim, as matérias que estudamos nesta introdução são de direito comum. E é direito comum o que respeita à Teoria Geral do Direito Civil, que assenta antes de mais na Teoria Geral do Direito. São de direito comum as Obrigações e os Direitos Reais etc.

As regras de direito comum são depois aproveitadas pelos **ramos institucionais** do direito, e aí **adaptadas de modo a servirem finalidades específicas**. Por exemplo, a obrigação é estudada em abstrato no Direito das Obrigações: fala-se apenas na relação credor-devedor, quem quer que sejam o credor e o devedor. Mas numerosas obrigações disciplinam relações de Direito da Família, orientadas para a obtenção das finalidades institucionais deste ramo: a obrigação de fidelidade, pelo menos a obrigação de alimentos. Essa integração institucional impõe normalmente adaptações ao regime comum dessas figuras, acarretando desvios em relação ao padrão da obrigação.

95. DIREITO INTERNACIONAL E INTERNO

Há um direito internacional público e um privado[5]. Que representam?

---

[4] Para Kelsen, essa distinção é metajurídica e, como tal, deve ser rejeitada; querer qualificar juridicamente as normas de direito com relação ao fim a que aspiram realizar, equivaleria, segundo ele, a pretender classificar os quadros de um museu por seu preço (*Teoria geral do direito e do Estado*, São Paulo: Martins Fontes, 2016).

[5] No Brasil existem diversos acórdãos consagrando o primado do Direito Internacional (DI), como é o caso da União Federal v. Cia. Rádio Internacional do Brasil (1951) em que o Supremo

95.1. Direito internacional público

Vem a ser aquele que **disciplina as relações internacionais**, as relações entre os Estados soberanos e os organismos análogos. As suas fontes principais são os tratados e os costumes internacionais.

95.2. Direito internacional privado

Sabemos que o homem com frequência estabelece relações que ultrapassam as fronteiras, podendo surgir o conflito de leis no "espaço", caracterizado pela concorrência de leis pertencentes a diferentes Estados soberanos. O direito internacional privado tem por objetivo **solucionar tais conflitos no plano internacional, indicando a lei a ser aplicada**. Grande parte de suas normas se encontra, entre nós, na Lei de Introdução às Normas do Direito Brasileiro (LINDB).

95.3. Direito interno

Vem a ser aquele que **vigora em determinado território**, ou seja, no espaço social submetido à soberania jurídica e política de um certo Estado. É, por exemplo, o direito brasileiro, o direito francês etc.

Há uma controvérsia sobre a divisão do direito interno: *dicotômica* (direito "público" e "privado"); *tricotômica* (direito "público", "privado" e "misto"); *quádrupla* (direito "público", "privado", "misto" e "cósmico"). Discute-se, também, sobre a colocação de determinados ramos dentro do esquema global; por exemplo, o direito do trabalho é direito público, privado ou misto?

96. DIREITO INTERNO PÚBLICO

96.1. Constitucional

É o ramo do direito público que dispõe sobre a **organização do Estado, a função de seus órgãos e os direitos fundamentais do indivíduo**.

A "Constituição", por sua vez, quando *escrita* (por designar um conjunto de normas codificado e sistematizado em um único documento), é

Tribunal Federal decidiu unanimemente que um tratado revogava as leis anteriores (Apelação Cível n. 9.587). Entretanto, houve uma mudança (considerada por alguns como um verdadeiro retrocesso) no Recurso Extraordinário n. 80.004 decidido em 1978, em que o STF decidiu que uma lei revoga tratado anterior. Tal decisão violaria a convenção de Viena sobre direito dos tratados (1969), que não admite o término de tratado por mudança de direito superveniente (ver Celso D. de Albuquerque Mello, *Direito constitucional internacional*, Rio de Janeiro: Renovar, 2000, p. 366).

rígida: só pode ser modificada por meio de processo especial que ela mesma prevê, mais solene e difícil do que o existente para a edição das demais espécies de leis; semirrígida: algumas regras poderão ser alteradas pelo processo legislativo ordinário, enquanto outras somente por um processo legislativo especial e mais difícil.

Quando *não escrita* (por ser um conjunto de regras não aglutinadas em um texto solene, mas baseado em leis esparsas, costumes, jurisprudência e convenções) é *flexível*: pode ser alterada pelo processo legislativo ordinário. Quanto ao conteúdo (considerando a extensão do texto e a técnica de redação), é *sintética*, cujo texto é de breve redação, como a dos EUA, com sete artigos; ou *analítica*, cujo texto é extenso, como a da Espanha, Portugal e Índia. Quanto à origem, considerando-se o processo de construção, pode ser *outorgada* (quando é imposta pelo detentor do poder, excluída a participação popular, como as de 1937, 1967 e 1969); ou *promulgada* (quando há participação popular em sua formulação).

O Brasil, cuja Constituição vigente é **escrita, rígida, analítica e promulgada**, já promulgou sete *Constituições*: a de 1824, 1891, 1934, 1946, a de 1967, substancialmente alterada pela Emenda Constitucional n. 1, de 17-10-1969; e a de 1988, promulgada em 5-10-1988. Note-se que Alexandre de Moraes entende que a Constituição de 1988 "pode ser considerada como super-rígida, uma vez que em regra poderá ser alterada por um processo legislativo diferenciado, mas, excepcionalmente, em alguns pontos é imutável (CF, art. 60, § 4º – cláusulas pétreas)"[6].

96.2. Administrativo

Ramo do direito público que dispõe sobre a realização de serviços públicos destinados à **satisfação das necessidades coletivas fundamentais**.

96.3. Processual

Ramo do direito público que reúne os princípios e regras pelos quais se obtém e se realiza a **prestação jurisdicional do Estado na solução dos conflitos de interesses entre particulares ou entre estes e o próprio Estado**.

Será direito processual "civil" quando destinado à solução dos conflitos que surgem nas atividades de ordem privada ou comercial; e direito processual "penal" quando regula a forma pela qual o Estado resolve os conflitos surgidos por causa de infrações da lei penal.

---

[6] Alexandre de Moraes, *Direito constitucional*, São Paulo: Atlas, 1999, p. 37.

96.4. Penal

Ramo do direito público que **define os crimes, estabelece as penalidades correspondentes ou medidas de segurança, de maneira precisa e prévia.**

96.5. Do trabalho

Ramo do direito público que **disciplina as relações de trabalho subordinado** ou a este equivalente, bem como determina seus sujeitos e as organizações destinadas à sua proteção.

Embora as divergências sejam grandes, situamos o direito do trabalho no campo do *direito público*, porque, embora discipline o interesse privado, o faz segundo uma forma de intervenção que tem como medida e objetivo o interesse geral. Empregado e empregador não estão como um comerciante que vende e um freguês que compra algo, mas como agentes que devem atender às exigências imperativas de ordem pública. Por exemplo, devem obedecer a um mínimo de salário estabelecido pelo Poder Público, não podem renunciar àquelas garantias concernentes às férias, a um limite de jornada de trabalho etc., o que demonstra que tais relações são de subordinação.

96.6. Financeiro

Tem por objeto toda a atividade do Estado quanto à forma de **realização da receita e despesa necessárias à execução de seus fins**. Disciplina a receita e a despesa pública.

96.7. Tributário

Tem como objeto o campo das **receitas de caráter compulsório**, disciplinando a imposição, fiscalização e arrecadação de impostos, taxas e contribuições.

96.8. Eleitoral

Estabelece os **critérios e condições para o eleitor votar, para alguém se candidatar**, bem como o número de candidatos a serem eleitos, as datas das eleições, as formas de apuração, as bases para a criação e o funcionamento dos partidos políticos etc. Em suma, disciplina a escolha dos membros do Poder Executivo e do Poder Legislativo.

96.9. Do consumidor

Esse ramo novo do direito, tendo como seu principal instrumento o Código de Defesa do Consumidor (Lei n. 8.078/90), **regula as relações** potenciais ou efetivas **entre consumidores e fornecedores de produtos e serviços (excluídas as prestações de serviço de natureza trabalhista)**.

97. DIREITO INTERNO PRIVADO

97.1. Direito Civil

É o conjunto de normas que **disciplina os interesses fundamentais do homem, pela simples condição de ser humano**. É, pois, a "constituição do homem comum", na expressão de Reale[7], ou o "direito comum", isto é, do que há de comum entre todos os homens. Disciplina, assim, o estado e a capacidade das pessoas e suas relações, de caráter privado, atinentes à família, às coisas, às obrigações, à vida societária e à transmissão hereditária dos patrimônios.

Miguel Reale, falando sobre o sentido do novo Código Civil, afirma que "nele haverá uma passagem do individualismo e do formalismo para o sentido socializante, uma vez que o novo código estará mais atento às mutações sociais, numa composição equitativa de liberdade e igualdade. É superado o apego a soluções estritamente jurídicas, reconhecendo-se o papel que na sociedade contemporânea voltam a desempenhar valores éticos, a fim de que possa haver real concreção jurídica. Socialidade e eticidade condicionam os preceitos do novo Código Civil, atendendo-se às exigências de boa-fé e probidade em um ordenamento constituído por normas abertas, suscetíveis de permanente atualização"[8].

97.2. Direito Comercial

É o ramo do direito privado que **regula a atividade econômica habitualmente destinada à circulação das riquezas**, mediante bens de serviços, inclusive o ato de comércio.

97.3. Unificação do Direito Privado

É importante salientar que o novo Código Civil unificou em parte o direito privado, uma vez que **houve a unificação do direito das obrigações**, ou seja, a *disciplina conjunta das obrigações civis e mercantis*, com a inclusão de mais um livro na Parte Especial, que se denominou "Direito de Empresa" (arts. 966 a 1.195), revogando a Parte Primeira do Código Comercial (Lei n. 556, de 25-6-1850, arts. 1º ao 456) e dispondo que as remissões que a legislação faz a essa parte do Código Comercial são consideradas feitas às disposições do Código Civil vigente que lhe forem correspondentes.

---

[7] Miguel Reale, *Lições preliminares de direito*, São Paulo: Saraiva, 1984, p. 3.
[8] Miguel Reale, *Filosofia e teoria política*, São Paulo: Saraiva,. 2003, p. 89.

97.4. Esquema

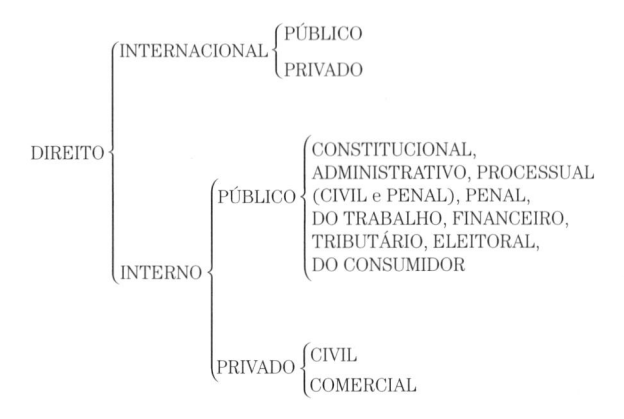

```
              ┌ INTERNACIONAL ┬ PÚBLICO
              │               └ PRIVADO
              │
              │         ┌ PÚBLICO ┬ CONSTITUCIONAL,
DIREITO ──────┤         │         │ ADMINISTRATIVO, PROCESSUAL
              │         │         │ (CIVIL e PENAL), PENAL,
              │         │         │ DO TRABALHO, FINANCEIRO,
              │ INTERNO ┤         │ TRIBUTÁRIO, ELEITORAL,
              │         │         └ DO CONSUMIDOR
              │         │
              │         │ PRIVADO ┬ CIVIL
              │         │         └ COMERCIAL
```

QUESTIONÁRIO

1. Qual a distinção entre direito público e direito privado, quanto ao conteúdo e à forma?
2. Qual a distinção entre direito internacional público e privado?
3. O que vem a ser e como se divide o direito interno?
4. Quais são os principais ramos do direito interno público e privado?
5. A nossa Constituição Federal é rígida, semirrígida ou flexível? Por quê?
6. Como você interpreta a expressão que Miguel Reale usou em relação ao Código de Direito Civil: "é a constituição do homem comum"?
7. Alguém publica em uma página pessoal na rede mundial de computadores, fotos de crianças e adolescente (entre 8 e 16 anos) nuas ou em situações que denotam atividade sexual. O Ministério Público não conseguiu ainda desvendar a identidade do autor, mas tem provas de que as fotos estão disponíveis em um site controlado por uma empresa estrangeira. Conseguiu provar, também, que foram disponibilizadas na rede mundial de computadores por meio de um computador situado no Brasil e que todos os acessos tais fotos ocorreram por meio de computadores também situados no Brasil.
   Com base nos dados acima, é possível afirmar que o crime
   A) está sujeito à aplicação da lei brasileira, já que praticado por brasileiro no exterior.
   B) está sujeito à aplicação da lei brasileira, já que praticado no Brasil, independente da nacionalidade do agente.
   C) está sujeito à aplicação da lei brasileira, já que o Brasil se obrigou a reprimi-lo por meio de um Tratado Internacional.
   D) não está sujeito à aplicação da lei brasileira, já que praticado no país da sede da empresa estrangeira.
   E) não está sujeito à aplicação da lei brasileira, já que praticado por estrangeiro no Brasil.

Terceira Parte

A RELAÇÃO JURÍDICA

A relação jurídica surge como um complemento da teoria da norma jurídica, já que por meio de uma relação vivemos concretamente o conteúdo de uma norma. Aliás, a ideia de considerar o direito e a justiça como "relação" já estava plenamente explicitada na filosofia grega.

O ser do direito é "relativo", podendo-se dizer que é na lei do seu "ser" relativo que finca raízes a lei do seu "dever ser". A realidade jurídica encerra uma trama de relações que constituem a vida social e que estão inseridas numa estrutura normativa. De consequência, a "relação jurídica" faz parte do elenco dos conceitos jurídicos fundamentais e constitui um foco de convergência de vários componentes do direito. No dizer de Jhering, a relação jurídica está para a ciência do direito como o alfabeto está para a palavra.

Assim, vejamos como, tendo sempre origem num "fato jurídico", nela se apresentam os "sujeitos do direito" e se projetam "direitos subjetivos" e "deveres jurídicos".

Lição XXI

O FATO NO DIREITO

Sumário: 98. O Direito nasce do fato e ao fato se destina; 99. Passagem do fato para a lei; 100. Fato-tipo e fato jurídico; 101. Fato jurídico; 102. Ato jurídico e negócio jurídico; 103. Questão de fato e questão de direito.

Toda relação jurídica tem origem num fato jurídico. Há na vida de qualquer pessoa um acontecimento a partir do qual a conduta passa a estar compreendida por determinada norma. **O direito não é só fato, mas só pode ser compreendido como fato ou experiência.** Na dinâmica do direito, os fatos jurídicos são os elementos mais importantes. Não há movimentação no direito que não provenha de um acontecimento natural ou humano, com consequências de direito. Há, portanto, uma correlação muito grande entre o direito e os fatos. Stammler dizia que o Direito é a "forma" de uma "matéria" social.

Não se trata, todavia, **do mero fato "material"**, ou seja, de qualquer transformação da realidade ou do mundo exterior. Aliás, para muitos autores, nem mesmo os dados naturais são fatos brutos ou "indiferentes", pois todo fato implica uma interpretação. Com muito maior razão, o mero fato natural não existe no direito, nem este dele se origina. **No Direito, sempre há a ultrapassagem do plano empírico da faticidade causal para captar o seu sentido ou sua dimensão axiológica.** Em suma, no mundo do direito, não há fato sobre o qual não incidam valores, nem valores que não se refiram a fatos. Estão de tal modo implicados que só por abstração são discerníveis. A norma jurídica não tem sentido desligada das exigências fáticas, que ela supera e integra numa dimensão axiológica necessária. Portanto, cuida-se, aqui, do fato valorado e inserido numa estrutura normativa.

Devemos, pois, **evitar dois equívocos paralelos**: o dos **juristas que identificam direito com experiência jurídica**, e o dos que **pretendem convertê-la em objeto exclusivo da Sociologia Jurídica**. Trata-se de uma *orientação reducionista*, oriunda do esquecimento de que o conceito de experiência jurídica é bem mais amplo do que o determinado pelo jurista ou pelo sociólogo no campo de suas respectivas indagações. À luz da Teoria Tridimensional do Direito, o jurista a aprecia no sentido vetorial do *ato normativo*, enquanto o sociólogo põe o problema no sentido vetorial da *eficácia*, a nenhum deles cabendo o monopólio e sem que, por outro lado, direito e experiência jurídica se confundam. O direito se destina à experiência e só se aperfeiçoa no cotejo permanente da experiência correspondente ao seu ser axiológico. Cumpre, pois, pesquisar e aferir o direito como experiência jurídica concreta, isto é, como *realidade histórico-cultural*, enquanto constitui o complexo de valorações e comportamentos que os homens realizam em seu viver comum[1].

---

[1] O direito se destina à experiência e só se aperfeiçoa no cotejo permanente da experiência correspondente ao seu ser axiológico. Cumpre, pois, pesquisar e aferir o direito como experiência jurídica concreta, isto é, como *realidade histórico-cultural*, enquanto constitui o complexo de valorações e comportamentos que os homens realizam em seu viver comum. Relembramos que há quatro posições filosóficas perante a experiência jurídica: 1) **Imanente**, segundo a qual só os fatos marcam os horizontes do direito. Tudo que se elabora no mundo jurídico (quer pelo legislador, quer pelos tribunais) resulta das relações sociais mesmas, sendo, o mais das vezes, as regras de direito explicadas indutivamente, segundo nexos de causalidade ou funcionalidade. Há uma redução do valor ao fato, do dever ser ao ser. 2) **Transcendente**, segundo a qual, toda a atividade humana não representaria senão um esforço constante de adequação a modelos transcendentes de Justiça e dos demais valores fundantes da experiência jurídica. Essas formas de transcendência importam no pressuposto de valores jurídicos não vinculados à experiência histórica, que seriam antes condição de sua legitimidade, como preceitos ou mandamentos eternos. O Direito Positivo, contingente e mutável, dependente da autoridade pública em função de critérios de conveniência e de oportunidade, representaria, para ser moralmente válido, uma adequação necessária aos princípios supremos da vida prática, válidos em si mesmos, na linha do pensamento tomista. 3) **Transcendental kantiana**, segundo a qual o direito não resultaria do processo fático, nem lhe é imanente. Na acepção que o termo "transcendental" passou a ter a partir de Kant, sempre se pensa a experiência em função de suas necessárias "condições a priori de possibilidade". Nessa direção configura-se uma teoria de cunho transcendental. 4) **Realeana**, segundo a qual o direito é uma realidade histórico-cultural que se constitui e se desenvolve em função de exigências da vida humana, liberta das preocupações reducionistas e setorizante que foram, no passado, uma das características do empirismo positivista. Reale enfoca o problema da experiência ética em geral e da experiência jurídica em particular, sobre novas bases, ou seja, além de sua mera referência à subjetividade pura, entendida como simples tábua de formas e categorias lógicas. Ela implica também condições de ordem axiológica e histórica, assumidas e reconhecidas pelo eu que sente, pensa e quer. Reale fala numa concretude axiológica da experiência jurídica e aponta, em Kant, dois pontos negativos. O primeiro refere-se ao "abismo" posto entre natureza e espírito, lei natural e liberdade, ser e dever ser, implicando uma separação radical entre a experiência natural e a experiência ética, entre ciências naturas e ciências humanas. O segundo diz respeito não só ao caráter puramente lógico-formal das condições transcendentais do conhecimento, como também ao artificialismo resultante da pretensão de prefigurar *a priori* uma tábua completa das formas e categorias, às quais deveriam se adequar todos os tipos de reali-

98. O DIREITO NASCE DO FATO E AO FATO SE DESTINA

A palavra "fato" (*factum*) corresponde tanto ao particípio passado de "fieri" (acontecer), como de "facere" (fazer). Por isso, envolve tanto aquilo que acontece independentemente da iniciativa humana, mas adquirindo um significado para os homens (*fato natural*), como aquilo que é feito intencionalmente (*fato voluntário*)[2].

98.1. Nasce do fato

O direito, já o ensinavam os romanos, nasce do fato (*ex facto oritur jus*). Nasce do fato porque, sem um acontecimento oriundo das forças da natureza ou da vontade humana, não há base para que se estabeleça uma relação jurídica. Na realidade **é com base nos dados do processo social que o legislador, por exemplo, instaura modelos jurídicos**[3].

98.2. Realiza-se no fato

Mas se o direito nasce do fato, ele *também se destina* ao fato, pois **foi criado para reger os acontecimentos importantes para a convivência social**. Se as normas jurídicas são modeladas previamente em função da experiência social (nascem do fato), elas depois, quando são aplicadas, *atribuem juridicidade a esta ou àquela relação social* (se destinam ao fato). Nesse segundo momento (da aplicação), elas se projetam como feixes

---

dade possíveis. Natureza e experiência são conceitos que no sistema kantiano inseparavelmente se correlacionam, implicando a existência de uma realidade explicável segundo leis necessárias. Reale concebe a experiência do direito como um processo de concreção axiológico--normativa. A realidade do direito é a de um processo histórico que somente graças a um processo dialético será possível compreender a experiência jurídica. E, como se trata de experiência de natureza axiológica, que participa da polaridade e da coimplicação essenciais aos valores, tal dialética só pode ser a de complementariedade (ver *O direito como experiência*, São Paulo: Saraiva, 2002).

[2] Independentemente de ser natural ou voluntário, devemos anotar as duas acepções que a palavra "fato" comporta na teoria tridimensional: (1) o fato do direito entendido como acontecimento histórico-cultural; (2) e o fato enquanto fator ou dimensão daquela experiência histórico-cultural; nesta acepção particular, é tudo aquilo que corresponde ao já dado ou ao já posto no meio social e que valorativamente se integra na unidade ordenadora da norma jurídica.

[3] Vale ressaltar que a dinâmica da produção normativa é histórica e social. Isso significa que, se o direito está ligado fundamentalmente às condições pelas quais se produz a vida material da sociedade, muitas vezes não vemos o processo produtivo social pelo qual se fazem as coisas. Não vendo o processo, não vemos a história. Não vendo a história, não vemos as contradições do momento social. Somos "vítimas das ilusões jurídicas coisificadas", na expressão de Alaôr Caffé Alves. É então que deveríamos perguntar: Por que foi feita a norma? Com que fim? Ora, é importante saber os motivos e a origem social das normas para saber os motivos e os fins da produção e da aplicação jurídica. Se virmos isso, iremos explicar melhor e mais profundamente o direito posto (*O que é a filosofia do direito?* Barueri: Manole, 2004, p. 94).

luminosos sobre a experiência social e aquelas relações sociais que passam sob a ação desse facho normativo adquirem o significado de relações jurídicas. Se o direito nasce do fato, ele também "se realiza nos fatos".

98.3. Revolta dos fatos

Por tudo isso, **o direito não pode ignorar ou ir contra a realidade da vida**. Como advertia George Ripert, "**quando o direito ignora a realidade, a realidade se vinga ignorando o direito**". O direito que perde o contato com a realidade fática, corre o risco de ter contra si a "revolta dos fatos", desvanecendo a ilusão de uma presumida harmonia entre a vida e o sistema consagrado das normas jurídicas[4].

Não se deve concluir que o direito seja necessariamente conservador; ele, ao contrário, pode (às vezes deve) se tornar um fator de transformação da sociedade. O Direito carrega um **paradoxo: deve ser estável, mas não pode ser imóvel**. Sua razão de ser está na *estabilidade e certeza* de seus modelos de ação e, ao mesmo tempo, não pode se subtrair a um destino de *mobilidade*. Todavia, é preciso reconhecer, como lembra Roberto Barroso, que, a partir do momento em que as soluções precisam ser construídas pelo intérprete, há uma perda substancial de segurança jurídica e de objetividade. Mas essas dificuldades são criadas pela complexidade e pelo pluralismo da vida moderna, não pelo direito.

99. PASSAGEM DO FATO PARA A LEI

De que maneira o direito se origina do fato? O fato é a razão suficiente da sua gênese? Eis uma questão que pela sua importância deve ser bem esclarecida.

A passagem do fato à lei acontece *de maneira diferente no mundo da natureza e no mundo do direito*. Naquele, é **direta**, sem intermediários estimativos, uma vez que as leis físico-matemáticas não são senão explicações objetivas do fato.

No mundo do direito, por sua vez, é **necessária a interferência** de outro elemento, que é o "**valor**". As leis jurídicas assinalam sempre uma tomada de posição valorativa do homem perante o fato, culminando no reconhecimento da obrigatoriedade de um comportamento. Em geral o direito não age de forma absoluta, mas ele considera o homem "na situação" em que se acha, ou seja, cercado das circunstâncias concretas em que se encontra.

Na verdade, *o caráter normativo do direito o distingue dos meros fatos naturais*. **O fato por si só não obriga.** Ninguém é obrigado a fazer

---

[4] Gaston Morin escrevia: "A l'insurrection des faits contre le Code, au défaut d'harmonie entre le droit positif et les besoins économiques et sociaux, a succédé la révolte du droit contre le Code, c'est-à-dire l'antinomie entre le droit actuel et l'esprit du Code civil" (*La révolte du droit contre le code*, Paris, 1945, p. 2).

alguma coisa, somente porque alguma coisa é feita ou porque possa vir a ser feita. De um "ser" não pode resultar um "dever-ser". É necessária a interferência de um "valor". Sem uma distinção entre ser e dever-ser, não se compreende a razão da obrigatoriedade do Direito. Duguit, por exemplo, reduz o direito e o mundo dos valores ao "fato da solidariedade". Ora, a solidariedade é um fato, e, como fato, não envolve direção de comportamento, nem é capaz de realizar os valores sociais.

É sabido como os **empiristas** sustentam que o direito é um fato que se liga a outros fatos por meio de nexos de causalidade, ou seja, **nós passaríamos do fato à regra jurídica, mediante um laço necessário de causalidade**. Para o empirismo, até mesmo os princípios mais gerais do direito seriam redutíveis a fontes empíricas. Assim, **Duguit** que reduz o direito ao fato da solidariedade; **Max Rümelin e a Jurisprudência dos Interesses**, que destinam a jurisprudência à indagação dos conflitos de interesses; todos os adeptos do sociologismo jurídico, que pretendem transformar a Ciência do Direito em um capítulo da Sociologia (**Ehrlich e Horvath**); os chamados "realismos jurídicos", o norte-americano de **Karl Llewellyn e Jerome Frank**, e o escandinavo de Hagerström, **Lundstedt, Olivecrona e Alf Ross**; assim como os "positivistas lógicos" e os "analistas da linguagem", como **Herbert Hart**.

No direito **não há**, portanto, **fato bruto ou fato puro**. A rigor, todo fato já implica um ângulo de captação, certa coloração teórica que torna possível sua compreensão intelectiva. Tudo que digo sobre algo só posso dizê-lo segundo certo ponto de vista, podendo o fato ser objeto de múltiplas perspectivas. Isso vale também pra o direito. **Uma lesão corporal dolosa** é *fato biológico para o médico; é notícia para o repórter*; e é *fato jurídico para o Ministério Público*[5].

Assim, se o "fato" é dimensão essencial do direito, é apenas uma delas. Há ainda as do "valor" e da "norma". **A norma jurídica não resulta diretamente dos fatos, pois depende de uma atitude espiritual assumida pela sociedade em relação aos fatos por ela valorados.** Desse ato axiológico resulta uma escolha ou opção, uma atitude de adesão ou de repulsa que se traduz em preceitos obrigatórios de conduta. No mundo do Direito não há que falar em fato que não esteja correlacionado com um ou mais valores, cuja síntese se processa segundo uma ordem normativa.

Na visão do **historicismo axiológico** de Reale, o conceito de fato no direito deixa de lado qualquer concepção fisicalista, nem é compreendido como expressão de simples nexos causais. Ele sempre está vinculado ao valor, ou seja, só é pensado em sua referência axiológica, recebe sempre uma qualificação axiológica. E Reale relembra que quem admite que do fato

---

[5] Ver Miguel Reale, *O direito como experiência*, São Paulo: Saraiva, 2002, p. 202.

puro e simples se origina o direito não pode deixar de aceitar as conclusões de Espinosa sobre o "direito natural" que têm os peixes maiores de comer os menores, chegando, assim, à destruição do próprio direito[6].

100. FATO-TIPO E FATO JURÍDICO

Guido Calógero distingue entre "fato físico" e "fato jurídico": aquele é uma *realidade "observada"* (um fato da natureza), este, *uma realidade "operada"* (um fato da vontade)[7]. No direito, *o fato valorado e inserido numa estrutura normativa aparece, primeiro, como* "**fato-tipo**" (ou "**suposto jurídico**" ou "**hipótese normativa**"), que, verificado, produzirá consequências de direito. E, como já vimos, o fato-tipo pode ser simples ou complexo, conforme pressupõe um ou mais de um requisito[8].

Num segundo momento, quando no plano existencial dos comportamentos ocorre a *realização concreta do fato-tipo*, teremos então o "**fato jurídico**". Qual o critério distintivo?

100.1. Fato-tipo

É a **hipótese** de cuja realização dependem as consequências estabelecidas pela norma. *Fato jurídico* é a **realização concreta** do fato-tipo ou suposto jurídico. Somente mediante a realização do fato-tipo é que a *imputação* se realiza, dando como consequência a atualização do dever jurídico e do direito subjetivo. Há, pois, no conceito de fato, capaz de interessar ao Direito, sempre uma *nota de tipicidade*, pelo menos embrionária, nota essa que é de natureza axiológica. A percepção de um fato na sua manifestação imediata (por exemplo, Fulano atirou em Beltrano) é bastante como *base de fato* para um inquérito policial, pois aquele dado elementar é fato signi-

---

[6] Miguel Reale, *O direito como experiência*, São Paulo: Saraiva, 1968, p. 129, nota 7.

[7] São palavras suas: "Um é um fato da natureza, outro um fato da vontade; um é um fato que é somente fato, o outro é um fato que é também um *ato*; um é um *factum*, que não pressupõe nenhum *faciendum*, o outro, um *factum* que nasceu de um *faciendum*, pois não teria ocorrido se um *factor* não o houvesse sentido como *faciendum*" (*La logica del giudice e il suo controllo in cassazione,* Padova, p. 125, *apud* Miguel Reale, *O direito como experiência*, São Paulo: Saraiva, 2002, p. 203, nota 12).

[8] O fato-tipo (que corresponde ao *tatbestand* alemão ou *fattispecie* italiano) está previsto na norma de direito como pressuposto lógico da incidência do preceito ou dispositivo. É de se notar que quando falamos em "suporte fático" (expressão adotada por Pontes de Miranda), a depuramos da compreensão fisicalista do Direito. Escrevia aquele ilustre jurisconsulto: "Para uso nosso, fazemos modelos de fatos, inclusive de fatos jurídicos, para que o quadro jurídico descreva o mundo jurídico, engastando-o no mundo total. Tudo nos leva, por conseguinte, a tratar os problemas do Direito, como os físicos: vendo-os no mundo dos fatos, mundo seguido do mundo jurídico, que é parte dele" (*Tratado de direito privado*, Rio de Janeiro, 1954, Parte Geral, t. I, p. 3-5).

ficativo de algo, correlacionável à possível lesão de um valor, como é o da integridade física da vítima.

Distinguimos, assim, com García Máynez, o momento meramente normativo do momento existencial ou concreto. Reservamos a denominação "fato-tipo" ou "suposto jurídico" para o primeiro de cuja realização, através do "fato jurídico", depende o nascimento das consequências de direito, ou seja, o dever jurídico para o sujeito passivo e o direito subjetivo para o sujeito ativo. Em suma, o fato-tipo é a hipótese e o fato jurídico vem a ser a sua realização.

Por exemplo, na regra do direito referente aos deveres jurídicos da paternidade, temos como:

– **Fato-tipo:** a referência normativa à paternidade como condição de determinados deveres jurídicos;

– **Fato jurídico:** o fato biológico do nascimento do filho;

– **Imputação:** dado que lhe nasça o filho, o pai está obrigado aos deveres jurídicos da paternidade e ao filho está facultado exigir do pai a prestação devida. Ao famoso personagem das *Memórias póstumas de Brás Cubas*, que conclui o relato da sua vida confessando que não teve filhos, não se aplicariam as normas específicas do dever de paternidade, pois o nascimento de um filho é o acontecimento a que a norma infunde significação jurídica enlaçando-o imputativamente a determinados direitos e deveres.

101. FATO JURÍDICO

O fato jurídico repete no plano dos comportamentos aquilo que está previsto de uma forma genérica na norma, produzindo consequências de direito.

101.1. Conceito

Podemos, então, definir o fato jurídico, em sentido amplo, como sendo todo acontecimento, natural ou humano, que por corresponder ao modelo configurado pela norma jurídica implica consequências de direito, ou seja, a atribuição de direitos e deveres.

Portanto:

a) o fato jurídico **repete**, no plano concreto dos comportamentos, aquilo que está genericamente previsto na hipótese normativa;

b) a ocorrência dele importa em **consequências de direito**, seja dando origem e constituindo, seja modificando e extinguindo direitos e obrigações. O direito dispõe, pois, de verdadeira força criadora, acrescentando ao fato um sentido e consequências que ele não tinha.

Essa repercussão na órbita jurídica, produzindo consequências de direito, é a sua característica fundamental. Sob esse prisma, um mesmo acontecimento pode ser "jurídico" ou "material", diferenciando-se um do outro pela produtividade de efeitos jurídicos, peculiar ao primeiro e inexistente no segundo, na observação de José Abreu. E exemplifica: um raio que atinge uma casa causando prejuízos de ordem material. Esse acontecimento originário da natureza pode ser um fato jurídico ou um fato meramente material. Se o proprietário, precavido, segurou sua casa contra danos resultantes de tais eventos, o acontecimento será um fato jurídico, uma vez que desencadeou consequências de direito, permitindo-lhe cobrar da companhia seguradora o prêmio respectivo, estipulado no contrato. Caso, contudo, o proprietário não tenha feito seguro algum, estaremos diante de um fato bruto ou material, uma vez que arcará com os prejuízos que sofreu[9].

101.2. Classificação

A divisão dos fatos jurídicos é matéria de muita controvérsia e discussão doutrinária. Preferimos a seguinte classificação, pela sua coerência e simplicidade, segundo o esquema:

FATO JURÍDICO (*LATO SENSU*)
- 1. FATO JURÍDICO NATURAL
- 2. FATO JURÍDICO VOLUNTÁRIO
  - 2.1. ATO JURÍDICO
    - LÍCITO
    - ILÍCITO
  - 2.2. NEGÓCIO JURÍDICO
    - LÍCITO
    - ILÍCITO

101.3. Fato jurídico natural e voluntário

Se o fato jurídico, em sentido amplo, abrange tanto os acontecimentos naturais como as ações humanas, que se revelam importantes para o equilíbrio social, quando se trata de *acontecimentos oriundos das* **forças da natureza**, *cuja ocorrência não depende da vontade humana, ou esta só concorre indiretamente* (como no nascimento), temos o fato jurídico **natural**.

a) Na verdade, o **fato natural** produz, às vezes, **consequências de direito**, criando, modificando ou extinguindo direitos e obrigações, **por assim estar previsto na norma**. Por exemplo: o simples decurso do tempo, que pode extinguir direitos; uma inundação que pode transportar porções de terra de uma para a outra margem do rio, alterando assim relações de propriedade; a queda ocasional de um objeto que produza ferimentos em um transeunte; a investida de um animal contra uma pessoa ocasionando-lhe dano poderá operar consequências de direito, determinando a responsabilidade civil do dono para com a vítima; o nascimento de uma criança é um fato biológico que implica situações jurídicas, como a existência de uma pessoa, sendo-lhe atribuídos direitos e deveres, ainda que não

---

[9] José Abreu, *O negócio jurídico e sua teoria geral*, São Paulo: Saraiva, 1984, p. 4-5.

os possa exercer pessoalmente; já antes do nascimento, o fato biológico da gestação tem a sua repercussão no mundo jurídico através das leis protetoras do nascituro; a morte é outro fato natural, cuja ocorrência importa em consequências de direito; uma doença que positive a invalidez perante a instituição previdenciária é também exemplo de fato jurídico gerado por forças naturais.

b) Quanto ao **fato jurídico voluntário**, *ele* é todo e qualquer acontecimento decorrente da **vontade humana**, ao qual a norma jurídica confere consequências de direito, quer haja ou não a intenção precípua de ocasionar efeitos jurídicos. O fato, então, não é mero acontecimento natural, mas, ao contrário, algo que se prende à deliberação volitiva do homem. É uma **ação humana**.

c) **Fato voluntário lícito e ilícito.** O fato jurídico voluntário pode ser **lícito**, ou seja, praticado em conformidade com a regra jurídica; ou **ilícito**, quando em desacordo com ela, violando direito ou causando dano a alguém. Tal colocação supera a **falsa sinonímia entre "jurídico" e "lícito"**, acolhida pelo nosso Código Civil de 1916, no art. 81, quando dispunha: "Todo o ato *lícito* que tenha por fim imediato adquirir, resguardar, transferir, modificar ou extinguir direitos, se denomina ato *jurídico*".

Falsa sinonímia, pois o **ato ilícito pode causar dano a outrem**, como dispõe o art. 186 do Código Civil vigente: "Aquele que, por ação ou omissão voluntária, negligência ou imprudência, violar direito e causar dano a outrem, ainda que exclusivamente moral, comete ato ilícito". E, na hipótese de causar dano a outrem, cria **o dever de reparar tal prejuízo**, como já se lia no art. 159 do Código revogado e, expressamente, no art. 927 do Código Civil em vigor: "Aquele que, por ato ilícito (arts. 186 e 187), causar dano a outrem, fica obrigado a repará-lo". Aqui, o art. 927 amarra expressamente o ato ilícito à obrigação de indenizar os danos causados. Ora, se do ato ilícito resultam consequências de direito (a reparação do dano causado), não apenas o ato lícito mas também o ato ilícito devem ser considerados jurídicos. Ambos são, pois, espécies de fatos jurídicos voluntários[10].

102. ATO JURÍDICO E NEGÓCIO JURÍDICO

Na grande classe dos *fatos jurídicos voluntários*, como atos decorrentes de uma ação humana, devem ser destacadas duas categorias: a dos "atos jurídicos" e a dos "negócios jurídicos". É bem verdade que há uma corrente de pensamento, denominada unitarista, que não admite diferença

---

[10] O **ato ilícito** integra-se pelo concurso dos seguintes elementos: antijuridicidade (contrariedade ao direito e prejuízo), imputabilidade (capacidade de receber as consequências jurídicas decorrentes da conduta ilícita) e culpabilidade (que se manifesta em três níveis: dolo, preterintencionalidade, ou seja, o agente intentava um dano limitado e motivou outro mais extenso, e culpa, ou seja, quando a pessoa age com imprudência, negligência ou imperícia).

entre ato e negócio jurídico. Eles, assim, significariam a mesma coisa. Contudo, a corrente, hoje, merecedora das preferências da doutrina é a corrente dualista, que afirma a existência de traços diferenciais entre ato e negócio jurídico, embora ambos se originem da atividade volitiva do homem. São figuras autônomas, com características próprias. Qual a diferença?

102.1. Atos jurídicos

São aqueles praticados pelo homem **cujos efeitos jurídicos** não são determinados pela vontade do agente, mas, sim, por **determinação da lei**. No ato jurídico, a vontade do agente dirige-se apenas para a *prática* de um ato que cria uma situação a que a lei dá efeito jurídico. Nele, portanto, quanto aos efeitos, é irrelevante o elemento "vontade", porque eles advêm da lei. Os seus efeitos se produzem mesmo que não tenham sido previstos ou queridos pelos seus autores, embora muitas vezes haja concordância entre a vontade destes e os referidos efeitos. A consequência é produzida *ex lege*. Os efeitos ocorrem independentemente da vontade de quem age.

Por exemplo, se alguém reconhece um filho, as repercussões estão preestabelecidas, não podendo o autor do reconhecimento delimitar as consequências de seu ato, porque elas estão catalogadas na lei. Quem encontra e recolhe objeto perdido está obrigado a devolver ao dono (art. 1.233 do CC).

102.2. Negócio jurídico

No **negócio jurídico**, porém, a **vontade do agente** é decisiva tanto para produzir o ato como para determinar-lhe os *efeitos jurídicos*. Assim, enquanto a consequência do ato jurídico é produzida ex lege (depende da lei, na qual já está prevista), a do negócio jurídico é produzida *ex voluntate*: os efeitos são, intencionalmente, queridos pelo agente e reconhecidos e admitidos pelo ordenamento jurídico. Daí a sua definição como sendo a **manifestação de vontade que, instaurando uma relação intersubjetiva, procura produzir determinado efeito jurídico, protegido pelo direito**.

O negócio jurídico, portanto, é aquela espécie de fato jurídico que, *além de originar* de um ato de vontade, *implica a declaração expressa da vontade*, instauradora de uma relação entre dois ou mais sujeitos tendo em vista um objetivo protegido pelo ordenamento jurídico. A relação resulta diretamente da vontade manifestada na forma da lei. Vejamos, como exemplo, alguns casos em que a vontade do homem se projeta, deliberada e conscientemente, objetivando a obtenção de um resultado que o direito reconhece como legítimo. Se desejo auferir crédito, sirvo-me da "hipoteca", dando meu imóvel em garantia do empréstimo que contraio; caso deseje auferir rendimentos com esse mesmo imóvel, valho-me da "locação"; e se desejo transferi-lo para outra pessoa, sirvo-me da "venda" ou "doação". Por fim, é de se notar a existência de negócio jurídico que pressupõe apenas *uma declaração de vontade*, como nos casos de doação, testamento ou renúncia. São negócios jurídicos unilaterais.

Em suma, os negócios jurídicos são aqueles atos que produzem efeitos jurídicos em que a **vontade tem de ser negocial**, ou seja, uma vontade que, devidamente qualificada, permita que se lhe dê um conteúdo próprio, que nem sempre está tipificado na legislação (caso dos contratos inominados, por exemplo). Os atos jurídicos, por sua vez, não exigem vontade negocial porque os efeitos são unicamente os que estão previstos na legislação. Por que um menino de 5 anos que pesca um peixe ou compra um refrigerante *torna-se proprietário* destes, embora não sejam negócios jurídicos, uma vez que, para serem válidos, deveriam ter agente capaz? A resposta é que são "atos jurídicos" cuja eficácia é apenas a daqueles efeitos previstos na lei, e, consequentemente, não há necessidade de vontade qualificada, bastando somente a consciência, e a criança tem essa consciência. Por isso é que o novo Código Civil tem um título relativo aos "atos jurídicos lícitos" que não são negócios jurídicos (art. 185).

102.3. Histórico

O negócio jurídico teve **origem** na doutrina alemã e foi assimilado pela Itália e posteriormente por outros países. O direito civil brasileiro, até a vigência do atual Código Civil, não adotava a teoria do negócio jurídico. Exteriormente estava preso à terminologia francesa sobre a matéria, não utilizando, portanto, a expressão "negócio jurídico", embora sua definição de "ato jurídico" (art. 81) fosse rigorosamente a de negócio jurídico. Sem falar que ele tratava de diferentes modalidades de atos unilaterais e de contratos que nada mais eram do que negócios jurídicos. O Código Civil em vigor já disciplina especificamente o negócio jurídico, devendo-se salientar a *opção do legislador pelos negócios jurídicos* como disciplina preferida para regrar as relações sociais. Preferiu-se a espécie (negócio jurídico) ao gênero (fatos jurídicos).

103. QUESTÃO DE FATO E QUESTÃO DE DIREITO

Às vezes, a conceituação que o Direito faz de um acontecimento não tem apoio nos fatos verificados, como acontece nas presunções e ficções. Outras vezes, a separação entre o ocorrido no mundo da natureza e a interpretação dessa ocorrência no campo do direito é uma separação que a própria ordem jurídica recomenda. Daí a distinção entre "questão de fato" e "questão de direito", cabendo àquela apurar o que aconteceu, e a esta verificar o que a lei determina.

103.1. Questão de fato

É a configuração histórica do fato ou questão que versa sobre a existência ou não de elementos probatórios adequados e suficientes para a qualificação tipológica ao modelo jurídico que se pretende aplicar para solucionar o litígio. Com outras palavras, é a questão atinente ao fato na sua existência, e se apresenta, à luz da prova produzida pelas partes interessadas, a configuração exigida pela hipótese normativa ou fato-tipo.

103.2. Questão de direito

É a compreensão normativa do fato. Por isso a questão de direito surge quando, embora sobre os elementos fáticos não haja divergência, há enfoques jurídicos diversos. A divergência não se desenrola, pois, no plano fático ou de prova, e sim no plano da compreensão normativa, envolvendo pressupostos doutrinários e princípios (daí falar de "direito em tese"). A questão se refere a dois problemas: ao significado do modelo jurídico em si; e à sua correspondência ao fato-tipo, no qual, com base na prova dos autos, quer-se enquadrar o caso sub judice.

Assim, a questão de direito surge, propriamente, quando juízes diferentes, para resolver a mesma questão de fato, invocam normas jurídicas sobre cujo significado e alcance dão entendimentos diversos[11]. Como vimos, ao tratarmos da uniformização da jurisprudência, o nosso sistema vigente prevê o "julgamento prévio" do Tribunal Pleno de segunda instância, quando suas Câmaras divergem sobre o direito em tese.

QUESTIONÁRIO

1. No Direito existe o mero fato bruto ou material?

2. Por que o Direito nasce do fato e se realiza no fato?

3. Que é "fato-tipo" ou "suposto jurídico"?

4. Que são "fatos jurídicos" em sentido amplo? Qual vem a ser a sua característica fundamental?

5. Como se classificam os fatos jurídicos?

6. Que distingue o fato jurídico natural do fato jurídico voluntário? Exemplifique.

7. Como se classificam os fatos jurídicos voluntários?

8. Demonstre a diferença entre "ato jurídico" e "negócio jurídico", exemplificando.

9. Quando um menino de 5 anos compra um picolé, trata-se de um negócio jurídico ou de um ato jurídico? Justifique.

10. Pode haver um ato jurídico ilícito? Justifique.

---

[11] Miguel Reale, *Lições preliminares de direito*, São Paulo: Saraiva, 1984, p. 208.

11. "A", dirigindo sem a devida atenção, atropelou "B", que teve uma perna fraturada. Classifique, juridicamente, esse acontecimento, justificando-o.

12. Um raio pode ser um fato jurídico? Por quê?

13. Que é questão de fato e questão de direito? Exemplifique.

14. (TJSP 2005) Relativamente a negócio jurídico celebrado com erro do contratado e com dolo do contratante, tendo por objeto escuta telefônica de concorrente, assinale a alternativa correta.

    A) É anulável se o erro for substancial e o dolo essencial e a escuta telefônica não for de conhecimento da Polícia.

    B) É negócio jurídico nulo de pleno direito.

    C) Não é negócio jurídico nulo nem anulável se o dolo é acidental, isto é, com ou sem ele o contrato se realizaria, e se o erro não for substancial.

    D) O negócio jurídico é válido, porque o dolo e o erro são recíprocos, caso em que um dos contratantes não pode alegar a má-fé do outro, e o objeto do contrato é o que há de mais corriqueiro e diz respeito à livre concorrência assegurada na constituição

15. (OAB/SP – 133º) O reconhecimento da paternidade e a fixação de domicílio são exemplos de qual dos conceitos a seguir:

    A) Direito Natural.

    B) Negócio Jurídico.

    C) Ato Jurídico

    D) Fato Não Jurídico.

Lição XXII

RELAÇÃO JURÍDICA

Sumário: 104. Relação social e relação jurídica; 105. Conceito e requisitos; 106. Elementos da relação jurídica; 107. Espécies de relação jurídica; 108. Proteção jurídica e prescrição.

A teoria da Relação Jurídica surge como complemento à teoria da Norma Jurídica. Pois, inerente à norma jurídica, há um conteúdo concreto, cuja vivência se manifesta por meio das relações de vida determinadas pelas normas. São as relações jurídicas, que foram apresentadas de maneira mais clara por Savigny, no decorrer do século XIX.

Houve, é bom relembrar, uma tendência de definir o direito como relação, ou seja, via o núcleo da experiência jurídica nas relações intersubjetivas. O direito seria, essencialmente, relação ou **um conjunto de relações intersubjetivas.**

104. RELAÇÃO SOCIAL E RELAÇÃO JURÍDICA

A sociedade é um conjunto de relações sociais. Os seres humanos são seres de relações, seres de trocas, seres de interações. Os homens entram em contato uns com os outros visando à obtenção de fins os mais diversos: econômicos, morais, recreativos, culturais etc. Isso quer dizer que os homens, além das relações meramente intersubjetivas, calcadas nos vínculos intersubjetivos da ética, do amor, da amizade, do companheirismo, da vizinhança, eles também se relacionam entre si, mediante bens, coisas e objetos, especialmente bens de produção. É nas relações que nos constituímos como seres-de-linguagem, como seres-de-cultura, como seres-de-cidadania, como seres-de-mortalidade, e assim por diante. Estar em relação é algo próprio da condição humana. Somos feitos tanto de subjetividade quanto de intersubjetividade; há um elo indissolúvel entre elas.

Há, pois, uma trama de relações sociais nos envolvendo, com *vários tipos de relações*, tais como: 1) relação Homem-Coisa; 2) relação Homem-Homem; 3) relação Homem-Grupo; 4) relação Grupo-Grupo; 5) relação Homem-Estado; 6) relação Grupo-Estado; 7) relação Homem-Pessoa Jurídica; 8) relação Pessoa Jurídica-Pessoa Jurídica; 9) e inclusive a combinatória entre elas. E, se é no jogo das relações humanas que nos constituímos como humanos (ou desumanos), o jogo das relações de todos com cada um define muita coisa, entre elas: a exclusão, a inclusão, o preconceito, a discriminação, o ódio de classe, o privilégio, a justiça ou a injustiça[1].

Em suma, na sociedade nem tudo se manifesta de forma harmônica; existem contradições entre as "forças sociais". Existem antagonismos entre grupos sociais, pois não raro buscam interesses opostos. Daí os grandes conflitos dos sem-terra, dos sem-teto, dos sem-trabalho, dos sem-saúde etc. Em decorrência de tudo isso, o homem, na busca duma solução justa para esses fins, serve-se do direito para a sua realização. Ninguém se relaciona socialmente visando a fins estritamente jurídicos; o Direito é mais um instrumento de vida do que finalidade de vida[2].

104.1. Critério de distinção

Toda relação jurídica sempre é uma relação social; mas nem sempre todos os laços sociais são jurídicos. A **relação jurídica** é uma espécie de relação social. Quando, então, uma relação social deve ser tida como "jurídica"? Ou qual é o seu elemento formal, ou seja, aquele pelo qual a relação de fato assume o caráter de forma jurídica?

Isso acontece quando ela está inserida numa estrutura normativa, ou seja, quando se encontra subordinada a normas jurídicas ou **disciplinada por regras de direito**. De fato, há certas relações sociais que, pela sua ressonância no equilíbrio social, não podem ficar dependendo e sob o comando das preferências individuais. Elas devem, então, ser reguladas pelo direito, passando a ser "jurídicas". O que as torna jurídicas é o fato de que o ordenamento jurídico atribui aos sujeitos da relação direitos e deveres. Portanto, o que caracteriza a relação jurídica não é o "conteúdo", mas a "forma", ou seja, o modo como os sujeitos se comportam um em relação ao outro, segundo a atribuição de direitos e deveres.

Assim, em primeiro lugar, apenas as **relações sociais relevantes** para a vida em convivência ingressam no mundo do direito. Laços de amizade, por exemplo, permanecem apenas no plano social. Em segundo, as relações jurídicas se formam pela **incidência** de normas jurídicas em fatos sociais. Não há relação jurídica se não houver um fato que corresponda a certas normas ou regras de direito. As normas jurídicas projetam-se como feixes

---

[1] Ver Eduardo Bittar, *Introdução ao estudo do direito*, São Paulo: Saraiva, 2018, p. 125.
[2] Ver Miguel Reale, *Lições preliminares de direito*, São Paulo: Saraiva, 1984, p. 210.

luminosos sobre a experiência social e as relações sociais, ao passar sob a ação desse facho normativo, adquirem o significado de relações jurídica.

104.2. Papel do Estado

Vale relembrar que, no plano filosófico, há a indagação se a norma de direito cria a relação jurídica ou se esta preexiste à determinação jurídica. De acordo com a teoria tradicional (jusnaturalista), as relações jurídicas seriam relações sociais postas por si mesmas, apenas reconhecidas pelo Estado, com a finalidade de protegê-las.

Hoje em dia, prevalece a concepção segundo a qual **as relações jurídicas surgem em virtude de ato constitutivo do Estado**, ou seja, o Estado instaura modelos jurídicos que condicionam e orientam o constituir das relações jurídicas. Estas existem somente a partir da regulamentação jurídica, como visto. De fato, a relação jurídica é uma relação direito-dever. Ela deriva, portanto, de uma regra, que no mesmo momento em que atribui a um o poder, atribui a outro o dever de não impedir o seu exercício. Dessa forma, mesmo considerando o direito como "relação intersubjetiva", o fato não elimina a consideração "normativa". Os fatos e relações sociais só apresentam significado jurídico inseridos numa estrutura normativa. Quer se acolha uma ou outra dessas concepções, o certo é que não há que falar em relação jurídica se não houver um fato correspondente a normas de direito. Por exemplo, quando um advogado redige uma petição inicial, ele geralmente faz, em primeiro lugar, uma exposição dos fatos. Em seguida, invoca as normas que julga aplicáveis àquela experiência social. E, por fim, pede aquilo que pretende ser a consequência da adequação do fato à norma.

O conceito de relação jurídica é produto da **pandectística alemã**, introduzido por **Savigny**. Contudo, já a filosofia grega considerava o direito e a justiça como relação. A filosofia medieval escolástica destaca o aspecto relacional da virtude, da justiça e de seu objeto (o *ius sive justum*). Santo Tomás de Aquino cria as bases de uma filosofia da relação de direito. A escolástica, por sua vez, influenciou os juristas glosadores e os decretalistas, sendo Savigny (e com ele a escola histórica) quem eleva esse conceito à categoria básica da ciência do direito. Kant o traz para o campo da filosofia do direito, apontando a relação como o primeiro dos requisitos constitutivos do conceito do direito: "O conceito do direito, enquanto ele se refere a uma obrigação correspondente [...], diz respeito em primeiro lugar apenas à relação externa de uma pessoa para com outra, uma vez que as ações delas podem ter, como fatos, influência umas sobre as outras"[3].

---

[3] *Apud* Norberto Bobbio, *Teoria geral do direito*, São Paulo: Martins Fontes, 2010, p. 30.

105. CONCEITO E REQUISITOS

105.1. Conceito

A relação jurídica, portanto, vem a ser **o vínculo entre pessoas, do qual derivam consequências obrigatórias, por corresponder a uma hipótese normativa**. Ou, segundo Del Vecchio, "**vínculo entre pessoas por força do qual uma pode pretender um bem a que outra é obrigada**" (*Lições de filosofia do direito*). Em suma, é o vínculo que o direito reconhece entre pessoas ou grupos, atribuindo-lhes poderes e deveres; ou que interliga duas ou mais pessoas, submetendo-as a consequências de ordem jurídica. Trata-se de um conceito devido aos pandectistas alemães.

Merece atenção especial o **enfoque tridimensional** com que **Michell Virally** se refere ao conceito de relação jurídica. Essa relação, segundo ele, "nasce de uma simples *situação de fato*, que uma *norma* carrega de significação jurídica à luz dos *valores* que ela exprime e onde ela encontra o fundamento de sua força específica"[4]. No comentário de Reale, "não poderia ser melhor determinado tridimensionalmente o conceito de relação jurídica, não só pela presença dos três fatores integrados em unidade, como também pela compreensão de que a norma, como instrumento de qualificação jurídica, traduz a significação dos valores que lhe servem de fundamento"[5].

É comum os autores distinguirem relações de "aproximação", de "afastamento" e "mistas". Por exemplo, casamento, família e sociedades comercial ou civil são constituídos de relações do tipo **aproximação**; enquanto os conflitos e o direito de propriedade, de relações de oposição ou **afastamento**; os contratos em geral disciplinam relações mistas. Relações inicialmente de aproximação (como as oriundas do casamento) podem com o tempo se transformar em relações de afastamento, gerando conflitos, conduzindo a separação do casal. Pode ocorrer o contrário, havendo reconciliação ou acordo.

105.2. Requisitos

A relação jurídica apresenta dois requisitos: um, de ordem material (a relação social, o comportamento dos indivíduos) e outro de ordem formal (o seu reconhecimento pela ordem jurídica). Portanto, dois requisitos são necessários para que haja uma relação jurídica:

a) **Relação intersubjetiva.** Ou seja, **um vínculo entre duas ou mais pessoas**. Só "pessoas" podem ser sujeitos da relação jurídica. Essa é a con-

---

[4] Michel Virally: "Cette relation naît d'une simple situation de fait, qu'une norme charge de signification juridique à la lumière des valeurs qu'elle exprime et où elle trouve le fondement de sa force spécifique" (*La pensée juridique*, Paris: Librairie Générale de Droit et de Jurisprudence, 1960, p. 213).

[5] Miguel Reale, *Teoria tridimensional do direito*, São Paulo: Saraiva, 1994, p. 35.

cepção personalista, clássica e amplamente dominante. Entre as críticas feitas a quem defende, por exemplo, que um animal possa ser sujeito de direito ou da relação jurídica, sobressai o fato de que a relação jurídica supõe um poder jurídico a que se contrapõe um correspondente dever. Ora, esse poder não pode dirigir-se contra animais, e sim contra pessoas.

b) **Correspondência ou adequação.** *É da adequação da relação social com o vínculo que decorrem as* **consequências obrigatórias da hipótese normativa**. Tal adequação, em certos campos do direito, como no direito civil, pode operar-se por analogia. Em outros, como no direito penal, tem de ser precisa e rigorosa com a hipótese prevista na norma jurídica. Uma relação social pode também caracterizar-se como jurídica em um ramo de direito e não em outro: uma relação jurídica, por exemplo, pode ser "civil" e não ser relação jurídica "penal"[6].

106. ELEMENTOS DA RELAÇÃO JURÍDICA

Em toda relação jurídica há três elementos fundamentais: 1º) sujeito ativo e sujeito passivo; 2º) vínculo de atributividade; e 3º) objeto. O fato e a norma jurídica, arrolados por alguns autores como elementos, são antes pressupostos da existência da relação jurídica[7].

106.1. Sujeitos da relação jurídica

A bilateralidade atributiva do direito determina que toda relação jurídica se passe entre dois sujeitos, um dos quais estará obrigado a uma prestação ou dever jurídico, e outro facultado a exigir a prestação. Porém, nunca uma pessoa se insere numa relação jurídica tendo somente direitos ou deveres, e sim ela tem sempre direitos e deveres. Por exemplo, se A é devedor de certa quantia a B, em virtude de uma letra de câmbio, ele tem o "dever" de pagar o débito no vencimento. Se B, entretanto, quiser antecipar o pagamento, A tem o "direito" de pagar apenas na data prevista no título.

Pois bem, é em função da obrigação ou prestação principal que se caracteriza o sujeito ativo ou passivo da relação, segundo seja credor ou devedor desta.

---

[6] A relação pode decorrer de fatos jurídicos não típicos, isto é, não previstos no ordenamento jurídico, quando teríamos uma "**relação de fato**". Significa, pois, aquela situação desprovida de uma estrutura definida, como é a relação jurídica nascida de fatos típicos, mas que têm importância e significado para o direito. Exemplos são a união de fato, a sociedade de fato, a separação de fato, a filiação de fato, as relações contratuais de fato etc.

[7] Maria Helena Diniz exemplifica dizendo "que o direito de propriedade é um vínculo, oriundo de contrato de compra e venda (fato propulsor), entre o proprietário (sujeito ativo), que tem domínio sobre a coisa (objeto mediato), em razão de permissão legal, e demais pessoas (sujeito passivo), que são obrigadas a respeitar tal domínio (objeto imediato)" (*Compêndio de introdução à ciência do direito*, São Paulo: Saraiva, 2010, p. 517).

a) **Sujeito ativo**, portanto, é o **credor da prestação principal**. O portador do direito subjetivo de poder exigir o seu cumprimento. Num contrato de mútuo, aquele que empresta certa quantia em dinheiro e possui o direito de ser pago no prazo e condições estipulados é o sujeito ativo. O que não elide, como dito, que ele também tenha deveres correlatos ou não.

b) **Sujeito passivo** vem a ser aquele que integra a relação jurídica como responsável ou **devedor da prestação principal**. No exemplo dado, é o mutuário ou o devedor. O que não exclui que também tenha direito de exigir algo em sentido complementar.

Os sujeitos passivo e ativo podem estar claramente existentes ou subentendidos ou em potência. Nas fundações, por exemplo, parece não haver sujeito ativo. Mas, na realidade, elas são entidades autônomas que, como tais, atuam na sociedade, assumem obrigações e comparecem a juízo. São, pois, sujeitos de direito. No direito de propriedade o sujeito passivo é a sociedade; trata-se de um sujeito passivo virtual que poderá a qualquer momento surgir, como no caso de invasão do terreno por quem dele queira apossar-se. O que não podemos é colocar o sujeito passivo de tais relações como sendo um objeto, como fez Edmond Picard ao fundar a relação jurídica numa relação sujeito-coisa[8].

106.2. Vínculo de atribuição

Vem a ser o laço que liga duas ou mais pessoas e que **confere** a cada um dos participantes o **poder de pretender ou exigir algo determinado ou determinável**. Esse vínculo, que pode ter por origem a lei ou o contrato, é que confere o "título legitimador" da posição dos sujeitos numa relação jurídica. Assim, quando temos uma pretensão amparada por uma norma jurídica, diz-se que temos "título" para o ato pretendido, ou, por outras palavras, que estamos "legitimados" para exigir o nosso direito ou praticar o ato.

É tão íntima a correlação entre "vínculo de atributividade" e "título" que, frequentemente, essas expressões são usadas como *sinônimas*. Ocorre, ainda, que também o **documento comprobatório** do direito atribuído a uma pessoa passou a ser chamado de "título", quando se diz, por exemplo, que a "escritura" é o título de propriedade. Na realidade, é mero documento que comprova a existência do título; é o "formal extrínseco do título", na expressão de João Mendes de Almeida Júnior.

Exemplificando, só pode dizer-se proprietário de um apartamento aquele que tem a sua pretensão amparada por um "vínculo" normativo que lhe atribua o domínio e que tem sua origem no contrato de compra e venda. É esse vínculo que lhe confere o "título" de proprietário e "legitima" os atos praticados nessa qualidade. Finalmente, o direito é "comprovado" por meio de um documento: a escritura de compra e venda.

---

[8] Edmond Picard, *O direito puro*, São Paulo: Editorial Ibero-Americano, 1942, p. 54-55.

106.3. Objeto

Vem **a ser o elemento em razão do qual a relação jurídica se constitui**, surgindo em relação a ele tanto a exigência do credor como a obrigação do devedor. Assim, o vínculo existente na relação jurídica está sempre em função de um objeto, que pode ser:

a) Uma **coisa**, como um terreno, e que acontece especialmente no campo dos direitos reais. O que não se pode admitir é que a relação jurídica se estabeleça entre uma "pessoa" e uma "coisa", pois só pessoas podem ser sujeitos da relação.

b) Uma **prestação**, ou seja, um ato ou uma abstenção a que se obriga o sujeito passivo, e que o sujeito ativo pode exigir, como a de pagar X no dia Y. Acontece nos direitos obrigacionais.

c) A própria **pessoa**, como nos direitos pessoais. À contestação de alguns autores, no sentido de que uma pessoa não poderia ser "objeto" de direito, Reale responde dizendo que "tudo está em considerar a palavra objeto apenas no seu sentido lógico, ou seja, como a razão em virtude da qual o vínculo se estabelece. Assim, a lei civil atribui ao pai uma soma de poderes e deveres quanto à pessoa do filho menor, que é a razão do instituto do Pátrio Poder"[9].

107. ESPÉCIES DE RELAÇÃO JURÍDICA

a) Quanto à **disciplina normativa**, a relação jurídica pode ser *civil, penal, trabalhista, comercial etc.*

b) Com relação ao **objeto**, elas se distinguem em *pessoais, obrigacionais e reais*, conforme seja uma pessoa, uma prestação ou uma coisa.

Devemos notar que há relações decorrentes de fatos jurídicos não típicos, ou seja, não previstos no ordenamento jurídico. São as "relações de fato". Significam aquela situação desprovida de estrutura definida (de fatos típicos), mas que tem importância para o direito. Exemplos são a união de fato, a sociedade de fato, a separação de fato, a filiação de fato, as relações contratuais de fato etc.

c) Quanto ao **sujeito**, as relações jurídicas podem ser *relativas*: aquelas em que uma pessoa ou um grupo de pessoas figura como sujeito passivo. Ou *absolutas*: quando a coletividade apresenta-se como sujeito passivo, como ocorre quanto ao direito de propriedade que todas as pessoas têm o dever de respeitar.

d) Quanto às **formas de relações jurídicas**, há de salientar, entre as *obrigacionais*, as de tipo "negocial" que resultam diretamente da vontade manifestada na forma da lei. Aqui vale ressaltar que, além da relação jurídica do tipo *contratual* em que há prestação e contraprestação recíprocas

---

[9] Miguel Reale, *Lições preliminares de direito*, São Paulo: Saraiva, 1984, p. 215-216.

(*do ut des*), há outra na qual os sujeitos não se integram num plano de reciprocidade, não se exigindo, pois, paridade entre as mútuas pretensões, como acontece nos contratos. É uma relação do tipo *institucional*, que pode ser de "coordenação" (como acontece, por exemplo, nas relações entre os sócios de uma sociedade anônima), de "subordinação" (como entre o Fisco e o contribuinte) ou de "integração" (como as que se constituem entre o marido e a mulher, os pais e os filhos no seio da comunidade familiar). Não devemos, portanto, ficar presos a um conceito de relação jurídica exclusivamente baseado nas matrizes das relações contratuais, a que, como lembra Reale, o individualismo jurídico reduzira a vida toda do direito e do Estado[10].

e) A relação jurídica pode ainda ser de "**direito público**" ou de "subordinação": ocorre quando o Estado participa na relação como sujeito ativo, impondo-se com o seu poder de mando. De "**direito privado**" ou de "coordenação", quando é integrada por particulares em um plano de igualdade, podendo nela o Estado participar desde que não investido de sua autoridade.

108. PROTEÇÃO JURÍDICA E PRESCRIÇÃO

108.1. Toda relação jurídica goza da proteção do Estado

Primeiro, pela **sanção prescrita** na norma para os casos de sua violação. Segundo, pela **ação judicial**, faculdade que o lesado possui de invocar a prestação jurisdicional do Estado para fazer valer o seu direito, como expressamente dispunha o art. 75 do Código Civil de 1916, sem correspondência no código vigente: "a todo o direito corresponde uma ação, que o assegura". Dessa forma, a *ação judicial* é um direito que todos têm de movimentar a máquina judiciária para pedir proteção, fazendo cessar a violação de um direito, desde que tenha legítimo interesse econômico ou moral (CPC, art. 17). Uma das obrigações implícitas de quem exerce o direito de ação é a de apresentar com clareza o que se postula, sob pena de a petição inicial ser declarada inepta. Vale relembrar também o princípio fundamental dentro do Estado de Direito, que proíbe excluir da apreciação do Poder Judiciário qualquer lesão ou ameaça a direito (CF, art. 5º, XXXV).

Encontramos, ainda, alguns resquícios de justiça pelas próprias mãos em que se admite a **autotutela** das relações jurídicas nos casos de *legítima defesa* e *estado de necessidade* (CP, art. 23; CC, art. 188).

108.2. Prescrição

As relações jurídicas *sofrem a influência do tempo*, sendo, às vezes, constituídas para durar por tempo indeterminado, e outras por tempo limitado. Podem extinguir-se pelo decurso de tempo, em havendo omissão do

---

[10] Miguel Reale, *Filosofia do direito*, São Paulo: Saraiva, 1990, p. 698.

titular do direito, não exigindo o cumprimento, por parte do devedor impontual, da obrigação. Quando isso ocorre, há **prescrição**, que extinguindo o direito de ação torna o direito ineficaz (prescrição extintiva). Pode ser definida como a **extinção da obrigação pelo fato de o credor não a ter exigido judicialmente do devedor, depois do vencimento, no prazo prescricional fixado em lei, iniciado a partir de quando a prestação deveria ser cumprida.**

QUESTIONÁRIO

1. Quando uma relação social passa a ser jurídica?
2. Todas as relações sociais são jurídicas?
3. Como se define a relação jurídica? Quais são os seus requisitos?
4. A correspondência de uma relação social com a hipótese normativa pode operar-se sempre por analogia?
5. Qual é o sujeito ativo da relação jurídica? Exemplifique.
6. O sujeito ativo da relação jurídica também tem deveres?
7. Qual é o sujeito passivo da relação jurídica? Exemplifique.
8. O sujeito passivo da relação jurídica também tem direitos?
9. Qual a correlação entre o vínculo e o título que legitima a posição dos sujeitos numa relação jurídica?
10. Num contrato de compra e venda, é a escritura que gera o direito subjetivo de propriedade?
11. Em que sentido uma pessoa pode ser objeto de uma relação jurídica? Exemplifique.
12. Que são relações jurídicas relativas e absolutas?
13. Que são relações jurídicas de subordinação e de coordenação?
14. Como são tuteladas as relações jurídicas? É possível a autotutela?
15. A relação jurídica pode ter uma coisa como sujeito?
16. Uma agressão pode dar origem a uma relação jurídica? Explique.
17. Há relações jurídicas de fato? Por quê?
18. Antonio contratou com José a composição até a data combinada de um mural no hotel de propriedade do segundo, mediante o pagamento de X. Deixando Antonio de cumprir o pactuado até a data fixada, José impetrou a competente ação, mediante a qual Antonio foi condenado a pagar X mais Y como indenização a José.

Aponte os elementos dessa relação jurídica.
1. O fato temporal que criou a relação jurídica.
2. A prestação ou conduta devida.
3. O sujeito passivo obrigado em face do titular do direito subjetivo.
4. O sujeito ativo ou o titular a quem está atribuído exigir a prestação.
5. A não prestação ou o descumprimento do pactuado.
6. A sanção ou consequência jurídica imputada à não prestação.

Lição XXIII

SUJEITOS DO DIREITO: PESSOA JURÍDICA INDIVIDUAL

Sumário: 109. Sujeito do Direito e pessoa jurídica; 110. Pessoa jurídica individual.

No direito moderno, todos os seres humanos são sujeitos do direito. Todo ser humano nascido com vida é reconhecido como pessoa do Direito, independente de idade, origem, raça, sexo, condição social ou econômica, crença, etnia, deficiência. O Código Civil brasileiro dispõe, logo no início, que toda pessoa física é capaz de adquirir direitos e assumir obrigações ou deveres no âmbito civil, ou seja, é dotada de personalidade jurídica ("Toda pessoa é capaz de direitos e deveres na ordem civil" – art. 1º). A Constituição Federal, por sua vez, determina que "todos são iguais perante a lei" (art. 5º, I). Lemos na Declaração de Filadélfia: "O homem vale como sujeito de direitos e deveres tão somente pelo fato de ser homem"; e na Declaração dos Direitos do Homem e do Cidadão da Revolução Francesa: "Os homens nascem e são livres e iguais em direitos".

Essas afirmações que hoje nos parecem tão evidentes não significam, no entanto, que a personalidade jurídica (ser sujeito do direito) é um atributo natural do ser humano. É fruto de uma longa evolução histórica. Basta relembrar que em Roma ou Atenas nem todos os homens foram tidos como pessoas, titulares de direito. Havia escravos e homens livres. No direito romano, por exemplo, o escravo era tratado como "coisa", era desprovido da faculdade de ser titular de direitos, de ser sujeito da relação jurídica. Hoje, portanto, a afirmação de que todo homem é capaz de direitos e deveres é, de fato, uma conquista da civilização. Mas o que significa ser "sujeito de direitos"?

109. SUJEITO DO DIREITO E PESSOA JURÍDICA.

Ser sujeito do direito é uma **qualidade conferida pelo ordenamento jurídico**, que pode reconhecê-la ou não a determinadas pessoas. Em toda relação jurídica, sendo uma ordenação bilateral atributiva das relações de convivência, segue-se que duas ou mais pessoas ficam ligadas entre si por um laço que lhes atribui poderes para agir e deveres a cumprir. Este conceito é diferente do conceito filosófico de pessoa que é mais abrangente, profundo e complexo.

109.1. Sujeito do direito

Sujeito *DO direito*, então, vem a ser o **portador de direitos e deveres** *numa relação jurídica;* ou aquele a quem cabe o dever a cumprir ou o poder de exigir, ou ambos. Assim, em sentido amplo, inclui tanto aquele que tem a prerrogativa de exigir a prestação assegurada pela ordem jurídica (sujeito ativo) como também a pessoa obrigada a realizar a prestação, positiva ou negativa (sujeito passivo). Em sentido restrito, significa apenas o *titular de um direito*, quando se denomina "sujeito **DE** direito".

a) **Animal: sujeito ético.** Observe-se que se **TODO** homem é capaz de direitos e obrigações, **SÓ** o homem é dotado dessa capacidade. Portanto, uma coisa ou um animal irracional não podem ser sujeitos do direito. Ulpiano, que definiu o direito natural como aquilo que a natureza ensinou a todos os animais, afirmou por outro lado que os animais não podem ter direito porque carecem de razão: "nec enim potest animal iniuria fecisse, quod sensu caret" (D. 9.1.3). Hoje, vemos como ridículo o fato de o imperador romano Calígula ter nomeado seu cavalo "Incitatus" para o cargo de cônsul ou o fato de na Idade Média se processar um animal ou de se apurar a responsabilidade das coisas[1].

Hoje há um movimento para reconhecer que **os animais (e até o meio ambiente)** sejam reconhecidos como sujeitos do direito. Entre as críticas feitas a quem defende que um animal ou o meio ambiente possam ser sujeitos de direito está o fato de que isso **supõe um poder jurídico a que se contrapõe um dever correspondente**. Poder que não pode ser dirigido contra um animal, como acontece com as pessoas. Com outras palavras, a aceitação dessa nova categoria de sujeito de direito (animais e meio ambiente) implicaria na **imposição de um dever para com seres carentes de razão**, incapazes de assumirem responsabilidades.

b) Se existem **leis de proteção** aos animais, a plantas, a lugares e monumentos históricos, isso não significa que se está reconhecendo-lhes direito à vida ou à integridade. O que se procura, evitando a manifestação de crueldade e selvageria, é a **salvaguarda de certos princípios** de ordem moral, sem os quais os homens se reduziriam aos próprios irracionais. Igualmente porque são úteis ao homem e à sociedade. Na realidade, são "**objeto**" da regulamentação jurídica e não "sujeitos" de direitos. Há

---

[1] O fato de os animais serem "processados" na Idade Média, já que dotados de responsabilidade penal, é objeto da paródia do terceiro ato dos "Plaideurs" (os litigantes) de Jean Racine.

leis que os protegem, porém na simples condição de objeto da regulamentação jurídica.

Tradicionalmente, na ordem cósmica (*schala rerum*), **o homem está no centro**, sendo em parte um ser material, vegetal e animal, e em parte um ser que, pela razão, se eleva ao ser transcendente. Isso significa dominação dos seres inferiores ao homem (animais, vegetais e materiais); respeito de si, do seu semelhante e de toda a natureza; e culto ao ser superior e divino. Portanto, **o uso racional e moderado dos seres inferiores é ético**; aético é o uso predatório do mineral e da vida vegetal e animal.

A bem da verdade, devemos distinguir entre "**agentes morais**" (os seres humanos adultos e racionais) e os "**pacientes morais**" (todos os indivíduos conscientes e sencientes, ou seja, capazes de sentir prazer e dor e ter expectativas, lembranças e afetividade). **O animal é ontologicamente um ser vivo que sente prazer e dor**, buscando o primeiro e evitando o segundo (como o homem). Por sua estrutura biológica, ele tem um valor ético intrínseco e inerente. Assim, embora não seja "sujeito do direito", é "**sujeito ético ou moral**" que reivindica o respeito moral. Merece respeito por causa desse valor intrínseco de que é portador, e não por benévola condescendência humana.

c) **Pessoa humana.** É importante ressaltar que a noção de pessoa comporta em seu bojo o reconhecimento de **sujeitos concretos**, ou seja, o reconhecimento, por trás do termo "pessoa", da pessoa-trabalhador, da pessoa-deficiente, da pessoa-idoso, da pessoa-negro, da pessoa-jovem, da pessoa-mulher, da pessoa-LGBT, da pessoa-migrante, da pessoa-indígena, da pessoa-refugiado etc. etc. O sujeito universal dos direitos é a pessoa humana, portadora de direitos na ordem interna e na ordem internacional.

109.2. Multiculturalismo e os direitos de grupo

Carla Faralli, professora de Filosofia do Direito na Faculdade de Direito da Universidade de Bolonha, agrupa em cinco linhas de pesquisa a produção filosófico-jurídica dos últimos cinquenta anos do século XX. Na quinta linha ela analisa as novas fronteiras a que chegou a filosofia do direito, colocando os problemas das intervenções na vida humana e animal, das novas formas de pluralismo jurídico geradas pelo multiculturalismo, do uso da informática no mundo do direito, encerrando com o exame da bioética[2].

a) O termo "**multiculturalismo**" pode ser empregado em *sentido puramente descritivo* ou em *sentido normativo*. Segundo Carla Faralli, no primeiro designa certo **tipo de sociedade, caracterizada pela presença e pela convivência de grupos culturais diferentes**. Em sentido normativo, indica **um ideal jurídico-político para cuja realização o Estado é chamado a colaborar, principalmente através dos instru-

---

[2] Ver Carla Faralli, *A filosofia contemporânea do direito*, São Paulo: Martins Fontes, 2006.

mentos do direito e da educação. Na segunda acepção, ele nasce da contraposição dialética entre pensamento liberal e pensamento comunitário, que dominou a filosofia político-social dos anos 1980. Um dos núcleos dessa contraposição residia tanto na necessidade, defendida pelo liberalismo, de emancipar o indivíduo das "concepções de bem" socialmente fortes, quanto na exigência, observada pelos adeptos do pensamento comunitário, de limitar o divórcio entre identidade individual e valores socialmente transmitidos.

O ideal multicultural retoma e coordena ambas as instâncias mencionadas acima, uma vez que visa a **proteger e reconhecer as tradições culturais dos grupos** presentes nas modernas sociedades pluralistas, mas tal reconhecimento destina-se à proteção da liberdade do indivíduo e da sua possibilidade de desenvolver plenamente a própria identidade. Sabemos que um dos princípios mais importantes do liberalismo tradicional é o clássico princípio da separação entre a *esfera pública*, que inclui apenas o que tem uma relevância política, e a *esfera privada* da vida de cada cidadão, em cujo âmbito recai tudo o que diz respeito à sua identidade particular (religiosa, afetiva, sexual etc.). Esse princípio da separação das duas esferas, que implicava uma proibição, para o Estado e as instituições públicas em geral, de interferir no âmbito da vida privada dos cidadãos desembocou, no liberalismo contemporâneo, na afirmação da neutralidade do Estado em relação a tudo o que integra a área das "concepções de bem" dos cidadãos. O Estado deve, segundo esse ideal, preocupar-se apenas em garantir a todos uma disponibilidade equitativa dos "bens privados" fundamentais, que constituem precondições para realizar qualquer "concepção de bem" específica que os cidadãos buscam, na variedade de suas identidades, mantendo-se neutro em termos de afirmação das identidades particulares.

No entanto, a realidade social em países de composição cultural mista, principalmente nos países anglo-saxões, onde esse fenômeno tem uma tradição mais antiga, levou alguns estudiosos a ressaltar que também o sentimento de **pertencer a um grupo e a uma tradição cultural deve ser considerado um "bem primário"**. Como escreveu Charles Taylor, a identidade dos indivíduos não surge do nada, mas precisa de uma base cultural e social em relação à qual se plasma dialogicamente. Se uma cultura, que fornece essa base tão essencial para a construção da identidade dos indivíduos passa a ocupar uma posição marginal numa sociedade dominada por outras culturas (por exemplo, a cultura afro-americana nos Estados Unidos), os cidadãos pertencentes a essa cultura serão prejudicados. Isso porque, no processo de desenvolvimento de sua identidade, terão de lidar com a imagem depreciativa de si mesmos, reflexo da escassa apreciação social por sua cultura de base.

b) **Joseph Raz (1939-).** Então, todos os indivíduos têm interesse essencial num reconhecimento público da sua própria cultura, como aplicação do princípio da igual dignidade de todos os cidadãos perante o Estado e as instituições públicas. Tal objetivo pode ser alcançado tanto trabalhando no âmbito da educação, com a elaboração de programas que levem os estudantes à compreensão e ao reconhecimento do valor de culturas diferentes da sua, quanto utilizando o instrumento do Direito para apoiar as culturas vitais, ainda que minoritárias. Nesse sentido falar de "multiculturalismo" significa também falar, como faz Taylor, de "política do reconhecimento"; os dois termos são muitas vezes usados alternativamente.

No início os anos 1990, o ideal multicultural encontra expressão completa em algumas obras de grande ressonância. É particularmente significativa a contribuição de Joseph Raz, aluno e herdeiro de Hart, de origem israelita e filho, portanto, de uma cultura que luta há milênios pela defesa da própria identidade[3]. Pertencer a uma cultura é, para Raz, essencial *em três sentidos*. Em primeiro, é só através das práticas e do horizonte de significados fornecidos por uma cultura que os indivíduos podem discernir as opções que dão sentido a uma vida. Em segundo lugar, compartilhar uma cultura (e, portanto, uma linguagem dada, certa ordem de valores sociais, uma tradição etc.) torna possível a compreensão entre as pessoas, sendo um pré-requisito da socialização. Em terceiro, pertencer a um grupo cultural é um dos mais importantes fatores que determinam o sentido da própria identidade. Para Raz, o Estado liberal, bem longe de ser neutro, deve retomar a função de promotor do bem de seus cidadãos, bem que não é realizável individualmente, separado das comunidades culturais que são as únicas a poder dar um significado, um valor e um reconhecimento à finalidade do sujeito. Daí o papel ativo que o Estado deve assumir para favorecer em seu interior o desenvolvimento harmonioso de diversas culturas.

c) **Pluralidade de grupos culturais.** Devemos lembrar que, hoje, nossa sociedade muitas vezes não é mais constituída por uma maioria e várias minorias, e sim por uma pluralidade de grupos culturais em face, por exemplo, do progressivo estabelecimento de imigrantes. Esse fato implica notáveis consequências no que diz respeito à cidadania, à soberania, à forma do Estado, aos direitos individuais e de grupo. É assim que, da exigência de proteger os grupos minoritários nasceu também uma *nova tipologia de direitos*, os "**direitos de grupo**". Neles *os titulares* não são, como na tradição democrático-liberal, os indivíduos singulares, mas *os grupos culturais*. A noção, contudo, é extremamente *problemática,* tanto do ponto de vista teórico-jurídico quanto do ponto de vista prático. De fato existe o risco de que os membros "fortes" do grupo obtenham mais um poder para oprimir os membros "fracos". Daí as propostas de acompanhar os direitos de grupo por um "direito de saída" do grupo para aqueles membros que se sintam

---

[3] Para conhecer o pensamento de Raz, ver *Ethics in the public domain*: essays in the morality of law and politics, Oxford, 1994; e *Value, respect and attachment*, Cambridge, 2001 (trad. brasileira: *Valor, respeito e apego,* São Paulo: Martins Fontes, 2004).

oprimidos. Seja como for, o debate e os estudos sobre essa questão ainda são muito vivos e controversos.

109.3. Participação social

No cenário de um individualismo das sociedades de massa, observamos vários tipos de reação por parte da população, como por exemplo a sua mobilização por meio da chamada "**democracia de rua**". O exemplo mais recente são as jornadas de junho de 2013, em todo o Brasil, em que as livres manifestações de rua funcionaram como um turbilhão, levantando-se inúmeras bandeiras, entre elas a questão da tarifa de ônibus e os protestos em face da violência policial. Temos, em seguida, ao longo de 2016, as manifestações pró e contra o *impeachment*. Potencializada pelo uso das redes sociais, o fato se tornou o meio e a forma de mobilizar a atenção do Poder Público em direção às necessidades e inconformismos populares. Pano de fundo era a insatisfação geral com a ética na política[4].

109.4. Entes despersonalizados

Além das pessoas jurídicas individuais ou coletivas, encontramos uma categoria *sui generis* de conjuntos de pessoas e patrimônios que são chamados de "entes despersonalizados". Apesar de não possuírem personalidade jurídica (pois não preenchem os requisitos necessários), podem ingressar em juízo para proteger seus interesses, quando isso for previsto pelo direito processual. Exemplos: a **massa falida**; o **espólio**; a **herança jacente**; a **herança vacante**.

109.5. Pessoa jurídica

De início, o vocábulo "*persona*" (pessoa) designava a **máscara** usada pelos atores, em suas apresentações nos palcos, para amplificar a voz (***per sonare***) e caracterizar os tipos representados. Em sua evolução semântica, a palavra passou a designar o **próprio ator** (personagem) e depois, do palco para a vida real, o **homem**. Como na vida real os indivíduos desempenham papeis à semelhança dos atores no palco, o termo passou a significar o ser humano nas suas relações sociais e jurídicas. Não há dúvida que essa evolução semântica da palavra foi feliz, pois a "pessoa" é a dimensão ou veste social do homem, aquilo que o distingue dos demais e o projeta na sociedade e para os outros[5].

---

[4] Ver Eduardo Bittar, *Introdução ao estudo do direito*, São Paulo: Saraiva, 2018, p. 346-347.

[5] Na análise da alteridade, o **rosto** assume papel preponderante na definição, por exemplo, das três posições da relação humana: a erótica, a pedagógica e a política. Revela a feição de homem-mulher, pais-filhos e irmão-irmão. Poderíamos dizer que, na esfera social do Terceiro Mundo, o rosto é a radiografia mais real e objetiva da quanto tal mundo se encontra atrofiado, pois através dela se espelham milhares de rostos desfigurados, ultrajados, espoliados e pisados. Neste cenário, pessoa, no fundo, já não possui o significado de máscara, conforme o teatro

O termo pessoa tem um *significado comum* e outro *jurídico*. Na linguagem comum, pessoa **é o ser humano**. Na acepção jurídica, pessoa equivale a sujeito de direito em sentido amplo, havendo identidade de conceitos: **é o ser individual ou coletivo, dotado de direitos e deveres, situado em um conjunto de circunstâncias**. Qualquer que seja ele, se a ordem jurídica lhe outorga qualificação para exercer direitos e assumir compromissos, é uma pessoa jurídica. *É um atributo conferido pelo Direito, não um conceito que se extrai da natureza6.*

Dissemos que *a pessoa jurídica é o ser individual ou coletivo, porque se consideram pessoas jurídicas tanto o homem* **individualmente** considerado como o **conjunto de indivíduos ou de bens destinados à realização de um fim**. O Código Civil brasileiro denomina "natural" a pessoa jurídica individual, e "jurídica", a coletiva. Essa terminologia, contudo, sofre uma objeção: na realidade, tanto as pessoas naturais como as pessoas jurídicas, *ambas são "jurídicas"*. Por isso, com García Máynez, vamos denominá-las "pessoa jurídica individual" e "pessoa jurídica coletiva".

110. PESSOA JURÍDICA INDIVIDUAL

110.1. Conceito

É o ser individual dotado de direitos e deveres, situado em um conjunto de circunstâncias. Uma das diretrizes que caracterizam, de modo geral, a cultura contemporânea é a compreensão do indivíduo e, por conseguinte, de seus direitos e deveres, não em abstrato, mas na concreção de suas peculiares circunstâncias[7]. Daí a noção dada de "sujeito do direito": o homem considerado individualmente como titular de direitos e obrigações e situado concretamente em um conjunto de circunstâncias individuais, sociais, culturais e históricas. É o reconhecimento de sujeitos-concretos por arás do termo pessoa ou sujeito de direitos e deveres.

A Constituição Federal consagrou a dignidade da pessoa humana como valor maior a ser assegurado (art. 1º, III). Sendo assim, tal princípio norteia o direito infraconstitucional e consequentemente o direito civil passa a privilegiar a pessoa humana, valorizando seus predicamentos, diferentemente do Código Civil revogado, apontado como patrimonialista e apegado ao formalismo jurídico.

---

grego, mas antes expressa o sentido real do rosto do outro enquanto outro, usando a terminologia de Emmanuel Lévinas.

[6] Não há sujeitos sem direito, como não há direitos sem titular. A tese dos "direitos sem sujeito" está hoje praticamente abandonada pela doutrina.

[7] Ver Miguel Reale, A Constituição e o Código Civil, *OESP,* 8 nov. 2003.

110.2. Personalidade e capacidade de direito

No plano jurídico, podemos estabelecer uma **sinonímia entre "personalidade" e "capacidade de direito"**. É a **aptidão para possuir direitos e deveres, que a ordem jurídica reconhece a todas as pessoas**. Assim, afirmar que o homem tem personalidade jurídica é o mesmo que dizer que ele tem capacidade de direito ou aptidão para ser sujeito de direitos e deveres, para possuir direitos e contrair obrigações. Em suma, a personalidade é um atributo jurídico da pessoa: a atributividade de gozar de direitos e obrigações na ordem jurídica.

Há autores que pensam que **a personalidade não se identifica com a capacidade**, como costuma defender a doutrina tradicional. Segundo eles, *pode existir personalidade sem capacidade*, como se verifica com o *nascituro*, que ainda não tem capacidade, e com os *falecidos*, que já a perderam[8].

Assim, a concepção moderna distingue entre **personalidade e capacidade**, atribuindo a primeira, por exemplo, ao nascituro e ao defunto, e a segunda aos indivíduos com vida extrauterina. Em favor da personalidade do concebido, o importante é a sua *individualidade e não a sua autonomia*. Aquela decorre do seu *código genético*. Esta significa *autossuficiência*. Quanto à autonomia em face da mãe, esta tem função puramente instrumental, de sustentação. Os absolutamente incapazes não têm autonomia e são pessoas, o que ocorre também com os irmãos siameses, as pessoas em estado de coma, o recém-nascido que permanece ligado a aparelhos para viver[9].

Seja como for, o fato é que, segundo nossa lei civil, a personalidade jurídica inicia-se ou consolida-se com o **nascimento com vida**, e ele é o suficiente, pois não impõe qualquer outra condição. O nascimento com vida, por sua vez, configura-se com a respiração, com a presença de ar nos pulmões (docimasia hidrostática de Galeno = retiram-se os pulmões e colocam-se na água; se boiarem é porque nasceu com vida). *Se respirou, viveu, adquiriu personalidade jurídica, ainda que morra instantes depois*. É irrelevante o tempo que o recém-nascido tenha vivido, diferentemente do Código Civil espanhol, por exemplo, que requer que a pessoa viva, no mínimo, por 24 horas após o nascimento para ter personalidade jurídica (art. 29). Se é "**natimorto**", não adquire personalidade, não recebendo nem transmitindo direitos. Aliás, no direito romano, o natimorto era considerado como se nunca tivesse existido. O natimorto só tem registro de óbito; difere da pessoa que nasce e morre em seguida, pois esta tem dois registros, um de

---

[8] Ver Francisco Amaral, *Direito civil*: introdução, Rio de Janeiro: Renovar, 2008, p. 254.
[9] Ver Francisco Amaral, *Direito civil*: introdução, Rio de Janeiro: Renovar, 2008, p. 257-258.

nascimento e outro de óbito, significando com isso a sua entrada para o mundo jurídico, ainda que de forma efêmera.

Assim, a capacidade de possuir direitos e contrair obrigações, que para muitos se confunde com a personalidade jurídica, todos os homens têm desde o nascimento. Não é mister indagar do sexo, da idade ou do discernimento mental. Recém-nascidos ou dementes, todos são "pessoas", todos possuem "personalidade", todos têm "capacidade de direito". É sabido que, no direito romano, a personalidade jurídica do homem dependia de requisitos físicos (nascimento com vida, separação do ventre materno e forma humana) e da existência de três estados: de liberdade (*status libertatis*), cidadania (*status civitatis*) e de família (*status familiae*). Significa dizer que o reconhecimento da personalidade jurídica exigia que o indivíduo fosse livre (não escravo), cidadão (não estrangeiro) e *sui juris* ou chefe de família. No direito moderno, extinta a escravidão, reconhecido aos estrangeiros o gozo dos direitos civis e admitido que a situação familiar não altera a capacidade jurídica, a personalidade surge como projeção da natureza humana.

110.3. Início

Há duas correntes sobre o início da personalidade jurídica. A primeira considera que esse começo deve ser fixado a partir do **nascimento com vida**, enquanto a segunda indica o momento da **concepção**. *O nosso legislador* **optou pela primeira fórmula: o nascimento com vida, ficando a salvo, contudo, desde a concepção, os direitos do nascituro (CC, art. 2º)**. Tal opção, embora mais prática, pode ser objeto de crítica como a exposta por **Clóvis Beviláqua: "Se o nascituro é considerado sujeito de direito, se a lei civil lhe confere um curador, se a lei penal o protege, cominando penas contra a provocação do aborto, a lógica exige que se lhe reconheça o caráter de pessoa"**[10].

A fixação do início da personalidade jurídica é puramente de **política legislativa**, pois, há códigos que a reconhecem e outros que a negam. No direito brasileiro, a maioria dos autores defende que o nascituro não tem personalidade jurídica, como parece dispor o art. 2º do Código Civil. No entanto, o sistema jurídico brasileiro permite outra conclusão, segundo **Francisco Amaral**. Diz ele que, com base no art. 5º da Constituição Federal (onde se garante o direito subjetivo à vida) e nos arts. 1.609, parágrafo único, 542 e 1.779 (que consideram o feto, desde a concepção, como possível sujeito de relações jurídicas, vale dizer, sujeito de direitos), **não se pode negar ao nascituro personalidade jurídica**. *O nascimento não seria condição para que a personalidade exista, mas para que se consolide.*

---

[10] Clóvis Beviláqua, *Em defesa do Projeto de Código Civil Brasileiro*, Rio de Janeiro: Francisco Alves, 1906, p. 58.

110.4. Capacidade de fato, legitimação e capacidade plena

Nem todos, porém, têm igual possibilidade de exercer certos atos e por eles ser responsáveis. Nem sempre o ser humano está em condições de *exercer* ou assumir pessoalmente direitos e obrigações. Em suma, nem todos possuem "capacidade de fato"

a) **Capacidade de fato.** É a **aptidão reconhecida à pessoa para exercitar os seus direitos ou deveres por si mesmo**, sem a intervenção de um representante legal. É a possibilidade do exercício de todos ou de certos atos da vida jurídica e de por eles ser responsável. Se a capacidade de direito se confunde com a personalidade, a capacidade de fato *é a medida da personalidade*, como acentua Orlando Gomes. A capacidade de fato é uma capacidade *condicionada*. Enquanto a personalidade jurídica ou capacidade de direito estende-se a todas as pessoas incondicionalmente, a capacidade de fato está condicionada a vários *requisitos* e pressupõe certas condições de fato apresentadas pela legislação, as quais possibilitam à pessoa praticar pessoalmente os atos da vida jurídica.

A **incapacidade de** fato é, por sua vez, **a restrição legal ao exercício dos atos da vida jurídica**, podendo ser absoluta ou relativa. A *incapacidade de fato* **absoluta** é a impossibilidade jurídica de exercer, pessoalmente, *quaisquer atos* da vida civil. Por isso, o direito põe ao lado desses que são absolutamente incapazes alguém que os "represente" e, em nome deles, exerça os atos da vida civil. O art. 3º do Código Civil enumera os absolutamente incapazes:

1º) os menores de 16 anos;

2º) os que, por enfermidade ou deficiência mental, não tiverem o necessário discernimento para a prática dos atos da vida civil;

3º) os que, mesmo por causa transitória, não puderem exprimir sua vontade.

A **incapacidade relativa** vem a ser a impossibilidade jurídica de exercer *certos atos*, ou *exercê-los sem a "assistência" de seus responsáveis*. Segundo o art. 4º do Código Civil, são incapazes, relativamente a certos atos, ou à maneira de os exercer:

1º) os maiores de 16 e menores de 18 anos;

2º) os ébrios habituais, os viciados em tóxicos e os que, por deficiência mental, tenham o discernimento reduzido;

3º) os excepcionais, sem desenvolvimento mental completo;

4º) os pródigos.

Como se vê, a personalidade sempre é protegida, mas, às vezes, a proteção é feita por outrem.

b) **Legitimação.** Hoje, distingue-se a capacidade de fato da **legitimação**, que vem a ser "a posição das partes, num ato jurídico, negocial ou não, concreto e determinado, em virtude da qual elas têm competência para praticá-lo" (Mário Penteado). Ou: "a legitimação consiste em se averiguar se uma pessoa, perante determinada situação jurídica, tem ou não capacidade para estabelecê-la. A legitimação é uma forma específica de capacidade para determinados atos da vida civil... é um *plus* que se agrega à capacidade em determinadas situações"[11].

c) **Capacidade plena.** É aquela que o indivíduo adquire aos **18 anos completos e que o habilita para todos os atos da vida civil**. Devemos observar que o Código Civil trata apenas da capacidade "civil". Porém além dela há a capacidade "comercial", "trabalhista", "política", "penal", "militar" etc., com suas exigências próprias[12].

110.5. Fim da pessoa jurídica individual

A existência da pessoa jurídica individual cessa com a **morte (CC, art. 6º)**. Com a morte, dá-se por cessada a personalidade jurídica da pessoa, isto é, não será mais sujeito de direito, nem tampouco poderá contrair obrigações (*mors omnia solvit* = pela morte tudo se resolve e se soluciona). Se dois ou mais indivíduos falecerem na mesma ocasião (**comoriência**) e se for relevante apurar a ordem dos óbitos por envolver, por exemplo, matéria de sucessão, a nossa lei civil considera-os simultâneos, caso não se consiga provar o contrário (CC, art. 8º).

a) Morte civil e morte presumida. Em nosso direito civil **não existe a morte civil**, ou seja, a perda de todos os direitos civis e políticos, em caso de grave delito, de modo que a personalidade jurídica era considerada extinta, sendo a pessoa juridicamente equiparada ao morto. Essa figura jurídica existiu no passado, como no Código Civil francês de 1804, sendo abolida em 1854.

Quanto à **morte presumida**, ela pode ser declarada, quanto aos ausentes, nos casos em que a lei autoriza a abertura de sucessão definitiva (CC, art. 6º). Sem a decretação de ausência, ela pode ser requerida, depois de esgotadas as buscas, em duas hipóteses:

a) se for extremamente provável a morte de quem estava em perigo de vida;

b) se alguém, desaparecido em campanha ou feito prisioneiro, não for encontrado até 2 anos após o término da guerra. Nesses casos, a

---

[11] O conceito de "**competência**", por sua vez, parece, em contrapartida, manter analogia com o de capacidade civil. Tanto a competência quanto a capacidade podem ser consideradas como autorizações para determinar certas normas. Alguém é capaz para modificar a própria situação jurídica (determinação de normas autônomas); por outro lado, é competente para modificar a de outras pessoas (determinar normas heterônomas).

[12] A idade mínima para que a pessoa possa ser responsabilizada penalmente são os 18 anos; antes só podem ser aplicadas medidas de proteção ou socioeducativas previstas no Estatuto da Criança e do Adolescente (art. 228 da CF). A capacidade trabalhista começa aos 14 anos, tornando-se plena a partir dos 18 (arts. 7º, XXXIII, e 227, § 3º, I, da CF). A capacidade para o exercício do voto começa aos 16 anos e a idade mínima para se candidatar depende do cargo pretendido, aumentando em função de sua relevância política (art. 14, §§ 1º e 3º, VI, da CF).

sentença deve fixar a data provável do falecimento (CC, art. 7º e parágrafo único).

QUESTIONÁRIO

1. Que é sujeito do direito? Quem pode sê-lo?
2. Que vem a ser pessoa jurídica? Qual a origem do vocábulo "pessoa"?
3. Qual a diferença entre pessoa jurídica individual e pessoa jurídica coletiva? Exemplifique.
4. No plano jurídico podemos estabelecer uma sinonímia entre personalidade e capacidade de direito? Por quê?
5. Que vem a ser personalidade ou capacidade de direito? Quando ela começa e termina?
6. O nascituro é pessoa jurídica individual?
7. Que vem a ser a capacidade de fato? Qual a distinção entre ela e legitimação?
8. Que é capacidade plena? Quando ela ocorre?
9. Quando há incapacidade de fato absoluta e relativa?
10. Como o nosso Código Civil soluciona a questão da comoriência?
11. Em nosso direito civil existem a morte civil e a morte presumida?
12. (OAB/MG 2005) Sobre a personalidade, é correto afirmar que:
    A) Apenas o ser humano é dotado de personalidade.
    B) Todos os seres humanos, assim como as pessoas jurídicas, são dotadas de personalidade.
    C) Apenas o ser humano com capacidade plena é dotado de personalidade.
    D) Nem todos os direitos de personalidade são oponíveis *erga omnes*.
13. (OAB/MG 2007) Numa maternidade foram realizados os partos de três crianças: Antonio, João e Pedro. Antonio nasceu com um grave problema cardíaco e faleceu depois de dois dias. João nasceu morto, em virtude de complicações ocorridas ainda no ventre materno. E, felizmente, Pedro nasceu saudável. Sobre as três situações descritas assinale a alternativa correta:
    A) Todos adquiriram personalidade civil, desde a concepção.
    B) Apenas Antonio e Pedro adquiriram personalidade civil.

C) Antonio não adquiriu personalidade civil, pois em razão do grave problema cardíaco sua vida era inviável.

D) Todos adquiriam personalidade civil só que João perdeu-a quando morreu.

14. (OAB/DF 2006) Sobre a capacidade é correto afirmar:

    A) Capacidade e personalidade são conceitos sinônimos, podendo ser utilizados indistintamente.

    B) Capacidade de direito e capacidade de exercício são atributos inerentes a toda personalidade.

    C) Somente aos dezoito anos adquire-se a capacidade de exercício por implemento de idade.

    D) O poder familiar estende-se além dos dezoito anos completos em relação aos filhos, relativamente a responsabilização civil.

15. Qual das seguintes assertivas está corretamente enunciada?

    A) Os menores de 16 anos, pó serem absolutamente incapazes, só possuem personalidade jurídica aos 21 anos de idade.

    B) Aos 21 nos de idade, a pessoa se torna plenamente capaz para praticar sozinha os atos da vida civil, porque só então teve início a sua personalidade jurídica.

    C) Nenhuma.

16. (OAB/MG 2007) João, aos 18 anos, e Maria, aos 16 anos, casaram-se. Meses depois, João faleceu e Maria ficou viúva aos 16 anos de idade. Com relação à capacidade civil de Maria, assinale a alternativa correta:

    A) Retorna à incapacidade absoluta, anterior ao casamento.

    B) Retorna à incapacidade relativa, em razão de sua idade.

    C) Deve ter o retorno à incapacidade declarado por sentença.

    D) Permanece plenamente capaz para os atos da vida civil.

17. Numa operação, chamada de resgate, 178 beagles foram retirados de um instituto de pesquisas em São Roque/SP sob alegação de maus-tratos. Daí para a discussão de direitos dos animais foi um pulo.

    Pergunta-se: Se todo homem é capaz de direitos e obrigações, só o homem é dotado dessa capacidade? Justifique sua resposta.

18. Raimundo, retirante nordestino, foi aproveitado como mão de obra na construção civil dos anos 70, até sofrer um acidente de trabalho. Teve sua mão decepada., quando seu rumo foi o desemprego, o alcoolismo e,

então, as ruas, o conformismo e as madrugadas frias ao relento, com medo da polícia e de assaltantes. Certa feita, dois policiais corruptos, sedentos por ascensão profissional rápida, aproveitam da condição de invisibilidade em que vive a população de rua, para envolvê-lo num crime que não cometeu.

Perante o caso, debata o conceito de "pessoa", "pessoa do Direito" e "dignidade humana", listando o conjunto dos direitos constitucionais e infraconstitucionais da População em Situação de Rua.

19. Quais são as analogias e as diferenças entre a capacidade civil e a competência?

20. Afirmar que um indivíduo é juridicamente capaz equivale a declarar que é uma pessoa jurídica? Por quê?

Lição XXIV

SUJEITOS DO DIREITO: PESSOA JURÍDICA COLETIVA

Sumário: 111. Conceito e características; 112. Natureza da pessoa jurídica coletiva; 113. Normativismo, tridimensionalismo e construção lógica; 114. Classificação; 115. Importância da pessoa jurídica coletiva.

Vimos que todo homem é capaz de direitos e obrigações, embora quanto ao seu exercício a capacidade possa estar condicionada a certos requisitos. Contudo, não é somente o homem, na sua estrutura física, o único sujeito do direito. Porque há também certos grupos, formados para suprir a deficiência humana, uma vez que não podemos realizar os nossos objetivos mantendo-nos isolados, e aos quais o direito confere personalidade: são as pessoas jurídicas coletivas. Efetivamente existem normas que estabelecem faculdades, obrigações e sanções para sujeitos que não são homens. A sua personalidade jurídica é meramente instrumental e adquirida, uma vez que se apresenta como meio de realização dos inúmeros interesses sociais[1].

111. CONCEITO E CARACTERÍSTICAS

111.1. Conceito

A pessoa jurídica coletiva vem a ser o **conjunto de pessoas ou de bens que buscam a realização de um fim e a quem o direito reconhece aptidão para ser titular de direitos e obrigações na ordem civil**.

---

[1] O termo "pessoa jurídica", com o seu significado atual, é de elaboração moderna (séculos XVIII e XIX), embora designe situações ou problemas que sempre existiram na sociedade. Para uma visão histórica e formação do conceito, ver Francisco Amaral, *Direito civil*: introdução, Rio de Janeiro: Renovar, 2008, p. 315-318.

Pela definição dada, vemos como a pessoa jurídica coletiva pode apresentar a seguinte estrutura:
a) Indivíduos que se associam com intuitos econômicos ou não (**sociedades e associações**).
b) Ou alguém destaca de seu patrimônio uma porção de bens livres, destinando-os a um fim determinado (**fundações**).

Devemos lembrar que há uma exceção legal a esse caráter coletivo, criada para fins de apoio aos microempresários: é a pessoa jurídica individual, para cuja constituição admite-se a presença de apenas uma pessoa física.

111.2. Características

As características básicas da pessoa jurídica coletiva são as seguintes:

1) A pessoa jurídica coletiva **não se confunde com as pessoas individuais que a integram** (*"universitas distat a singulis"* = a universalidade dista da singularidade). Nesse sentido, dispunha o Código Civil de 1916: "as pessoas jurídicas têm existência distinta da de seus membros" (art. 20), sem dispositivo correspondente no Código vigente.

Decorrência disso é que *o que deve* a pessoa jurídica coletiva não devem os indivíduos que a integram, e o que devem os indivíduos a pessoa jurídica não deve ("quod debet universitas non debent singuli et quod debent singuli non debet universitas").

A doutrina, contudo, foi abrindo exceções a esses princípios, a fim de que os sócios de má-fé não tirassem proveitos ilícitos, por meio de fraudes e servindo-se da pessoa jurídica que integravam como escudo protetor. É a teoria da **desconsideração da pessoa jurídica** que permite ao juiz, quando há desvio de finalidade, não considerar os efeitos da personalidade jurídica e atingir assim os bens particulares dos sócios. Em suma, os sócios se utilizam da pessoa jurídica para atingir fins ilícitos, aproveitando a vantagem do privilégio da limitação da responsabilidade.

Quanto à **nossa legislação**, tal doutrina está hoje expressamente acolhida, por exemplo, em dois dispositivos. O art. 50 do Código Civil, que dispõe: "Em caso de abuso da personalidade jurídica, caracterizado pelo desvio de finalidade, ou pela confusão patrimonial, pode o juiz decidir, a requerimento da parte, ou do Ministério Público quando lhe couber intervir no processo, que os efeitos de certas e determinadas relações de obrigações sejam estendidos aos bens particulares dos administradores ou sócios da pessoa jurídica". E o art. 28 do Código de Proteção e Defesa do Consumidor, que, por sua vez, estabelece: "O juiz poderá desconsiderar a personalidade jurídica da sociedade quando, em detrimento do consumidor, houver abuso de direito, excesso de poder, infração da lei, fato ou ato ilícito ou violação dos estatutos ou contrato social. A desconsideração também será efetivada quando houver falência, estado de insolvência, encerramento ou inatividade da pessoa jurídica provocados por má administração".

2) A personalidade jurídica da pessoa coletiva garante-lhe, em princípio, iguais **direitos e obrigações** dos que possuem as pessoas jurídicas indivi-

duais, sofrendo, contudo, as limitações decorrentes de sua natureza, por exemplo, os que são inerentes ao homem (direitos de família, políticos etc.).

3) A **administração** dos interesses da pessoa jurídica coletiva desenvolve-se sob o comando das pessoas individuais. Ela não pode praticar diretamente os atos da vida jurídica, necessitando de **representante legal**.

4) **Unidade jurídica.** A pessoa jurídica coletiva deve apresentar-se como uma unidade dentro da ordem jurídica. Os juristas podem divergir quanto à natureza dessa unidade, mas em qualquer hipótese é reconhecida a existência de uma unidade jurídica.

5) **Finalidade própria.** O fim é elemento essencial de qualquer pessoa jurídica coletiva, que não se confunde com os fins particulares ou motivos pessoais de seus membros. A nossa lei civil exige que os estatutos da pessoa jurídica coletiva mencionem expressamente os fins a que ela se destina (CC, art. 46, I).

112. NATUREZA DA PESSOA JURÍDICA COLETIVA

A pessoa jurídica coletiva não é algo de físico e tangível como é o homem. É preciso que se explique por que e como o direito reconhece personalidade a essas entidades, cuja realidade é, desse modo, admitida. Qual a natureza dessas organizações que o direito trata como "pessoas jurídicas"? Ficamos até certo ponto perplexos diante da falta de uma resposta consensual sobre a questão, uma das mais complexas que a doutrina enfrenta. Há teorias que negam a sua substancialidade, julgando-as meras ficções de direito (Savigny, Windscheid). Há teorias que negam a sua existência, como entes distintos das pessoas físicas que as compõem, afirmando que são elas os verdadeiros titulares dos direitos e deveres (Jhering). Há teorias que afirmam a sua substancialidade, ou seja, que têm uma realidade própria (Zitelmann e Otto Gierke). Veremos apenas as seguintes: teorias da ficção, do organismo social e da instituição.

112.1. Teoria da Ficção (Savigny: 1779-1861)

Partindo da premissa de que a personalidade jurídica é atributo próprio dos seres dotados de vontade, Savigny achava que a personalidade das pessoas jurídicas coletivas era uma *fictio juris*, ou seja, **uma simples ficção do direito**, uma vez que elas carecem de vontade. Consequentemente, a pessoa jurídica coletiva é uma criação artificial do direito. É uma pessoa *puramente pensada*, mas não realmente existente. Existe apenas como artifício técnico imposto pelas necessidades da vida em comum. Não existe como entidade dotada de existência própria e real. Só o indivíduo é real; a pessoa jurídica é ficção.

As **críticas** que se apresentam à teoria da ficção voltam-se principalmente contra sua premissa, segundo a qual a personalidade jurídica das pessoas individuais é uma decorrência de sua faculdade de querer. Se o elemento vontade fosse essencial, como se justificaria a personalidade dos recém-nascidos e dos loucos?

Ainda mais, pode-se alegar que as pessoas jurídicas coletivas são entes que possuem determinados fins e capacidade para realizá-los, como por exemplo o Estado. E vimos como a pessoa jurídica coletiva não se confunde com a pessoa de seus membros. Ora, como justificar tais fatos com base em mera ficção?

112.2. Teorias Realistas

Sob essa denominação agrupam-se diversas concepções que apresentam, como denominador comum, o entendimento de que a pessoa jurídica coletiva não constitui uma ficção, mas uma realidade. Assim, por exemplo, a teoria da realidade técnica, do organismo social e a teoria da instituição.

a) **TEORIA DA REALIDADE TÉCNICA.** A pessoa jurídica é um produto da técnica jurídica, ou seja, resulta de um processo técnico pelo qual a ordem jurídica atribui personalidade a grupos em que a lei reconhece vontade e objetivos próprios. As pessoas jurídicas são, assim, uma **realidade**, não uma ficção, embora **produto da ordem jurídica**. Na opinião do civilista Francisco Amaral, o direito brasileiro adota a teoria da realidade técnica na disciplina legal da matéria, como se depreende do art. 45 do Código Civil[2].

b) **TEORIA DO ORGANISMO SOCIAL.** Segundo ela, sustentada principalmente por **Otto Gierke** (1841-1921), quando os homens se reúnem para realizar qualquer objetivo, de natureza política, comercial, civil, religiosa, forma-se efetivamente uma entidade nova, um grupo que possui uma existência real efetiva, inconfundível com a de seus membros, embora constitua uma unidade com eles. São **verdadeiros organismos vivos**, dotados de vida própria, providos de vontade e de capacidade de agir, distintas da vontade e da capacidade dos indivíduos.

Merece **crítica** esse exagero da teoria, quando atribui às pessoas jurídicas coletivas uma existência substancial, uma existência real efetiva. A vontade, por exemplo, é peculiar aos homens. Como fenômeno humano, não pode existir num ente coletivo.

c) **TEORIA DA INSTITUIÇÃO.** Entre os polos extremos, o da "mera ficção" e o da pessoa jurídica coletiva como "organismo real", situam-se outras teorias, merecendo atenção a chamada "teoria da instituição", constituída em nosso século por obra de um grande jurista francês, **Maurice Hauriou** (1856-1929), e desenvolvida por **Georges Renard** (1876-1943). Sustenta que as pessoas jurídicas coletivas são "instituições" a quem o direito concede personalidade jurídica. Que isso significa?

---

[2] Francisco Amaral, *Direito civil: introdução*, Rio de Janeiro: Renovar, 2008, p. 321.

Instituição, define Hauriou, "**é uma ideia de obra ou empreendimento que se realiza e dura juridicamente num meio social, para cuja realização se organiza um poder**" (*La théorie de l'institution et de la fondation*). Ou, como diz Renard, é uma realidade social: **a organização de um estado de coisas, próprio para assegurar, de maneira durável, o cumprimento de certo fim, com ajuda de determinados meios**. Dessas definições emerge a natureza ideal de toda instituição: uma ideia humana que se organiza para atingir um fim duradouro[3].

a) **Ideia e organização**. A instituição envolve, primeiro, uma ideia que cria um vínculo social, unindo indivíduos que visam a um mesmo fim. Essa "**ideia diretora**" que congrega diversos homens, os quais se reúnem tentando alcançar um fim determinado, é o elemento nuclear da instituição. Envolve, em segundo lugar, uma **organização**, ou seja, um **conjunto de meios** destinados à consecução do fim comum. Assim, quando diversos homens se reúnem para alcançar um fim determinado e se armam dos meios para conseguir esse fim comum, temos uma instituição. Por exemplo, uma sociedade comercial existe porque nela se reúnem duas ou mais pessoas dirigidas pela ideia de fundar uma empresa, organizando-se para tanto. Na verdade, a pessoa jurídica coletiva, como instituição, tem uma vida interior e exterior. A primeira é representada pela atividade de seus membros, dentro de uma posição hierarquicamente estruturada. A segunda se manifesta por meio da sua atuação no mundo do direito, buscando a realização da ideia comum.

b) **Unidade de fins e duração**. Pela teoria da instituição, diversas pessoas se reúnem para alcançar um **fim determinado**. É esse fim **que confere unidade à pessoa jurídica coletiva que surge**. Há, assim, uma unidade de fins, ou seja, uma unidade na qual partes múltiplas e diferentes se compõem para atingir um objetivo comum, que não se confunde com as intenções ou motivos subjetivos de seus membros. Caracteriza também a instituição a sua duração ou **continuidade no tempo: os indivíduos passam, a instituição permanece**.

c) **Realidade cultural**. Tal teoria não reduz a pessoa jurídica coletiva, primeiro, a uma mera ficção, mas é uma existência. Segundo, não se trata de algo existencial no plano biológico (teoria organicista), mas é **uma realidade social e jurídica, uma realidade cultural**. A instituição não pode ser concebida da mesma forma que o ser dos corpos físicos ou dos organismos vivos. Trata-se de uma realidade tipicamente humana, cultural, que é normativamente fundada e possibilitada pela formulação e normas ou regras

---

[3] Rénard ensina que em todo grupo humano existem três notas comuns: a *ideia a realizar* (há sempre uma ideia para cuja realização o grupo se constitui); a *comunhão humana* (que surgem razão do bem a realizar, pois uns suprem o que falta aos outros e realizam os seus objetivos); o *governo do grupo* (que estabelece normas de acordo com as ideias dominantes do grupo) (*A teoria da instituição*).

e adquire um significado em relação a estas. Em suma, a pessoa jurídica coletiva, como instituição, é uma ideia diretriz que se incorpora a uma organização para poder perpetuar-se a agir. Ou ainda, é uma ideia com força bastante para ligar entre si seus membros e, assim, realizar um fim comum. Por isso, podemos dizer que a colocação das pessoas jurídicas coletivas como instituições reafirma a **Teoria Tridimensional do Direito**. Isso porque, ao mesmo tempo que reconhece serem as instituições realidades "normativas", ela as vincula a "fatos" e "valores" que são a sua razão de ser ou o seu conteúdo: o fato de diversas pessoas se reunirem para a realização de um fim valioso que as inspira e determina. Em suma, há no institucionalismo uma tridimensionalidade implícita, uma vez que nele as "ideias" diretoras se incorporam nas "instituições" e produzem as "regras de direito".

113. NORMATIVISMO, TRIDIMENSIONALISMO E CONSTRUÇÃO LÓGICA

a) **Normativismo.** Para **Kelsen**, tanto a pessoa individual quanto a coletiva consistem em **conjuntos de normas**. A diferença reside em que, enquanto na pessoa individual as normas referem-se a um único homem, no da pessoa coletiva referem-se a um grupo de homens. Assim para Kelsen a expressão pessoa jurídica não denota uma espécie de homem imaginário, mas algo real, ou seja, um conjunto de normas às quais os juristas atribuem os atos dos indivíduos que agem de acordo com elas. Portanto a tese de Kelsen não se identifica com a teoria da ficção, ainda que aparentemente esteja próxima dela. Em suma, o **normativismo kelseniano** concebe as pessoas jurídicas coletivas tão somente como sistemas de regras ou entidades normativas. Ora, não tem sentido lógico afirmar a realização de condutas por um conjunto normativo!

b) **A teoria tridimensional**, por sua vez, superando o referido normativismo, reconhece que elas são **entidades normativas**, mas **vinculadas aos fatos e valores**, que são a razão de ser ou o conteúdo daquelas realidades. De fato, o normativismo kelseniano põe fora do direito outros aspectos não menos essenciais: o fato de certos homens se congregarem para a realização de um valor ou fim que os inspira e determina[4].

c) **A pessoa jurídica como construção lógica.** A tese de alguns autores, entre os quais está **Hart**, é que a expressão "pessoa jurídica" pertence à categoria de termos que **cumprem uma função eficaz na linguagem ordinária e na científica, sem que se refiram a nenhum fato ou objeto**. As dificuldades da teoria jurídica para determinar seu significado, dizem eles, deriva de partir do pressuposto equivocado de que deve haver alguma denotação para poder integrar enunciados significativos.

---

[4] Ver Miguel Reale, *Lições preliminares de direito*, São Paulo: Saraiva, 2003, p. 238.

O enfoque correto consiste em desistir de tentar definir a expressão "pessoa jurídica", de tal modo que ela denote algum tipo de entidade (sejam seres humanos, organismos supraindividuais ou entes fictícios), e, em contrapartida, centralizar a análise nas funções que essa expressão cumpre em diferentes contextos, mostrando, em cada caso, como as frases em que ela aparece podem ser traduzidas para outras frases que se referem a fatos observáveis.

Se procedermos assim, observaremos que algumas dessas frases são equivalentes a enunciados sobre a conduta de certos homens em determinadas condições, outras são traduzíveis em enunciados que se referem a sistemas normativos etc. A confusão começa a surgir quando, dessa comprovação, pretende-se concluir que "pessoa jurídica" denota ou homens, ou conjuntos de normas, ou qualquer outro tipo de entidade.

O erro das teorias tradicionais, segundo a tese, foi o de esperar que pudessem traduzir certos enunciados apenas substituindo a menção da pessoa coletiva pela de um grupo de indivíduos, ou de um superorganismo ou pela de um homem fictício. Por exemplo, a tradução de uma proposição como a do tipo "Honestidade S. A. cometeu uma defraudação impositiva" deve fornecer um conjunto de enunciados que descrevam tanto a conduta de certos indivíduos quanto a existência de determinadas normas jurídicas. Não pode ser traduzida para outros enunciados cuja única diferença do anterior consiste em que "Honestidade S. A." é substituído por uma longa lista de nomes próprios de indivíduos (como proporiam as teorias negativas); nem pela descrição de uma entidade fantasma que, sem ser um homem, age como os homens (como proporiam as teorias realistas); nem pela descrição de um homem imaginário (tal como sugere a teoria da ficção)[5].

114. CLASSIFICAÇÃO

As pessoas jurídicas podem perseguir as mais variadas finalidades, e podem ser divididas em dois grandes grupos, as de direito privado e as de direito público. A principal diferença entre elas é que as de direito privado são as mais numerosas e criadas por iniciativa de particulares e somente supervisionadas pelo Estado; e as de direito público são criadas por leis brasileiras ou estrangeiras e submetidas a um estrito controle. As de direito público, por sua vez, são de direito interno ou externo, como veremos.

114.1. De direito público e de direito privado

Pessoas jurídicas de direito público são aquelas **dotadas de poder de império**, no respectivo território, ou de soberania ou personalidade internacional. Subdividem-se, assim, em de direito público externo e interno.

As de direito privado são entidades **desprovidas do poder de império**, instituídas em regra por iniciativa de particulares.

---

[5] Ver Carlos Santiago Nino, *Introdução à análise do direito*, São Paulo: Martins Fontes, 2015, p. 271 e s.

114.2. De direito público externo e interno

Pessoas jurídicas de direito público externo são representadas pelos **Estados estrangeiros** e todas as pessoas que forem regidas pelo direito internacional público (CC, art. 42).

As de direito público interno, nos termos do art. 41 do Código Civil, são:

a) a **União**;
b) os **Estados-membros, o Distrito Federal e os Territórios**;
c) os **Municípios**;
d) as **autarquias**;
e) as demais **entidades** de caráter público **criadas por lei**.

Observe-se, pois, que o referido dispositivo legal é apenas exemplificativo, ao mencionar as pessoas jurídicas de direito público interno ali arroladas. Aqui ressaltamos as diferenças entre associação, sociedade e fundação.

114.3. Associações, sociedades e fundações

Segundo o art. 44 do Código Civil, as pessoas jurídicas de direito privado se dividem em associações, sociedades, fundações, organizações religiosas, partidos políticos e as empresas individuais de responsabilidade limitada. Para cada categoria valem regras específicas, estudadas pelo direito civil e comercial e no caso dos partidos políticos pelo direito constitucional e eleitoral.

a) **Associações** (*universitas personarum*). São entidades que visam fins culturais, científicos, artísticos etc. Não faz parte da sua natureza o fito de lucro, ou seja, são **sem fins lucrativos**. Podem desenvolver alguma atividade econômica, mas desde que o lucro auferido se destine à consecução do seu objetivo e não para divisão entre os associados. De fato, o art. 53 do Código Civil vigente dispõe que as associações são constituídas "pela união de pessoas que se organizem para fins não econômicos"[6].

b) **Sociedades** (*universitas personarum*). Elas resultam de contrato bilateral ou plurilateral, pelo qual os sócios se obrigam a contribuir com bens ou serviços para o exercício de atividade econômica e a partilhar os resultados entre si (CC, art. 981). Objetivam, pois, **fins lucrativos**, com a finalidade de partilhar os resultados entre seus membros. Na sistemática, pois, do novo Código Civil há uma *distinção* básica entre associação e sociedade: aquela é relativa a atividades científicas, artísticas e culturais, enquanto esta é pertinente à atividade econômica. Assim, a distinção entre

---

[6] Há um novo campo de atuação das pessoas jurídicas de direito privado que é o chamado "terceiro setor": ao lado do Estado e do Mercado, constitui o setor produtivo público não estatal, voltado para o interesse público, sem fins lucrativos e regido pelo direito privado. Surgem assim determinadas organizações não governamentais (ONGs), entidades não estatais, não lucrativas e orientadas para a gestão e provisão de serviços sociais. A Lei n. 9.790, de 23 de março de 1999, designa-as de Organizações da Sociedade Civil de Interesse Público.

associações e sociedades baseada na existência ou não de fins lucrativos, antes fruto da doutrina, hoje se encontra formulada por lei.

Quanto às sociedades, a nova codificação civil as classifica, no art. 982, em **sociedade empresária** (a antiga sociedade comercial) e **sociedade simples** (a antiga sociedade civil). Na lição de Abib Neto, "a sociedade empresária é voltada para a produção e a circulação de bens e serviços, sujeita a registro na Junta Comercial; a sociedade simples tem por finalidade o exercício de atividade relacionada à profissão intelectual, científica, literária ou artística, não constituindo elemento de atividade tipicamente empresarial"[7].

c) **Fundações** (*universitas bonorum*). Caracterizam-se pela existência de um acervo econômico, instituído como instrumento ou meio para a realização de determinado fim. Trata-se, portanto, de um conjunto de bens doados e destinados a finalidades religiosas, culturais ou assistenciais.

d) **Início e fim**. As pessoas de direito privado, para a sua existência no mundo do direito, dependem de certas formalidades: a do **ato constitutivo**, que deve ser escrito; e a da **inscrição dos seus atos constitutivos no registro próprio**: o da sociedade simples no Registro Civil das Pessoas Jurídicas e o das sociedades empresárias, no Registro Público de Empresas Mercantis (CC, arts. 985 e 1.150). E findam pela sua dissolução e liquidação.

Esquematicamente, assim podemos classificar as pessoas jurídicas coletivas:

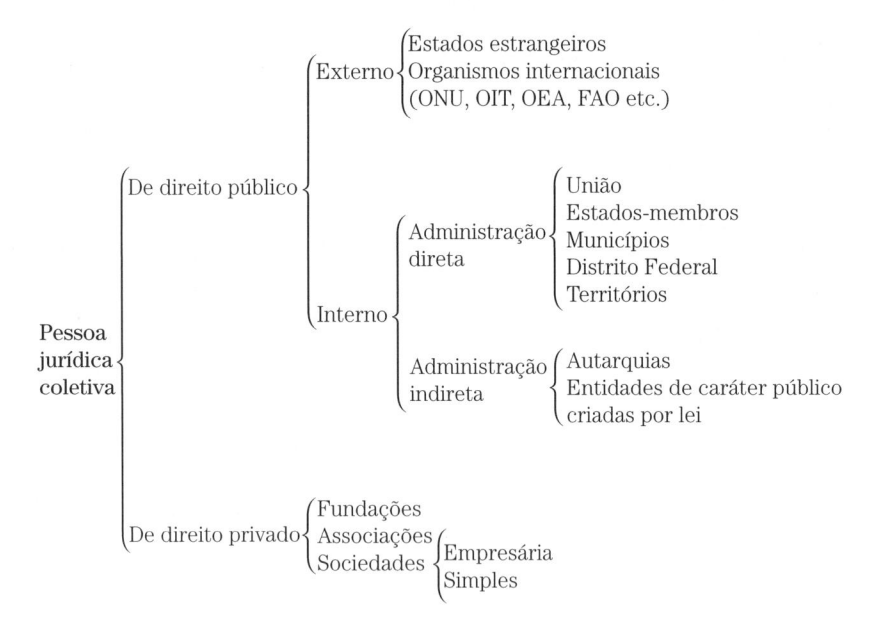

```
                        ┌ Externo ┌ Estados estrangeiros
                        │         │ Organismos internacionais
                        │         └ (ONU, OIT, OEA, FAO etc.)
         ┌ De direito público
         │              │         ┌ Administração ┌ União
         │              │         │ direta        │ Estados-membros
         │              │         │               │ Municípios
         │              │         │               │ Distrito Federal
         │              │         │               └ Territórios
Pessoa   │              └ Interno ┤
jurídica │                        │ Administração ┌ Autarquias
coletiva │                        │ indireta      │ Entidades de caráter público
         │                                        └ criadas por lei
         │                        ┌ Fundações
         └ De direito privado ────┤ Associações
                                  └ Sociedades ┌ Empresária
                                               └ Simples
```

---

[7] Abib Neto, *Novo Código Civil interpretado e comentado*, São Paulo: Letras & Letras, 2003, p. 430.

115. IMPORTÂNCIA DA PESSOA JURÍDICA COLETIVA

Em nossos dias, é de salientar a importância crescente, e até de forma exacerbada, das pessoas jurídicas coletivas. Sílvio Venosa chama a atenção para esse aspecto, principalmente sobre "o excessivo domínio das pessoas jurídicas estatais, cada vez mais poderosas e tomando as iniciativas que tradicionalmente pertenciam a particulares". Também lembra que "modernamente, o peso da economia se conta pela potencialidade das pessoas jurídicas, que transcendem o próprio Estado e se tornam supranacionais naquelas empresas que se denominam multinacionais"[8].

Antonio Chaves sintetiza o enfoque dizendo que "vivemos o século das pessoas jurídicas, se não são elas que vivem o nosso século"[9]. O autor referia-se ao século XX, o que não significa que a afirmação não valha ainda para o atual, sobretudo em face do processo acelerado da globalização.

QUESTIONÁRIO

1. Defina pessoa jurídica coletiva, indicando sua estrutura.

2. Explique as características básicas da pessoa jurídica coletiva.

3. Que prega a teoria da "desconsideração da pessoa jurídica coletiva"?

4. Como a teoria da ficção explica a natureza da pessoa jurídica coletiva?

5. Como a teoria do organismo social explica a natureza da pessoa jurídica coletiva?

6. Como a teoria da instituição explica a natureza da pessoa jurídica coletiva? Por que se pode dizer que ela reafirma a Teoria Tridimensional do Direito?

7. Que diferencia a pessoa jurídica de direito interno público da de direito interno privado? Exemplifique.

8. Uma padaria pode ser uma associação? Por quê?

9. Qual é, hoje, a importância da pessoa jurídica coletiva?

10. Kelsen é um partidário da teoria da ficção? O que denota a expressão "pessoa jurídica", segundo ele?

---

[8] Sílvio Venosa, *Direito civil*: teoria geral, São Paulo: Atlas, 1984, p. 182.

[9] Antonio Chaves, *Tratado de direito civil: parte geral*, São Paulo: Revista dos Tribunais, 1982, p. 652.

Lição XXV

SITUAÇÕES SUBJETIVAS E DIREITO SUBJETIVO

Sumário: 116. Conceito e espécies de situação subjetiva; 117. Direito subjetivo; 118. Faculdade jurídica; 119. Interesse legítimo; 120. Poder-dever; 121. Ônus.

Vimos que o direito objetivo/positivo é um conjunto orgânico de normas que disciplinam a convivência social. Com esses preceitos e sob a sua garantia, surgem situações subjetivas nas quais as pessoas jurídicas, individuais e coletivas, situam-se. Com quais possibilidades? É o que nos revela o estudo da "situação subjetiva", da qual o direito subjetivo é espécie.

116. CONCEITO E ESPÉCIES DE SITUAÇÃO SUBJETIVA

As normas jurídicas, ao mesmo tempo em que traçam comportamentos obrigatórios, impondo deveres, indicam a possibilidade de pretender ou fazer algo de forma abstrata. Vai ser por meio da ação individual ou de uma pretensão efetiva que esse modelo abstrato se traduz em situações concretas. Toda vez que o modo de ser, de pretender ou de agir de uma pessoa corresponder ao tipo de atividade ou pretensão configurado na norma jurídica temos uma "situação subjetiva".

116.1. Conceito

Daí a sua definição dada por Miguel Reale: "**é a possibilidade de ser, pretender ou fazer algo, de maneira garantida, nos limites atributivos das regras de direito**"[1]. As situações jurídicas são, assim, conjuntos de direitos ou deveres que se atribuem a determinados sujeitos, em

---

[1] Miguel Reale, *Lições preliminares de direito*, São Paulo: Saraiva, 1984, p. 257.

virtude das circunstâncias em que eles se encontram ou das atividades que eles desenvolvem[2].

116.2. Espécies

As situações jurídicas compreendem diversas manifestações de poder e de dever contidas na relação jurídica. **Não podemos reduzir**, embora comum entre nós, **todas as situações jurídicas ao direito subjetivo**. Este, de fato, não pode ser confundido com todas as hipóteses de situações subjetivas que o direito considera. Ele é insuficiente para atender à complexidade e à variedade dos efeitos jurídicos da atividade humana. Com outras palavras, não podemos colocar, sob a denominação genérica de "faculdade" pessoal, poderes, pretensões, faculdades em sentido estrito, que se diferenciam largamente umas das outras, como exemplifica Theóphilo Cavalcanti Filho ao perguntar: "Como identificar sob um único conceito os poderes que decorrem da propriedade, em que um indivíduo se acha revestido em relação a uma coisa, com o poder que tem de exigir de outrem o cumprimento de uma obrigação que livremente assumiu ou que lhe é imposta por disposição legal?"[3].

Assim, o gênero situações subjetivas desdobra-se em várias espécies, como: *direito subjetivo, faculdade jurídica, interesse legítimo, poder e ônus*[4].

---

[2] Ver Francisco Amaral, *Direito civil*: introdução, Rio de Janeiro: Renovar, 2008, p. 222.

[3] Theóphilo Cavalcanti Filho, *Teoria do direito*, São Paulo: Bushatsky, 1976, p. 108.

[4] **Ética da Situação:** vale relembrar que cresce em importância uma visão axiológica da situação, na qual se valora, para fins de eficácia jurídica, não apenas as disposições normativas mas, principalmente, o comportamento das pessoas numa situação real e concreta. É a chamada "ética de situação". Sob o influxo da filosofia existencialista, na qual o homem é considerado não em função das regras, mas pela situação real e concreta em que se encontre, surge, entre 1946 e 1948, o conceito de **ética de situação**. Segundo ela, o juízo ético tem que alcançar a realidade particular e concreta. Não bastam para isso as orientações gerais. É necessário chegar à formulação de princípios particulares que orientem o valor de situações concretas. Se quisermos manter a coerência lógica do princípio moral, devemos formulá-lo respeitando as tensões e polaridades que a realidade humana concreta apresenta, como a tensão do geral e do situacional (Marciano Vidal). Ela destaca, pois, a importância das circunstâncias no tocante às decisões éticas do ser humano, seja no campo da moral, seja no campo do Direito. Especificamente no campo jurídico, a **ética da situação** significa que a pessoa não deve ser julgada em função das regras jurídicas, mas tendo-se em vista o seu comportamento numa situação real e concreta em que esteja colocada. Significa, com outras palavras, que, nas relações de direito, devemos dar mais importância ao conteúdo existencial do que ao seu aspecto formal, o que demonstra a importância do princípio da eticidade no Código Civil. É bem verdade que Pio XII, na encíclica *Humani Generis*, chamou a atenção para os perigos da "nova moral", quando levada ao extremo de se afirmar que a decisão da consciência "não pode ser comandada pelas ideias, pelos princípios e pelas leis universais", mas "ela se baseia sobre as condições ou circunstâncias reais e concretas nas quais se deve agir e segundo as quais a

117. DIREITO SUBJETIVO

O conceito de direito subjetivo tem seu início na Idade Média e se consolida no século XIX com a pandectística alemã. Os juristas romanos não lhe deram importância; não que o desconhecessem, mas talvez porque fossem eminentemente práticos e não sentissem necessidade de sua elaboração teórica. Quem dele se ocupa por primeiro são os glosadores na Idade Média, ao interpretar o Corpus Iuris Civilis. É no século XVIII, com Wolf e Kant, que se pensa num conceito geral e abstrato do direito subjetivo, como um poder jurídico à disposição dos indivíduos para a realização de seus interesses.

117.1. Noção

O direito subjetivo, como espécie de situação subjetiva, vem a ser a **possibilidade de exigir-se, de maneira garantida, aquilo que as normas de direito atribuem a alguém como próprio**. Em suma, é o poder que a norma jurídica confere a alguém de agir e de exigir de outrem determinado comportamento, invocando a proteção do Estado quando algum obstáculo se apresente ao gozo e reconhecimento desse direito[5].

117.2. Características

Específico e próprio do direito subjetivo é a possibilidade de uma pretensão unida à exigibilidade de uma prestação ou de um ato de terceiro. Assim, a pretensão, dentro dos moldes previstos pela norma, é garantida pela ordem jurídica, e pode transformar-se concretamente numa exigência.

Trata-se, portanto:

1º) De um **exigir garantido**, graças ao recurso à via judicial, daquilo que a norma atribui a alguém como próprio.

2º) Nele há aquilo que é pretendido por um sujeito e aquilo que é devido pelo outro. Não há direito subjetivo sem o outro que o tenha de respeitar. Com outras palavras, sempre **há um dever jurídico na contrapartida de um direito subjetivo**. Assim, o direito subjetivo opõe-se correlativamente ao dever jurídico. De um lado tem-se o direito subjetivo e, de outro, um dever jurídico colocado em posição diametralmente oposta;

---

consciência individual deve julgar e escolher". Tirante, pois, esse exagero de remeter todo critério ético à consciência individual, zelosamente fechada em si mesma e feita árbitro absoluto de suas determinações, não podemos negar que a situação é um elemento da realidade, que não pode ser esquecido.

[5] Kelsen distingue os seguintes sentidos do chamado direito subjetivo: 1) como equivalente a "não proibido" (tenho direito de me vestir como quiser); 2) como equivalente À "autorização" (o professor nos deu direito de interromper a aula); 3) como "correlato de uma obrigação ativa" (eu tenho direito de que meu devedor me pague); 4) como "correlato de uma obrigação passiva" (tenho direito de descansar com tranquilidade); 5) como "ação processual" (João tem direito de ser indenizado pelos danos causados a seu carro); 6) como "direito político" (o povo tem direito de eleger seus governantes).

um não existe sem o outro. Quando, por exemplo, se afirma que o empregado possui direito a receber o salário, a situação subjetiva é a de portador de um direito subjetivo. E isso porque, correlativamente, o empregador se apresenta com o dever jurídico de pagar o salário. E, na hipótese de esse direito ser violado pelo sujeito passivo da relação jurídica, o seu titular pode fazer valer a sua pretensão na justiça. Certas práticas que não se opõem diretamente a qualquer dever jurídico, como o ato de emancipar um filho menor ou de outorgar um testamento, não constituem um direito subjetivo, já que não há um dever jurídico na contrapartida desses atos. São, antes, "faculdades jurídicas" (em sentido amplo), em que não há a exigibilidade de uma pretensão possível[6].

117.3. Vinculação com o direito objetivo

Embora a expressão "direito" não se refira a um sistema de normas, mas a uma situação particular em que uma pessoa ou um conjunto de pessoas se encontra em relação ao direito objetivo/positivo, é necessário dizer algo a respeito da relação entre os direitos subjetivos e o direito objetivo.

Os conceitos de direito objetivo e de direito subjetivo se complementam, não sendo possível conceber o direito subjetivo antes ou independentemente do direito objetivo, com o qual forma um par inseparável. Não existe um direito subjetivo a não ser que o direito objetivo o consagre. Já disseram que o direito subjetivo está para o objetivo como a área interna de um cone está para a sua face externa protetora (W. Burckhardt).

Eles se delineiam como **dois momentos dentro da experiência jurídica**, que se completam:

a) O **momento "normativo"**, ou da previsão abstrata da pretensão; ou seja, nele está configurada abstratamente a possibilidade de algo ser pretendido em tais ou quais circunstâncias. Esse momento corresponde ao direito objetivo.

b) O **momento "existencial"** ou da realização concreta da pretensão e diz respeito ao direito subjetivo. Aqui o sujeito converte a pretensão abstrata, enunciada genericamente na norma, numa pretensão concreta e garantida[7].

Em suma, o direito subjetivo pressupõe o direito objetivo, o qual, concomitantemente, circunscreve e assegura a seu titular determinado campo

---

[6] Implícita nessa característica está o direito subjetivo como corolário da liberdade jurídica. Toda ordem jurídica traça um setor dentro do qual a conduta do indivíduo é tutelado por normas, e outro em que está livre da incidência delas, reservado à sua liberdade, bem protegido pela Constituição Federal quando diz que "ninguém é obrigado a fazer ou deixar de fazer alguma coisa senão em virtude da lei". Alguém, pretendendo impor a outro certo comportamento ou limitar sua autonomia em área não coberta pelo ordenamento jurídico, afronta o direito subjetivo deste à liberdade jurídica.

[7] Ver Miguel Reale, *Lições preliminares de direito*, São Paulo: Saraiva, 1984, p. 257-258.

de pretensões e exigibilidades, dada a natureza bilateral-atributiva das normas jurídicas.

117.4. Direito subjetivo e direitos humanos

A vinculação do direito subjetivo com o direito objetivo não significa que se negue o fato de a experiência histórica demonstrar que há determinados valores que, uma vez trazidos à consciência da humanidade, revelam-se como constantes éticas inamovíveis, condicionando e dando sentido à práxis humana. São essas "**constantes ou invariáveis axiológicas**", na denominação de Reale, que formam o cerne do direito natural ou dos direitos humanos.

117.5. Origem do direito subjetivo

Independentemente do que afirmamos supra, há duas posições básicas sobre a origem do direito subjetivo. Para o **jusnaturalismo tradicional**, são faculdades e poderes **inatos** ao homem, que os possui pelo simples fato de ser, e que existiriam, ainda que fosse abolido da vida social o direito objetivo. Seja com o fundamento de que **Deus** insuflou nas criaturas humanas tais direitos (como o de viver, usufruir da propriedade, de eleger os governantes etc.), seja alegando que eles derivam da **natureza racional** do homem, seja mediante outras justificativas, os autores jusnaturalistas defendem que a única coisa que o direito positivo pode fazer é reconhecer, protegê-los e regulamentar seu exercício[8].

O **positivismo metodológico** não se opõe à ideia de que pode haver direitos com as características atribuídas pelos jusnaturalistas, mas afirma que **tais direitos são morais e não jurídicos**. Isso implica que as proposições sobre direitos subjetivos devam ser verificáveis em termos do que dispõem as normas positivas, para se refletirem em um direito jurídico correlativo. Em suma, os chamados direitos individuais são primordialmente direitos morais, e como tais existem independentemente do que dispõe o sistema jurídico de um país.

118. FACULDADE JURÍDICA

A faculdade, como espécie de situação subjetiva, **não é sinônimo de direito subjetivo**. Assim, com a distinção que hoje se faz, a colocação tradicional em termos de *norma agendi* e *facultas agendi*, designando respectivamente o direito objetivo e o direito subjetivo, já se encontra superada. Outra observação que se faz necessária é que a palavra "faculdade"

---

[8] Essa ideologia está exposta na célebre Declaração dos Direitos do Homem: "Os homens nascem e permanecem livres e com iguais direitos. O fim último de todos os Estados é a conservação dos direitos naturais e imprescritíveis do homem: o direito à liberdade, à propriedade, à segurança, à resistência contra a opressão" (arts. 1º e 2º).

não é tomada no sentido que possui na **psicologia**, como uma qualidade própria do ser humano. Nesse sentido da psicologia, concordamos com Goffredo Telles Júnior, quando afirma que ela existe de maneira independente da norma jurídica[9]. Mas aqui, faculdade **tem um sentido técnico e próprio no direito, de natureza lógica.**

118.1. Conceito

Podemos tomar a expressão "faculdade jurídica" num sentido genérico e num sentido estrito. Num sentido genérico e amplo, **a faculdade jurídica pode ser definida como** "o poder que o sujeito possui de obter, por ato próprio, um resultado jurídico independentemente de outrem" (Ferrara). Nesse sentido, **todas as práticas de atos que decorrem da permissibilidade legal ou do princípio da "autonomia da vontade"**, pelo qual o indivíduo tem a liberdade de praticar atos jurídicos lato sensu, de firmar contratos de diversa natureza e com as condições que lhe aprouver, são **"faculdades jurídicas"**. Por exemplo: a possibilidade de contrair matrimônio, emancipar um filho menor.

Faculdade jurídica, num **sentido estrito**, vem a ser **uma das formas de explicitação do direito subjetivo**. Não devemos confundi-la com o poder genérico que tem cada pessoa de exercer ou não um direito subjetivo ou com a geral capacidade dos sujeitos de direito.

Como veremos, há direitos subjetivos **complexos que representam um feixe de possibilidades de ação, ou importam num conjunto de "faculdades"**. No direito de propriedade, por exemplo, o seu titular tem a faculdade de usar do bem, vendê-lo, alugá-lo ou mesmo doá-lo. Todas essas possibilidades de ação são "faculdades" inerentes ao direito de propriedade. São projeções naturais dele. São as diversas modalidades de seu exercício. Outro exemplo é a faculdade de testar, que é também inerente ao direito subjetivo de propriedade[10].

118.2. Faculdade jurídica e direito subjetivo

Tomada nesse sentido estrito, a faculdade jurídica deixa de ser sinônimo de direito subjetivo. Ambos são espécies de um gênero: as situações subjetivas. Todavia, **a distinção entre direito subjetivo e faculdade jurídica não significa que eles se acham inteiramente desvinculados**.

119. INTERESSE LEGÍTIMO

Há situações em que não chega a existir direito subjetivo em relação a algo, mas apenas simples interesse legítimo, ao qual se liga uma pretensão fundada naquele interesse, uma **pretensão razoável**.

---

[9] Goffredo Telles Júnior, *Iniciação na ciência do direito*, São Paulo: Saraiva, 2001, p. 259.
[10] Ver Miguel Reale. *Lições preliminares de direito*, São Paulo: Saraiva, 1984, p. 248.

Assim, essa espécie de situação subjetiva chamada de interesse legítimo e que vem a ser uma "pretensão razoável", é **condição indispensável à postulação em juízo**, ou seja, para recorrer à via judicial. De fato, ele é condição preliminar à postulação em juízo, como dispõe o art. 17 do Código de Processo Civil: para postular em juízo, ou seja, para propor ou contestar uma ação, é necessário "ter interesse e legitimidade". Cumpre ao juiz, ao receber a petição inicial, verificar se das razões de fato e de direito nela expostas resulta a existência de um legítimo interesse econômico ou moral. Pode ser que a final, após o julgamento do mérito, o juiz conclua pela inexistência do direito subjetivo pretendido pelo autor. Mas o que não pode é, desde logo, repelir a ação, se presente aquela pretensão razoável, ou seja, o legítimo interesse.

Em tais casos, se **em relação ao objeto pretendido só há "interesse legítimo", em relação à prestação jurisdicional do Estado, presente a razoabilidade de motivos, há verdadeiro direito subjetivo**. De fato, a doutrina processual admite o direito de ação desvinculado do direito subjetivo quanto ao mérito. Condicionar a instância judicial ao direito subjetivo pretendido pelo autor seria exigência que já implica julgamento do mérito.

120. PODER-DEVER

120.1. Conceito

O poder-dever vem a ser a situação subjetiva que **retrata a condição da pessoa que, investida de autoridade, está obrigada por força de lei a fazer alguma coisa em benefício de terceiros**.

Tal poder, sob o prisma jurídico, é mais um "poder-dever", que muitos denominam "direito-função". De fato, trata-se de um poder de fazer algo (autoridade), como expressão de uma competência ou atribuição conferidas a uma pessoa, mas com três peculiaridades:

1ª) Não é para ser exercido em benefício do titular, mas em **benefício de terceiros**. Por exemplo, em relação às diversas autoridades a quem são atribuídos poderes para gerir a administração pública, elas o devem fazer no interesse da coletividade; o poder familiar não é um direito subjetivo dos pais sobre os filhos, mas um poder que deve ser exercido em benefício da prole e da sociedade[11].

---

[11] Nelson Saldanha escreveu um ensaio em que ressalta a distinção entre o lado privado e o lado público da vida social e histórica: *O jardim e a praça*. Se a ideia de jardim nos lembra a imagem de uma parte da casa particular, a ideia de praça nos lembra o espaço público. Trata-se de uma distinção essencial entre a vida consigo mesmo (e com a família ou pessoas mais ligadas) e a vida com os outros ou com todos. A propósito, vale relembrar a Súmula Vinculante 13 do STF, que sedimenta o entendimento de que as nomeações de administradores públicos

2ª) Seu titular **não pode deixar de exercê-lo**, ou seja, não pode deixar de praticar as funções de sua competência, pois elas não são disponíveis. Se para o particular o poder de agir é uma faculdade, para o administrador público, por exemplo, há uma *obrigação de atuar*. Na lição de Hely Lopes Meirelles: "o poder tem para o agente público o significado de dever em relação à comunidade, e para com os indivíduos, no sentido de que quem o detém está sempre na obrigação de exercitá-lo" (*Direito administrativo brasileiro*).

3ª) Ao poder não corresponde uma prestação ou obrigação correlata, mas uma **forma maior ou menor de sujeição**. Se, regra geral, não há obrigação em um sujeito sem que haja um poder em outro sujeito, às vezes pode haver poder sem nenhuma obrigação correspondente. São exemplos os poderes atribuídos às diversas autoridades que possuem o dever de gerir a Administração Pública no interesse da coletividade. Assim, o poder familiar, que não é um direito subjetivo dos pais sobre os filhos, é exercido em benefício da prole e da sociedade, não havendo dever jurídico por parte dos filhos.

120.2. Direitos potestativos

Em geral, chama-se de "direito potestativo" o **poder que a pessoa tem de influir na esfera jurídica de outrem, sem que este possa fazer algo que não se sujeitar** (Goffredo Telles Júnior). Seja como exemplos o poder familiar, a tutela, a curatela etc. Na definição de A. Santos Justo: "É um direito que se traduz na faculdade ou poder de, por acto livre de vontade, só de per si ou integrado por uma decisão judicial, produzir efeitos jurídicos que inelutavelmente se impõem à contraparte. Corresponde-lhe a sujeição do adversário, ou seja, a necessidade de suportar as consequências do exercício de tais direitos"[12].

Segundo **Miguel Reale**, os **direitos subjetivos e os chamados direitos potestativos são categorias que se excluem**. Enquanto os primeiros se traduzem na possibilidade de exigir uma prestação (o seu núcleo é a pretensão, como vimos) e, portanto, há uma relação do tipo **pretensão--obrigação**, nos segundos estamos perante um **poder-sujeição**: a eles não se contrapõe um dever, mas uma sujeição entendida como a necessidade de suportar os efeitos do exercício do direito potestativo; e como não lhe cor-

---

devem obedecer aos princípios da moralidade e da impessoalidade, condenando, por exemplo, o **nepotismo**. Ela dispõe: "A nomeação de cônjuge companheiro ou parente em linha reta, colateral ou por afinidade, até o terceiro grau, inclusive, da autoridade nomeante ou de servidor da mesma pessoa jurídica investido em cargo de direção, chefia ou ainda de função gratificada na administração pública direta e indireta em qualquer Dops Poderes da União, dos Estados, do Distrito Federal e dos Municípios, compreendido o ajuste mediante designações recíprocas, viola a Constituição Federal".

[12] Santos Justo, *Introdução ao estudo do direito*, Coimbra: Coimbra Ed., 2001, p. 44-46.

responde um dever, não gera pretensões. Santos Justo igualmente afirma que "não se pode negar a especificidade que separa os direitos subjectivos em sentido estrito e os direitos potestativos: enquanto aqueles se traduzem, no lado activo, pela faculdade ou poder de exigir um comportamento (activo ou passivo) a que corresponde, no lado passivo, um dever jurídico (que não retira ao sujeito (passivo) a possibilidade de não cumprir, expondo-se, embora, a sofrer as sanções que a lei comina); estes implicam, respectivamente, um poder de agir e uma situação de sujeição (o sujeito passivo tem necessariamente de suportar as consequências do seu exercício)".

Ainda segundo Reale, "essas estruturas jurídicas, nas quais não há uma relação do tipo prestação-obrigação, mas sim uma outra do tipo poder-sujeição, têm a **denominação imprópria de direitos potestativos**. Isso porque são duas palavras inconciliáveis. Trata-se, em suma, de situações de 'poder', caracterizadas pela eminência reconhecida a uma das partes ou pessoas partícipes da relação jurídica". Somente "quando os direitos subjetivos perdem o equilíbrio e a proporção entre a pretensão e a prestação, eles se tornam 'potestativos' e, nesse caso, são ilícitos". Da mesma forma se dizem potestativos os negócios e contratos que não são expressões do poder negocial, mas expressões de abuso do poder negocial, portanto, igualmente ilícitos[13].

121. ÔNUS

Há certas situações subjetivas que só se constituem quando a pessoa satisfaz determinadas exigências legais. Resulta então do cumprimento do encargo uma vantagem ou garantia. Com outras palavras, **a obrigação não é devida a ninguém (sendo, portanto, incoercível), mas é necessária para a validade do ato pretendido pelo sujeito**, mas que é necessária que seja cumprida pela pessoa para que ela possa tornar-se beneficiária de uma determinada situação jurídica. Por exemplo, se não registro um documento particular, não posso pretender que ele valha contra terceiros. Para ter a garantia dessa validade contra terceiros, é necessário que me sujeite ao ônus do registro. O registro torna-me beneficiário dessa espécie de situação jurídica. O conceito de ônus só recentemente foi determinado pela Ciência Jurídica, estendendo-se do Direito Processual, onde é antiga a noção de "ônus da prova", para todos os campos de Direito.

QUESTIONÁRIO

1. Defina situação subjetiva. Quais são suas principais espécies?
2. Como você define o direito subjetivo? Justifique, exemplificando.

---

[13] Ver Miguel Reale, *Lições preliminares de direito*, São Paulo: Saraiva, 1984, p. 259-260.

3. Quais são as características específicas do direito subjetivo, em face das demais situações subjetivas?

4. Formule duas frases de tal modo que em uma delas a palavra "direito" seja usada com o sentido de correlato de uma obrigação passiva, e na outra, como correlato de uma obrigação ativa.

5. Qual é a vinculação do direito subjetivo com o direito objetivo?

6. O que dizer da colocação tradicional do direito subjetivo em termos de "faculdade de agir" *(facultas agendi)*?

7. Defina interesse legítimo, explicando como ele pode, em relação a um objeto, converter-se em direito subjetivo.

8. Que vem a ser a situação subjetiva de poder-dever? Quais são as suas peculiaridades?

9. As situações subjetivas de poder-dever podem ser denominadas "direitos potestativos"? Por quê?

10. Quando "A" propõe uma ação contra "B", em que espécie de situação subjetiva ele se enquadra:

    1º) quanto ao objeto pretendido?

    2º) e quanto à prestação jurisdicional do Estado? Por quê?

11. Os atos de doar um bem e de emancipar um filho menor são direitos subjetivos? Justifique.

12. "Toda terça-feira da Semana Santa, o prefeito de uma cidade, em Alagoas, distribui 20 toneladas de peixe aos pobres. [...] Só 10% dos moradores têm emprego formal registrado – a Prefeitura é hoje a maior empregadora, depois da falência da maioria das usinas de cana. [...] Levantamento d'*O Estado de S. Paulo* mostra que, no papel, a cidade ganhou merenda de qualidade, unidades de telecentro para informática e matadouro público. Mas nada funciona. De 2007 a 2010, a cidade recebeu R$ 600 mil e R$ 800 mil para construção de um matadouro público, A cidade não tem um e a carne que vai ao mercado fica exposta às moscas, sem refrigeração. Parte do dinheiro, R$ 780 mil, foi sacada de uma só vez, no fim de 2010, pela Prefeitura. A reportagem constatou que a obra do novo matadouro nunca existiu. O Ministério Público também denunciou a prefeitura por ter recebido verbas para merenda escolar e ter sumido com parte do dinheiro" (*O Estado de S. Paulo*, domingo, 14 set. 2014, A16/"Política").

    Essa reportagem do jornal *O Estado* retrata a velha política que gira em torno do desperdício de recursos públicos. Em que espécie de "situação subjetiva" você a colocaria? Há uma identificação do comportamento descrito com o exigido pela referida situação subjetiva? Por quê?

385

Lição XXVI

NATUREZA DO DIREITO SUBJETIVO

Sumário: 122. Teoria da Vontade (Bernard Windscheid); 123. Teoria do Interesse (Rudolf Von Jhering); 124. Teoria Eclética (Georg Jellinek); 125. Teorias de Del Vecchio, Kelsen e Duguit; 126. Compreensão de Miguel Reale e de Franco Montoro.

O Direito, pela sua bilateralidade atributiva, dá origem aos conceitos correlatos e contrapostos de dever jurídico e de faculdade jurídica. Todavia, há que evitar o entendimento desses dois conceitos correlativos como duas espécies distintas, pois a conduta será, para um, conduta proibida (dever jurídico) e correlativamente, para outro, conduta permitida ou faculdade de impedir conduta alheia (direito subjetivo).

Assim, no fundo, os polos em redor dos quais gira a polêmica sobre os direito subjetivos são dois: um substancial, no qual reside a sua **finalidade prática**, a saber, a utilidade, a vantagem, o lucro; outro formal, que se relaciona com aquela finalidade apenas como meio de **proteção judicial**. Entre as várias teorias sobre a natureza do direito subjetivo, temos as teoria clássicas de Ihering e Windscheid. Para Ihering, a finalidade está no centro (teoria do interesse). Windscheid vê como central o controle do titular do direito sobre a posição a ele outorgada por uma norma; o que ele faz depende de sua livre escolha (teoria da vontade). Ao lado delas se alinham ainda as de Jellinek, Kelsen, Duguit, Del Vecchio. E nos dias de hoje, as de Miguel Reale e Franco Montoro.

122. TEORIA DA VONTADE (BERNARD WINDSCHEID)

Para Windscheid (1817-1892), o direito subjetivo vem a ser "**o poder da vontade reconhecido pela ordem jurídica**". Dentro dessa ótica, que vê o direito subjetivo como uma expressão da vontade, a sua existência fica sempre na **dependência da vontade do titular**.

A teoria esbarra, por isso, com dificuldades intransponíveis, uma vez que a existência do direito subjetivo nem sempre depende da vontade do titular.

1) O direito subjetivo, por exemplo, pode existir, apesar de seus titulares **não possuírem vontade psicológica ou vontade juridicamente reconhecida**. É o caso dos nascituros, dos privados de razão, dos incapazes, que possuem direitos subjetivos que não podem ser considerados expressão de sua vontade, tanto assim que são exercidos por seus representantes legais, quando não por órgãos do Estado.

2) O direito subjetivo pode existir, apesar da **carência de vontade em exercê-lo**. Se o credor não quer cobrar a importância devida, o fato não implica a extinção do seu direito subjetivo.

3) O direito subjetivo pode existir **contra a vontade do titular**. Mesmo quando o empregado, por exemplo, concorda em abrir mão das suas férias, persiste o seu direito subjetivo a elas.

4) O direito subjetivo pode existir **sem que o titular dele tenha conhecimento**. Por exemplo, a morte produz de imediato a transferência de um patrimônio, mesmo para quem ignora a ocorrência do fato, ou seja, para o herdeiro necessário.

5) Há ainda os casos em que a lei estabelece uma formalidade ou **solenidade especial** para a validade do conteúdo da vontade, hipótese na qual o mesmo conteúdo volitivo terá validade ou não, conforme tenha sido ou não realizado em conformidade com a referida formalidade. Por exemplo, alguém que tenha declarado sua vontade de dispor de seus bens, depois de sua morte; isso não equivaleria a um testamento válido, por não ter atendido às formalidades estabelecidas pelo Código Civil.

Concluindo, essas hipóteses demonstram que a existência do direito subjetivo não se vincula à vontade do seu titular. **A vontade individual não é elemento essencial ao conceito de direito subjetivo, embora seja necessária ao seu exercício**[1].

Windscheid, num segundo momento, quis contornar essas dificuldades dizendo que tomava a palavra vontade não no seu sentido psicológico, mas só **em sentido lógico**, como **vontade normativa**, isto é, como poder jurídico de querer. A distinção entre direito objetivo e direito subjetivo estaria na oposição entre a vontade real e psicológica do sujeito, de um lado, e o ordenamento jurídico, do outro. Em primeiro lugar, ele foge, assim, à sua teoria clássica. Em segundo, o direito subjetivo passou a ser a concretização da vontade abstrata que se contém na norma jurídica. A vontade atribuída

---

[1] Ver Hermes Lima, *Introdução à ciência do direito*, Rio de Janeiro: Freitas Bastos, 1996, p. 186.

à norma jurídica faz desaparecer o traço que distingue o direito subjetivo do direito objetivo. Com outras palavras, isso equivaleria a identificar direito subjetivo com norma jurídica, o que importaria em suprimi-lo.

123. TEORIA DO INTERESSE (RUDOLF VON IHERING)

Ihering (1818-1892), por sua vez, afirmou que o direito subjetivo seria "**o interesse juridicamente protegido**". Segundo ele, os direitos não produzem nada inútil; a utilidade, não a vontade, é a substância do direito. Ele apontava a presença de **dois elementos** no direito subjetivo:

1º) O elemento interno, no qual está o **interesse**, ou seja, algo que interessa ao indivíduo. Interesses não só materiais, mas também espirituais como a liberdade, a honra, a personalidade etc.

2º) O elemento externo, no qual está a **proteção do direito**, ou seja, os remédios jurídicos que o Estado confere a todos para a defesa do que lhes é próprio. Assim, um interesse é protegido quando se concede ao que o possui, uma ação para que possa recorrer juridicamente contra as violações do direito[2].

O direito subjetivo é esse "interesse enquanto protegido". A palavra "interesse", como vimos, tem para Ihering um sentido amplo, indicando tanto os interesses patrimoniais ou econômicos como quaisquer bens, vantagens ou valores materiais ou espirituais. Esses interesses concretos, e não a vontade abstrata, constituem o conteúdo do direito subjetivo. Por isso, a teoria de Ihering contrapõe-se à de Windscheid como uma teoria objetiva a uma teoria subjetiva. Enquanto para este o direito subjetivo é um fenômeno da vontade, para Ihering o direito subjetivo é algo de objetivo, já que é o interesse que, por seu caráter social, o direito protege.

Também contra a teoria do interesse foram formuladas **críticas procedentes**, como as seguintes.

1) Não sendo possível haver interesse sem haver vontade, e vice-versa, a teoria estaria **implícita na da "vontade"**, e as críticas feitas a esta são repetidas aqui, com pequena variação. De fato, há casos em que os **titulares de um direito subjetivo, não possuindo compreensão das coisas, não podem chegar a ter interesse** e, nem por isso ficam impedidos de gozar de certos direitos subjetivos. Por exemplo, o nascituro, os dementes, os incapazes.

2) Também há casos em que o **titular pode não ter interesse em ver seu interesse protegido**, e nem por isso deixaria de haver direito

---

[2] Ihering escreve que "dois são os momentos que constituem o conceito de direito: um *substancial*, no qual reside a finalidade prática do próprio direito, a saber, a utilidade, a vantagem, o lucro, a qual deve ser garantida pelo direito; e um *formal*, o qual se relaciona com aquela finalidade apenas como meio, a saber, a proteção jurídica, a ação judicial" (*O espírito do direito romano*).

subjetivo. Por exemplo, se alguém empresta a um amigo certa quantia e não tem qualquer interesse em reavê-la, não perde, por isso, o direito subjetivo à prestação devida (pelo menos até que formalize possível renúncia ou perdão do crédito, ou que, pelo decurso do tempo, se verifique a decadência do direito). Muitas vezes, portanto, o interesse se extingue, sem desaparecer o direito subjetivo.

3) Muitos criticam ainda a teoria, entendendo que **Ihering confundiu** a finalidade do direito subjetivo, que está no interesse, com a sua natureza, que decorre do poder de agir. O jurista alemão Thon lembrou sutilmente que o direito subjetivo é mais a proteção do interesse do que o interesse protegido; mais as grades que circundam e guardam o jardim do que o jardim cercado pelas grades. Em suma, o direito subjetivo é meio de proteção do interesse, mas não é o interesse em si[3].

4) E, por fim, segundo Franco Montoro, há **muitos interesses**, protegidos pela lei, que **não constituem direitos subjetivos**. Assim, os consumidores têm interesse na fiscalização dos preços e na qualidade dos alimentos, mas não têm qualquer direito de exercer esta fiscalização ou aplicar as penas cabíveis[4]. Ou ainda no caso das leis de proteção a certos panoramas a fim de preservá-los, há um interesse juridicamente protegido, um interesse estético, mas sem que com isso se atribua a alguém um direito subjetivo.

124. TEORIA ECLÉTICA (GEORG JELLINEK)

Jellinek (1851-1911), considerando incompletas as teorias anteriores, ensinava que o direito subjetivo não seria apenas a "vontade" ou só o "interesse", mas a reunião de ambos. É a conjugação desses dois elementos: é vontade e interesse. Por isso definiu o direito subjetivo como sendo "**o interesse protegido pelo reconhecimento do poder de vontade**". Com outras palavras, como sendo o interesse protegido enquanto atribui a alguém um poder de querer. Pretendendo ser uma síntese da teoria da vontade e do interesse, é óbvio que as críticas feitas isoladamente a cada uma delas são acumuladas em relação à teoria eclética.

125. TEORIAS DE DEL VECCHIO, KELSEN E DUGUIT

Del Vecchio inclina-se para a segunda formulação da teoria de Windscheid, com certa variante. As teorias de Kelsen e Duguit, por sua vez, negam a existência do direito subjetivo, dentro da ordem jurídico-positiva ao lado

---

[3] Na crítica de Kelsen, o direito subjetivo não consiste no interesse, mas em sua proteção jurídica. Se não existe proteção jurídica, não há direito subjetivo; se, ao contrário, existe proteção jurídica, não é necessário investigar se existe interesse. Para que exista direito subjetivo, é suficiente a proteção jurídica, isto é, a norma.

[4] Franco Montoro, *Introdução à ciência do direito,* São Paulo: Revista dos Tribunais, 1997, p. 445.

das normas de direito, pelo menos se entendendo o direito subjetivo como uma realidade autônoma em face do direito objetivo. Kelsen e Duguit reduzem o direito subjetivo seja à própria norma jurídica, da qual seria um modo de ser, seja a uma situação de fato juridicamente garantida. Negam a premissa de que o ordenamento jurídico seja composto, basicamente, por normas de direito e direitos subjetivos. Para eles, o direito objetivo é suficiente para explicar toda a realidade jurídica. A noção de direito subjetivo ou se confunde com o próprio direito objetivo, em um de seus aspectos, ou é inútil e estranha ao campo do direito. Noção metafísica, diz Duguit. Noção extrajurídica ou metajurídica, diz Kelsen.

125.1. Solução de Del Vecchio (1878-1970)

Giorgio Del Vecchio **inclina-se**, como foi dito, **para a segunda formulação da teoria de Windscheid**, com certa variante.

a) **Diz ele:** o erro da doutrina de Windscheid é situar o problema segundo uma vontade atual ou efetiva, quando a questão deve ser posta em termos de vontade possível ou potencial. **O direito subjetivo não é o querer, mas a possibilidade de querer.** Não é a vontade, mas a potencialidade da vontade. Dessa forma, fazendo uma distinção entre vontade *in acto*, e vontade *in potentia*, Del Vecchio declara que ficam afastadas as objeções clássicas formuladas à teoria windscheidiana. Dizia-se, por exemplo, que existe direito subjetivo a despeito da vontade. Está certo, responde ele, se tomarmos a vontade em seu sentido efetivo e atual, mas o direito subjetivo será sempre em qualquer circunstância uma possibilidade de querer. Se o filho, que perde o pai, se torna titular de um direito subjetivo, sem o saber, tem um direito subjetivo como possibilidade de querer.

b) **Crítica:** é verdade que, com essa distinção, a teoria afasta as objeções clássicas formuladas à teoria de Windscheid. Mas, de outro lado, o problema é transposto do plano psicológico **para o plano lógico**. Não se trata mais da vontade psíquica, concreta, empírica, de um sujeito em um determinado momento, *mas tão somente de uma possibilidade lógica de querer no âmbito normativo*. No fundo, a teoria de Del Vecchio já assinala uma ponte de passagem para a compreensão do direito subjetivo em termos formais, tal como se desenvolve no normativismo jurídico de Kelsen[5].

125.2. Monismo de Hans Kelsen (1881-1973)

Para Kelsen, **o Estado é a única expressão da ordem jurídica e somente ele pode criar direitos**. Não se pode conhecer o Estado fora do Direito, ou seja, sem identificá-lo com o Direito. A crítica que se faz a Kelsen prende-se a essa sua redução normativa do Estado. Ele não ignora, é claro, a expressão sociológica do Estado, mas a afasta, metodicamente, do objeto

---

[5] Ver Miguel Reale, *Lições preliminares de direito*, São Paulo: Saraiva, 1984, p. 253-254.

próprio do Direito. Também para Kelsen o Direito é uma ordem normativa, um sistema de normas.

Diante desse quadro, o direito subjetivo, como prerrogativa do indivíduo, torna-se totalmente incompatível com sua ideologia jurídica; seria algo metajurídico e antijurídico. Não há lugar aí para o interesse ou a vontade em que para muitos consiste o direito subjetivo. Concebe, então, o **direito subjetivo como simples reflexo do direito objetivo**. Para ele, a função básica das normas jurídicas é a de impor o dever e, em segundo lugar, o poder de agir. E o direito subjetivo não se distinguiria, em essência, do direito objetivo. Segundo afirma: "o direito subjetivo não é algo distinto do direito objetivo, é o direito objetivo mesmo, de vez que quando se dirige, com a consequência jurídica por ele estabelecida, contra um sujeito concreto, impõe um dever; e quando se coloca à disposição do mesmo, concede uma faculdade". Em suma, o dualismo entre direito subjetivo e direito objetivo deve ser eliminado.

Para o monismo kelseniano, o direito objetivo e o direito subjetivo são apenas posições distintas do Direito, que é um único sistema lógico-gradativo de normas. Assim, o **direito subjetivo não seria senão a norma mesma enquanto atribui a alguém o poder jurídico correspondente ao dever que nela se contém**. Converte-se num simples reflexo do dever jurídico, ou num modo de ser da norma jurídica.

Quando, então, *o direito objetivo passa a ser meu direito subjetivo?* O próprio Kelsen responde: **quando o direito objetivo está à disposição de uma pessoa**, isto é, quando a norma faz depender de uma declaração da vontade dessa pessoa a aplicação do ato coativo estatal. Por exemplo, o preceito de que o locador pode requerer o despejo do inquilino, por falta de pagamento do aluguel, é norma legal e direito objetivo. Passa a constituir direito subjetivo do locador, na medida em que faz depender da vontade deste a aplicação da medida coativa do despejo, estabelecido na lei. Fora dos casos em que a aplicação da sanção depende da vontade do interessado, é supérflua a noção de direito subjetivo, segundo Kelsen.

Crítica: quanto ao seu monismo, teve o mérito de contribuir para a compreensão de que os direitos subjetivos dependem do direito objetivo. Eles não existem senão nos limites traçados pelas regras do direito objetivo, ambos coexistindo harmonicamente.

Contudo, devemos dizer que o direito subjetivo, apesar de intimamente ligado ao direito objetivo, não se confunde com a norma. **A circunstância de os dois formarem um par inseparável, um não existindo sem o outro, não prova que sejam a mesma coisa.** Comparando, seria o mesmo erro de quem afirmasse que, existindo entre as noções de pai e filho uma dependência necessária, não houvesse diferença entre eles. Alf Ross dizia, com razão, que toda forma de monismo, quanto mais lógica, mais se afasta da realidade.

125.3. Léon Duguit (1859-1928)

Duguit negou a existência do direito subjetivo, afirmando que nem o indivíduo nem a coletividade possuem direitos. Em vez de direito subjetivo deve-se falar de **"situação jurídica"**, ativa ou passiva, que representa o efeito da aplicação do direito ao indivíduo.

a) Para Duguit, a regra jurídica impõe uma forma de comportamento ao indivíduo, quer seja positivo, quer seja mera abstenção. A norma cria, assim, para todos os indivíduos que compõem um agrupamento uma *situação* de caráter objetivo, decorrente do fato de pertencer ele, o indivíduo, a uma sociedade. Daí não se poder falar em obrigação, a que ele se acharia subordinado, no que se refere a outro ou outros indivíduos, que por seu turno seriam titulares de direitos subjetivos. Estes últimos, igualmente, não se acham na situação de se investirem em direitos subjetivos, como tradicionalmente tem sido reconhecido. Para que isso fosse possível, seria necessário que a vontade de um indivíduo se impusesse à vontade de outros, que a sua vontade se colocasse em situação superior à de outras pessoas. Mas isso não ocorre nunca. O que se dá, em relação a certas pessoas, é que elas se acham em situação de se beneficiarem da situação que a norma jurídica objetiva cria com referência a certas pessoas[6].

Daí a conclusão de que, sob o aspecto ativo, à semelhança do que ocorre com o passivo, o que existe é uma *situação objetiva*. O que normalmente se qualifica como titular de direito subjetivo não passa de **beneficiário da satisfação das obrigações impostas a outras pessoas**. E isso nada mais é do que uma decorrência do fato de o indivíduo, que é beneficiado, pertencer a um grupo social. Segundo ele, quando um proprietário vem pedir à Justiça a condenação de desordens ou violências cometidas por terceiros, ele não invoca um direito subjetivo e sim uma situação jurídica que o direito sanciona. Para Duguit, o direito de propriedade ou a situação jurídica de proprietário é a mesma coisa. Ele substitui o direito entendido como prerrogativa (direito subjetivo) pela situação jurídica que seria simplesmente a aplicação da regra jurídica a um caso particular.

---

[6] Como esclarece Duguit: "Todo indivíduo tem na sociedade certa função que preencher, certa tarefa que executar. A norma impõe aos homens que vivem em sociedade certas ações ou certas abstenções. O fato de um indivíduo, membro do grupo, se conformar à norma acarreta consequências que aproveitam a outros indivíduos. O fato, que se impõe a um indivíduo, de não matar, de não roubar, de prestar assistência, beneficia evidentemente a outros indivíduos. Pode-se dizer que esses outros indivíduos são possuidores de direitos subjetivos à vida, à conservação do que detêm, à assistência? Absolutamente não. Se eles tivessem direitos subjetivos, isso significaria que a sua vontade seria de tal natureza que poderia impor-se como superior à outra vontade, para exigir desta que não matasse, que não roubasse, que prestasse assistência. Ora, não se percebe esta superioridade de vontade e nem podemos concebê-la a não ser com a intervenção de um poder sobrenatural".

b) **Crítica:** do exposto, vê-se que a posição de Duguit é radical, no negar o Direito Subjetivo e colocá-lo como uma simples situação, decorrente do Direito Objetivo. Ou, para ser ainda mais preciso, colocá-lo como o próprio Direito Objetivo, traduzindo-se em situações concretas, objetivas, reais, de que resultam vantagens para uns e desvantagens para outros. Essa situação decorre do fato fundamental de os indivíduos pertencerem à sociedade. O fato mesmo de integrar a sociedade coloca o indivíduo na situação de responder por ônus e se beneficiar da atuação concreta de certas normas[7].

Pode-se dizer que Duguit comete o *erro fundamental de* **identificar e confundir a noção de direito subjetivo com a de fato social**. Hoje, quando se fala em situação subjetiva, esta não é compreendida como uma simples situação de fato amparada por lei. Nem é vista como sinônimo de direito subjetivo, mas como o gênero no qual o direito subjetivo representa uma espécie. Aliás, apesar das grandes transformações por que passou a Teoria Geral do Direito, ainda se persiste em reduzir todas as situações subjetivas ao direito subjetivo, como fazia Duguit. O correto é dizer que há situação jurídica subjetiva toda vez que o modo de ser, de pretender ou de agir de uma pessoa corresponder ao tipo de atividade ou pretensão abstratamente configurado numa ou mais regras de direito.

Igualmente não procede sua crítica contra o direito subjetivo, porque, como vimos, sua essência **não é propriamente a vontade**. Ora ninguém mais assim representa o direito. Duguit, com sua concepção de um positivismo sociólogo, desconhece uma realidade primária, que é o homem anterior ao Estado e ao ordenamento jurídico. O certo é que existem indiscutíveis prerrogativas reconhecidas aos indivíduos pelo direito objetivo, que se identificam com o direito subjetivo e que tem se firmado na atividade jurídica diária por sua utilidade e por suas justificativas históricas. Na verdade, o que Duguit pretendia banir era a noção de direito subjetivo porque ela seria uma noção "metafísica" e como tal devia ser excluída da ciência. Contudo, o direito subjetivo é um conceito não apenas defensável, mas indispensável (Jean Dabin).

126. COMPREENSÃO DE MIGUEL REALE E DE FRANCO MONTORO

126.1. Miguel Reale (1910-2006)

Reale não compreende o direito subjetivo como algo de ligado ao ser da pessoa natural ou jurídica, seu titular, e independentemente do ordenamento jurídico positivo. Se Kelsen converte o direito subjetivo em um modo de ser da norma jurídica, e Duguit o reduz a uma situação de fato juridica-

---

[7] Ver Theóphilo Cavalcanti Filho. *Teoria do direito*, São Paulo: Bushatsky, 1976, p. 131.

mente garantida, Reale procura superar as duas tendências unilaterais, entendendo que esses dois pontos de vista **correspondem**, na realidade, **a dois momentos complementares de um único processo**.

A primeira ponderação a ser feita, portanto, é que o direito subjetivo não pode ser concebido **sem correspondência com o direito objetivo**, independentemente dele. Isso não significa, é bom salientar, que aquele se reduz a este. Ambos devem ser vistos como elementos concomitantes e complementares. Para bem compreender o direito subjetivo é necessário, pois, penetrar na estrutura da "norma", lembrando que ela é uma integração de fatos segundo valores, destinando-se a uma pessoa que procura realizar algo, dentro do seu contexto existencial.

Em sendo assim, quando analisamos uma norma de conduta, concluímos que há nela **um modelo preestabelecido de uma classe de comportamentos possíveis**. Ela indica a possibilidade a todos os componentes do grupo social de pretender ou fazer algo. Essa possibilidade de pretender ou fazer algo não tem alcance meramente descritivo ou formal, mas representa uma visão antecipada dos comportamentos efetivos, aos quais é conferida uma garantia. Com outras palavras, direito não destinado a converter-se em momento de vida é mera aparência de direito. É próprio dele prever comportamentos prováveis, configurando nos modelos jurídicos, por antecipação, aquilo que normalmente deverá ocorrer. Assim, norma jurídica que enuncia uma possibilidade de fazer ou de pretender algo, sem que jamais surja o momento de sua concretização na vida dos indivíduos e dos grupos como ação ou pretensão concretas, é uma contradição em termos. É o *princípio da realizabilidade* do direito, em virtude do qual "só podemos dizer que uma regra de direito prevê, *in abstracto*, uma pretensão ou uma atividade, se, em algum momento da vida social, puder ocorrer alguma ação ou pretensão efetivas que representem a atualização da mesma norma *in concreto*".

Pois bem, esse modelo, **abstratamente considerado, traduz-se, assim, em situações concretas, por meio da ação individual**. Haverá, então, **situação jurídica subjetiva** toda vez que, em algum momento da vida social, o modo de ser, de pretender ou de agir de uma pessoa corresponder ao tipo de atividade ou pretensão abstratamente configurado numa ou mais normas jurídicas. Daí a definição dada por Reale de situação subjetiva, englobando os dois momentos acima descritos: "é a possibilidade de ser, pretender ou fazer algo, de maneira garantida, nos limites atributivos das regras de Direito"[8].

É dentro dessa categoria ampla de situação jurídica subjetiva que colocamos o "**direito subjetivo**" que só existe, como vimos, **quando a situação subjetiva implica a possibilidade de uma pretensão, unida à**

---

[8] Miguel Reale, *Lições preliminares de direito*, São Paulo: Saraiva, 1984, p. 257.

exigibilidade de uma prestação ou de um ato de outrem. O núcleo do conceito de direito subjetivo, ensina o mestre paulista, é a *pretensão*, a qual pressupõe, de um lado, aquilo que é *pretendido* pelo titular do direito subjetivo e, de outro e em posição diametralmente oposta, aquilo que é *devido* por outrem.

A **pretensão** é o elemento que une o modelo normativo e a experiência concreta. Ela é garantida pela ordem jurídica e pode transformar-se concretamente numa exigência. Como ressalta Reale, "a possibilidade de ser pretendido algo não difere, senão como momento, da possibilidade de alguém pretender e exigir garantidamente aquilo que a norma jurídica lhe atribui: o direito subjetivo vive da complementaridade desses dois momentos e com eles se confunde, consubstanciando uma proporcionalidade entre pretensão e garantia"[9].

É, pois, essencial essa compreensão do direito subjetivo em seu duplo momento:

1º) O **momento normativo** ou da previsibilidade tipológica da pretensão; ou seja, aquele momento em que a norma jurídica expressa, *in abstracto*, a possibilidade de ser pretendido algo.

2º) E o **momento existencial** *ou da realizabilidade* da pretensão, em concreto, por meio da garantia específica. Ou seja, nesse segundo momento o sujeito converte a pretensão abstrata, enunciada genericamente na norma jurídica, numa pretensão concreta sua, por meio da ação individual.

Em decorrência, devemos compreender o direito subjetivo neste seu duplo momento, pois ele vive da complementaridade deles, que são dois momentos de um único processo. Podemos dizer que o momento normativo preexiste, historicamente, ao momento existencial, mas este se vincula, essencialmente, àquele, por meio da pretensão, que se transforma concretamente em pretensão efetiva e garantida. E numa noção que reúne os elementos essenciais do problema, Reale define então o *direito subjetivo* como sendo "**a possibilidade de exigir-se, de maneira garantida, aquilo que as normas de direito atribuem a alguém como próprio**"[10].

Entendemos que esta visão do direito subjetivo não significa que não existam certos direitos fundamentais que, em última análise, emanam da condição humana, brotam da natureza do homem, uma vez que correspondem a certas exigências axiológicas, constantes e inamovíveis, por serem consideradas da essência mesma do ser humano e que são inferidos da ideia de pessoa humana, concretamente, no processo histórico: os chamados

---

[9] Miguel Reale, *Lições preliminares de direito*, São Paulo: Saraiva, 1984, p. 258.

[10] Miguel Reale, *Lições preliminares de direito*, São Paulo: Saraiva, 1984, p. 258. A doutrina de Miguel Reale, na observação de Theóphilo Cavalcanti Filho, "tem o mérito indiscutível de conciliar as duas exigências básicas, presentes na estrutura do direito subjetivo: a objetiva e a subjetiva" (Theóphilo Cavalcanti Filho, *Teoria do direito*, São Paulo: Bushatsky, 1976, p. 143).

direitos humanos e que se identificam com o direito natural, como veremos em outra oportunidade, com mais vagar.

126.2. Franco Montoro (1916-1999)

Segundo ele, o direito subjetivo é uma **relação de dependência que se estabelece entre um objeto e a pessoa titular do direito**. Temos, portanto:

1º) uma relação de dependência de um objeto (bem ou atividade) a uma pessoa (o bem e a atividade lhe pertencem);

2º) essa relação é reconhecida pela ordem jurídica;

3º) conferindo ao titular prerrogativas de agir em relação a esse objeto.

A essa luz poderão faltar o interesse do titular, ou sua vontade, mas nunca haverá direito subjetivo se não houver essa relação de dependência[11].

QUESTIONÁRIO

1. Como a teoria da vontade explica a natureza do direito subjetivo? Que objeções se opõem a ela?

2. Que críticas se pode fazer à teoria do interesse?

3. Como explicou a natureza do direito subjetivo a teoria eclética de Del Vecchio? Qual a sua opinião sobre essa teoria?

4. Qual a visão de Hans Kelsen a respeito do direito subjetivo? Que objeção se pode fazer ao seu monismo?

5. Qual a posição de Léon Duguit a respeito do direito subjetivo? Que críticas são feitas à sua teoria?

6. Como Miguel Reale explica o direito subjetivo no seu duplo momento de um único processo?

7. Como Franco Montoro situa a questão sobre a natureza do direito subjetivo?

8. (Provão 2002) O direito subjetivo é

   A) a vontade individual de reivindicar um bem.

   B) o poder reservado aos magistrados.

   C) um conceito originário do "socialismo jurídico".

   D) um poder conferido pela norma jurídica para a ação de um sujeito.

   E) um interesse individual objetivo e determinado pela moral.

---

[11] Ver Franco Montoro, *Introdução à ciência do direito*, São Paulo: Revista dos Tribunais, 1997, p. 448.

9. (*Introdução ao estudo do direito* / Cassiano Luiz Iurk). Sobre o sentido subjetivo do vocábulo direito, assinale a alternativa correta:

   A) Independe do direito objetivo.
   B) Revela as normas de direito comercial.
   C) É a possibilidade de amparar a quem a norma de direito protege.
   D) Não é um direito protegido no Brasil.
   E) Nenhuma das anteriores.

Lição XXVII

MODALIDADES DO DIREITO SUBJETIVO

Sumário: 127. Classificação quanto à eficácia; 128. Classificação quanto ao conteúdo; 129. Direitos subjetivos privados; 130. Direitos subjetivos públicos; 131. Direitos subjetivos públicos na Constituição brasileira.

Os principais critérios para a classificação dos direitos subjetivos são quanto à eficácia e quanto ao conteúdo.

127. CLASSIFICAÇÃO QUANTO À EFICÁCIA

Sob esse aspecto os direitos subjetivos dividem-se em:

127.1. Direitos absolutos

Neles a coletividade, a universalidade das pessoas, figura como sujeito passivo da relação jurídica. São direitos que podem ser exigidos contra todos os membros da coletividade e, por isso, são denominados *erga omnes* (contra todos).

São direitos absolutos: os direitos personalíssimos, como o direito à vida; os direitos reais, como o de propriedade; os direitos intelectuais, como o direito autoral, proveniente de uma obra literária.

127.2. Direitos relativos

São aqueles que podem ser exigidos, ou opostos, apenas em relação a determinada pessoa ou pessoas que participam da relação jurídica, com as quais o sujeito ativo mantém vínculo, seja decorrente de contrato, seja de ato ilícito ou por imposição legal.

São relativos: os direitos de crédito, de locação etc.

127.3. Direitos transmissíveis

São aqueles direitos subjetivos que podem passar de um titular para outro, como, em regra, os direitos reais.

127.4. Direitos não transmissíveis

São os que não podem ser transmitidos pelo titular a terceiros, por exemplo, os direitos personalíssimos.

127.5. Direitos principais

São aqueles que se apresentam independentes, autônomos, como o direito ao capital, no contrato de mútuo.

127.6. Direitos acessórios

São aqueles que ficam na dependência do principal, não possuindo existência autônoma. Por exemplo, o direito aos juros, no contrato de mútuo.

127.7. Direitos renunciáveis

São aqueles que, sendo exclusivamente individuais do titular, este pode a eles renunciar. São disponíveis, como, em regra, os direitos subjetivos patrimoniais.

127.8. Direitos não renunciáveis

São aqueles que, tutelando interesse geral, ou de relevante valor humano ou social, não admitem renúncia, por parte do titular. São indispensáveis, como, em regra, os direitos subjetivos não patrimoniais (direitos da personalidade).

128. CLASSIFICAÇÃO QUANTO AO CONTEÚDO

Sob esse critério, os direitos subjetivos dividem-se em **públicos** e **privados**. A diferença entre eles funda-se na pessoa do *sujeito passivo* da relação jurídica. Quando o obrigado for pessoa de direito público (como o Estado), o direito subjetivo será público. Quando o obrigado for pessoa de direito privado (individual ou coletiva), o direito subjetivo será privado.

Assim, os direitos subjetivos são "privados" quando enfocados sob o prisma das relações privadas, ou seja, da pessoa em relação a outras (direitos frente à pessoa). São "públicos" quando enfocados em face do Estado, dotando-os de proteção própria contra o arbítrio do Poder Público; recebem consagração em nível constitucional com o nome de "liberdades públicas" ou "garantias".

129. DIREITOS SUBJETIVOS PRIVADOS

O direito subjetivo representa, pois, a possibilidade de exigir, como próprio, uma prestação, ou um ato, de maneira garantida, nos limites atributivos das regras de direito. É o próprio direito objetivo/positivo que garante aos seus destinatários essa situação, que pode ser simples ou complexa. Daí a distinção entre direito subjetivo "simples" e "complexo".

129.1. Direito subjetivo simples

Nele a prestação é especificada com clareza e determinação. É o que ocorre, por exemplo, com o direito de um credor em virtude de contrato que obrigue o devedor a efetuar o pagamento, em dinheiro, de certa importância, ou à devolução de uma coisa.

129.2. Direito subjetivo complexo

Ele representa um feixe de possibilidades, ou um conjunto de **faculdades**. Por exemplo, o direito de propriedade resolve-se numa série de **possibilidades** de ação: o titular pode usar da casa como sua, vendê-la, hipotecá-la, alugá-la etc. Temos, assim, uma série de possibilidades de ação, que são todas expressões de um direito subjetivo único, o direito de propriedade.

Por outro lado, quando um conjunto de direitos subjetivos converge para determinada pessoa, dando-lhe como que uma dimensão jurídica, dizemos que se verifica a criação de um *status juridicus*. Portanto, o *status* implica sempre a existência de um feixe ou um conjunto orgânico de direitos subjetivos, os quais, por sua vez, quanto ao seu exercício, podem desdobrar-se em várias "faculdades".

Por exemplo, o "estado da mulher casada" significa que a mulher, ao casar, passa a ser centro de um conjunto de direitos subjetivos, que são inerentes à sua situação de esposa. O "estado de sócio ou acionista" significa que o indivíduo que adquire ações de uma sociedade, tornando-se acionista, passa a dispor de uma série de possibilidades de pretensões, decorrentes daquela qualidade: pode comparecer a uma assembleia, votar e ser votado, discutir as matérias constantes da ordem do dia, impugnar balanços, discutir relatórios etc.

129.3. Direitos da pessoa e direitos da personalidade

O novo Código Civil começa proclamando a ideia de pessoa e os direitos da personalidade. Não define (nem deveria) o que seja pessoa. Esta, na visão realeana, é o indivíduo na sua dimensão ética, enquanto é e enquanto deve ser. **A pessoa**, como afirma Reale, **é o "valor-fonte" de todos os valores, sendo o principal fundamento do ordenamento jurídico**. E a pessoa dispõe tanto de direitos que são inerentes à sua personalidade, como um atributo essencial à sua constituição, quanto de direitos que não têm esse caráter. Temos, assim, os "direitos da personalidade" e os "direitos da pessoa".

a) **DIREITOS DA PESSOA.** Como vimos, desde as primeiras manifestações do direito, sempre se reconheceu à pessoa a condição de "**sujeito de direitos**", sendo o nascimento com vida o requisito para tanto, e acabando também por admitir direitos ao nascituro, desde a concepção (CC, arts. 1º e 2º).

Costuma-se enunciar os direitos da pessoa **segundo os seus estados básicos: político, individual, familiar e profissional**. Assim, esses direitos correspondem a tais diferentes planos em que a pessoa é enfocada, resultando daí um complexo de direitos e obrigações.

Com respeito ao *estado político*, temos a questão da **nacionalidade com as naturais consequências**. Com referência ao *estado individual*, a pessoa é tomada em função de sua **condição etária, física, ou mental**. A propósito do *estado familiar*, temos as **relações jurídicas conjugal, de paternidade, de filiação, de parentesco** etc. E quanto ao *estado profissional*, este diz respeito às **habilitações e às atividades** desenvolvidas pela pessoa **no exercício de uma profissão**.

b) **DIREITOS DA PERSONALIDADE**. O novo Código Civil, ao dedicar aos direitos da personalidade um capítulo específico na sua Parte Geral (arts. 11 a 21), deu um passo decisivo para a sistematização e o reconhecimento legislativo daqueles. E andou bem o legislador ao incluir essas disposições sobre os direitos da personalidade, uma vez que, como já foi lembrado, a pessoa é o "valor-fonte" de todos os valores jurídicos. O progresso científico e tecnológico (biologia, genética etc.) suscita problemas novos para a personalidade jurídica **na sua integridade física, moral e intelectual**, exigindo do direito respostas adequadas à proteção da pessoa humana. O que se entende, então, por direitos da personalidade?

São "**todos aqueles direitos que constituem elementos intangíveis da pessoa, de conformidade com as conquistas do processo histórico-cultural que assinala o progresso da sociedade civil, em constante correlação complementar com a instituição estatal**"[1]. São todos aqueles direitos sem os quais a pessoa humana seria inconcebível; que têm por objeto os bens e valores essenciais da pessoa, no seu aspecto físico, moral e intelectual. Todo ser humano os possui como razão de ser de sua própria existência. Em suma, os direitos da personalidade **são os inerentes a ela, como um atributo essencial à sua constituição**. Como vemos, são **distintos dos direitos da pessoa**. Estes são atribuídos genérica **e especificamente aos indivíduos, sendo possível a sua aquisição**, na observação de Reale, e que exemplifica com o direito de propriedade, que é constitucionalmente garantido, mas não é dito que todos tenham direito a ela, a não ser mediante as condições e os processos previstos em lei.

Cada direito da personalidade **corresponde a um** *valor fundamental*, **a começar**, segundo o Código Civil, **pelo do próprio corpo**, que é a condição essencial do que somos, sentimos, percebemos, pensamos e agimos (arts. 13 a 15). Vem, em seguida, a **proteção ao nome**, nele compreendidos o prenome e o sobrenome, não sendo admissível o emprego por outrem do nome da pessoa em publicações ou representações que a exponham ao

---

[1] Ver Miguel Reale, A Constituição e o Código Civil, *OESP*, 8 nov. 2003.

desprezo público, ainda quando não haja intenção difamatória (arts. 16 e 17). É o mesmo motivo pelo qual, sem autorização, é proibido o uso do nome alheio em propaganda comercial (art. 18). Em complemento natural a esses imperativos éticos, **são protegidas contra terceiros a divulgação de escritos de uma pessoa, a transmissão de sua** *palavra*, **bem como a publicação e exposição de sua imagem** (art. 20). E, por fim, a **inviolabilidade da vida privada** da pessoa natural, devendo o juiz, a requerimento do interessado, adotar as providências necessárias para impedir ou fazer cessar ato contrário a esta norma (art. 21). **O *direito de privacidade*** é um dos direitos fundamentais protegidos pelo art. 5º, X, da Constituição Federal. Na lição de Roberto Barroso, tal direito "identifica um espaço na vida das pessoas que deve ser imune à interferências externas, seja de outros indivíduos, seja do Estado. O que uma pessoa faz na sua intimidade, da sua religião aos seus hábitos pessoais, como regra devem ficar na sua esfera de decisão e discricionariedade. Sobretudo, quando não afeta a esfera jurídica de um terceiro". E conclui: "É preciso não confundir moral com direito. Há coisas que a sociedade pode achar ruins, mas que nem por isso são ilícitas. Se um indivíduo, na solidão das suas noites, bebe até cair desmaiado na cama, isso não parece bom, mas não é ilícito. Se ele fumar meia carteira de cigarros entre o jantar e a hora de ir dormir, tampouco parece bom, mas não é ilícito. Pois digo eu: o mesmo vale se, em lugar de beber ou consumir cigarros, ele fumar um baseado. É ruim, mas não é papel do Estado se imiscuir nessa área"[2].

Esses direitos, pelos quais a pessoa é protegida em seus mais íntimos valores e em suas projeções na sociedade, podemos denominá-los de **direitos personalíssimos**. É evidente que o Código Civil não poderia enumerar todos os direitos da personalidade, que se espraiam pelo ordenamento jurídico, a começar pela Constituição Federal, que, logo no art. 1º, **declara serem fundamentos do Estado Democrático de Direito a cidadania, a dignidade da pessoa humana, os** *valores sociais do* **trabalho e a livre iniciativa**. Enquanto titular desses direitos básicos, a pessoa deles tem garantia especial, o que se dá também com **o direito à vida, à liberdade, à igualdade e à segurança**, e outros mais que figuram nos arts. 5º e 6º da Constituição Federal, desde que constituam faculdades sem as quais a pessoa humana seria inconcebível.

Segundo os partidários do **direito natural clássico**, que vem de Aristóteles até nossos dias, passando por Tomás de Aquino e seus continuadores, **os direitos da personalidade são *inatos*,** o que não é aceito pelos juristas que, com o **Renascimento, secularizaram o direito,** colocando o ser humano no centro do mundo geral das normas ético-jurídicas. Para eles,

---

[2] RE 635.659 – Descriminalização do porte de drogas para consumo próprio.

trata-se de **categorias históricas** surgidas no espaço social, em contínuo desenvolvimento. A questão sobre o direito natural será objeto mais detalhado em outra ocasião. Por ora, fazemos referência à **perspectiva histórico-cultural** exposta por Miguel Reale, ou seja, **cada direito da personalidade se vincula a um valor fundamental que se revela por meio do processo histórico**, o qual não se desenvolve de maneira linear, mas de modo diversificado e plural, compondo as **várias "civilizações"**, nas quais há valores fundantes e valores acessórios, constituindo aqueles o que Reale denomina "**invariantes axiológicas**". Estas parecem inatas, mas assinalam os momentos temporais de maior duração, cujo conjunto compõe o horizonte de cada ciclo essencial da vida humana. Ora, a cada civilização corresponde um quadro dos direitos da personalidade, enriquecida esta com novas conquistas no plano da sensibilidade e do pensamento, graças ao progresso das ciências naturais e humanas, como o valor ecológico, o último adquirido pela espécie humana. Sob essa perspectiva histórico-cultural, conclui o mestre paulista, "o que podemos esperar é que, no futuro, novas aquisições aconteçam, transformando em direitos da personalidade as que ainda constituem possibilidades de ser e de agir para o maior número de seres humanos"[3].

129.4. Direitos patrimoniais e não patrimoniais

Sob o aspecto econômico, os direitos subjetivos privados dividem-se em "patrimoniais" e "não patrimoniais".

1) **PATRIMONIAIS** são aqueles que possuem **valor de ordem material e podem ser apreciados pecuniariamente**. Subdividem-se em reais, obrigacionais, sucessórios e autorais.

Reais: são os que têm por **objeto um bem móvel ou imóvel**, como a propriedade, a hipoteca, o penhor. Suas características são abranger a coisa, segui-la onde quer que se encontre, vinculá-la diretamente ao titular (*jura in re*).

Obrigacionais: são aqueles que têm por objeto **uma prestação pessoal**, como acontece no mútuo, no contrato de trabalho etc.

Sucessórios: são aqueles que **surgem em decorrência do falecimento de seu titular e são transmitidos aos herdeiros**.

Autorais: são aqueles reconhecidos ao **autor de uma criação literária, científica ou artística** e que consistem na faculdade de dispor da própria produção, quer sob o aspecto intelectual, quer sob o aspecto patrimonial; enfim, o autor pode explorar a obra, com exclusão de outras pessoas.

2) **DIREITOS NÃO PATRIMONIAIS** são aqueles dotados **apenas de valor moral**, por exemplo, os direitos familiares.

---

[3] Miguel Reale, Os direitos da personalidade, *OESP*, 17 jan. 2004.

130. DIREITOS SUBJETIVOS PÚBLICOS

Os direitos subjetivos públicos são chamados também de **"direitos fundamentais"**, **"direitos humanos"** ou **"liberdades públicas"**. A nossa Constituição os chama de "**direitos e garantias fundamentais**" (Título II). A rigor, podemos dizer que são direitos garantidos na própria Constituição e, portanto, dotados de supremacia jurídica. Limitam, por assim dizer, o poder do Estado a fim de garantir a liberdade individual. O **Estado de direito** contrapõe-se ao Estado absoluto, porquanto, baseado na lei (que rege governantes e governados), **reconhece aos indivíduos a titularidade de direitos públicos subjetivos**, ou seja, de posições jurídicas ativas com relação à autoridade estatal. O indivíduo é detentor de uma série de direitos fundamentais protegidos por garantias normativas que asseguram sua plena efetivação no plano prático.

130.1. Perspectivas históricas

No século XVII, o Estado foi absolutista. No século XVIII, foi de polícia ou do despotismo esclarecido. No século XIX, foi o Estado de direito, que se consolidou na Europa com a adoção do modelo tornado universal pela Revolução Francesa: a separação dos Poderes e a proteção dos direitos individuais.

Portanto, é **relativamente recente** a admissão da existência de direitos subjetivos públicos, pois se tinha que **o Estado, como autor e responsável pela aplicação do direito, não estaria sujeito às suas normas**. E no direito subjetivo público, o obrigado é a pessoa de direito público, envolvendo, assim, toda uma série de questões de ordem pública entre as relações do Estado com o direito, e, mais ainda, entre o indivíduo e o Estado. De fato, a matéria diz respeito ao que há de mais fundamental ao homem: a sua posição jurídico-política no seio da comunidade e do Estado, como expressão de sua liberdade. Ademais, o reconhecimento de direitos públicos subjetivos, armados de garantias eficazes, constitui uma das características principais do Estado de Direito, tendo eles, como seu fundamento último, o valor da pessoa humana. Em suma, eles vinculam o próprio Estado e não somente outros particulares.

É no **processo liberal do século XVIII**, e no **individualismo que prevaleceu na Revolução Francesa**, que começa a afirmação de que o indivíduo possui uma esfera de ação inviolável, em cujo âmbito o Poder Público não pode penetrar. Sua origem é contemporânea ao nascimento e desenvolvimento do Estado constitucional burguês e liberal. As primeiras **Declarações de Direitos** que aparecem nos Estados Unidos e na França, no século XVIII, são diplomas solenes em que se proclamam os direitos públicos subjetivos, como veremos. Se, a princípio, os direitos fundamentais são direitos subjetivos perante o Estado e, como tradicionalmente é concebido, teriam efeitos diretos apenas na relação particular--Estado, o direito constitucional contemporâneo tem reconhecido a expansão da sua eficácia às relações privadas (teoria da eficácia horizontal dos direitos fundamentais).

130.2. Fundamento dos direitos subjetivos públicos

Entre as várias doutrinas que trataram do tema, temos a jusnaturalista, a da autolimitação da soberania e a histórico-cultural.

a) **JUSNATURALISTA**. Segundo a teoria dos jusnaturalistas, sobretudo do século XVIII, o **indivíduo é anterior ao Estado, sendo já portador de direitos públicos subjetivos como algo inerente à sua própria existência, como algo inerente à natureza mesma do homem**. O Estado, por sua vez, sendo precedido de um "estado de natureza", no qual cada homem era livre, não pode constituir-se com esquecimento, muito menos com repúdio desses direitos. O Estado deve respeitá-los, porque ele surge justamente para isso: respeitá-los.

b) **TEORIA DA AUTOLIMITAÇÃO DA SOBERANIA.** Outros autores sustentam, ao contrário, que **não há direitos individuais enquanto o indivíduo não se alia a outros**. Em suma, o **indivíduo não tem direitos senão quando o Estado surge**. Como explicam, então, a existência de direitos subjetivos?

Uma das teorias que teve larga aceitação, não lhe faltando seguidores até hoje, é a chamada **teoria da autolimitação da soberania**. Na lição de Rudolf von Jhering, por exemplo, a soberania, para poder atuar, precisa ir discriminando esferas de ação entre os indivíduos e os grupos. **É o Estado que se limita a si mesmo** (*O fim no direito*).

Essa teoria de Ihering foi desenvolvida por Georg Jellinek, que pode ser considerado o pai da teoria do Estado. Ele defende a teoria da autolimitação da soberania dizendo que **os direitos públicos subjetivos existem na medida em que o Estado não pode deixar de traçar limites a si próprio enquanto Estado de Direito** (*Sistemas dos direitos públicos subjetivos* e *Doutrina geral do Estado*).

A teoria da autolimitação provocou várias **críticas**, como aquela que tira a conclusão de que, ficando os indivíduos à mercê do Estado, haveria direitos subjetivos públicos em maior ou menor quantidade, conforme o arbítrio daqueles que, no momento, representam a pessoa jurídica do Estado. Ihering procura responder à objeção dizendo que aí a questão já não é mais jurídica, e sim **política**. Segundo ele, a garantia da existência de direitos públicos subjetivos está na consciência popular, na educação cívica do povo, na força da opinião pública, pelas quais a população poderá influenciar no modo de o Estado conceber os referidos direitos públicos subjetivos. Trata-se de um problema político. Mas, para o jurista, o que existe, segundo o prisma específico do direito, é o Estado se autolimitando.

c) **PROCESSO DE NATUREZA HISTÓRICO-CULTURAL DE MIGUEL REALE.** O mestre paulista chega à conclusão de que a teoria da autolimitação aprecia apenas o aspecto jurídico do problema e que há um *equívoco* em falar em autolimitação. Porque essa expressão dá a ideia de que é o Estado que traça a si próprio os seus limites, quando, na realidade, o que ocorre é "um processo de natureza histórico-cultural, que implica uma discriminação progressiva de atividades, para os indivíduos ou a sociedade civil, de um lado, para o Poder Público, do outro"[4]. Assim, nesse processo de organização social não existem apenas direitos e deveres para os indivíduos, mas há também, concomitante e **paralelamente, direitos e deveres para o Estado**. A estrutura mesma da sociedade atual impõe esse reconhecimento de esferas primordiais de ação aos indivíduos e grupos. É algo que *resulta da natureza mesma da evolução histórica*. E, embora os direitos subjetivos públicos possam sofrer redução, grande número deles sempre subsiste, até mesmo nos Estados totalitários.

Desse modo, segundo Reale, não podemos apreciar o problema apenas sob o aspecto jurídico, pois se trata de um fenômeno complexo que é de natureza jurídica, política, sociológica, econômica etc. Por isso, ele **aprecia a matéria sob três prismas distintos: o *sociológico*, o *jurídico* e o *político*.** O que significa dizer, em conclusão, que o problema dos direitos públicos subjetivos é, então, "um problema histórico-cultural, porquanto representa um momento de ordenação jurídica, atendendo a uma exigência social, que se processa independentemente do arbítrio e da vontade daqueles que, transitoriamente, enfeixem em suas mãos o poder político"[5]. E na sua conclusão sucinta: "os direitos públicos subjetivos são necessariamente reconhecidos pelo Estado, não conferidos pelo Estado"[6].

131. DIREITOS SUBJETIVOS PÚBLICOS NA CONSTITUIÇÃO BRASILEIRA

Hoje, a quase totalidade das constituições traz, como uma de suas partes básicas, a declaração dos direitos públicos subjetivos. O mesmo acontece com a Constituição Federal brasileira, que não se limita a apresentar os direitos jurídico-políticos, mas também os de natureza social. Eles são encontrados no Título II ("Dos Direitos e Garantias Fundamentais") com seus Capítulos "Dos Direitos e Deveres Individuais e Coletivos" (I); "Dos Direitos Sociais" (II); "Dos Direitos Políticos" (IV); e os Títulos VII e VIII ("Da Ordem Econômica e Financeira" e "Da Ordem Social")[7].

---

[4] Miguel Reale, *Lições preliminares de direito*, São Paulo: Saraiva, 1984, p. 270.
[5] Miguel Reale, *Lições preliminares de direito*, São Paulo: Saraiva, 1984, p. 271.
[6] *Miguel Reale, O Estado Democrático de Direito e o conflito das ideologias*, São Paulo: Saraiva, 1998, p. 111.
[7] Também O Pacto de São José da Costa Rica, do qual o Brasil é signatário, traz diversas proteções ao indivíduo, como a proteção da honra e da dignidade humana.

Devemos notar que o elenco dos direitos e garantias individuais, em vez de se seguir à organização do Estado e dos Poderes, como nas Constituições anteriores, está colocado na abertura da Constituição vigente. O fato demonstra a intenção da Constituinte: a precedência é do indivíduo e não do Estado, razão pela qual o presidente da Constituinte, Ulysses Guimarães, a chamou de "**Constituição cidadã**"[8].

131.1. Distinção entre direitos e garantias

A distinção entre direitos e garantias fundamentais, no direito brasileiro, é devida a **Rui Barbosa**, ao separar as disposições meramente **declaratórias**, que reconhecem a existência legal dos referidos direitos, e as disposições **assecuratórias**, que são as que limitam o poder em defesa desses direitos. Em suma, aquelas instituem os direitos; estas, as garantias. Não raro juntam-se, na mesma disposição constitucional, a fixação da garantia com a declaração do direito.

Jorge Miranda faz a mesma diferenciação: "Os direitos representam só por si certos bens, as garantias destinam-se a assegurar a fruição desses bens; os direitos são principais, as garantias acessórias e, muitas delas, adjectivas (ainda que possam ser objecto de um regime constitucional substantivo)"[9].

Canotilho, por sua vez, acha que, rigorosamente, *as clássicas garantias são também direitos*, embora muitas vezes se salientasse nelas o caráter instrumental de proteção desses direitos. As garantias traduzem-se quer no direito dos cidadãos a exigir dos poderes públicos a proteção dos seus direitos, quer no reconhecimento de meios processuais adequados a essa finalidade. E dá como exemplos: o direito de acesso aos tribunais para defesa dos direitos; os princípios do *nullum crimen sine lege* e *nulla poena sine crimine*; direito de *habeas corpus*; princípio do *non bis in idem*[10].

José Afonso da Silva também entende que *inexiste, na realidade, uma divisão entre os direitos e as garantias*. Não são nítidas, de fato, as linhas divisórias entre eles. Nem é decisivo, em face da Constituição, afirmar que os direitos são declaratórios e as garantias assecuratórias, porque as garantias em certa medida são declaradas e, às vezes, declaram-se os direitos usando forma assecuratória. A Constituição não traz regra

---

[8] Em discurso proferido na presidência da Assembleia Constituinte, em 27 de julho de 1988, Ulysses Guimarães afirmou: "Repito: essa será a Constituição cidadã, porque recuperará como cidadãos milhões de brasileiros, vítimas da pior das discriminações: a miséria".

[9] Jorge Miranda, *Manual de direito constitucional*, 4. ed., Coimbra, p. 88.

[10] Canotilho, *Direito constitucional*, Coimbra: Almedina, 1993, p. 520.

que separe as duas categorias, nem sequer adota terminologia precisa a respeito das garantias[11].

131.2. Art. 5º da Constituição Federal

Os direitos subjetivos públicos são os mais diversos. Há os que protegem a liberdade da pessoa contra uma possível intromissão do Estado na sua esfera; os que permitem aos indivíduos exigir determinadas prestações por parte do Estado; os que oferecem aos cidadãos a possibilidade de influenciar e fiscalizar a política do Estado; os que só podem ser exercidos por um grupo de pessoas (direitos coletivos); os que exprimem valores comuns e deveres de mútuo respeito (direitos difusos que o Código de Defesa do Consumidor, no art. 81, 1, assim define: "os transindividuais, de natureza indivisível, de que sejam titulares pessoas indeterminadas e ligadas por circunstâncias de fato".

O art. 5º da Constituição Federal, por exemplo, estabelece, dentre outros, os seguintes direitos e garantias fundamentais:

"[...]

II – ninguém será obrigado a fazer ou deixar de fazer alguma coisa senão em virtude de lei;

III – ninguém será submetido a tortura nem a tratamento desumano ou degradante;

IV – é livre a manifestação de pensamento, sendo vedado o anonimato;

[...]

IX – é livre a expressão da atividade intelectual, artística, científica e de comunicação, independentemente de censura ou licença;

X – são invioláveis a intimidade, a vida privada, a honra e a imagem das pessoas, assegurado o direito a indenização pelo dano material ou moral decorrente de sua violação;

XI – a casa é asilo inviolável do indivíduo;

XII – é inviolável o sigilo da correspondência e das comunicações telegráficas, de dados e das comunicações telefônicas;

XIII – é livre o exercício de qualquer trabalho, ofício ou profissão, atendidas as qualificações profissionais que a lei estabelecer;

[...]

XVI – todos podem reunir-se pacificamente, sem armas, em locais abertos ao público, independentemente de autorização, desde que não frustrem outra reunião anteriormente convocada para o mesmo local, sendo apenas exigido prévio aviso à autoridade competente;

[...]

---

[11] José Afonso da Silva, *Curso de direito constitucional positivo*, São Paulo: Malheiros, 1989, p. 166.

XXXIII – todos têm direito a receber dos órgãos públicos informações de seu interesse particular, ou de interesse coletivo ou geral, que serão prestadas no prazo da lei, sob pena de responsabilidade, ressalvadas aquelas cujo sigilo seja imprescindível à segurança da sociedade e do Estado;

XXXIV – são a todos assegurados, independentemente do pagamento de taxas:

a) o direito de petição aos Poderes Públicos em defesa de direitos ou contra ilegalidade ou abuso de poder;

b) a obtenção de certidões em repartições públicas, para defesa de direitos, esclarecimento de situações de interesse pessoal;

XXXV – a lei não excluirá da apreciação do Poder Judiciário lesão ou ameaça a direito;

XXXVI – a lei não prejudicará o direito adquirido, o ato jurídico perfeito e a coisa julgada;

[...]

XXXIX – não há crime sem lei anterior que o defina, nem pena sem prévia cominação legal;

[...]

XLVI – a lei regulará a individualização da pena e adotará, entre outras, as seguintes: a) privação de liberdade; b) perda de bens; c) multa; d) prestação social alternativa; e) suspensão ou interdição de direitos;

XLVII – não haverá penas a) de morte, salvo em caso de guerra declarada, nos termos do art. 84; b) de caráter perpétuo; c) de trabalho forçado; d) de banimento; e) cruéis.

[...]

LV – aos litigantes, em processo judicial ou administrativo, e aos acusados em geral são assegurados o contraditório e ampla defesa;

[...]

LXI – ninguém será preso senão em flagrante delito ou por ordem escrita e fundamentada de autoridade judiciária competente;

[...]

LXVIII – conceder-se-á *habeas corpus* sempre que alguém sofrer ou se achar ameaçado de sofrer violência ou coação em sua liberdade de locomoção, por ilegalidade ou abuso de poder;

LXIX – conceder-se-á mandado de segurança para proteger direito líquido e certo, não amparado por *habeas corpus* ou *habeas data*, quando o responsável pela ilegalidade ou abuso de poder for autoridade pública ou agente de pessoa jurídica no exercício de atribuições do Poder Público;

[...]

LXXI – conceder-se-á mandado de injunção sempre que a falta de norma regulamentadora torne inviável o exercício dos direitos e liberdades constitucionais e das prerrogativas inerentes à nacionalidade, à soberania e à cidadania;

LXXII – conceder-se-á *habeas data*:

a) para assegurar o conhecimento de informações relativas à pessoa do impetrante, constantes de registro ou bancos de dados de entidades governamentais ou de caráter público;

b) para a retificação de dados, quando não se prefira fazê-lo por processo sigiloso, judicial ou administrativo;

LXXIII – qualquer cidadão é parte legítima para propor ação popular que vise a anular ato lesivo ao patrimônio público ou de entidade de que o Estado participe, à moralidade administrativa, ao meio ambiente e ao patrimônio histórico e cultural".

131.3. Direitos políticos

Tais direitos asseguram aos cidadãos a participação no poder, como corolário do princípio de que "todo o poder emana do povo, que o exerce por meio de representantes eleitos ou diretamente" (CF, art. 1º, parágrafo único).

Os direitos básicos são: votar e ser votado; organizar partidos políticos que representem as mais diversas correntes de opinião; participar dos partidos políticos; fazer propaganda política; exercer as funções públicas, tanto no exercício da função executiva como legislativa e judiciária.

131.4. Seguridade Social

Compreende um conjunto integrado de ações de iniciativa dos Poderes Públicos e da sociedade, destinadas a assegurar os direitos relativos à saúde, à previdência e à assistência social (CF, art. 194).

QUESTIONÁRIO

1. Qual a diferença entre direitos absolutos e relativos? Exemplifique.
2. Qual é a posição dos direitos acessórios em relação aos principais? Por quê?
3. Como você diferencia os direitos subjetivos públicos dos privados? Exemplifique.
4. Quando um direito subjetivo é denominado complexo? Exemplifique.
5. Que vem a ser o chamado *status juridicus*?
6. O que vêm a ser os chamados direitos da pessoa e os da personalidade? Dê um exemplo deles, justificando.
7. Quando ocorreu a admissão dos direitos subjetivos públicos?
8. Há distinção entre direitos e garantias fundamentais? Por quê?
9. Onde se encontram, na Constituição Federal brasileira vigente, o elenco dos direitos e garantias fundamentais?

10. Que significa dizer que um direito se impõe *erga omnes*?

11. Há diferença entre os direitos da personalidade e os chamados direitos personalíssimos? Explique.

12. O indivíduo que, na solidão do seu quarto, bebe até cair desmaiado na cama, ou fuma uma carteira de cigarros entre o jantar e a hora de ir dormir, está praticando um ato ilícito ou estaria acobertado pelo seu direito de privacidade? Justifique a sua opção.

13. Dois estudantes são presos durante uma manifestação de rua, em 2013, na cidade de São Paulo na esquina da Avenida Paulista com a Avenida Consolação, sob a alegação de "perturbação da ordem pública", "vandalismo" e "resistência".

Você, como advogado da ONG Direitos na Rua, sabe que a Constituição Federal vigente protege direitos fundamentais em seu art. 5º (incisos IV, IX e XVI). Avisado da situação entra com um pedido de *Habeas Corpus* em favor dos dois jovens. Desenvolva os argumentos extraídos da Constituição, da doutrina e da jurisprudência, visando alcançar a liberdade dos estudantes.

Lição XXVIII

DECLARAÇÕES DOS DIREITOS HUMANOS

Sumário: 132. Direitos humanos: conquista da cultura; 133. Fundamento: a pessoa humana; 134. Declarações dos Direitos do Homem.

Na época contemporânea, não pode ser relegada a segundo plano a crescente atenção que em todo o mundo se dá aos direitos humanos. Isso ocorre por dois motivos: pela consciência cada vez mais sensível e profunda que se forma em cada indivíduo e em cada comunidade a respeito de tais direitos; e pela contínua e dolorosa multiplicação das violações a esses direitos[1].

132. DIREITOS HUMANOS: CONQUISTA DA CULTURA

Vimos como os jusnaturalistas (em especial os adeptos do direito natural como uma entidade de razão ou um protótipo ideal, dominante no século XVIII) sustentam **que o indivíduo é anterior ao Estado, sendo já portador de direitos fundamentais como algo de inerente à sua própria existência. E o Estado não pode constituir-se com esquecimento, muito menos com repúdio desses direitos, que são inerentes à natureza mesma do homem.**

Outros autores, por sua vez, sustentam que **não há direitos individuais enquanto o indivíduo não se alia a outros ou não se compõe**

---

[1] Temos exemplo de que a realidade brasileira está distante desse ideal no *site* da Secretaria de Direitos Humanos em que, entre fevereiro de 2011 e fevereiro de 2012, o Disque Direitos Humanos registrou 111.837 denúncias de violações de direitos humanos, sendo 94.394 denúncias de violações de direitos de crianças e adolescentes, 9.935 de idosos, 3.764 de pessoas com deficiência, 1.488 denúncias de violações contra a população LGBT, 424 contra a população em situação de rua e 1.834 relacionadas a outros grupos vulneráveis (*apud* Eduardo Bittar, *Introdução ao estudo do direito*, São Paulo: Saraiva, 2018, p. 85).

com outros em forma estatal. O indivíduo não tem direitos senão quando o Estado surge, declaram eles, contrapondo-se ao jusnaturalismo, cuja ideia da existência de direitos naturais anteriores à organização política estaria de há muito superada, segundo eles.

O certo é que, examinando a história política, verificamos que estamos diante de **uma conquista da cultura**, cada vez mais renovada em seus valores. Não se pode apreciar separadamente o problema do indivíduo perante o Estado, uma vez que este não é senão expressão do processo histórico de integração da vida política e jurídica. E, na visão de Reale, "os direitos públicos subjetivos são momentos desse processo de organização da vida social, de tal sorte que não apenas existem direitos e deveres para os indivíduos, como também, concomitante e paralelamente, direitos e deveres para o Estado; é algo que resulta da natureza mesma da evolução histórica", isto é, como fruto da própria experiência histórica[2].

No entanto, com isso não se nega que os direitos públicos subjetivos, aos quais correspondem os chamados "direitos fundamentais do homem", ou "direitos humanos", tenham como seu fundamento último o valor intangível da pessoa humana, cujas tendências naturais para o bem e exigências decorrentes encontram neles uma resposta[3]. Portanto, se os direitos subjetivos públicos ou direitos humanos ou direitos naturais não são inatos, no sentido de ser algo dado de antemão ou preexistente no processo social, dotado de validade em si e por si, há *algo de inato* no seu processo de objetivação histórica, ou seja, aquelas "tendências naturais" que levam o homem ao seu fim próprio, e suas correspondentes "exigências axiológicas". É como interpreto a expressão de Reale: "cada homem nasce com a sua estrela polar valorativa"; ou: "o que existe são 'condicionantes naturais' e 'tendências constantes' que balizam e orientam, historicamente, o trabalho criador e constitutivo do legislador, primeiro, e do intérprete, depois".

133. FUNDAMENTO: A PESSOA HUMANA

Há várias tentativas de fundamentar os direitos humanos: abordagem religiosa, abordagem sociobiológica, abordagem intuicionista, abordagem cultural etc. Entendemos que os direitos fundamentais do homem, ou direitos humanos, têm como seu fundamento último o *valor da pessoa humana*, cujas tendências naturais para o bem e exigências decorrentes encontram neles uma resposta. Mesmo aqueles que, como Jacques Monod, expulsaram a Ética do domínio da ciência, acabam recorrendo ao valor da pessoa para

---

[2] Miguel Reale, *Lições preliminares de direito*, São Paulo: Saraiva, 1984, p. 270.
[3] Quando se faz distinção entre Direitos Humanos e Direitos Fundamentais, isso não pode significar um isolamento ou separação. De fato, os "direitos fundamentais", quando vistos como sendo realidades que têm uma base positiva sobre a qual estão assentados, não podem, todavia, ser compreendidos sem ter em conta os "direitos humanos".

fundar e legitimar a conduta ética e política. Monod, por exemplo, pensa que, numa sociedade socialista, superado o mito da ideologia marxista, só poderá haver uma "Ética de conhecimentos", consistente na livre e consciente escolha dos valores das ciências positivas como valores supremos. Somente assim, o Homem, sabendo-se só na imensidão indiferente do Universo, donde teria emergido por acaso, encontraria condições para superar sua angústia de solidão, satisfazendo à exigência de *explicação total* que se tornou "inata", ou seja, uma invariante atual na evolução da espécie humana, herança essa que lhe vem do fundo das idades e que não pode ser apenas cultural, mas sem dúvida genética[4].

O homem é a fonte de todos os valores porque é inerente à sua essência valorar, criticar, julgar tudo aquilo que lhe é apresentado, seja no plano da ação ou no plano do conhecimento. Tal experiência estimativa do homem *condiciona a sua história*. Os esforços de realização do humano se desenvolvem nos ciclos culturais, de maneira que **se vão ordenando constelações axiológicas distintas, ou, por outras palavras, conjuntos de valores fundamentais, que, uma vez trazidos historicamente ao plano da consciência, tornam-se bens comuns, essenciais ao viver social**. Esse pluralismo axiológico irradia-se, pois, da pessoa como valor-fonte; só tem sentido como uma emanação natural do valor em si da pessoa humana. O homem é o valor-fonte de todos os valores porque somente ele é originariamente um ente capaz de tomar consciência de sua própria valia, mediante e através da experiência histórica em comunhão com os demais homens[5].

Por **dignidade da pessoa humana** entendemos, na esteira de Ingo Wolfgang Sarlet, aquela qualidade intrínseca reconhecida em cada ser humano que o faz **merecedor do respeito e consideração por parte do Estado e da comunidade**. O fato implica um complexo de direitos e deveres fundamentais que asseguram a pessoa contra qualquer ato de cunho degradante e desumano, como lhe garantam condições existenciais mínimas para uma vida saudável, além de promover sua participação nos destinos da própria existência e da vida em comunhão com os demais seres humanos (Dimensões da Dignidade).

Concluindo, a pessoa, como autoconsciência espiritual, **é o valor que dá sentido a todo evolver histórico**. Ou seja, os renovados esforços do homem em sua faina civilizadora tendem à atualização de valores básicos, como os valores da pessoa humana, o direito à vida, a liberdade individual etc., que constituem o fundamento da vida ética. A eles correspondem os

---

[4] *Apud* Miguel Reale, *Experiência e cultura*, São Paulo: Edusp, 1977, p. 197.
[5] Ver Miguel Reale, *Paradigmas da cultura contemporânea*, São Paulo: Saraiva, 1996, p. 107; *Experiência e cultura*, São Paulo: Edusp, 1977, p. 196; e *Introdução à filosofia*, São Paulo: Saraiva, 1988, p. 162.

chamados direitos fundamentais do homem ou direitos humanos, que foram proclamados solenemente nas declarações de direitos que aparecem, no século XVIII, nos Estados Unidos e na França.

134. DECLARAÇÕES DOS DIREITOS DO HOMEM

134.1. Sentido do termo "declaração"

O termo "declaração" pode revestir-se de diversas tonalidades significativas: como formulação e como explicitação[6].

1º) Pode ser entendido como simples **"formulação" de direitos e deveres que o homem encontra e descobre na pessoa**. Nesse sentido, não teria mais valor que o que lhe dá o fato de ser formulado em princípios precisos e concretos.

2º) Pode ser entendido como uma **"explicitação"**. Nesse sentido existiria uma **conscientização cada vez maior dos direitos e deveres inerentes à pessoa humana**.

3º) Pode ser entendido como uma "**declaração**" que a humanidade faz diante de si mesma **de se comprometer a realizá-los e a respeitá-los**.

4º) Pode ser entendido, por último, como uma "**aceitação vinculante**" que determinada comunidade realiza em ordem a **pôr em prática tais direitos e obrigações**.

Entendendo, no momento, o termo "declaração" na amplitude dos sentidos indicados, procuremos apontar sua trajetória histórica.

134.2. Histórico

A tomada de consciência dos direitos humanos e sua formulação é um dado histórico de incalculável valor para a humanidade. A história mostra-nos como houve um reconhecimento progressivo das "liberdades sociais" do homem, e que se completa com as "declarações dos direitos" da pessoa. De fato, essas declarações são a concretização histórico-jurídica da tomada de consciência das liberdades do homem.

Com o **Cristianismo**, as características da fraternidade e igualdade, da universalidade e da dignidade do homem passam a ser constitutivas da pessoa humana. No mundo moderno, a dignidade defendida pelo **Humanismo** coloca o homem no centro das concepções de mundo (antropocentrismo), sabendo-se que no Renascimento se vai consolidando a libertação dos laços da pessoa da cultura teológica medieval, para daí emergir o indivíduo da cultura liberal (individualismo). A partir do **Iluminismo,** consideradas as influentes premissas de Kant (a não instrumentalização do sujeito, a potência da razão crítica, a significação deontológica do "mundo dos fins"),

---

[6] Ver Marciano Vidal, *Moral de atitudes*: moral social, Aparecida: Ed. Santuário, v. 3, p. 158.

todos estão igualizados na razão e, por isso, tem a mesma "dignidade universal", perante uma moral transcendental que fundamenta o direito. Habermas deixa claro que a dignidade da pessoa humana é um conceito que desabrocha para o direito posteriormente a ter sido esculpido pela força da história, no cinzel da religião e da filosofia, cujo surgimento é posterior à ação do discurso dos direitos humanos. Com outras palavras, os direitos humanos surgiram desde o século XIII, antes do uso do termo "dignidade" em documentos jurídicos, fruto de lutas sociais em face de irracionalidades mortíferas, como Auschwitz e o uso da energia atômica em Hiroshima e Nagasaki na Segunda Guerra Mundial. Foi esse contexto que fez da expressão "direitos humanos" um bastião de síntese das lutas mais fundamentais da humanidade unida em torno da proteção humana[7].

Assim, se a consciência clara e universal de tais direitos é própria dos tempos modernos, devem-se salientar alguns precedentes.

a) A **Antiguidade** não conheceu os direitos individuais.

b) Na luta que os barões e prelados ingleses travaram com o rei João Sem Terra, este teve de jurar a *Magna Charta Libertatum* em 1215, cujos 63 parágrafos contêm determinadas garantias ou prerrogativas, que eram verdadeiras limitações à autoridade real. Podemos anotar, ainda, o Decreto de Afonso IX nas cortes de León (1188) e a Constituição de Ávila (1521).

c) Essas cartas medievais, junto com o reconhecimento da liberdade religiosa no final das "guerras religiosas" na Europa e da tolerância interconfessional na colonização da América do Norte, mais as declarações inglesas de 1628 (*Petition of Rights*) e de 1689 (*Bill of Rights*), são exemplos típicos dos antecedentes às declarações dos direitos humanos.

134.3. Gerações dos direitos

Em 1979, Karel Vassack, Diretor da Divisão de Direitos do Homem e da Paz, da UNESCO, na aula inaugural dos Cursos do Instituto Internacional dos Direitos do Homem, em Estrasburgo, apresentou a tese denominada **Geração de direitos**. A doutrina, hoje, classifica os direitos humanos como de primeira, segunda, terceira, quarta e quinta gerações. O critério para essa classificação é a ordem histórico-cronológica em que tais direitos passaram a ser reconhecidos, em geral, constitucionalmente

Os direitos humanos de **primeira geração** são **os direitos civis e políticos clássicos** (liberdades públicas), surgidos a partir da *Magna Charta Libertatum*. Realçam o princípio da liberdade.

Os de **segunda geração** são **os direitos sociais, econômicos e culturais**, surgidos no início do século XIX e dominando o século XX. Acentuam o princípio da igualdade; por exemplo, os relacionados ao trabalho, ao seguro social, à subsistência, ao amparo à doença, à velhice etc.

---

[7] Ver Eduardo Bittar, *Introdução ao estudo do direito*, São Paulo: Saraiva, 2018, p. 87 e s.

Os de **terceira geração** transcendem a esfera individual para recair nos grupos sociais. São os chamados **direitos de solidariedade ou fraternidade**, que englobam, como destaca Alexandre de Moraes, "o direito a um meio ambiente equilibrado, a uma saudável qualidade de vida, ao progresso, à paz, à autodeterminação dos povos e a outros direitos difusos"[8].

Os de **quarta geração** são **os direitos do genoma humano**, que teve seu advento com a "Declaração dos Direitos do Homem e do Genoma Humano", em 1977, pela Assembleia Geral da Unesco, em cujo art. 1º lemos, por exemplo, que "em um sentido simbólico, ele (o genoma) é o patrimônio da humanidade".

Os de **quinta geração** são os direitos relacionados com **a cibernética e a internet**, as quais deram origem a novas relações humanas e jurídicas. Envolvem as questões que surgem do exercício de antigos direitos, mas em novas condições geradas pelas comunidades virtuais, seja em razão de relações de consumo pela compra na internet, seja pelo acesso a informações em *sites* de notícias ou de relacionamentos, seja pelo acesso à educação oferecida em espaços virtuais.

134.4. As Declarações dos Direitos do Homem

As declarações no sentido moderno do termo, isto é, como fundamentadoras da estrutura política e jurídica da sociedade moderna, começam com a declaração de independência dos Estados Unidos da América (1776), após um período de absolutismo, quando os monarcas proclamavam o seu poder soberano (haja vista a afirmação atribuída a Luís XIV: "L'Etat c'est moi"). José Reinaldo de Lima Lopes anota que "tanto a Revolução Francesa quanto a Americana apropriam-se do jusnaturalismo nascido no século XVII e enriquecido pela filosofia das luzes e dos enciclopedistas"[9].

Desde então as declarações mais importantes são as seguintes: a de Virgínia, a da Revolução Francesa e a da ONU.

1) **DECLARAÇÃO DE DIREITOS DE VIRGÍNIA (1776).** É a primeira que contém um catálogo específico de direitos do homem e do cidadão. A filosofia que está na sua base (como também aconteceu com as declarações de outros Estados particulares) tem **um tom empirista e prático, procedente da filosofia de Locke, do jusnaturalismo protestante dos séculos XVII-XVIII e de Montesquieu no que se refere às estruturas do poder**.

Escrita por George Mason, serviu de base para Jefferson proclamar a Declaração Americana da Independência (4 de julho de 1776).

---

[8] Alexandre de Moraes, *Direito constitucional*, São Paulo: Atlas, 1999, p. 57.
[9] José Reinaldo de Lima Lopes, *O direito na história*: lições introdutórias, São Paulo: Atlas, 2008, p. 188.

2) **DECLARAÇÃO DOS DIREITOS DO HOMEM E DO CIDADÃO (1789)**. Foi votada pela Assembleia Constituinte Francesa em plena revolução, e ficou famosa no direito político moderno. Essa declaração encarnou durante o século XIX os ideais da sociedade liberal e sob sua bandeira se transformou a estrutura política e social do Ocidente[10]. Praticamente, a partir da Revolução Francesa, todos os países democráticos incluíram em suas Constituições os direitos humanos.

Pode-se discordar da base filosófica em que tal declaração se apoia, mas não se pode negar a grandeza e a verdade dos fins que ela buscou, como se depreende da sua leitura:
"Declaração dos Direitos do Homem e do Cidadão"
Aprovada, em 26 de agosto de 1789, pela Assembleia Nacional da França.

Os representantes do povo francês, reunidos em Assembleia Nacional, tendo em vista que a ignorância, o esquecimento ou o desprezo dos direitos do homem são as únicas causas dos males públicos e da corrupção dos Governos, resolveram declarar solenemente os direitos naturais, inalienáveis e sagrados do homem, a fim de que esta declaração, sempre presente em todos os membros do corpo social, lhes lembre permanentemente seus direitos e seus deveres; a fim de que os atos do Poder Legislativo e do Poder Executivo, podendo ser a qualquer momento comparados com a finalidade de toda a instituição política, sejam por isso mais respeitados; a fim de que as reivindicações dos cidadãos, doravante fundadas em princípios simples e incontestáveis, se dirijam sempre à conservação da Constituição e à felicidade geral.

Em razão disto, a Assembleia Nacional reconhece e declara, na presença e sob a égide do Ser Supremo, os seguintes direitos do homem e do cidadão:

"Art. 1º – Os homens nascem e são livres e iguais em direitos. As distinções sociais só podem fundamentar-se na utilidade comum.

Art. 2º – A finalidade de toda associação política é a conservação dos direitos naturais e imprescritíveis do homem. Esses direitos são a liberdade, a propriedade, a segurança e a resistência à opressão.

Art. 3º – O princípio de toda a soberania reside, essencialmente, na nação. Nenhuma corporação, nenhum indivíduo pode exercer autoridade que dela não emane expressamente.

---

[10] A universalidade inerente aos direitos humanos se manifestou pela primeira vez com a Declaração dos Direitos do Homem de 1789. Se a Declaração francesa tinha por destinatário o gênero humano, as declarações antecedentes (inglesas e americanas) se dirigiam a uma camada social privilegiada (os barões feudais), quanto muito a um povo ou a uma sociedade que se libertava politicamente, como era o caso das antigas colônias americanas. Na observação de Émile Boutmy (em célebre polêmica com Jellinek no começo do século XX sobre a Declaração dos Direitos do Homem): "Foi para ensinar o mundo que os franceses escreveram; foi para o proveito e comodidade de seus concidadãos que os americanos redigiram suas Declarações" (*apud* Paulo Bonavides, *Curso de direito constitucional*, São Paulo: Malheiros, 2011, p. 562).

Art. 4º – A liberdade consiste em poder fazer tudo que não prejudique o próximo: assim, o exercício dos direitos naturais de cada homem não tem por limites senão aqueles que asseguram aos outros membros da sociedade o gozo dos mesmos direitos. Estes limites apenas podem ser determinados pela lei.

Art. 5º – A lei não proíbe senão as ações nocivas à sociedade. Tudo que não é vedado pela lei não pode ser obstado e ninguém pode ser constrangido a fazer o que ela não ordene.

Art. 6º – A lei é a expressão da vontade geral. Todos os cidadãos têm o direito de concorrer pessoalmente ou através de mandatários, para a sua formação. Ela deve ser a mesma para todos, seja para proteger, seja para punir. Todos os cidadãos são iguais a seus olhos e igualmente admissíveis a todas as dignidades, lugares e empregos públicos, segundo a sua capacidade e sem outra distinção que não seja a das suas virtudes e dos seus talentos.

Art. 7º – Ninguém pode ser acusado, preso ou detido senão nos casos determinados pela lei e de acordo com as formas por esta prescritas. Os que solicitam, expedem, executam ou mandam executar ordens arbitrárias devem ser punidos; mas qualquer cidadão convocado ou detido em virtude da lei deve obedecer imediatamente, caso contrário torna-se culpado de resistência.

Art. 8º – A lei apenas deve estabelecer penas estrita e evidentemente necessárias e ninguém pode ser punido senão por força de uma lei estabelecida e promulgada antes do delito e legalmente aplicada.

Art. 9º – Todo acusado é considerado inocente até ser declarado culpado e, se se julgar indispensável prendê-lo, todo o rigor desnecessário à guarda da sua pessoa deverá ser severamente reprimido pela lei.

Art. 10 – Ninguém pode ser molestado por suas opiniões, incluindo opiniões religiosas, desde que sua manifestação não perturbe a ordem pública estabelecida pela lei.

Art. 11– A livre comunicação das ideias e das opiniões é um dos mais preciosos direitos do homem; todo cidadão pode, portanto, falar, escrever, imprimir livremente, respondendo, todavia, pelos abusos desta liberdade nos termos previstos na lei.

Art. 12 – A garantia dos direitos do homem e do cidadão necessita de uma força pública; esta força é, pois, instituída para fruição por todos, e não para utilidade particular daqueles a quem é confiada.

Art. 13 – Para a manutenção da força pública e para as despesas de administração é indispensável uma contribuição comum que deve ser dividida entre os cidadãos de acordo com as suas possibilidades.

Art. 14 – Todos os cidadãos têm o direito de verificar, por si ou pelos seus representantes, da necessidade da contribuição pública, de consenti-la livremente, de observar o seu emprego e de lhe fixar a repartição, a coleta, a cobrança e a duração.

Art. 15 – A sociedade tem o direito de pedir contas a todo agente público pela sua administração.

Art. 16 – A sociedade em que não esteja assegurada a garantia dos direitos nem estabelecida a separação dos poderes não tem Constituição.

Art. 17 – Como a propriedade é um direito inviolável e sagrado, ninguém dela pode ser privado, a não ser quando a necessidade pública legalmente comprovada o exigir evidentemente e sob condição de justa e prévia indenização".3) **DECLARAÇÃO UNIVERSAL DOS DIREITOS HUMANOS (ONU/1948).** Logo após a Segunda Grande Guerra, em 10-12-1948, a Assembleia Geral das Nações Unidas (ONU) aprovava a sua "Declaração Universal dos Direitos do Homem", que é sem dúvida a mais completa e equilibrada enumeração dos direitos individuais e sociais, estando o Brasil entre os países signatários. Pode-se dizer que essa Declaração é **a expressão da consciência jurídica da humanidade**, representada pela ONU, e, como tal, fonte de um "direito superior", cujos princípios seus membros não podem desconhecer.

Deve-se salientar que, se a Declaração francesa cuidava mais dos direitos públicos do homem como cidadão, a Declaração da ONU, **além de ampliar os direitos políticos, acrescenta-lhes os direitos sociais do indivíduo, como também os direitos dos povos, como se pode perceber da leitura do seu texto abaixo transcrito:**

"Artigo I. Todos os homens nascem livres e iguais em dignidade e direitos.

São dotados de razão e consciência e devem agir em relação uns aos outros com espírito de fraternidade.

Artigo II. Todo homem tem capacidade para gozar os direitos e as liberdades estabelecidos nesta Declaração, sem distinção de qualquer espécie, seja de raça, cor, sexo, língua, religião, opinião política ou de outra natureza, origem nacional ou social, riqueza, nascimento ou qualquer outra condição.

Além disso, não se fará distinção alguma baseada na condição política jurídica ou internacional do país ou território de cuja jurisdição dependa uma pessoa, quer se trate de país independente, como de território sob administração fiduciária, não autônomo ou submetido a qualquer outra limitação de soberania.

Artigo III. Todo homem tem direito à vida, à liberdade e à segurança pessoal.

Artigo IV. Ninguém será mantido em escravidão ou servidão; a escravidão e o tráfico de escravos serão proibidos em todas as suas formas.

Artigo V. Ninguém será submetido a tortura nem a tratamento ou castigo cruel, desumano ou degradante.

Artigo VI. Todo homem tem o direito de ser, em todos os lugares, reconhecido como pessoa humana, perante a lei.

Artigo VII. Todos são iguais perante a lei e têm direito, sem qualquer distinção, a igual proteção da lei. Todos têm direito a igual proteção contra qualquer discriminação que viole a presente Declaração e contra qualquer incitamento a tal discriminação.

Artigo VIII. Todo homem tem direito a receber dos tribunais nacionais competentes remédio efetivo para os atos que violem os direitos fundamentais que lhe sejam reconhecidos pela constituição ou pela lei.

Artigo IX. Ninguém será arbitrariamente preso, detido ou exilado.

Artigo X. Todo homem tem direito, em plena igualdade, a uma justa e pública audiência por parte de um tribunal independente e imparcial, para decidir de seus direitos e deveres ou do fundamento de qualquer acusação criminal contra ele.

Artigo XI. Todo homem acusado de um ato delituoso tem o direito de ser presumido inocente, até que sua culpabilidade tenha sido provada de acordo com a lei, em julgamento público, no qual lhe tenham sido asseguradas todas as garantias necessárias à sua defesa. Ninguém será condenado por atos ou omissões que, no momento em que foram cometidos, não tenham sido delituosos segundo o direito nacional ou internacional. Tampouco será imposta penalidade mais grave do que a aplicável no momento em que foi cometido o delito.

Artigo XII. Ninguém será sujeito a interferências na sua vida privada, na sua família, no seu lar ou na sua correspondência, nem a ataques à sua honra e reputação. Todo homem tem direito à proteção da lei contra tais interferências ou ataques.

Artigo XIII. Todo homem tem direito à liberdade de locomoção e residência dentro das fronteiras de cada Estado. Todo homem tem direito a sair de qualquer país, inclusive do próprio, e a ele regressar.

Artigo XIV. Todo homem, vítima de perseguição, tem o direito de procurar e de gozar asilo em outros países.

Este direito não poderá ser invocado contra uma ação judicial originada em delitos comuns ou em atos opostos aos propósitos e princípios das Nações Unidas.

Artigo XV. Todo homem tem direito a uma nacionalidade. Não se privará ninguém arbitrariamente da sua nacionalidade, nem do direito de mudar de nacionalidade.

Artigo XVI. Os homens e mulheres de maior idade, sem qualquer restrição de raça, nacionalidade ou religião, têm o direito de contrair matrimônio e fundar uma família. Gozam de iguais direitos em relação ao casamento, sua duração e dissolução. O casamento não será válido senão com o livre e pleno consentimento dos nubentes. A família é o núcleo natural e fundamental da sociedade e tem o direito à proteção da sociedade e do Estado.

Artigo XVII. Todo homem tem direito à propriedade, só ou em sociedade com outros. Ninguém será arbitrariamente privado de sua propriedade.

Artigo XVIII. Todo homem tem direito à liberdade de pensamento, consciência e religião. Este direito inclui a liberdade de mudar de religião ou crença e a liberdade de manifestar essa religião ou crença pelo ensino, pela prática, pelo culto e pela observância, isolada ou coletivamente, em público ou em particular.

Artigo XIX. Todo homem tem direito à liberdade de opinião e expressão. Este direito inclui a liberdade de, sem interferências, ter opiniões e de procurar, receber e transmitir informações e ideias por quaisquer meios e independentemente de fronteiras.

Artigo XX. Todo homem tem direito à liberdade de reunião e associação pacíficas. Ninguém pode ser obrigado a fazer parte de uma associação.

Artigo XXI. Todo homem tem o direito de tomar parte no governo do próprio país diretamente ou por intermédio de representantes livremente escolhidos.

Todo homem tem o direito de acesso, em condições de igualdade, às funções públicas de seu país.

A vontade do povo é a base da autoridade do poder público; esta vontade deverá ser expressa mediante eleições autênticas que deverão realizar-se periodicamente, por sufrágio universal e igual, e por voto secreto ou outro procedimento equivalente que garanta a liberdade do voto.

Artigo XXII. Todo homem, como membro da sociedade, tem direito à segurança social e à realização, pelo esforço nacional, pela cooperação internacional e de acordo com a organização e recursos de cada Estado, dos direitos econômicos, sociais e culturais indispensáveis à sua dignidade e ao livre desenvolvimento de sua personalidade.

Artigo XXIII. Todo homem tem direito ao trabalho, à livre escolha do emprego, a condições justas e favoráveis de trabalho e à proteção contra o desemprego. Todo homem, sem qualquer distinção, tem direito a igual remuneração por igual trabalho. Todo homem que trabalha tem direito a uma remuneração justa e satisfatória, que lhe assegure, assim como à sua família, uma existência compatível com a dignidade humana e a que se acrescentarão, se necessário, outros meios de proteção social. Todo homem tem direito a organizar sindicatos e a neles ingressar para a proteção de seus interesses.

Artigo XXIV. Todo homem tem direito a repouso e lazer, inclusive à limitação razoável das horas de trabalho e a férias remuneradas periódicas.

Artigo XXV. Todo homem tem direito a um padrão de vida capaz de assegurar a si e à sua família saúde e bem-estar, inclusive alimentação, vestuário, habitação, cuidados médicos e os serviços sociais indispensáveis e direito à segurança em caso de desemprego, doença, invalidez, viuvez, velhice ou outros casos de perda dos meios de subsistência em circunstâncias fora de seu controle.

A maternidade e a infância têm direito a cuidados e assistência especiais. Todas as crianças, nascidas de matrimônio ou fora dele, têm direito a igual proteção social.

Artigo XXVI. Todo homem tem direito à instrução. A instrução será gratuita, pelo menos nos graus elementares e fundamentais. A instrução elementar será obrigatória. A instrução técnico-profissional será acessível a todos, bem como a instrução superior, esta baseada no mérito. A instrução será orientada no sentido do pleno desenvolvimento da personalidade humana e do fortalecimento do respeito pelos direitos do homem e pelas liberdades fundamentais. A instrução promoverá a compreensão, a tolerância e a amizade entre todas as nações e grupos raciais ou religiosos e coadjuvará as atividades das Nações Unidas em prol da manutenção da paz. Os pais têm prioridade de direito na escolha do gênero de instrução que será ministrada a seus filhos.

Artigo XXVII. Todo homem tem o direito de participar livremente da vida cultural da comunidade, de fruir das artes e de participar do progresso científico e de seus benefícios. Todo homem tem direito à proteção dos interesses morais e materiais decorrentes de qualquer produção científica, literária ou artística da qual seja autor.

Artigo XXVIII. Todo homem tem direito a uma ordem social e internacional em que os direitos e liberdades estabelecidos na presente Declaração possam ser plenamente realizados.

Artigo XXIX. Todo homem tem deveres para com a comunidade, na qual é possível o livre e pleno desenvolvimento da sua personalidade. No exercício de seus direitos e liberdades, todo homem está sujeito apenas às limitações determinadas pela lei, exclusivamente com o fim de assegurar o devido reconhecimento e respeito dos direitos e liberdades de outrem e de satisfazer às justas exigências da moral, da ordem pública e do bem-estar de uma sociedade democrática. Esses direitos e liberdades não podem, em hipótese alguma, ser exercidos contrariamente aos objetivos e princípios das Nações Unidas.

Artigo XXX. Nenhuma disposição da presente Declaração pode ser interpretada como o reconhecimento a qualquer Estado, grupo ou pessoa do direito de exercer qualquer atividade ou praticar qualquer ato destinado à destruição de quaisquer direitos e liberdades aqui estabelecidas".

QUESTIONÁRIO

1. Como você define os direitos humanos?
2. Há distinção entre direitos subjetivos e direitos humanos? Justifique.
3. Qual é o fundamento dos direitos humanos?
4. Qual é o sentido do termo "declaração" dos direitos humanos?
5. Quando e onde surgiram as primeiras declarações de direitos?
6. Quais as diferenças entre a Declaração dos Direitos do Homem e do Cidadão da Revolução Francesa e a Declaração Universal dos Direitos do Homem proclamada pela ONU?

7. Comprometer-se com a luta pelos direitos humanos significa, na visão de muitos, proteger criminosos. Cuida-se de uma visão distorcida ou não? Qual a sua causa?

8. (Provão 2001) As transformações da vida econômica e social alteraram a concepção negativa do papel do Estado, que apenas consagrava liberdades, abstendo-se ao máximo de interferir na vida dos indivíduos. Passou-se a entender que o Estado deveria agir, positivamente, para garantir as condições materiais para o desenvolvimento da pessoa humana e mesmo para o exercício das liberdades.

    Esse texto descreve o ambiente em que o direito positivo passou a consagrar os direitos

    A) individuais, chamados de 1ª geração.

    B) sociais, ditos de 2ª geração.

    C) políticos, chamados instrumentais de cidadania.

    D) de solidariedade, ditos de 3ª geração.

    E) humanos de caráter internacional, chamados de 4ª geração.

9. (Provão 2002) Duas declarações de direitos do século XVIII são consideradas marcos na evolução dos direitos humanos, porquanto trazem em si a ideia de direitos inatos ao homem, que à sociedade cabe respeitar. São elas:

    A) a Declaração de Direitos do Homem e do Cidadão, francesa, e o *Bill of Rights* da Constituição dos Estados Unidos da América.

    B) a Declaração de Direitos do Homem e do Cidadão, francesa, e a Declaração de Direitos do Povo Trabalhador e Explorado, russa.

    C) a Declaração de Direitos e Deveres da Constituição de Weimar, alemã, e o *Bill of Rights* da Constituição dos Estados Unidos da América.

    D) a Declaração de Direitos do Bom Povo da Virgínia, norte-americana, e o *Bill of Rights* da Inglaterra.

    E) a Magna Carta, inglesa, e a Declaração de Direitos do Homem e do Cidadão, francesa.

10. (Provão 2003) O direito internacional dos direitos humanos, expressando a consciência global de proteção à dignidade da pessoa humana, ganhou relevância em

    A) 1648, com a Paz de Westfália, que selou o fim das disputas territoriais europeias, com o término da Guerra dos 30 anos, permitindo a formação do Estado Moderno.

B) 1945, com a Carta de São Francisco, que instituiu a Organização das Nações Unidas (ONU) e incluiu na agenda internacional o diálogo consensual entre as nações sobre os direitos fundamentais.

C) 1969, com a Convenção Americana sobre Direitos Humanos, também conhecida como Pacto de São José da Costa Rica, que tornou textuais os direitos fundamentais.

D) 1989, com a queda do Muro de Berlim, que consolidou o fim da Guerra Fria, dando lugar à paz entre os Estados.

E) 1998, com a criação do Tribunal Penal Internacional, que deu caráter permanente à jurisdição penal internacional por crimes relacionados em seu Estatuto, inclusive os crimes contra a humanidade.

11. (Provão 2003) "O problema fundamental em relação aos direitos do homem, hoje, não é tanto o de justificá-los, mas o de protegê-los. Trata-se de um problema não filosófico, mas político." Esta afirmação de Norberto Bobbio repercute profundamente na discussão sobre o tema dos direitos humanos e justifica-se porque

A) o tema dos direitos humanos se encontra ausente do constitucionalismo contemporâneo.

B) os direitos humanos não estão positivados.

C) a afirmação histórica desses direitos se iniciou apenas no final do século XX.

D) o tema dos direitos humanos não deve ser discutido ou justificado pela filosofia do direito ou mesmo pela sociologia do direito.

E) existe uma preocupação com a crise de efetividade que compromete a concretização desses direitos.

12. (Enade 2006) "Não há, em suma, um direito justo no céu dos conceitos platônico, e um direito imperfeito e injusto no nosso pobre e imperfeito mundo sublunar. O problema do direito natural não é descobrir esse celestial livro de mármore onde, gravadas a caracteres de puro ouro, as verdadeiras leis estariam escritas, e que, ao longo dos séculos, sábios legisladores terrenos não conseguiram vislumbrar" (Paulo Ferreira da Cunha, *O ponto de Arquimedes*: natureza humana, direito natural, direitos humanos, Coimbra: Almedina, 2001, p. 94).

Considerando as reflexões contidas no texto, é possível afirmar sobre os direitos humanos na atualidade:

A) A afirmação histórica dos direitos humanos, desde o jusnaturalismo, iniciou-se apenas muito recentemente, no final do século XX, por isso ainda são desconhecidos dos juristas.

B) O grande problema dos direitos humanos é o de que não estão positivados, por isso não são efetivados.

C) O problema atual dos direitos humanos é o de que, apesar de positivados e constitucionalizados, carecem de ser efetivados.

D) O problema atual dos direitos humanos é o de sua fundamentação lógica, na medida em que ainda são considerados deduções teológicas ou frutos de conjunturas econômicas.

E) Os direitos humanos são, em todas as suas manifestações, garantias negativas da cidadania, por isso não carecem de nenhum tipo de prestação econômica por parte do Estado.

Lição XXIX

DEVER JURÍDICO

Sumário: 135. O Direito e a obrigação; 136. Natureza e conceito do dever jurídico; 137. Origem e extinção; 138. Espécies de dever jurídico; 139. Axiomas jurídicos.

Dever e direito "**nascem de um mesmo parto; são gêmeos de uma mãe comum, que é a norma jurídica**"[1]. O direito e o dever estão uma correlação sincrônica, já que numa relação jurídica, por ser o direito bilateral-atributivo, defrontam-se duas figuras éticas: o "poder" e o "dever", a "pretensão" e a "prestação". Com outras palavras, a norma jurídica, sendo um imperativo-atributivo, liga pessoas entre si, obrigando-as, e concomitantemente lhes confere poderes. Assim, o dever jurídico está intimamente ligado com o conceito de direito subjetivo ou pretensão ou faculdade. Herbert Spencer com razão dizia que o direito de cada um acaba onde o direito de outrem começa.

Embora Alain tenha escrito que "no dever jamais há outra dificuldade além de cumpri-lo", vamos tecer algumas considerações sobre o dever jurídico.

135. O DIREITO E A OBRIGAÇÃO

Há, de fato, um dualismo da norma jurídica: o direito-poder e a obrigação. O Direito cria obrigações; mas ele também confere possibilidades novas de ação ou legitima certas atitudes, ou seja, cria direitos (subjetivos) ou poderes jurídicos. Trata-se, na realidade, de dois elementos inseparáveis; um não pode existir sem o outro, estando entre si como os dois lados de uma

---

[1] Giuseppe Graneris, *La filosofia del diritto*, Desclée e Cia., 1961, p. 47.

moeda. O Direito e a obrigação nascem e morrem juntos, embora isso não signifique que eles se atualizam no mesmo momento. Os mais primitivos sistemas jurídicos já distinguiam entre a existência de um direito e seu exercício, entre a existência de uma obrigação e sua exigibilidade. Os romanos já afirmavam a respeito que "**o direito e a obrigação são correlatos**" (*jus et obligatio sunt correlata*). Não há direito-poder se não lhe corresponde um dever jurídico, e vice-versa. Isso significa que o conceito de um direito está intrinsecamente ligado com o conceito de um dever. Se A tem um direito contra B, B tem um dever para com A, no que diz respeito a um objeto pretendido. Daí que dever jurídico e direito subjetivo sejam conceitos correlativos, tal como pai e filho. Só se é pai porque de alguém (o filho), como só se é filho porque de alguém (o pai). Sob o ponto de vista psicológico, um ou outro pode ter mais realce; geralmente, por oferecer benefícios ao seu titular, o direito-poder é tido como mais importante. Mas, no plano filosófico, não há nenhuma prioridade entre eles, nem cronológica, nem lógica. Há uma **mútua implicação**.

Assim, o homem de hoje, tão sensível à defesa de seus próprios direitos, não pode esquecer ou subestimar essa ilação lógica e ontológica existente entre as duas figuras: o direito-poder ou pretensão e o dever-obrigação. **Somente quem cumpre seus deveres fundamentais pode exigir o total respeito a seus direitos fundamentais.** Vale relembrar que na situação subjetiva de "Poder", por exemplo no poder familiar, não há uma prestação ou obrigação correlata ao poder, e sim uma forma maior ou menor de sujeição. Como vimos, a relação que surge não é do tipo "direito-obrigação", mas sim do tipo "poder-sujeição".

136. NATUREZA E CONCEITO DO DEVER JURÍDICO

136.1. Natureza

Quanto à natureza do dever jurídico, a doutrina apresenta duas correntes.

a) **A primeira**, mais antiga e ligada ao jusnaturalismo clássico, **identifica o dever jurídico como dever moral**, a exemplo das seguintes definições de dever jurídico: "é a obrigação moral absoluta de fazer ou omitir algum ato, conforme as exigências das relações sociais" (Alves da Silva);

"é a necessidade moral que o homem tem de cumprir a ordem jurídica" (Miguel Sancho Izquierdo);

"é a necessidade moral de fazer ou omitir o necessário para a existência da ordem social" (Rodriguez de Cepeda).

b) A segunda corrente, que expressa o pensamento moderno, situa o dever jurídico como **realidade estritamente normativa**, ou seja, que decorre da norma jurídica.

Vejamos, como exemplo, a definição de Kelsen: "O dever jurídico não é mais que a individualização, a particularização de uma norma jurídica aplicada a um sujeito"; ou "um indivíduo tem o dever de se conduzir de determinada maneira quando esta conduta é prescrita pela ordem social". Segundo Kelsen, portanto, o dever jurídico não é uma realidade distinta da realidade da norma, antes emerge da norma e transforma-se em dever individual exigível. Ou, segundo Recaséns Siches: "o dever jurídico se funda única e exclusivamente na existência de uma norma de Direito positivo que o impõe: é uma entidade pertencente estritamente ao mundo jurídico".

136.2. Conceito

Fundamentando o dever jurídico nas normas de direito, ele pode ser definido como a "**conduta exigida**". De fato, é a exigência que o Direito objetivo faz a determinado sujeito para que assuma uma conduta em favor de alguém. O ato ou a abstenção a que está obrigado o sujeito passivo e que o sujeito ativo tem o direito de exigir, vem a ser a "prestação". Contudo, não é porque o dever jurídico se fundamenta nas regras de direito que vamos assumir uma posição neutra em relação à moral. Aliás, a **Moral** participa na criação dos futuros deveres jurídicos, quando o legislador se baseia nos valores básicos consagrados pela sociedade.

Devemos ainda **distinguir o dever jurídico**, que nasce de normas de direito, dos deveres religiosos, morais e os de trato social, embora muitas vezes eles coexistam: o dever de não matar é, ao mesmo tempo, jurídico, religioso, moral e social.

A distinção está em que o dever jurídico é *exigível*; os deveres religiosos, morais e de trato social não são. A inexecução do dever jurídico dá lugar à exigência deste perante a justiça, além da possibilidade de o credor ser indenizado na hipótese de ter sofrido dano ou prejuízo.

Próxima à noção do dever jurídico é a do **ônus**: necessidade que o agente tem de comportar-se de determinado modo para realizar interesse próprio, por exemplo, o ônus da prova para defender judicialmente um direito seu (CPC, art. 373), ou de registrar uma escritura para garantir o direito de propriedade (CC, art. 1.245, § 1º). A diferença entre o "dever" e o "ônus" reside no fato de que no dever o comportamento do agente vincula-se ao interesse do titular do direito, enquanto no ônus esse comportamento é livre, embora necessário, por ser condição de realização de interesse próprio. O ônus é, por isso, o comportamento necessário para conseguir-se certo resultado que a lei não impõe, apenas faculta. No caso do dever, há uma alternativa de comportamento, um lícito (o pagamento, por exemplo) e outro ilícito (o não pagamento). No caso do ônus, há também uma alternativa de conduta, ambas lícitas, mas de resultados diversos, como se verifica, por exemplo, da necessidade do adquirente de um imóvel de registrar seu título aquisitivo. Se não o registrar, não adquire a propriedade[2].

---

[2] Ver Francisco Amaral, *Direito civil*: introdução, Rio de Janeiro: Renovar, 2008, p. 236.

137. ORIGEM E EXTINÇÃO

Podemos distinguir a **fonte direta e imediata** do dever jurídico, da sua **origem última**. Esta sempre é a *lei*, em face do princípio de que ninguém está obrigado a fazer ou deixar de fazer algo senão em virtude de lei. Na realidade, o dever jurídico sempre deriva de uma **norma jurídica**, que prevê consequências para as diversas formas de comportamento e organização social. Pode ser uma norma *legal* (uma lei), uma norma *negocial* (um contrato), uma norma *costumeira* (um costume jurídico) ou uma norma *jurisdicional* (uma sentença). Assim, o dever jurídico tanto pode nascer de um fato jurídico em sentido amplo, como a prática de um ilícito civil, que gera o dever jurídico de indenização; de um contrato, pelo qual se contraem obrigações; ou por uma decisão judicial; como por uma imposição legal, como a que estabelece a obrigatoriedade do pagamento de impostos.

O dever jurídico, normalmente, extingue-se pelo seu **adimplemento**, que é o cumprimento da obrigação. Mas sua extinção também pode ocorrer por **determinação legal ou por força de** um fato jurídico em sentido amplo, como: sua substituição por outro dever (**novação**); a **renúncia** do titular do direito à prestação exigível; a **morte**, no caso dos deveres que correspondem a direitos personalíssimos; a **prescrição ou decadência** dos direitos que correspondam aos deveres.

138. ESPÉCIES DE DEVER JURÍDICO

Os deveres jurídicos classificam-se em:

CONTRATUAL: é aquele que decorre de um **acordo de vontades**, cujos efeitos são regulados em lei.

EXTRACONTRATUAL: é aquele que se origina de **uma norma jurídica**; também é denominado "obrigação aquiliana".

POSITIVO: é aquele que impõe ao sujeito passivo da relação jurídica a **obrigação de "dar" ou "fazer" alguma coisa**. Note-se que se é possível dar a coisa ao credor, também se o devedor se recusa a dá-la, levar a agir quem não quer é mais difícil. O direito, nessa hipótese, serve-se de duas vias oblíquas: a coação psicológica e a substituição da obrigação de fazer por outra que geralmente é a de dar (quem não faz aquilo que deve fazer paga uma multa).

NEGATIVO: é aquele que impõe uma **omissão**, como os dispositivos do Código Penal que definem os crimes.

PERMANENTE: é aquele que **não se esgota com o seu cumprimento**, como o dever da abstenção de condutas definidas pela lei como crimes ou contravenções. Não é porque alguém cumpriu uma vez o dever jurídico de não matar que tal dever se extingue.

TRANSITÓRIO: é aquele que **se extingue com o cumprimento da obrigação**, como o pagamento de uma dívida que faz cessar o dever jurídico do devedor.

139. AXIOMAS JURÍDICOS

Imperatividade e permissibilidade estão, por assim dizer, em relação de negação recíproca, ou seja, as normas imperativas limitam a situação originária de liceidade de fato ou natural e as normas permissivas limitam, por sua vez, as situações de obrigatoriedade. Na evolução histórica de um sistema normativo, os autores fazem referência a três hipóteses.

139.1. Evolução histórica

Ponto de partida é a hipótese de uma condição humana em que ainda não existe um sistema normativo. É a hipótese do estado de natureza no significado hobbesiano, que pode ser definida com a fórmula **tudo é permitido** (*ius in omnia*).

Temos em seguida a hipótese do **Estado totalitário**, em que todo ato do cidadão é regulado por normas imperativas. A passagem do estado de natureza ao estado civil ocorre através da limitação da esfera primitiva da liceidade natural. Suprimiu-se toda liberdade natural; todo comportamento é ou proibido ou comandado e nenhum é lícito: **tudo é obrigatório**.

Distante desses dois extremos da anarquia e do totalitarismo, surge a terceira hipótese, que pode ser assim formulada: **tudo é permitido, exceto o que é proibido (ou comandado)** e **tudo é proibido (ou comandado), exceto o que é permitido**. A primeira fórmula designa o **Estado liberal**, ou seja, o Estado que parte do pressuposto da liberdade natural. A segunda designa o **Estado socialista**, ou seja, o Estado que parte da não liberdade do indivíduo, uma vez que ele é parte de um todo (a sociedade) que o transcende, salvo para introduzir esferas particulares e bem delimitadas de liceidade, mediante normas permissivas.

Diga-se, em conclusão, que a realidade histórica não conhece situações correspondentes a nenhuma das duas primeiras hipóteses. Quanto à terceira, acompanhamos Norberto Bobbio quando este conclui que "estaríamos mais próximos da realidade se disséssemos que em todo Estado há situações correspondentes à primeira fórmula, em que o pressuposto é a liberdade natural, e situações correspondentes à segunda fórmula, em que o pressuposto é a ausência de liberdade. Quando muito, poderíamos distinguir Estados em que prevaleçam as primeiras e outros em que prevaleçam as segundas"[3].

139.2. Axiomas jurídicos

O campo do *lícito jurídico* é vasto, abrangendo tudo aquilo que é permitido, tolerado ou facultado pelo direito, como tudo aquilo que não é juridicamente proibido. O *ilícito jurídico* é tudo aquilo que é juridicamente proibido ou que é contrário ao prescrito pelo direito. Em decor-

---

[3] Norberto Bobbio, *Teoria geral do direito*, São Paulo: Martins Fontes, 2010, p. 124.

rência, o estudo do dever jurídico aponta-nos a existência dos seguintes axiomas jurídicos (proposições evidentes): de liberdade, de contradição, de inclusão.

1) AXIOMA DE LIBERDADE. Segundo o qual **se pode livremente fazer ou omitir-se**, segundo suas três modalidades:
– "É lícito juridicamente, o que o direito expressamente permite".
– "É lícito juridicamente, o que o direito não proíbe".
– "É lícito juridicamente, o que o direito não disciplina, nem proibindo, nem permitindo"[4].

A Constituição Federal estabelece em seu art. 5º, § 2º, o **princípio da legalidade**, segundo o qual, "ninguém será obrigado a fazer ou deixar de fazer alguma coisa senão em virtude da lei", o que equivale a liberar ou facultar toda conduta que não esteja legalmente proibida. Toda conduta está logicamente repartida nos dois mundos do lícito ou facultado e do ilícito ou proibido. Tudo, pois, que não é ilícito é lícito e vice versa. Vale a pena lembrar a advertência de Hely Lopes Meirelles: "Na Administração Pública não há liberdade nem vontade pessoal. Enquanto na Administração Particular é

---

[4] O assunto está ligado ao problema da lacuna, a qual pode ser vista de duas maneiras. Uma é o problema lógico da *completude* do sistema das normas. Trata-se de saber se o direito tem a propriedade de não deixar nenhum comportamento sem qualificação jurídica, nada havendo de indiferente para ele. Há autores que assim pensam, dizendo que o direito regula os comportamentos ou proibindo e obrigando ou permitindo (se nem proíbe nem obriga). Por exemplo, fumar em sua própria casa seria um comportamento juridicamente permitido, pois não é proibido nem obrigatório. Consequentemente, o juiz, não encontrando nenhuma norma que regulasse determinado comportamento, julgá-lo-ia como permitido automaticamente. A dificuldade surge quando pensamos nos casos em que, quando eles aparecem não eram configurados por nenhuma lei penal (como no exemplo clássico de furto de energia elétrica). Por força do princípio *nullum crimen nulla poena sine lege*, deveriam ser considerados como comportamentos juridicamente permitidos. Daí o segundo modo de ver a questão da lacuna. Como sendo um *problema de ordem processual*, pois surge somente no momento da aplicação de um sistema normativo a determinado caso, para o qual, aparentemente ou realmente, não há norma específica. Mesmo neste caso as opiniões são divididas, havendo aqueles (como François Gény) que afirmam a necessidade da *plenitude lógica* da legislação escrita, ou seja, como uma ficção aceita por um motivo puramente prático. Reconhecem, de fato, a incompletude do direito. Outros (como Kelsen), de maneira oposta, reconhecem, de fato, a completude, mas admitem, ao nível processual, a *incompletude como uma ficção* que permite estabelecer limites ideológicos ao arbítrio do juiz nos casos de comportamentos permitidos, mas, do ponto de vista da ordem social, indesejadamente permitidos, como o caso do furto de eletricidade (ver Tercio Sampaio Ferraz Júnior, *A ciência do direito*, São Paulo: Atlas, 2010, p. 81-82). Em relação à Administração Pública, o princípio da legalidade representa subordinação total do Poder Público à previsão legal, uma vez que nela "só é permitido fazer o que a lei autoriza". Hoje se enfoca a importância do "princípio da juridicidade" administrativa como uma nova leitura da "legalidade", com a sua consequente prevalência, já que o apego exacerbado à legalidade estrita acaba, às vezes, por impedir que o Direito possa acompanhar a evolução dos tempos.

lícito fazer tudo o que a lei não proíbe, na Administração Pública só é permitido fazer o que a lei autoriza".

2) AXIOMA DE CONTRADIÇÃO. Segundo o qual, "**o que está juridicamente regulado, não pode ser, ao mesmo tempo, proibido e permitido**".

Nessa mesma direção, temos o *axioma do terceiro excluído*: "o que está juridicamente regulado, ou está proibido, ou está permitido".

Por conseguinte, a lei não pode ser aplicada ao sabor das circunstâncias ou conveniências, com dois pesos e duas medidas, proibindo para uns e permitindo simultaneamente para outros. É a base do princípio da isonomia: todos são iguais perante a lei.

3) AXIOMA DE INCLUSÃO. "**O que está juridicamente ordenado é de cumprimento garantido**". É a teoria, para a qual muito contribuiu García Máynez, segundo a qual o sujeito do dever jurídico tem o direito subjetivo de cumprir o próprio dever, de cumprir a obrigação, ou seja, tem o direito de não ser impedido de dar, fazer ou não fazer aquilo que lhe caiba em favor do sujeito ativo da relação jurídica[5]. De fato, haveria uma contradição, se disséssemos que a ordem jurídica atribui um dever e não protege a sua realização através da proibição de qualquer ato que pretenda impedir a atualização do dever proposto. Por exemplo, seria contraditória a ordem jurídica que impusesse ao devedor o dever, mas não lhe atribuísse o direito de pagar ao credor a quantia que lhe deve. Em suma, o axioma equivale a dizer: "**Quem tem um dever tem o direito de cumpri-lo**".

QUESTIONÁRIO

1. Qual é a correlação entre direito subjetivo e dever jurídico?

2. Há alguma prioridade entre os direitos e deveres?

3. Em sua opinião, qual é a natureza do dever jurídico?

4. Como se conceitua o dever jurídico?

5. A fundamentação do dever jurídico nas regras de direito significa uma posição de neutralidade em relação à moral?

6. O dever jurídico pode coexistir com os outros deveres éticos? O que os distingue?

7. Como nasce e se extingue o dever jurídico?

8. Quais são os principais axiomas jurídicos?

---

[5] Eduardo García Máynez, professor de Filosofia Jurídica, é um dos filósofos do direito mais destacados do México.

9. Explique o sentido deste axioma: "o que está juridicamente ordenado é de cumprimento garantido".

10. Num assalto você diria que "foi obrigado" a entregar o dinheiro. No pagamento do imposto de renda você diz que "tinha a obrigação" de entregar o dinheiro.

    Perante as hipóteses, pergunta-se:

    a) São duas situações distintas?

    b) Em qual houve o cumprimento de um dever jurídico?

    c) A ocorrência do fator psicológico da sua parte (medo de sofrer um dano) influi na caracterização de um dever jurídico?

    Explique as suas opções.

11. Se tudo o que não é proibido é permitido, como é possível que existam situações não reguladas pelo direito?

Quarta Parte

HERMENÊUTICA JURÍDICA

Segundo Paolo Grossi, duas são as forças que, em direções opostas, percorrem o direito: uma tendente à rigidez, outra à elasticidade. Em decorrência, são duas as exigências fundamentais que nele se manifestam: a certeza e liberdade individual garantidas pela lei; e a da sua contínua adequação à realidade social, garantida pela interpretação. Aquela será assegurada na medida em que o texto vincule o intérprete. Esta demanda criatividade que pode fazê-lo ir além do texto (*Assolutismo giuridico e diritto privato*). O próprio Hans Kelsen nos alerta de que temos de evitar a "ficção" de que uma norma jurídica apenas permite, sempre e em todos os casos, uma só interpretação. Uma ficção de que se serve a jurisprudência tradicional para consolidar o ideal da segurança jurídica[1].

Daí a importância da hermenêutica jurídica. Como visto, há duas orientações. De um lado temos a pretensão tradicional de compreender essa interpretação em termos somente hermenêuticos e de outro ela é compreendida com uma índole inegavelmente normativa. Seja como for, sua tarefa é não só apresentar os princípios científicos que disciplinam a interpretação das normas jurídicas, ou seja, a apuração do seu sentido e alcance, mas também os princípios referentes à aplicação ou adaptação dos seus preceitos às situações de fato que se lhes subordinam. A essas funções se acrescenta, ainda, a de sistematizar os meios pelos quais se preenchem as lacunas existentes no sistema legal. Em suma, a interpretação jurídica não é um fim em si mesma, mas está a serviço da aplicação do direito.

Consequentemente, o objeto desta quarta parte será a "*interpretação*", a "*integração*" e a "*aplicação*" do direito. E, por fim, a "*meto-

---

[1] Ver Hans Kelsen, *Teoria pura do direito*, São Paulo: Martins Fontes, 2009, p. 396.

dologia" própria da ciência jurídica. Aliás, toda essa parte poderia chamar-se de "metodologia jurídica", por ter como objeto o problema metodológico da realização do direito. No fundo, vamos considerar como o direito se realiza.

Lição XXX

HERMENÊUTICA JURÍDICA

Sumário: 140. Hermenêutica jurídica; 141. A interpretação jurídica; 142. Técnica da ponderação; 143. Necessidade da interpretação; 144. Espécies de interpretação.

A palavra "hermenêutica" é de origem grega, significando interpretação. Segundo alguns, a sua origem é o nome do deus da mitologia grega **Hermes**, a quem era atribuído o dom de interpretar a vontade divina, já que os homens não falavam diretamente com os deuses.

Hermenêutica, portanto, **no seu sentido mais geral, é a interpretação** do sentido das palavras ou toda determinação dos sentidos e das significações das expressões culturalmente textuais. Quanto à "**hermenêutica jurídica**", o termo é usado com **diferente extensão** pelos autores.

140. HERMENÊUTICA JURÍDICA

Com frequência, o termo é usado como **sinônimo** de **interpretação** da norma jurídica. Miguel Reale, por exemplo, fala em "hermenêutica ou interpretação do Direito"[1]. Carlos Maximiliano, por sua vez, **distingue** "hermenêutica" e "interpretação": aquela seria a teoria científica da arte de interpretar; esta seria a aplicação da hermenêutica; em suma, a hermenêutica seria, segundo ele, teórica e a interpretação seria de cunho prático, aplicando os ensinamentos da hermenêutica[2]. Essa distinção, porém, é destituída de significado, uma vez que não atende à natureza necessariamente concre-

---

[1] Miguel Reale, *Lições preliminares de direito*, São Paulo: Saraiva, 1984, p. 273.
[2] Carlos Maximiliano, *Hermenêutica e aplicação do direito*, Rio de Janeiro: Forense, 1991, § 3.

ta do ato interpretativo, inseparável dos meios dialeticamente ordenados à consecução dos fins.

Outros, e a quem seguimos, dão ao vocábulo um sentido mais *amplo*, que **abrange a interpretação, a aplicação e a integração do Direito**. Essas três operações não devem ser tratadas como se fossem momentos distintos no processo de compreensão dos modelos jurídicos. Hoje se admite uma interpretação ampla que, absorvendo a aplicação e compreendendo a integração, se constitua num processo contínuo de realização do direito[3]. De fato, interpretamos para realizar e aplicar o direito. Para Gadamer, compreender é sempre também aplicar: na medida em que vivemos, compreendemos; e na medida em que compreendemos, aplicamos. "Aplicar o Direito envolve sempre interpretá-lo" (MacCormick).

A aplicação de uma norma jurídica é, portanto, o momento final do processo interpretativo. E na realização/aplicação pode ocorrer a integração. Assim, a aplicação não deve ser separada da interpretação e da integração. A essa luz, a *hermenêutica jurídica* **estuda e sistematiza os processos de interpretação, aplicação e integração do direito**; abrange os procedimentos intelectuais voltados para essas atividades jurídicas. Em suma, estuda **como o direito se realiza**[4].

141. A INTERPRETAÇÃO JURÍDICA

Os autores distinguem dois tipos de expressão artística: as artes alográficas e as artes autográficas (Nelson Goodman). Nas **artes alográficas** (música e teatro) a obra se completa com o concurso de dois personagens: o autor e o intérprete. Nas **artes autográficas** (pintura e romance) o autor contribui sozinho para a realização da obra. Em ambas há interpretação, mas são distintas. A interpretação da pintura e do romance (artes autográficas) importa "**compreensão**", que visa à fruição de emoções estéticas independentemente da mediação de um intérprete. A interpretação musical e teatral (artes alográficas) importa "**compreensão + reprodução**", reclamando um intérprete para que a obra possa ser compreendida. Nas artes alográficas há, na realidade, dois intérpretes: o primeiro compreende e reproduz (é o artista); o segundo intérprete compreende, mediante a compreensão/reprodução do primeiro intérprete (é o ouvinte ou espectador).

O texto normativo, inclusive do direito, é alográfico, ou seja, interpretá-lo é **compreender + reproduzir**. Ele se completa quando o sentido por ele expressado é produzido, pelo intérprete, como nova forma de expressão.

---

[3] Francisco Amaral, *Direito civil*: introdução, Rio de Janeiro: Renovar, 2008, p. 127.

[4] Castanheira Neves escreve que o problema da interpretação "deixou de conceber-se tão só e estritamente como interpretação da lei, para se pensar como *actus* da realização de direito" (*O actual problema metodológico da interpretação jurídica*, Coimbra: Coimbra Ed., 2003, p. 11).

É claro que ele consubstancia um dever-ser, e não uma contemplação estética. Ele reclama **um primeiro intérprete** que compreende e reproduz não para que um **segundo intérprete** possa compreender, mas a fim de que determinado conflito seja decidido. A interpretação jurídica, ao contrário da interpretação científica e filosófica, é uma interpretação "prática": ela opera a mediação entre o caráter geral do texto normativo e sua aplicação particular; opera sua inserção na vida.

Hoje, a tese de que não há norma sem interpretação, é por assim dizer um postulado universal da ciência jurídica. O objeto da interpretação jurídica é, pois, a norma enquanto norma, não o seu texto enquanto expressão da norma. A interpretação jurídica constitui-se no problema central da metodologia da realização do direito.

Trata-se de um problema em aberto, ou seja, o conceito e o processo de interpretação submetem-se a uma revisão crítica. Hoje, não se concebe o problema hermenêutico tão só como **interpretação da lei**, mas como *actus* da **realização do direito**, devendo o intérprete orientar-se por uma valoração comparativa dos interesses em causa. Por isso, está surgindo um novo paradigma no qual se destacam **dois momentos hermenêuticos**: um momento de "conhecimento" e um momento prático de "realização" do direito. A interpretação, mais do que um problema hermenêutico (buscar o significado que consta textualmente) é um problema essencialmente "normativo", ou seja, de que modo ela possa ser critério de uma justa decisão do problema jurídico concreto. Com outras palavras, nem a norma nem o caso a ser regulado por ela são separáveis um do outro. Com isto não estamos negando a influência histórica da hermenêutica sobre a interpretação jurídica, ou os momentos hermenêuticos da interpretação e da metodologia jurídicas. De fato e diferentemente da concepção tradicional, a interpretação jurídica nem sempre se esgota numa cognição meramente contemplativa do significado próprio da norma em sua generalidade e abstração. Ela vai além. O intérprete conhece para agir, para decidir, para realizar o direito. Isso exige muitas vezes uma atividade criativa[5].

Por fim, há uma correlação entre a **interpretação** de algo e a determinação da **região ôntica** em que esse algo se situa. Consequentemente, a interpretação jurídica envolve necessariamente a prévia determinação da região ôntica do Direito, ou seja, a pergunta como se interpreta uma norma

---

[5] Como lembra Alaôr Caffé Alves, o direito escrito tem que ser "codificado num sistema burguês capitalista avançado. Não tem saída. E quando ele é codificado, se cristaliza mais. No entanto, a sociedade continua trabalhando. Daí vem o desajuste entre o que está escrito e a realidade. Por isso evoca-se, então, o tema da interpretação do direito. É preciso interpretar para ajustar a letra da lei às condições e exigências de uma estrutura social, cada vez mais densa, mais intensa, mais complicada e dinâmica" (*O que é a filosofia do direito?* Barueri: Manole, 2004, p. 97).

jurídica implica essa outra: que espécie de realidade é a norma jurídica? Com outras palavras, para dizer como se deve interpretar uma norma de Direito, deve-se preliminarmente assumir uma posição perante o problema do ser mesmo do Direito. As respostas dadas sobre a natureza da interpretação, seu alcance e modalidades, necessariamente variam de acordo com a concepção que o intérprete tenha sobre o Direito. Como se verá, achamos insustentável uma teoria da interpretação, se ela for cega para o mundo dos valores e dos fins. Com razão dizia Ihering: "A realização é a vida e a verdade do direito; ela é o próprio direito. O que não passa à realidade, o que não existe senão nas leis e sobre o papel, não é mais que um fantasma de direito, não são senão palavras. Ao contrário, o que se realiza como direito é o direito" (*L'esprit du droit romain*).

Mas se trata de uma **interpretação**, não estática e conservadora, e sim **dinâmica e evolutiva**[6]. **Posta a questão nesses termos, vejamos os objetivos da interpretação jurídica, bem como os dois momentos que a compõem: o cognitivo e o momento criativo do direito.**

141.1. Objetivos da interpretação

Uma teoria subjetiva sustenta que o propósito da interpretação está na averiguação da **vontade do legislador** que se expressa no texto da lei (*mens legislatoris*). Uma teoria objetiva, ao contrário, entende que a interpretação deve se orientar pelo **sentido imanente à própria norma** (*mens legis*). Aquela foi historicamente a primeira, enquanto a objetiva surgiu na segunda metade do século XIX, associada de início aos nomes de Binding, Wach e Kohler. Entendo que a lei, como já disseram, pode ser juridicamente mais sábia do que a intenção do seu autor e que o intérprete a poderá compreender melhor do que a entendeu o próprio legislador. O intérprete (de *inter partes* = entre as partes) é aquele que se põe entre as partes para facilitar o entendimento. Não temos nenhum acesso imediato a uma realidade não interpretada. Por isso, ao interpretar uma norma jurídica, sempre se procura fixar o seu verdadeiro sentido e alcance com vistas à sua aplicação.

a) **Revelar o sentido** da norma jurídica não significa somente conhecer o significado das palavras, mas sobretudo descobrir a finalidade da norma jurídica. Com outras palavras, **interpretar é "compreender"**. As normas jurídicas são parte do universo cultural, e a cultura, como vimos, não se explica, se compreende em função do sentido que os objetos culturais encerram. E compreender é justamente conhecer o sentido, entender os

---

[6] Renato Geraldo Mendes escreve com razão, embora não concordemos com sua teoria que pretende ser uma superação da visão tridimensional do Direito: "Interpretar é saber "ler" o que está dito, mas não escrito. A interpretação pressupõe a capacidade de "ler" o que não consta do dado (do texto)" (*A quarta dimensão do direito*, Curitiba: Zênite, 2013, p. 96).

fenômenos em razão dos fins para os quais foram produzidos. De grande significado é o pensamento do jurisconsulto romano Celso: "saber as leis não é conhecer-lhes as palavras, mas sim conhecer a sua força e o seu poder" ("scire leges non hoc est verba earum tenere, sed vim ac potestatem" – D. L. XXVI). Portanto, é sempre necessário ir além da superfície das palavras, a fim de conhecer a força e o poder que delas dimanam. Por exemplo, a lei que concede férias anuais ao trabalhador tem o significado de proteger e de beneficiar sua saúde física e mental.

b) **Fixar o seu alcance** significa delimitar o seu campo de incidência. É conhecer sobre que fatos sociais e em que circunstâncias a norma jurídica tem aplicação. Por exemplo, as normas trabalhistas contidas na Consolidação das Leis do Trabalho (CLT) se aplicam apenas aos trabalhadores assalariados, isto é, que participam de uma relação de emprego. As normas contidas no Estatuto dos Funcionários Públicos da União têm o seu campo de incidência limitado a esses funcionários.

Para alcançar esses objetivos, a interpretação pode passar por dois momentos: um, meramente cognitivo e o outro, construtivo[7].

---

[7] É possível abordar algumas vertentes teóricas que projetam soluções neste campo. (1) **Teoria Hermenêutica Tradicional**: predominou na primeira metade do século XX, sendo seus expoentes o normativismo de Kelsen e a concepção de Carlos Maximiliano. A interpretação aponta para a atividade de explicação e esclarecimento do que está contido na verdade da norma jurídica. Como dizia Maximiliano: "A palavra é um mau veículo do pensamento, por isso, embora de aparência translúcida e forma, não revela todo o conteúdo da lei, resta sempre margem para conceitos e dúvidas" (*Hermenêutica jurídica*, 1999, p. 16). Esta teoria concebe o sentido como algo já dado pela intenção do autor do texto, e o intérprete tem de encontrá-lo pela interpretação. O sentido já existe como um dado lógico, de forma que não há poder discursivo de construção das palavras pelo intérprete. (2) **Teorias Contemporâneas da Interpretação**: a partir da segunda metade do século XX, as concepções da teoria da interpretação passam a ser influenciadas por vária matrizes filosóficas, apontando os avanços que a *viragem linguístico-filosófica* provocou na Teoria do Direito. A interpretação consiste agora em construir significações e atribuir sentidos, algo que no Direito é fundamental em face do seu caráter prático e institucional, decisório e operacional. O ato de interpretar implica uma decisão prática sobre conteúdos (Guastini). Eis a relação das principais escolas e tradições: a) a **Hermenêutica Filosófica**, sob a influência de Heidegger e desenvolvida por George Gadamer (*Verdade e método*); b) **Nova Retórica**, desenvolvida por Chaïm Perelman, com a retomada da prudência da tradição aristotélica e o jurisprudencialismo contemporâneo (*Ética e direito*); c) **Teoria da Argumentação**, protagonizada por Robert Alexy (*Teoria da argumentação jurídica*); d) **Teoria do Discurso** de Jürgen Habermas, especialmente em *Teoria da ação comunicativa*; e) **Teoria do Direito com Integridade**, protagonizada por Ronald Dworkin *(O império do direito* e *Levando os direitos a sério)*; f) **Semiótica Jurídica**, derivada dos estudos de Ferdinand de Saussure e protagonizada por inúmeros autores contemporâneos, considerando a presença das linguagens no Direito para concebê-lo como um sistema de significação (ver Eduardo Bittar, *Introdução ao estudo do direito*, São Paulo: Saraiva, 2018, p. 473-474).

141.2. Momento cognitivo

A interpretação jurídica, como qualquer outra interpretação, tem um momento cognitivo, ao qual se acrescenta a operação complementar de uma função normativa. Função na qual o entender é para agir, para decidir, para tomar uma posição perante um comportamento. O modelo tradicional de interpretação punha ênfase nessa operação cognitiva. Fundado no **método subsuntivo** da aplicação da norma, teve sua origem no direito romano, e via a interpretação como uma atividade puramente técnica de conhecimento do sentido do texto, a ser aplicado de modo mecânico, por via de um **raciocínio silogístico**. A interpretação, portanto, se esgotava numa cognição meramente contemplativa do significado próprio da norma interpretanda em sua generalidade e abstração. Era um dos traços característicos da ciência medieval que se submetia ao *princípio de autoridade*. Daí que o comentário das palavras e doutrinas tenha a prioridade na Idade Média, no que toca à aquisição de conhecimentos.

Segundo essa interpretação tradicional, era possível **definir com precisão o papel da norma, dos fatos e do intérprete**. A norma deveria trazer no seu relato abstrato, a solução para os problemas jurídicos. Os fatos lá estavam para serem enquadrados na norma, permitindo o silogismo que solucionava os problemas. A lei era a premissa maior; os fatos, a premissa menor; a sentença, a conclusão, ou seja, o produto da subsunção dos fatos à norma; e, por fim, o papel do intérprete que desempenhava uma função técnica de conhecimento, identificando a norma aplicável e pronunciando as consequências de sua incidência sobre o caso concreto. A interpretação, portanto, era um ato de conhecimento e não de vontade[8].

141.3. Momento construtivo

Porém, a realização do direito não se identifica com a interpretação da lei, nem nela se esgota. O direito deixou de se identificar com a lei. Segundo A. Arndt, às vezes "há muitas leis e pouco direito". Na lição de Canotilho, o produto do ato de interpretar é o significado atribuído ao enunciado ou texto. O modelo tradicional resolve, é verdade, uma boa quantidade de problemas, em que a aplicação das normas é uma operação extremamente simples que se realiza por um raciocínio silogístico, no qual a lei ou a norma é a premissa maior, o fato é a premissa menor e a conclusão é a decisão que solucionará o caso. Por exemplo, a Constituição prevê que aos 70 anos o servidor público deve passar para a inatividade. Se um servidor, ao completar a idade limite, pretender permanecer em atividade, a solução será dada

---

[8] Ver Luís Roberto Barroso, Grandes transformações do direito constitucional contemporâneo e o pensamento de Robert Alexy, *in Princípios formais* (orgs. Alexandre Travessoni Gomes Trivisoni, Aziz Tuffi Saliba e Mônica Sette Lopes), Rio de Janeiro: Forense, 2014, p. 81.

de maneira relativamente singela: pela mera subsunção do fato à implementação da idade que, na norma, determina a aposentadoria.

Porém, **nem sempre a vida é tão simples assim** e, portanto, essa forma de equacionar problemas jurídicos não é capaz de solucionar uma boa quantidade de situações que ocorrem no mundo contemporâneo. Ele é insuficiente para resolvê-los. São casos em que há, por exemplo, uma colisão de direitos fundamentais e que não podem ser resolvidos pela metodologia tradicional de enquadramento dos fatos em uma regra. **Para eles não há soluções pré-prontas no ordenamento.** São os chamados "**casos difíceis**" (*hard cases*). O aparecimento de uma tomada de consciência histórica constitui uma das mais importantes transformações pelas quais passaram as sociedades desde o início da época moderna. Diante disso, a atividade hermenêutica também deve ser repensada. Sua principal função é interpretar as diferentes concepções do fenômeno jurídico, a partir da análise crítica das múltiplas leituras da constituição em frente de determinado contexto histórico da sociedade.

Por isso, hoje, o tema da decisão judicial procura **atender as demandas de uma sociedade que se tornou bem mais complexa e plural, exigindo fórmulas jurídicas de interpretação mais sofisticadas e sutis**. A interpretação jurídica deixa de ser mera interpretação da lei para tornar-se parte integrante do processo de **realização do direito**, exigindo uma função mais criadora. O direito não é uma entidade já dada e disponível, que o operador do direito encontra "pré-fabricada", pronta para o uso, dizia Aleksander Peczenik, jurista escandinavo. Ele é antes uma construção do operador, que deve encontrar, em relação ao caso concreto, a combinação correta entre os fatores diversos. A necessidade da interpretação, repita-se, é consequência do problema da concreta realização do direito.

É preciso, então, que haja uma atividade criativa, construtiva e argumentativa do juiz para produzir a solução adequada[9]. Nesse ambiente, *muda o papel da norma, muda o papel do problema e muda o papel do intérprete*. Se no modelo tradicional, a solução está pronta no relato abstrato da norma, nestes novos casos **a norma tem apenas um início de solução no seu relato**. A norma é só um ponto de partida, um fator da dialética decisória do caso concreto. A solução precisará ser construída pelo juiz para resolver o caso concreto. Muda, assim, o papel da norma, porque ela já não traz mais a solução pronta no seu relato abstrato. Interpretar seria, então, construir a partir de algo, utilizando os textos normativos como ponto de partida.

---

[9] Ninguém ignora as clássicas expressões doutrinárias em nome de um radical legalismo de Montesquieu e de Beccaria: "Les juges ne sont que la bouche qui prononce les paroles de la loi" (*De l'esprit des lois*); "os juízes de crimes não podem ter o direito de interpretar as leis penais, pela razão mesma de que eles não são legisladores" (*Dei delitti e delle pene*).

Muda também o papel do problema, uma vez que no modelo tradicional os fatos relevantes estão lá esperando para serem enquadrados na norma e daí se produzir uma solução. Ocorre que, para acudir a várias situações complexas da vida contemporânea, com frequência o problema tanto é o conjunto de fatos sobre o qual irá incidir a norma, como fornece também parte dos elementos que irão produzir a solução jurídica. A norma não existe apenas no seu relato abstrato. Por assim dizer, a norma não produz normatividade suficiente antes de ser integrada pelos fatos relevantes; ela só pode ser produzida à luz dos elementos do caso concreto. Por exemplo, para dizer se irá prevalecer a liberdade de expressão ou o direito da privacidade numa determinada situação, o intérprete e o juiz só poderão encontrar a solução depois que eles tiverem os elementos de fato.

Por fim, muda o papel do intérprete que não se reduz a uma função somente de conhecimento técnico. Ele é um coparticipante do processo de criação do direito, porque como a solução não está pronta na norma, ele terá de argumentativamente constituir a norma que irá solucionar aquele caso específico. Portanto, a sua pré-compreensão dos problemas, ou seja, o seu ponto de observação, a sua bagagem de informação, os conceitos com que ele trabalha e mesmo a sua ideologia interferirão na decisão que ele irá produzir, ainda que não perceba explicitamente[10].

a) A interpretação, assim, não é mais vista como simples atividade declarativa, mas como processo de obtenção de decisões, um verdadeiro processo constitutivo do Direito. Não consiste apenas em mera ação de conhecimento. A ideologia da interpretação é mais dinâmica que estática, uma vez que **busca a conformação da norma à realidade.** Na medida em que a sociedade evolui, cresce a distância entre o ordenamento jurídico e a realidade social. Em decorrência, a decisão do intérprete resultará não da descoberta da "vontade do legislador", mas da análise da situação concreta, tomando por base tanto as necessidades das partes, quanto as aspirações sociais que fundamentam a existência do Estado de Direito.

b) Consequentemente, **a realização do direito é muito mais do que um simples silogismo**. O juiz também cria o direito, não sendo só a boca que pronuncia as palavras da lei, como dizia Montesquieu. O pensamento jurídico recuperou o "concreto", depois que o positivismo legalista, com seu

---

[10] Luís Roberto Barroso, quanto à possibilidade de as pessoas terem percepções diversas do mesmo fenômeno, relembra o fato acontecido com o jogador Mané Garrincha quando este foi com a seleção brasileira participar de um jogo em Roma, e o levaram para um *city tour*. Ao final do passeio, ele comentou: "Eu não sei por que falam tanto desse Coliseu, é menor que o Maracanã e tá precisando de uma reforma urgente". O problema nessa visão do nosso grande Garrincha sobre o Coliseu é que ele, por razões diversas, não trazia dentro de si um conjunto de pré-compreensões que fazem com que o Coliseu seja um dos monumentos históricos da humanidade. Olhado sem a pré-compreensão adequada, olhado na fria objetividade da vida, o Coliseu de fato é menor do que o Maracanã e de fato está em ruínas.

normativismo analítico-dedutivo, o levara a refugiar-se no alienante "abstrato". O direito não é um dado previamente estabelecido, que o aplicador do Direito já encontra formulado à sua disposição, anterior à realidade que deve ordenar, mas uma realidade a ser construída, levando em conta os elementos do sistema, entre os quais, os princípios jurídicos. A interpretação/aplicação do direito não envolve apenas uma atividade de subsunção entre conceitos prontos antes mesmo da sua aplicação[11].

É claro que esse processo de reconstrução ocorre sempre a partir de algo. Ele utiliza como **ponto de partida os textos legais**, os quais não podem ser desprezados, já que a interpretação é uma atividade de reconstrução. São eles que oferecem certos limites à construção de sentidos, o que significa que o intérprete não é livre nesse seu trabalho. Não chegamos, pois, a dizer, como J. Dualde, que "el legislador há llegado a su crepúsculo"[12]. Em suma, a norma é construída pelo intérprete, no decorrer do processo de concretização do direito; ela não está pronta e concluída, mas é matéria que precisa ser trabalhada (Müller). Como escrevia Wróblewsky, a lei é o sentido da norma depois da sua interpretação[13].

141.4. Casos fáceis e difíceis

Fáceis são aqueles para os quais existe uma **solução pré-pronta** no direito positivo. Por exemplo, a Constituição prevê que o servidor público deve passar para a inatividade, ao completar 70 anos. Se um juiz, ao completar a idade limite, ajuizar uma ação pretendendo permanecer em atividade, a solução será dada de maneira relativamente singela: pela mera subsunção do fato relevante (a implementação da idade) na norma expressa, que determina a aposentadoria.

A interpretação, no entanto, deve atender às demandas de uma sociedade que se tornou bem mais complexa e plural. Com outras palavras, ela deve atender às necessidades deficientemente supridas pelas fórmulas clássicas, como os chamados "**casos difíceis**". A atribuição a um legislador imaginário de certas propriedades segundo o modelo dogmático, como a racionalidade, a compreensão e a precisão, estão muito longe de caracterizar os legisladores reais. Essas atribuições também são formuladas de maneira dogmática. Mas a vida nem sempre é fácil, ou seja, há muitas si-

---

[11] **Eros Grau**, embora distinguindo "criação" de "produção do direito pelo juiz", admite que "os juízes completam o trabalho do autor do texto normativo", ou seja, "produzem direito em e como consequência do processo de interpretação" [...] "A interpretação do direito não é atividade de conhecimento, mas constitutiva; portanto, *decisional*, embora não discricionária" (*Por que tenho medo dos juízes*, São Paulo: Malheiros, 2013. p. 25 e 26).

[12] **J. Dualde**, *Uma revolución en la lógica del derecho*, 1933, p. 129.

[13] Ver Castanheira Neves, *O actual problema metodológico da interpretação jurídica*, Coimbra: Coimbra Ed., 2003, p. 13.

tuações tormentosas que não se resolvem satisfatoriamente com o emprego apenas das regras jurídicas, ou seja, **situações em que não existe uma solução pré-pronta no direito positivo**. Elas exigem a construção artesanal da decisão, mediante uma argumentação mais elaborada capaz de justificar e legitimar o papel criativo desempenhado pelo juiz. Em suma, a solução terá de ser construída argumentativamente, à luz dos elementos externos ao direito positivado, por exemplo, recorrendo aos princípios. São os "**casos difíceis**"[14].

Há três situações geradoras de casos difíceis: a ambiguidade de linguagem; a existência de desacordos morais razoáveis entre nós; e as colisões de normas constitucionais ou de direitos fundamentais.

1ª) **Conceitos jurídicos indeterminados.** Para muitos juristas dogmáticos, o legislador foi imaginado como sendo sempre preciso, no sentido de que sua vontade possui sempre uma direção unívoca, independentemente das imperfeições da linguagem que utiliza. Sabemos, em contrapartida, que o legislador real, com frequência, é vítima das falhas das linguagens. Muitas vezes o Direito utiliza *conceitos jurídicos indeterminados*, que têm **múltiplos significados e cujo sentido somente poderá ser estabelecido à luz dos elementos do caso concreto, envolvendo na sua concretização maior ou menor valoração subjetiva por parte do intérprete**. A esses conceitos jurídicos indeterminados se juntam as denominadas "**cláusulas abertas**". A consequência natural é a existência de algum grau de variação e de incerteza na sua interpretação, com implicações sobre a segurança jurídica.

2ª) **Desacordos morais.** Em segundo, *desacordos morais* não são raros entre nós. Vivemos numa **sociedade plural e complexa, em que há pessoas que pensam de maneira diferente acerca de temas moralmente controvertidos**. Por exemplo, temas como eutanásia e suicídio assistido, isto é, a existência ou não de um direito à morte digna; a questão da recusa de transfusão de sangue por pessoas adeptas da religião Testemunhas de Jeová; e o debate sobre a descriminalização das drogas leves. A pré-compreensão do intérprete consciente ou inconscientemente, também pode ser um fator determinante na escolha da decisão que se afigura mais acertada.

3ª) **Colisões de princípios e normas.** Por fim, existem colisões de textos sobretudo constitucionais que possibilitam o aparecimento de casos

---

[14] "O traço característico do método dogmático jurídico de interpretação dos textos legais é tender para uma 'otimização' da lei, ou seja, para reconstruir a partir de prescrições legais, as melhores normas possíveis do ponto de vista da exigência da doutrina moral e política dominante. Parece que o modo de admitir o princípio da racionalidade do legislador real, por parte da jurisprudência, permite lançar certa luz sobre nisso", escrevia o jusfilósofo polonês Leszek Nowak.

difíceis. **Nossa Constituição, por ser um documento dialético, abriga valores contrapostos que, por vezes, entram em tensão, quando não colidem frontalmente.** O cantor Roberto Carlos, por exemplo, foi a juízo para impedir a divulgação de uma biografia não autorizada, invocando seus direitos constitucionais de imagem e de privacidade. O autor da obra defende-se fundado na sua liberdade de expressão e no direito de informação, igualmente protegidos constitucionalmente. Naturalmente, como os dois lados têm normas constitucionais a seu favor, não é possível resolver esse problema mediante a subsunção dos fatos à norma aplicável, porque mais de uma norma postula a incidência sobre a hipótese. Diante disso, a solução terá de ser construída argumentativamente mediante ponderação, isto é, mediante a valoração de elementos do caso concreto com vistas à produção da solução que melhor atende ao caso concreto. As duas soluções possíveis vão disputar a escolha pelo intérprete.

Diante desses novos papéis reconhecidos à norma, ao problema e ao intérprete, a teoria da interpretação precisou desenvolver e aprofundar certas categorias específicas de trabalho, que incluem, entre outras, a normatividade dos princípios (cuja distinção qualitativa em relação às regras é um dos símbolos do pós-positivismo) e a ponderação.

141.5. A força normativa dos princípios

Os princípios são enunciações normativas, diretivas de valoração que orientam o intérprete e **determinam o caminho da melhor interpretação**. Num processo de ascensão, eles foram de fonte subsidiária do Direito (nas hipóteses de lacuna legal) ao centro do sistema jurídico. **Transformaram-se na porta de entrada dos valores dentro do universo jurídico**, no qual, com sua flexibilidade, dão margem à realização da **justiça do caso concreto**. Por sua vez, às **regras**, previsíveis e objetivas, desempenham o papel referente à **segurança jurídica** das condutas.

No Direito contemporâneo, a **Constituição** passou a ser compreendida como um sistema aberto de princípios e regras, permeável a valores jurídicos suprapositivos, no qual as ideias de justiça e de realização dos direitos fundamentais desempenham um papel central. O **art. 5º da Lei de Introdução às Normas do Direito Brasileiro** estabelece, por sua vez, que "na aplicação da lei, o juiz atenderá aos fins sociais do direito e às exigências do bem comum". Duas observações: em primeiro, em vista da unidade do processo legislativo, esse dispositivo compreende também a interpretação; em segundo, com o recurso ao processo teleológico, ou seja, aos fins sociais do direito e às exigências do bem comum, o legislador considerou-os valores primordiais e que representam o predomínio do social sobre o individual, ficando patente a existência de princípios a orientar e a presidir o raciocínio jurídico.

Essa força normativa se dissipa em razão de princípios contrários? Entendemos que sim, embora sem afirmar que esse elemento seja uma propriedade necessariamente presente em todos os tipos de princípios (um elemento essencial). Com outras palavras, achamos que os princípios **não são "normas carecedoras de ponderação"**, ou seja, achamos que eles podem entrar em colisão e nessa hipótese receber um "peso" maior ou menor diante do caso concreto, ficando sujeitos a uma operação de balizamento ou ponderação. Em suma, os princípios atuam no conflito com outras normas colidentes, concluindo com Humberto Ávila: "Os princípios são, portanto, normas que atribuem fundamento a outras normas, por indicarem fins a serem promovidos, sem, no entanto, preverem o meio para a sua realização. Eles apresentam, em razão disso, alto grau de indeterminação, não no sentido de mera vagueza, presente em qualquer norma, mas no sentido específico de não enumerarem exaustivamente os fatos em presença dos quais produzem a consequência jurídica ou de demandarem a concretização por outra norma de modos diversos e alternativos"[15]. Nesse sentido, podemos dizer que os princípios passam a ser defectíveis; passam a poder ser descartados quando há razões contrárias mais significativas.

142. TÉCNICA DA PONDERAÇÃO

Vimos como, por muito tempo, o raciocínio padrão na interpretação/aplicação do direito foi a **subsunção**, como raciocínio silogístico, no qual a premissa maior (a norma) incide sobre a premissa menor (os fatos), produzindo um resultado decisório quanto ao caso concreto. Ainda hoje continua a ser fundamental na dinâmica do Direito, mas **é insuficiente** para lidar com as situações que envolvem os chamados "casos difíceis", sobretudo as colisões de princípios ou de direitos fundamentais. De fato, nessas hipóteses há mais de uma norma postulando sua aplicação sobre os mesmos fatos. Com outras palavras, há várias premissas maiores e apenas uma premissa menor. E a subsunção trabalha com uma única premissa maior. Daí a necessidade de desenvolver técnicas capazes de produzir uma solução adequada diante de normas que entrem em rota de colisão. A **ponderação** passa a ser então a forma característica da aplicação do direito; uma técnica a ser utilizada pelo intérprete, cujo raciocínio deve ter uma estrutura diversa do silogismo[16].

A ponderação pode ter um sentido amplo, de sopesamento de razões, presente na interpretação de qualquer tipo de norma, quer regra, quer princípio. Nesse sentido é que usamos a palavra nas considerações supra. E pode ter um sentido restrito, de operação de balanceamento entre os princípios, por meio da qual se atribui uma dimensão de peso maior a um

---

[15] Humberto Ávila, *Teoria dos princípios*, São Paulo: Malheiros, 2019, p. 157.
[16] Ver Luís Roberto Barroso, *Curso de direito constitucional contemporâneo*, São Paulo: Saraiva 2015, p. 373.

deles diante do caso concreto. Nesse sentido, é oportuna a advertência de Humberto Ávila de que a definição de princípios como normas carecedoras de ponderação pode conduzir a um certo "**relativismo axiológico**", ou seja, todos os princípios poderiam ser afastados, inclusive os fundamentais, justamente por veicularem valores que não poderiam ser descartados. Por isso são normas que podem ser descartadas quando há razões contrárias mais significativas. Deixam de ser caracterizados como normas carecedoras de ponderação e passam a ser qualificados como normas fundamentais e genéricas que demandam complementação por outras normas. A capacidade de afastamento é elemento meramente contingente, não necessário dos princípios[17].

Antes de descrever as três etapas do processo da ponderação, é importante lembrar que a ponderação não é imune a **críticas**, como a apresentada por Antonio Henrique Corrêa da Silva: a colisão de princípios é, segundo ele, um conflito de regras extraídas de princípios, que podem ou não ser solucionáveis pelos critérios tradicionais de superação de antinomias; ela (a ponderação) se sujeita ao mau uso e não é remédio para todas as situações[18].

Para os que acolhem a ponderação, há um **procedimento** a ser seguido:

1) O primeiro passo é **investigar e identificar as normas** (valores, direitos, interesses) **em conflito**; com outras palavras, definir o grau de insatisfação de uma delas.

2) O segundo, **atribuir a cada uma o peso ou importância que lhe corresponda**, conforme as circunstâncias do caso concreto; ou seja, definir a importância dos direitos fundamentais justificadores da intervenção, a importância da satisfação da norma ou princípio oposto.

3) Por fim, **decidir sobre a prevalência de um deles sobre o outro ou outros**, conforme o critério de que, quanto maior seja o grau de prejuízo da norma que vai ceder, maior há de ser a importância do cumprimento da que prevalece; ou seja, decidir se a importância da satisfação de um direito fundamental justifica a não satisfação do outro.

Na lição de Roberto Barroso, o processo da ponderação passa por essas três etapas:

1ª) **Identificação das normas pertinentes.** Consiste em detectar no sistema as normas relevantes para a solução do caso, identificando eventuais conflitos entre elas. A finalidade é o trabalho posterior de comparação entre os elementos normativos em jogo.

2ª) **Seleção dos fatos relevantes.** Procura-se, agora, examinar os fatos, as circunstâncias concretas do caso e sua interação com os elementos normativos. O exame dos fatos e os reflexos sobre eles das normas identifi-

---

[17] Humberto Ávila, *Teoria dos princípios*, São Paulo: Malheiros, 2019, p. 158-160.
[18] *Apud* Luís Roberto Barroso, *Curso de direito constitucional contemporâneo*, São Paulo: Saraiva, 2015, p. 376.

cadas na primeira fase poderão indicar com maior clareza o papel de cada uma delas e a extensão de sua influência.

3ª) **Atribuição de pesos.** Sabemos que os princípios, por sua estrutura e natureza, e observados determinados limites, podem ser aplicados com maior ou menor intensidade, à vista de circunstâncias jurídicas ou fáticas, sem que isso afete a sua validade. Nessa terceira fase, dedicada à decisão, os diferentes grupos de normas e a repercussão dos fatos no caso concreto estarão sendo examinados de forma conjunta, de modo a apurar os pesos que devem ser atribuídos aos diversos elementos em disputa e, portanto, o grupo de normas que deve preponderar no caso. Em seguida, será ainda preciso decidir quão intensamente esse grupo de normas – e a solução por ele indicada – deve prevalecer em detrimento dos demais. Isso é: graduada a intensidade da solução escolhida, cabe ainda decidir qual deve ser o grau apropriado em que a solução deve ser aplicada. Todo esse processo intelectual tem como fio condutor o princípio da *proporcionalidade* ou *razoabilidade*; isto é, a ponderação se socorre desse princípio para promover o controle de legitimidade das diferenças entre pessoas, preservando o núcleo essencial dos direitos.

143. NECESSIDADE DA INTERPRETAÇÃO

Tudo se interpreta, inclusive o silêncio. Aliás, o silêncio nunca se cala. Essa verdade também vigora no Direito. Não há norma sem sentido, nem sentido sem interpretação. No entanto, no passado, nem sempre a possibilidade de interpretação foi conferida ao intérprete.

143.1. Histórico

Na Antiguidade houve exemplos de rompimento desta tese, como a conhecida proibição do **Imperador Justiniano** de que se interpretassem as normas do seu Corpus Iuris: "quem quer que seja que tenha a ousadia de aditar algum comentário a esta nossa coleção de leis... seja cientificado de que não só pelas leis seja considerado réu futuro de crime de falso, como também de que o que tenha escrito se apreenda e de todos os modos se destrua"[19]. Assim, a função de interpretar as leis era reservada ao Imperador, pois somente ele, o autor delas, é que tinha competência para interpretá-las.

Mesmo após muitos séculos, tais ideias ainda sobreviviam nas modernas codificações do século XIX, na observação de L. Fernando Coelho[20]. De fato, o **Código da Baviera, de 1841**, por exemplo, proibia expressamente a interpretação de suas normas.

---

[19] De confirmatione digestorum, in *Corpus Juris Civilis*, par. 21.
[20] Fernando Coelho, *Lógica jurídica e interpretação das leis*, Rio de Janeiro: Forense, 1981, p. 193.

Hoje, a possibilidade e, ainda mais, a necessidade de interpretação das normas jurídicas hão de ser reconhecidas mesmo em relação às normas tidas por claras. Falamos em "norma jurídica" como gênero, uma vez que não são apenas as leis, ou normas jurídicas legais, que precisam ser interpretadas, embora sejam elas o objeto principal da interpretação. Assim *todas* as normas jurídicas podem ser objeto de interpretação: as legais, as jurisdicionais (sentenças judiciais), as costumeiras e as negociais (negócios jurídicos).

143.2. *In claris cessat interpretatio*

Alguns, é verdade, pretendem não haver necessidade de interpretação quando a norma é "clara". É o que diz o brocardo latino: *in claris cessat interpretatio* (**dispensa-se a interpretação quando o texto é claro**), que, apesar de sua veste latina, não é de origem romana[21]. Os romanos, com a sua visão profunda em matéria jurídica, não desconheciam a permanente necessidade dos trabalhos exegéticos, ainda que simples fossem os textos legislativos. Haja vista a afirmação de Ulpiano: "embora claríssimo o edito do pretor, contudo não se deve descurar da sua interpretação"[22].

Na verdade, não é exato dizer que o trabalho do intérprete apenas é necessário quando as leis são obscuras. Mesmo quando se trate de situações de isomorfia (condição dos corpos que possuem a mesma forma), o exercício de determinação do sentido das palavras se impõe. Com outras palavras, a interpretação *sempre* é necessária, sejam obscuras ou claras as palavras da lei ou de qualquer outra norma jurídica. E isso por quatro razões, de ordem semântica e normativa:

a) O conceito de clareza é muito **relativo e subjetivo**, ou seja, o que parece claro a alguém pode ser obscuro para outrem.

b) Uma palavra pode ser clara segundo a linguagem comum e ter, entretanto, um **significado próprio e técnico**, diferente do seu sentido vulgar (por exemplo, a "competência" do juiz).

c) O texto normativo ainda **não é, a rigor, a norma**, ou seja, não contém imediatamente a norma. Esta é construída, pelo intérprete, no decorrer do processo de concretização do direito, com a solução do caso. Portanto, a concretização do direito implicaria um caminhar do texto normativo em direção à norma, apta a dar solução ao conflito que consubstancia o caso concreto. Isso significa que o preceito jurídico é matéria que precisa ser

---

[21] Vittorio Frosini escrevia que o aforismo latino, em seu significado original, tinha uma função específica: a de fazer prevalecer a vontade do legislador sobre a do comentarista. Mas no seu uso habitual foi adquirindo o sentido irreflexivo e enganoso de que se pode prescindir da interpretação da mensagem legislativa quando esta é clara em si mesma (Eros Roberto Grau, *Por que tenho medo dos juízes*, São Paulo: Malheiros, 2014, p. 30).

[22] "Quamvis sit manifestissimum edictum praetoris, attamen non est negligenda interpretatio eius" – Digesto, liv. 25, tít. 4, frag. 1, § 11.

trabalhada, ou seja, ser interpretada. A exigência da interpretação, ou a sua necessária mediação em toda a problemática da realização concreta do direito, nos leva a afastar a tese obsoleta da exclusão da interpretação desde que a fonte interpretanda se exprimisse num texto claro e inequívoco. Em suma, a clareza de uma lei não é uma premissa, mas o resultado da interpretação, na medida em que somente se pode afirmar que uma lei é clara após ela ter sido interpretada.

d) Por fim, a consagração legislativa dos princípios contidos no **art. 5º da Lei de Introdução** significa uma repulsa ao referido brocardo, já que toda e qualquer aplicação das leis deverá conformar-se aos seus "**fins sociais e às exigências do bem comum**". Ora, se em todas as leis o intérprete não poderá deixar de considerar seus fins sociais e as exigências do bem comum, todas as leis necessitam de interpretação visando à descoberta deles.

144. ESPÉCIES DE INTERPRETAÇÃO

A interpretação pode ser classificada segundo diversos critérios: quanto à sua origem, sua natureza e seus resultados.

144.1. Quanto à origem de que emana

Nesse caso interpretação pode ser:

a) **Autêntica**. Quando ela emana **do próprio poder que fez o ato cujo sentido e alcance ela declara**[23]. Há certos textos legais que, pela confusão que provocam no mundo jurídico, levam o próprio legislador a determinar melhor o seu conteúdo. Assim, por exemplo, a Lei n. 5.334/67 interpretou dispositivos da Lei n. 4.484/64, no seu art. 1º.

Dissemos que a interpretação autêntica emana do próprio poder que fez o ato cujo sentido e alcance ela declara. Assim, por exemplo, o Regulamento pode esclarecer o sentido da lei e completá-lo; mas a interpretação oferecida por ele, ou por qualquer outro ato do Poder Executivo, como uma portaria, não tem o valor de interpretação autêntica, uma vez que não decorrem do mesmo poder.

A coincidência, no entanto, entre o intérprete e o autor do ato normativo interpretado pode ocorrer sob três formas: 1ª) **são** a **mesma pessoa**; 2ª) embora sejam pessoas distintas, **ambas estão revestidas de idêntica autoridade**; 3ª) não há identidade de pessoas nem de autoridade, mas o **intérprete é hierarquicamente *superior* ao autor da norma** (o governador do Estado, por exemplo, pode interpretar autenticamente a portaria baixada por um secretário de Estado).

---

[23] Ver Carlos Maximiliano. *Hermenêutica e aplicação do direito*, Rio de Janeiro: Forense, 1991, p. 87. Emilio Betti define: "interpretação autêntica é a interpretação que provém do mesmo autor do preceito que se trata de compreender" (Interpretação da lei e dos atos jurídicos, p. 119).

Outros autores restringem o significado da interpretação autêntica àquela dimanada do legislador, mediante outra lei, chamada de "lei interpretativa". Miguel Reale, por exemplo, tem que a interpretação autêntica é somente aquela que se opera por meio de outra lei; e quando uma lei é emanada para interpretar outra lei, a interpretação não retroage: disciplina a matéria tal como nela foi esclarecido, tão somente a partir de sua vigência[24].

b) **Judicial**. É a resultante das **decisões prolatadas pela justiça**. Vem a ser aquela que realizam os juízes ao sentenciar, encontrando-se nas sentenças, nos acórdãos e súmulas dos tribunais (formando a sua jurisprudência).

c) **Administrativa**. Aquela cuja fonte elaboradora é **a própria Administração Pública**, *por meio de seus órgãos e mediante pareceres, despachos, decisões*, circulares, portarias etc.

Essa interpretação não se restringe às autoridades e pessoas do Poder Executivo, mas abrange qualquer representante do Poder Público na sua competência administrativa. Assim, tanto o juiz como os membros do Poder Legislativo também administram, e a interpretação levada a efeito por eles no exercício dessa função será administrativa. Tal interpretação vincula as autoridades administrativas que estiverem no âmbito das regras interpretadas, mas não impede que os particulares adotem interpretações diversas[25].

d) **Doutrinária**. Vem a ser a realizada cientificamente pelos doutrinadores **e *juristas em suas obras e pareceres***. Há *livros especializados de direito* que comentam artigo por artigo de uma lei, código ou consolidação, dando o sentido do texto comentado, com base em critérios científicos.

144.2. Natureza da interpretação

Quanto à sua natureza, a interpretação pode ser:

a) **Literal ou gramatical**. Toma como ponto de partida o **exame do significado e alcance de cada uma das palavras da norma jurídica**. Ela se baseia na letra da norma jurídica, processando-se apenas no campo linguístico; ocupa-se com as questões léxicas da norma.

b) **Lógico-sistemática**. Busca descobrir o sentido e alcance da norma, **situando-a no conjunto do sistema jurídico**. Busca compreendê-la como parte integrante de um todo, em conexão com as demais normas jurídicas que com ela se articulam logicamente. Considera a unidade e coerência do

---

[24] Miguel Reale, *Lições preliminares de direito*, São Paulo: Saraiva, 1984, p. 175, nota 1.

[25] A Lei n. 9.784/99 rege o processo administrativo federal. O seu ar. 2º dispõe: "A Administração Pública obedecerá, dentre outros, aos princípios da legalidade, finalidade, motivação, razoabilidade, proporcionalidade, moralidade, ampla defesa, contraditório, segurança pública, interesse público e eficiência". Parágrafo único: "Nos processos administrativos serão observados, entre outros, os critérios de: [...] XIII – interpretação da norma administrativa da forma que melhor garanta o atendimento do fim público a que se dirige, vedada aplicação retroativa de nova interpretação".

sistema, de modo a afastar a interpretação que leve a um resultado contraditório com o disposto em outras normas. Busca-se, em suma, o sentido contextual da norma.

c) **Histórica**. Indaga das **condições de meio e momento da elaboração da norma jurídica**, bem como **das causas pretéritas da solução dada pelo legislador** (*origo legis* e *occasio legis*). Vê, pois, a norma na dimensão do tempo em que ela se formou, pesquisando as circunstâncias que presidiram à sua elaboração.

d) **Teleológica**. Busca **o fim, os valores que a norma jurídica tenciona servir ou tutelar**, e que constitui a chamada *ratio legis*.

144.3. Efeitos da interpretação

Quanto aos efeitos, a interpretação pode ser:

a) **Extensiva**. Ocorre quando o teor literal da lei é demasiado estrito e, com fundamento na sua imanente teleologia, **alarga-se o seu campo de aplicação a casos literalmente não abrangidos**. Em suma, o intérprete conclui que o sentido e alcance da norma são mais amplos do que indicam os seus termos. Nesse caso, diz-se que o legislador escreveu menos do que queria dizer (*minus scripsit quam voluit*), e o intérprete, alargando o campo de incidência da norma, aplicá-la-á a determinadas situações não previstas expressamente em sua letra, mas que nela se encontram, virtualmente, incluídas.

Às vezes, o legislador, ao exprimir seu pensamento, pode formular para um caso singular um conceito que deve valer para toda uma categoria ou usar um elemento que designa espécie, quando queria aludir ao gênero. Por exemplo, a lei diz "filho", quando na realidade queria dizer "descendente". Ou, ainda, a Lei do Inquilinato dispõe que: "o proprietário tem direito de pedir o prédio para seu uso"; a interpretação que conclui por incluir o "usufrutuário" entre os que podem pedir o prédio para uso próprio, por entender que a intenção da lei é a de abranger também aquele que tem sobre o prédio um direito real de usufruto, é uma interpretação extensiva. Quanto à diferença entre a interpretação extensiva e o método de preenchimento de lacunas, a matéria será abordada quando tratarmos da analogia.

b) **Restritiva**. Verifica-se quando o intérprete **restringe o sentido da norma ou limita sua incidência**, concluindo que o legislador escreveu mais do que realmente pretendia dizer (*plus scripsit quam voluit*), e assim o intérprete elimina a amplitude das palavras. Os casos abrangidos pela sua letra são excluídos do seu campo de aplicação com fundamento na teleologia imanente a essa norma e no princípio de tratar desigualmente os desiguais.

Por exemplo, a lei diz "descendente", quando na realidade queria dizer "filho". A mesma norma da Lei do Inquilinato, acima mencionada, serve também para modelo de uma interpretação restritiva, no caso do "nu-proprietário", isto é, daquele que tem apenas a nua propriedade, mas não o direito de uso e gozo do prédio; ele não poderia pedir o prédio para seu uso; restringe-se, assim, a amplitude do termo "proprietário" contido na norma.

c) **Declarativa ou especificadora.** Quando **se limita a declarar ou especificar o pensamento expresso na norma jurídica, sem ter necessidade de estendê-la a casos não previstos ou restringi-la mediante a exclusão de casos inadmissíveis.** Nela o intérprete chega à conclusão de que as palavras expressam, com medida exata, o espírito da lei, cabendo-lhe apenas constatar essa coincidência.

d) **Estrita.** Essa interpretação confunde-se com a declarativa. Nela, as normas "**aplicam-se no sentido exato; não se dilatam, nem restringem os seus termos**". A exegese aqui é "estrita, porém não restritiva; deve dar precisamente o que o texto exprime, porém tudo o que no mesmo se compreende; nada de mais, nem de menos", segundo Carlos Maximiliano[26].

A interpretação estrita há de ser aplicada, por exemplo, quando se trata de leis que impõem penalidades, que cominam multas etc. O Código de Direito Canônico, *exempli gratia,* estabelece no seu cânone 18: "As leis que estabelecem pena ou limitam o livre exercício dos direitos ou contêm exceção à lei devem ser interpretadas estritamente".

Finalizando, eis como **Alípio Silveira** sintetiza a matéria: "É declarativa quando a letra se harmoniza com o significado obtido pelos outros métodos. É extensiva, se o significado obtido pelos outros métodos é mais amplo do que o literal; a final, é restritiva, quando o significado literal é mais amplo do que aquele obtido pelos outros métodos"[27].

144.4. Interpretação segundo a Constituição

Trata-se de um método especial de interpretação que floresceu basicamente na Alemanha, e é bastante usado pelo nosso STF[28]. A rigor, não é um **método de interpretação** da Constituição, mas **de lei ordinária (ou de outro ato normativo) de acordo com a Constituição.** *A norma, interpretada conforme a Constituição, será considerada constitucional,* evitando-se a sua anulação em razão de dubiedades nela contidas. Parte-se da presunção de que toda lei é constitucional, adotando-se ao mesmo tempo o princípio de que em caso de dúvida, a lei será interpretada "conforme a Constituição". O ato interpretativo não desprestigia, portanto, a função

---

[26] Carlos Maximiliano, *Hermenêutica e aplicação do direito,* Rio de Janeiro: Forense, 1991, p. 201-202.

[27] Alípio Silveira, *Hermenêutica no direito brasileiro,* São Paulo: Revista dos Tribunais, 1968, p. 21.

[28] Ver a ADIn 4.815/Distrito Federal, em que o STF, na questão das biografias autorizadas, a julgou procedente para dar interpretação conforme a Constituição aos arts. 20 e 21 do Código Civil, sem redução do texto, para declarar inexigível o consentimento de pessoa biografada relativamente a obras biográficas literárias ou audiovisuais.

legislativa, nem enfraquece a magistratura nos poderes de conhecer e interpretar a lei pelo ângulo da sua constitucionalidade[29].

QUESTIONÁRIO

1. Que significam hermenêutica e hermenêutica jurídica?
2. Qual é a sua definição de hermenêutica jurídica? Justifique.
3. Qual é a correlação existente entre a interpretação, a aplicação e a integração do direito?
4. Que significa revelar o sentido da norma jurídica?
5. Apenas as leis devem ser interpretadas? Por quê?
6. Qual a sua opinião sobre o brocardo *in claris cessat interpretatio*?
7. Quando a interpretação é denominada autêntica? Exemplifique.
8. Um magistrado pode emitir uma interpretação administrativa? Por quê?
9. Qual a diferença entre a interpretação literal e a lógico-sistemática?
10. Qual é a diferença entre a interpretação histórica e a teleológica?
11. Como se explica a possibilidade da interpretação extensiva e restritiva? Exemplifique.
12. Quando ocorre a interpretação declarativa ou especificadora?
13. (Provão 2003) "A Hermenêutica Jurídica tem por objeto o estudo e a sistematização dos processos aplicáveis para determinar o sentido e o alcance das expressões do Direito. As leis positivas são formuladas em termos gerais; fixam regras, consolidam princípios, estabelecem normas, em linguagem clara e precisa, porém ampla, sem descer a minúcias. É tarefa primordial do executor a pesquisa da relação entre o texto abstrato e o caso concreto, entre a norma jurídica e o fato social, isto é, aplicar o Direito. Para o conseguir, se faz mister um trabalho preliminar: descobrir e fixar o sentido verdadeiro da regra positiva; e, logo depois, o respectivo alcance, a sua extensão. Em resumo, o executor extrai da norma tudo o que na mesma se contém: é o que se chama interpretar, isto é, determinar o sentido e o alcance das expressões do Direito" (Carlos Maximiliano, *Hermenêutica e aplicação do direito*, 9. ed., São Paulo: Forense, 1980, p. 1).

Considerando o texto apresentado, é correto afirmar que

---

[29] Ver Paulo Bonavides, *Curso de direito constitucional*, São Paulo: Malheiros, 2011, p. 524.

A) as leis disciplinam apenas os casos concretos, por isso só admitem uma interpretação.

B) hermenêutica e interpretação são palavras sinônimas e significam a busca do exato sentido da lei.

C) a hermenêutica oferece as regras de interpretação e interpretar um texto de lei consiste em buscar-lhe o significado e o alcance.

D) a hermenêutica não se insere na Ciência do Direito, sendo mera manifestação da arte de advogar.

E) o intérprete não deve pesquisar a relação entre o texto legal e o caso concreto, sob pena de violar o princípio da legalidade inserido na Constituição Federal.

14. (Provão 2003) Assinale a alternativa *incorreta* a respeito da hermenêutica do direito:

    A) Na analogia, amplia-se a significação das palavras até fazê-las coincidir com o espírito da lei.

    B) Na aplicação da lei, o juiz atenderá aos fins sociais a que ela se dirige e às exigências do bem comum.

    C) Com a interpretação extensiva, o intérprete constata que o legislador não usou os termos com propriedade e disse menos do que queria afirmar.

    D) Quanto à fonte, diz-se ser a interpretação autêntica quando emana do próprio órgão competente para a edição do ato interpretado.

Lição XXXI

ESCOLAS DE INTERPRETAÇÃO

Sumário: 145. Histórico e divisão; 146. Escola da Exegese; 147. Escola Histórico-evolutiva; 148. A Livre Pesquisa Científica da Direito; 149. A corrente do Direito Livre.

Depois da promulgação dos Códigos de Napoleão, especialmente o Código Civil (1804), é que a interpretação jurídica ganha relevo, passando a ser objeto de reflexão com vistas à constituição de uma teoria. Surgem, então, as "escolas hermenêuticas" ou de interpretação.

145. HISTÓRICO E DIVISÃO

Antes do século XIX, não se pode negar que diversas escolas jurídicas trataram de problemas interpretativos, mas só o fizeram incidentalmente, como as Escolas dos Glosadores e a dos Comentaristas.

145.1. Escola dos Glosadores ou de Bolonha (séculos XI a XIII)

Fundada por Irnério, professor de gramática e de dialética, e que se baseava na interpretação gramatical do **Corpus Juris Civilis** de Justiniano, **por meio de glosas** (anotações marginais ou interlineares) acrescentadas aos textos estudados. A escola suscitou um enorme trabalho exegético.

Na opinião de Miguel Reale, o *normativismo jurídico lança suas raízes na Escola dos Glosadores*. Da análise dos textos do Direito Romano e de seus comentários, a Jurisprudência veio se elevando, paulatinamente, ao plano da crítica histórica e filosófica, às primeiras ordenações sistemáticas conduzidas com rigor científico[1].

---

[1] Miguel Reale, *Filosofia do direito*, São Paulo: Saraiva, 2002, p. 398.

145.2. Escola dos Comentaristas

Influenciou também nessa evolução a chamada Escola dos Comentaristas, ou Pós-Glosadores, ou Tratadistas, ou Escolásticos ou Bartolistas (séculos XIII a XV). A Escola achava as glosas insuficientes. Por isso, tentou **adaptar o direito romano**, que os glosadores restauraram, **às novas relações econômicas e sociais da sociedade feudal**. Os comentaristas acrescentaram apreciações próprias aos textos romanos, adotando o método lógico da dialética escolástica, além de procurarem aplicá-lo na prática[2].

Podemos dizer que, numa perspectiva mais lógico-sistemática, os comentaristas estudaram não diretamente o *Corpus Juris Civilis*, mas as glosas, e recorreram a outras fontes, como os costumes locais, direitos estatutários e direito canônico, utilizando o método dialético ou escolástico.

145.3. Divisão

Tendo como critério a maior ou menor liberdade do intérprete perante a lei, dividimos as escolas de interpretação em três grupos:
a) escolas de **estrito legalismo ou dogmatismo**;
b) escolas de **reação ao estrito legalismo**;
c) escolas que se abrem a uma **interpretação mais livre**.

Do primeiro grupo, veremos a Escola da Exegese; do segundo, a Escola Histórico-Evolutiva; e do terceiro, a Escola da Livre Pesquisa Científica e a Corrente do Direito Livre.

146. ESCOLA DA EXEGESE

A Escola da Exegese formou-se na França, no início do século XIX. Em 1804 entrou em vigor o **Código de Napoleão**[3]. Um acontecimento fundamental que teve ampla repercussão, produzindo uma grande influência no desenvolvimento do pensamento jurídico moderno e contemporâneo. A tal ponto que é comum, ainda hoje, haver quem pense no direito em termos de codificação, como se ele devesse necessariamente estar encerrado num código. Ora, a ideia da codificação surgiu por obra do pensamento iluminista, na segunda metade do século XVIII. Não se trata, pois, de uma condição comum a todo o mundo e a todos os países civilizados. Sabemos que a co-

---

[2] Bártolo de Saxoferrato, profundo conhecedor do Direito Romano, julgava o método dos glosadores de Bolonha demasiadamente analíticos. Entendia que eram necessários verdadeiros tratados sobre os tópicos mais importantes do Direito Romano, principalmente o clássico, abrangendo o Direito Canônico e levando em conta os direitos consuetudinários locais. Sua ideia atingiu lugares fora da Itália e conseguiu prestígio que ficou gravado na História do direito: "Quem não for bartolista não é jurista" (*nemo iurista nisi bartolista*).

[3] O projeto definitivo do Código Civil francês foi obra de uma comissão instalada em 1800 por Napoleão, primeiro-cônsul, e composta por quatro juristas: Tronchet, Maleville, Bigot-Préameneau e Portalis.

dificação não existe nos países anglo-saxônicos. Mas o fato é que o positivismo jurídico contribuiu, com o seu desmedido apego à letra da lei e sua acanhada compreensão da *mens legis*, identificada com a presumida "intenção do legislador", para a formação da Escola da Exegese. Confinou, portanto, o Direito entre os muros duma Hermenêutica Jurídica subordinada a cânones de exegese verbal estrita, rompidos os laços com os conteúdos vitais da experiência humana. Daí o florescer da Escola da Exegese, que se caracteriza pelo culto legal, pela identificação entre direito e lei e entre o justo e o direito positivo[4].

146.1. Postulados básicos

A Escola se assentava principalmente em dois princípios: o culto do texto da lei e o predomínio da intenção do legislador; aos quais podemos acrescentar, como consequência, o entendimento de ser o Estado o único autor do direito. Vejamos cada um deles.

1) **Dogmatismo legal**. O pensamento dominante da Escola da Exegese era de **supervalorização do código ou da sua autossuficiência**. Pensavam os seus adeptos que o código encerrava todo o direito. Assim, na lei positiva, especialmente no Código Civil, encontrava-se a possibilidade de solução para todos os casos que viessem a ocorrer na vida social. A totalidade do direito positivo se identificava por completo com a lei escrita. Com outras palavras, o Código não apresentava lacunas. Tal concepção tinha sua origem no princípio da **onipotência do legislador**. Compreende-se também esse modo de pensar quando nos lembramos de que a **Revolução Francesa acabara de declarar a igualdade de todos perante a lei**. Os privilégios da nobreza e do clero desapareceram para que o direito se revelasse apenas por meio da vontade geral. "Todos os direitos são fixados pela lei como expressão da vontade geral" era o ensinamento de Rousseau. E assim surgiu o Código Civil, como expressão da vontade comum, não admitindo qualquer concorrência por parte dos costumes ou de elaborações legislativas particulares.

A tese fundamental da Escola é a de que o Direito por excelência é o revelado pelas leis. Esta é elevada a plano tão alto que passou a ser como que a única fonte do direito. Dizia, por exemplo, Demolombe no prefácio do seu curso do Código de Napoleão: "os textos acima de tudo". Aubry: "toda a lei, mas nada além da lei" ("toute la loi... mais rien que la loi"). Laurent:

---

[4] Essa redução do papel do jurista torna-se explícita nesta afirmação de Norberto Bobbio: "Pode-se dizer que a pesquisa do jurista, na sua parte fundamental e sobretudo no seu aspecto crítico, se resolve numa análise da linguagem do legislador" (*Teoria della scienza giuridica*, Torino, 1950, p. 218). Isso tudo a pretexto de só assim se poder salvar o caráter científico do Direito.

"os códigos nada deixam ao arbítrio do intérprete; o direito está escrito nos textos da lei". Bonnecase: "Nada está acima da lei".

Como todo o direito se transformara na lei, a interpretação jurídica dos textos legais adquiriu uma relevância absoluta. Aliás, a palavra "exegese" significa comentário ou interpretação minuciosa de um texto ou de uma palavra. Consequentemente, a Escola reduziu toda a função do intérprete a uma função mecânica, uma vez que era dever dele ater-se rigorosamente ao texto legal, sem procurar solução fora ou estranha a ele. Os usos e costumes não podiam valer, a não ser quando a lei lhes fizesse expressa referência. Em suma, instala o positivismo jurídico e acaba com a vontade do povo e da ciência jurídica.

2) **Subordinação à vontade do legislador.** Considerando a norma legislativa como dogma, limitou a interpretação à indagação da vontade do legislador. **O principal objetivo da Escola era o de revelar a vontade do legislador, daquele que planejou e fez a lei.** O intérprete devia, pois, cumprir o seu dever de aplicador da lei de conformidade com **a intenção original do legislador, pois a única interpretação correta seria aquela que reproduzisse o pensamento e a vontade do autor da lei**. Trata-se de uma concepção da interpretação que teve uma grande importância na história e na prática da jurisprudência, sendo acatada por muitos até os nossos dias. A interpretação era compreendida como um trabalho rigorosamente "declaratório", ou seja, toda evolução do Direito somente poderia acontecer através do processo legislativo, jamais em virtude de uma contribuição integradora ou supletiva do intérprete ou juiz. Quando o texto não fosse suficientemente claro, mandava-se recorrer à "intenção do legislador", de acordo com a situação social do momento[5]. Chegou-se ao extremo de afirmar que "se o intérprete substituir a intenção do legislador pela sua, o Judiciário estará invadindo a esfera de competência do Legislativo".

Prevalecia, pois, o entendimento de que a lei, por ser a expressão do soberano Poder Legislativo, devia ser interpretada segundo a intenção do legislador. Prevalecia o **caráter retrospectivo** da ideia de fonte, cujo conteúdo ficava vinculado ao seu processo de instauração. Em suma, prevalecia, na expressão de Reale, a "intenção do enunciante" sobre o que era "enunciado objetivamente" como conteúdo da fonte mesma[6]. Se a vontade do

---

[5] Foi o positivismo jurídico que, com o seu desmedido apego à letra da lei e sua acanhada compreensão da *mens legis,* a identificou com a presumida "intenção do legislador".

[6] Os positivistas e sua hermenêutica subordinada a cânones de exegese verbal estrita romperam os laços com os conteúdos vitais da experiência humana. Nessa obra erosiva das funções primordiais do Direito, observa Reale, não faziam mais do que dar corpo à profecia de Augusto Comte que, confiante nas conquistas iluminísticas e salvadoras das ciências positivas, anunciara a morte dos "fazedores de leis", a serem substituídos, na condução dos negócios do Estado, pelos "descobridores das leis" imanentes no desenvolvimento natural das sociedades (ver *O direito como experiência,* p. 81).

legislador não decorria imediatamente do próprio texto (como nos casos de obscuridade ou lacuna), devia-se atingir tal propósito buscando a **vontade presumida** do legislador, ou seja, qual teria sido a vontade do legislador, se ele tivesse previsto o caso em questão.

3) **O Estado como único autor do direito.** Consequência dessas colocações foi o entendimento de que o Estado era o único autor do direito. E isso porque, se **todo o direito estava na lei e no código e como o Estado detinha o monopólio da lei e do código, ele seria o único autor do direito**. Jurídicas são exclusivamente as normas postas pelo Estado ou reconhecidas por ele.

146.2. Crítica

O pensamento da Escola da Exegese, verdadeiro **"fetichismo legal"**, tinha o propósito de garantir o respeito ao Código de Napoleão, que organizou o direito francês e se constituiu num verdadeiro monumento artístico. Havia, então, o receio de que, se concedidos amplos poderes ao intérprete, o Código acabaria destruído[7].

Não se pode negar que a Escola desenvolveu importante papel no século XIX, como a lembrança de que a lei é uma realidade morfológica e sintática que deve ser estudada do ponto de vista gramatical e, portanto, deve ser interpretada segundo seus valores linguísticos. Mas seus postulados, como foram apresentados, são hoje objeto de *críticas*.

a) Sua tese da **autossuficiência dos códigos acha-se superada**, pois o legislador não pode prever todas as eventuais ocorrências da vida em sociedade. Por outro lado, as mudanças sociais abrem lacunas inevitáveis nos textos legislativos.

b) Por outro lado, limitar o direito às leis elaboradas pelo Estado é **recusar a fonte mais autêntica e genuína, que é o costume jurídico**.

c) A **vontade do legislador**. Na dogmática atual, a intenção do legislador não é um critério decisivo para atribuir significado às suas palavras. Uma vírgula, talvez mal colocada, constitui um obstáculo muito mais grave para os juízes que a suposta intenção do legislador sobre o sentido de umas palavras. Além do mais, a **despersonalização progressiva da figura do legislador** fica evidente quando se verifica, em matéria de hermenêutica jurídica, que da busca inicial da "vontade do monarca ou da ordenação do rei" se passou a procurar a "intenção do legislador", convertendo-se depois em interpretação da "vontade objetiva da lei", para já agora se buscar a indagação do "sentido de uma norma" no contexto do ordenamento. A parêmia que diz que "a lei deve ser interpretada segundo a intenção do legislador" **só tem algum sentido logo após a promulgação da lei, quando ainda**

---

[7] Conta-se que Napoleão, ao saber que o Código Civil estava sendo objeto de interpretação pelos juristas, teria exclamado: "O meu Código está perdido" ("Mon Code est perdu").

está vivo o sentido do dever-ser que determinou a conversão do projeto de lei em lei[8]. Algum tempo depois, ela passa a não ter significação alguma, sendo praticamente impossível descobrir a intenção do legislador, por exemplo, o do Código de Comércio de 1850. Devemos nos lembrar de que a lei, uma vez promulgada, desprende-se da intenção originária do legislador para passar a ter um valor de per si, ou seja, uma validade objetiva, a partir da qual deve ocorrer o ato interpretativo. Isso permitirá que elas possam atender, **prospectivamente**, aos fatos e valores supervenientes suscetíveis de ser situados no âmbito de validez das regras em vigor tão somente mediante seu novo entendimento hermenêutico. Em suma, a procura da intenção do legislador só pode significar a procura dos valores originários que condicionaram o surgimento da norma, no instante em que esta é objeto de interpretação à luz de valores novos e supervenientes.

Sobre a importância da **vontade do legislador**, encontramos as seguintes teorias: subjetiva, objetiva e mista.

Teoria Subjetiva. Foi elaborada na Escola alemã denominada clássica ou tradicional do século XIX (Windscheid, Savigny), que **buscava apreender e reconstruir o pensamento ou a vontade real do legislador, expressa no texto da lei**. Propunha uma estrita obediência ao poder legislativo e, desse modo, respeitar o princípio da separação dos poderes. Toda interpretação é basicamente uma compreensão do pensamento do legislador. Portanto, trata-se de uma interpretação *ex tunc* (desde então, ou seja desde o aparecimento da norma).

As críticas, que logo surgiram, levaram à superação da teoria. Pietro Piovani refere-se, com ironia, ao "**complexo do Sinai**", para indicar a compreensão do direito em termos de ditame do legislador[9]. Em primeiro lugar, a teoria subjetiva favorece um **autoritarismo**, ao privilegiar a figura do legislador, pondo sua vontade em relevo. Em segundo, o Estado e o poder político são realidades institucionais e não pessoais e, portanto, carecem de vontade psicológica. O legislador é um termo amplo que **personifica entidades complexas** (Assembleia, Parlamento, Governo) e nem sempre é fácil ou mesmo possível determinar a sua vontade, em se tratando de um trabalho coletivo.

Teoria Objetiva. Em consequência, surgiu, na segunda metade do século XIX, uma nova teoria que se impôs: a "teoria objetiva", uma posição moderna e hoje dominante (Binding, Wach, Thöl, Radbruch). Segundo ela, **toda norma tem um sentido próprio, determinado por fatores objetivos, independente até certo ponto do sentido que o legislador quis lhe dar**. Trata-se de uma interpretação "*ex nunc*" (desde agora, ou seja, tendo em vista a situação atual em que a lei se aplica).

---

[8] Ver Miguel Reale, *Fontes e modelos do direito*, São Paulo: Saraiva, 1994, p. 55.
[9] *Apud* Miguel Reale, *O direito como experiência*, p. 132.

Segundo esta teoria, **a lei, após a sua elaboração, desliga-se da vontade do legislador e assume um valor próprio**. Tem uma vida autônoma, uma "vontade", isto é, um "sentido" não psicológico, mas jurídico. Entende o Direito como uma ordem normativamente objetiva que assimila o projeto histórico-cultural comunitário perante o qual o legislador é um simples intérprete. Por isso, o autor da lei não é o legislador, mas a comunidade político-jurídica. E, em consequência, a lei pode ser juridicamente mais sábia do que a intenção do legislador, no sentido de que ela, em sua generalidade, logra atender à solução de conflitos ou a novos interesses que o legislador, no ato de promulgar a norma, estava longe de prevê-los. Nesses casos, que valeria a sua vontade? Importante é pesquisar a chamada **"vontade da lei", ou seja, o sentido objetivo do texto, que tem sentido próprio, implícito em suas expressões**. Importante é "adaptar a norma à finalidade humana, sem inquirir da vontade inspiradora da elaboração primitiva", na lição de Carlos Maximiliano[10].

Não se pode negar que, de um lado, a teoria objetiva atribui à lei um conteúdo mais amplo, rico e fecundo que permite mais facilmente a sua adaptação às exigências da justiça e às necessidades práticas do caso concreto. De outro lado, a teoria objetiva não é insuscetível de críticas, como a de que o juiz, embora limitado pelos possíveis significados linguísticos do texto e pelo sistema do direito em que a lei se insere, pode sacrificar a certeza e a segurança do direito e atentar contra o dever de obediência ao poder constituído. Em suma, a teoria objetiva, elevada ao exagero, pode favorecer certo anarquismo.

Teoria Mista. Tudo isso facilitou que, no início do século XX, surgisse uma "teoria mista" representada por Schreier, Dahm, Larenz, Engisch e outros. Ela procura tirar o que há de verdade nas teorias anteriores. Na subjetiva, o entendimento de que **a lei é feita por homem e para homens, ou seja, é expressão da vontade do legislador dirigida à criação duma ordem justa e, enquanto possível, adequada às necessidades da sociedade**. Na objetiva, a ideia de que **a lei vai além da intenção do legislador, respondendo a questões que não lhe foram postas e, portanto, adquiriu, com o decurso do tempo, uma vida própria**. A lei pode ser juridicamente mais sábia do que a intenção do seu autor e o intérprete a poderá compreender melhor do que a entendeu o próprio legislador. Desse modo, o sentido da lei não se identifica com a *mens* ou *voluntas legislatoris*. Mas também não a dispensa: é o resultado dum processo de pensamento que considera todos os momentos subjetivos e objetivos, ofe-

---

[10] Carlos Maximiliano, *Hermenêutica e aplicação do direito*, Rio de Janeiro: Forense, 1980, p. 31.

recendo maiores possibilidades de desentranhar da lei as soluções requeridas pelas necessidades preponderantes na comunidade social[11].

Resumindo, a interpretação pode estar fundada na vontade do legislador ou na vontade da lei. No primeiro caso (**vontade do legislador**), temos uma concepção subjetiva da lei como vontade do legislador que a pôs historicamente. A interpretação está ligada ao momento da emissão da lei, tratando-se de uma interpretação estática e conservadora. No segundo (**vontade da lei**), temos uma concepção objetiva da lei, entendida como o conteúdo normativo que a lei possui em si mesma, prescindindo das intenções dos seus autores. Trata-se de uma interpretação desvinculada da lei do contexto histórico no qual ela surgiu, e que permite uma interpretação progressiva ou evolutiva, levando em conta a mudança das condições histórico-sociais.

146.3. Declínio da Escola da Exegese

Quando foi promulgado o Código de Napoleão, a França ainda era um país agrícola, e a Inglaterra apenas ensaiava os primeiros passos na mecanização indispensável ao capitalismo industrial. Assim, enquanto não houve mudanças sensíveis nas relações sociais, houve correspondência entre as estruturas sociais e o conteúdo das normas do Código. A suposta intenção do legislador coincidia com o que o aplicador da lei considerava justo, em função de seus valores gramaticais e lógicos.

Contudo, com a **Revolução Industrial** operada no decorrer do século XIX, especialmente por meio dos grandes inventos no plano da física e da química e notadamente pela utilização da força a vapor e, depois, da eletricidade, com mudança no sistema de produção, a vida social alterou-se profundamente. Consequência disso foi o surgimento de um **desajuste entre a lei**, codificada no início daquele século, **e a vida com novos aspectos e exigências**. A todo instante apareciam problemas nem sequer imaginados pelos legisladores do Código Civil.

Quanto mais a vida social e econômica se renovava, sob o impacto da técnica, mais se sentia a necessidade de recorrer ao subterfúgio da "intenção presumida" do legislador. E foi por essa brecha que relações de fato, forças econômicas e morais entraram no plano da cogitação do jurista, dando "conteúdo" à regra insuficiente e abstrata. As críticas e reações contra o exagerado legalismo da Escola da Exegese e a necessidade de descobrir outras formas de adequação da lei à existência concreta deram origem a novos sistemas de interpretação.

---

[11] Ver A. Santos Justo, *Introdução ao estudo do direito*, Coimbra: Coimbra Ed., 2001, p. 318 e s. O autor informa ainda que a teoria mista foi acolhida pelo legislador português (art. 9º do Código Civil português).

147. ESCOLA HISTÓRICO-EVOLUTIVA

A Escola da Exegese impôs o apego ao texto e à interpretação gramatical. Limitou assim a atuação criativa do juiz em nome de uma interpretação pretensamente objetiva e neutra. Foi no final do século XIX que surge uma nova corrente de interpretação, a Escola Histórico-Evolutiva, que atribuía ao intérprete papel relevante: manter o direito sempre atual, de acordo com as exigências sociais. Ilustre representante da Escola, na França, foi **Gabriel Saleilles**, que deu claros contornos à teoria da interpretação histórico-evolutiva, que surgiu sob a inspiração da Escola Histórica do Direito.

147.1. Escola Histórica do Direito

A doutrina da Escola Histórica do Direito, desenvolvida especialmente por Savigny, era a antítese das tendências racionalistas então em voga. À crença em um direito natural aplicável a todos os povos e que podia ser elaborado intelectualmente, Savigny opôs o sentimento do direito que surgia das fontes puras do espírito popular, espontâneo e diverso. Afirmava que o verdadeiro direito residia nos usos e costumes e na tradição popular, colocando como seu fundamento a realidade social de cada povo. É a história desse povo, como resultado de suas aspirações e necessidades, que forma o direito. O direito não é uma ideia da razão, mas sim um produto da história. Nasce e se desenvolve na história, como todos os fenômenos sociais, e portanto varia no tempo e no espaço. Não é fruto de uma avaliação e de um cálculo racional, nascendo imediatamente do sentimento da justiça, gravado no coração do homem.

Há no fundo da concepção histórica do Direito a ideia fundamental de que o Direito cresce e se desenvolve como uma árvore, como atualização de forças internas de crescimento espontâneo e lento. A Escola Histórica reconduziu, então, os estudos do Direito da abstração do Jusnaturalismo de Puffendorf e Tomaso à observação da realidade empírica. Ao dar preferência ao direito consuetudinário e tradicional, se dedicou ao estudo de seus antecedentes: o direito germânico e o direito romano, que então vigorava na Alemanha[12]. Adotou, assim, uma tendência conservadora, orientada a admirar o direito pretérito, sendo contrária a qualquer modificação do

---

[12] Foi na Alemanha que, em primeiro lugar, surgiu uma compreensão progressiva da lei, entre os pandectistas, juristas que construíram uma dogmática jurídica tendo como base o Direito Romano, vigente na Alemanha. A qualificação de "pandectistas" vem do fato de eles se fundamentarem nos ensinamentos do Digesto, ou Pandectas, coleção de textos de Direito Romano organizada pelo Imperador Justiniano. A "Escola dos Pandectistas", na Alemanha, até certo ponto corresponde à "Escola da Exegese", na França, no que se refere ao primado da norma legal e às técnicas de sua interpretação. Porém, os juristas alemães mostraram-se menos "legalistas", dando mais atenção aos usos e costumes e aceitando uma interpretação mais elástica do texto legal, em virtude da inexistência de um Código Civil que só surgiu a partir de 1900.

mesmo. Contudo, a Escola Histórica não compreendeu que para o jurista, enquanto jurista, o direito não pode deixar de ser norma, sempre é de natureza normativa. O que não significa que a norma não precise corresponder a uma realidade concreta. Por conseguinte, era também a antítese das ideologias revolucionárias que tinham impulsionado a codificação. Foi sob a sua inspiração que surgiu a Escola Histórico-Evolutiva da interpretação, como veremos[13].

147.2. Escola Histórico-Evolutiva

O conteúdo da teoria da Escola Histórico-Evolutiva, que teve em **Saleilles** o seu maior defensor, pode ser expresso nestes pontos.

1º) **A lei como realidade histórica.** A lei não se destina a um corpo social moribundo, mas a uma sociedade viva, em mobilidade, com épocas de crise, com épocas de estabilidade e outras de desenvolvimento. Por isso, **pela interpretação deve-se adaptar a velha lei aos novos tempos, sem, entretanto, abandoná-la**. Em suma, a Escola procurava dar vida aos códigos, afirmando que a lei é uma "realidade histórica" que se situava, por conseguinte, na progressão do tempo. Ela, uma vez elaborada, desprende-se da pessoa do legislador, como a criança se livra do ventre materno. Não fica, pois, presa às suas fontes originárias, mas deve acompanhar as vicissitudes sociais. Assim, a lei passa a ter vida própria, autônoma, independente, de modo que corresponda não apenas às necessidades que lhe deram origem, mas também a suas transformações surgidas através da evolução histórica.

2º) **Interpretação atualizadora.** Por isso, **ao intérprete cabe o trabalho de adaptação do texto legal às novas realidades e exigências da vida social**. Não sendo imutável o significado da lei, o intérprete deve ajustar as suas palavras às situações supervenientes, fazendo uma interpretação atualizadora, ou seja, transportando o pensamento da época para o presente.

E o faz verificando diante da lei não só o que **o legislador *quis*** (a sua vontade real), mas também **o que *quereria***, se vivesse nas circunstâncias atuais (intenção possível do legislador). Deve-se verificar, então, qual teria sido a intenção e a conclusão do legislador, isto é, como ele teria legislado, se no seu tempo existissem os fatos que são reais hoje, no momento em que se interpreta ou aplica a lei. Não se trata, pois, de fazer uma mera inter-

---

[13] A ideia de que as instituições humanas estão sujeitas a um crescimento espontâneo e lento, quando levada ao exagero, traduz um erro, segundo Jacques Leclerc. Não é verdade que o homem seja, em todos os pontos, como uma planta, submetido às leis fisiológicas. O homem é um ser livre que age duma forma consciente e deliberada, capaz de modificar o curso cego dos acontecimentos. De fato, sem a participação ativa e criadora do homem, não seria possível penetrar na natureza do fenômeno jurídico, que é sempre uma subordinação de fatos a valores e, por conseguinte, uma harmonização de condições do mundo do ser com exigências do dever ser.

pretação histórico-formal, no sentido de saber como no passado se legislara sobre o assunto. O que se buscava era interpretar-se histórico-evolutivamente o conteúdo das normas, injetando novo conteúdo social e ético nos preceitos legais.

3º) **Interpretação não criadora.** O trabalho do intérprete, todavia, é apenas de atualização, sempre se situando no âmbito da lei, **não se admitindo interpretação criadora à margem da lei.** O intérprete não cria o direito, apenas revela novos aspectos de uma lei antiga.

4º) **Considerações críticas.** Não há dúvida que a visão histórica do Direito, defendida pela Escola, importava na atualização progressiva das regras jurídicas e exerceu uma influência benéfica ao reagir contra o formalismo estático da Escola da Exegese.

Contudo, apesar de sua vantagem sobre o método da Escola da Exegese e tradicional, o método histórico-evolutivo também apresenta falhas. Uma primeira deficiência sua é a de que a **elasticidade do texto tem um limite**, além do qual não é possível um trabalho de adaptação das palavras a novas realidades. Uma segunda é a de não apresentar soluções para o **caso de lacunas da lei**: como atualizar uma lei que não existe? Sem falar no **risco do intérprete atribuir ao legislador** do passado uma intenção, "como se" fosse dele, quando na realidade seria do intérprete mesmo em função de circunstâncias presentes atuais e atuantes.

Visando a superar essas deficiências, surgiram novas teorias interpretativas que se diferenciam pela menor ou maior liberdade dada ao intérprete no seu trabalho. Vejamos a teoria da "Livre Pesquisa Científica do Direito" e a Corrente do "Direito Livre".

148. A LIVRE PESQUISA CIENTÍFICA DO DIREITO

Com **François Gény** (1861-1959), surgiu na França um movimento chamado da "libre recherche", ou seja, de "livre pesquisa" do direito, numa tentativa de conciliar certas posições clássicas da Escola da Exegese com as necessidades do mundo contemporâneo. Gény combateu o espírito legalista do positivismo jurídico, o fetichismo da lei e a concepção de sua plenitude lógica, demonstrando que a lei é insuficiente para cobrir todos os fatos sociais.

148.1. Existência de lacunas

Num primeiro momento, a postura de Gény é de fidelidade à Escola da Exegese. **Não concorda com a tese de se descobrir uma "intenção possível" do legislador, se estivesse vivendo no momento presente.** Diz ele que o intérprete da lei deve manter-se fiel à sua intenção primeira. A lei só tem uma intenção, que é a de quem a elaborou. Não se deve deformar a lei, mas, ao contrário, reproduzir a intenção do legislador no momento de sua decisão ao criá-la.

Verificado, porém, que a lei, na sua pureza originária, não corresponde mais aos fatos supervenientes, deve-se ter a franqueza de **reconhecer que nela existem lacunas** e procurar, por outros meios, supri-las. O intérprete e o aplicador devem recorrer a outras fontes, e não forçar o texto a dizer o que ele não prevê nem pôde ter previsto. Em suma, devem buscar nos costumes e na analogia os meios de resolver o caso concreto. Gény liberta-se do apego à lei, restituindo ao juiz certa independência em face do texto. Quando a lei, interpretada em toda sua pureza originária, não permite uma solução, o juiz deve buscar nos costumes e na analogia os meios de resolver o caso concreto. O costume reconquista, desse modo, nova dignidade de *fonte formal*, que ficara comprometida com o sopro racionalista do movimento codificador, não obstante as reivindicações da Escola Histórica[14]. Já que a lei escrita é incapaz de resolver todos os problemas suscitados pelas relações sociais, devemos recorrer a outras fontes, entre as quais figuram o costume, a tradição e a livre investigação científica. Esta última torna-se imprescindível quando as outras fontes não tenham conseguido dar uma solução ao caso.

148.2. Livre Pesquisa

Assim, quando a lei silencia e não existe costume supletivo, o juiz, uma vez que não pode deixar de sentenciar, deve entregar-se a um trabalho científico, segundo Gény. Ele deve **realizar uma "livre pesquisa do Direito", com base na observação dos fatos sociais,** para determinar a norma jurídica apropriada ao caso concreto, e que corresponda à "natureza das coisas". Pois, dizia Gény, **cada fenômeno social já traz em si mesmo a razão de ser de sua norma; contém em esboço a solução jurídica que lhe é própria**. Valendo-se, assim, dos dados oferecidos pela natureza e pela experiência social, o intérprete descobre a norma jurídica apropriada àquele caso concreto. Ele contrapõe a uma interpretação subserviente dos textos legislativos a libre recherche scientifique, por meio da qual o jurista deve extrair a regra jurídica diretamente do direito vivo nas relações sociais[15].

De acordo com Gény, o direito é formado de dois elementos fundamentais: o **"dado"** *(le donné)*, aquilo que não é criado pelo legislador mas é elaborado pela própria existência humana, no seu fluxo natural; e o **"construído"** *(le construit)*, aquilo que é fruto de uma construção lógica e artística, subordinando os fatos a uma ordem de fins[16]. Em suma, o "dado" se

---

[14] Ver Miguel Reale, *Lições preliminares de direito*, São Paulo: Saraiva, 2003, p. 284; e *Filosofia do direito*, São Paulo: Saraiva, 2016, p. 417.

[15] Gény escreve: "O direito é algo demasiado complexo e mutável para que um indivíduo ou uma assembleia, embora investidos de autoridade soberana, possam pretender fixar de imediato seus preceitos de modo a satisfazer a todas as exigências da vida jurídica" (*apud* Norberto Bobbio, *Teoria geral do direito*, São Paulo: Martins Fontes, 2010, p. 281).

[16] Ver Miguel Reale, *Lições preliminares de direito*, São Paulo: Saraiva, 1984, p. 282.

refere à observação científica dos fatos da natureza; o "construído" à construção da norma jurídica. A "livre pesquisa" está compreendida na segunda série de elementos, isto é, os "construídos". De fato, com base nos "dados", o juiz, em face de omissões da lei, tem a função de elaborar a norma jurídica adequada, como se fosse legislador. Assim, ela só teria cabimento no caso de lacuna das fontes formais e não quando a norma fosse considerada injusta ou desastrosa sua aplicação.

148.3. Conclusão

A teoria de Gény teve o mérito de salientar o significado do **elemento fático** e das **exigências éticas**, em contraste com as insuficiências do *normativismo* abstrato da Jurisprudência conceitual. Importa notar também o abandono de um princípio que até então reinava soberano, ou seja, o da necessidade de esquemas ideais prévios, balizadores da atividade do intérprete e asseguradores de certeza e de segurança. Os padrões tradicionais, de caráter técnico-formal, eram atingidos pela consideração de elementos axiológicos e fáticos alterando o sentido e o conteúdo, a validade mesma das estruturas normativas.

Gény liberta o juiz do apego a lei e lhe restitui certa independência em face do texto. De fato, ele o **autoriza a agir *praeter legem* (além da lei)** e não apenas dentro da norma legal (secundum legem), na falta de disposição legal ou costumeira. Porém, **traça claros limites à indagação científica do fato social**, uma vez que, ao realizar sua pesquisa, deve o intérprete obedecer à índole do sistema positivo em vigor. Sua liberdade de pesquisa destina-se a editar normas compatíveis com o ordenamento jurídico. As leis existentes balizam, portanto, o seu trabalho. Como dizia Gény: "Além do Código Civil, mas através do Código Civil". Dotou, assim, a função judicial de maior dinamismo e criatividade, através do exercício da missão de integrar o Direito, suprindo suas lacunas. Mas, como se viu, Gény não ousou ir contra a lei, ainda que injusta ou superada pelos fatos. Ela sempre deve ser o ponto de orientação, do qual é possível algum afastamento, mas que não se deve perder de vista sob pena de se desviar do caminho seguro.

A contribuição de Gény alcançou grande repercussão em vários países, mesmo porque ela coincidia com um processo paralelo no mundo cultural alemão, especialmente através de uma indagação a respeito da existência, ou não, de **lacunas** no Direito positivo. Seus reflexos chegaram até nossos dias.

149. A CORRENTE DO DIREITO LIVRE

Uma das expressões mais significativas da **revolta contra o monopólio estatista do direito**, que se desenvolveu quase ao mesmo tempo na França e na Alemanha, foi a Corrente do Direito Livre.

eu principal alvo era o dogma da **completude do ordenamento jurídico**. Sua luta, pode-se dizer, era pelas lacunas. O direito constituído está repleto delas, e para preenchê-las é necessário o poder criativo do juiz, daquele a quem cabe resolver os casos que os grupos sociais geram, muitas vezes além e fora das regras constituídas. Acentuou, assim, o direito vivo que preexiste e fundamenta qualquer organização social. Opondo-se à aplicação esquemática da lei, típica do positivismo jurídico, salientou a importância da livre criação do direito. A sentença judicial, dizia, é uma decisão essencialmente criadora do juiz no desempenho de uma inelimináveltarefa pessoal dirigida à realização da justiça.

Concedia, assim, **ampla liberdade ao intérprete**, na aplicação do direito. **Se a lei fosse justa, deveria ser acolhida e aplicada. Caso contrário, seria colocada de lado e o intérprete ficaria "livre" para aplicar a norma que julgasse estar de acordo com os seus critérios de justiça.** O lema da Escola era "a justiça pelo código ou apesar do código". Como se pode ver, tal concepção ia muito além das ideias de François Gény. Pela Corrente do Direito Livre, **o juiz**, além de julgar os fatos, **julgava também a lei**, em face dos ideais de justiça. Ele possuía o poder de marginalizar leis e criar normas para casos específicos, com ressalva ao campo do direito penal. Podemos distinguir uma tendência moderada da Escola, aqui representada pelo jurista austríaco Eugen Ehrlich, e a tendência extremada que tem como representante o jurista germânico Hermann Ulrich Kantorowicz.

149.1. Eugen Ehrlich (1862-1922)

Foi um representante da tendência moderada da Escola. **Admitiu**, em sua obra *Livre determinação do direito e ciência jurídica livre* (1903), **a liberdade do juiz na hipótese da falta de norma escrita ou costumeira**. Assim, a atividade criadora do juiz se manifestaria **apenas *praeter legem***, ou seja, na falta de previsão legal (lacunas). Nessa hipótese, o juiz tinha liberdade de criar para o caso um dispositivo específico, sem precisar recorrer sempre à interpretação extensiva ou à analogia.

Essa tese logrou ter consagração no famoso **art. 1º do Código Civil suíço**: "A lei rege todas as matérias às quais se referem a letra ou o espírito de uma de suas disposições. Na falta de uma disposição legal aplicável, deverá o juiz decidir de acordo com o direito costumeiro, e, onde este também faltar, segundo a regra que ele próprio estabeleceria se fosse legislador. Inspirar-se-á para isso nas soluções consagradas pela doutrina e jurisprudência"[17].

---

[17] Art. 1º do Código Civil suíço: "La loi regit esta toutes les matières auxquelles se rapportent la lettre ou l'esprit de l'une de ses dispositions. À défaut d'une disposition legale applicable, le juge prononce selon le droit coutumier et, à defaut d'une coutume, selon les règles qu'il établirait s'il avait à faire acte de législateur. Il s'inspire des solutions consacrées par la doctrine et la jurisprudence".

149.2. Hermann Kantorowicz (1877-1940)

A doutrina atinge o seu clímax de radicalização em 1906, com a obra *A luta pela ciência do direito* de Hermann Kantorowicz, filósofo do direito polonês, que se apresentou com o pseudônimo de Gnaeus Flavius, em cuja obra compara o direito livre a uma espécie de "direito natural rejuvenescido". Segundo ele, o direito é um conjunto de regras, as quais são "prescrições externas e justas".

Para Kantorovicz, o **juiz deveria atuar em função da justiça**, do direito justo. E para isso poderia basear-se na lei ou fora da lei. Assim, haja ou não lei que discipline o caso, cabe ao juiz julgar sempre segundo os ditames da ciência e de sua consciência. **O que deve prevalecer é o "direito justo", quer na falta de previsão legal (*praeter legem*), quer contra a própria lei (*contra legem*).** Em suma, o direito livre tem certa autonomia frente ao direito estatal.

Kantorowicz representa a tendência extremada da Escola, pretendendo a criação, pelo juiz, da norma jurídica também quando houvesse norma aplicável, mas considerada por ele injusta. Famoso exemplo histórico dessa orientação encontra-se nos julgados do "**bom juiz Magnaud**", em Chateau-Thierry na França. Contrariando muitas vezes os textos legais, ele desculpava os pequenos furtos, amparava os fracos, mulheres e menores, atacando os privilégios e erros dos poderosos. Deu forma e sentido à humanização da lei. Na realidade, ele foi antes o precursor da Escola, já que suas sentenças são anteriores à publicação da obra de Kantorowicz.

149.3. Juízo crítico

Elogiável na corrente do direito livre foi sua luta pela justiça. Criticável foi o meio adotado para a realização dessa justiça, pois o juiz torna-se como que o **legislador no domínio do caso concreto**, caindo no pleno **arbítrio do intérprete**. Se ele tem o mérito de acentuar a decisão concreta como momento nuclear da realização do direito, não conseguiu afastar o arbítrio e o puro subjetivismo, geradores de uma insegurança inaceitável.

De fato, ao defenderem a tese da justiça "dentro ou fora da lei", os adeptos da teoria **desprezaram o valor segurança**, que é de suma importância no direito. Este não pode depender da subjetividade do juiz. **A segurança e a certeza jurídica não exigem, todavia, o imobilismo do Direito, nem a submissão à literalidade da lei**. O que não comporta é a incerteza jurídica, a improvisação ou, pior ainda, caprichos do judiciário. De fato, não se pode negar o caráter criador da interpretação jurídica sem que para tanto precise adotar a tese extremada da interpretação *contra legem*. A não ser quando o acúmulo dos fatos e exigências sociais se colocarem em aberto e permanente contraste com um texto ultrapassado e esquecido, hipótese em que não se exclui se possa recusar aplicação a uma lei caída em evidente desuso, como a seu tempo foi assinalado. O ideal é **o**

meio-termo que evita o subjetivismo do juiz sem sacrificar a justiça em benefício da segurança (mantendo vivo um direito morto). No entanto, como lembra A. Santos Justo, "as suas ideias continuam presentes na consciência social e nas tendências do pensamento jurídico mais recente que proclama o pluralismo das fontes e a justiça do caso concreto"[18]. O movimento conhecido como "**direito alternativo**" seria, segundo alguns, o exemplo de uma manifestação recente do direito livre, uma vez que seu suporte é a legitimidade e não a legalidade, ou seja, a legalidade instituída não pode ser um entrave à justiça.

QUESTIONÁRIO

1. Quando a interpretação jurídica começou a se constituir como teoria?

2. Que significa o dogmatismo legal da Escola da Exegese?

3. Segundo os ensinamentos da Escola da Exegese, como o intérprete devia comportar-se perante o texto legal e por que o Estado aparecia como o único autor do direito?

4. Comente e critique, se for o caso, a importância da vontade do legislador segundo a Escola da Exegese.

5. Buscar a vontade subjetiva do legislador é uma das teses centrais da hermenêutica exegética, porque esses teóricos identificavam interpretação e exegese. Perante tal afirmação, escolha a opção correta.

    A) Asserção certa e razão certa.

    B) Asserção certa e razão errada.

    C) Asserção errada e razão certa.

    D) Asserção errada e razão errada.

6. Como a Revolução Industrial contribuiu para o declínio da Escola da Exegese?

7. De que forma a Escola Histórico-Evolutiva via a lei como objeto da interpretação?

8. Que significa a interpretação atualizadora proposta pela Escola Histórico-Evolutiva?

9. Quais são as falhas do método histórico-evolutivo?

10. Quando a lei não correspondia mais aos fatos supervenientes, como a Escola da Livre Investigação Científica do Direito resolvia a questão?

---

[18] *Santos Justo, Introdução ao estudo do direito*, Coimbra: Coimbra Ed., 2001, p. 303.

11. Em que consiste o trabalho da "livre pesquisa científica" do direito, segundo Gény?

12. Qual é a tese básica da corrente do Direito Livre? Nela, segundo sua opinião, o que é elogiável e também objeto de crítica?

13. O intérprete deve buscar o sentido da lei ou o sentido do que quis o legislador ao elaborar a lei? Justifique.

14. Interprete a afirmação de que "a lei é mais sábia do que o legislador".

Lição XXXII

PROCESSO DO ATO INTERPRETATIVO

Sumário: 150. Momento literal, gramatical ou filológico; 151. Momento lógico--sistemático; 152. Momento histórico-evolutivo; 153. Momento teleológico; 154. Natureza lógico-valorativa da interpretação.

Decidido o objetivo das interpretação, vejamos o processo hermenêutico através do qual a interpretação realizaria esse objetivo. Havia uma distinção entre a *letra* e o *espírito* do texto a ser interpretado, que já era considerada na *interpretatio legis* romana e que seria acentuada na hermenêutica jurídica medieval e depois recebida pela Escola da Exegese. A letra constituía o elemento gramatical, e o espírito atingir-se-ia pelo recurso a outros três (em princípio os mesmos que Savigny discriminara), embora com posterior redução do seu elemento lógico ao elemento sistemático e sobretudo com o reconhecimento da importância do elemento teleológico. Em suma, foram quatro os elementos em que a teorias tradicional de interpretação se veio a fixar: o elemento gramatical, o elemento lógico-sistemático, o elemento histórico e o elemento teleológico.

Isso significa que a interpretação jurídica bem poucas vezes é uma interpretação isolada, mas pressupõe a unidade lógica do ordenamento jurídico, o que implica duas coisas: a **unidade do processo interpretativo**, de modo que a interpretação jurídica é compreendida como um ato unitário em que concorrem aqueles vários momentos. Assim, os diversos métodos de exegese devem ser discriminados mais como "momentos", e não como técnicas autônomas. Não há uma interpretação gramatical, uma interpretação histórica etc., mas um momento ou elemento gramatical, um momento ou elemento histórico de uma interpretação. Em segundo, implica a **conexão** de cada norma a ser interpretada com a totalidade do ordenamento jurídico.

De fato, nas demais formas de interpretação cada uma é suscetível de ser interpretada em si mesma. Por exemplo, a interpretação de cada "tocatta" ou "fuga" de Bach não implica nem exige a concomitante exegese das demais produções do artista. Cada uma delas constitui como que um todo em si mesmo pleno e significante. No Direito, ao contrário, a significação de cada norma depende da parte do ordenamento em que ela se acha inserida. Este fato vem confirmar que a pluralidade dos processos hermenêuticos e a necessária adequação do intérprete a cada expressão da experiência jurídica não devem fazê-lo esquecer o valor do ordenamento em seu total desenvolvimento histórico. A norma e o ordenamento assim como se relacionam, também se exigem. É esta adequação da interpretação à realidade histórica que demonstra, por outro lado, a necessidade de um pluralismo de momentos no processo hermenêutico. Eles se implicam e se completam na unidade do ato interpretativo[1].

Quais são esses momentos? Podemos enumerar como momentos de interpretação, embora haja variações terminológicas de autor para autor, os seguintes:

1) *momento literal, gramatical ou filológico*;
2) *momento lógico-sistemático*;
3) *momento histórico-evolutivo*;
4) *momento teleológico ou finalístico*.

Nenhum desses momentos pode operar isoladamente, sendo a interpretação fruto da **combinação e do controle recíproco entre eles**. Com outras palavras, eles não podem, cada um de per si, dizer-nos o que o direito significa.

Assim em primeiro lugar, desde o início, eles se imbricam (como as telhas num telhado) e se exigem reciprocamente. Isso significa que, na unidade concreta do ato interpretativo, eles necessariamente se implicam e se completam, ajudam-se uns aos outros e combinam-se, contribuindo todos para a averiguação do sentido e alcance da norma que está sendo interpretada. Em suma, "a interpretação jurídica é um ato unitário em que concorrem esses elementos de modo integrado, não sendo suscetíveis de consideração individual"[2]. Há, por exemplo, um momento gramatical no

---

[1] **Santi Romano** demonstrou que todo ordenamento é uma realidade viva e concreta, razão pela qual, ao examinar o problema da chamada "interpretação evolutiva", escreveu: "Se quisermos falar de vida e de evolução também com relação àqueles elementos que são as normas jurídicas, não deveremos esquecer que se trata de uma vida e de evolução que só as atingem, tocam animam na medida em que manifestam a vida e a evolução da *instituição*: somente esta, no seu conjunto e não cindida nas suas partes essenciais, possui vitalidade e idoneidade para se desenvolver" (*apud* Miguel Reale, *O direito como experiência*, São Paulo: Saraiva, 2002, p. 257).

[2] Francisco Amaral, *Direito civil*: introdução, Rio de Janeiro: Renovar, 2008, p. 96.

processo de interpretação, não uma interpretação gramatical. Às vezes pode ocorrer a preponderância de um sobre os outros, na medida em que se mostra mais adequado à consecução da função própria do ato interpretativo. O que se condena, no dizer de Carlos Maximiliano, é "a supremacia absoluta de algum desses processos, bem como a exclusão sistemática de outro"[3].

Em segundo lugar, eles ocorrem numa **estrutura de significações**, ou seja, não ocorrem necessariamente ao intérprete numa ordem sucessiva e sistemática, mas numa síntese imediata. Não é preciso, pois, partir progressivamente da análise gramatical do texto até atingir sua compreensão teleológica. Com outras palavras, o processo interpretativo não obedece de modo indispensável a uma ascensão mecânica das partes ao todo, mas, segundo Porto Carreiro, "abrange a realidade normativa como um todo e, como um todo, a examina, procurando desvendar tudo quanto existe na letra e no espírito da lei".

Reale fala em uma "**hermenêutica estrutural**", pondo em realce que "toda interpretação jurídica dá-se numa estrutura de significações, e não de forma isolada" e que "cada preceito significa algo situado no todo do ordenamento jurídico"[4]. Busca-se, pois, uma correlação coerente entre "o todo da lei" e as "partes" representadas por seus artigos e preceitos, à luz dos objetivos ou fins visados por ela.

Em suma, a interpretação deve levar em conta o texto da norma (interpretação gramatical), sua conexão com outras normas (interpretação lógico-sistemática), os aspectos do seu processo de criação (interpretação histórica) e a sua finalidade (interpretação teleológica). Vejamos cada um desses momentos.

150. MOMENTO LITERAL, GRAMATICAL OU FILOLÓGICO

momento do processo, procura-se estabelecer o sentido objetivo da lei com base em sua letra: no **valor e significado das palavras**, no exame da linguagem dos textos e sua função gramatical, na consideração do significado técnico dos termos etc. As normas são expressas por símbolos, linguísticos ou não (algumas leis de trânsito se tornam explícitas mediante placas nas quais só aparecem certas setas ou desenhos), cujo significado pressupõe a atividade de interpretar tais símbolos. Seria o elemento básico.

Em suma, as leis são formas de comunicação e, em geral, se utilizam da linguagem verbal. São uma "**realidade morfológica e sintática**" que deve ser, por conseguinte, estudada do ponto de vista gramatical. Nos Estados modernos, os juízes geralmente enfrentam normas promulgadas através de

---

[3] Carlos Maximiliano, *Hermenêutica e aplicação do direito*, Rio de Janeiro: Forense, 1980, p. 172.
[4] Miguel Reale, *Lições preliminares de direito*, São Paulo: Saraiva, 1984, p. 285 e 287.

uma linguagem e, na imensa maioria dos casos, de linguagem escrita. Portanto, a interpretação literal ou gramatical é necessária não podendo ser afastada. Constitui o ponto de partida da interpretação jurídica. Ela oferece o quadro dentro do qual o intérprete pode exercer a sua criatividade[5].

A utilidade da interpretação literal ou gramatical evidencia-se nesse exemplo. **Rui Barbosa**, tendo aceitado uma condecoração estrangeira, foi acusado pelos seus adversários de ter perdido seus direitos políticos, nos termos do art. 72, § 29, da Constituição de 1891, que dispunha: "Os que aceitarem condecorações ou títulos nobiliárquicos estrangeiros perderão todos os direitos políticos".

Rui Barbosa usou de todos os elementos de interpretação para provar que a interpretação dada àquele dispositivo constitucional não era a que diziam. Mas o principal foi justamente o elemento gramatical: "Em face da gramática, quando temos dois adjetivos pospostos a dois substantivos, embora separados pela disjunção 'ou', ambos os adjetivos hão de se referir aos substantivos. Ora, eu aceitei uma condecoração estrangeira, mas não nobiliárquica, porque ela não me imprimiu nobreza. Portanto, não incorri na sanção constitucional, não tendo perdido os meus direitos políticos"[6].

Embora seja o ponto de partida, é um elemento frágil. Há palavras por vezes vagas, equívocas e pode até acontecer que o legislador tenha dito mais ou menos do que pretendia dizer. Seja como for, **o que deve ser repudiado e afastado é a interpretação exclusivamente gramatical ou literal**; ou a preferência pela exegese verbal. Por si só, ela é insuficiente. A literalidade da norma pode, muitas vezes, trair o seu sentido[7]. A pesquisa gramatical há de interligar-se e harmonizar-se com os demais processos ou momentos interpretativos. "A letra em si é inexpressiva; a palavra, como conjunto de letras ou combinação de sons, só tem sentido pela ideia que

---

[5] As palavras são **símbolos** para representar a realidade. Distinguem-se dos **signos**: estes têm uma relação natural ou causal com o objeto que representam (como a fumaça em relação ao fogo), enquanto aqueles (os símbolos) têm apenas uma relação convencional. Com outras palavras, nos símbolos a representação não emana de uma ligação causal, mas de convenções estabelecidas implicitamente pelos homens. A utilidade da distinção evidencia-se quando percebemos que existe no pensamento comum uma tendência a encarar as palavras como se fossem signos, ou seja, como se tivessem uma relação natural com aquilo que significam, independente da vontade dos homens.

[6] Veja também como exemplo o art. 882 do Código Civil, que dispõe: "Não se pode repetir o que se pagou para solver dívida prescrita, ou cumprir obrigação judicialmente inexigível". Com o verbo "repetir", o legislador não quis dizer que o devedor estava proibido de pagar novamente e sim que não se pode pretender a devolução do que espontaneamente foi pago. "Repetir", portanto, significa, no caso, "reaver".

[7] Exemplo disso temos na obra de Stendhal, *A Cartuxa de Parma*, em que Clélia havendo feito um voto a Nossa Senhora de que não mais veria o seu amante Fabrício, passou a recebê--lo na mais absoluta escuridão.

exprime, pelo pensamento que encerra, pela emoção que desperta" (Eduardo Espínola). Já vimos como Celso, jurisconsulto romano, afirmara que "saber as leis não é conhecer-lhes as palavras, mas sim conhecer a sua força e o seu poder" (D. L. XXVI).

Consequentemente, a interpretação do texto não resulta ainda do exame literal. Mas não se pode prescindir totalmente dele, pois a letra exterioriza, mesmo que defeituosamente, o sentido da norma. É ponto de partida. Nunca ou quase nunca é um fim do processo interpretativo. É ilusório pretender que a interpretação literal seja capaz de esgotar o sentido do texto.

151. MOMENTO LÓGICO-SISTEMÁTICO

Nesse momento busca-se descobrir o sentido e o alcance da lei, **situando-a no conjunto do sistema jurídico**, como parte integrante de um todo. Nenhuma norma jurídica paira sozinha no ar, como que vagando no espaço; ela faz parte de um sistema, no qual encontra seus fundamentos. A ordem jurídica é um sistema e, como tal, deve ser dotada de unidade e harmonia. Daí que o direito não tolera antinomias, ou seja, colisão das normas, prevendo critérios para resolvê-las. Há uma exigência de coerência.

Assim, não se interpreta isoladamente uma norma. Deve-se procurar compreendê-la em sua correlação com todas as que com ela se articulam logicamente. Interpretar isoladamente um dispositivo é correr o risco de chegar a resultados falsos, por exemplo, apegar-se a uma regra geral quando existe uma específica. Em suma, no momento lógico-sistemático procura-se preservar a harmonia e coerência do sistema legal. A propósito escreve Eros Grau: "Não se interpreta o direito em tiras, aos pedaços"[8].

E na lição de Miguel Reale, não se compreende qualquer separação entre a interpretação lógica e a sistemática. "Interpretar logicamente um texto de Direito é situá-lo ao mesmo tempo no sistema geral do ordenamento jurídico"[9]. Assim, a interpretação lógica e a sistemática "são antes aspectos de um mesmo trabalho de ordem lógica, visto como as regras de direito devem ser entendidas organicamente, estando umas na dependência das outras, exigindo-se reciprocamente através de um nexo que a 'ratio juris' explica e determina"[10]. Nos países de constituição rígida é importante ter

---

[8] Eros Roberto Grau, *Por que tenho medo dos juízes*, São Paulo: Malheiros, 2014, p. 84.

[9] Miguel Reale, *Lições preliminares de direito*, São Paulo: Saraiva, 1984, p. 275-276.

[10] Considerando separadamente, podemos dizer que no *momento lógico* não se examinam mais as palavras do texto normativo, mas as proposições por elas enunciadas; procura-se alcançar o pensamento exato do preceito mediante a análise de seu todo, segundo o sentido lógico da oração que o manifesta: se o texto contém uma oração autônoma ou subordinada; se a oração examinada depende de outra, como o acessório do principal, o parágrafo do artigo, a exceção da regra, o particular do geral (Ráo). No *momento sistemático*, busca-se o

presente a supremacia dos dispositivos constitucionais, em comparação com os dispositivos da legislação ordinária. Indispensável é, então, o cotejo de qualquer dispositivo que se queira interpretar com o que, a respeito, disponha a Constituição Federal.

152. MOMENTO HISTÓRICO-EVOLUTIVO

Se a lei é uma realidade morfológica e sintática, ela é também uma **"realidade histórica", cultural, situada no tempo e no espaço**. Ela não fica, pois, presa às suas fontes originárias, mas deve acompanhar as vicissitudes sociais, ajustando-se às situações supervenientes. Estamos imersos na história, e vivemos o tempo histórico segundo as categorias do passado, presente e futuro, como forma de lidarmos com o fluxo da história.

O elemento histórico permite, pois, apreender as ideias e os interesses dominantes por ocasião da elaboração da lei (*occasio legis*): como surgiu, por que surgiu, quais as condições sociais do momento em que surgiu, quais os motivos que levaram à sua aprovação etc.; a *occasio legis* designa todo o circunstancialismo social que rodeou o nascimento da lei. Porém, o elemento histórico permite apreender também as **transformações que sofreram** os institutos no decurso do tempo e os traços comuns que permaneceram. Só se refazendo a história, nas suas bases e conflitos, é possível chegar à real apreensão duma realidade em movimento, como a lei.

A instabilidade é a regra na História. Se, de um lado, o Direito é e será sempre acossado pelas suas tempestades de mudanças; de outro, é isto que permite em cada instante histórico diferenciar e acolher o progresso técnico, moral, político e jurídico ou o seu regresso. O Direito deve participar como parceiro deste processo civilizatório.

Em suma, a finalidade do recurso ao elemento histórico-evolutivo é a busca da **compreensão do espírito da lei** (e não da vontade do legislador), que deve sempre corresponder às necessidades e condições sociais atuais. Essa é a contribuição do processo histórico no trabalho interpretativo[11]. Mais

---

significado mais plausível do texto legal a partir de conexões que se referem à plenitude do pensamento jurídico latente na regra jurídica individual, e a partir de referências a outras partes constitutivas do sistema jurídico global. Realiza-se o confronto de um texto com outro texto da mesma lei (exame do contexto da lei), ou com os textos de outros sistemas jurídicos (direito comparado), desde que todos versem sobre o mesmo instituto, ou a mesma relação (Vicente Ráo).

[11] A interpretação histórica, no entanto, pode assumir relevância maior em situações específicas. Por exemplo, em 2009, o STF declarou a não recepção da Lei de Imprensa (Lei n. 5.260/67), uma vez que a maioria entendeu que o diploma não poderia ser dissociado do contexto histórico em que fora editado. Com base nisso, decidiu-se que toda a lei deveria ser declarada não recepcionada, embora houvesse relativo consenso quanto à compatibilidade material de alguns de seus dispositivos específicos em relação à Carta de 1988. A maioria entendeu que a hipótese era de incompatibilidade em bloco, sendo impossível destacar previsões isoladas do conjun-

importante do que conhecer o contexto em que a norma foi criada e a intenção do legislador, é descobrir as **novas situações da vida que a norma enfrenta, se adaptando a elas**. Desse modo, a interpretação histórica paulatinamente se converte numa **interpretação evolutiva**, sendo esse o enfoque que deve presidir a ação do intérprete. Assim se permite a adaptação de (velhas) fórmulas a novas necessidades, evitando ou atenuando o fato do envelhecimento das estruturas normativas. Na medida em que as leis se distanciam no tempo, a vontade subjetiva do legislador (*mens legislatoris*) vai sendo substituída por um sentido autônomo e objetivo da norma (*mens legis*), que dá lugar, inclusive, à construção jurídica e à interpretação evolutiva. As necessidades sociais do mundo em transformação passam a exigir uma revaloração dos fins históricos propostos pelo legislador.

153. MOMENTO TELEOLÓGICO

O processo teleológico **busca a finalidade da lei**. Tal interpretação veio afirmando-se desde Rudolf von Ihering, sobretudo em sua obra *O fim no direito*, fim que Ihering reduzia a uma forma de *interesse*.

Na concepção de Reale o fim da lei é visto antes como sendo **um valor**, cuja preservação ou atualização o legislador teve em mira garantir, armando-o de sanções, assim como também pode ser fim da lei impedir que ocorra **um desvalor**. Consequentemente, "toda interpretação jurídica é de natureza teleológica (finalística) fundada na consistência axiológica (valorativa) do Direito"[12]. Com outras palavras, o caráter necessariamente teleológico da interpretação jurídica é uma consequência da natureza essencialmente axiológica da norma de direito, em cujo âmbito os valores se põem objetivamente como fins.

Em suma, a interpretação teleológica visa à descoberta dos valores que a lei tenciona servir. Sendo o direito uma ciência voltada para a realização de valores, jamais as suas normas poderiam ser adequadamente interpretadas sem se atentar para os fins que visam realizar. Exemplo: o aviso prévio, previsto na CLT, tem por fim possibilitar ao empregado a obtenção de novo emprego; as férias, por sua vez, buscam a restauração de suas energias; consequentemente, a interpretação teleológica dessas normas consolidadas repele a possibilidade da concessão de férias no prazo do aviso prévio. O fim não é sempre e necessariamente aquele pensado pelo legislador. Ele está implícito na men-

---

to orgânico em que estavam inseridas. Sob essa perspectiva, a lei de Imprensa traria a marca de uma determinada visão política acerca da liberdade de expressão nos meios jornalísticos, associada ao regime militar e suas práticas de censura. Isso tornaria impertinente a sobrevivência de passagens isoladas (ver Luís Roberto Barroso, *Curso de direito constitucional contemporâneo*, São Paulo: Saraiva, 2015, p. 329).

[12] Miguel Reale, *Lições preliminares de direito*, São Paulo: Saraiva, 1984, p. 286-287.

sagem da lei. Como esta deve acompanhar as necessidades sociais, cumpre ao intérprete revelar os novos fins que a lei tem por missão garantir. Contudo, essa evolução de finalidade não significa ação discricionária do intérprete. Podemos afirmar que o **direito positivo brasileiro acolheu a exegese teleológica**. De fato, o art. **5º da LINDB** ordena que, "Na aplicação da lei, o juiz atenderá aos fins sociais a que ela se destina e às exigências do bem comum". Ora, é fácil de ver que o recurso aos "fins sociais" é da essência do processo teleológico. Embora colocado na Lei de Introdução às Normas do Direito Brasileiro, esse dispositivo não se aplica apenas à interpretação do Código Civil. É uma diretriz básica do ordenamento jurídico pátrio, tendo o poder de vincular o aplicador do direito. Quais são as consequências dessa consagração legislativa dos princípios contidos no art. 5º da LINDB? Embora não haja uma definição legal da expressão "fim social", podemos apontar as seguintes consequências:

1) **Repulsa à interpretação puramente literal** e à aplicação mecânica da lei. Alcançados os fins buscados pela norma, não se deve, por exemplo, anular um ato por um vício menos relevante de forma.

2) **Repulsa ao sistema interpretativo da intenção ou vontade do legislador**, substituído por aquele da razão e do fim da lei.

3) **Repulsa ao brocardo** *in claris cessat interpretatio*, pois, se em todas as leis o intérprete não poderá deixar de considerar "os fins sociais a que ela se destina e as exigências do bem comum", todas as leis necessitam de interpretação, sem embargo de sua aparente clareza.

4) **Predomínio do caráter teleológico-valorativo da interpretação**. Predomínio da finalidade da norma sobre sua letra.

154. NATUREZA LÓGICO-VALORATIVA DA INTERPRETAÇÃO

Seja qual for o momento interpretativo em que o intérprete estiver operando, a **lógica**, como instrumento para pensar corretamente, não pode estar ausente. Daí a natureza racional ou lógica do ato interpretativo. Com esse caráter lógico, se afasta do mundo do direito qualquer interpretação intuitiva ou emocional[13].

154.1. Caráter lógico da interpretação

Na definição tradicional, lógica é a ciência do raciocínio, tendo como objeto o pensamento em si. A lógica aristotélica pode ser formal ou material[14].

---

[13] Emílio Betti se refere a três lógicas: a "lógica da língua", que seria objeto da interpretação filológica; a "lógica da matéria disciplinada", que teria a ver com a natureza econômico-social das relações reguladas e seria objeto da interpretação histórica e técnica; e a "lógica do direito", tendo em conta a totalidade da ordem jurídica.

[14] Há, de um lado, as posições daqueles que entendiam por lógica apenas a lógica formal: "Lógica não formal é uma *contradictio in adjecto*" (Carnap); "Por lógica deve entender-se

a) **Lógica Formal**. Concebida de maneira "formal", vem a ser o instrumento do pensamento para pensar corretamente, não se ocupando com os conteúdos pensados. Cuida-se, pois, de um estudo das **"formas" do conhecimento**, independente dos objetos (daí o seu nome de lógica formal). Com outras palavras, ela não se preocupa com a matéria sobre a qual se apoia o raciocínio, mas apenas com a forma, exigindo que raciocinemos com o maior rigor possível, excluindo toda contradição. No plano lógico-formal, a interpretação jurídica procura aplicar as leis do pensamento correto, segundo exigências racionais. Não há como confundir a Lógica Jurídica com a Lógica Jurídica formal, mesmo porque a norma de direito, como expressão de um processo histórico-cultural, não pode ser reduzida a uma simples proposição lógica, eliminando-se o seu conteúdo fático-axiológico. É evidente que a Lógica Jurídica formal não pode deixar de fazer abstração do variável conteúdo axiológico das regras de direito, assim como de sua mutável condicionalidade fática, mas tem sido fonte de graves equívocos identificar norma tão somente com uma estrutura proposicional. Uma coisa é fazer-se abstração deste conteúdo; outra coisa é confundi-la com os seus valores proposicionais ou lógico-sintáticos[15].

b) Lógica Material. A interpretação não se reduz, de fato, a meros esquemas formais. São numerosas as críticas ao modelo puramente lógico-formal do raciocínio jurídico, ressaltando a sua inadequação e insuficiência. Por isso, é necessário que a inteligência se submeta às regras da chamada "lógica material", que consiste no conjunto de regras que devemos seguir para ordenar bem a "matéria" dos atos de inteligência a fim de obter um conhecimento que nos permita chegar à verdade.

A interpretação jurídica não pode, assim, seguir apenas os esquemas da lógica formal. É necessário ir além. As normas "normalizam", enquadram os comportamentos e atitudes. Mas o processo da vida atropela e derruba enquadramentos e balizas. Não podemos, pois, esvaziar a normatividade de seu sentido histórico e axiológico. Uma norma só vale como força quando integrada em um momento de experiência, fora do qual só por abstração pode e deve ser concebida. É no mundo da vida comum que está imersa a atividade do legislador e a do jurista, e é dela que recebem valor e significa-

---

sempre lógica formal" (Klug); "Lógica, *tout court*, é lógica formal" (Lourival Vilanova). De outro lado, hoje há diferentes conceitos e denominações além da lógica clássica: "lógica simbólica"; "lógica da linguagem"; "lógica deôntica"; "lógica do concreto" e "lógica paraconsistente" (Newton da Costa) etc. A nosso ver, a lógica tradicional (aristotélica) é mais adaptada às ciências humanas e particularmente ao Direito.

[15] Miguel Reale delimita o âmbito da Lógica Jurídica formal, reconhecendo não só a sua autonomia como seu significado primordial no campo dos estudos (ver *Filosofia do direito*, São Paulo: Saraiva, 2003, p. 203 e s., 272, 338, 499 e s.). Só por equívoco pôde Sílvio de Macedo declarar, em sua *Lógica jurídica* (Maceió, 1966, p. 138), que ele teria subestimado "o papel da Lógica na explicação dos mecanismos da vida jurídica".

do. Na metáfora de Barberis: "a ilha do Direito está exposta às tempestades da ética"[16]. De nada valeria uma Jurisprudência admirável na harmonia de seus institutos e figuras, de seus esquemas e modelos, se em conflito com ela fluísse a vida cotidiana. Devemos, então, recorrer à, chamada lógica material, e levar em conta o conteúdo específico das regras jurídicas e a matéria sobre que incide a decisão jurídica à luz dos valores que se quer preservar[17]. Recaséns Siches (1903-1977) fala numa "**lógica do razoável**"; Ortega y Gasset (1883-1995) a chama de "**lógica da razão vital**"; e Josef Esser, seguindo Gadamer, fala de "**pré-compreensão**". A meu ver, são todas expressões com as quais se quer indicar a especificidade da compreensão do mundo histórico-cultural, em que se situa o direito. Leva-se em conta o conteúdo específico das regras jurídicas e a matéria sobre que incide a decisão à luz dos valores que se quer preservar[18].

Vejamos, pois, o **aspecto valorativo da interpretação**, considerando especialmente a dupla visão que devemos ter perante a norma; a chamada pré-compreensão e as cláusulas abertas previstas no Código Civil, tudo levando a uma atitude criativa do intérprete/aplicador do Direito.

154.2. Natureza axiológica da interpretação

Para saber como se deve interpretar uma norma de direito, preliminarmente **deve-se assumir posição perante o problema do ser mesmo do direito**. É evidente que as respostas dadas sobre a natureza da interpretação variarão se o intérprete conceber o direito, por exemplo, apenas como um "sistema de proposições normativas", uma "ordenação de comandos", um "fato-normativo", um "puro-fato" etc.

Ora, parece-nos insustentável uma teoria da interpretação cega para o mundo dos valores e dos fins, como se a norma jurídica pudesse ser conce-

---

[16] "L'isola del diritto è sempre esposta alle tempeste dell'etica" (*Introduzione allo studio del diritto*, 2014, p. 18).

[17] Na verdade, se o processo lógico-formal permite que a interpretação alcance elevado padrão de rigor e segurança, tem o inconveniente de esvaziar a lei de todo o conteúdo humano ou de trair a sua finalidade. Vejamos um exemplo dado pelo próprio Recaséns Siches. Na porta de uma estação ferroviária há uma tabuleta com os seguintes dizeres: "É proibida a entrada de pessoas com cães". Um homem, trazendo um urso pela coleira, pretende ingressar no local. Se formos interpretar a norma proibitiva, seguindo as regras da lógica formal, ele poderia entrar no recinto, já que o urso não é cão. Se, contudo, considerarmos os fins buscados pela norma, concluiremos que a solução mais razoável é, sem dúvida, a que proíbe a entrada do homem com o urso, pois esse animal incomodaria e ameaçaria os demais passageiros tanto ou mais que o cão (*Panorama del pensamiento jurídico en el siglo XX*, México, Porrúa, 1963, p. 539-540).

[18] Miguel Reale fala em "Lógica Jurídica do concreto", que corresponde ao que chamamos de "Lógica material", à "Tópica" de Viehweg, à "Lógica do Razoável" de Recaséns Siches, à "Teoria da Argumentação ou Retórica" de Perelman, concluindo que o lógico não pode deixar de levar em conta as "exigências axiológicas" e as "estruturas fáticas" da realidade jurídica (ver *O direito como experiência*, p. 71).

bida como algo *a se stante*, dotada de validade autônoma, com abstração dos fatos e dos valores de que se originou, assim como de fatos e valores supervenientes. O Direito deve estar pronto para o amanhã. Portanto, a interpretação jurídica deve ser **também axiológica ou valorativa**, uma vez que, além da explicação dos nexos lógicos e busca da coerência do pensamento, implica ainda a compreensão do sentido da norma interpretada, operando com valores e estabelecendo finalidades.

Miguel Reale procura dar uma ideia mais precisa do sentido axiológico inerente a todo ato interpretativo, trazendo como exemplo a atitude de qualquer de nós contemplando o pôr do sol. "A emoção que este fenômeno nos pode proporcionar, diz ele, suscitando um sentimento estético, não resulta da compreensão de um sentido que lhe seja inerente como elemento constitutivo; nasce, pura e simplesmente, da recepção de um dado objetivo que se converte, no plano da consciência, em motivo de beleza e de encantamento. Somos nós que compomos axiologicamente a imagem recebida e, se ela se converte, por exemplo, numa página literária ou num quadro, surge incontinenti uma diversa forma de objetividade, correspondente a uma objetivação de sentido"[19]. Assim é a realidade do direito e de todos os objetos culturais, cujo conhecimento se resolve numa "compreensão de sentido".

a) **Visão retrospectiva e prospectiva.** A interpretação de uma norma jurídica implica a apreciação tanto dos fatos e valores de que se originou quanto dos fatos e valores que vieram depois. Isso porque a norma jurídica é uma forma de integração fático-axiológica, dependendo dos **fatos e valores de que se originou e dos fatos e valores supervenientes**.

É a razão pela qual deve haver no direito uma dupla visão: retrospectiva e prospectiva. É dessa dupla visão da norma que deve resultar o seu significado concreto. Na lição realeana: "toda interpretação é condicionada pelas mutações históricas do sistema, implicando tanto a intencionalidade originária do legislador, quanto as exigências fáticas e axiológicas supervenientes, numa compreensão global, ao mesmo tempo retrospectiva e prospectiva"[20].

Duas visões que são **complementares**: o propósito inicial da lei deve ser analisado numa correlação necessária com a sua possível adequação a valores e fatos supervenientes. E vale repetir que é necessário interpretar a norma à luz das circunstâncias histórico-sociais em que ela se situa, bem

---

[19] Miguel Reale, *O direito como experiência*, São Paulo: Saraiva, 2002, p. 242. Emilio Betti, por sua vez, ensina que a interpretação jurídica, como qualquer interpretação, tem um momento cognitivo (do pensamento da lei), ao qual se acrescenta uma função normativa (entender para agir, para decidir, ou seja, para tomar uma posição perante um comportamento). O intérprete, para isso, deve orientar-se por uma valoração comparativa dos interesses em causa (*Interpretazione della legge e degli atti giuridici*).

[20] Miguel Reale, *Direito natural/direito positivo*, São Paulo: Saraiva, 1984, p. 49.

como verificar qual é a sua significação real a partir de sua vigência. Reconhece-se que tanto a mudança da realidade como a alteração dos valores de determinada sociedade são decisivas no processo interpretativo. Encontra-se, pois, superada a crença de que os dispositivos normativos contêm, no seu relato abstrato, a solução preestabelecida e unívoca para os problemas que buscam resolver.

b) **Pré-compreensão valorativa.** Gadamer, considerado o fundador da hermenêutica filosófica contemporânea, demonstra a insuficiência da concepção tradicional, na qual o juiz atua como mero aplicador mecânico dos enunciados legais e se abstém de emitir qualquer intervenção valorativa, destacando a necessidade de uma "pré-compreensão".

Josef Esser, inspirado na doutrina de Gadamer, explora a ideia da pré-compreensão como parte integrante do fenômeno da compreensão da norma jurídica. **Ela deve ter em conta as condições individuais e sociais, permitindo ao intérprete, mediante uma antecipação do sentido das possíveis soluções jurídicas, escolher aquela que se apresente como a mais razoável porque dotada de consenso.** A pré-compreensão resulta, em última análise, da nossa formação pessoal, de nossos valores, de nossa cultura, de nossa língua, de nossa história, enfim, de nosso contato com o mundo. Não representa algo forçosamente negativo.

Com outras palavras, o intérprete traz para dentro da atividade interpretativa as **suas impressões e pré-juízos**. Por isso, a pré-compreensão é o veículo que permite ao julgador, uma vez examinadas as circunstâncias do caso concreto e tendo em conta as condições individuais e sociais que penetram a experiência jurídica, efetuar um antecipação de sentido relativamente às diversas soluções que se apresentam e escolher aquela que se apresente como a mais razoável e represente o consenso do grupo social. Neste contexto, ganham importância os juízos de valor realizados pelo intérprete. Em suma, a pré-compreensão é o instrumento que orienta o raciocínio judicial em direção a uma justa decisão. Permite uma constante atualização da norma, evitando seu envelhecimento e a necessidade de uma inflação legislativa, a qual se apresentaria como a única forma de solução dos conflitos, acaso o intérprete se limitasse a traduzir o enunciado normativo sem acrescentar a ele um conteúdo valorativo próprio.

c) **Cláusulas abertas.** A Ciência do Direito de nossos dias fez a opção pelos modelos jurídicos abertos, os quais deixam **amplo campo de decisão a cargo dos aplicadores das leis.** Isso porque reconhece a complexidade e dinamicidade do mundo contemporâneo que não comporta uma legislação cerrada na qual tudo já se encontre previsto e disciplinado. Essas cláusulas abertas ou gerais, cada vez mais buscadas pela legislação contemporânea, são uma inovação do Código Civil de 2002, em relação à antiga codificação de 1916. Elas **possibilitam a evolução e a obra de interpretação**, uma vez que são pontes que permitem o ingresso dos valores na construção jurídica. São proposições normativas (princípios e regras) que, em virtude de sua ampla abstração e generalidade, podem disciplinar um grande número de casos, conferindo ao intérprete maior autonomia no seu trabalho, extrapolando muitas vezes o simples direito positivo.

Sílvio Venosa exemplifica que "quando o juiz busca os fins sociais para os quais uma lei foi criada e quando procura identificar as exigências do bem comum para um caso concreto sob julgamento, inelutavelmente irá desgarrar-se da letra exclusiva e fria da lei e, no seu raciocínio, buscará um conceito de justo para o caso sob análise que nem sempre estará inscrito em um preceito legal, mas num princípio superior de justiça"[21].

De fato, no Código Civil vigente são muitos os princípios que deságuam em "cláusulas abertas", das quais resulta uma larga discricionariedade do juiz para decidir o caso concreto. São exemplos desses modelos abertos os dispositivos que se referem à boa-fé (arts. 113, 187 e 422), à função social do contrato (art. 421), à equidade (arts. 413, 944 e 953, parágrafo único) etc.[22]. Essa constatação exige uma Magistratura mais compenetrada de sua missão de tornar concretamente eficazes os mandamentos legais, na visão mais *prospectiva* dos modelos jurídicos, superando a visão retrospectiva das fontes formais, as quais regem a validade, mas não a aplicação *in fieri*, ou seja, a real *eficácia* dos atos normativos.

d) **Função ativa do intérprete**. Deve-se, ainda, assinalar a **importância do papel do julgador enquanto aplicador do Direito**. Sua atividade não se limita apenas a uma subsunção lógica do texto legal, mas é antes uma atividade de natureza criativa que contribui para a adequada concreção da norma. O jurista, nos dias de hoje, não pode continuar confinado ao exame dos textos legais, contentando-se com os horizontes por eles traçados. Como advertia Carnelutti, "o jurista que é só jurista é uma pobre e triste coisa". Em suma, a atividade jurisdicional, paralelamente ao poder legislativo, atua como agente criador da norma, e não como mero aplicador da vontade do legislador. A interpretação jurídica não é mais considerada simples análise de textos legais, e sim ato decisório de criação normativa[23]. O trabalho do intérprete

---

[21] Sílvio Venosa, *Introdução ao estudo do direito*, São Paulo: Atlas, 2004, p. 68.

[22] Quando da morte da cantora Cássia Ellen, tanto o avô materno como a companheira da artista disputaram a posse e a guarda do seu filho, à época com 5 anos. O critério fornecido pela legislação ao juiz era o de atender ao "melhor interesse do menor". A solução do problema ficava, pois, sujeita ao exame dos elementos do caso concreto e sua adequada valoração.

[23] Cappelletti escreve quanto à criação do direito pelo intérprete: "É óbvio que toda reprodução e execução varia profundamente, entre outras influências, segundo a capacidade do intelecto e estado de alma do intérprete. [...] Por mais que o intérprete se esforce por permanecer fiel ao seu 'texto', ele será sempre, por assim dizer, *forçado a ser livre* – porque não há texto musical ou político, nem tampouco legislativo, que não deixe espaço para variações, para a

não se reduz, pois, a uma passiva sujeição ao texto legal, mas representa um **trabalho criador pela compreensão do dispositivo legal à luz de novas valorações emergentes no processo histórico**[24].

Emilio Betti bem salientou o papel da interpretação jurídica, distinguindo-a de outras formas de interpretação, como a histórica, a literária ou a musical. O intérprete do direito, segundo ele, não fica preso ao texto, como o historiador aos fatos passados. E tem mesmo mais liberdade do que o pianista diante da partitura. Se o executor de Beethoven pode dar-lhe uma interpretação própria, segundo sua subjetividade, a música não pode deixar de ser a de Beethoven. No direito, ao contrário, o intérprete pode avançar mais, dando à lei uma significação imprevista, completamente diversa da esperada ou querida pelo legislador, se o exigirem as circunstâncias do momento da sua aplicação[25].

Ou na comparação de **Carlos Maximiliano**, existe entre o legislador e o juiz a mesma relação que existe entre o dramaturgo e o ator. Este deve atender às palavras da peça. Porém, se é verdadeiro artista, não se limita a uma reprodução servil. Dá vida ao papel, encarna a personagem, empresta às cenas um certo colorido, fazendo ressaltar aos olhos dos espectadores belezas inesperadas.

e) **Normativismo concreto.** À luz de um normativismo concreto, **ato normativo e ato interpretativo são elementos que se implicam e se integram.** Tanto para o legislador como para o intérprete o objetivo é a norma jurídica, mas com finalidades distintas. O primeiro procura nela expressar uma relação complexa de *fatos* e *valores*, destinada a atender a exigências sociais de certeza e segurança, dentro de um dado ambiente

---

criatividade interpretativa. Basta considerar que as palavras, como as notas da música, outra coisa não representam senão símbolos convencionais, cujo significado encontra-se inevitavelmente sujeito a mudanças e aberto a questões e incertezas" (*apud* Eros Grau, *Por que tenho medo dos juízes*, São Paulo: Malheiros, 2014, p. 46, nota 34).

[24] Segundo **Montesquieu**, a decisão do juiz deve ser uma reprodução fiel da lei, não se devendo deixar-lhe qualquer liberdade de exercer a sua fantasia legislativa. A subordinação dos juízes à lei tende a garantir um valor importante: a segurança do direito, de modo que o cidadão saiba com certeza se o próprio comportamento é ou não conforme à lei (*L'esprit des lois*). Ora, a função jurisdicional não é passiva, mas ativa, contendo uma dimensão criadora da norma individual. O intérprete deve elaborar uma decisão aceitável naquela situação existente, não aplicando os textos legais ao pé da letra. Sem essa elasticidade, o direito não se concretizaria, não teria possibilidade de acompanhar as mudanças sociais e valorativas da sociedade. O trabalho do jurista, dirigido à solução de problemas concretos, não é, pois, uma tarefa mecânica, mas um raciocínio prático vinculado a um marco normativo. O que nos leva a dizer que a interpretação, mais do que ser de natureza hermenêutica, é de natureza normativa.

[25] Ver Miguel Reale, *Lições preliminares de direito*, São Paulo: Saraiva, 1984, p. 287.

histórico-cultural. Já o intérprete visa compreender a norma, a fim de aplicar em sua plenitude o *significado nela objetivado*, tendo presentes os fatos e valores dos quais a norma promana, assim como os fatos e os valores supervenientes. Em suma, o magistrado não procede como frio aplicador mecânico de dispositivos. Porém, como intermediário entre a letra morta dos Códigos e a vida real, adapta os textos às espécies ocorrentes. O significado de um texto não é algo incorporado ao conteúdo das palavras (ao texto), mas algo que depende de seu uso e interpretação, como o comprovam as suas modificações no tempo e no espaço. Construir um edifício, todo engenheiro pode, seja qual for a sua procedência ou nacionalidade. Mas, o Direito só pode ser interpretado e realizado por quem se integra na peculiaridade das circunstâncias vigentes[26].

Por isso, a interpretação não se caracteriza como um ato de "descrição" de um significado previamente dado, mas como um ato de decisão que "constitui" a significação e os sentidos de um texto (Guardini). Em decorrência, a atividade do intérprete não consiste em descrever o significado previamente existente dos dispositivos. Ele deve construir ou reconstruir esses significados, utilizando como ponto de partida os textos, segundo conexões axiológicas que não estão incorporadas ao texto, mas são construídas pelo intérprete. Este vai além da exploração do texto, tirando conclusões que se colhem no espírito, embora não na letra da norma.

Daí a necessidade de **substituir algumas crenças tradicionais** como a que identifica o dispositivo com a norma; a crença de que o intérprete meramente descreve significados; ou a crença de que o Poder Judiciário só exerce a função de legislador negativo, sem concretizar o ordenamento jurídico diante do caso concreto. A hermenêutica jurídica atual busca adequar a norma jurídica à realidade social, como um instrumento de atualização do ordenamento jurídico. Ela desenvolve, de maneira mais orgânica, a *compreensão histórico-evolutiva*, já que não é possível separar os momentos de confecção da norma (occasio legis) do seu momento de aplicação; separar as condições específicas do momento atual, da aplicação da norma das condições existentes no momento que ela surgiu.

A essa luz, devemos entender a norma jurídica em termos de:

"1) um **modelo operacional** de uma classe ou tipo de organização ou de comportamento possíveis;

---

[26] Miguel Reale dá como exemplo, as alterações verificadas na técnica edilícia, com as atuais edificações de estrutura metálica ou de cimento armado, que vieram dar novo sentido às normas do Código Civil destinadas a definir as responsabilidades do construtor nos contratos de empreitada ou os limites do uso normal do prédio pelos locatários (*O direito como experiência*, São Paulo: Saraiva, 2002, p. 215).

2) que deve ser **interpretado no conjunto do ordenamento jurídico** (compreensão estrutural);

3) **implicando a apreciação dos fatos e valores que, originariamente, o constituíram (visão retrospectiva)**;

4) **como em função dos fatos e valores supervenientes** (visão prospectiva)"[27].

f) **Exclusão do arbítrio.** A norma jurídica torna-se autônoma desvinculando-se, até certo ponto, de suas fontes originárias, como uma cápsula que ao se desprender de um foguete espacial, conserva o impulso e a direção da trajetória. No Direito, todavia, a trajetória pode também sofrer alterações, utilizando-se o operador do impulso, imanente à norma, para fins originalmente não previstos.

Evidente que o **intérprete não é completamente livre** para fazer as conexões entre as normas e os fins a cuja realização elas servem. O ordenamento jurídico estabelece a realização de fins, a preservação de valores e a manutenção ou a busca de determinados bens jurídicos essenciais à realização daqueles fins e à preservação desses valores. A construção da norma se dá, portanto, **dentro de uma moldura**, na qual são levados em consideração, pelo intérprete, os elementos que se desprendem do texto, da realidade e do caso ao qual será aplicada, e dos valores que se pretende preservar. Seria um erro, no instante em que a regra jurídica é objeto de interpretação à luz de novos e supervenientes esquemas estimativos, não levar em conta as valorações originárias que a condicionaram, como se não fosse elo de um processo.

O assunto em questão comporta, portanto, dois pontos nevrálgicos: um deles se refere ao reconhecimento da atividade judicial como **fonte criadora do direito**; o outro diz respeito aos **limites que devem ser colocados à atividade criativa** do intérprete. Ou seja, a afirmação de um trabalho criador do intérprete não representa a consagração das teses extremadas do direito livre. O intérprete usa, mas não abusa da sua liberdade de interpretar os textos. Quando se excede, incorre na censura de Bacon: a de "torturar as leis a fim de causar torturas aos homens" (*torquere leges ut homines torqueat*)[28].

O ato interpretativo, mesmo não sendo um processo exclusivamente dedutivo, **não configura um processo arbitrário**. A liberdade do intérprete fica sempre contida nos limites de uma estrutura objetivada. A limitação do poder do intérprete é uma condição inerente à natureza mes-

---

[27] Ver Miguel Reale, *Lições preliminares de direito*, São Paulo: Saraiva, 1984, p. 289.

[28] *Apud* Carlos Maximiliano, *Hermenêutica e aplicação do direito*, Rio de Janeiro: Forense, 2011, p. 127.

ma do ato interpretativo. Ou seja, a atividade interpretativa tem como um de seus princípios essenciais o da *fidelidade* ao esquema a que se acha vinculado, em função da qual o intérprete pode se mover com relativa liberdade[29].

No fundo, os juízes não inventam o direito do nada. Não se trata de uma criação *ex nihilo*. Seu papel é o de aplicar normas que foram positivadas pelo Constituinte e pelo Legislador. Mesmo quando desempenham uma função criativa do direito para o caso concreto, deverão fazê-lo **à luz dos valores compartilhados pela comunidade**. O texto literal da norma funciona como uma estrutura ou base, uma ossatura que só se articula ou se reanima em contato com a vida da sociedade. Por isso, o trabalho interpretativo não inclui escolhas arbitrárias ou caprichosas. Seus limites são a vontade majoritária e os valores da comunidade[30]. O jurista deve mover-se dentro desses limites: de um lado, o texto legal, ponto de partida; de outro, o ponto de chegada, ou seja, a solução do caso *sub judice*.

f) **A certeza do direito.** A certeza ou segurança jurídica é tão importante no ordenamento jurídico brasileiro que a Constituição Federal a elevou à categoria de direito fundamental (CF, art. 5º, *caput*). Ma ela não deve ser fruto de uma compreensão **estática** do direito. Alguns pensam que a "certeza do direito" só é possível pela subordinação estrita do juiz à lei. Não há como não reconhecer o absurdo dessa exigência.

Na observação de Miguel Reale: "A certeza que o direito reclama, não é a dos movimentos calculados de um **robô**, mas a que resulta do sentido objetivo dos fatos, segundo os valores consagrados nos modelos jurídicos. Os valores, por conseguinte, dos quais o juiz ou o administrador devem ser intérpretes, não são os de sua convicção singular ou os de sua predileção individual, mas sim os valores vigentes na comunidade. Maior segurança seria absurdo pretender, na escala da experiência humana, ainda que o coeficiente pessoal do juiz interfira na composição do modelo de direito aplicável, mesmo porque no Estado de Direito, – e é essa uma garantia que nos vem da Revolução Francesa, a 'duplicidade da jurisdição' tem o efeito de aproximar a compreensão dos modelos jurídicos daquele sentido objetivo e razoável que, ultrapassando a pessoa do le-

---

[29] Ver Miguel Reale, *O direito como experiência*, São Paulo: Saraiva, 2002, p. 243.

[30] Esser fala num "**controle de precisão**", que constitui um componente racional do ato interpretativo e consiste numa valoração crítica acerca da adequação da norma que está sendo aplicada; atua, pois, como um filtro do raciocínio judicial de forma a evitar o abuso instrumental da norma, conferindo-lhe objetividade. "**Controle de concordância**" entre a solução previamente escolhida e o sistema jurídico positivo. "**Controle de evidência**", que representa uma forma de aferição da própria precisão do resultado, entendida no sentido de sua efetividade.

gislador e a do intérprete, é comum aos que emanam as regras e àqueles a que elas se destinam"[31].

O Direito carrega um **paradoxo: deve ser estável, mas não pode ser imóvel**. Sua razão de ser está na *estabilidade e certeza* de seus modelos de ação e, ao mesmo tempo, não pode se subtrair a um destino de *mobilidade*. Todavia, é preciso reconhecer, como lembra Roberto Barroso, que, a partir do momento em que as soluções precisam ser construídas pelo intérprete, há uma perda substancial de segurança jurídica e de objetividade. Mas essas dificuldades são criadas pela complexidade e pelo pluralismo da vida moderna, não pelo direito.

Nessa eterna disputa entre a segurança jurídica e a necessidade de adaptação, o temor em relação a um possível relativismo no âmbito da justificação das decisões judiciais não resiste à simultânea consciência de que a sobrevivência do Direito exige o recurso a certos instrumentos (princípios, valores, métodos) como formas de abertura e flexibilização hermenêutica. Vivemos, enfim, numa sociedade plural, cujas diferentes concepções do mundo, da cultura, da linguagem, da política, da justiça e do próprio homem dão ensejo ao aspecto multifásico das racionalidades características dos tempos hodiernos. Um mundo de diferentes prismas, em que se busca "juntar os pedaços" na busca de sentido das coisas[32].

Em suma, não se nega que a certeza (irmã gêmea da segurança), enquanto grau de probabilidade na determinação prévia dos comportamentos exigíveis, é um valor fundamental[33]. O homem só confia num Direito que lhe dá segurança. Mas podemos falar numa **certeza absoluta ou numa certeza relativa do Direito**, no sentido ou de se prever exatamente e em concreto aquilo que irá ocorrer, numa imutabilidade normativa; ou de se compreender os sentidos possíveis de um texto normativo, fazendo-se menção ao dever de buscar um ideal de continuidade do ordenamento jurídico por meio de mudanças protetoras de legítimas expectativas. Quanto à primeira, ela não passa de uma ilusão, algo impossível de se atingir, o que não ocorre quanto à segunda, tendo em vista sua dimensão social e histórica.

---

[31] Miguel Reale, *O direito como experiência*, São Paulo: Saraiva, 2002, p. 217-218.

[32] Ana Lúcia Sabadell, falando sobre as escolas positivistas do direito, observa: "A questão central no positivismo é que os adeptos desta escola veem no direito a expressão de uma vontade política mutável. O que hoje é um delito pode não o ser amanhã" (*Manual de sociologia jurídica*, São Paulo: Revista dos Tribunais, 2017, p. 29).

[33] Perelman escrevia: "Ante a multiplicidade de normas e valores, o direito, querendo garantir a segurança jurídica que fixaria os direitos e obrigações de cada qual, tem de conceder a alguns, os legisladores, a autoridade de elaborar as regras que se imporão a todos, e tem de designar aqueles, os juízes, que terão a incumbência de aplicá-las e interpretá-las" (*Ética e direito*, 1996, p. 303).

Ver o que escrevemos sobre o assunto no n. 186. Como dizia Paracelso, pseudônimo de um médico e alquimista suíço: *dosis sola facit venenum* (só a dose faz o veneno).

QUESTIONÁRIO

1. Que significa o caráter unitário do ato interpretativo?
2. Quais são os principais momentos do processo interpretativo? Eles se excluem ou são antagônicos entre si?
3. Que vem a ser interpretação literal ou gramatical? Que nela deve ser repudiado?
4. Qual é a diferença entre signos e símbolos? Porque se diz que a linguagem é um sistema de símbolos? Dê três exemplos de signos e três de símbolos.
5. Que busca o momento lógico-sistemático? Qual a sua importância?
6. Que se procura apreender no momento histórico-evolutivo? Nele, como a lei é vista?
7. Qual a concepção de "fim da lei", segundo Jhering e Miguel Reale?
8. O nosso direito positivo sufragou a exegese teleológica? Justifique.
9. Que significa, no terreno interpretativo, a consagração legislativa dos princípios contidos no art. 5º da Lei de Introdução às Normas do Direito Brasileiro?
10. Demonstre a legitimidade de uma lógica jurídica.
11. Que significa dizer que o trabalho do intérprete é de natureza lógico--axiológica?
12. Explique a dupla visão da norma no processo interpretativo: retrospectiva e prospectiva.
13. Comente esta afirmação de Emilio Betti: "Interpretar não é apenas renovar o conhecimento de uma manifestação do pensamento, mas tornar a conhecê-la para integrá-la na vida de relação".
14. Você lê no jornal que Clotilde, 20 anos, separada, mãe solteira de cinco filhos, que recebe um salário mínimo trabalhando como diarista, foi condenada, pelo Tribunal do Júri, a três anos de prisão por ter praticado aborto. Perante o fato, seu pai, advogado, afirma que o Tribunal do Júri aplicou corretamente a lei, visto que a conduta de Clotilde, devidamente provada, constitui crime doloso contra a vida, conforme prescrito no art. 124 do Código Penal ("provocar aborto em si mesma ou consentir que outrem lho provoque"). Sua irmã, estudante de direito, discorda, sustentando que a condenação foi uma injustiça pelo motivo do caso ter

sido resolvido segundo a letra da lei e não segundo as exigências concretas da realidade vivida por aquela mulher, sem falar das exigências da liberdade de escolha da mãe.

Diante disso, fale sobre a posição fundamental da Escola da Exegese na interpretação do direito e sobre a teoria da natureza lógico-valorativa da interpretação.

15. Como fica a certeza ou a segurança, que esperamos do Direito, perante uma atividade criativa do juiz? Explique.

Lição XXXIII

APLICAÇÃO E INTEGRAÇÃO DO DIREITO

Sumário: 155. A aplicação do Direito; 156. A integração do Direito; 157. O costume jurídico supletivo.

Dissemos que **o direito existe para ser vivido, para ser aplicado**. A realização é a vida e a verdade do direito; é o próprio direito. O que existe só nas leis é um fantasma (Ihering). Robert Alexy chega mesmo a incorporar ao conceito de direito o procedimento da sua aplicação, ampliando assim o alcance daquilo que compõe o direito[1].

A realização do direito não se esgota, porém, na interpretação/aplicação das normas jurídicas prévias e positivas. Devemos concretizá-las com uma tomada de decisão, levando em conta as consequências desse ato. Nesse momento, a experiência mostra que as leis, por mais bem planejadas, não conseguem prever e disciplinar toda a grande variedade de acontecimentos que surgem em decorrência das mudanças sociais, hoje rápidas e profundas. Constatada, assim, uma lacuna legal, torna-se necessário preenchê-la, suprir tal vazio. É a questão da "**integração**" da norma jurídica.

155. A APLICAÇÃO DO DIREITO

Quando nos valemos das disposições legais para a conclusão de qualquer relação jurídica, estamos aplicando o direito no sentido comum da palavra.. Porém a aplicação reveste-se de um sentido técnico quando a execução da lei é feita por uma autoridade judicial ou administrativa, por **dever de ofício**.

---

[1] Robert Alexy, *Conceito e validade do direito*, São Paulo: Martins Fontes, 2009, p. 154.

155.1. Sentido técnico

No sentido técnico, a aplicação do direito consiste em **submeter o fato concreto à norma que o regula**, sem que fiquemos presos exclusivamente à operação da subsunção. A eficácia do direito e sua aplicação são problemas distintos, mas correlatos. Assim **aplicar equivale a assegurar eficácia a uma regra**. De fato, a aplicação transforma a norma geral e abstrata em norma individual e concreta, sob a forma de sentença ou decisão administrativa, sem que isso signifique necessariamente a redução da aplicação à estrutura formal de um silogismo subsuntivo[2]. Vale ressaltar que a separação da aplicação do direito da sua interpretação decorre da equivocada concepção da interpretação como mera operação de subsunção, pois no silogismo subsuntivo a premissa maior é o texto normativo; a menor, os pressupostos de fato, ou seja, a ação conforme ou não à lei; e por fim, a consequência jurídica. Miguel Reale salienta com razão que os problemas da "eficácia" do direito e sua "aplicação", embora distintos, correlacionam-se intimamente[3]. Com efeito, quando o magistrado aplica uma norma jurídica, concretiza-se a sua eficácia, produzindo efeitos entre as partes.

Alguns autores usam o termo "**densidade normativa**" para indicar a medida em que a norma (geral e abstrata) tem de conformar a dimensão concreta e individual do caso específico que regulamenta. Canotilho, por exemplo, diferencia entre "**normas abertas**" e "**normas densas**". Há, de fato, certas normas que não deixam lugar a dúvidas e incertezas, nem conferem um poder discricionário ao aplicador. São normas taxativas ou "densas", por exemplo, os arts. 77 e 82 da Constituição Federal ao estabelecerem que a eleição do Presidente da República será realizada a cada quatro anos, no primeiro domingo de outubro. Outras normas são "menos densas" e mais porosas, permitindo interpretações divergentes e deixando um espaço discricionário ao aplicador. Exemplo de norma que possui esse menor grau de densidade normativa é a que dispõe que "a casa é asilo inviolável" (CF, art. 5º, XI). Permite interpretações diferentes quanto à sua extensão: entende-se como casa também o escritório, o barraco, o iate particular? Outro exemplo são as "normas programáticas"[4].

---

[2] Segundo Carlos Maximiliano, "a aplicação do Direito consiste no enquadrar um caso concreto em a norma jurídica adequada. Submete às prescrições da lei uma relação da vida real; procura e indica o dispositivo adaptável a um fato determinado" (*Hermenêutica e aplicação do direito*, Rio de Janeiro: Forense, 1991, p. 6).

[3] Miguel Reale, *Lições preliminares de direito*, São Paulo: Saraiva, 1984, p. 296.

[4] Ver Dimitri Dimoulis, *Manual de introdução ao estudo do direito*, São Paulo: Revista dos Tribunais, 2013, p. 113-116.

155.2. Natureza da aplicação

A aplicação de uma norma jurídica é **o momento final do processo interpretativo; é o momento em que se dá a conversão da disposição abstrata em uma regra concreta, o momento em que a "norma jurídica" se transforma em "norma de decisão"**. Se todos os operadores do Direito o interpretam, apenas uma certa categoria deles realiza o processo de interpretação até o seu ponto culminante, ou seja, o momento da definição da norma de decisão.

Pois bem, se a aplicação do direito envolve a adequação de uma norma jurídica a um fato particular, como se opera o confronto entre a regra abstrata e o fato concreto?

a) **SILOGISMO.** Há aqueles que equivocadamente reduzem a aplicação da lei à estrutura de um *silogismo*. O processo silogístico, em resumo, consiste em **deduzir uma conclusão de duas premissas que a antecedem, pelo fato de o sujeito (S) e predicado (P) da conclusão estarem unidos por causa de um termo que, nas premissas, estabelece a ligação entre os dois; esse termo é denominado termo médio (M).** Portanto, S é P, na conclusão, porque tanto um como o outro se identificam com o termo médio (M), nas premissas.

Assim: **M é P** = Premissa maior – Todo homem é mortal
S é M = Premissa menor – Pedro é homem
(logo) **S é P** = Conclusão – Pedro é mortal.

Para quem reduz a aplicação da lei a essa estrutura silogística, **a lei seria a premissa maior; a enunciação do fato, a premissa menor; e a decisão da sentença, a conclusão**. É de observar que essa colocação é própria de uma compreensão formalista do direito, do normativismo jurídico, ou seja, daqueles que consideram o direito essencialmente um conjunto de normas.

Vejamos como exemplo dessa estrutura formal do silogismo jurídico a aplicação do seguinte dispositivo legal:

1) A empregada gestante deve ter licença com a duração de cento de vinte dias sem prejuízo do emprego e do salário (CF, art. 7º, XVIII).

2) Ora, Maria é empregada que se encontra em estado de gravidez.

3) Logo, Maria deve ser beneficiada com a licença à gestante de cento e vinte dias, sem prejuízo do emprego e do salário.

Assim, na premissa maior (1), temos um enunciado deôntico, ou seja, o enunciado do "dever ser" contido na norma legal; na premissa menor (2), o chamado enunciado apofântico, ou seja, o enunciado do fato concreto pertinente à norma legal; e na conclusão (3), novamente um enunciado deôntico, isto é, a aplicação da norma legal ao fato, traduzida por uma decisão.

b) **FATORES LÓGICOS, AXIOLÓGICOS E FÁTICOS.** De outro lado, há aqueles para os quais a aplicação do direito não se reduz a uma mera questão de lógica formal. É como pensamos. Na realidade, **a aplicação do** direito demanda operações mais complexas do que o silogismo lógico-formal, para resolver questões que a sociedade atual impõe ao processo de soluções concretas. Atualmente, a doutrina vem remodelando sua compreensão, aceitando que o raciocínio jurídico opera com a *dedução* (do geral ao particular), com o *preenchimento de lacunas*, com a *indução* (dos particulares ao geral), com o *exemplo* (pela comparação analógica) e com o *sopesamento* (pela via da ponderação). Trata-se, pois, de uma questão bem mais complexa[5].

Julgar é um processo, no qual não se chega à decisão jurídica por um ato mecânico. Nele há uma **correlação de fatores lógicos, axiológicos e fáticos**. O juiz, na formação da sua convicção jurídica, tem como ponto de apoio inicial o *fato* descrito na ação. É com esse apoio fático que busca a *norma* de direito aplicável ao caso *sub judice*, sem descurar da devida *valoração*, para que a norma escolhida seja adequada à espécie. Não se procede, portanto, dentro dos moldes rígidos do silogismo, uma vez que, no raciocínio do juiz, a norma não vem antes e o fato depois, para se chegar à conclusão. O estabelecimento das premissas, a maior (o dispositivo legal) e a menor (o caso concreto), ocorrem, antes, de forma concomitante: a lei deve ser interpretada no contexto de situações de fato, e os fatos, por sua vez, devem ser entendidos a partir de sua referência legal. Por isso, não raro, o juiz vai da norma ao fato e vice-versa, cotejando-os repetidas vezes até formar sua convicção jurídica, raiz da sua decisão.

Após isso, ou seja, **tendo formado a sua convicção jurídica pela apuração dos fatos e da compreensão do direito, aí sim, nada impede que a decisão seja expressa segundo a estrutura de um silogismo**. Pelo contrário, ganhará em clareza e força de convencimento[6].

c) **PARTICIPAÇÃO CRIADORA DO APLICADOR.** Consequentemente, a aplicação do direito, ou o ato de subordinação ou subsunção do fato à forma, **não é um ato reflexo e passivo**. O aplicador da lei não assume aquela conduta de "ente inanimado" concebida por Montesquieu, ou a condição de um *operador de máquinas automáticas*, em que se põem os fatos no orifício de entrada, puxa-se uma alavanca e retira-se a decisão

---

[5] O operador do Direito, segundo Eduardo Bittar, pode encontrar uma das seguintes hipóteses: (a) não ter a premissa maior (lacuna); (b) ter mais de uma premissa maior (antinomia); (c) ter a premissa maior, mas que perdeu sua validade (por inconstitucionalidade ou ilegalidade); d) ter a premissa maior, mas esta tem de ser matizada por um princípio jurídico; e) ter a premissa maior, mas sua interpretação gera divergências por conter conceitos vagos (por exemplo, comoção geral, perigo iminente, segurança nacional), conceitos ambíguos (ofensa à dignidade, lesão ao decoro, costumes sociais) (*Introdução ao estudo do direito*, São Paulo: Saraiva, 2018, p. 484).

[6] Calogero, contestando a redução da sentença a um silogismo, escrevia: "A verdadeira e grande tarefa do juiz consiste, não em inferir conclusões, mas antes e propriamente em encontrar e formular as premissas".

pré-formulada, como descreve Roscoe Pound. Note-se que a operação lógica pode funcionar apenas nas questões simples, em que facilmente se pode determinar a questão de fato e a questão de direito, combinando-as num raciocínio de lógica formal. Por exemplo, se o art. 5º do Código Civil dispõe que a menoridade cessa aos 18 anos completos, e João completou essa idade, ele é, logicamente, maior de idade. Mas, acontece que a vida real é bem mais complexa do que o legislador pode prever, exigindo uma lógica específica e própria de natureza axiológica, na busca de uma solução jurídica adequada ao caso concreto, como vimos na lição anterior. Em suma, **a lógica formal é útil, mas não é absoluta**. Surge assim um novo raciocínio jurídico, cujo ponto de partida é o caso, o problema concreto; o seu fundamento decisório são os princípios e as regras; e a decisão, um processo criativo.

Podemos dizer que a aplicação do direito consta de dois passos: um racional e *a priori*, outro experiencial e *a posteriori*. O primeiro, principialista e deontológico, busca estabelecer a norma; o segundo, consequencialista e teleológico, serve para concretizar a norma com uma tomada de decisão, levando em conta as consequências do ato ou da decisão.

Trata-se, pois, de um ato de *participação criadora do aplicador do direito* que nessa tarefa deve **atender aos fins sociais a que a lei se dirige e às exigências do bem comum (LINDB, art. 5º)**, valendo-se de recursos como os princípios gerais de direito e a equidade, no seu dever permanente de reajustar as leis aos fatos e às exigências da justiça. Na observação de Miguel Reale Júnior, o juiz, ao julgar, "deve reconhecer por meio das provas o fato ocorrido, no seu contexto, em todas as circunstâncias objetivas e pessoais; e deve adequar ao fato a norma cabível, interpretando seus termos, seu sentido e o fim visado, casando-os com a hipótese real em apreço. O magistrado não apenas diz a lei, como se a decisão já se contivesse pronta, acabada no texto legal, mas tem a tarefa, com limites, de estabelecer a norma para o caso concreto. [...] O ato de julgar não se reduz a uma atitude passiva diante dos textos legais"[7].

Recaséns Siches, partindo da concepção de que a norma jurídica é um "pedaço de vida objetivada" (Ortega y Gasset), considera que aplicá-la é revivê-la e, ao ser revivida, deve experimentar modificações para ajustar-se às novas realidades em que é revivida e para as quais é revivida[8]. Vale aqui

---

[7] Miguel Reale Júnior, Controvérsia e certeza do direito, *OESP*, 5 out. 2013.

[8] Exemplo de uma aplicação axiológica do direito: num pedido de *habeas corpus* em favor de um cidadão, preso preventivamente sob a alegação de ter seduzido menor de dezessete anos, conforme queixa-crime apresentada pelo avô da vítima, alegou-se nulidade do processo por ilegitimidade de parte, no caso, o avô. O art. 30 do Código de Processo Penal preceitua que a queixa há de ser oferecida pelo ofendido ou por seu representante legal. Ocorre que a queixa foi apresentada pelo avô, mas acompanhada de atestado médico psiquiátrico que atribuía

a lição de Reale: "Se é um mal o juiz que anda à cata de inovações, seduzido pelas 'últimas verdades', não é mal menor o julgador que se converte em autômato a serviço de um fichário de arestos dos tribunais superiores"[9]. É evidente que essas considerações aplicam-se, em linhas gerais, **às outras formas de aplicação do Direito**, como ocorre quando um administrador tem de dar execução à lei para realizar os fins da administração. Também aqui a aplicação da lei através de resoluções e atos administrativos não pode ser redutível a uma simples subordinação da autoridade à diretriz legal. Essa deve igualmente ser valorada, posta em cotejo com os fatos, dependendo de razões de conveniência e oportunidade, da necessária adequação entre os fins da norma e os meios e instrumentos indispensáveis à sua consecução.

Concluindo, ninguém postula a atividade de um juiz passivamente situado perante a ordem jurídica. Mas há um risco: quando o juiz apresenta o próprio entendimento pessoal como "alternativa", para substituir os modelos jurídicos considerados em conflito com a justiça da vida, pondo entre parênteses, isto é, fazendo abstração do Direito posto em vigor, ou seja do sistema de diretrizes normativamente emanadas pelas múltiplas fontes do Direito e que devem ser levadas em conta como razão de decidir. Tirante esse alerta, a preocupação pelos oprimidos e excluídos deve superar a exigência positivista de neutralidade do poder judiciário. E o juiz, com sua compreensão axiológica e sistêmica abre largo campo à relação do justo, quando a argumentação jurídica se torna tema de central importância, como fundamentação racional das decisões jurídicas. Não há razão para temê-lo.

155.3. Argumentação jurídica

A argumentação é uma **atividade intelectual que procura fornecer razões para a defesa de um ponto de vista, para a justificação de determinada tese ou conclusão**. A argumentação visa a influenciar a decisão jurídica, de acordo com os vários tipos de argumentos tais como os factuais, os legais, os morais, os jurídicos, os de princípios gerais ou especiais do Direito, de princípios constitucionais, os sociológicos e econômicos, os técnicos e políticos, históricos e culturais etc.

---

ao pai da menor a condição de portador de oligofrenia. Portanto este não poderia representá-la, pela sua incapacidade. Mas a mãe da menor era viva e a ela caberia a representação da filha, de acordo com a ordem de enumeração constante do art. 31 do Código de Processo Penal. A jurisprudência do STF, porém, tem admitido que o direito de queixa ou representação, conforme as circunstâncias especiais do caso, pode ser exercido por outro parente ou pessoas da guarda da vítima, se há impedimento ou embaraço por parte dos representantes da menor. Isso porque a proteção de crianças e adolescentes e o afastamento de indivíduos de manifesta periculosidade no contato com jovens, do ponto de vista sexual, seriam frustrados se rigoroso formalismo norteasse como princípio inflexível a interpretação dos dispositivos penais e processuais invocados pelo impetrante. Assim, a decisão denegou o pedido.

[9] Miguel Reale, *Lições preliminares de direito*, São Paulo: Saraiva, 1984, p. 168.

Há autores que pensam que sob a tradição do silogismo lógico-dedutivo a segurança jurídica era maior do que na tradição da argumentação. Porém, Robert Alexy afirma que as regras básicas de toda argumentação são: (1) *Nenhum orador pode se contradizer.* (2) *Todo orador só pode afirmar aquilo em que de fato acredita.* (3) *Todo orador que aplicar um predicado F a um objeto A tem de estar preparado para aplicar F a todo outro objeto que seja igual em todos os aspectos relevantes.* (4) *Todo orador só pode afirmar os juízos de valor ou de dever que afirmaria dessa mesma forma em todas as situações em que afirme que são iguais em todos os aspectos relevantes.* (5) *Oradores não podem usar a mesma expressão com diferentes significados*[10].

156. A INTEGRAÇÃO DO DIREITO

O **princípio da plenitude do ordenamento jurídico** nasceu provavelmente, segundo Bobbio, na **tradição romanística medieval**, quando o direito romano passa a ser o direito por excelência, ao qual nada há a acrescentar nem a ser retirado, pois ele contém as regras com as quais o bom intérprete é capaz de resolver todos os problemas jurídicos que se apresentarem. A concepção do direito natural como instrumento para colmatar as lacunas do direito positivo durou até o período das codificações. Nos **tempos modernos**, o preenchimento das lacunas tornou-se parte integrante da **concepção estatista do direito**, ou seja, daquela concepção que faz da produção jurídica um monopólio do Estado. O direito estatal, onipotente como o Estado de que era a emanação, deveria regular todos os possíveis casos. Assim, a afirmação do **dogma da completude caminha *pari passu* com a monopolização do direito por parte do Estado**. Uma expressão desse desejo de completude foram as grandes codificações (da francesa de 1804 à germânica de 1900). Desenvolveu-se, então, entre os juízes e juristas a tendência de se ater escrupulosamente aos códigos (fetichismo da lei). Surge a Escola da Exegese, com sua admiração pela obra realizada pelo legislador através da codificação e com uma confiança cega na suficiência das leis[11]. Os juristas acolhem a ficção de que o legislador é onisciente, atribuindo-lhe o conhecimento de todas as circunstâncias fáticas, às vezes infinitas, compreendidas nas normas que estabelece. Em suma, o código, uma vez publicado, não tem lacunas.

Hoje, o fato inegável é que os legisladores, por mais que queiram, **não conseguem acompanhar com suas normas jurídicas a dinâmica de transformações da realidade social**. *A realidade não para quieta* (dizia Eros Grau). Com outras palavras, as normas jurídicas não conseguem

---

[10] Robert Alexy, *Teoria da argumentação jurídica*, Rio de Janeiro: Forense, 2013, p. 287.
[11] Ver Norberto Bobbio, *Teoria geral do direito*, São Paulo: Martins Fontes, 2010, p. 275-277

disciplinar todo o volume de situações que emergem nas relações sociais. A experiência jurídica, sendo uma renovada sucessão de estimativas e opções, é ao mesmo tempo, estabilidade e movimento. Querer fugir disso, não reconhecendo a dialeticidade essencial da experiência jurídica, é tão ridículo como fugir da história. Dessa forma, quando surge um caso que não está previsto pelas normas jurídicas, ou seja, quando para um fato não há norma adequada, estamos diante de uma **lacuna** que deve ser preenchida pelo aplicador mediante a **integração do direito**. Não sendo capaz de prever todos os casos particulares, o legislador prefere, como diz Carlos Maximiliano, "pairar nas alturas, fixar princípios, estabelecer preceitos gerais, de largo alcance", deixando ao aplicador do direito "a tarefa de enquadrar o fato humano em uma norma jurídica, passando do terreno das abstrações para o das realidades"[12].

Devemos notar que o problema das lacunas não pode ficar restrito à legislação ou ao sistema de normas legais. Ele ultrapassa os seus limites, **abrangendo a totalidade das normas jurídicas** que, de acordo com as diversas fontes do direito de que se originam, classificam-se em legais, costumeiras, jurisdicionais e negociais, como já vimos. Aqui, contudo, e sem negar a ampliação supramencionada, vamos tratar da lacuna e da sua integração em relação unicamente ao sistema das normas legais ou leis. Devemos notar ainda que, somente há lacuna quando se trata da não previsão de um caso que deve ser regulado juridicamente. Tratando-se de uma **situação extrajurídica, não há lacuna**. Por exemplo, se alguém se queixa de que o vizinho não o cumprimenta quando cruza com ele na rua, não há lacuna porque se cuida de uma hipótese que está *extra muros* da ordem jurídica. Sabemos como há muitas situações da vida social que não são previstas nem reguladas pelo Direito, mas dizem respeito às ordens religiosa, moral ou de cortesia[13].

---

[12] Carlos Maximiliano, *Hermenêutica e aplicação do direito*, Rio de Janeiro: Forense, 2011, p. 11.

[13] Há, na verdade, dois modos de ver a questão da lacuna. Um é o problema lógico da *completude* do sistema das normas. Trata-se de saber se o direito tem a propriedade de não deixar nenhum comportamento sem qualificação jurídica, nada havendo de indiferente para ele. Há autores que assim pensam, dizendo que o direito regula os comportamentos ou proibindo e obrigando ou permitindo (se nem proíbe nem obriga). Por exemplo, fumar em sua própria casa seria um comportamento juridicamente permitido, pois não é proibido nem obrigatório. Consequentemente, o juiz, não encontrando nenhuma norma que regulasse determinado comportamento, julgá-lo-ia como permitido automaticamente. A dificuldade surge quando pensamos nos casos em que (como no exemplo clássico de furto de energia elétrica), quando eles aparecem não eram configurados por nenhuma lei penal. Por força do princípio *nullum crimen nulla poena sine lege*, deveriam ser considerados como comportamentos juridicamente permitidos. Daí o segundo modo de ver a questão da lacuna. Como sendo um *problema de ordem processual*, pois surge somente no momento da aplicação de um sistema normativo a

156.1. Conceito

Sob esse aspecto, a integração vem a ser um processo **de preenchimento das lacunas existentes *na lei*.** A doutrina distingue a **"autointegração"**, que se opera pelo aproveitamento de elementos do próprio ordenamento, da "heterointegração", que se vale de recursos hauridos fora dele, como é a hipótese do recurso às regras estrangeiras. Maria Helena Diniz, contudo, assim diferencia: "A **autointegração** é o método pelo qual o ordenamento se completa, recorrendo à fonte dominante do direito: a lei. O procedimento típico é a analogia. A **heterointegração** é a técnica pela qual a ordem jurídica se completa, lançando mãos de fontes diversas da dominante, por exemplo: o costume, equidade"[14].

156.2. Integração, fontes e interpretação

A integração não se confunde com as "fontes" nem com os processos de "interpretação" do direito.

Os elementos de integração **não constituem fontes** porque não formulam diretamente a norma jurídica, **apenas orientam** o aplicador para localizá-las. Igualmente **não é atividade de interpretação**, porque **não se ocupa em definir o sentido e o alcance das normas jurídicas**. Uma vez assentada a norma aplicável, aí sim se desenvolve o trabalho interpretativo. Consequentemente, **na interpretação, parte-se de lei existente; na integração, parte-se da inexistência da lei**.

156.3. A questão das lacunas

Os escritores racionalistas do século XVIII teorizaram sobre a onipotência do legislador. Mas com eles ainda não chegamos ao positivismo jurídico propriamente dito. Basta lembrar que nesse século o direito natural ainda estava vivo e teve um dos seus florescimentos mais intensos. Recordemos a influência que o pensamento jusnaturalista teve na formação da Constituição Americana e das Constituições das Revolução Francesa. As consequências disso se manifestam particularmente num caso importante que indica o limite da onipotência do legislador, isto é, o caso da "lacuna da lei". Enquanto os juspositivistas negaram a própria existência das lacunas

---

determinado caso, para o qual, aparentemente ou realmente, não há norma específica. Mesmo neste caso as opiniões são divididas, havendo aqueles (como François Gény) que afirmam a necessidade da *plenitude lógica* da legislação escrita, ou seja, como uma ficção aceita por um motivo puramente prático. Reconhecem, de fato, a incompletude do direito. Outros (como Kelsen), de maneira oposta, reconhecem, de fato, a completude, mas admitem, no nível processual, a *incompletude como uma ficção* que permite estabelecer limites ideológicos ao arbítrio do juiz nos casos de comportamentos permitidos, mas, do ponto de vista da ordem social, indesejadamente permitidos, como o caso do furto de eletricidade (Tercio Sampaio Ferraz Júnior, *A ciência do direito*, São Paulo: Atlas, 2010, p. 81-82).

[14] Maria Helena Diniz, *As lacunas no direito*, São Paulo: Revista dos Tribunais, 1981, p. 121.

(para serem coerentes, excluindo o recurso ao direito natural), os escritores do século XVII e século XVIII não a negaram e afirmam que em tal caso o juiz deve resolver a controvérsia aplicando o direito natural.

O fato inegável é que o problema teórico da lacuna jurídica aparece no século XIX, ganhando evidência sob o positivismo jurídico. A lacuna pode ser definida como a ausência de lei que permita resolver uma situação da vida social que reclama uma solução jurídica, ou como a **ausência de lei para um caso concreto**. Por outras palavras, há lacuna quando um fato não foi contemplado como pressuposto ou fato-tipo de uma norma, havendo então falta de uma hipótese típica dentro da qual o fato se inclui como seu correspondente existencial concreto. Deve-se notar que a lacuna se caracteriza não só quando a lei é omissa em relação ao caso, porque o legislador não o previu (lacuna "**involuntária**"), mas também quando a inexistência da lei é querida pelo legislador que deixa o assunto a critério do julgador, hipótese em que teríamos uma lacuna "**voluntária**"[15].

Norberto Bobbio, por sua vez, classifica as lacunas em dois grupos: as "**ideológicas**" e as "**reais**". O primeiro grupo compreende as situações em que não faltaria a disposição legal aplicável, mas ela não seria tida como oportuna, adequada ou justa para a hipótese a que se destinasse. O segundo grupo compreende as lacunas reais que ocorreriam quando se estivesse diante de um caso para o qual a lei não contivesse qualquer disposição aplicável, de tal sorte que um juiz chamado a se pronunciar não encontraria na lei o critério orientador da decisão a proferir[16].

a) **LACUNAS DA ORDEM LEGAL E DO ORDENAMENTO JURÍDICO.** Há os que entendem que as lacunas são inevitáveis, como os que simplesmente negam a sua existência. Pensamos que é fundamental, para uma melhor compreensão da matéria, **distinguir** entre "lacunas da lei", ou seja, as existentes na **legislação positiva**, *e* "lacunas do ordenamento jurídico", ou seja, as que se referem ao sistema global que compreende a **totalidade das normas vigentes** (que vão além do conjunto sistemático das normas legais). À essa luz, **as lacunas da lei são uma realidade, mas as lacunas do ordenamento jurídico não são possíveis**, em face do postulado da sua plenitude lógica[17].

---

[15] Carnelutti, em sua *Teoria geral do direito*, trata conjuntamente os dois problemas, e fala de incompletude por *exuberância*, no caso das antinomias (há mais normas do que deveria haver e deve-se suprimir aquilo que está a mais) e de incompletude por *deficiência*, no caso das lacunas (há menos normas do que deveria haver e deve-se acrescentar aquilo que falta), donde os dois remédios opostos da *purificação* do sistema, para eliminar as normas exuberantes ou as antinomias, e da *integração*, para eliminar a deficiência de normas ou lacunas (apud Bobbio, *Teoria do ordenamento jurídico*, Brasília: Ed. UnB, 1997, p. 117).

[16] Norberto Bobbio, *Teoria do ordenamento jurídico*, Brasília: Ed. UnB, 1997, p. 140.

[17] Distinguimos, portanto entre o preceito da plenitude lógica do ordenamento jurídico e o princípio da plenitude lógica do ordenamento legal no sentido de que não existem de fato la-

A demonstração da inexistência das lacunas diz respeito a duas teorias diversas: teoria do espaço vazio e teoria da norma geral exclusiva.

b) **TEORIA DO ESPAÇO JURÍDICO VAZIO**. Teve seu maior expoente em Bergbohm e foi sustentada na Itália principalmente por Santi Romano. Afirma que não faz sentido falar de lacunas do direito, porque, dado um fato qualquer, ou existe uma norma que o regule e, neste casso, não há evidentemente lacuna. Ou não existe nenhuma norma que o regule, e nem também neste caso se pode falar de lacuna, visto que o fato não regulado é **juridicamente irrelevante**, porque pertence ao "espaço jurídico vazio", isto é, ao espaço que está além da esfera jurídica. Com outras palavras, o fato não previsto por nenhuma norma é um fato situado fora dos limites do direito. Bobbio esclarece o conceito, comparando o direito a um rio que corre entre duas margens e não faz sentido dizer que além das margens há uma lacuna do rio, visto que na realidade há algo diverso do rio, a terra firme. Assim também, onde a norma está ausente estamos fora dos limites do direito, numa esfera diversa da jurídica[18].

c) **NORMA GERAL EXCLUSIVA**. A teoria da norma geral exclusiva tem seu maior expoente em **Zitelmann**. Este, em sua obra *As lacunas no direito*, firmou a tese expressamente consagrada no direito positivo brasileiro de que **não existe plenitude na legislação positiva**, ou seja, existem lacunas na legislação, mas o direito, entendido como ordenamento, jamais pode ter lacunas. Ele fundamenta sua conclusão na "**norma geral exclusiva**", uma vez que, segundo ele, qualquer comportamento ou se encontra qualificado por uma norma específica, que ele chama de positiva, ou se encontra qualificado por uma norma geral negativa ou exclusiva, do tipo "tudo que não está proibido, está permitido"[19]. Trata-se de um princípio de

---

cunas no sistema das leis, fato no qual poucos são hoje os que acreditam. Tempo houve em que reinou soberano o culto da lei, confundindo o Direito com a fórmula legal. Todos os problemas jurídicos eram postos em função da norma formulada pela autoridade estatal, acreditando-se que na regra positiva se contivesse a solução para todas as hipóteses surgidas na vida de convivência social.

[18] Norberto Bobbio, *O positivismo jurídico*, São Paulo: Ícone, 2006, p. 208.

[19] Escreve Zitelmann: "Na base de toda norma particular que sanciona uma ação com uma pena ou com a obrigação de indenização dos danos, ou atribuindo qualquer outra consequência jurídica, está sempre como subentendida e não expressa uma norma fundamental geral e negativa, segundo a qual, à parte casos particulares, todas as outras ações ficam isentas de pena ou indenização: cada norma positiva, com a qual é atribuída uma pena ou uma indenização, é nesse sentido uma exceção daquela norma fundamental geral e negativa. Donde se segue: no caso em que falte uma tal exceção positiva não há lacunas, porque o juiz pode sempre, aplicando aquela norma geral e negativa, reconhecer que o efeito jurídico em questão não interveio, ou que não surgiu o direito à pena ou a obrigação à indenização" (As lacunas no direito, *apud* Norberto Bobbio, *Teoria do ordenamento jurídico*, Brasília: Ed. UnB, 1997, p. 133-134). Em suma, ele sustenta haver no ordenamento jurídico uma norma geral, implícita e complementar, que considera lícito o que não for proibido. Igualmente Kelsen diz que inexistem

cunho liberal, segundo o qual a plenitude do ordenamento jurídico estatal seria assegurada por ser-lhe implícita a regra: "o que não é juridicamente proibido é juridicamente permitido".

Não existem fatos juridicamente irrelevantes e não existem lacunas, porque cada norma jurídica particular que submete certos atos a uma dada regulamentação é sempre acompanhada de uma segunda norma implicitamente nela contida, a qual exclui da regulamentação da norma particular todos os atos não previstos por esta última (por isso a segunda norma é dita geral e exclusiva).

Em consequência, **qualquer caso não contemplado pelas normas positivas estaria regido pela norma geral negativa**. Toda conduta não compreendida na norma é regulada por uma "norma geral exclusiva", ou seja, pela regra que exclui todos os comportamentos que não fazem parte daquele previsto pela norma particular. Assim, nunca pode existir um "espaço jurídico vazio" (defendido por Bergbohm), e sempre é possível solucionar o fato não previsto, não havendo que falar em lacuna no ordenamento jurídico. A norma geral exclusiva, considerando permitido o comportamento não defeso em lei, torna improcedente qualquer pretensão em sentido contrário.

Tal norma geral exclusiva poderia ser encontrada, no direito brasileiro, no princípio da legalidade, segundo o qual **"ninguém é obrigado a fazer ou deixar de fazer alguma coisa senão em virtude de lei" (CF, art. 5º, II)**. Isto é, se inexistir uma lei proibindo ou obrigando a certa conduta, ela é permitida. No nosso direito positivo, contudo, a existência de uma "norma geral exclusiva" não afasta a obrigatoriedade da **prestação jurisdicional**, ou seja, ela não exime o magistrado de proferir uma decisão na hipótese de a lei ser omissa quanto ao objeto da lide. De fato, tanto o art. 4º da LINDB como o art. 140, *caput*, do CPC reconhecem que o sistema de leis pode ser omisso quanto ao objeto da demanda, mas, não obstante isso, a ação deve ser obrigatoriamente decidida com base na analogia, nos costumes e nos princípios gerais de direito.

d) **NORMA GERAL INCLUSIVA. Norberto Bobbio** admite a norma geral exclusiva de que fala Zitelmann, mas também sustenta que ao seu lado existiria uma "norma geral inclusiva". O mestre da Universidade de Turim assim se explica: "Chamamos de norma jurídica inclusiva uma norma como a que vem expressa no artigo 12 das Disposições preliminares do ordenamento italiano, segundo a qual, no caso de lacuna, o juiz deve recorrer às normas que regulam casos parecidos ou matérias análogas. Enquanto norma jurídica exclusiva é aquela norma que regula todos os casos não compreendidos na norma particular, mas os regula de maneira oposta, a característi-

---

lacunas no direito, por ser, segundo ele, permitido o que não for proibido (Teoria Pura do Direito).

ca da norma geral inclusiva é a de regular os casos não compreendidos na norma particular, mas semelhantes a eles, de maneira idêntica. Frente a uma lacuna, se aplicarmos a norma geral exclusiva, o caso não regulamentado será resolvido de maneira oposta ao que está regulamentado; se aplicarmos a norma geral inclusiva, o caso não regulamentado será resolvido de maneira idêntica àquele que está regulamentado".

A verdadeira lacuna, no seu entender e diferentemente da definição que demos supra, "se verifica não mais por falta de uma norma expressa pela regulamentação de um determinado caso, mas pela falta de um critério para a escolha de qual das duas regras gerais, a exclusiva ou a inclusiva, deva ser aplicada"[20].

e) LACUNAS NORMATIVA, ONTOLÓGICA E AXIOLÓGICA. Por fim, lembramos que há autores que, enfocando a gênese dinâmica das lacunas, falam em duas outras modalidades de lacuna, além da "**normativa**", como definimos acima (**o silêncio da lei sobre determinado assunto**). Haveria ainda, segundo eles, a lacuna "**ontológica**", ou seja, na hipótese de determinado preceito legal **não mais corresponder aos fatos sociais por estar ultrapassado**, por exemplo, em face do avanço tecnológico e cultural de dada realidade social; e a lacuna "**axiológica**", isto é, quando existe uma lei para determinado caso concreto, mas **a solução decorrente da sua aplicação seria insatisfatória ou injusta** (corresponderia às lacunas que Bobbio chamou de "ideológicas. Norberto Bobbio fala de lacunas no ordenamento jurídico, não no sentido de falta de uma norma a ser aplicada, mas de falta de critérios válidos para decidir qual norma deve ser aplicada. Mas, segundo ele, há outro sentido de lacuna, que chama de "ideológica": "a falta não já de uma solução, mas de uma solução satisfatória, ou, em outras palavras, não já a falta de uma norma, mas a falta de uma norma justa, de uma norma que se desejaria que existisse, mas que não existe"[21].

156.4. Postulado da coerência

A **coerência** vem a ser aquela propriedade pela qual **nunca pode pertencer ao sistema uma determinada norma juntamente com outra que lhe é contraditória**. Em suma, coerência significa ausência de contradição, caso contrário, teríamos, então, uma **antinomia**. Um conjunto de proposições é coerente se não contém, ao mesmo tempo, uma proposição e sua negação. Com outras palavras, a coerência implica a exclusão de que ambas as normas que se contradizem possam pertencer ao mesmo sistema.

A **completude**, por sua vez, segundo Bobbio, pode significar a **exclusão de toda situação em que não pertença ao sistema nenhuma das duas normas que se contradizem**. Na conclusão de Bobbio: Incoerente

---

[20] Norberto Bobbio, *Teoria do ordenamento jurídico*, Brasília: Ed. UnB, 1997, p. 135-137.
[21] Norberto Bobbio, *Teoria do ordenamento jurídico*, Brasília: Ed. UnB, 1997, p. 139-140.

é "um sistema em que existem tanto a norma que proíbe um determinado comportamento quanto aquela que o permite". Incompleto seria "um sistema em que não existem nem a norma que proíbe um determinado comportamento nem aquela que o permite". Carnelutti por sua vez, observa que a hipótese de antinomia é aquela em que existem mais normas do que deveriam existir, e a tarefa do intérprete é a de suprimir aquilo que está em excesso. A hipótese de lacuna, ao contrário, é aquela em que existem menos normas do que deveriam existir, e a tarefa do intérprete é acrescentar aquilo que falta[22].

156.5. Plenitude ou completude da ordem jurídica

A necessidade da integração resulta da paz social que o direito deve assegurar para permitir a convivência humana. Por isso, é princípio consagrado universalmente que os juízes não podem deixar de julgar, alegando inexistência de normas aplicáveis. Se não fosse assim, **a segurança jurídica ficaria seriamente comprometida**. Na legislação brasileira, o art. 140, *caput*, do CPC dispõe a respeito: "o juiz não se exime de decidir sob a alegação de lacuna ou obscuridade do ordenamento jurídico".

Por outro lado, a integração das lacunas encontradas na lei é possível porque vigora aqui o postulado da "**plenitude da ordem jurídica**", ou seja, **o ordenamento jurídico não pode deixar de conter solução para todas as questões que surgirem na vida de relação social**. Seriam vazios perigosos para a vida em convivência. Por isso, o ordenamento contém, encerra em si a possibilidade de solução para todas as questões que surgirem na vida de relação social, suprindo as lacunas deixadas pelas fontes do direito. Com outras palavras, no ordenamento jurídico existem princípios e normas latentes, capazes de solucionar situações não previstas, expressamente, pelo legislador.

Entendemos por plenitude do sistema jurídico a sua capacidade de dar uma resposta a todas as situações. Reconhecida a limitada capacidade de previsão do legislador (**lacunas involuntárias**) e a conveniência que pode determiná-lo a deixar um espaço de liberdade ao juiz (**lacunas voluntárias**), há mecanismos que o próprio sistema oferece para suprir essas lacunas legais (LINDB, art. 4º). É evidente que não estamos referindo-nos à plenitude do sistema jurídico tal como afirmara o pensamento *positivista*. Este não reconhecia a existência de lacunas porque a analogia as afastava, afirmação que não é verdadeira, pois nem sempre as afasta, ou seja, o procedimento analógico não é suscetível de suprir todas as lacunas da lei. Mas nem por isso pode-se afirmar que o ordenamento jurídico é inevitavelmente lacunoso.

---

[22] Ver Norberto Bobbio, *Teoria geral do direito*, São Paulo: Martins Fontes, 2010, p. 272-273.

156.6. Meios de integração

O direito, como experiência, deve ser pleno. Por isso são muitos os processos através dos quais o juiz ou o administrador realizam a integração da lei para atingir a plenitude da vida. **O art. 4º da LINDB** indica os meios para solucionar os casos lacunosos: "Quando a lei for omissa, o juiz decidirá o caso de acordo com a analogia, os costumes e os princípios gerais de direito".

Apesar de a nossa atual Lei de Introdução às Normas do Direito Brasileiro e da Constituição Federal vigente nada mencionarem sobre a **equidade**, contudo ela é considerada como meio distinto de preenchimento de vazios no sistema legal. Vale relembrar que a equidade, como meio de integração de lacuna, foi expressamente prevista no art. 113, n. 37, da Constituição Federal de 1934: "Nenhum juiz deixará de sentenciar por motivo de omissão na lei. Em tal caso, deverá decidir por analogia, pelos princípios gerais de direito ou por equidade". Assim, os meios de integração do direito seriam a analogia, os costumes, os princípios gerais de direito e a equidade.

A **enumeração** do art. 4º da LINDB é **excludente**? Ou seja, o uso da analogia excluiria de antemão, por exemplo, o recurso aos princípios gerais de direito? Entendem alguns autores e, entre eles, **Clóvis Beviláqua**, que haveria, no texto mencionado, uma enumeração excludente: em primeiro lugar se deveria recorrer à analogia; a seguir, aos costumes e, por fim, aos princípios gerais[23].

Miguel Reale não pensa que assim deva ser posta a questão, afirmando que a asserção de Clóvis prende-se ainda à tese da supremacia absoluta da lei. Segundo ele, "o apelo à analogia não impede que recorramos, concomitantemente, aos costumes e aos princípios gerais"[24]. A analogia, que, como veremos, consiste em sua essência num raciocínio fundado em razões de semelhança entre o caso previsto e aquele que não o é, tem as aduzidas razões de similitude reforçadas e ganha maior objetividade quando também se recorre a um princípio geral de direito. Assim, a analogia não exclui de antemão os princípios gerais, nem a equidade, mas antes com eles intimamente se correlaciona.

157. O COSTUME JURÍDICO SUPLETIVO

O costume jurídico já foi tema de aula anterior (Lição XIII). Agora, como fonte supletiva, cuida-se do costume *praeter legem*: aquele que **intervém na falta ou omissão da lei**. Tem, pois, caráter supletivo, suprindo a lei nos

---

[23] A antiga Lei de Introdução ao Código Civil Brasileiro de 1916 dizia em seu art. 7º: "Aplicam--se nos casos omissos as disposições concernentes aos casos análogos, e, não os havendo, os princípios gerais de direito" (Lei n. 3.071/1916).

[24] Miguel Reale, *Lições preliminares de direito*, São Paulo: Saraiva, 1984, p. 310-311.

casos omissos pela observância de práticas consuetudinárias. É a essa espécie de costume, o *praeter legem*, que se refere o art. 4º da LINDB.

Seja como exemplo o trazido por Maria Helena Diniz: o do **cheque pós-datado**. "A função natural do cheque é ser um meio de pagamento à vista. Se emitido sem fundos em poder do Banco sacado, ficará o que o emitiu sujeito à sanção penal. Entretanto, muitas pessoas vêm reiterada e ininterruptamente emitindo-o não como uma mera ordem de pagamento, mas como garantia de dívida, para desconto futuro, na convicção de que esse procedimento não constitui um crime. Tal costume de emitir cheque pós-datado, baseado em hábito da época, realizado constante e uniformemente e na convicção de que se trata de uma norma de Direito Civil, como se fosse um sucedâneo de uma letra de câmbio ou de uma promessa de pagamento, faz com que o magistrado se utilize dessa norma consuetudinária como fonte supletiva da lei, declarando a inexistência do crime"[25]. Assim, a lei não prevê o uso do cheque como sucedâneo de uma letra de câmbio ou promessa de pagamento. O juiz, então, poderá valer-se desse costume como fonte supletiva da lei, declarando a inexistência do crime de emissão de cheque sem fundo, quando apresentado antes da data combinada.

QUESTIONÁRIO

1. Em que consiste a aplicação do direito, em sentido técnico?

2. Como se dá a aplicação de uma lei para aqueles que a reduzem à estrutura de um silogismo?

3. A aplicação do direito consiste numa questão de lógica formal?

4. Por que a sentença do juiz não é mero silogismo?

5. Por que a atitude do aplicador do direito não pode ser aquela de um "ente inanimado", concebida por Montesquieu?

6. Isabel é estudante de uma Universidade Pública em Brasília, na área da Medicina. Encontrou um alojamento estudantil em Brasília, deslocando-se para rever os pais nos finais de semana ou feriados. Os deslocamentos em carro próprio são feitos em trechos de rodovias federais que se encontram em estado de grande precariedade, além de receberem grande número de caminhões. Certa vez, há poucos quilômetros da cidade, sem qualquer sinalização por placas, após avistar e tentar desviar de um grande buraco na estrada,, Isabel perde a direção e capota o carro, até colidir com um caminhão que vinha na direção oposta. Encaminhada pela polícia federal a um hospital, a motorista acaba por falecer, uma vez que os ferimentos eram graves. São movidas duas ações judiciais,

---

[25] Maria Helena Diniz, *As lacunas no direito*, São Paulo: Revista dos Tribunais, 1981, p. 175.

uma ação criminal, para apurar a morte, e a outra ação cível, para tratar dos danos materiais, decorrentes do acidente e da morte. Nos processos judiciais, tenta-se apurar a matéria de fato relativa ao acidente, além de se discutir, do ponto de vista jurídico, a responsabilidade da União Federal, por má administração do leito carroçável, do motorista do caminhão, por excesso de velocidade, de Isabel por desatenção ao volante.

Você, na posição de advogado da família, pesquise, elabore e formule estratégias de provas cabíveis, em face dos dois processos judiciais em curso, Sabendo que não havia testemunhas no local e tendo a condutora falecido.

De outro lado, você, como juiz, elabore a sentença judicial, e seus fundamentos legais, avaliando e apoiando-se nas provas trazidas ao processo judicial, procurando chegar a uma decisão justa, nesse caso concreto.

7. Que são as lacunas? Sua existência é possível?

8. Que vem a ser a integração do direito? Qual a diferença entre autointegração e heterointegração?

9 Os elementos de integração constituem fontes do direito? Por quê?

10. Qual a diferença entre a interpretação jurídica e a integração do direito?

11. O juiz pode deixar de sentenciar, alegando lacuna na lei?

12. Explique o princípio ou postulado jurídico que torna possível a integração do direito.

13. Por que meios se integra o direito? A equidade tem também a função de colmatar lacunas?

14. O uso da analogia exclui de antemão o recurso a outro meio de integração, como os princípios gerais de direito?

15. Qual a sua opinião sobre o chamado "direito alternativo"?

16. Na aplicação do direito, o juiz tem autonomia de ação? Justifique.

17. Como conciliar o princípio de que "tudo o que não está proibido está permitido", com a afirmação da existência de lacunas nas leis?

18. (Provão 2003) Das asserções a seguir relacionadas, é verdadeira a que afirma:

   A) uma lei especial revoga uma lei geral, e uma lei inferior posterior revoga uma lei superior anterior.

   B) o juiz não está autorizado, em hipótese alguma, a julgar sem se basear em dispositivo expresso de lei no direito brasileiro.

   C) a norma hipotética fundamental de um Estado é a Constituição positivada, de acordo com Hans Kelsen.

D) a analogia e a equidade são formas de integração do direito.

E) toda vez que há interpretação de uma norma jurídica, necessariamente há aplicação do direito a um caso concreto.

19. (OAB/MG 2007) De acordo com o disposto na Lei de Introdução às Normas do Direito Brasileiro, quando a lei for omissa, o juiz decidirá o caso de acordo com os seguintes critérios, exceto:

A) Analogia.

B) Princípios gerais do direito.

C) Costumes.

D) Equidade.

20. Direito estatal ou direito alternativo? Por quê?

21. Dê um exemplo de lacuna axiológica. Explique como se distingue um caso de lacuna normativa de qualquer outro caso em que haja uma solução injusta ou inadequada.

22. O fato de nenhum sistema jurídico provavelmente ocupar-se, por exemplo, da ação de mover três vezes o dedo anular não implica que todos os sistemas jurídicos tenham pelo menos uma lacuna?

Lição XXXIV

ANALOGIA

Sumário: 158. Conceito; 159. Princípio da igualdade jurídica; 160. Operação lógica e axiológica; 161. Modalidades; 162. Analogia e interpretação extensiva; 163. Exclusão da analogia.

Quanto à completude do ordenamento jurídico, a analogia é um dos meios de integração do direito. Uma técnica que deve ser usada somente quando a ordem jurídica não apresenta uma norma específica para um determinado fato. Com isso, reconhecemos que o sistema jurídico, além de inconsistente pode ser incompleto, não contendo prontas todas as soluções. Vejamos seu conceito, fundamento, espécies e a natureza da sua operação.

158. CONCEITO

A analogia vem a ser um recurso técnico que **consiste em se aplicar a um caso não previsto pelo legislador uma norma jurídica prevista para outro caso fundamentalmente semelhante ao não previsto**.

Quando, pois, não existe uma lei expressa para a solução de um caso, o intérprete, pela analogia, o resolve juridicamente com uma regra de direito estabelecida para um caso semelhante. Assim, há um fato previsto (F1), ao qual está vinculada uma consequência (C). Pela analogia, junta-se essa consequência a um fato não previsto (F2), pela semelhança (S) deste com o fato previsto.

158.1. Paradigma

No processo analógico, a tarefa do aplicador do direito será a de localizar, no sistema jurídico vigente, a norma prevista pelo legislador e que apresenta semelhança fundamental, não apenas acidental, com o caso não previsto. Essa norma prevista pelo legislador denomina-se "paradigma".

158.2. Fonte do direito

A analogia **não é fonte do direito**, porque não cria a norma jurídica a ser aplicada ao fato não previsto. Esta já preexiste. A analogia apenas conduz ou orienta o intérprete na sua descoberta. Apenas revela uma norma implícita já existente no sistema jurídico em vigor, a qual, então, será aplicada.

159. PRINCÍPIO DA IGUALDADE JURÍDICA

A analogia fundamenta-se no *princípio da igualdade jurídica*, o qual exige que os casos semelhantes devem ser regulados por normas semelhantes. É necessário, então, que haja semelhança material de casos e identidade de razão.

159.1. Semelhança material de casos

Essa semelhança material de casos (o previsto e o não previsto) deve **basear-se numa propriedade que seja comum a ambos e que seja relevante**. Com outras palavras, não deve existir entre eles nenhuma nota diferenciadora essencial, a qual pode resultar seja de uma particularidade fática, seja de uma compreensão valorativa específica. Em ambas as hipóteses, o uso da analogia não seria correto.

Não basta, pois, que entre os casos comparados haja muitas características semelhantes. Se eles se desassemelham em apenas uma, e esta diz respeito a algo fundamental ou essencial na configuração jurídica exigida, não se pode concluir pelo uso da analogia. Por outro lado, pode haver apenas uma característica igual. Desde que seja em algo essencial, a aplicação da analogia é possível. É necessário, portanto, muita cautela na aplicação do processo analógico. Sabiamente já advertiam os romanos: "uma pequena diferença de fato pode implicar grandes diferenças de direito" (*minima differentia facti maximas inducit consequentias juris*).

159.2. Identidade de razão

Isso quer dizer que é necessário que **haja o mesmo motivo ou razão para que o caso não previsto pelo legislador seja decidido de igual modo**. Daí o conhecido adágio latino: *ubi eadem ratio, ibi eadem juris dispositio* (onde há a mesma razão, deve haver a mesma disposição de direito), que traduz uma ideia de justiça e de coerência normativa: a de disciplinar casos semelhantes de modo semelhante. Podemos dizer que também a certeza do direito exige a mesma solução.

160. OPERAÇÃO LÓGICA E AXIOLÓGICA

Apesar de constituir uma operação lógica, a analogia não se reduz a mero processo lógico-formal. Nela encontra-se também uma averiguação valorativa ou axiológica, ou seja, na busca do paradigma o intérprete não pode deixar de lado a valoração. De fato, no processo analógico os juízos de valor devem ser utilizados com frequência, para mostrar a relevância desta similitude sobre as diferenças e chegar a uma igualdade não apenas verdadeira, mas também justa.

Assim, na analogia há:

a) **uma investigação lógica, no sentido de buscar a *verdade* de uma igualdade**;

b) **e uma investigação axiológica, no sentido de alcançar uma *justiça* na igualdade**.

Embora não tenha sido a valoração apontada explicitamente pelo legislador, podemos dizer que foi implicitamente. Se, pelo art. 5º da LINDB, se reconhece o estabelecimento de critérios teleológico-valorativos para aplicação da norma, não se pode deixar de estendê-los ao uso da analogia.

Exemplos: tem-se admitido a aplicação, por analogia, do disposto no Decreto n. 2.681, de 7 de dezembro de 1912, sobre estradas de ferro, para solucionar casos atinentes à estrada de rodagem, no que diz respeito à responsabilidade pela vida e integridade dos passageiros. Na verdade, há semelhança de fato e identidade de razão, justificando a aplicação às empresas de transportes rodoviários do preceito da responsabilidade das companhias ferroviárias, em relação à vida e integridade dos passageiros. Há aqui uma verdade e justiça na igualdade encontrada. Mas não há, por exemplo, a mesma razão para aplicar, por analogia, às empresas rodoviárias, o preceito da responsabilidade das ferrovias pela conservação do leito viário, representado por dormentes, trilhos etc. Ou na hipótese de transporte gratuito de passageiros.

O art. 1.666 do Código Civil de 1916 ("quando a cláusula testamentária for suscetível de interpretações diferentes, prevalecerá a que melhor *assegure* a observância da vontade do testador") foi aplicado, por analogia, aos casos de doações que são liberalidades (*RF*, 128/498). Quando da elaboração da Constituição de 1988, não se cogitou do fenômeno que se tornou a rede mundial de computadores (a internet). Não obstante isso, as normas relativas à liberdade de expressão e ao sigilo da correspondência aplicam-se inequivocamente a esse novo meio tecnológico[1].

161. MODALIDADES

A doutrina costuma distinguir a *analogia legis* da *analogia juris*, bipartição devida a Grolmann.

---

[1] Ver Luís Roberto Barroso, *Curso de direito constitucional contemporâneo*, São Paulo: Saraiva, 2015, p. 165 (nota 19).

161.1. *Analogia legis* ou legal

Ela consiste na aplicação de uma norma existente destinada a reger caso semelhante ao não previsto. O paradigma, no caso, se localiza em determinado ato legislativo.

161.2. *Analogia juris* ou jurídica

Ela se fundamenta em um conjunto de normas, para extrair elementos que possibilitem sua aplicabilidade ao caso não previsto. Assim, com base em várias disposições legais, que disciplinam um instituto semelhante, descobre-se a norma aplicável ao caso não previsto, pela combinação de muitas outras. A solução precisa ser buscada no sistema como um todo.

Karl Engisch apresenta-nos como exemplo a hipótese de quando podemos, de uma série de preceitos individuais do Código Civil que impõem a obrigação de indenizar um dano causado culposamente por uma das partes na fase da contratação, retirar o princípio geral de que a simples iniciação das negociações fundamentam um dever de cuidado entre as partes, cuja violação induz em responsabilidade por culpa na formação dos contratos (a responsabilidade por *culpa a contrahendo*).

161.3. Juízo crítico

Alguns autores entendem que existe apenas uma espécie de analogia, que é a *legis*. A chamada *juris* nada mais representa do que o aproveitamento dos princípios gerais de direito, deixando de ser analogia e penetrando no campo daqueles princípios gerais, para suprir a deficiência legal (Miguel Reale). A chamada *analogia juris* não é um *tertium genus* entre a *analogia legis* e os princípios gerais de direito. Em última análise, ela se confunde com eles. É a operação mental que, partindo de uma pluralidade de normas jurídicas, desenvolve, por indução, um princípio geral do direito que, depois por dedução, aplica ao caso lacunoso.

Outros acham que a autêntica analogia é a *juris* (não no sentido do princípio geral de direito), pois, tal como toda aplicação, trata-se da aplicação não de uma norma, mas do ordenamento jurídico inteiro. Por mais aparentemente que se detenha na apuração da analogia das disposições normativas ou de fatos, jamais se poderá prescindir do conjunto da sistemática jurídica que tudo envolve (Machado Neto, Maria Helena Diniz).

Outros, enfim, pensam que a distinção entre *analogia legis* e *juris* carece de qualquer valor prático e nada se perde em dispensá-la; a analogia é uma só (Binding).

162. ANALOGIA E INTERPRETAÇÃO EXTENSIVA

Somente no século XVIII, mais precisamente a partir de Savigny, é que os juristas passaram a distinguir analogia e interpretação extensiva. Até aí os jurisconsultos do *ius commune*, que, aliás, ignoram a expressão *analogia* (na acepção moderna de argumentação lógica dirigida à integração de lacunas partindo do caso regulamentado para o caso semelhante não previsto), não distinguiram substancialmente os conceitos de analogia e de interpretação: falavam de *interpretatio* extensiva e de *extensio legis* e chamavam a analogia de *argumentum a simili*, considerado o meio mais idôneo para realizar a extensão da lei.

A doutrina não é pacífica na exposição dos critérios distintivos entre analogia e interpretação extensiva. Embora haja uma grande afinidade entre ambas (uma vez que podem ser consideradas como espécies de complementação da norma), não há todavia como confundi-las. Há entre elas uma diferença, não qualitativa ou essencial, mas de grau no processo de integração. Podemos até dizer que a analogia começa onde termina a possibilidade da interpretação extensiva.

162.1. Interpretação extensiva

Nela, o caso é diretamente previsto pela lei, mas com **insuficiência verbal ou impropriedade de linguagem**, já que a interpretação da lei revela um alcance maior da lei. No fundo, o fato a que se estende a norma legal já se encontra implícito naquilo que o legislador quis, mas que não foi alcançado pelas palavras que empregou. Propriamente não há aqui lacuna na lei. Parte-se da admissão de que a norma existe, sendo suscetível de ser aplicada, desde que estendido seu entendimento além do usual. Apenas houve uma insuficiência verbal.

162.2. Analogia

Por sua vez, na analogia não há uma insuficiência verbal ou impropriedade de linguagem. Nela, seu pressuposto básico é a existência de uma lacuna, ou seja, **a ausência de um dispositivo legal**. Daí a pesquisa que se faz na legislação a fim de se localizar um paradigma, um fato-tipo semelhante ao não previsto em lei.

Não se deve confundir a analogia com a interpretação extensiva. É verdade que esta representa, até certo ponto, uma forma de integração. A diferença, como já dissemos, não seria qualitativa, mas de grau, ou de momento no processo de integração; entre uma e outra há um grau a mais na amplitude do processo integrativo. Em suma, **a diferença não seria essencial, mas de grau**. Na aplicação da analogia, constrói-se um modelo teórico de força prescritiva: o modelo analógico que é *outro* modelo. Na interpretação extensiva, por sua vez, há a recepção de *um só* modelo em toda a sua elasticidade lógico-pragmática[2].

---

[2] Lembramos que o direito, ao se realizar concretamente pela mediação interpretativa, é um direito *constituendo*. Esta sua realização a ser constituída conjuga todos seus momentos metodológicos num *continuum constituendo*. Assim, a fronteira entre interpretação e integração não é rígida, mas antes sem solução de continuidade. Isso não significa que ficam ex-

Diga-se também que, se uma questão pode ser resolvida com base na interpretação extensiva da norma, não se deve recorrer à integração analógica[3].

163. EXCLUSÃO DA ANALOGIA

Há campos do direito em que a analogia é largamente aplicada, como no direito civil, na CLT (art. 8º) etc. Contudo, o recurso à analogia apresenta reservas nos seguintes setores:

163.1. Direito Penal

Nele **a analogia é condenada para efeito de enquadramento em figuras delituosas, em penas ou como fator de agravamento destas**. Dado o princípio da **reserva legal**, a conduta não prevista legalmente como crime é penalmente lícita. No caso das normas penais, as lacunas legais constituem vazios jurídicos que não podem ser preenchidos. **Só se admite a analogia *in bonam partem*: a que beneficia o réu**. Seja, como exemplo, a exclusão da pena nos casos de aborto praticado em mulher vítima de atentado violento ao pudor, que engravidou pela prática do ato delituoso; o art. 128, II, do CP, se refere apenas ao crime de estupro.

163.2. Direito Fiscal

Não se aplica ainda o procedimento analógico no direito fiscal, **quando for para impor tributos ou penas ao contribuinte**.

163.3. Normas de exceção

Limitado também é o seu recurso no tocante às *normas de exceção,* **que restringem ou suprimem direitos** (*ius singulare*)[4].

---

cluídas quaisquer discriminações metodológicas, mas sim que os seus termos e o seu sentido são outros.

[3] O Código Civil português, nas lacunas em que o recurso à analogia é impossível, porque a capacidade de expansão lógica e teleológica da norma não basta para descobrir e fundamentar a decisão procurada, determina que a sua integração se faça "segundo a norma que o próprio intérprete criaria se houvesse de legislar dentro do espírito do sistema" (art. 10, n. 3), solução que remonta a Aristóteles (*Ética a Nicômaco*, V, 10) e foi consagrada no Código Civil suíço de 1907.

[4] Contrariando essa orientação da doutrina e das legislações em geral, o Decreto-lei n. 4.166, de 11 de março de 1942, dispunha, por ocasião da Segunda Grande Guerra, que os bens e direitos dos súditos alemães, japoneses e italianos responderiam pelo prejuízo resultante de atos de agressão praticados pela Alemanha, pelo Japão ou pela Itália, constituindo crime toda ação ou omissão de que resultasse diminuição do seu patrimônio ou tendesse a fraudar os objetivos do referido ato normativo. Pois bem, o § 3º do art. 5º do Decreto expressamente dizia que "para a caracterização do crime o juiz poderá recorrer à analogia".

QUESTIONÁRIO

1. Como você descreve o processo analógico?

2. A integração do Direito se dá por analogia, porque, quando há lacunas axiológicas, o juiz procura uma situação semelhante e aplica ao caso a norma que seria aplicável àquela situação semelhante. Qual a opção correta:

   A) Asserção certa e razão certa.
   B) Asserção certa e razão errada.
   C) Asserção errada e razão certa.
   D) Asserção errada e razão errada.

3. A analogia é fonte do direito? Justifique.

4. Que vem a ser "paradigma", no processo analógico?

5. Explique o princípio jurídico que justifica o uso da analogia.

6. Qual a distinção entre *analogia legis* e *analogia juris*?

7. Além de uma operação lógica, há de se falar também em uma valoração na analogia?

8. Qual o pensamento de Reale quanto à distinção entre *analogia legis* e *analogia juris*?

9. Como você diferencia a analogia da interpretação extensiva?

10. Em que campos do direito se exclui o uso da analogia? Exemplifique.

11. Que vem a ser o princípio da reserva legal? Que espécie de analogia é admitido no direito penal?

12. A integração do direito se dá por analogia, porque, quando há lacunas, o juiz procura uma situação semelhante e aplica ao caso a norma que seria aplicável àquela situação semelhante.

    Pergunta-se: Nessa afirmação, tanto a asserção como a razão estão corretas? Por quê?

Lição XXXV

PRINCÍPIOS GERAIS DE DIREITO

Sumário: 164. Conceito de princípio; 165. Funções; 166. Princípios e valores; 167. Natureza e fundamento; 168. Princípios gerais e brocardos jurídicos.

A exemplo da maioria dos países de tradição romanística, o nosso legislador se refere aos princípios gerais de direito como um dos meios para preenchimento das lacunas legais. Contudo, não é essa a sua única função. Já foi o tempo em que os princípios do Direito apareciam apenas como forma supletiva à falta de lei. De outro lado, a expressão "princípios gerais de direito" é bastante ampla, favorecendo as mais diversas posições doutrinárias sobre o tema. O debate contemporâneo gira sobretudo em torno de os princípios do Direito e as regras jurídicas serem espécies do gênero "norma jurídica", como foi visto. Aqui vamos tentar repetir o que **Miguel Reale** escrevia sobre o tema, seja sobre o conceito, ou funções ou natureza dos princípios do direito.

164. CONCEITO DE PRINCÍPIO

A palavra "princípio" pode significar duas coisas: um **simples começo** (p. ex., o 1º dia do ano, o início de uma viagem) ou pode ser **a causa de um ser** (aquilo do qual depende e resulta a essência e a existência dos seres). Há, pois, princípios-começo e princípios-causas. Se toda causa é princípio, nem todo princípio é causa. Causa vem a ser o princípio em virtude do qual um ser, realmente distinto dele, é o que é. Só há causa quando o ser por ela produzido é distinto dela. Os começos não são causas porque aquilo que os sucede não é mais do que simples continuação. Continuação que não é realmente distinta do começo.

Na **filosofia grega**, quando se procurava identificar o princípio de onde brota toda a realidade concreta, o termo "princípio" **era usado nos dois**

sentidos da palavra: como começo e como fundamento de todas as coisas. É assim que para Tales de Mileto o princípio de todas as coisas era a água, enquanto para outros filósofos pré-socráticos era o ar (Anaximenes) ou o *apeiron* de Anaximandro. Aristóteles, por sua vez, escreveu: "É comum a todos os princípios serem o primeiro ponto a partir do qual uma coisa ou *é*, ou *vem a ser* ou *torna-se conhecida*"[1].

Tirante esse critério, a palavra "princípio" tem ainda duas acepções: uma de natureza **moral**, outra de ordem **lógica**, que é a que nos interessa no momento.

164.1. Acepção moral e lógica

Quando dizemos que fulano é homem de princípios, estamos empregando o vocábulo na sua **acepção moral**, para dizer que se trata de um homem de virtudes, de boa formação e que sempre se conduz fundado em razões morais. Em **seu significado lógico, são verdades ou juízos fundamentais que servem de alicerce ou de garantia de certeza a um sistema de conhecimento, filosófico ou científico**.

Nessa acepção lógica, há:

a) Os princípios **omnivalentes**: válidos em **todas** as ciências, como os de identidade ("o ser é idêntico a si mesmo – A é A"), de causa eficiente ("nada existe sem sua causa ou sua razão suficiente") e da não contradição ("o ser não pode ser e não ser ao mesmo tempo").

b) Os princípios são **plurivalentes** quando se aplicam a **vários campos de conhecimento**, como o de finalidade, essencial às ciências culturais, mas não extensivo a todos os campos do conhecimento.

c) Os princípios são **monovalentes** quando são válidos **só para determinada ciência**, como é o caso dos princípios gerais de direito, aplicáveis apenas à Ciência do Direito. Deve-se notar, todavia, que nem todos os princípios gerais de direito têm a mesma amplitude, uma vez que há os que se aplicam neste ou naquele ramo do direito. Pelo art. 4º da Lei de Introdução se conclui que o nosso legislador reconhece solenemente que o direito possui seus princípios fundamentais.

164.2. Definição

Princípios gerais de direito são "enunciações normativas de valor genérico, que condicionam e orientam a compreensão do ordenamento jurídico, quer para a sua aplicação e integração, quer para a elaboração de novas normas"[2]. Em outras palavras, são as ideias fundamentais e infor-

---

[1] Aristóteles, *Metafísica*, São Paulo: Edipro, 2012, p. 132.
[2] Miguel Reale, *Lições preliminares de direito*, São Paulo: Saraiva, 2003, p. 304. Para Joseph Esser, os princípios constituem diretivas de valoração que orientam o intérprete e determinam o caminho da antecipação hermenêutica (pré-compreensão), em face das possibilidades que se oferecem.

madoras do ordenamento jurídico; ideias que inspiram e lhe dão embasamento. Cobrem tanto o campo de pesquisa pura do Direito, quanto o da sua atualização prática.

O princípio é a objetivação de um valor. Há, assim, uma grande **variedade desses princípios gerais**. Eles se abrem num leque de preceitos fundamentais, como a intangibilidade dos valores da pessoa humana; os relativos à autonomia da vontade e à liberdade de contratar; a boa-fé como pressuposto da conduta jurídica; a proibição de locupletamentos ilícitos; o equilíbrio dos contratos, com a condenação de todas as formas de onerosidade excessiva para um dos contratantes; a preservação da autonomia da instituição familiar; a função social da propriedade; a economia das formas e dos atos de procedimento; a subordinação da atividade administrativa aos ditames legais; a proteção da rápida circulação das riquezas e crescente formalização de crédito; a exigência de justa causa nos negócios jurídicos; os pressupostos de responsabilidade civil ou penal etc.[3]

164.3. Princípios com força de lei

Alguns princípios, pela sua importância, recebem do legislador **força de lei (força cogente)**, com a estrutura de modelos jurídicos e **constam de texto legal**, inclusive no plano constitucional, sem lhes alterar a substância. A inserção dos princípios no ordenamento até o ponto de adquirirem força cogente, pode operar-se através das fontes do Direito, como o processo legislativo, ou com mais frequência através da atividade jurisdicional, bem como através dos usos e costumes e da prática de atos negociais. Todavia, a maioria deles não consta de texto legal e nem por isso deixam de ser eficazes. O fato inegável é que, corporificados ou não em modelos jurídicos, enriquecem a experiência jurídica e nos dão a base ética do direito positivo.

Os princípios-não positivados, ou seja, não corporificados em modelos jurídicos, independentemente de não constarem de um texto legal, **são enunciações normativas**, ou seja, expressões de dever-ser. No entanto, não possuem força cogente. Nesse sentido é que pensamos que se deva entender a afirmação de Reale de que eles "não são obrigatórios"[4].

164.4. O tridimensionalismo e o pós-positivismo

Fica claro que Miguel Reale não aderiu à terminologia usada pelo pós-positivismo; nem cuidou, especificamente, da distinção entre os princípios e outras normas que não partilham das características dos princípios[5]. Não

---

[3] Ver Miguel Reale, *Lições preliminares de direito*, São Paulo: Saraiva, 2003, p. 305-306.
[4] Miguel Reale, *Lições preliminares de direito*, São Paulo: Saraiva, 2003, p, 184.
[5] Todavia, é interessante notar que, referindo-se às hipóteses de obscuridade ou antinomia de normas, Reale faz referência textual ao recurso aos modelos hermenêuticos para um "ba-

porque negasse a importância do princípio na experiência jurídica, já que o tridimensionalismo realeano apresenta inegável dimensão axiológica, que o aproxima da teoria pós-positivista, **sendo o valor o seu principal elo de ligação**. O valor, por seu lado, se insere nos princípios e os princípios são a expressão de valores do sistema jurídico. Assim, todo modelo jurídico é um ente axiológico, embora nem todos tenham igual densidade valorativa. De outro lado, os valores são de capital importância para os princípios. Visão bem diversa do pensamento jurídico da idade moderna que, sob a influência do positivismo normativista, considerava o direito apenas como um sistema de normas e estas como o seu elemento fundamental[6]. À essa luz, podemos dizer que **os princípios se tornam o fundamento axiológico do direito**.

Concluindo, não se pode negar a existência de uma forte proximidade do Pós-positivismo com o Tridimensionalismo Jurídico, sobretudo em face da ligação da teoria dos princípios com a teoria dos valores, fundamental para ambos. De fato, a teoria tridimensional é uma teoria que dá uma resposta às exigências e anseios do direito contemporâneo, com sua visão integral do direito entendido como experiência concreta, em que tanto os valores, como o fato e a norma, estão sempre presentes em qualquer aspecto da vida jurídica, e independentemente da ciência que a estuda. Já em 1940, quando fincava as raízes da teoria que o consagrou, Reale demonstrava a importância dos valores para a compreensão da validade do direito. Antecipava o interesse da doutrina pelos princípios, hoje crescente, já se movendo, qual um precursor, nos rumos consagrados pelo pós-positivismo.

No entanto, prefere colocar o **mundo da cultura** como o lugar onde se dá a ligação entre os valores ideais e os fatos. O conceito de "cultura" é o novo paradigma. Está convencido da modernidade e atualidade da teoria da cultura, vista por ele como um corolário necessário ou uma extensão da teoria dos valores[7]. Embora não tenha aderido à terminologia, o essencial do pós-positivismo estava implícito na sua teoria tridimensional. Miguel Reale foi, por assim dizer, um pós-positivista "avant-la-lettre".

165. FUNÇÕES

Como vimos pela sua definição, a função dos princípios gerais de direito é bem **mais ampla** do que o preenchimento de lacunas encontradas na legislação. No dizer de Simonius, o direito vigente está impreg-

---

lanceamento de valores" entre preceitos legais (*Fontes e modelos do direito*, São Paulo: Saraiva, 1994, p. 116).

[6] Ver Francisco Amaral, *Direito civil*: introdução, Rio de Janeiro: Renovar, 2008, p. 61.

[7] Ver Miguel Reale, *Paradigmas da cultura contemporânea*, São Paulo: Saraiva, 1996, p. IX-X.

nado de princípios até as suas últimas ramificações. De fato, toda a vida do direito repousa sobre princípios, que são os alicerces e as vigas mestras do edifício jurídico. Por isso, os princípios estão presentes na elaboração, interpretação, aplicação e integração do Direito. Quando se elabora, por exemplo, uma norma jurídica, deve-se antes escolher os valores e princípios que se quer consagrar. As regras de direito devem ser irradiações de princípios e valores. O mesmo vale para a sua interpretação, aplicação e integração.

Podemos dizer que eles têm uma **função metodológica** quando são usados para orientar o conhecimento, a interpretação e a aplicação das normas jurídicas. E uma **função axiológica** quando exprimem valores fundamentais que inspiram o legislador e legitimam o direito positivo (justiça, segurança, bem comum etc.). Em suma, as regras de direito devem ser irradiações de princípios e valores. Se os princípios, corporificados e transformados ou não em modelos jurídicos, dão-lhe a consistência e o embasamento ético, os valores lhe dão sentido.

166. PRINCÍPIOS E VALORES

O princípio é a objetivação de um valor. Pode **ter as mais diversas origens**: exigências de ordem ética, sociológica, política, ou de caráter técnico. Nunca é demais salientar a "normatividade" dos modelos, que abrangem os princípios que constam ou não de texto legal. Evitando o defeito capital da omissão do traço da sua normatividade, Reale expressamente define os princípios como sendo "**enunciações normativas de valor genérico**"[8]. Aliás, a razão da escolha da palavra "modelo" foi, segundo Reale, porque aquilo que as fontes revelam como seu conteúdo se projeta no espaço e no tempo, como dever-ser normativo. O modelo resulta da fonte como projeção objetiva de seu conteúdo.

---

[8] Miguel Reale, *Lições preliminares de direito*, São Paulo: Saraiva, 1984, p. 300. Ricardo Guastini, por sua vez, recolheu seis conceitos de princípios, em que a normatividade dos princípios representa o traço comum e o seu vínculo unificador: 1º) Normas providas de um alto grau de generalidade. 2º) Normas providas de um alto grau de indeterminação. 3º) Normas de caráter programático. 4º) Normas cuja posição na hierarquia das fontes de Direito é muito elevada. 5º) Normas que desempenham uma função importante e fundamental no sistema jurídico ou político unitariamente considerado. 6º) Normas cuja função, no momento da aplicação, é fazer a escolha dos dispositivos ou das normas aplicáveis nos diversos casos (*apud* Paulo Bonavides, *Curso de direito constitucional*, São Paulo: Malheiros, 2011, p. 257-258). Aí também encontramos a definição dada por Crisafulli: "Princípio é toda norma jurídica, enquanto considerada como determinante de uma ou de muitas outras subordinadas, que a pressupõem, desenvolvendo e especificando ulteriormente o preceito em direções mais particulares (menos gerais), das quais determinam, e portanto resumem, potencialmente, o conteúdo: sejam, pois, estas efetivamente postas, sejam, ao contrário, apenas dedutíveis do respectivo princípio geral que as contém" (*ibid.*).

Os princípios estabelecem, de fato, a obrigatoriedade da adoção de condutas necessárias à promoção de um estado de coisa. Eles se ordenam a valores na medida em que o estabelecimento de fins implica a qualificação positiva de um estado de coisas que se quer promover, sem esquecer que nem todos os princípios contêm a mesma carga valorativa. Os valores se concretizam, se materializam em princípios, embora não se confundam. Os princípios se afastam dos valores porque, enquanto **os princípios estabelecem a obrigatoriedade da adoção de condutas necessárias à promoção de um estado de coisas (situam-se no plano deontológico), os valores apenas atribuem uma qualidade positiva a determinado elemento (situam-se no plano axiológico ou teleológico)**. Assim, não devemos analisar regras e princípios de modo apenas a exaltar os valores protegidos por eles, sem examinar quais são os comportamentos indispensáveis à realização desses valores.

Aliás, para Reale, todo modelo jurídico não pode deixar de ter uma estrutura tridimensional, ou seja, é inseparável da sua base fática e dos seus objetivos axiológicos ou valores. O modelo jurídico, como a norma jurídica, não obstante sua estrutura lógica, assinala o momento de integração de uma classe de fatos segundo uma ordem de valores e não pode ser compreendido sem referência a esses dois fatores, que ele dialeticamente integra em si e supera. O **tridimensionalismo** parte, aliás, do pressuposto de que o fenômeno jurídico é determinado não só pela norma jurídica, mas também pela realidade social e pelo valor que se busca atingir. Diferentemente de Hartmann e Scheler, Reale constrói uma terceira dimensão, ao lado do ser (real) e do dever ser (ideal) para encaixar sua axiologia, posto que os valores "são enquanto devem ser", ao mesmo tempo em que seu dever ser tende à realização no mundo específico da cultura. Os valores não são expressão do ser, mas sim do dever-ser. Busca dessa maneira superar, por meio de uma integração normativa de fatos segundo valores, as posturas de ênfase exclusiva e reducionista sobre o fato (realismo jurídico), a norma (normativismo) e o valor (jusnaturalismo). Luís Roberto Barroso ensina que "os princípios – notadamente os princípios constitucionais – são a porta pela qual os valores passam do plano ético para o mundo jurídico"[9].

167. NATUREZA E FUNDAMENTO

Qual a natureza e o fundamento dos princípios gerais de direito? **A matéria é controvertida**, sendo várias as soluções doutrinárias. Por exemplo, quanto à tese da distinção entre princípios e regras, há três posições: (1) a que **nega** a possibilidade ou a utilidade dessa distinção; (2) a que

---

[9] Luís Roberto Barroso, *Curso de direito constitucional contemporâneo*, São Paulo: Saraiva, 2015, p. 238.

afirma existir distinção somente quanto ao grau de generalidade ou de abstração; (3) e a que afirma existir distinção de **natureza lógica**.

Há três tendências principais da origem e fundamento dos princípios gerais de direito: (1) o **direito pátrio**, ou seja, estariam implícitos na legislação positiva; (2) o **direito comparado**, isto é, seriam as estruturas sociais e históricas dos diversos povos: (3) e o **direito natural**, hipótese na qual se legitimam como pressupostos de natureza lógica (Kant) ou axiológica (Reale), fundado no valor primordial que é a pessoa humana, cujo significado transcende o processo histórico[10].

167.1. Fase jusnaturalista (direito natural)

A juridicidade dos princípios passa por três fases: a jusnaturalista, a positivista e a pós-positivista. A fase primeira, a mais antiga e tradicional é a jusnaturalista. O termo jusnaturalismo identifica a corrente filosófica que defende a existência de um direito natural. Reconhecendo que há diversas maneiras de se conceber o direito natural, podemos dizer que sua **ideia básica está no reconhecimento de que, na sociedade, há um conjunto de valores e de pretensões humanas legítimas que não decorrem de uma norma jurídica emanada do Estado, ou seja, que independem do direito positivo**.

Esse direito natural tem, portanto, validade em si, legitimado por uma ideia superior, e estabelece limites à própria norma estatal. Seus adeptos não compreendem, portanto, os princípios gerais de direito tão somente em função das normas positivas, historicamente reveladas no Brasil e nas demais nações. Entendem que eles se legitimam como princípios de direito natural.

Há diversas maneiras de conceber o direito natural, como veremos ao tratar do fundamento do direito. **Seguimos Miguel Reale quando só o admite em função da experiência histórica.** Segundo ele, a experiência jurídica pressupõe determinadas constantes valorativas ou axiológicas, sem as quais a história do direito não teria sentido. O que isso significa?

Na lição do mestre paulista: "A experiência histórica demonstra que há determinados valores que, uma vez trazidos à consciência histórica, se revelam ser constantes éticas inamovíveis que, embora ainda não percebidas pelo intelecto, já condicionavam e davam sentido à práxis humana"[11]. De todos esses valores, o primordial é o da *pessoa humana*, pelo qual a espécie toma consciência de sua dignidade ética (é o valor-fonte).

Pois bem, são essas **constantes ou invariáveis axiológicas** que formam o cerne do Direito Natural, delas se originando os princípios gerais de direito, comuns a todos os ordenamentos jurídicos. Desses princípios resultam outros, não por mera inferência lógica, mas em virtude de exigên-

---

[10] Ver Miguel Reale, *Lições preliminares de direito*, São Paulo: Saraiva, 2003, p. 306 e s.
[11] Miguel Reale, *Lições preliminares de direito*, São Paulo: Saraiva, 1984, p. 309.

cias de ordem prática, à medida que a Ciência Jurídica vai destacando, na realidade social e histórica, distintas esferas de comportamentos, aos quais correspondem distintos sistemas de normas (*ibidem*).

À luz dessa compreensão do direito natural, sempre em progressão histórica, Reale distingue os princípios gerais imediatos e os mediatos.

"Os princípios gerais de direito **imediatos** expressam, de maneira direta, os valores essenciais e conaturais a qualquer forma de convivência ordenada. São considerados imediatos em relação às constantes axiológicas de que promanam"[12].

"Os princípios gerais de direito **mediatos**, que se harmonizam com os primeiros e que a eles se subordinam, ou representam exigências jurídicas características de todo um ciclo histórico, ou então traduzem formas de compreensão que fundamentam o ordenamento jurídico de cada povo" (*ibidem*).

E na conclusão de Reale, essa "concepção do Direito Natural, em termos de condição transcendental, lógica e axiológica, da experiência histórica possível, não cria soluções de continuidade entre os princípios gerais de direito de caráter imediato, ligados aos valores essenciais da pessoa humana, reconhecida como valor-fonte de todos os valores, e os princípios gerais derivados ou mediatos que vão historicamente se objetivando nos quadros da civilização geral ou da experiência particular de cada nação" (*ibidem*).

167.2. Positivismo jurídico

O apogeu do direito natural, paradoxalmente, representou também sua superação histórica. Na explicação de Luis Roberto Barroso: "No início do século XIX, os direitos naturais, cultivados e desenvolvidos ao longo de mais de dois milênios, haviam se incorporado de forma generalizada aos ordenamentos positivos. Já não traziam a revolução, mas a conservação. Considerado metafísico e anticientífico, o direito natural é empurrado para a margem da história pela onipotência positivista do século XIX"[13]. Temos, assim, a segunda fase da teorização dos princípios, que vem a ser a juspositivista.

O positivismo jurídico defende a tese de que os princípios gerais de direito são os consagrados pelo próprio ordenamento jurídico. Estão implícitos na legislação positiva, da qual são abstraídos por um processo de indução e abstração. É, portanto, uma explicação dos princípios gerais em função das normas jurídicas positivas, historicamente reveladas em cada país. Em suma, os princípios já estão dentro do Direito Positivo,

---

[12] Miguel Reale, *Lições preliminares de direito*, São Paulo: Saraiva, 1984, p. 310.
[13] Luís Roberto Barroso, Fundamentos teóricos e filosóficos do novo direito constitucional brasileiro, *Revista Diálogo Jurídico*, Salvador, ano 1, n. 6, set. 2001.

não como algo que se sobrepusesse à lei, mas sendo assinalada sua carência de normatividade[14].

167.3. Pós-positivismo

A terceira fase é a do pós-positivismo, sendo de assinalar que, na opinião de Bobbio, houve uma fase neopositivista que precedeu o pós-positivismo. Com o pós-positivismo, tanto a doutrina do Direito Natural clássico como a do Positivismo ortodoxo sofrem profundas críticas, a partir das quais vários autores criaram teses que inauguraram uma nova visão ou escola do direito, ou seja, a do pós-positivismo.

O fato é que o Direito, a partir da segunda metade do século XX, já não cabia mais no positivismo jurídico. A aproximação quase absoluta entre Direito e norma e sua rígida separação da ética não correspondiam ao estágio do processo civilizatório e às ambições dos que patrocinavam a causa da humanidade. Por outro lado, o discurso científico impregnara o Direito. Seus operadores não desejavam o retorno puro e simples ao jusnaturalismo, aos fundamentos vagos, abstratos ou metafísicos de uma razão subjetiva. O pós-positivismo inicia sua trajetória guardando deferência relativa ao ordenamento positivo, mas nele reintroduzindo as ideias de justiça e legitimidade[15].

Nesse movimento, ainda em formação, **sobressaem três pontos**: 1º) o papel e significado dos *valores, princípios e regras no Direito*; 2º) consequências dessa visão na *hermenêutica jurídica*; 3º) a teoria dos *direitos fundamentais*. Especificamente quanto aos princípios jurídicos, eles aparecem como verdadeiras normas jurídicas, ou seja, com valor normativo, dotados de coercibilidade e imperatividade. **Os princípios vêm de longe; a novidade hoje é o reconhecimento da sua normatividade.**

Paulo Bonavides ensina que os princípios, ao se transferirem dos Códigos, nos quais eram meras fontes subsidiárias, para as Constituições, se convertem em fonte primária de normatividade, verdadeiras normas-chaves de todo o sistema jurídico, fundamentos de toda a ordem jurídica, na qualidade de princípios constitucionais. Bonavides defende, pois, a identidade dos diferentes tipos de princípios, ou seja, que os tradicionais princípios gerais de direito correspondem aos modernos princípios constitucionais[16]. Outros entendem, porém, que os princípios gerais de direito não correspondem aos chamados princípios jurídicos ou constitucionais, embora possa não existir entre eles uma diferença substancial ou essencial.

---

[14] Eros Grau escreve que "os princípios não necessitam ser 'positivados', visto que já se encontram integrados ao sistema jurídico, cumprindo ao intérprete descobri-los em cada caso" (*Por que tenho medo dos juízes*, São Paulo: Malheiros, 2014, p. 104).

[15] Ver Luis Roberto Barroso, Fundamentos teóricos e práticos do novo direito constitucional brasileiro, *Revista Diálogo Jurídico*, Salvador, ano 1, n. 6, set. 2001.

[16] Paulo Bonavides, *Curso de direito constitucional*, São Paulo: Malheiros, 2008, p. 264-283.

167.4. Norma-princípio e norma-regra

Seja como for, como já vimos, a norma seria um gênero do qual os princípios e regras são espécies; ela englobaria tanto as regras como os princípios. Em suma, há normas-princípio e normas-regra. Como se distinguem?

Quanto à **distinção entre princípios e regras**, relembramos que há autores que afirmam que os princípios são normas com um elevado grau de abstração, o que não ocorre com as regras que possuem uma abstração relativamente reduzida. Os princípios, por serem vagos e indeterminados, na sua aplicação ao caso concreto, precisam em geral de intermediários, de mediações; enquanto as regras são suscetíveis de aplicação direta.

Humberto Ávila, por sua vez, propõe a seguinte distinção: Os princípios são normas imediatamente **finalistas**, já que **determinam de pronto a realização de um fim e influem apenas indiretamente nos modos de alcançá-lo**; as regras, por sua vez, são normas imediatamente **descritivas**, ou seja, elas têm diretamente como objeto **a descrição de um comportamento ou a atribuição de uma competência, visando apenas indiretamente a obtenção de um fim**[17].

Havendo uma colisão entre dois ou mais princípios (princípio da privacidade e o da liberdade de expressão, por exemplo), o aplicador do direito deve ponderar os princípios conflitantes. Não sendo possível harmonizar os interesses em jogo, deve aplicar o princípio que apresenta maior importância naquele caso concreto. Humberto Ávila, contudo, observa que não se deve exagerar, pois as regras também podem ser ponderadas no caso concreto, sem nenhuma decretação de sua invalidade[18].

168. PRINCÍPIOS GERAIS E BROCARDOS JURÍDICOS

A palavra **"brocardo"** deriva de Burcardo (Burchard), Bispo de Worms, que, no início do século XI, organizou uma coletânea de regras que foram impressas na Alemanha e na França. Essa coleção recebeu o nome de *Decretum Burchardi* e as máximas passaram a ser conhecidas por "burcardos" e, posteriormente, por "brocardos". Ao longo do tempo, seu valor já experimentou altos e baixos, representando duas atitudes diametralmente opostas, segundo Reale: ou um soberano desprezo por eles, ou uma passiva aplicação destes como se fossem princípios gerais comprovados pela experiência dos séculos[19]. Hoje em dia, tende-se a apreciar o

---

[17] Humberto Ávila, Humberto Ávila, *Teoria dos princípios*, São Paulo: Malheiros, 2011, p. 193.
[18] Humberto Ávila, *Teoria dos princípios*, São Paulo: Malheiros, 2011, p. 52.
[19] Miguel Reale, *Lições preliminares de direito*, São Paulo: Saraiva, 1984, p. 314.

problema com mais objetividade. O apego exagerado aos brocardos é tão condenável quanto o absoluto desprezo.

Assim, nem sempre os brocardos jurídicos traduzem princípios gerais de direito. Pelo contrário, alguns são verdadeira "**fossilização do erro**". Por exemplo:

Interpretatio cessat in claris (dispensa-se a interpretação quando o texto é claro);

Testis unus, testis nullus (uma testemunha não faz prova); inaceitável hoje, segundo Carlos Maximiliano, pois "pesam-se os depoimentos, não se contam".

Outros existem que, consagrando um elemento axiológico, atuam como **ideias diretoras, que o aplicador do direito não pode** *a priori* **desprezar**. Representam diretivas de inegável valor prático, quando empregadas com o devido critério. Os seguintes brocardos, por exemplo, possuem valor permanente, valendo como **cristalizações históricas de princípios gerais**: *Ubi eadem legis ratio, ibi eadem legis dispositio* (onde a razão da lei é a mesma, igual deve ser a disposição); *Permittitur quod non prohibetur* (tudo o que não é proibido, presume-se permitido); *Exceptiones sunt strictissimae interpretationis* (as exceções são de interpretação estrita);

Semper in dubiis benigniora praeferenda sunt (nos casos duvidosos deve-se preferir a solução mais benigna); *Ad impossibilia nemo tenetur* (ninguém está obrigado ao impossível). *Utile per inutile non vitiatur* (o que num ato jurídico é útil não deve ser prejudicado por aquilo que não o é). A conclusão é a de que é indispensável o maior critério e prudência na aplicação dos brocardos jurídicos.

QUESTIONÁRIO

1. Que são princípios, em sentido lógico?
2. Como você define os princípios gerais de direito?
3. Os princípios gerais de direito são omnivalentes, plurivalentes ou monovalentes?
4. Aos princípios gerais de direito cabe apenas a tarefa de suprir as lacunas encontradas na legislação?
5. Os princípios gerais de direito precisam constar do texto legal para serem eficazes?
6. Cite exemplos de princípios gerais de direito que, entre nós, encontram-se inseridos em texto legal.
7. Como ocorre a inserção dos princípios gerais de direito no ordenamento jurídico?

8. Como o positivismo jurídico explica a natureza dos princípios gerais de direito?

9. Como Miguel Reale explica a natureza e origem dos princípios gerais de direito?

10. Qual a diferença entre princípios gerais de direito imediatos e mediatos?

11. Os brocardos jurídicos sempre traduzem princípios gerais de direito? Justifique.

12. Qual deve ser a atitude do jurista na aplicação dos brocardos jurídicos em geral? Justifique.

13. Quando preencho uma lacuna por meio de um princípio geral de direito, posso usar o princípio em suas duas modalidades: como modelo hermenêutico e como modelo jurídico *stricto sensu?* Explique

14. A legislação de um Município, ao instituir regras de trânsito, estabelece que a velocidade máxima no perímetro urbano é de 60 km/h. Se algum veículo for fotografado acima dessa velocidade, será obrigado a pagar uma multa. A mencionada norma, segundo a tipologia usada pelo Pós--Positivismo, seria uma *norma-regra*, e, como tal, instituidora de uma obrigação absoluta que independe de ponderação de razões a favor ou contra sua aplicação, ou seja, se o veículo ultrapassar a velocidade-limite e se a regra for válida, a penalidade deve ser imposta.

Perante isso, pergunta-se:

1) Qual é o trabalho do intérprete no momento da aplicação da lei? O que ele deve buscar?

2) Com base na resposta acima, dada por você, seria possível que o Departamento de Trânsito daquele Município deixasse de impor a multa para um motorista que comprovasse que, no momento da infração, estava acima da velocidade permitida porque conduzia passageiro gravemente ferido para o hospital? Justifique sua resposta.

Lição XXXVI

EQUIDADE

Sumário: 169. Como o Direito do caso concreto; 170. Como a Justiça do caso concreto; 171. Aplicação da equidade.

A justiça tem uma "misteriosa companheira", a equidade[1]. Ela tanto pode ser um elemento de "integração" perante uma lacuna do sistema legal, como ser um elemento de "adaptação" da norma às circunstâncias do caso concreto, por ocasião da aplicação do direito. De fato, pela equidade, o intérprete e o aplicador não só suprirão a lei silente, mas também interpretarão a lei que se apresentar absurda, em sua impessoalidade e generalidade abstrata, para as condições inusitadas do caso especial concreto.

Em suma, a equidade apresenta uma **dupla função**: como **norma supletiva** e como **critério hermenêutico**. Na primeira hipótese, a equidade pode ser vista como sendo o "direito do caso concreto"; na segunda, como a "justiça do caso concreto". Seja como elemento de integração ou de aplicação da lei, a equidade sempre leva em conta o que há de **particular em cada caso concreto**, em cada relação, para dar-lhe a solução mais justa. Este é o seu critério distintivo.

169. COMO O DIREITO DO CASO CONCRETO

Como elemento de integração, a equidade exerce função supletiva quanto às lacunas involuntárias e, às vezes, voluntárias.

---

[1] José de Oliveira Ascensão, *O direito*: introdução e teoria geral – uma perspectiva luso-brasileira, Rio de Janeiro: Renovar, 1994, p. 200. Maggiore colocou a equidade nos limites da moral com o direito, como forma de possibilitar o retorno do direito (moral petrificada, codificada) ao seio de sua verdadeira fonte: a moral histórica.

169.1. Meio de integração de lacunas involuntárias

Há casos que, de modo involuntário, escapam à previsão do legislador, surgindo então *lacunas involuntárias* que devem ser preenchidas pela analogia, costume, princípios gerais de direito e também recorrendo à equidade. Vimos, aliás, como a equidade foi expressamente prevista como meio de integração de lacuna, no art. 113, n. 37, da Constituição Federal de 1934. Na Consolidação das Leis do Trabalho, ela está prevista no art. 8º, que determina a sua aplicação "na falta de disposições legais ou contratuais".

Mesmo quando não se menciona expressamente a equidade, entendemos que ela não deixa de estar envolvida no processo de integração das lacunas, em vista da necessidade de se ajustar a solução às circunstâncias do caso concreto. Às vezes o legislador refere-se à equidade como um fator a ser ponderado na integração feita com base em outros critérios[2].

169.2. Meio de integração de lacunas voluntárias

Há, porém, casos especiais que o próprio **legislador deixa, propositadamente**, omissos. São *lacunas voluntárias*, ou casos em que a própria norma remete ao órgão judicante a utilização da equidade. Assim, por exemplo, o art. 1.456 do Código Civil de 1916 dispunha que "no aplicar a pena do artigo 1.454 [perda do direito ao seguro], procederá o juiz com equidade, atentando nas circunstâncias reais, e não em probabilidades infundadas, quanto à agravação dos riscos".

Poder-se-ia falar em lacuna voluntária também nos casos em que na redação das normas se introduz certo grau de indefinição e maleabilidade com a utilização de conceitos indeterminados, como **"boa-fé"**, **"bons costumes"**, **"ordem pública"**, **"diligência de um bom pai de família"** etc. Nesses casos, o legislador deixa uma abertura e o aplicador do direito tem de preencher tais conceitos quando da aplicação dessas normas. Por exemplo o art. 219 do Código Penal prevê como crime "raptar mulher honesta, mediante violência, grave ameaça ou fraude, para fins libidinosos". A expressão "mulher honesta" está deixando uma abertura à disposição da defesa e do juiz ao julgar o réu.

Dessa forma, podemos superar as lacunas do sistema legal graças a "normas de equidade", quando esta é tida como sendo o "direito do caso concreto".

170. COMO A JUSTIÇA DO CASO CONCRETO

É também função da equidade **adaptar a norma ao caso concreto**, exercendo um papel corretivo para sanar defeitos oriundos da generalidade

---

[2] O Código de Direito Canônico, por exemplo, prevê o recurso "aos princípios gerais do direito aplicados com a equidade canônica" (cân. 19).

das leis. Na **Ética a Nicômaco**, Aristóteles traçou, com precisão, o conceito de equidade sob esse aspecto, considerando-a "um meio de corrigir a lei quando ela é deficiente em razão de sua generalidade".

170.1. Generalidade da norma

De fato, a **generalidade com que foi concebida a norma** pode, muitas vezes, obstaculizar a sua correta aplicação às circunstâncias do caso concreto. Ainda mais que as regras jurídicas não podem adaptar-se espontaneamente à evolução constante dos fatos e tábua dos valores vigentes. Sua mudança, subordinada a regras de processo puramente formais, só se opera lentamente. Em suma, as leis são normas abstratas, gerais e rígidas, ao passo que a vida humana é realidade concreta de "sangue, suor e lágrima". Disso tudo resulta forçosamente uma *desproporção*, uma oposição entre a regra e as necessidades sociais, revelando-se as normas rigorosas demais para um caso específico.

A função da equidade, então, **é atenuar (e mesmo eliminar) essa oposição**. Trata-se, na verdade, de "humanizar" o direito positivo e de flexibilizar a rigidez exterior das regras jurídicas. E é mediante "juízos de equidade" que se amenizam as conclusões esquemáticas da regra genérica, tendo-se em vista a necessidade de ajustá-la às particularidades que cercam hipóteses da vida social. No dizer de Roscoe Pound: "A justiça exige que, em lugar de adaptarmos o caso à regra legal, adaptemos a regra legal ao caso".

A equidade seria, então, um princípio ético que orienta a realização do direito no sentido de evitar-se uma injustiça, dada a eventual rigidez da fórmula legal. Na lição de Francisco Amaral: "A ela se recorre como critério de decisão de casos singulares, visando a uma perfeita igualdade material. Tem função interpretativa, no sentido de adequar a regra ao caso concreto, recorrendo aos critérios da igualdade e da proporcionalidade; uma função corretiva, no sentido de temperar o direito positivo, principalmente em matéria contratual; e uma função quantificadora, quando se constitui em medida de quantificação dos efeitos a que a norma conduz, como ocorre, por exemplo, no caso de se fixarem os valores de uma indenização"[3].

Há, é verdade, uma parêmia que diz: *Dura lex, sed lex* (a lei é dura, mas é lei). Entretanto, a finalidade da norma não é ser "dura", mas "justa". Daí o dever do aplicador da lei de aplicá-la ao caso concreto, arredondando as suas arestas, adaptando a rigidez de seu preceito às peculiaridades de cada espécie.

Por isso, Aristóteles comparava a equidade à **Régua de Lesbos**, régua especial de que se serviam os operários para medir certos blocos de granito.

---

[3] Francisco Amaral, *A interpretação jurídica segundo o Código Civil*, Revista do Advogado, São Paulo, ano XXVIII, n. 98, 2008, p. 95.

Por ser feita de metal flexível (chumbo), podia ajustar-se às irregularidades do objeto: "a régua adapta-se à forma da pedra e não é rígida, exatamente como o decreto se adapta aos fatos" (Aristóteles). Flexível como a régua de Lesbos, a equidade não mede apenas aquilo que é normal, mas também as variações e curvaturas inevitáveis da experiência humana, e, flexibilizando a rigidez da lei, determina o que é justo em cada situação particular.

Dessa forma, enquanto a "justiça em si" é medida abstrata, suscetível de aplicação a todas as hipóteses a que se refere, a equidade é a "justiça do caso concreto", enquanto adaptada, ajustada à particularidade de cada fato ocorrente, à especificidade de uma situação real. Em suma, é a justiça mesma em um de seus momentos, no momento decisivo de sua aplicação ao caso concreto.

170.2. *Summum jus, summa injuria*

Em preciosa lição vinda dos romanos, muitas vezes a aplicação rígida e automática da lei pode tornar-se um instrumento de injustiça. É o que lemos no provérbio latino citado por Cícero em "Dos Deveres", Livro I, 10, ao desaconselhar uma aplicação excessivamente rígida das leis: **summum jus, summa injuria (o maior direito é a maior injustiça)**. A equidade, então, impede a transformação do *summum jus em summa injuria*. Reale considera a afirmação supra uma das mais belas e profundas da Jurisprudência romana, porque ela nos põe em evidência a noção fundamental de que o Direito não é apenas sistema lógico-formal, mas, sobretudo, a apreciação estimativa, ou axiológica da conduta.

Em suma, não raro corremos o risco de praticar injustiça quando, com insensibilidade formalística, aplicamos rigorosamente a norma legal. Por isso, a decisão do juiz não pode ser meramente o resultado de uma fria subsunção silogística de uma dedução puramente racional. Mas tampouco pode ser o resultado de um descabido voluntarismo. Em nossa jurisprudência, há vários exemplos de que a lei deve ser aplicada de conformidade com as peculiaridades do caso concreto, seguindo a equidade[4].

---

[4] No primeiro exemplo, tratava-se de locador solicitando o prédio alugado para uso de seu pai, que, assim, iria residir próximo do filho, uma vez que era pessoa idosa e doente. Acontece que a Lei do Inquilinato, ao prever a retomada para uso de ascendente, exige que este não seja proprietário. No caso, o ascendente era proprietário de um pequeno apartamento distante 15 km do ponto em que o filho residia, e na mesma cidade. Ainda assim, entenderam tanto o juiz de primeiro grau como o Tribunal de Alçada Civil que, em face das particularidades do fato, estava justificada a necessidade da retomada: "A lei não diz, mas é claro que se há de ter em vista prédio que seja próprio para residência no local desejado. Se houver prédio em outra cidade e, até mesmo, em outro distrito ou em outra zona ou bairro, isto é irrelevante. Nas grandes metrópoles, a existência de prédio próprio em registro imobiliário de outra zona não impede o benefício do n. II do art. 52 em zona, ou circunscrição ou distrito diverso. O apartamento de propriedade do ascendente do retomante está localizado cerca de 15 km de distância

Santo Tomás já escrevera que "em certos casos é mau seguir a lei estabelecida; mas é bom, deixando de lado as palavras da lei, seguir o que pedem a ideia de justiça e a utilidade comum. E a isto se ordena a equidade"[5]. Foi exatamente o que fizeram os magistrados nas sentenças acima reproduzidas, em que a equidade, como a justiça do caso concreto, se sobrepôs à letra da lei.

---

de onde se localizam os prédios locados, restando mais do que justificada a necessidade da retomada" (AC 200.408-8).

Ou ainda este exemplo de decisão judicial, em que, preso por exploração de lenocínio em uma casa alugada na cidade de Ribeirão Preto/SP, um cidadão foi absolvido, apesar de ter confessado a infração. Para esse crime, o Código Penal atribui pena que vai de 2 a 8 anos de reclusão. É esta a sentença do juiz: "Por que, Valmiro, você deveria ser condenado a essa pena? Por que, você aos 82 anos de idade, não é ninguém, não tem casa própria, nem qualquer renda, nem sequer recebe pensão e nem filhos e netos ao seu redor tem? Retifico, tem sim, uma moça que vive em sua companhia, retardada mental... Você, Valmiro, teve a petulância de chegar aos 82 anos sem ter sequer uma casa própria! ... teve o descaramento de alugar quartos para encontros de casais só porque não tem mais condições de trabalhar! ... Se a vida não lhe tivesse sido madrasta; se você ao chegar a esta idade fosse rico, você não estaria sendo processado... Você é um sujeito altamente perigoso para a sociedade. Você pratica jogo do bicho ao invés de aplicar na Bolsa de Valores ou apostar em corridas de cavalos; você aluga quartos... ao invés de arrendar fazenda, vender gado, investir em ações etc. Valmiro, a sociedade o quer na cadeia, porque você é perigosíssimo; porque você não venceu na vida; você é pobre e fracassado. E agora Valmiro? ... É óbvio que agiu o réu em evidente estado de necessidade, porque não tem outro meio de poder sobreviver. À vista disso e do mais... julgo improcedente a denúncia para o fim de absolver, como de fato absolvo".

Não muito diferente foi a decisão do Juiz da 3ª Vara de Palmas, capital do Tocantins. A história começou com a prisão em flagrante de dois cidadãos. Motivo: o suposto furto de duas melancias. Chamado a se manifestar, o Promotor de Justiça decidiu pela manutenção dos indiciados na prisão. Quando o caso foi levado ao Juiz, ele optou pela liberdade imediata dos indiciados. Assim justificou sua decisão. "Para conceder a liberdade aos indiciados, eu poderia invocar inúmeros fundamentos: ensinamentos de Jesus Cristo, Buda e Gandhi, o Direito Natural, o princípio da insignificância ou bagatela, o princípio da intervenção mínima, os princípios do chamado direito alternativo, furto famélico, a injustiça da prisão de um lavrador e de um auxiliar de serviços gerais, a contraposição à liberdade dos engravatados que sonegam milhões dos cofres públicos, on risco de se colocar os indiciados na Universidade do Crime (o sistema penitenciário nacional). Poderia sustentar que duas melancias não enriquecem nem empobrecem ninguém. Poderia aproveitar para fazer um discurso contra a situação econômica brasileira, que mantém 95% da população sobrevivendo com o mínimo necessário. Poderia brandir minha ira contra os neoliberais, o consenso de Washington, a carta demagógica da esquerda, a utopia do socialismo, a colonização europeia. Poderia dizer que George Bush joga bilhões de dólares em bombas na cabeça dos iraquianos enquanto bilhões de seres humanos passam fome pela Terra – e aí, cadê a justiça neste mundo? Poderia mesmo admitir minha mediocridade por não saber argumentar diante de tamanha obviedade. Tantas são as possibilidades que ousarei agir em total desprezo às normas técnicas: não apontar nenhum desses fundamentos como razão de decidir. Simplesmente mandarei soltar os indiciados. Quem quiser que escolha o motivo. Expeçam-se os alvarás. Intimem-se" (OESP, 3 maio 2004).

[5] S. Th., II-II, qu. 120, a. 1.

171. APLICAÇÃO DA EQUIDADE

No direito moderno, a equidade sofreu uma profunda crise, que se manifesta de vários modos, como demonstra Mário Bigotte Chorão[6].

171.1. Racionalismo jurídico e positivismo

Em especial o chamado **jusnaturalismo racionalista**, dos séculos XVII e XVIII, **não foi favorável à equidade**. Pretendeu construir o ordenamento jurídico com exatidão geométrica (*more geometrico*), de uma maneira abstrata, universal e a-histórica, pouco propícia à ponderação equitativa das circunstâncias particulares e contingentes da vida prática.

Também o **positivismo, ao sobrevalorar a lei como expressão do direito e ao sacrificar a justiça à certeza jurídica**, ofereceu resistência à equidade. Na verdade, dificilmente se poderia conciliar com o legalismo estrito a liberdade do julgador para decidir equitativamente o caso, apoiado na justiça natural[7]. Com base nos princípios do positivismo jurídico que foram acolhidos pelo ordenamento jurídico dos Estados modernos, os juízes não podiam com uma sentença própria ab-rogar a lei, assim como não o podia o costume.

171.2. Arts. 140 do CPC e 34 e 5º da LINDB

Entre nós, no atual Código Civil, há diversas referências à equidade, quase todas no campo das obrigações: arts. 413, 479, 944, parágrafo único; art. 953, parágrafo único; art. 954, art. 928, parágrafo único.

Contudo, o **art. 140, parágrafo único, do CPC** manda que o juiz decida por equidade **nos casos previstos em lei**. Ora, entendemos que a autorização expressa não é indispensável, uma vez que pode estar *implícita*, como nas hipóteses onde há um apelo implícito à equidade do magistrado, a quem cabe julgar sobre o enquadramento ou não do caso, em face das diretivas jurídicas. Assim, nos arts. 156 e 1.638, III, do CC; e o art. 13 da Lei n. 6.515/77, sobre separação judicial, que prescreve: "Se houver motivos graves, poderá o juiz, em qualquer caso, a bem dos filhos, regular por maneira diferente da estabelecida nos artigos anteriores a situação deles para com os pais".

Mas é sobretudo por meio dos arts. 4º e 5º da LINDB que se demonstra o **rigorismo criticável** do mencionado art. 140 do CPC, parágrafo único. Eles estabelecem a obrigatoriedade de julgar, por parte do juiz, em caso de

---

[6] Mário Bigotte Chorão, *Introdução ao direito*, Coimbra: Almedina, 2000. v. 1, p. 100-101.

[7] Segundo Eros Grau, "o cumprimento dos contratos não podia ser assegurado sob a equidade, incompatível com a calculabilidade, o primeiro requisito do direito moderno. Era necessário transformar a equidade em um sistema rígido de normas, a fim de que fosse assegurada a calculabilidade exigida pelas transações econômicas" (*Por que tenho medo dos juízes*, São Paulo: Malheiros, 2014, p. 14).

omissão ou defeito legal; e a obrigatoriedade de, na aplicação da lei, atender aos fins sociais a que ela se dirige e às exigências do bem comum. Ora, pela equidade, se preenche a lacuna legal (art. 4º da LINDB). E também, pela equidade, procura-se o predomínio da finalidade da norma sobre sua letra, como está delineado no art. 5º da LINDB. Este permite, portanto, corrigir a inadequação da norma ao caso concreto por meio da equidade, uma vez que esta se relaciona, intimamente, com os fins da norma, que é o bem comum da sociedade. Portanto, o parágrafo único do art. 140 do CPC deve ser interpretado em comunhão com os arts. 4º e 5º da LINDB.

Miguel Reale considera mesmo que ele não foi recebido integralmente pela Constituição vigente, uma vez que se ela "consagra princípios jurídico--políticos que preservam, a um só tempo, valores do indivíduo e da coletividade, as decisões judiciais não podem deixar de se orientar em igual sentido, operando sempre segundo a equidade". E conclui: "Nessa linha de pensamento cumpre reconhecer que o art. 127 do Código de Processo Civil (atual parágrafo único do art. 140) não se harmoniza absolutamente com o espírito da Constituição vigente, devendo-se considerar não recebido integralmente por ela o preceito segundo o qual o 'juiz só decidirá por equidade nos casos previstos em lei'"[8].

Concluindo, é claro que **a equidade não é uma licença para o arbítrio puro**, mas uma atividade condicionada às valorações positivas do ordenamento jurídico. Não deve servir de instrumento às tendências legiferantes do julgador. Deve, antes, ser recurso a uma interpretação flexível da lei, atendendo à justiça concreta, exigida pela situação concreta. **Não se nega que a equidade confere um certo poder discricionário ao magistrado, mas não uma arbitrariedade**. Em segundo, a função da equidade destinada a suavizar os rigores da lei e, em última instância, a humanizar o direito é uma acepção que se distingue, em tese, do conceito de equidade como justiça do caso concreto, uma vez que, nesta última hipótese, o recurso à equidade não equivale, em tese, necessariamente a um tratamento benévolo. Por fim, a equidade permite uma interpretação dentro do razoável, ou seja, feita em consonância com aquilo que, para o senso comum, seria aceitável perante o texto da lei, não comprometendo a finalidade desta.

171.3. A equidade não é fonte do Direito

Há quem considera a equidade como fonte do direito, uma vez que, é pela equidade que o caso se resolve. A equidade, portanto, revelaria o direi-

---

[8] Miguel Reale, *Questões de direito público*, São Paulo: Saraiva, 1997, p. 78. Paulo Dourado de Gusmão, apesar de salientar o "intenso drama de consciência" vivido pelo juiz, pensa que "o direito positivo deve prevalecer sobre a equidade por assim exigir um de seus fins: a segurança, e uma de suas razões de ser: a certeza do direito" (*Introdução ao estudo do direito*, Rio de Janeiro: Forense, 1997, p. 69).

to daquele caso concreto. Efetivamente a equidade nos oferece um critério de solução de casos singulares. Julgando por equidade, o juiz age como um árbitro. Porém, não é um critério normativo.

Sendo as fontes do direito os modos de revelação de regras jurídicas, a equidade, como critério formal de decisão, está fora desta noção, uma vez que ela não se eleva nem necessita se elevar à formulação de regras. É **um instrumento** de que se serve o aplicador do direito para dar a solução jurídica mais justa naquele caso concreto.

QUESTIONÁRIO

1. Qual o critério distintivo da equidade?

2. Como elemento de integração, qual a função da equidade e como pode ser definida?

3. Qual a função da equidade como elemento de adaptação por ocasião da aplicação do direito e como pode ser definida?

4. Por que a equidade, como elemento de adaptação, é necessária?

5. Como você interpreta a lição vinda dos romanos expressa na afirmação: *summum jus, summa injuria*?

6. Que dizer da parêmia *dura lex, sed lex* (a lei é dura, mas é lei) em contraposição à equidade?

7. Explique por que Aristóteles comparava a equidade à "Régua de Lesbos".

8. A autorização expressa do legislador é indispensável para o uso da equidade pelo juiz? Justifique.

9. A equidade, segundo Aristóteles, é "um meio de corrigir a lei". Pergunta-se:

    a) Qual a razão dessa correção?

    b) Como a equidade corrige a lei?

10. (Provão 2003) No diálogo de Platão (*Política*, 294a) encontra-se a seguinte discussão entre o Estrangeiro e Sócrates, *o Jovem*:

    "Estrangeiro: Ora, é claro que, de certo modo, a legislação é função real; entretanto o mais importante não é dar força às leis, mas ao homem real, dotado de prudência. Sabes por quê?

    Sócrates, o Jovem: Qual é a tua explicação?

    Estrangeiro: É que a lei jamais seria capaz de estabelecer, ao mesmo tempo, o melhor e o mais justo para todos, de modo a ordenar as prescrições mais convenientes. A diversidade que há entre os homens e as ações, e por assim dizer, a permanente instabilidade das coisas humanas, não admite em nenhuma arte, e em assunto algum, um absoluto que valha para todos os casos e para todos os tempos. Creio que estamos de acordo sobre esse ponto.

Sócrates, o Jovem: Sem dúvida".

A partir do argumento do Estrangeiro, discuta o papel e o alcance da lei ao regular a ação humana.

11. Sertillanges, filósofo tomista (1863-1946), afirma que mediante a equidade logra-se "sortir de la légalité pour rentrer dans le droit" (*La philosophie morale de Saint Thomas d'Aquin*, Paris, 1961, p. 240). Perante essa afirmação, qual é o papel e significado da equidade dentro da ordem jurídica?

Lição XXXVII

APLICAÇÃO DA LEI NO TEMPO E NO ESPAÇO

Sumário: 172. Eficácia da lei no tempo (até quando?); 173. Eficácia da lei no espaco (até onde?); 174. Antinomia jurídica.

Toda lei têm eficácia no tempo, e no território de um país. A chamada aplicação da lei no espaço refere-se à eficácia do Direito segundo a extensão de sua incidência num território, enquanto a aplicação da lei no tempo vem a ser sua aplicação em função dos momentos temporais ligados à sua vigência.

A essa luz, perguntamos: **até onde e até quando tem eficácia a lei brasileira?** Até onde e até quando pode ser aplicada, produzindo efeitos sociais? Temos, assim, a eficácia da lei no tempo e no espaço, assunto que envolve problemas fundamentais, por exemplo, o da irretroatividade das leis e a tutela dos direitos adquiridos.

172. EFICÁCIA DA LEI NO TEMPO (ATÉ QUANDO?)

A lei tem eficácia limitada no tempo, uma vez que tem princípio e fim. Portanto, a eficácia da lei no tempo diz respeito ao tempo de atuação desta até que desapareça do cenário jurídico. Como isso pode ocorrer? Em duas hipóteses:

a) Se a lei **já tem fixado o seu tempo de duração**, estabelecido pelo próprio legislador. Com o decurso do prazo determinado, ela perde sua eficácia e vigência.

b) Se ela não tem prazo determinado de duração, permanece atuando no mundo jurídico até que **seja modificada ou revogada por outra de hierarquia igual ou superior** (LINDB, art. 2º). É *o princípio da continuidade das leis*.

Deixamos de lado a hipótese da perda da eficácia pelo decurso do prazo determinado de vigência da lei, e voltamos nossa atenção para a hipótese da sua revogação.

172.1. Revogação

Revogar **é tornar sem efeito uma norma, retirando sua obrigatoriedade**. A revogação é gênero que contém duas espécies: a **ab-rogação**, ou seja, a supressão total da norma anterior (revogação integral); e a **derrogação**, quando se torna sem efeito apenas uma parte da norma (revogação parcial).

A revogação pode ser expressa ou tácita.

Expressa, quando o elaborador da norma assim o declarar, explicitando qual ou quais normas anteriores estão sendo revogadas. O critério que a rege é o **hierárquico**: uma norma jurídica só pode revogar outra se pertencer ao mesmo escalão hierárquico ou for de escalão superior ao da norma jurídica a ser revogada.

Tácita, se houver incompatibilidade entre a lei nova e a antiga, ou pelo fato de que a nova passa a regular inteiramente a matéria tratada pela anterior (LINDB, art. 2º, § 1º). Essa espécie de revogação será objeto de maiores considerações ao tratarmos da *antinomia jurídica*, quando examinaremos os critérios que a norteiam: o hierárquico, o cronológico e o da especialidade.

Além da revogação da lei pelo decurso do tempo preestabelecido nela ou por outra lei, admite-se também, como vimos, a revogação pelo **desuso** e pelo **costume "*contra legem*"** quando a lei não apresenta um mínimo de eficácia[1].

Repristinação. Quando a lei revogadora for revogada, o fato não tem efeito repristinatório sobre a lei por ela revogada, ou seja, a lei por ela revogada não se restaura, senão quando houver expresso pronunciamento a esse respeito (LINDB, art. 2º, § 3º). **Repristinação** da norma jurídica vem a ser, pois, **fazer retornar à vida uma norma já revogada, pelo fato de a norma revogadora ter perdido a sua vigência**. Em nosso sistema, isso só ocorre se houver disposição expressa a esse respeito.

Vale, ainda, relembrar que, nos termos do art. 60, § 4º, da Constituição Federal, há normas jurídicas constitucionais que **não podem ser revogadas**: as referentes à forma federativa de Estado; *ao voto direto, secreto, universal e periódico; à separação dos Poderes; e aos direitos e garantias individuais*. São as chamadas "**cláusulas pétreas**", ou seja, não podem

---

[1] Paulo Dourado de Gusmão tem opinião contrária. Segundo ele, o desuso não revoga a lei; ela continua a ser lei, podendo ser, enquanto não revogada, aplicada pelo juiz, não podendo a parte se insurgir contra tal aplicação, alegando ser lei em desuso, sem eficácia (*Introdução ao estudo do direito*, Rio de Janeiro: Forense, 1977, p. 228).

ser alteradas ou revogadas de forma alguma. Sua revogação só pode ocorrer se for elaborada nova Constituição Federal.

Esquematizando:

Revogação
1. Por outra lei
   a) expressa
   b) tácita
      b.1) dispõe de maneira incompatível
      b.2) regula inteiramente o assunto
2. Pelo decurso do tempo preestabelecido
3. Pelo desuso e/ou costume *contra legem* (matéria controvertida)

172.2. Retroatividade e irretroatividade

Uma lei nova só tem valor para o futuro ou regula situações anteriormente constituídas? Ou seja, uma lei nova tem eficácia pretérita?[2] A norma que atinge os efeitos de atos jurídicos praticados sob o império da lei revogada é retroativa; tem *eficácia pretérita*. A que não se aplica a qualquer situação jurídica constituída anteriormente é irretroativa, hipótese em que uma norma revogada continua vinculante para os casos anteriores à sua revogação.

Em princípio, as leis não devem retroagir. Em face do seu caráter prospectivo, devem reger situações futuras. O fundamento maior do **princípio da irretroatividade**, consagrado na doutrina e pela generalidade das legislações, **é a proteção do indivíduo contra possível arbitrariedade do legislador**. Se fosse admitida a retroatividade como princípio absoluto, a segurança jurídica do indivíduo não ficaria preservada.

Por outro lado, vivemos em sociedades complexas que apresentam contínuas mudanças. Às vezes, portanto, pode ser necessário alterar as regras jurídicas em relação ao passado. O legislador deve, então, encontrar um equilíbrio entre a necessidade de evitar leis retroativas (para garantir a segurança jurídica) e a de admitir a retroatividade quando for necessária.

A eficácia *retroativa* das leis é, portanto, **excepcional; não se presume**, devendo emanar de texto expresso. A Constituição Federal, na verdade, não proíbe a retroatividade da lei, a não ser da lei penal que não beneficie o réu (art. 5º, XL), e resguardados sempre o direito adquirido, o

---

[2] Alguns juristas, considerando que a nova lei atende mais às atuais necessidades sociais, defendem o princípio da retroação das leis. Mas entendemos que a retroatividade das leis, como princípio absoluto, coloca em risco a segurança jurídica, ameaçando as garantias individuais e até a própria ordem social.

ato jurídico perfeito e a coisa julgada (art. 5º, XXXVI). Ressalvadas essas situações, pode o Poder Público editar leis retroativas.

Especificamente quanto ao **direito penal**, admite-se a retroatividade da lei quando as disposições novas beneficiam aos réus (**retroatividade *in bonam partem***), seja porque o ato deixa de ser crime, seja porque a pena é diminuída. As leis benéficas, como vimos, são retroativas por expressa determinação da Constituição Federal: "a lei penal não retroagirá, salvo para beneficiar o réu" (art. 5º, XL). Consequentemente, a eficácia retroativa da *lex mitior* pode até atingir a coisa julgada, aplicando-se a fatos já decididos por sentença penal condenatória irrecorrível[3].

172.3. Ato jurídico perfeito, direito adquirido e coisa julgada

Uma das novidades do Direito pátrio consiste em elevar ao plano constitucional, desde o Estatuto de 1891, o princípio da intangibilidade do direito adquirido, do ato jurídico perfeito e da coisa julgada, opondo uma barreira, nesses pontos, à aplicação retroativa das leis. É assim que a Constituição Federal ressalta que **"a lei não prejudicará o direito adquirido, o ato jurídico perfeito e a coisa julgada" (art. 5º, XXXVI)**, confirmando o disposto no art. 6º da Lei de Introdução às Normas do Direito Brasileiro. Vejamos o significado dessas três situações que não podem ser prejudicadas pela entrada em vigor de uma lei nova.

a) **ATO JURÍDICO PERFEITO**. Vem a ser aquele que **já se consumou segundo a norma vigente ao tempo em que foi efetuado**. Que significa ter-se "consumado"? Isso ocorre quando o ato tiver atendido e realizado integralmente todos os elementos essenciais e indispensáveis à sua configuração. Por exemplo, um contrato feito oralmente continua valendo, mesmo se após sua conclusão uma nova lei exigir a forma escrita para essa espécie de contrato.

A teoria parte, portanto, do princípio de que todo fato jurídico ocorrido na vigência de uma lei será por ela regido, mesmo no caso de ela vir a ser revogada e de, consequentemente, produzirem-se os seus efeitos sob o império de outra lei[4].

---

[3] O Supremo Tribunal Federal decidiu que a Constituição é retroativa quando o determina expressamente (Barroso, *Interpretação e aplicação da Constituição*, São Paulo: Saraiva, 1999, p. 87-88). Essa regra vale, com maior razão, para as normas infraconstitucionais.

[4] **Roubier** distingue o efeito retroativo do efeito imediato da lei. Para ele, a lei não deve retroagir alcançando o fato consumado sob a vigência da lei anterior. Quanto aos atos jurídicos, celebrados durante a vigência da lei revogada, que continuam a produzir efeitos na vigência da nova lei, distingue Roubier os efeitos **decorridos** dos efeitos **a serem produzidos** depois da revogação da lei. Segundo ele, os efeitos produzidos na vigência da lei anterior são intocáveis pela nova lei (irretroatividade); já os efeitos que ocorrerão na vigência da nova lei são por ela regulados (efeito imediato da lei). Assim, não alcança os efeitos já produzidos sob o império da lei antiga. Quando, segundo a lei anterior, a situação é perfeita, não pode ser atingida pela

b) **DIREITO ADQUIRIDO**. Se a doutrina ainda não fixou com precisão o conceito de direito adquirido, podemos destacar como seus elementos caracterizadores os seguintes:
– ter sido **produzido por um fato idôneo** para a sua produção, em virtude da lei do tempo no qual o fato se viu realizado;
– ter-se **incorporado definitivamente ao patrimônio do titular**, nos termos da lei sob o império da qual se verificou o fato de que se origina;
– ser **exercitável e exigível à vontade do seu titular**.

Tendo em vista esses dados, podemos definir o direito adquirido como sendo **um direito que se incorporou ao patrimônio do titular para ser exercido quando convier**. Em suma, há direito adquirido quando seu titular pode exercê-lo sem precisar de autorização de ninguém, ou seja, nem do Estado, nem de terceiros. Assim, uma lei nova não pode prejudicá-lo só pelo fato de o titular não o ter exercido antes. De fato, a possibilidade de exercício do direito subjetivo foi adquirida no regime da lei velha e persiste garantida em face da lei nova. O fato de o titular não ter exercido, no momento da entrada de uma lei nova, o direito que lhe pertence não configura motivo para que esta venha a prejudicar o que de direito já é seu. Quem tem o direito não é obrigado a exercê-lo, só o faz quando quiser. A aquisição do direito não pressupõe seu exercício.

c) **Expectativa de direito.** É claro que, se, antes da lei nova, não se tratava de direito adquirido, mas de mera "**expectativa de direito**", não se pode falar em direito adquirido, agora, sob o regime da lei superveniente. Esta tem aplicação imediata, incidindo sobre aquela situação jurídica de mera expectativa de direito. A diferença entre expectativa de direito e direito adquirido está na existência, em relação a este, de um fato aquisitivo específico já configurado por completo. Expectativa de direito é algo que antecede a aquisição do direito; é, por assim dizer, um direito em formação, ainda dependente de algum elemento. Exemplo de direito adquirido é o de um funcionário que, após ter completado os 30 anos de serviços exigidos em lei, passa a receber aposentadoria plena; se uma lei posterior exigir serviço de 35 anos para aposentadoria plena, ela não pode prejudicar o direito do funcionário que já recebe a aposentadoria.

É de ressaltar também que *atos ilegais*, eivados de nulidade, não geram a aquisição de direitos. Com maior razão, não pode haver direito adquirido contra preceito expresso da Constituição Federal.

---

nova lei, sob pena de lhe ser dado efeito retroativo. Mas, se ao ser revogada a lei, a situação não se tiver completado, será alcançada pela lei nova. Defende, pois, o princípio da aplicação imediata da lei. Esse princípio aplica-se ao direito processual. A lei processual nova rege os processos em curso, iniciados sob o império da lei revogada (anterior) (*Le droit transitoire*).

d) **COISA JULGADA**. É a decisão judiciária de que já **não caiba mais recurso**. Assim, a resolução definitiva do Poder Judiciário traz a presunção absoluta de que o direito foi aplicado corretamente ao caso julgado.

Fala-se em coisa julgada "formal" (a **sentença transitada em julgado**, isto é, a preclusão de todas as impugnações) e coisa julgada "material" (**o bem da vida, reconhecido ou denegado pela sentença irrecorrível**). O fato é que a Constituição Federal não faz qualquer discriminação, assegurando, assim, uma proteção integral das situações da coisa julgada.

173. EFICÁCIA DA LEI NO ESPAÇO (ATÉ ONDE?)

Toda lei tem seu espaço geográfico de vigência e de eficácia. Em razão da soberania estatal, a norma aplica-se no espaço delimitado pelas fronteiras do Estado. Ela tem, assim, uma vigência espacial limitada, só obrigando no espaço nacional, ou seja, no seu território, nas suas águas e na sua atmosfera. É o "princípio da territorialidade"[5].

173.1. Territorialidade e extraterritorialidade

Todavia esse **princípio da territorialidade não pode ser aplicado de modo absoluto**, ante o fato de a comunidade humana estender-se no espaço, relacionando-se com pessoas de outros Estados como seria o caso do brasileiro que herda de um parente bens situados na França, ou casa com italiana na Inglaterra. Assim, sem comprometer a soberania nacional e a ordem internacional, os Estados modernos têm permitido, em seu território, e em determinadas hipóteses, a aplicação de normas estrangeiras, admitindo o sistema da "extraterritorialidade", para tornar mais fáceis as relações internacionais.

173.2. Territorialidade moderada

O Brasil adotou a doutrina da **territorialidade moderada**. De fato, como aprenderão na cadeira de direito internacional:

a) Pela **territorialidade**, a norma aplica-se no território do Estado brasileiro, inclusive ficto, como embaixadas, consulados e navios de guerra onde quer que se encontrem, por serem havidos como extensões do território nacional; quanto aos navios mercantes, aplica-se quando em águas territoriais ou em alto-mar.

---

[5] No direito interno brasileiro, por ser o Brasil um Estado do tipo federativo, temos competências legislativas federal, estadual e municipal. Há assim leis *federais*, cujo âmbito espacial de vigência coincide com todo o território nacional; leis *estaduais*, que vigem somente no território do Estado-membro que as promulgar; e leis municipais (sobre as matérias relacionadas no art. 30 da Constituição Federal), que têm vigência nos diversos municípios brasileiros, existentes no território nacional.

b) Pela **extraterritorialidade**, aplica-se a norma em território de outro Estado, segundo os princípios e convenções internacionais. Denomina-se "estatuto pessoal" a situação jurídica que rege o estrangeiro pela lei de seu país de origem. Trata-se da hipótese em que a norma de um Estado acompanha o cidadão para regular seus direitos em outro país. Esse estatuto pessoal baseia-se na lei de nacionalidade ou na do domicílio. No Brasil, em virtude do disposto no art. 7º da LINDB, funda-se na lei do domicílio. Regem-se por esse princípio as questões relativas ao começo e fim da personalidade, ao nome, à capacidade das pessoas, ao direito de família e sucessões (LINDB, arts. 7º e 10), à competência da autoridade judiciária (LINDB, art. 12). Há, apesar disso, um limite à extraterritorialidade da lei, pois atos, sentenças e leis de países alienígenas não serão aceitos no Brasil quando ofenderem a soberania nacional, a ordem pública e os bons costumes (LINDB, art. 17).

174. ANTINOMIA JURÍDICA

A palavra "sistema" evoca a ideia de orquestração mecânica de elementos, um traço típico do mundo moderno. Daí a questão de um sistema jurídico consistente, ou seja, que não apresenta antinomias jurídicas. A questão da consistência do sistema jurídico é uma herança do positivismo jurídico do século XIX e algo que se afirma ao longo da história do pensamento jurídico. A antinomia jurídica é um fenômeno não raro entre nós. De fato, ante a incrível multiplicação de leis, com certa frequência pode ocorrer um conflito de normas, o qual, todavia, deve ser solucionado em face do princípio da unidade e coerência do sistema jurídico. É o que veremos.

174.1. Noção

Antinomia vem a ser **o conflito, total ou parcial, entre duas ou mais normas jurídicas em sua aplicação prática a um caso concreto**.

Assim, para que haja antinomia é necessária a existência de duas ou mais normas de direito relativas ao mesmo caso, imputando-lhe soluções logicamente incompatíveis, ou seja, uma obriga e a outra proíbe, ou uma obriga e a outra permite, ou uma proíbe e a outra permite o mesmo comportamento. Um sistema jurídico é inconsistente quando correlaciona um caso a duas ou mais soluções, cuja solução constitui uma contradição normativa[6]. Em tal hipótese, o sujeito não pode atuar segundo uma norma sem violar a outra, uma vez que as duas são válidas. Por isso deve optar, e essa sua opção implica a desobediência a uma das normas em conflito, levando-o a recorrer a critérios para sair dessa situação anormal.

---

[6] Bobbio acrescenta duas condições, óbvias mas necessárias: as duas normas devem pertencer ao mesmo ordenamento e devem ter o mesmo âmbito de validade (temporal, espacial, pessoal e material) (*Teoria do ordenamento jurídico*, Brasília: Ed. UnB, 1997, p. 87-88).

174.2. Critérios para solução

A ordem jurídica prevê uma série de critérios para a solução de antinomias no direito interno: hierárquico, cronológico e de especialidade.

a) **Critério hierárquico** (*lex superior derogat legi inferiori* – a lei superior revoga a lei inferior). Sabemos que as normas de um ordenamento são dispostas em ordem hierárquica; e uma das exigências da hierarquia normativa é que as normas inferiores não podem revogar as superiores e as superiores podem revogar as inferiores. O critério hierárquico baseia-se, pois, na superioridade de uma fonte de produção jurídica sobre a outra, ou na ordem hierárquica entre as fontes das normas antinômicas.

Ele estabelece que, num conflito entre normas de diferentes níveis, a de nível mais alto, qualquer que seja a ordem cronológica, terá preferência em relação à de nível mais baixo. Assim, por exemplo, uma norma constitucional é superior a uma norma ordinária. A ordem hierárquica entre as fontes servirá, portanto, para solucionar conflitos de normas em diferentes escalões, embora às vezes possa haver dúvida sobre qual das duas normas antinômicas é a superior.

b) **Critério cronológico** (*lex posterior derogat priori* – a lei posterior revoga a anterior). Ele se baseia no tempo em que as normas começaram a ter vigência. Imaginando a lei como expressão da vontade do legislador, o critério se justifica, pois, no direito, é regra geral que, de dois atos de vontade da mesma pessoa, seja válido o que foi realizado por último.

O critério restringe-se apenas ao conflito de normas pertencentes ao mesmo escalão. Estabelece, pois, que, de duas normas do mesmo nível ou escalão, a última prevalece sobre a anterior, havendo antagonismo entre elas. A nossa Lei de Introdução faz referência a esse critério no art. 2º, § 1º: "A lei posterior revoga a anterior quando expressamente o declare, quando seja com ela incompatível ou quando regule inteiramente a matéria de que tratava a lei anterior".

c) **Critério de especialidade** (*lex specialis derogat legi generali* – a lei especial revoga a lei geral). Baseia-se na superioridade da norma especial sobre a geral.

E quando uma norma é especial? A norma é especial quando acrescenta um elemento próprio à descrição legal do tipo previsto na norma geral, tendo prevalência sobre esta. Quando a norma possui em sua definição legal todos os elementos típicos da norma geral e mais alguns de natureza objetiva ou subjetiva, denominados especializantes, ela é considerada "norma especial"[7].

Assim, se a norma é geral quando trata de um ramo específico do direito (o Código Civil, por exemplo), ela é especial quando se atém a um setor

---

[7] Ver Maria Helena Diniz, *Conflito de normas*, São Paulo: Saraiva, 1987, p. 43.

especializado, dentro de certo ramo (a lei do Inquilinato, por exemplo, em relação ao Código Civil).

A superioridade da norma especial sobre a geral constitui uma exigência da justiça. Segundo Bobbio, ela "corresponde a uma exigência fundamental de justiça, compreendida como tratamento igual das pessoas que pertencem à mesma categoria"[8]. Na verdade, explica Maria Helena Diniz, "se em certas circunstâncias uma norma ordena ou permite determinado comportamento somente a algumas pessoas, as demais, em idênticas situações, não são alcançadas por ela, por se tratar de disposição excepcional, que só vale para as situações normadas"[9]. É essa diferenciação que faz com que a persistência na regra geral (com um tratamento igual de pessoas que pertencem a categorias diversas) implique uma injustiça.

É evidente que, quando se aplica o critério da lei especial, ocorre a eliminação apenas daquela parte da lei geral que é incompatível com a especial. Diferente da hipótese dos critérios cronológico ou hierárquico que provocam a eliminação total de uma das duas normas.

174.3. Antinomias de segundo grau e metacritérios

Quando é possível a aplicação dos critérios mencionados acima, a posição do sujeito não seria insustentável, porque teria uma saída[10]. Pode ocorrer, contudo, que surjam antinomias entre os próprios critérios, quando teríamos a chamada "antinomia de segundo grau".

Por exemplo, quando a um conflito de normas seriam **aplicáveis dois critérios, mas que não poderiam ser ao mesmo tempo utilizados na solução da antinomia**, pois a aplicação de um levaria à preferência de uma das normas, e a de outro resultaria na escolha da outra norma. Assim num conflito entre uma norma constitucional anterior e uma norma ordinária posterior, pelo critério hierárquico haverá preferência pela primeira, e segundo o cronológico, pela segunda. Temos, então, um conflito entre critérios, uma antinomia de segundo grau, que será, por sua vez, resolvida por "metacritérios", como veremos.

a) **Conflito entre critérios hierárquico e cronológico**. É a hipótese em que, sendo uma norma anterior-superior antinômica a uma posterior-inferior, pelo critério hierárquico deve-se optar pela primeira, e pelo cronológico, pela segunda.

---

[8] Norberto Bobbio, *Teoria do ordenamento jurídico*, Brasília: Ed. UnB, 1997, p. 96.
[9] Maria Helena Diniz, *Conflito de normas*, São Paulo: Saraiva, 1987, p. 44.
[10] Norberto Bobbio apresenta uma distinção no âmbito das antinomias, segundo sejam "solúveis" ou "insolúveis": as antinomias solúveis seriam *aparentes*, enquanto as insolúveis (pela falta de um critério ou por conflito entre os critérios dados) seriam *reais* (*Teoria do ordenamento jurídico*, Brasília: Ed. UnB, 1997, p. 92).

No caso, o metacritério aplicável é a regra *lex posterior inferior non derogat priori superiori* (lei posterior-inferior não revoga lei anterior-superior). Ou seja, o critério cronológico não seria aplicável se a lei nova fosse inferior à que lhe veio antes. **Prevalecerá, portanto, o critério hierárquico**, por ser mais forte que o cronológico, visto que a competência se apresenta mais sólida do que a sucessão no tempo.

b) **Conflito entre critérios de especialidade e cronológico.** Se houver uma norma anterior-especial conflitante com uma posterior-geral, seria a primeira preferida pelo critério de especialidade e a segunda pelo critério cronológico.

Nessa hipótese de conflito, valeria o metacritério *lex posterior generalis non derogat priori speciali* (lei posterior-geral não revoga lei anterior-especial), segundo o qual a regra de especialidade prevaleceria sobre a cronológica. Contudo, como lembra Maria Helena Diniz, a **referida metarregra não tem valor absoluto**, tendo em vista certas circunstâncias presentes. Assim, conforme o caso, haverá supremacia ora de um, ora de outro critério, não havendo uma regra definida[11].

Daí a advertência de Carlos Maximiliano: o critério deve ser bem compreendido e aplicado com cautela, pois "a regra geral pode ser concebida de modo que exclua qualquer exceção; ou enumerar taxativamente as únicas exceções que admite; ou, finalmente, criar um sistema completo e diferente do que decorre das normas positivas anteriores: nesses casos o poder eliminatório do preceito geral recente abrange também as disposições especiais antigas". E conclui: "a máxima prevalece apenas no sentido de não poder o aparecimento da norma ampla causar, por si só, sem mais nada, a queda da autoridade da prescrição especial vigente. Na verdade, em princípio se não presume que a lei geral revogue a especial; é mister que esse intuito decorra claramente do contexto"[12].

c) **Conflito entre critérios hierárquico e de especialidade.** É o caso em que uma norma superior-geral é antinômica a uma inferior-especial e, pelo critério hierárquico, a primeira seria preferida e a segunda prevaleceria pelo critério de especialidade.

Nessa hipótese, não será possível estabelecer uma metarregra geral dando preferência ao critério hierárquico, ou vice-versa, sem contrariar a adaptabilidade do direito. Todavia, segundo Bobbio, dever-se-ia **optar, teoricamente, pelo hierárquico** (uma lei constitucional geral deverá prevalecer sobre uma lei ordinária especial), pois, se fôssemos admitir o princípio de que uma lei ordinária especial pudesse derrogar normas constitucionais, os princípios fundamentais do ordenamento jurídico estariam destinados a

---

[11] Maria Helena Diniz, *Conflito de normas*, São Paulo: Saraiva, 1987, p. 54.
[12] Carlos Maximiliano, *Hermenêutica e aplicação do direito*, Rio de Janeiro: Forense, 1991, p. 360.

esvaziar-se rapidamente de seu conteúdo. **A supremacia**, na prática, **do critério de especialidade (aplicação de uma lei especial, ainda que ordinária, sobre a Constituição) só se justificaria a partir do mais alto princípio da justiça** (*suum cuique tribuere*), baseado na interpretação de que "o que é igual deve ser tratado como igual e o que é diferente, de maneira diferente"[13].

174.4. Lacuna das regras de solução

Em que pese a existência de critérios para a solução dos conflitos normativos e das antinomias de segundo grau, há casos em que se tem lacuna das regras de resolução desses conflitos, ante o fato de aqueles critérios não poderem ser aplicados, instaurando-se uma antinomia que só poderá ser suprimida pela edição de norma revogatória, que opte por uma das normas antinômicas, ou resolvida por meio de uma interpretação equitativa. Por exemplo, quando há um conflito entre duas normas editadas concomitantemente, de hierarquia e âmbito de incidência idênticos (dois artigos da mesma lei tributária, estabelecendo alíquotas diversas para determinado imposto).

a) Assim, primeiro, a antinomia será **resolvida pela revogação**, consistente na edição de nova norma ab-rogando pelo menos uma das normas antagônicas, estabelecendo que não é mais devida uma conduta estatuída como tal em outra norma.

b) Segundo, o reconhecimento da lacuna dos critérios de resolução da antinomia não exclui a possibilidade de solução efetiva por meio da **interpretação equitativa**, ou seja, do critério dos critérios que é o *princípio supremo da justiça* – entre duas normas incompatíveis dever-se-á escolher a mais justa[14].

c) Ressalte-se que alguns autores chamam de "antinomia real" a hipótese em que é impossível a remoção do conflito normativo pelos mencionados critérios e metacritérios de solução (hipótese de lacuna das regras de resolução), enquanto as demais hipóteses, em que o conflito normativo pode ser solucionado pelos critérios apontados, seriam de "antinomia aparente" (assim pensa Norberto Bobbio).

---

[13] Norberto Bobbio: "Teoricamente, deverá prevalecer o critério hierárquico: se se admitisse o princípio de que uma lei ordinária especial pode derrogar os princípios constitucionais, que são normas generalíssimas, os princípios fundamentais de um ordenamento jurídico seriam destinados a se esvaziar rapidamente de qualquer conteúdo. Mas, na prática, a exigência de adaptar os princípios gerais de uma Constituição às sempre novas situações leva frequentemente a fazer triunfar a lei especial, mesmo que ordinária, sobre a constitucional" (*Teoria do ordenamento jurídico*, Brasília: Ed. UnB, 1997, p. 109).

[14] Maria Helena Diniz, *Conflito de normas*, São Paulo: Saraiva, 1987, p. 60-61. Ver também Norberto Bobbio, *Teoria geral do direito*, São Paulo: Martins Fontes, 2010, p. 254-261.

d) Seja como for, vale relembrar a lição de Carlos Maximiliano: "É dever do aplicador comparar e procurar conciliar as disposições várias sobre o mesmo objeto, e do conjunto, assim harmonizado, deduzir o sentido e alcance de cada uma. Só em caso de resistirem as incompatibilidades, vitoriosamente, a todo esforço de aproximação", é que se conclui pela existência de uma antinomia[15].

174.5. Técnica do diálogo

A técnica do diálogo tem seu valor para lidar com os conflitos de regras, com seus três novos critérios: de **coerência** (que equivale ao critério da hierarquia); de **complementação** (que equivale ao critério da especialidade); e de **adaptação** (que equivale ao critério da cronologia).

Com a sua aplicação, **passamos a enxergar as regras jurídicas em conflitos**, não mais com base na lógica da não contradição [que opera na base do tudo (válida) ou nada (inválida)], mas **com base na lógica da complementaridade das fontes jurídicas**. A lógica excludente da revogação é necessária e útil, ainda hoje, mas não pode ser mais considerada exclusiva e suficiente para os desafios impostos ao intérprete pelos sistemas jurídicos contemporâneos. Isso significa que, diante dos conflitos, ambas as regras se manterão válidas, não resultando na exclusão de uma delas do sistema jurídico, invocando-se a melhor solução para o caso concreto, sempre à luz de princípios-diretores advindos da Constituição. O sistema jurídico, repita-se, não está pronto e acabado, nas mãos do legislador, onisciente e onipotente, capaz de antever todas as situações e regular um sistema jurídico sem conflitos. Ao contrário, o sistema jurídico é diuturnamente operado pelo sujeito-da-interpretação, em meio à incerteza, indeterminação e situações nebulosas e complexas, na busca de uma aplicação justa, coerente e constitucionalmente adequada a cada caso[16].

Já vimos, quando tratamos da colisão de direitos fundamentais, o quanto esta técnica pode ser útil, uma vez que não se poderia imaginar a revogação ou negação da validade e vigência de um direito fundamental em detrimento de outro. Especificamente nessa hipótese, a saída tem sido o uso da *ponderação*, avaliando-se o peso de incidência dos princípios constitucionais. Avaliamos, pela ponderação, o menor sacrifício aos direitos e o melhor equacionamento da situação fática. A dimensão dos direitos funda-

---

[15] Carlos Maximiliano, *Hermenêutica e aplicação do direito*, Rio de Janeiro: Forense, 1991, p. 356
[16] Ver Eduardo Bittar, *Introdução ao estudo do direito*, São Paulo: Saraiva, 2018, p. 443 e s.

mentais, repetindo Robert Alexy, não é a dimensão da validade, e sim a dimensão do peso.

QUESTIONÁRIO

1. Como pode acontecer a perda da vigência de uma lei?
2. A lei revogada se restaura quando a lei que a revogou é, por sua vez, revogada? Justifique.
3. A revogação pode ser tácita ou expressa. Qual a distinção?
4. Que você acha da revogação de uma lei pelo desuso e pelo costume *contra legem*?
5. Que vem a ser o ato jurídico perfeito, o direito adquirido e a coisa julgada?
6. Que significam os princípios da territorialidade e da extraterritorialidade?
7. Em que condições uma lei nova pode retroagir?
8. Que é a irretroatividade da lei? Qual é o seu fundamento?
9. Quando ocorre a antinomia jurídica?
10. Qual a solução das antinomias apresentada pelos critérios hierárquico, cronológico e de especialidade?
11. Que vem a ser uma antinomia do segundo grau? Exemplifique.
12. Como é solucionado o conflito entre critérios hierárquico e cronológico?
13. Como é solucionado o conflito entre critérios de especialidade e cronológico?
14. Quando ocorre a lacuna das regras de solução dos conflitos normativos? Nessa hipótese, como a antinomia é resolvida?
15. Que vem a ser uma cláusula pétrea? Como pode ser revogada a norma jurídica que a contém?
16. Em que se baseia a distinção, feita por certos autores, entre antinomia normativa aparente e antinomia normativa real?
17. (Provão 2001) São critérios utilizados pelo jurista para resolver as antinomias normativas aparentes:

    A) Empírico, analógico e sistemático.

    B) Expansivo, gramatical e sistemático.

    C) Hierárquico, cronológico e da especialidade.

D) Hierárquico, cronológico e analógico.

E) Analógico, literal e da especialidade.

18. (OAB/SP – 124º) Antonio tem 31 anos de serviço público. Suponha que exista uma lei à época, que concede direito de aposentadoria a Antonio aos 30 anos de idade. Suponha, ainda, que se edite lei nova que só admite aposentadoria aos 35 anos de serviço. Nesse caso, Antonio:

A) tem direito de aposentar-se, mas fica impedido ante a nova lei;

B) tem direito de aposentar-se e pode exercer esse direito sob a vigência da lei nova, com fundamento na lei antiga;

C) não tem direito de aposentar-se, porque não exerceu esse direito sob a vigência da lei antiga.

D) não tem direito de aposentar-se, porque não completou 35 anos de serviço.

19. (*Introdução ao estudo do direito* / Cassiano Luiz Iurk) A expressão "coisa julgada" albergada na Constituição Federal corresponde:

A) À impossibilidade de alteração da decisão judicial.

B) Ao ato jurídico elaborado em conformidade com a lei.

C) Ao direito que pode ser exercido por seu titular.

D) Ao direito adquirido.

E) Ao ato jurídico perfeito.

20. (*Introdução ao estudo do direito* / Cassiano Luiz Iurk) Assinale a alternativa correta:

A) Pode-se definir como direito adquirido aquele que se incorporou definitivamente ao patrimônio pessoal do indivíduo.

B) O direito adquirido depende da vontade alheia.

C) O ato jurídico perfeito é aquele que depende de elementos legislativos para sua firmação.

D) O ato jurídico perfeito não produz efeitos futuros.

E) Nenhuma das anteriores.

21. Indique quais dos seguintes pares de normas são constituídos por normas contraditórias entre si:

A) "Aquele que pagar no prazo o imposto de renda será beneficiado com um desconto de 10%". "Aquele que incorrer em mora no pagamento do imposto de renda sofrerá uma sobretaxa de 20%".

B) "Aquele que matar será punido com 8 a 25 anos de prisão". "Aquele que matar em legítima defesa não é punível".

C) "Os estrangeiros têm os mesmos direitos que os naturais do país". "O presidente da Nação deverá ter nascido no território nacional".

C) "Aquele que se apoderar ilegitimamente de uma coisa alheia sem usar de intimidação ou violência será reprimido com 6 anos de prisão". "Aquele que mediante o uso de armas, se apoderar ilegitimamente de uma coisa que não lhe pertence cumprirá 4 anos de prisão".

Lição XXXVIII

DIREITO COMO CIÊNCIA

Sumário: 175. A Ciência do Direito; 176. Ciência; 177 Ciências naturais e culturais; 178. Ciências Jurídicas.

A filosofia ocidental antiga começou com uma preocupação sobre **o ser do mundo exterior**. O mundo exterior é o primeiro tema de investigação filosófica e as "coisas" são a primeira forma de realidade. Quando os jônicos, no século VI a.C. perguntam qual é o princípio (o arché) da realidade, entendem por realidade a natureza, o mundo exterior. Daí escolherem como resposta substâncias materiais, chame-se "água, apeiron ou ar".

Porém, um povo com a capacidade racional dos gregos, não podia se conformar com a contemplação do mundo físico e logo percebe que junto a este mundo existe outro, de maior significado, que é o **mundo ideal**. É o mundo das essências, dos conceitos, das relações, isto é, daquilo que hoje se chama objeto ideal. Os pitagóricos, Sócrates e Platão, são os descobridores deste mundo das essências.

Mais tarde, se agregou à realidade física e aos objetos ideais o **mundo psíquico-espiritual**. Além das pedras, animais, rios, montanhas, números, conceitos e relações, existem minhas próprias "vivências", ou seja, minha dor e minha alegria, minha esperança e minha preocupação, minha percepção e minhas recordações. O homem, depois de se preocupar com as coisas exteriores, voltou sua atenção sobre si mesmo, realizando, então, duas pesquisas distintas. Uma, cujo conteúdo essencial não é uma valoração, mas a realidade físico-matemática; e uma outra que tem o valor como seu principal objetivo. Daí os dois tipos de ciências, as **físico-matemáticas** e as **culturais ou humanas**, como a Ciência do Direito.

175. A CIÊNCIA DO DIREITO

175.1. Epistemologia jurídica

A **epistemologia jurídica** indaga da natureza científica do saber jurídico. Sob esse enfoque, temos várias concepções do direito: jusnaturalismo, empirismo exegético, historicismo casuístico, positivismo sociológico e jurídico, normativismo jurídico, culturalismo. Durante o século XIX, por influência do conceito positivista de ciência segundo o qual, com exceção da lógica e da matemática, o conhecimento científico somente é possível sobre fatos perceptíveis e quando confirmado pela experiência, não faltou quem **recusasse** ao direito a condição de verdadeira ciência. Hoje, são poucos os que contestam o caráter científico do direito[1].

175.2. Ciência do Direito

Historicamente, a expressão "ciência do direito" é relativamente recente. A terminologia romana evitou, em geral, a palavra "ciência". Os Romanos não tiveram a preocupação de dar à investigação do Direito um caráter científico. Suas teorizações sobre ele estavam muito mais ligadas à práxis jurídica.

Foi uma criação da escola Histórica do Direito alemã, no século XIX. Foram os movimentos de secularização do Direito Natural, próprios do jusnaturalismo racionalista dos séculos XVII e XVIII, que criaram um âmbito de conhecimento racional que permitiu a construção de um saber "científico"[2]. Frequentemente o uso da palavra "Jurisprudência" – com J maiúsculo –, significa ser sinônimo de Ciência do Direito.

176. CIÊNCIA

Seja como for, o vocábulo "ciência" **não é unívoco**. Significa, contudo, um tipo específico de conhecimento, que atrai pelo seu halo de prestígio e aprovação. Há autores que julgam que o termo "ciência" tem uma denotação imprecisa, que deixa uma área de penumbra, pois não há elementos para decidir se o grau em que algumas atividades se apresentam é ou não suficiente para caracterizá-las como científicas. E assim, julgam que a atividade que os juristas realizam de fato se encontra nesta área de penumbra da aplicabilidade do termo "ciência"[3].

---

[1] O positivismo tem uma concepção formalista da ciência jurídica, visto que na interpretação dá prevalência absoluta às formas, ou seja, aos conceitos abstratos e às deduções puramente lógicas que se possam fazer com base neles, com prejuízo da realidade social que se encontra por trás de tais formas, dos conflitos de interesse que o direito regula e que devem guiar o jurista na sua atividade. Essa concepção formalista teve sua expressão na "jurisprudência conceitual", que se contrapõe à "jurisprudência dos interesses".

[2] *Vide* Tércio Sampaio Ferraz Jr., *A ciência do direito*, São Paulo: Atlas, 2010, p. 18 e s.

[3] Ver Santiago Nino, *Introdução à análise do direito*, São Paulo: Martins Fontes, 2015, p. 376.

Não há, é verdade, um critério único que determine a natureza e a extensão desse conhecimento científico. Independentemente, porém, dessa controvérsia, entendemos que ele pode ser enfocado objetiva e subjetivamente.

a) **Objetivamente**, a ciência é um "**conjunto de verdades certas e logicamente encadeadas entre si, de maneira a formar um sistema coerente**"[4].

b) **Subjetivamente**, a ciência é o "**conhecimento certo das coisas pelas suas causas**" (*"scire est cognoscere rem per causam"* – Aristóteles). Assim, sempre que tivermos um conhecimento que chegue às causas do fenômeno ou às razões que o demonstram, ele é científico.

176.1. Ciência e causas

Se o saber científico nada mais é que o conhecimento pelas causas, estas podem ser (a) primeiras ou últimas e (b) imediatas ou próximas,

a) **Causas primeiras ou últimas**. São aquelas que estendem seu influxo **a todos os efeitos de uma determinada ordem**. Por exemplo, um governante em relação à sua nação; ou o desejo da felicidade em relação a todo agir humano. A **metafísica** considera a causa absolutamente última de todo o universo, investiga qual é, como influi no mundo e qual a sua natureza.

São chamadas de "primeiras" porque estão na origem de um fenômeno; de "últimas" porque são as que atingimos em último lugar, depois de passarmos por todos os escalões que conduzem a elas. Nesse sentido, a Teologia, que remonta ao Ser Supremo, e a Metafísica, que remonta ao ser enquanto ser, atingem as causas primeiras de todo e qualquer fenômeno. Esta era a concepção que se tinha na época clássica da filosofia, desde Aristóteles até Descartes.

b) **Causas imediatas ou próximas.** Na época moderna, quando surgiram as ciências que se propunham antes de tudo e exclusivamente conhecer as causas próximas que explicariam os fenômenos, o termo "ciência" adquiriu novo sentido. Reconheceu-se então como científico apenas o saber que tinha como objeto as causas imediatas dos fenômenos, as que possibilitavam compreender, pela análise dos efeitos, a que causas eles estariam vinculados. **Assim, só é ciência, para o homem moderno, a que atinge o vínculo necessário e imediato entre uma causa e seus efeitos**. O conceito de ciência, outrora geral, limitou-se, a partir daí, ao saber que atingia as causas particulares de cada fenômeno[5]. Causas próxi-

---

[4] Régis Jolivet. *Curso de filosofia*, Rio de Janeiro: Agir, 1995, p. 76.
[5] Eduardo Bittar faz referência ao "tecnicismo jurídico" positivista que, oco e vazio de sentido, provocou um processo de desligamento da Ciência do Direito com as demais Ciências

mas, portanto, são as que produzem determinados efeitos de modo imediato. Por exemplo, o aumento da pressão atmosférica é causa do bom tempo; o coração é o órgão que impulsiona a circulação sanguínea. Delas se ocupam as ciências particulares.

176.2. A ciência e seus objetos

Praticamente ignoramos tudo que se refere ao mundo em que vivemos. É a ciência que nos permite decifrá-lo. Por isso, toda ciência concentra-se sobre um objeto próprio, palavra que pode ser tomada em dois sentidos: material e formal.

a) **Objeto material** vem a ser a realidade que é objeto de cada ciência, ou a matéria sobre que ela versa.

b) **Objeto formal** é a maneira especial com que a matéria é apreciada. É o aspecto especial pelo qual a ciência considera o seu objeto material.

Assim, a mesma realidade pode ser objeto material de mais de uma ciência; o que distingue um ramo de saber do outro é o seu objeto formal. A medicina, por exemplo, estuda o corpo humano (objeto material) enquanto suscetível de saúde e enfermidade (objeto formal)[6].

Com outras palavras: as ciências não se distinguem umas das outras pelo objeto material, mas sim pelo objeto formal.

176.3. O Direito como ciência

Durante o século XIX, por influência do conceito positivista de ciência, tinha-se que o conhecimento científico, com exceção da lógica e da matemática, só era possível sobre fatos perceptíveis pelos sentidos e quando confirmado pela experiência. Em decorrência, **não faltou quem recusasse à ciência do Direito (dogmática jurídica) a condição de verdadeira ciência**, pelo motivo de que o objeto do seu estudo seria tão mutável e casual que não podia ser objeto de uma ciência.

A única ciência possível do direito seria a sociologia do Direito ou uma Teoria formal do Direito: aquela, porque é uma ciência empírica de fatos; esta, porque só se ocupa das relações lógicas dos fenômenos jurídicos sem considerar seu conteúdo. Portanto, os que contestam o caráter científico do

---

Humanas e Sociais, resultando-lhe uma compreensão equivocada (*Introdução ao estudo do direito*, São Paulo: Saraiva, 2018, p. 29).

[6] Se as ciências particulares têm por meta determinados setores ou aspectos da realidade, é preciso que haja uma ciência que estude toda a realidade, fixando-se naquilo que todas as coisas têm em comum, isto é, enquanto "são" coisas, são algo "real". É assim que a **Metafísica** estuda o ente enquanto ente, suas propriedades e suas causas. "Ente" significa, pois, "o que é", significa o que comumente chamamos coisas, realidades ou seres; estes aspectos comuns estão pressupostos pelos conhecimentos mais particulares: quando um botânico classifica e estuda as espécies vegetais, sabe que aquelas coisas são algo, são entes, e essa noção é prévia às noções que correspondem a cada espécie da vida vegetal.

direito apoiam-se seja nas oscilações dos valores, seja no fato da variação constante que se processa no âmbito do direito positivo. Assim, diversos pesquisadores refutaram o caráter científico do direito, sendo conhecidas as palavras de J. von Kirchmann (1802-1899), pronunciadas em 1847 numa conferência em Berlim, sob o título "O direito não é uma ciência": "Três palavras inovadoras do legislador e bibliotecas inteiras tornam-se inúteis". Blaise Pascal (1623-1662), por sua vez, escrevia: "Quase nada se vê de justo ou de injusto que não mude de qualidade mudando de clima. Três graus de elevação no polo derrubam a jurisprudência. Um meridiano decide da verdade; em poucos anos de posse, as leis fundamentais mudam; o Direito tem suas épocas..." (Pensamentos).

O **equívoco** desses autores está na sua visão distorcida do direito, como algo inteiramente condicionado pela história, sem conservar nada de perene e universal. Na realidade, o direito reúne princípios e valores universais e necessários. O que é contingente é o desdobramento dos princípios, a sua aplicação no tempo e no espaço. E nem mesmo aqui se pode dizer que o jurista não possui nenhuma estabilidade científica. Ele move-se num quadro de objetiva racionalidade. **Sendo, portanto, um conhecimento racional e sistemático do fenômeno jurídico, a ciência do direito é sem dúvida uma ciência.**

De outro lado, a realidade jurídica é **objeto material de várias ciências**. O direito é um fenômeno histórico-social que se desenvolve através do tempo e do espaço, podendo ser estudado sob diferentes prismas. Cada qual dessas ciências estuda, portanto, a mesma realidade, o direito, porém sob diferentes ângulos e distintas exigências metodológicas, como veremos.

Vale ressaltar, nesse assunto, a opinião de Miguel Reale no sentido de que, mesmo afirmando que a Metafísica somente pode ser objeto de um pensamento "conjetural" e não como "verdades assentes e demonstráveis", ele conclui que com isso não se está diminuindo o papel da Metafísica, "pois o conjetural desempenha significativo papel no âmbito da doutrina da ciência de nosso tempo, que felizmente superou a redução neopositivista do científico ao empírico e matematicamente verificável"[7].

177. CIÊNCIAS NATURAIS E CULTURAIS

Todas as ciências são "**bens culturais**" (porque criadas pelo homem), mas nem todas são "**ciências culturais**" (já que seu objeto pode ser apenas os fenômenos naturais). Vimos que existem duas ordens de fenômenos: os da natureza e os da cultura. No estudo dos fenômenos naturais, estudando e explicando a natureza, o homem chega a uma soma de conhecimentos que forma as chamadas **ciências "físico-matemáticas"**: Física,

---

[7] Miguel Reale, *Cinco temas do culturalismo*, São Paulo: Saraiva, 2000, p. 11.

química, matemática, astronomia etc. Quando, porém, o homem volta-se para o estudo de si mesmo e das suas atividades que buscam a realização de fins que lhe são próprios, temos como resultado as chamadas **ciências "culturais" ou "humanas"**.

Por isso, a nossa afirmação no sentido de que se todas as ciências são bens culturais, já que são criações do homem, nem todas podem ser consideradas ciências culturais. A **Física**, por exemplo, é um bem cultural, mas é uma ciência natural. Já o **Direito, a História, a Pedagogia** são ciências histórico-culturais, porque o seu objeto é algo constituído pelo homem através do tempo.

Por outro lado, **nem todas as ciências culturais são da mesma natureza**. Há aquelas que, com base nos fatos observados, formulam apreciações de natureza valorativa sobre estes, mas não implicam o reconhecimento da obrigatoriedade de um comportamento. Ou seja, não atingem o plano normativo, como a sociologia, a história, a economia. São ciências culturais **puramente compreensivas** ou **explicativo-compreensivas**.

Outras existem que culminam na escolha de uma conduta considerada obrigatória. Da tomada de posição axiológica perante o fato, resulta a "normatividade", como acontece no plano da *ética*, ao qual pertence a ciência do direito. Ela, como ciência cultural **compreensivo-normativa**, diz como o homem deve agir.

Vale ressaltar que hoje não mais prevalece o pressuposto positivista da neutralidade axiológica da ciência. Ou seja, a objetividade não exclui a indagação sobre o valor da ciência para o homem. Em suma, reconhece-se a existência de um coeficiente valorativo em qualquer tipo de conhecimento, sem negar a diferença entre os diversos níveis de pesquisa: natural e cultural. Por isso, Reale reconhece a validade da distinção de Dilthey entre "explicação" e "compreensão", como pressuposto de diferentes formas de conhecimento, porém situada em um novo enfoque axiológico. Isso significa que, nos domínios das ciências humanas, o valor, além de ter uma função epistemológica comum a todas as ciências, "age como conteúdo ou como ingrediente essencial da realidade estudada". Em decorrência, aquilo que diferencia as ciências físico-naturais das culturais não é o fato de, nestas, o valor operar como "elemento mediador", mas de que suas afirmações básicas possuem como conteúdo um ou mais valores. Com outras palavras, no plano da cultura, o valor atua como um instrumento de compreensão, como elemento mediador e também, e é nisso que está a diferença, ele "se insere no conteúdo daquilo que é interpretado", ele "representa o ingrediente da realidade observada"[8].

---

[8] Miguel Reale, *Paradigmas da cultura contemporânea*, São Paulo: Saraiva, 1996, p. 8.

178. CIÊNCIAS JURÍDICAS

Os romanos estudaram o direito como um todo indistinto, sem se preocupar em fazer especializações dele. A disciplina com que estudavam o direito era a "**Jurisprudência**" (*iuris prudentia*), definida por Ulpiano como o conhecimento das coisas divinas e humanas, a ciência do justo e do injusto[9]. Tinha, portanto, como objeto de estudo um vasto campo do saber.

Foi **a partir do século XVII** que teve início a especialização do direito, e hoje ele é estudado sob diversos aspectos, sendo objeto de várias ciências, chamadas ciências jurídicas. Cada uma delas, pelo fato de ter objeto formal próprio, constitui uma ciência jurídica autônoma. As fundamentais são: a ciência do direito e a dogmática jurídica, a teoria geral do direito, a sociologia jurídica, a história do direito, a política do direito e a filosofia do direito[10].

178.1. Ciência do Direito e dogmática jurídica

Alguns autores entendem que a ciência do direito se confunde com a dogmática jurídica. Embora sem sustentarmos uma separação radical entre as duas, entendemos que elas não se confundem.

a) A **Ciência do Direito** estuda o fenômeno jurídico **em todas as suas manifestações e momentos**; tal como ele se concretiza no espaço e no tempo. Trata-se, pois, de uma ciência complexa que, no dizer de Reale, "surpreende o fato jurídico desde as suas manifestações iniciais até aquelas em que a forma se aperfeiçoa"[11]. Quando, porém, o seu âmbito fica circunscrito ao estudo das normas vigentes, toma o nome de dogmática jurídica.

b) A **Dogmática Jurídica**, então, vem a ser o **estudo metódico e sistemático das normas vigentes de dado ordenamento**, ordenando-as segundo princípios e tendo em vista a sua interpretação e aplicação[12].

---

[9] O termo jurisprudência, na linguagem jurídica, apresenta dois significados distintos. Pode significar: 1º) a "ciência do direito", como ocorre no texto de Justiniano: "Divinarum et humanarum rerum notitia, justi atque injusti sciencia"; foi o sentido clássico do vocábulo. 2º) A decisão constante dos tribunais em determinada matéria, quando então falamos em "jurisprudência do Supremo Tribunal Federal" etc.

[10] Eduardo Bittar escreve: "A árvore da Ciência do Direito participa da densa floresta dos saberes, sendo, por isso, vizinha de outras Ciências, tais como a Antropologia, a Sociologia, a História, a Ciência Política, a Filosofia, a Economia, a Comunicação Social, a Linguística, a Pedagogia, a Psicologia, entre outras. O humus comum a todos é a experiência do mundo da vida (Lebenswelt)" (*Introdução ao estudo do direito*, São Paulo: Saraiva, 2018, p. 34).

[11] Miguel Reale, *Lições preliminares de direito*, São Paulo: Saraiva, 1984, p. 317.

[12] Segundo Miguel Reale, há quatro posições doutrinárias acerca da Dogmática Jurídica em confronto com a Jurisprudência: 1ª) os que a *repudiam*, considerando-a uma fase superada da Ciência do Direito; 2ª) os que *reduzem* o seu conceito, convertendo-a em Arte ou Técnica Jurídica; 3ª) os que, ao contrário, *alargam* o seu conceito, identificando-a com a Ciência do Direito, a tal ponto que dizer Jurisprudência equivaleria a dizer Ciência dogmática do Direito;

Note-se que não empregamos a palavra "dogmática" no sentido usado na *teologia*, ou seja, como se referindo a verdades absolutas e infalíveis, que não se discutem (dogmas). O uso da expressão "dogmática jurídica" tem a sua explicação no fato de que, para o jurista, as leis são posições normativas das quais tem de partir para sua atividade prática, não podendo ignorá-las. Nesse sentido, as regras jurídicas são dogmas, porquanto não podem ser contestadas na sua existência, quando são formalmente válidas. Podemos discutir quanto ao seu alcance e eficácia, mas ninguém poderá escusar-se alegando ignorar o texto da lei ou por ser contrário aos seus objetivos. Por conseguinte, à diferença do teólogo que deve, sem mais, aceitar o conteúdo da Revelação, o jurista atua criticamente, assinalando as imperfeições técnicas, as injustiças, a inadequação da lei às necessidades sociais etc.

Em suma, a dogmática jurídica estuda o fenômeno jurídico tal como ele se encontra historicamente realizado, o que significa dizer que a dogmática jurídica é como que "a teoria positiva do Direito Positivo", na definição de Reale[13]. A ciência do direito como dogmática jurídica só se constituiu efetivamente na primeira metade do século XIX, com os trabalhos da Escola da Exegese, na França, e da Escola Histórica, na Alemanha. De fato, com o advento do Código Civil francês e dos que foram elaborados tendo-o como modelo, surge um direito certo para todos e capaz de ser objeto de uma indagação lógica e segura. Assim, a ciência do direito encontrou base para alcançar um notável grau de sistematização, ou seja, um sistema que distribuía a matéria segundo uma ordenação lógica, permitindo a interpretação e aplicação das regras vigentes, segundo princípios de caráter geral[14].

178.2. Teoria Geral do Direito

Aristóteles já ensinara que não há ciência do particular e sim do *genérico*, pois, enquanto ficamos apegados aos casos particulares, não captamos a essência dos fenômenos, ou seja, o que é constante neles. Por outro lado, "teoria" (do grego *theoresis*) significa, na lição de Reale, "a conversão de um assunto em problema, sujeito a indagação e pesquisa, a fim de superar a particularidade dos casos isolados, para englobá-los numa forma de com-

---

4ª) e há, finalmente, a possibilidade de concebê-la como *momento culminante* da Ciência do Direito, enquanto esta determina e sistematiza os conceitos necessários à compreensão dos modelos normativos que estruturam a experiência jurídica, bem como indaga das condições de realização desses modelos nos diversos campos em que se desenvolve a atividade do advogado e do juiz (*O direito como experiência*, São Paulo: Saraiva, 2002, p. 123).

[13] Miguel Reale, *Lições preliminares de direito*, São Paulo: Saraiva, 1984, p. 317.

[14] Usamos o termo "dogmático" em seu sentido técnico, isto é, como "enunciado da norma jurídica a ser seguida, em virtude de uma decisão do poder, que põe fim, pelo menos provisoriamente, às opções espontâneas do processo normativo" (Miguel Reale, *O direito como experiência*, São Paulo: Saraiva, 2002, p. XXI).

preensão, que correlacione entre si a parte e o todo"[15]. Em consequência, a ciência jurídica eleva-se ao plano de uma Teoria Geral do Direito. Qual o seu objeto?

O termo "Teoria Geral do Direito" em seu sentido específico indica um campo autônomo e definido do direito, distinto do da Filosofia Jurídica. Às vezes ele é usado por motivos didáticos para indicar uma visão global da experiência jurídica, abrangendo aspectos filosóficos, científicos e técnicos, o que só pode ser feito sem olvido da acepção específica e própria. Ela representa a parte geral, comum a todas as formas de conhecimento positivo do direito; aquela na qual se fixam os princípios ou diretrizes capazes de elucidar sobre a estrutura das regras jurídicas e sua concatenação lógica, bem como sobre os motivos que governam os distintos campos da experiência jurídica. Tem por objeto determinados sistemas jurídicos positivos, geralmente integrados no mesmo ciclo de cultura, e elabora conceitos básicos, como os de norma jurídica, modelo jurídico, relação jurídica, sujeito do direito, direito subjetivo, fonte do direito etc.

A Teoria Geral do Direito é, pois, "um estudo que por inteiro se desenvolve ao nível das diversas formas do conhecimento positivo do Direito, cujos conceitos e formas lógicas ela visa a determinar de maneira global e sistemática. Suas conclusões não se restringem, pois, à Ciência do Direito, mas devem ser aplicáveis também à Sociologia Jurídica, à História do Direito etc."[16]. Ela não se preocupa em indagar das condições últimas da experiência jurídica, como faz a filosofia, mas busca a determinação das estruturas lógicas da experiência jurídica em geral, de tal modo que suas conclusões sejam válidas tanto para o jurista como para o sociólogo ou para o historiador do direito.

Como distinguir a Teoria Geral do Direito e a Dogmática Jurídica? Esta não é senão a especificação da Teoria Geral do Direito no âmbito e em função do ordenamento jurídico e de sua aplicação. A Teoria Geral do Direito, por sua vez, amplia suas perspectivas, pois é comum a toda a problemática jurídica, estudada pelo jurista, pelo historiador ou pelo sociólogo. O estudioso da sociologia jurídica, por exemplo, também se subordina a todo um sistema de conceitos gerais, sem os quais não lhe seria possível identificar um fato como sendo fato jurídico, para indagar do seu significado social ou da sua efetividade, submetendo-o a análises estatísticas. Além disso, os estudos de sociologia jurídica ou de história do direito têm contribuído para a revisão de muitos pontos da Teoria Geral, a qual não pode ser uma para o jurista e outra para o sociólogo ou para o historiador, uma vez que ela se destina a determinar as estruturas e funções de uma única experiência jurídica.

---

[15] Miguel Reale, *Lições preliminares de direito*, São Paulo: Saraiva, 1984, p. 18.
[16] Miguel Reale, *Lições preliminares de direito*, São Paulo; Saraiva, 1984, p. 328.

É claro, portanto, que quando se coloca a Teoria Geral do Direito apenas no âmbito e em função das exigências lógicas e práticas do ordenamento jurídico, não será possível distingui-la, validamente, da dogmática jurídica. Mas já é tempo, conclui Reale, de ampliar as suas perspectivas, no sentido de uma Teoria Geral do Direito comum a toda a problemática jurídica, estudada pelo jurista, pelo historiador ou pelo sociólogo[17].

178.3. Sociologia Jurídica

Quanto à **sociologia**, podemos dizer, em linhas gerais, que ela tem por fim **o estudo do fato social na sua estrutura e funcionalidade**, para saber como os grupos humanos se organizam e se desenvolvem, em função dos múltiplos fatores que atuam sobre as formas de convivência[18]. A sociologia, portanto, não tem por objetivo traçar normas ou regras para o viver coletivo, mas antes verificar como a vida social comporta diversos tipos de regras, como reage em relação a elas, nestas ou naquelas circunstâncias etc.

Nesse contexto, a atual **sociologia jurídica** preocupa-se em **determinar as condições objetivas, que favorecem ou impedem a disciplina jurídica dos comportamentos**. Ela procura, pois, valer-se de rigorosos dados estatísticos para compreender como as normas jurídicas se apresentam efetivamente. Não visa, assim, à norma jurídica como tal, mas à sua *eficácia no plano do fato social*. Dessa forma, se a ciência do direito estuda o fenômeno jurídico sob o aspecto normativo, a sociologia jurídica examina o mesmo fenômeno jurídico, mas o faz do ponto de vista social; é "**o estudo da conduta jurídica, enquanto conduta social**"[19].

A sociologia jurídica, portanto, sem ter a preocupação de elaborar normas jurídicas e de interpretar as que vigoram na sociedade, procura analisar as relações existentes entre a realidade social e o direito vigente; analisar a ação da sociedade sobre o direito e a atuação do direito sobre a sociedade; analisar como o direito, enquanto fato, representa o produto de processos sociais. **Ela procura mostrar como os homens se comportam, efetivamente, em confronto com as regras de direito**, enquanto a ciência do direito, por sua vez, mostra-nos *como os homens devem comportar-se*, em tais ou quais circunstâncias disciplinadas por aquelas regras. Em suma, a sociologia jurídica examina os efeitos sociais das normas jurídicas.

---

[17] Miguel Reale, *Lições preliminares de direito*, São Paulo: Saraiva, 1984, p. 330.

[18] Há quem faça distinção entre "sociologia do direito" e "sociologia no direito". Quem usa a primeira defende a autonomia do direito perante a sociologia e a exclusividade de seu método, único a ser aceito nas ciências jurídicas. Já quem prefere a segunda expressão defende um papel mais ativo para a sociologia jurídica no âmbito das ciências jurídicas (ver Ana Lúcia Sabadell, *Manual de sociologia jurídica*, São Paulo: Revista dos Tribunais, 2017, p. 44).

[19] Miguel Reale, *Lições preliminares de direito*, São Paulo: Saraiva, 1984, p. 326.

Não se pode negar que **o direito se revela autêntico, quando retrata a vida social**, adaptando-se e evoluindo à medida que o organismo social ganha novas dimensões. Para isso a sociologia jurídica desenvolve importante trabalho na correção dos desajustamentos entre a sociedade e o direito. Se ela não tem finalidade normativa, no sentido de instaurar modelos de organização e de conduta, as suas conclusões são indispensáveis ao legislador, que tem a missão de modelar os comportamentos humanos para considerá-los lícitos ou ilícitos. Isso porque é indispensável saber como os homens estão agindo para estabelecer como devem agir. Contudo, não se deve cair num "**sociologismo**" que supervaloriza a ciência social, a ponto de reduzir o direito à categoria única de fato social e simples capítulo da sociologia.

178.4. História do Direito

A história do direito vem a ser a "disciplina que estuda as instituições e os sistemas jurídicos do passado, com o fim de explicar as causas de suas transformações e desenvolvimento"[20]. Essa disciplina observa, pois, os mesmos fenômenos sociais, mas procurando individualizar os fatos e integrá-los em um sentido geral, para compreender seu significado no tempo. Não há dúvida que a história dos acontecimentos jurídicos representa um fator importante de informação para a definição atual do direito. Há uma mútua influência. Na verdade, o Direito vive impregnado de fatos históricos.

178.5. Política do Direito

Enquanto a Política ou Ciência Política, em geral, visa à realização dos fins da comunidade através da ação do Estado e de outros centros de poder, a Política do Direito **indaga das formas e meios jurídicos mais adequados à consecução daqueles fins**[21].

Ela abrange vários problemas, como o dos critérios de necessidade e oportunidade da atividade legislativa; o das técnicas legislativas, cuja importância prática é relevante, uma vez que os planos do governo devem ser consubstanciados em leis e regulamentos; o problema dos campos de interesse que podem interferir no processo legislativo, por exemplo, os chamados "grupos de pressão" ou *lobbies*. Ela não se confunde, pois, com a sociologia política, não obstante suas vinculações com os estudos sociológicos.

178.6. Filosofia do Direito

A majestade do direito não decorre apenas das leis, mas do seu significado, dos valores que consagra e imprime às relações de convivência social, o que se apreende pela filosofia do direito.

---

[20] Francisco Uchoa de Albuquerque. *Introdução ao estudo do direito*, São Paulo: Saraiva, 1982, p. 35.

[21] Ver Miguel Reale, *Lições preliminares de direito*, São Paulo: Saraiva, 1984, p. 327.

Assim, a filosofia do direito transcende o plano meramente normativo do direito vigente, para revelar ao espírito o conhecimento integral do direito. É, pois, uma ciência de reflexão sobre o conceito e os fundamentos do direito, sob a ótica dos valores; indaga das condições mediante as quais a concretização do direito é possível. Nesse sentido, Reale a define como sendo "**o estudo crítico-sistemático dos pressupostos lógicos, axiológicos e históricos da experiência jurídica**"[22].

Há, pois, uma tríplice ordem de indagações filosófico-jurídicas: a lógica, a ética e a histórico-cultural, na lição realeana. Uma das tarefas principais de caráter **lógico** a ser resolvida pela filosofia do direito é a referente ao conceito de direito: que é direito? Se ele é um fenômeno histórico-social sempre sujeito a inúmeras variações e aspectos diferentes no espaço e no tempo, não haverá nele algo de permanente que nos permita saber em que o direito consiste? A indagação de ordem **ética** diz respeito à legitimidade ou fundamento do direito: por que ele obriga? O direito baseia-se na força, sendo aquilo que o Estado ordena? Ou ele se baseia na liberdade, ou na igualdade, ou em algum outro valor? No terceiro problema pergunta-se qual o sentido da **história do direito**? Se ele muda, se o direito é um fato social que se desenvolve através do tempo, não será possível determinar as razões da mudança? Não haverá leis governando tal processo? Como explicar o aparecimento do direito e o sentido de suas transformações? Vemos como tais indagações não se referem à história do direito como tal (tarefa do historiador do direito), mas sim ao *sentido* da experiência jurídica, ou às razões fundantes desta.

Do exposto, podemos concluir que a filosofia do direito indaga dos pressupostos lógicos da ciência do direito e de seus métodos de pesquisa (*epistemologia jurídica*). Procura determinar o sentido objetivo de sua história, por meio de inúmeras vicissitudes sociais, nos diversos ciclos de suas evoluções e involuções (*culturologia jurídica* ou *filosofia da história do direito*). Por fim enfrenta o problema central do fundamento do direito, indagando dos valores e fins que devem nortear o homem na experiência jurídica (*deontologia jurídica*). Note-se, contudo, que essa tríplice ordem de indagações não se discrimina sem uma prévia tomada de contato com a experiência jurídica, para saber em que consiste o direito ao mesmo tempo como realidade e como conceito. Cuida-se, a bem ver, da parte geral da filosofia jurídica que Reale denomina *ontognoseologia jurídica,* ou seja, a teoria do ser do direito como objeto do conhecimento. A epistemologia jurídica, a deontologia jurídica e a culturologia jurídica acima referidas seriam as partes especiais da filosofia do direito.

---

[22] Miguel Reale, *Filosofia do direito*, São Paulo: Saraiva, 1990, p. 290.

178.7. Zetética e dogmática jurídica

Theodor Viehweg fala em "zetética jurídica" e "dogmática jurídica". Tércio Sampaio Ferraz Jr., discípulo de Viehweg na Universidade de Mainz, vale-se dessa dicotomia no estudo do direito uma vez que, segundo ele, o direito pode ser objeto de teorias **informativas** e de teorias **diretivas**. Pode, portanto, ser estudado de diferentes ângulos: um enfoque zetético e um enfoque dogmático. O que isso significa?

Toda investigação científica está sempre às voltas com *perguntas e respostas*. Temos duas possibilidades de proceder à investigação de um problema: ou acentuando o aspecto "**pergunta**" ou acentuando o aspecto "**resposta**". No primeiro caso, temos a **Zetética** (do grego *zetéin*: procurar, inquirir) na qual os conceitos básicos, as premissas, os princípios ficam abertos à dúvida, abertos à crítica. No segundo, temos a **Dogmática** (do grego *dokéin*: ensinar, doutrinar) na qual determinados elementos são, de antemão, subtraídos à dúvida, postos fora de questionamento, mantidos como soluções reais intocáveis.

Embora entre zetética e dogmática não haja uma linha divisória radical, **toda investigação acentua mais um enfoque que o outro, mas sempre tem os dois**. O enfoque dogmático ressalta o ato de opinar e resguarda algumas das opiniões. O enfoque zetético, ao contrário, desintegra, dissolve as opiniões, pondo-as em dúvida. Questões zetéticas têm uma função especulativa explícita e são infinitas. Questões dogmáticas têm uma função diretiva explícita e são finitas. Nas primeiras, o problema é configurado como "ser" (o que é algo?). Nas segundas, a situação se configura como "dever-ser" (como algo deve ser?). Por isso, o enfoque zetético visa a salvar o que uma coisa é; já o enfoque dogmático se preocupa em possibilitar uma decisão e orientar a ação.

Em relação ao direito, o fenômeno jurídico admite, com toda a sua complexidade, tanto o enfoque zetético quanto o dogmático, em sua investigação. Isso explica que sejam várias as ciências que o tomam por objeto. Em algumas delas predomina o enfoque zetético, em outras o dogmático. Temos assim, a **zetética jurídica** composta de disciplinas que têm como objeto de investigação o direito no âmbito da Introdução ao Direito, da Sociologia, da Antropologia, da Psicologia, da História, da Filosofia, da Ciência Política etc. A **dogmática jurídica**, por sua vez, abrange como disciplinas, no estudo do direito, a Ciência do Direito Civil, Comercial, Constitucional, Processual, Tributário, Administrativo, do Trabalho etc.

178.8. Estudo da experiência jurídica e tridimensionalidade

Fato, valor e norma são, como vimos, dimensões essenciais do direito. Este é, desse modo, insuscetível de ser partido em fatias, sob pena de se comprometer a natureza especificamente jurídica da pesquisa. Por isso, qualquer conhecimento do direito é necessariamente tridimensional. Com outras palavras, a experiência jurídica, sendo consequência da tridimensionalidade do direito, deve ser estudada de maneira igualmente tridimensional, tanto pelo filósofo como pelo sociólogo ou pelo jurista, cada um em função do respectivo objeto de pesquisa, demonstrando a dialetização dos três fatores: fato, valor e norma. Não se trata de uma solução eclética, como poderia parecer aos menos avisados ou aos críticos superficiais, mas de uma solução que se caracteriza exatamente pelo superamento de posições abstratas, tanto assim que culmina num normativismo jurídico concreto, no qual fatos e valores se implicam dialeticamente.

Assim, na **CIÊNCIA DO DIREITO vamos do fato ao valor, culminando na *norma*.** Há uma compreensão normativa de fatos em função de valores. Visa-se atingir a norma, para interpretá-la e aplicá-la e temos a dogmática jurídica ou a ciência do direito. O jurista objetiva a norma; raciocina em termos de normatividade. A norma é o elemento preferencial da sua pesquisa.

Na **SOCIOLOGIA DO DIREITO vamos da norma ao valor, culminando no *fato*.** Estuda-se o fato segundo a norma valorada. Há uma compreensão factual de normas em função de valores. O sociólogo do direito quer conhecer o direito como fato social. Mas esse fato não é um fato qualquer, é um fato "jurídico", o que significa que ele não se compreende sem se referência a uma norma e ao valor que visa realizar.

Na **FILOSOFIA DO DIREITO vamos do fato à norma, culminando no valor**, que é sempre uma modalidade do valor do justo. Há uma compreensão axiológica de fatos em função de normas.

Do exposto, vemos como o direito é sempre uma realidade tridimensional (fato, valor e norma) para quem quer que o estude. O que há é apenas uma variação no ângulo ou prisma de pesquisa; o alvo que se tem em vista atingir é o que diferencia. Assim, o jurista objetiva a norma, sem se esquecer do fato e do valor; o sociólogo busca o fato social, sem deixar de se referir à norma e ao valor; o filósofo visa o valor, indo do fato à norma. Trata-se de uma unidade de processo, devendo cada um dos momentos da experiência jurídica ser objeto de estudo em correlação ou implicação com os demais.

Essas três ordens de estudos distintos, mas correlatos, podem ser assim esquematizadas:

CIÊNCIA DO DIREITO:	Fato	☐	Valor	☐	**Norma**
SOCIOLOGIA DO DIREITO:	Norma	☐	Valor	☐	**Fato**
FILOSOFIA DO DIREITO:	Fato	☐	Norma	☐	**Valor**

178.9. Discriminação do saber jurídico

Miguel Reale reúne as diversas formas do conhecimento jurídico, aqui estudadas, tendo como pontos de referência os elementos fato, valor e norma, de acordo com a Teoria Tridimensional do Direito, da seguinte maneira[23]:

---

[23] Miguel Reale, *Lições preliminares de direito*, São Paulo: Saraiva, 1984, p. 333.

```
                    ┌─────────────────────────────────────┐
                    │  DISCRIMINAÇÃO DO SABER JURÍDICO   │
                    └─────────────────────────────────────┘
                         │                          │
              ┌──────────────────┐       ┌──────────────────────────┐
              │ No Plano Filosófico │    │ No Plano Empírico        │
              │                  │       │ ou Científico Positivo   │
              └──────────────────┘       └──────────────────────────┘
                         │
              ┌──────────────────┐
              │ Filosofia do Direito │
              └──────────────────┘
                         │
   ┌──────────────┐   ┌─────────┐   ┌──────────────┐
   │ Ontognoseologia │─│ Ser do  │─│ Teoria Geral  │
   │   Jurídica      │ │ Direito │ │  do Direito   │
   └──────────────┘   └─────────┘   └──────────────┘
                         │
   ┌──────────────┐   ┌─────────┐   ┌────────────────────┐
   │ Culturologia │─│  Fato   │─│ Sociologia Jurídica │
   │   Jurídica   │ │         │ │ História do Direito │
   └──────────────┘   └─────────┘   └────────────────────┘
                         │
   ┌──────────────┐   ┌─────────┐   ┌──────────────────┐
   │ Deontologia  │─│  Valor  │─│ Política do Direito │
   │   Jurídica   │ │         │ │                     │
   └──────────────┘   └─────────┘   └──────────────────┘
                         │
   ┌──────────────┐   ┌─────────┐   ┌────────────────────┐
   │ Epistemologia│─│  Norma  │─│ Jurisprudência ou    │
   │   Jurídica   │ │         │ │ Ciência do Direito   │
   └──────────────┘   └─────────┘   └────────────────────┘
```

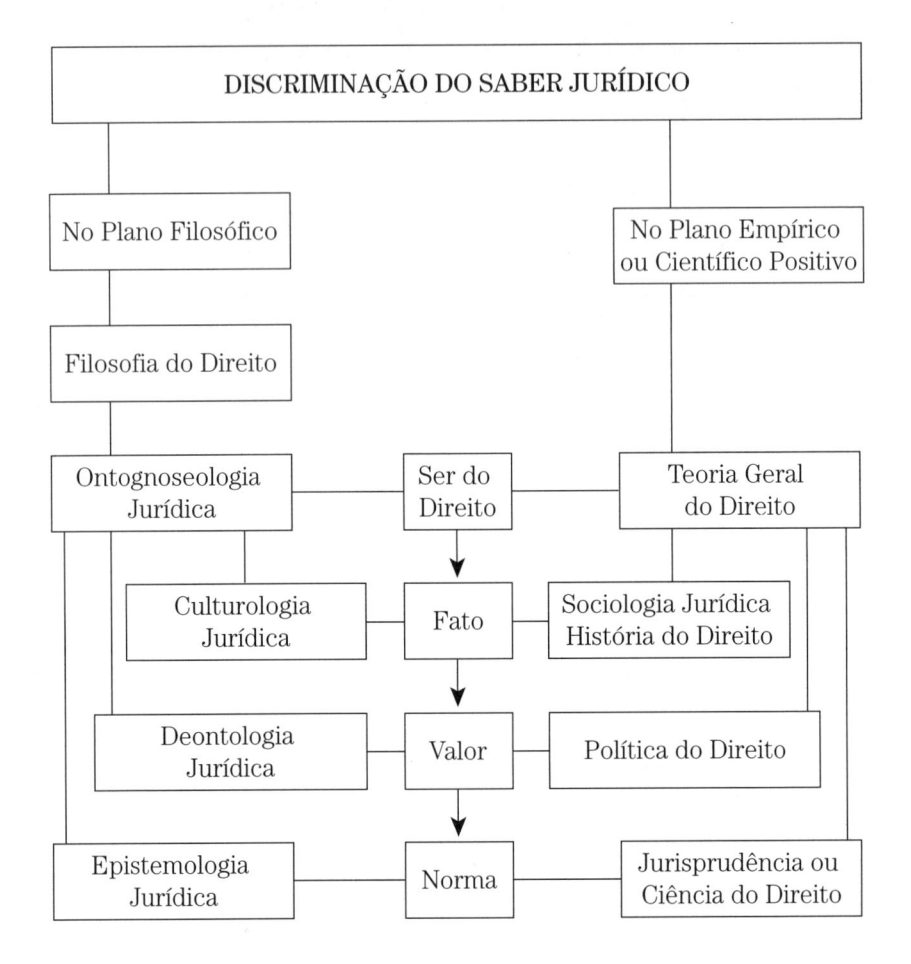

QUESTIONÁRIO

1. Kirchmann é o mais rigoroso negador da ciência jurídica, porque sua posição jusnaturalista é explícita. Perante essa afirmação, qual é a explicação correta?

   A) Asserção certa e razão certa.

   B) Asserção certa e razão errada.

   C) Asserção errada e razão certa.

   D) Asserção errada e razão errada.

2. Demonstre o equívoco da colocação de Kirchmann, contrária à cientificidade do direito.

3. Em meados do século XIX, o promotor alemão Julius von Kirchmann proferiu uma conferência com o título "A Jurisprudência não é Ciência".

Um de seus argumentos parta defender a conclusão do título era que o objeto da "ciência" do direito (ou seja, as leis) não tem a regularidade e perdurabilidade dos fenômenos estudados pelas ciências naturais: "três palavras retificadoras do legislador transformam bibliotecas inteiras em lixo". Qual sua opinião sobre essa tese?

4. Segundo Kelsen, em que sentido a ciência do direito é normativa? Para ele, o que é uma proposição jurídica?

5. Explique que vem a ser ciência, juntamente com seus objetos material e formal.

6. Que tipo de imprecisão possui o termo "ciência"? Há critérios objetivos para decidir se a atividade dos juristas é ou não uma ciência? Que aspecto da palavra "ciência" faz com que o fato de classificar ou não de ciência a atividade teórica dos juristas não seja visto como uma mera questão verbal?

7. As ciências que têm o direito por objeto são ciências naturais ou culturais? Puramente compreensivas ou compreensivo-normativas?

8. Quando surgiram e quais são as principais ciências jurídicas?

9. Há diferença entre a ciência do direito e a dogmática jurídica? Justifique.

10. Qual é o objeto da Teoria Geral do Direito?

11. (Provão 2002) Estudiosos do direito destacam a diferença entre o direito "nos livros" e o direito "em ação". Temas como o cumprimento (ou não) das normas e a aplicação (ou não) de sanções sempre aparecem nesses estudos que se integram na

    A) Sociologia do direito, que trata da validade das normas.

    B) Filosofia do direito, centrada nos exames valorativos da justiça e da moralidade do ordenamento.

    C) Teoria Geral do Direito, que vê na relação entre o ilícito e a sanção o núcleo da normatividade jurídica.

    D) Teoria Geral do Direito, que privilegia o aspecto positivo do ordenamento jurídico.

    E) Sociologia do direito, que investiga a eficácia do direito.

12. (Provão 2002) A filosofia do direito preocupa-se com o fundamento ético do sistema jurídico, com os problemas lógicos do conceito de direito e com a concretização dessas exigências éticas e lógicas na ordem social e histórica do direito positivo PORQUE a filosofia do direito implica compreender a experiência jurídica na unidade de seus elementos ético, lógico, social e histórico.

Pergunta-se se as duas afirmações são ou não verdadeiras e se a segunda justifica ou não a primeira.

13. (Provão 2001) "A vida do direito no seio da humanidade, diz Pessina, requer duas grandes condições para o seu aperfeiçoamento, isto é, a arte e a ciência. Cronologicamente a arte antecede a ciência, porém vai melhorando com o surgir e progredir da ciência mesma, assim como na vida econômica do gênero humano a arte transformadora da natureza precedeu o conhecimento científico dos fenômenos naturais, para depois aproveitar-se das vitórias alcançadas com o surgir e progredir de uma ciência da natureza" (Tobias Barreto, *Estudos de direito*).

    A partir da filosofia do direito e da sociologia jurídica, discuta como a arte e a ciência podem ser condições para o aperfeiçoamento do direito.

14. (Provão 2003) Quando a sociologia jurídica tematiza a questão da burocratização dos tribunais, enfatizando que a forma e o procedimento estão acima da eficácia dos direitos humanos e sociais, expressa uma preocupação com

    A) o rigor que o magistrado deve necessariamente possuir ao interpretar com literalidade os textos de lei, para produzir segurança e certeza jurídicas.

    B) o controle externo da magistratura, que seria a solução única e definitiva para as dificuldades da justiça brasileira.

    C) o papel social do Judiciário na garantia de acesso à justiça e de afirmação dos direitos humanos.

    D) as ameaças à justiça brasileira pelo crime organizado.

    E) as dificuldades de aplicação da legislação esparsa do direito brasileiro

15. Analise as proposições a respeito das disciplinas jurídicas e marque a alternativa correta.

    I – Dentre as disciplinas jurídicas auxiliares, a filosofia do direito investiga os fundamentos do direito e o critério de justiça adotado nas normas jurídicas.

    II – Na formação do fenômeno jurídico, a sociologia do Direito aborda o fato.

    III – A ciência do Direito é disciplina jurídica que estuda o direito posto.

    IV – O direito comparado é disciplina jurídica fundamental que tem por objeto a pesquisa e a análise dos institutos jurídicos do passado.

    A) Apenas UMA sentença está correta.

    B) Apenas DUAS sentenças estão corretas.

C) TRÊS sentenças estão corretas.
D) As QUATRO sentenças estão corretas.

16. A admissão de que não há razões para que a teoria jurídica se limite a descrever o direito positivo e de que também é parte importante de seu propósito a discussão de princípios valorativos que justifiquem certa reformulação do sistema não implica uma simples e fácil adesão à concepção jusnaturalista? Como é possível dizer que aquela admissão é compatível com o positivismo metodológico?

Lição XXXIX

METODOLOGIA DO DIREITO

Sumário: 179. Conceito e espécies de método; 180. Intuição, indução, dedução e analogia; 181. Pluralismo metodológico do Direito.

A metodologia do direito é complexa como é complexa a sua realidade histórico-social. O que não impede, antes exige, algumas considerações elementares sobre o assunto.

179. CONCEITO E ESPÉCIES DE MÉTODO

179.1. Conceito
Do ponto de vista do conhecimento, método pode ser definido como:
a) "O caminho que se deve seguir para chegar à verdade nas ciências" (Descartes).
b) "O conjunto ordenado de procedimentos que servem para descobrir o que se ignora ou para provar o que já se conhece"[1].
c) "O caminho que deve ser percorrido, para a aquisição da verdade, ou por outras palavras, de um resultado exato ou rigorosamente verificado"[2].
É, em suma, **o caminho que nos leva a um conhecimento seguro e certo**.

179.2. Espécies
Tais caminhos podem ser processos discursivos da razão ou processos intuitivos. Os métodos intuitivos são processos de conhecimento imediato,

---

[1] Régis Jolivet. *Vocabulário de filosofia*, Rio de Janeiro: Agir, 1975, p. 144.
[2] Miguel Reale, *Lições preliminares de direito*, São Paulo: Saraiva, 1984, p. 10.

ou seja, a apreensão do objeto efetua-se de modo direto, como ocorre com a intuição. Não há aqui necessidade de qualquer prova; a verdade se põe, por si mesma sem recurso a dados da experiência; diz-se que é uma verdade "analiticamente verificável".

Mas nem todas as ciências podem realizar verificações de tipo analítico. É o que acontece com as ciências físicas, químicas, biológicas etc., as quais realizam "verificações sintéticas", isto é, subordinam as suas hipóteses ao controle da experiência. Usam de **métodos discursivos** que são métodos de conhecimento mediato, ou seja, o pensamento marcha por etapas mediante um procedimento escalonado de verificações e inferências indiretas. Com outras palavras, no processo discursivo o pensamento tende para um termo por meio de operações intermediárias, como acontece com a indução, a dedução e a analogia

180. INTUIÇÃO, INDUÇÃO, DEDUÇÃO E ANALOGIA

180.1. Intuição

Vem a ser a **percepção imediata e direta de um objeto** (*intus ire* = ir dentro da coisa). Por exemplo, o enunciado de que "o todo é maior que a parte" é aceito como verdadeiro, sem contestação pelo espírito, intuitivamente no ato mesmo de sua enunciação, pela sua evidência.

Há, na filosofia contemporânea, uma revalorização do processo intuitivo, no sentido de mostrar que o homem não atinge o conhecimento das coisas somente pela razão. O homem é um ser que pensa, sente e age. Fala-se, então, duma intuição **racional**, **emocional** e **volitiva**. Há ciências cujos conhecimentos são assim verificáveis, ou seja, por serem evidentes são verificáveis sem recurso a dados da experiência: a Lógica e as Matemáticas.

180.2. Indução

Pelo método indutivo, o pensamento infere uma verdade geral, de dados singulares suficientes. Trata-se, pois, de um processo de raciocínio que se desenvolve a partir de fatos particulares, até atingir uma conclusão de ordem geral, com fundamento na experiência. Em suma, é **o raciocínio que, partindo de casos particulares, chega a uma conclusão geral**. Não significa "sugerir" ou "persuadir", como a palavra é usada na linguagem comum.

Essa conclusão de ordem geral é possível, segundo a teoria dominante, em virtude da regularidade dos fenômenos naturais. É com fundamento nessa constância dos fenômenos da natureza que estendemos ou ampliamos para todos os casos de uma série a conclusão que só comprovamos para uma parte dessa mesma série. Nessa hipótese, temos uma indução "amplificadora": da observação de um número determinado de casos, ou seja, sem ter conhecido senão alguns de seus elementos, se passa aos princípios aplicáveis a todos os casos. É a **indução amplificadora**. É claro que, quando se pesquisam todos os fatos, não há nenhuma ampliação; temos, então, a **indução completa**.

A indução é o método por excelência da pesquisa científica, uma vez que revela verdades não sabidas, permitindo-nos passar dos fatos às leis, com base na experiência e observação cuidadosa dos fenômenos.

180.3. Dedução

O método dedutivo se caracteriza por ser uma forma de **raciocínio que, independentemente de provas experimentais, se desenvolve de uma verdade sabida ou admitida a uma nova verdade, apenas por conclusão ou consequência**. Note-se que, se a indução é um raciocínio que tem por base necessária a experiência, a dedução é um processo de pensamento que se desenvolve segundo leis inerentes ao pensamento mesmo. A verificação buscada surge pelo rigor do raciocínio e objetividade da observação, a partir de pressupostos, ou evidentes por si, ou obtidos mediante a indução. Assim, temos duas espécies de dedução: a silogística e a amplificadora.

a) A **dedução silogística**, na qual, postas duas proposições chamadas premissa maior e menor, delas resulta necessariamente uma conclusão, pela simples colocação das duas anteriores. No silogismo, procedemos de uma proposição enunciada de maneira geral (premissa maior) para as consequências dessa proposição num caso particular (conclusão), pelo confronto com uma proposição intermédia (premissa menor). Assim, por exemplo, se dizemos que "todos os homens são mortais" e que "Pedro é homem", há uma conclusão irrecusável de que "Pedro é mortal". Pelo silogismo, portanto, vamos do geral para o particular. Contudo, se a conclusão do silogismo esclarece ou particulariza um ponto, a rigor nada acrescenta substancialmente ao já sabido. O silogismo não realiza por si só uma descoberta de verdades novas, que já não estejam implícitas em suas premissa

Esse fato não significa, é claro, que o silogismo seria apenas um puro verbalismo, pura tautologia, segundo a crítica de muitos desde Descartes. Mesmo pressupondo aquilo que já está na conclusão, o silogismo realiza, na verdade, um progresso no conhecimento, ou seja, descobre numa ideia o que nela está contido, mas que não se via imediatamente. Em suma, o silogismo é um instrumento poderoso de clarificação das ideias e da extensão das verdades sabidas a planos que à primeira vista são insuspeitados[3].

b) A *dedução* **pode ser amplificadora**, *tal como acontece no domínio das Matemáticas*. Nela do cotejo lógico de duas ou mais proposições, podemos elevar-nos a uma verdade nova, que não se reduz às proposições antecedentes. Há um crescendo de verdades, passando-se de uma verdade

---

[3] *Vide* Miguel Reale, *Introdução à filosofia*, São Paulo: Saraiva, 1988, p. 112.

conhecida a algo de novo mediante um salto criador de natureza intuitiva. Aqui, à diferença do silogismo, não se passa do geral para o particular.

180.4. Analogia

Consiste em **estender a um caso particular semelhante as conclusões resultantes da observação de um caso correlato ou afim, usando de um raciocínio por similitude.**

Na analogia há, portanto, a passagem de um caso particular para outro particular por razões de semelhança, sem a necessidade de generalização. Como se pode observar, a analogia tem pontos de semelhança e dessemelhança com a intuição. Coincidem por serem conhecimento do particular; diferenciam-se porque a analogia é sempre de natureza racional, enquanto a intuição pode ser também emocional e volitiva.

181. PLURALISMO METODOLÓGICO DO DIREITO

Se há ciências que só verificam os seus enunciados graças a processos de experimentação (física, química, biologia etc.), quanto às ciências culturais ou humanas bem reduzida é a aplicação de processos experimentais. Segundo alguns especialistas em teoria do conhecimento (epistemólogos), são mesmo incompatíveis com elas.

181.1. Certeza das ciências culturais

Porém, esse fato não significa que as ciências culturais (Direito, Sociologia, Economia etc.) sejam destituídas de certeza, própria do conhecimento científico. Na ponderação de Reale, ela "**é obtida mediante o rigor do raciocínio, a objetividade da observação dos fatos sociais e a concordância de seus enunciados**"[4]. Cumpridas essas exigências, uma ciência social ou humana estabelece princípios e leis. São leis que asseguram certo grau de certeza e previsibilidade, por se basearem em dados estatísticos e probabilísticos, ou por terem sido estabelecidas com rigor, à vista da observação positiva dos fenômenos ou fatos sociais.

Assim, a ciência do direito, seguindo as regras da lógica e os métodos adequados às suas finalidades, é uma ciência tão legítima como as demais. Quais métodos?

181.2. Pluralismo metodológico

Hoje se afirma um *pluralismo metodológico*, em vez de se afirmar que a ciência do direito é dedutiva ou indutiva.

1) Assim, no momento da **elaboração das leis**, a observação dos fatos é importante, de modo que a **indução desempenha um papel re-**

---

[4] Miguel Reale, *Lições preliminares de direito*, São Paulo: Saraiva, 1984, p. 82.

levante. Relevante mas não exclusivo, pois o legislador, além dos fatos que pretende disciplinar numa nova lei, estuda e compara esse projeto de lei com as leis em vigor, de tal modo que a indução e a dedução se conjugam e se completam.

2) **Elaborada e promulgada a lei**, o que **prevalece** é a **dedução**: das leis vigentes inferimos consequências disciplinadoras dos fatos sociais. A importância do processo dedutivo é tão grande que levou ao equívoco de se reduzir a aplicação do direito à estrutura de um silogismo: a premissa maior seria a lei; a premissa menor, os fatos; e a decisão constituiria a conclusão necessária.

Contudo, o ato de julgar não obedece a meras exigências lógico-formais; ele implica sempre **juízos de valor**, apreciações valorativas dos fatos. Trata-se, antes, de uma **dedução amplificadora**, uma vez que o aplicador do direito pode chegar a consequências normativas que não se continham, à primeira vista, nos preceitos legais invocados.

3) No direito é frequente, ainda, o recurso à **analogia**. Quando a lei é omissa e uma vez que não se pode deixar de dar ao caso uma solução jurídica, aplicam-se ao caso não previsto em lei preceitos que regem casos semelhantes em pontos essenciais. É o processo analógico que, no fundo, é um raciocínio baseado em razões de semelhança.

4) Finalmente, o jurista não pode dispensar a **valoração**, ou seja, deixar de emitir juízos de valor na apreciação dos fatos sociais abrangidos pelas normas jurídicas.

Valorar, como vimos, é próprio das ciências culturais. Nas ciências da natureza, as verdades são alcançadas através da **"explicação" (ordenação dos fatos segundo nexos de causalidade ou de funcionalidade)**. Explica-se um teorema no campo da matemática, a composição de um corpo no da química. **Porém, nas ciências da cultura**, as verdades são atingidas pela **"compreensão" (ordenação dos fatos segundo uma ordem de valores, segundo suas conexões de sentido)**. Os fatos humanos não devem ser vistos apenas em seus possíveis enlaces causais. Eles trazem, em sua essência, um significado que só é apreendido pela mente humana por meio da compreensão. Na afirmação de Dilthey: **"A natureza se explica, a cultura se compreende"**.

QUESTIONÁRIO

1. Que é método, do ponto de vista do conhecimento?

2. O que diferencia um método intuitivo de um método discursivo?

3. Como se procede na indução e na dedução? Exemplifique.

4. Qual a vantagem da dedução amplificadora em face da dedução silogística?

5. Em que se fundamenta a analogia?
6. Há um método específico que é adequado à ciência do direito? Justifique.
7. A dedução, a ser usada na aplicação do direito é antes uma dedução silogística ou amplificadora? Por quê?
8. Qual a importância da valoração na ciência do direito?

Quinta Parte

O FUNDAMENTO DO DIREITO

Foram várias as soluções dadas ao problema do fundamento do direito. Nem faltaram os céticos que concluíram dos contrastes das respostas dadas, uma demonstração da impossibilidade de qualquer resposta plausível ao problema. Eis como vemos a questão.

A lei apareceu, primeiro, como uma *decisão dos deuses*, e como vontade divina foi obedecida, sem maiores indagações. Era entendida como um direito natural, ao qual deviam se conformar os preceitos da lei humana positiva. Em contraposição a essa visão transcendente do fundamento do Direito, outras tendências apareceram, a começar pela redução do direito à natureza, às próprias forças imanentes que atuam no bojo dos acontecimentos humanos, quando o Direito é concebido como um "momento da natureza".

Depois surge a *teoria contratualista*, originariamente vinculada à fundamentação utilitária do Direito. Ela surge no dealbar da época moderna, com Althusius e Grócio, e vai até a Revolução Francesa, através de Hobbes, Locke, Rousseau e demais jusnaturalistas do século XVIII, e, sob um prisma diverso, de Kant. O Direito e até mesmo a sociedade não seriam mais que o resultado de um acordo de vontades.

Mas chamam a atenção as doutrinas que se situam no âmbito da *experiência social e histórica*. Segundo elas, é no homem mesmo, na sua "condição humana", que se procura fundamentar o Direito. Não faltam outras interpretações do problema do fundamento, entre as quais merece ser lembrada a do "materialismo histórico", segundo o qual o Direito não passa de uma superestrutura governada pela infraestrutura econômica. Conforme conceito exposto pela maioria dos juristas da antiga República Soviética (URSS), o Direito é um conjunto de regras coercitivas a serviço da classe dominante, detentora dos meios de produção, seja a burguesia ou o proletariado.

Fixada a natureza tridimensional da conduta ética em geral, assim como o caráter bilateral atributivo da conduta jurídica, cabe-nos indagar do fundamento do edifício jurídico. O critério escolhido foi o da consideração do valor da norma perante os fatos, pois a relação fato-norma constitui o ponto de partida do estudo da obrigatoriedade jurídica. O problema do seu fundamento está ligado, ao nosso ver, à noção do justo que, no dizer de Del Vecchio, "é a pedra angular de todo o edifício jurídico". Também está ligado ao direito natural. E isso porque, se cada época histórica tem a sua imagem ou a sua ideia de justiça (dependente da escala de valores dominante nas respectivas sociedades), a experiência jurídica todavia pressupõe determinadas constantes valorativas ou axiológicas, sem as quais a história do direito não teria sentido. Assim, a experiência histórica demonstra que há determinados valores que, uma vez trazidos à consciência das coletividades, transformam-se em valores fixos e universais, orientando a humanidade. São essas constantes ou invariáveis axiológicas que dizemos, com Reale, formar o cerne do direito natural.

Como perspectivas de solução, enfocamos, pois, o fundamento do direito sob um tríplice aspecto, intimamente ligados: *do valor, da justiça e do direito natural.*

Lição XL

O VALOR JURÍDICO

Sumário: 182. Noção elementar do valor; 183. Subjetivismo e objetivismo axiológico; 184. Realidade objetiva; 185. Captação pelo homem; 186. Estimativa; 187. Características do valor; 188. Os valores, a liberdade e a justiça.

A História do Direito revela-nos que há em toda sociedade **duas ordens de aspirações permanentes**, que se conciliam numa conjugação de **estabilidade** e de **movimento**. Na experiência jurídica essa tensão reflete-se com toda sua força, dado o contraste da liberdade e da justiça com as exigências ordenadoras da certeza. A história nos mostra que os juristas, por isso, ora quiseram fundamentar o Direito pura e simplesmente sobre uma ordem de fatos, ora conceberam-no como algo de desligado dos fatos, como norma pura, ora justapuseram o fato à norma, ora procuraram colocar o Direito em um reino intermédio entre o fato e os valores ideais[1]. Não se nega a existência de um problema, mas não irremediavelmente antinômico.

Enquanto os filósofos do Direito mantiveram um **dualismo irredutível** entre ser e dever-ser, foi impossível fundar uma teoria realista do Direito sobre as bases de um humanismo cultural. Hoje, ligamos o dever-ser à ideia de fim ou de valor, e o ser à ideia de sucessão de ordem causal. O mundo do ser é o mundo governado por um sistema de relações constantes que constituem as leis e implicam a aceitação do postulado determinista como condição de sua cognoscibilidade. **O dever-ser**, ao contrário, **exprime sempre um imperativo**, uma norma que pode ou não ser seguida, mas que, seguida, **realiza um valor**, e, desobedecida, **nega um valor**.

---

[1] *Vide* Miguel Reale, *O direito como experiência*, São Paulo: Saraiva, 2002, p. 35-36.

O **Direito**, como fenômeno, só pode ser compreendido como **síntese de ser e de dever-ser**. É uma realidade tridimensional: não é, pois, puro fato, nem pura norma, mas é o fato social na forma que lhe dá um norma racionalmente promulgada por uma autoridade competente segundo uma ordem de valor. **O mundo do dever-ser é o da lei em sentido ético, ou seja, da norma estabelecida em razão de um fim e dirigida à liberdade do homem.** É o domínio da finalidade e da liberdade, pois norma e determinismo absoluto são princípios irreconciliáveis. Não podemos, pois, resolver o problema do fundamento da obrigatoriedade das normas jurídicas fazendo-as descer, por mero artifício lógico, de uma norma primária hipotética posta pelo jurista (à maneira de Kelsen), nem tampouco considerar o Direito um dado espontâneo da realidade social, sem a interferência construtiva e ordenadora da razão. Não é dos valores enquanto tais, ou seja, enquanto diretamente apreensíveis pela intuição (lembre-se o fato normativo de Gurvitch) que resulta a obrigatoriedade das normas, mas sim da atividade racional que, captando os valores nos fatos, isto é, através da experiência, os considera e atualiza como a fins, ou seja, convertendo-os em motivo racional de conduta[2].

182. NOÇÃO ELEMENTAR DO VALOR

O valor é algo que está no **âmago da criatura humana**, impelida sempre a se desenvolver, ainda que sabendo que nunca atingirá um resultado final. Podemos mesmo dizer que pessoa humana quer dizer autoconsciência do valor próprio[3].

O valor é também **inerente a qualquer norma**. Quando pretendemos que uma pessoa se conduza de certo modo, sabendo que ela pode proceder de outro, nós o fazemos em função de um motivo, que é o valor da pretensão. O direito, em especial, é uma realidade histórico-cultural, na qual e pela qual se concretizam valores. Realizar o Direito é realizar os valores de convivência da comunidade. Por isso, a norma jurídica, como qualquer outra regra, dirige-se a fins que são os mais diversos e que são vistos como sendo valiosos (a ordem, a segurança, a harmonia, a paz social, a justiça).

---

[2] Eros Roberto Grau tem, seguindo as pegadas de Carl Schmitt, opinião contrária. Para ele, "a partir da segunda metade dos anos 1980, desde leitura de Dworkin, passamos a ser **vítimas dos princípios e dos valores**", começando a "destruição do direito moderno pelos valores". Para ele, a ponderação entre princípios é uma arbitrária formulação de juízos de valor, enquanto a segurança jurídica estaria sendo "despedaçada" quando os juízes **abusam** do uso de princípios e praticam cotidianamente os controles da proporcionalidade e da razoabilidade das leis, legando-nos incerteza e insegurança jurídicas" (*Por que tenho medo dos juízes*, São Paulo: Malheiros, 2014, p. 31). Lembraria o adágio antigo: *Abusus non tollit usum!*

[3] A problemática do valor é mais urgente do que a problemática do ser, o que levou Jean Wahl, filósofo francês e professor na Sorbonne, a afirmar que "o homem é um militante do valor e não um cortesão do ser".

O jurista não é mero intérprete da norma em abstrato. Ele somente compreende a norma enquanto ela se refere a determinadas conjunturas circunstanciais, em função das quais os valores se realizam. Em suma, o Direito não é pensável sem conteúdo axiológico. O Direito não é o valor mais alto, mas o que condiciona os demais; não é a vida, mas a garantia precípua da vida em sociedade[4].

De início, o **conceito de valor era utilizado na economia política**, *ao se fazer a distinção entre valor de uso e valor de troca (final do século XVIII)*. Depois é que o conceito **foi incorporado à filosofia, dando origem à axiologia, ou seja, a teoria dos valores**. Quanto à definição de valor, Miguel Reale julga que não é possível defini-lo. Pensa, como Lotze, que do valor apenas se pode dizer que "vale". O seu "ser" é o "valer"[5]. Já Goffredo Telles, por sua vez, o define como sendo a "**quantidade da estima por um bem**" ou "o grau de merecimento, o mérito da coisa comparada com outras; é a medida da coisa"[6].

É verdade *que a noção do valor é complexa*. Esse fato deve nos preocupar, mas não paralisar. De fato, como poderíamos discorrer sobre o valor sem admitirmos, como pressuposto, uma noção elementar e provisória da realidade de que vamos falar? Por isso, sem a pretensão de uma definição rigorosa segundo as exigências lógico-formais de gênero próximo e de diferença específica, podemos definir o valor como sendo **a qualidade objetiva de um ser que, por significar uma perfeição para o homem, nos atrai, sendo reconhecida como motivo de conduta.** Johannes Hessen já dizia que o valor é um certo "quid" que satisfaz uma necessidade[7].

Vejamos, agora, a questão do subjetivismo e objetivismo dos valores; o fato de ser uma realidade objetiva; sua captação pelo homem; a estimativa; suas características e, por fim, o valor e a justiça.

---

[4] Aparentemente, a axiologia ou a teoria dos valores (que ensaia seus primeiros passos na segunda metade do século XIX) foi apenas o desenvolvimento de um tema clássico da economia política. Na realidade, porém, a filosofia sempre cuidou dos valores. A palavra não existia, mas os filósofos da Grécia Antiga ou da Idade Média, quando cogitaram dos problemas em foco, referiam-se à problemática do ser sob certa perspectiva, ao *ser enquanto bem, ou ao ser enquanto fim*, objetivando explicar tanto a razão dos comportamentos humanos como o sentido dos fenômenos naturais. A teoria *finalística* ou *teleológica* do ser antecedeu à axiologia, e, de certa forma, preparou o advento da compreensão autônoma dos valores, cujo estudo já agora constitui um pressuposto a qualquer consideração de ordem teleológica. Em suma, primeiro há um **valor** reconhecido. Depois, há um **princípio** revelando-o. E por último, temos um **fim** que é o valor posto e reconhecido como motivo de conduta.

[5] Miguel Reale, *Filosofia do direito*, São Paulo: Saraiva, 2016, p. 183.

[6] Goffredo Telles Júnior, *A criação do direito*, São Paulo: Revista dos Tribunais, 1953, p. 534; *Filosofia do direito*, São Paulo: Max Limonad, p. 196.

[7] Johannes Hessen, *Filosofia dos valores*, Coimbra, 1967, p. 41.

183. SUBJETIVISMO E OBJETIVISMO AXIOLÓGICO

Procurou-se, num primeiro momento, reduzir os valores aos **estados psicológicos**. O valor equivale ao que nos agrada, ao que se deseja, ao que nos interessa. O valor, para esses filósofos, se reduz a meras vivências: o agrado, o desejo, o interesse. Em suma, os valores existem como resultado de motivos psíquicos, de desejos e inclinações, de sentimento de agrado ou de desagrado.

Em aberta **oposição** a esta interpretação psicologista surge uma teoria que alcançou grande prestígio e que sustentava com **Nicolai Hartmann** que os valores não resultam de nossos desejos, mas são algo que se põe antes do conhecimento ou da conduta humana, embora podendo ser razão dessa conduta. O objetivismo de Hartmann culmina, porém, num verdadeiro ontologismo axiológico, separando totalmente o mundo dos valores e o mundo histórico; na verdade, ele volta no campo dos valores à posição platônica. Reale, criticando o ontologismo axiológico de Scheller e Hartmann, sustenta que a objetividade dos valores é de natureza histórica, sem que isto implique supressão da liberdade e criatividade. A grande lacuna no pensamento hartmanniano é a falta de historicidade[8].

Assim, há os que defendem que o valor é **uma realidade subjetiva (subjetivismo axiológico = as coisas têm valor porque as desejamos)** e aqueles que sustentam ser o valor **uma realidade objetiva (objetivismo axiológico = desejamos as coisas porque têm valor)**. Para os primeiros, o homem *cria* o valor conforme seus estados psicológicos de agrado, desejos ou interesses. Valioso é o que nos agrada ou o que desejamos. A dificuldade que essa tese enfrenta é que, às vezes, o valor de um ato resulta precisamente do sacrifício de um desejo, da renúncia a um prazer (p. ex., o mártir e o herói). Compreende-se, assim, o surgimento do objetivismo axiológico, segundo o qual, o **homem descobre o valor que está todo inteiro no objeto valioso**.

184. REALIDADE OBJETIVA

Sem negar as contribuições da Psicologia ou da Sociologia, parece-nos que a **síntese entre essas duas tendências unilaterais** (subjetivismo e objetivismo) é o melhor caminho para a definição de valor. Na verdade, não deixam de ser **duas dimensões que se complementam, ou seja, não são excludentes**. Acreditamos que os valores não são nem coisas, nem estados psicológicos, nem ideias e conceitos. O valor é uma **realidade objetiva**, mas que **precisa ser captada pelo homem**. Essa afirmação supõe algumas consequências[9].

---

[8] Ver Miguel Reale, *Filosofia do direito*, São Paulo: Saraiva, 1990, p. 562 e s.

[9] **Garcia Morente** prefere dizer que a essência do valor é a sua "não indiferença": a coisa

a) **Supõe**, em primeiro lugar, **a objetividade dos valores**, uma vez que não são produtos de nossa subjetividade, não são impressões subjetivas de agrado ou desagrado que as coisas nos produzem, mas **uma realidade objetiva que encontramos fora de nós**. Basta relembrar, para demonstrar a objetividade dos valores, que sobre eles podemos *discutir*, enquanto acerca do agrado ou desagrado subjetivo não há discussão possível. De fato, se digo que tal quadro me é desagradável, ninguém poderá negá-lo porque ninguém poderá comprovar que o sentimento subjetivo que o quadro me produz é como eu digo ou não, uma vez que enuncio algo que existe no íntimo do meu ser. Se afirmo, porém, que o quadro é belo ou feio, isso se pode discutir, e os homens podem chegar a convencer uns aos outros de que o quadro é belo ou feio pela exibição dos seus valores, ou seja, demonstrando a sua beleza[10].

b) Em segundo lugar, supõe que **os valores são qualidades**. Mas **distintas das qualidades primárias ou secundárias**[11]. **Sabemos que há qualidades "primárias" ou essenciais para a existência do objeto**, como a extensão, a impenetrabilidade, o peso etc. Nenhum objeto existiria se lhe faltasse alguma dessas qualidades. Porém, são qualidades que os objetos já as possuíam antes de lhes ser incorporado um valor. São qualidades que os objetos compartilham com o valor. O valor não lhes agrega ou confere "ser", pois a pedra, por exemplo, existiria plenamente antes de ser talhada, antes que se transformasse em uma estátua ou num bem valioso. Portanto, o valor não é uma qualidade primária, embora coexista com elas no objeto valioso.

Há qualidades **"secundárias" ou qualidades sensíveis**, como a cor, o sabor, o cheiro etc. Elas podem se distinguir das primárias devido à sua maior ou menor subjetividade. Porém se assemelham, pois podem fazer parte do ser do objeto. Quanto à cor, por exemplo, quer seja uma impressão subjetiva ou esteja no objeto, é evidente que não pode haver um ferro, uma tela ou um mármore que não tenha cor. A cor pertence à realidade do objeto, ao seu ser.

c) A **qualidade valorativa**, porém, **pode não fazer parte do objeto, ou seja, o valor não é da coisa**. A elegância, a utilidade ou a beleza, por exemplo, não fazem parte necessariamente do ser do objeto, pois podem existir coisas que não tenham tais valores. Os valores são propriedades de

---

que vale não é por isso nem mais nem menos do que a coisa que não vale, simplesmente não é indiferente (*Fundamentos de filosofia*, São Paulo: Mestre Jou, 1970, p. 296).

[10] O adágio latino *de gustibus non est disputandum* (gosto não se discute) traduz as posições extremas da axiologia, ou seja, o caráter íntimo da valoração. O agrado que nos produz a leitura de um poema ou um prelúdio de Chopin é algo pessoal e íntimo.

[11] Samuel Alexander chamou os valores de "qualidades terciárias", para distingui-los das outras duas classes de qualidades. A denominação é, a nosso ver, inadequada.

certos objetos e são de uma existência muito frágil. Enquanto as qualidades primárias não podem ser eliminadas, bastam uns golpes de martelo para terminar com a utilidade de um instrumento ou com a beleza de uma estátua.

Nesse sentido, o valor é uma qualidade "irreal", ou seja, **no sentido de que não é uma "res", uma coisa**; não equivale a nenhuma das qualidades primárias e secundárias. Mas, com isso não negamos que o valor existe no mundo real. Ter valor não é ter uma realidade entitativa a mais ou a menos. **O valor não é uma coisa, mas não é uma mera fantasia do sujeito. Tem existência no mundo real**[12]. Ter valor é ter algo que adere a uma coisa, como veremos.

d) De fato, **os valores necessariamente aderem às coisas**, uma vez que não podem existir independentemente de outros seres. Exigem, com outras palavras, um suporte material, sensível, no qual se apoiam e sem o qual não têm sentido[13]. A beleza, por exemplo, não existe por si só, flutuando no ar. Mas está incorporada a um objeto físico: uma tela, um bloco de mármore, um corpo humano etc. Assim, não podemos separar ontologicamente o valor e a coisa que tem valor. O valor não é um "ente", não possui uma existência em si, ontológica, mas se manifesta nas coisas valiosas. É sempre algo que adere a uma coisa que, por satisfazer a uma necessidade, significa uma perfeição e nos atrai.

É verdade que ninguém pretendeu reduzir os valores às coisas. Mas há o risco de confundir os valores com os objetos materiais que os sustentam, pois, como vimos, os valores não existem por si mesmos, mas descansam num depositário que, regra geral, é de ordem corporal. A necessidade de um depositário condena o valor a uma vida "parasitária", mas que não justifica a confusão dos dois. Devemos, pois, distinguir desde logo entre *os valores e as coisas valiosas* (bens = coisa + valor). Assim um bloco de mármore é uma mera coisa, à qual a mão do escultor agrega beleza, e o mármore-coisa se transforma numa estátua, num bem, numa coisa valiosa. A estátua continua conservando todas as características do mármore comum (seu peso, sua constituição química, sua dureza etc.). *Todavia foi-lhe acrescentado algo que a converteu em estátua: o valor estético*[14].

---

[12] A afirmação de que os valores são uma **qualidade "irreal"** não nos parece adequada, pois o valor tem existência no mundo real, não sendo mera fantasia do sujeito. O valor é irreal apenas no sentido de que não equivale a nenhuma das qualidades primárias ou secundárias.

[13] Essa necessária aderência às coisas, essa não independência, é o que os escolásticos chamam de "qualidade".

[14] Goffredo da Silva Telles Júnior conta que, um dia, o célebre escultor **Victor Brecheret**, em pleno trabalho de criação, ao vê-lo boquiaberto ante o prodígio de sua cinzelagem e a magia do surgimento das primeiras formas de um rosto humano, saídas da pedra, lhe disse a sorrir: "Não se impressione! Eu não faço quase nada. A figura já está na pedra. O que eu faço é somente soprar com amor, para assustar a poeira" (*O que é a filosofia do direito?* Barueri: Manole, 2004, p. 30).

185. CAPTAÇÃO PELO HOMEM

Os valores são inseparáveis da experiência, e só cognoscíveis através dela. Por isso, para que os valores aconteçam, é necessário admitir a sua captação por parte do homem. Na verdade, o valor é valor, definitivamente, pela referência ao homem; sempre há uma relação entre o sujeito que valora e o objeto que é valorado[15]. **Não há valor em si, mas valor para alguém.** É através do homem que os valores vêm à luz da compreensão, é pelo homem que são encarnados e é para o homem que apontam[16].

É o aspecto chamado de **"histórico-cultural" dos valores e do "historicismo axiológico"**. Os valores são algo que o homem realiza em sua própria experiência e que vai assumindo expressões diversas, através do tempo.

185.1. Homem situacionado

Mas é necessário pensar num homem situacionado, ou seja, levando em consideração o complexo de elementos e circunstâncias individuais, sociais, culturais e históricas. Os valores têm existência e sentido dentro de uma **situação concreta e determinada**. Não existe, pois, o valor como entidade que subsiste por si, totalmente independente da realidade e do sujeito. O valor é uma qualidade estrutural que surge da reação de um sujeito perante as propriedades que se encontram em um objeto. Relação que não se dá no vazio, e sim numa situação física e humana determinada.

Daí as alterações do valor devido às circunstâncias; chegando mesmo ao ponto de, dependendo das circunstâncias, o "bom" poder se mudar em "mau". O valor da água, por exemplo, pode variar segundo as necessidades, a quantidade disponível, a época do ano, as possibilidades de chuva, os costumes sobre o consumo e outros fatores físicos, sociais, econômicos, históricos que constituem a situação. Não tem sentido, portanto, falar que a água tem um determinado valor em si mesma, não se levando em consideração a correspondente situação.

185.2. Elementos integrantes de uma situação

Quatro elementos constituem uma **situação**: o físico, o sociocultural, as necessidades e expectativas, o fator tempo-espacial.

a) O **elemento "físico"** são as condições físicas, como a temperatura, o clima etc., que afetam o comportamento dos seres humanos. Há coisas que não se pode fazer em circunstâncias ordinárias; mas que são permitidas

---

[15] Segundo Goffredo Telles Júnior, "o valor tem dois fundamentos. O primeiro é objetivo e consiste na bondade do objeto. O segundo é subjetivo e consiste no critério de quem julga essa bondade" (*Filosofia do direito*, Max Limonad, s. d., p. 198).

[16] Ver Márcio Bolda da Silva, *Rosto e alteridade*, São Paulo: Paulus, 1995, p. 32.

quando acontece uma catástrofe (um furacão, por exemplo). Em tais casos se altera a escala de valores.

b) Em segundo lugar, está o "**ambiente cultural**", do qual faz parte o meio social. O mundo da cultura é o mundo criado pelo homem ao longo da sua história. Cada forma cultural tem seu próprio conjunto de valores, se desdobra em diversos "ciclos culturais" ou distintos "estágios históricos", cada um dos quais corresponde a uma "civilização".

O setor cultural, ao qual pertencemos, influi diretamente sobre a natureza do valor. O meio social, por sua vez, faz parte do ambiente cultural, exercendo grande influência no problema axiológico. Está constituído não só pelas estruturas sociais, como também pelas crenças, convenções, preconceitos, atitudes e comportamentos predominantes numa comunidade particular, grande ou pequena. Inclui também as estruturas políticas, sociais, econômicas com suas inter-relações e influências. Os problemas morais não existem isoladamente; estão enraizados nas estruturas supra indicadas. Assim, a importância de um determinado valor moral está condicionada por essas estruturas.

c) O terceiro fator constitutivo da situação é formado pelo "**conjunto de necessidades**", expectativas, aspirações e possibilidades de realizá-las. Há uma escala muito grande que vai desde a escassez de certos produtos essenciais até as aspirações sociais e culturais de uma comunidade. Esse fator influi no nosso comportamento e condiciona nossa escolha de valores. Exemplo é o incremento do valor das vacinas durante as epidemias.

d) O quarto elemento é o **fator "espaçotemporal"**, ou seja, o fato de nos encontrarmos em um lugar num momento determinado: em Londres, durante os bombardeios nazistas; numa cidade peruana durante um terremoto; numa pequena cidade burguesa em época de prosperidade. Há também outros exemplos, como o fato de ser casado, ter filhos, estar doente, bêbado ou demente. As atenuantes do Código Penal são exemplos da mesma espécie. Podemos aplicar a escala de valores de uma anciã dedicada a fazer crochê numa cidadezinha tranquila para julgar a conduta de quem viveu as outras situações? O fato é que em tempos "normais", não nos damos conta da presença dos fatores situacionais; porém quando se produz a ruptura das condições normais, esses fatores ganham evidência como ocorre no tempo das guerras, crise, furacão ou revolução. É difícil separar o sujeito da situação, o que mostra a íntima conexão entre eles. Isso se deve ao fato de sermos seres sociais e históricos e não indivíduos isolados e imutáveis[17].

---

[17] Ver Risieri Frondizi, *¿Qué son los valores?*, México: Fondo de Cultura Económica, 1972, p. 213 e s. Ex-reitor da Universidade de Buenos Aires, Frondizi recorre ao conceito de **estrutura** para explicar a natureza do valor: é uma "**qualidade estrutural**" que surge da reação de um sujeito perante as propriedades que se encontram num objeto. Frondizi liga o valor a uma situação concreta, pois essa relação não se dá no vazio, e sim numa situação física e hu-

Em suma, o **valor está longe de ser uma qualidade simples**, como pretendia Moore. Sua complexidade se explica pela quantidade e variedade de fatores que intervêm em sua constituição. De fato, o valor somente tem existência e sentido dentro de uma situação concreta e determinada, ou seja, perante um complexo de fatores e circunstâncias físicas, sociais, culturais e históricas. Interpretando assim o valor, notamos a complexidade dos conflitos morais e a impossibilidade de uma receita universal para resolvê-los. Sua solução varia segundo a situação em que se encontre o sujeito.

186. ESTIMATIVA

Além dos cinco sentidos externos (visão, audição, olfato, paladar e tato), temos também quatro sentidos internos (potências sensitivas da alma) a saber: o sentido comum, a imaginação, a estimativa e a memória (S. Th., I, q. 78, a. 3 e 4). O sentido comum é a raiz e o princípio comum dos sentidos externos; é a consciência sensível pela qual o homem (como os outros animais) coordena os dados dos sentidos. A imaginação é uma potência que retém ou conserva as formas das coisas percebidas pelos sentidos; Malebranche a chama "a louca da casa" e Pascal escreve que ela é uma "mestra de erro e falsidade". Se a memória se ordena a reter as formas sensíveis, como a recordar os fatos passados, a **estimativa**, por sua vez, apreende as intenções que não são percebidas pelos sentidos, que nos homens, diferente dos outros animais, é chamada de "cogitativa", porque descobre essas intenções não por instinto, mas por uma espécie de comparação com as representações individuais (S. Th., I, q. 78, a. 4). Em suma, os Escolásticos chamavam estimativa a **faculdade sensível pela qual os animais conhecem o que lhes é útil ou nocivo**.

Na lição de **Ortega y Gasset** (1883-1955), "os valores não se veem, como as cores, nem sequer se entendem, como os números e os conceitos. A beleza de uma estátua, a justiça de um ato, a graça de um perfil feminino não são coisas que se possam entender ou não entender. Só resta senti-las, ou melhor, estimá-las ou desestimá-las. O estimar é função psíquica real – como o ver, como o entender – onde os valores se nos fazem patentes. E vice-versa, os valores não existem senão para sujeitos dotados de faculdade estimativa, do mesmo modo que a igualdade e a diferença só existem para

---

mana determinada, constituída por quatro elementos: o físico, o sociocultural, as necessidades e expectativas, e o fator tempo-espacial. Os valores constituem uma "qualidade estrutural", enfoque que ajuda a esclarecer a complexidade do tema. O que significa? Uma estrutura não equivale à soma das partes, ainda que dependa dos membros que a constituem; tais membros não são homogêneos. A estrutura não é abstrata, como são os conceitos, mas concreta e individual. Uma orquestra sinfônica é um exemplo de estrutura. Com o recurso à qualidade estrutural, busca-se explicar o caráter aparentemente contraditório de o valor depender das qualidades empíricas em que se apoia e, ao mesmo tempo, não poder reduzir-se a tais qualidades.

pessoas capazes de comparar". E conclui: "Nesse sentido e só nesse sentido, pode-se falar de certa subjetividade no valor"[18].

Na verdade **não seria possível compreender a ideia de homem só mediante a categoria de "ser". O "ser" e o "dever ser" se unem no homem**. Não somos capazes de viver sem atribuir "valor" às coisas e aos atos, reconhecendo neles valores positivos ou negativos. Isso quer dizer que, pela nossa própria natureza racional, nossa vida se desenrola em uma sucessão de valores, orientando nosso comportamento[19].

187. CARACTERÍSTICAS DO VALOR

Os valores representam o mundo do dever ser, das normas ideais segundo as quais se realiza a existência humana, refletindo-se em atos e obras, em formas de comportamento e em realizações de civilização e cultura. Suas características mais importantes são a bipolaridade, a mútua implicação, a referibilidade, a preferibilidade, absoluteza e sua realizabilidade.

187.1. Bipolaridade

O valor é sempre bipolar, ou seja, **a um valor se contrapõe um desvalor**: ao bom se contrapõe o mau; ao belo, o feio; ao nobre, o vil; ao lícito, o ilícito; ao "direito", o "torto". Valores positivos e valores negativos se conflitam e se implicam.

Aliás, a dinâmica do Direito, sendo a concretização de elementos axiológicos, resulta dessa polaridade estimativa. Não é por mera coincidência que existe um autor e um réu ou um contraditório no Direito. Este tutela determinados valores, que reputa positivos, e impede determinados atos, considerados negativos em relação ao valor.

187.2. Implicação

Os valores se implicam reciprocamente, isto é, **nenhum deles se realiza sem influir, direta ou indiretamente, na realização dos demais**. A coexistência pacífica dos interesses é um ideal a ser atingido, pois o que

---

[18] Ortega y Gasset, *Introducción a una estimativa*: obras completas VI, Madrid, 1955, p. 330.

[19] Os valores não se confundem com os **objetos ideais**. A beleza de uma estátua é um "valor"; a ideia de beleza é um "objeto ideal". Captamos a beleza por via emocional, enquanto a ideia de beleza se apreende pela via intelectual. Uma obra sobre estética não produz nenhuma emoção, pois está constituída por conceitos e proposições com significado e sentido intelectual. Um poema, ao contrário, tem uma intenção emocional, e não meramente descritiva e de conhecimento. Lotze (1817-1881), a fim de distinguir os valores dos objetos ideais, afirma que estes "são", enquanto aqueles não são, mas "valem". Essa afirmação de Lotze é tão repetida quanto discutível. Tal distinção tem a sua utilidade em ressaltar a diferença, mas teoricamente é passível de objeção.

vemos é uma tensão viva no dia-a-dia da História, sendo o Direito uma força decisiva na almejada composição social de valores.

Não é de se estranhar. Todo valor se contrapõe ao já dado, ao que se apresenta como mero fato aqui e agora. **Ele se inclina a "ser como deve (ou devia) ser"**, o que nos leva à terceira característica do valor: a sua referibilidade, ou necessidade de sentido.

187.3. Referibilidade

Tudo aquilo que vale, **vale para algo e para alguém**. Os valores apontam sempre para um sentido, possuem direção para um determinado ponto reconhecido como fim. Precisamente porque **possuem um sentido**, é que são determinantes da conduta. Há uma correlação entre a vida e a experiência de valores. **Viver é tomar posição perante valores e integrá-los em nosso mundo**, aperfeiçoando nossa personalidade na medida em que damos valor às coisas, aos outros homens e a nós mesmos.

187.4. Preferibilidade

Uma vez que o valor envolve uma orientação de vida, ele exige uma quarta nota que é a preferibilidade. **Toda sociedade obedece a uma tábua preferencial de valores**, de tal maneira que a fisionomia de uma época depende da forma como seus valores se distribuem ou se ordenam.

187.5. Absoluteza

Os valores são, por fim, qualidades absolutas, ou seja, **são alheios ao tempo, ao espaço e ao número**. Se os valores não fossem absolutos (e sim relativos), seriam valores para uns indivíduos, mas não para outros, para umas épocas históricas, mas não para outras. **Como explicar, porém, a falta de unanimidade nos homens ao intuírem o valor se ele é absoluto?** De fato, certas ações foram consideradas justas, boas e depois, na história, foram tidas como injustas e más. Há quadros que foram considerados como de grande beleza e mais tarde, na história, foram tidos como feios, ou vice-versa.

A explicação está no fato de que **os homens podem intuir tais valores ou não**. Podem não perceber certos valores em determinada época e percebê-los em outra. Há, pois, uma relatividade histórica no homem e nos seus atos de percepção e de intuição dos valores. Mas o fato não nos autoriza a trasladar essa relatividade histórica do homem aos valores. Em suma: **o valor é absoluto; a relatividade está no homem**[20].

187.6. Realizabilidade

O problema do valor **não pode ser compreendido fora do âmbito**

---

[20] Ver Manuel Garcia Morente, *Fundamentos de filosofia*, São Paulo: Mestre Jou, 1970, p. 298.

da História, entendida esta como a realização de valores. O homem é o único ser capaz de inovar ou de instaurar algo de novo no processo dos fenômenos naturais, dando nascimento a um mundo novo sobre o mundo dado: **o mundo da cultura**. O espírito humano se projeta sobre a natureza, conferindo-lhe dimensão nova, que tem como fonte os valores. Que é que move o homem nessa realização histórica? Na resposta, divergem as diferentes teorias, mas todas reconhecem a possibilidade da transformação da natureza. Transformação, a nosso ver, em virtude de algo próprio somente do homem e que é capaz de subordinar a natureza aos seus fins específicos.

É a esse **projetar-se histórico dos valores** que chamamos de sua "realizabilidade". Entre valor e realidade não há, por conseguinte, um abismo. A História não teria sentido sem o valor. **Um "dado" ao qual não fosse atribuído nenhum valor seria como que inexistente.** Por sua vez, **valor que jamais se convertesse em momento da realidade, seria algo de abstrato e quimérico**. Como realidade e valor se implicam, sem se reduzirem um ao outro, dizemos que o mundo da cultura obedece a um desenvolvimento dialético de complementaridade[21].

188. OS VALORES, A LIBERDADE E A JUSTIÇA

As correntes filosóficas não constituem produto de elucubrações mentais solitárias, ou seja, divorciadas da sociedade e livres de valores humanos. Toda autêntica corrente filosófica deve refletir as exigências essenciais da sua época. Em nossos dias, por exemplo, sobressaem as exigências de liberdade e de justiça.

a) Pois bem. No tema liberdade-valor, **liberdade e valor se implicam**. Isso porque para que algo valha é preciso que o espírito **possa optar** entre o valioso e o desvalioso, e ao mesmo tempo para que a liberdade seja efetiva é mister que um valor seja o motivo constitutivo da ação. Não seria possível tratar de preceitos e de sua vigência se não existisse no homem uma potência capaz de dar um salto por cima das funções naturalmente necessárias da vida psíquica, se não existisse, em suma, a liberdade.

---

[21] Segundo Miguel Reale, os bens culturais existem na medida e enquanto possuem um *sentido*, ou, por outras palavras, são enquanto devem significar algo para alguém, como meio de comunicação. Partindo dessa observação, chegou a algumas conclusões que, no seu todo, compõem o que denomina "**historicismo axiológico**" (concepção segundo a qual os valores não são apenas fatores *éticos*, capazes de ilustrar-nos sobre o sentido da experiência histórica, mas também elementos *constitutivos* dessa mesma experiência), dada a tripla função desempenhada pelo valor na história. A primeira é de caráter *ontológico* ou *constitutivo*, por ser ele o conteúdo significante dos bens culturais, os quais são somente enquanto valem e valem porque são. A segunda é *gnoseológica*, uma vez que só através dele podemos captar o sentido da experiência cultural. E a terceira é *deontológica*, visto como de cada valor se origina um dever ser suscetível de ser expresso racionalmente como um fim.

Grande parte da problemática axiológica contemporânea se relaciona com a crítica de três teses nucleares do criticismo transcendental: **a distinção entre liberdade e temporalidade; a distinção entre ser e dever ser; e a postulação da liberdade como "noumeno", isto é, como autoconsciência do puro dever**. Kant havia, de fato, confinado a liberdade no mundo da "coisa em si", excluindo-a do mundo dos fenômenos. Daí a crítica de Henri Bergson, para quem uma liberdade não temporal reduz-se a simples aparência de liberdade. Esta é inconcebível fora da realidade do tempo. A historicidade é a temporalidade racionalmente realizada, ou seja, é a temporalidade em uma tensão racional, na qual liberdade e valor se implicam e se exigem reciprocamente. Finalmente, no sistema de Kant, o valor se separa do "ser", enquanto que para os cartesianos um ser tanto mais vale quanto mais é. Não foi por acaso que as objeções opostas por Max Scheler ou por Nicolai Hartmann ao formalismo ético de Kant culminam em uma fenomenologia dos valores, abrindo caminho para o exame da liberdade como problema ontológico (fato este que pode ser interpretado como retorno à ética e à metafísica tradicionais). Enquanto que para Kant a consciência do dever, como pura lei formal, precede ao valor, na filosofia scheleriana é o valor que surge como pressuposto do dever ser: todo dever ser funda-se sobre um valor.

    b) A **justiça,** por sua vez, **possibilita a atualização histórica dos valores relevantes para a convivência social**. Na colocação de Reale, mais do que um valor, ela é a condição primeira para que todos os valores possam se atualizar historicamente: "**ela (a justiça) vale para que todos os valores valham**"[22]. Isso quer dizer que a justiça não é um valor que tenha um fim em si mesmo. É um valor supremo, cuja valia consiste em permitir que todos os valores valham. **Miguel Reale chega a dizer que não é necessário crer num Direito Natural**. Basta reconhecer que, ao longo da história, o homem vai operando a seleção de determinados valores que ele considera essenciais à humanidade, como os valores da personalidade, da liberdade, da segurança, da certeza, da intimidade etc, e graças a eles, cria o jardim do Direito[23].

    c) O **Direito**, portanto, é compreendido como **um sistema de valores subordinados ao valor de justiça e de liberdade**. Valor que consiste em servir aos demais valores na convivência social, fato que levou Reale a definir o Direito como sendo "a ordem garantida dos valores sociais segundo proporção e igualdade"; e, mais especificamente, como sendo "a concretização da ideia de justiça na pluridiversidade de seu dever-ser histórico, tendo a pessoa como fonte de todos os valores"[24].

---

[22] Miguel Reale, *Lições preliminares de direito*, São Paulo: Saraiva, 1984, p. 371.
[23] Ver Miguel Reale, *Questões de direito público*, São Paulo: Saraiva, 1997, p. 72.
[24] Miguel Reale, *Teoria tridimensional do direito*, São Paulo: Saraiva, 1994, p. 128.

É de se notar, contudo, que a importância da justiça para o direito não o reduz apenas ao elemento "valor". Ele, como vimos, é também "fato" e "norma". Aliás, a justiça ganha significado quando se refere ao fato social, por intermédio de uma norma jurídica.

QUESTIONÁRIO.

1. Como você definiria o valor?
2. Qual é a explicação psicológica do valor?
3. Qual é a explicação objetiva do valor?
4. Em que consiste o ontologismo axiológico de Nicolai Hartmann?
5. Explique a afirmação de que o valor é valor, pela referência ao homem.
6. Qual a função da faculdade estimativa em relação aos valores?
7. O que Risieri Frondizi queria dizer quando afirmou que os valores são qualidades estruturais?
8. Bipolaridade e implicação são qualidades do valor. O que significam? Exemplifique.
9. Referibilidade e preferibilidade são duas notas axiológicas. Explique o seu significado.
10. Como você explica a característica do valor chamada de realizabilidade?
11. A relatividade que se percebe na história em relação aos valores, é devida aos próprios valores ou aos homens quando os apreendem? Explique o porquê da sua opção.
12. O que significa dizer que o valor tem como característica não ser indiferente?
13. A expressão "gosto não se discute" expressa uma atitude subjetivista ou objetivista em relação ao valor? Por quê?
14. Diante da afirmação de Nicola Abbagnano: "o problema do valor é o problema daquilo que o homem *deve fazer*", está correto afirmar:

    A) que o homem é a atualidade completa de sua potência de ser.

    B) que o homem, além de ser a sua própria história, é também a história por fazer-se.

    C) que o homem é ser histórico apenas em razão da história vivida e não pela carência de história futura.

LIÇÃO XLI

A TEORIA DA JUSTIÇA

Sumário: 189. O Direito como Justiça; 190. Conceito e notas da Justiça; 191. A igualdade; 192. Tipos de Justiça; 193. Importância da Justiça; 194. O problema clássico das leis injustas; 195. Justiça ou segurança?

O Direito, lidando com a dinâmica da vida social, cuida de valores, como liberdade, segurança, igualdade, ordem, diversidade, equidade e sobretudo justiça. A justiça é, pois, um valor. Um valor que está no horizonte do Direito, com função normativa, orientadora da ação. Um valor que não tem um fim em si mesmo, mas cuja valia permite que os demais valores valham. Já sabíamos que toda norma jurídica, além da vigência e eficácia, deve ter também um fundamento ético, que vem a ser o *valor* ou *fim* visado por ela.

Pois bem. A questão da **justiça** volta a ocupar **lugar de destaque**, uma vez superadas as concepções reducionistas do direito, as quais no seu esforço de resguardar a dignidade científica do saber jurídico excluíram de seu objeto as preocupações tidas por metafísicas e não científica.

Vejamos então a relação entre a Justiça e o Direito; seu conceito; notas e tipos, terminando com algumas considerações sobre sua importância e a delicada questão das leis injustas.

189. O DIREITO COMO JUSTIÇA

Nenhum problema da ética ou da filosofia do direito é tão difícil e complexo como o da Justiça, muito embora esta, em última análise, seja sempre uma modalidade da ideia de igualdade. Para Kelsen, a justiça absoluta é um ideal irracional. Eros Grau chega a dizer que "os juízes aplicam o direito, os juízes não fazem justiça! Vamos à Faculdade de Direito aprender direito, não justiça. Justiça é com a religião, a filosofia, a história"[1].

Entretanto, a Justiça, no seu sentido mais geral de proporção e igualdade, **é própria do homem como ser racional que vive em sociedade**.

189.1. A ideia de Justiça

Vivendo em sociedade e procurando o seu bem, o homem acaba compreendendo a necessidade racional de respeitar em todo homem uma pessoa, condição essencial para que também possa se afirmar como pessoa. Isto equivale a dizer que em cada indivíduo reside a semente fecunda de sua personalidade que encontra na vida social o campo natural do seu desenvolvimento. Uma relação que distinga entre o que é próprio a cada pessoa só pode ser estabelecida segundo igualdade e proporção, isto é, segundo Justiça.

189.2. Histórico

Na história do pensamento humano são antigas as indagações sobre a justiça: O que é justo? Ele se confunde com a lei? Existe o justo por natureza? As respostas a essas indagações são numerosas e desencontradas.

No Egito *a justiça* se chamava Maat, significando o princípio que rege o Universo e a deusa perante a qual os homens compareciam no dia do juízo final para se penitenciarem de suas faltas.

Na Grécia, a justiça era representada por Têmis, uma das mulheres de Júpiter, e por sua filha Diké. A deusa grega Diké era representada em pé e com os olhos abertos. Os primeiros filósofos a estudarem o problema foram os *pitagóricos* que compreendiam a justiça como uma absoluta igualdade e por isso a representavam por um *quadrilátero*. *Platão* concebia a justiça como a *virtude universal* da qual derivavam as demais virtudes; ela consistia numa harmonia entre as diversas partes de um todo que determina que cada um faça o que lhe corresponde. *Aristóteles*, por sua vez, conceitua a justiça como um princípio social que tem por função regular as relações entre os homens com fundamento na *igualdade*, dividindo-a em distributiva e comutativa. No seu entender: "O homem, quando virtuoso, é o mais excelente dos animais; mas separado da lei e da justiça, é o pior de todos" (*Política*, I, 1).

Em Roma, era seguida a tradição, já acentuada na Grécia, de considerar a justiça uma virtude universal, não se chegando a discutir as notas de alteridade, igualdade e proporcionalidade concebidas por Aristóteles. O gênio prático dos romanos, entretanto, por meio de *Ulpiano*, soube sintetizar uma definição de justiça que se difundiu por todo o mundo: "**justitia est constans et perpetua voluntas ius suum cuique tribuendi**" (von-

---

[1] Eros Roberto Grau, *Por que tenho medo dos juízes*, São Paulo: Malheiros, 2014, p. 19.

tade de dar a cada um o seu). Note-se que, à diferença da Grécia, a deusa romana Iustitia era representada em pé e com os olhos vendados.

Tomás de Aquino, na Idade Média, trouxe importante contribuição ao estudo da justiça, dando interpretações e trazendo complementações à doutrina aristotélica. Diferentemente dos romanos, soube explorar as notas de alteridade, proporcionalidade e igualdade e introduz uma nova espécie de justiça à divisão de Aristóteles: **a *justiça legal***. Até o final da Idade Média, a ideia da justiça esteve infiltrada na doutrina do direito natural.

Com o Renascimento, a doutrina do **Iluminismo *do tipo racionalista*** trouxe profunda modificação em relação ao conceito de justiça, que deixou de ser um princípio supraterreno para se converter em simples ideia humana: **justo é tudo o que está de acordo com a *natureza humana***, isto é, tudo o que responde às exigências da natureza humana.

O historicismo, no século XVIII, opondo-se às doutrinas racionalistas do Iluminismo, negou o caráter de universalidade e permanência aos atributos da pessoa humana, **concebendo o humano dentro do quadro do devenir histórico**; em decorrência, a justiça, como a natureza humana e o direito natural, deixava de ser um princípio universal e permanente, passando a ser considerada como um simples *dado fático-histórico* relativo a cada época e ao conjunto variável de circunstâncias.

O positivismo, em seguida no século XIX, negando a existência de qualquer ideia supra-humana, **despojou a justiça de toda dignidade divina e nobreza metafísica**, proclamando que a **justiça é filha do direito positivo de cada povo**. A justiça se esgotaria na *legalidade*, sendo justo aquilo que está estabelecido na lei. Assim, em última análise, o direito poderia proclamar como justo o que bem entendesse e **só o Estado poderia declarar a justiça**. Seu erro profundo foi expulsar as considerações de justiça da análise do Direito, esquecendo que o homem é um ser bidimensional, cuja vida social se desenvolve ao mesmo tempo no terreno do "ser" e do "dever ser".

Com **Stammler** (1856-1938), professor da Universidade de Berlim, começam os trabalhos de ***ressurreição da justiça***. Conseguiu retirar a justiça dos escombros a que fora lançada pelas doutrinas historicistas e positivistas, e deu à sua doutrina o nome de "Direito natural de conteúdo variável".

Hoje, ainda há os que contestam a possibilidade de uma teoria da justiça. Como **Kelsen** que viu na justiça uma "ideia irracional", pois não está sujeita à cognição; uma questão de ordem prática, insuscetível de qualquer indagação teórico-científica. **Eros Roberto Grau** escreve: "A sociedade, insatisfeita com a legalidade e o procedimento legal, passa a nutrir anseios de justiça, ignara de que ela não existe em si e de que é incabível... Por isso mesmo é que, em rigor, a teoria do direito não é uma teoria da justiça, porém – na dicção de Habermas – uma teoria da prestação jurisdicional e do discurso jurídico". Em outro lugar ressalta: "É necessário afirmar bem alto: os juízes aplicam o direito, os juízes não fazem justiça! Vamos à Faculdade de Direito aprender direito, não justiça. Justiça é com a religião, a filosofia, a história"[2].

Fato inegável é que a teoria da justiça **ganha importância crescente**, como um dos temas capitais da axiologia ou teoria dos valores, disciplina essa que surgiu no século XIX, sobretudo a partir de *Herman Lotze*. Aliás, o tema da justiça aparece na especulação filosófico-jurídica antes do tema do direito e como uma imagem mítica dotada de muitos poderes. O Direito surge ao longo de um processo histórico e cultural, como uma prática social que se serve dum procedimento de solução de conflitos de interesses. É a expressão de um modo de vida de um povo e de sua cultura. Por isso **toda norma jurídica devia ser sempre uma tentativa de realização de valores essenciais ao homem e à sociedade**. Partindo da observação básica de que toda regra de direito visa a um valor, podemos até dizer que **a primeira noção que os grandes pensadores tiveram do Direito foi como "justiça"**, que é um "valor". De outro lado, reconhecemos que é consubstancial à experiência jurídica a **pluralidade de valores**: liberdade, saúde, integridade física, igualdade, ordem, segurança e muitos outros que fundam as normas jurídicas.

Na classificação de Edmond Globot, a *Justiça* seria o "valor-fim" próprio do direito (não um "valor-meio"). Miguel Reale, por sua vez, entende que ela não se identifica com nenhum desses valores. Ela é antes a condição primeira de todos eles, a condição *sine qua non* de sua possibilidade como atualização histórica. Na sua expressão sucinta: "ela vale para que todos os valores valham"[3]. Se, coimo diz Ortega y Gasset, "o homem é ele e a sua circunstância", compreende-se a natureza ao mesmo tempo circunstancial e histórica da justiça.

190. CONCEITO E NOTAS DA JUSTIÇA

Os Juristas Romanos concebiam a justiça no seu **sentido subjetivo** como "constans et. perpetua voluntas". É nesse sentido a definição clássica de **Ulpiano**: "Justitia est constans et perpetua voluntas ius suum cuique tribuendi" – D. 1.1.10). Em nossos dias, há uma preferência pelo termo justiça no **sentido objetivo,** indicando a **realização da ordem social justa**, resultante duma exigência da vida em sociedade. Não há, porém, como separar a compreensão subjetiva da objetiva: **A justiça deve ser**, **complementarmente, subjetiva e objetiva**, envolvendo em sua dialeticidade o homem e a ordem justa que ele instaura, pois esta ordem

---

[2] Eros Roberto Grau, *Por que tenho medo dos juízes*, São Paulo: Malheiros, 2014, p. 17 e 19.

[3] Miguel Reale, *Lições preliminares de direito*, São Paulo: Saraiva, 1984, p. 371.

não é senão uma projeção constante da pessoa humana, valor-fonte de todos os valores no processo dialógico da história[4]. Em suma, é impossível uma ideia de justiça desvinculada das conjunturas históricas, em relação às quais ela atua como valor condicionante, numa conversibilidade dialética. É nesse sentido a observação de **Platão: "não pode haver justiça sem homens justos"**.

Em Santo **Tomás de Aquino** também transparece a dupla exigência da justiça: 1ª) uma inclinação da alma, 2ª) que se traduz objetivamente no respeito dos outros. Se alguém quiser reduzir a definição da Justiça à sua devida forma, poderia dizer que a justiça é um hábito pelo qual alguém, com constante e perpétua vontade, dá a cada um o seu direito. Por ora, ficamos com a afirmação de **Tomás de Aquino**, segundo a qual a **essência da justiça consiste em "dar a outrem o que lhe é devido, segundo uma igualdade"**[5]. Nesta definição, fundiu-se harmoniosamente o que há de melhor na concepção aristotélica, ou seja, a disposição habitual, firme e constante da vontade; e da concepção romana, isto é, o direito, como objeto preciso da justiça. Santo Tomás acrescentou, ainda, por conta própria a tradução imediata do hábito no ato, ao afirmar que pelo hábito da justiça *se dá* a cada um seu direito.

Segundo essa definição, a justiça apresenta **três notas ou características**: a alteridade, o devido e a igualdade.

1ª) **A alteridade ou pluralidade de pessoas.** A justiça é algo que se refere sempre ao outro (*alter*), é sempre um laço entre um homem e outros homens (*justitia est ad alterum*). A rigor, ninguém poderá ser justo ou injusto consigo mesmo (a não ser em sentido figurado), mas em relação aos outros. Robinson Crusoé, sozinho em sua ilha, poderia ser temperante ou intemperante, corajoso ou não, prudente ou imprudente, mas não poderia ser justo ou injusto. No dizer de Aristóteles, dentre todas as virtudes somente a justiça diz respeito a um "bem alheio", porque ela promove o que é vantajoso para outrem. Por fim, se a justiça tem por objeto o direito, o homem justo é guardião do direito[6].

Por isso, o indivíduo **justo é o oposto do egoísta**, já que este reivindica direitos apenas para si, sem considerar os direitos dos outros. A justiça, portanto, abre a pessoa à comunidade. Ela é a virtude da cidadania que regula toda a convivência política. A alteridade situa a justiça como virtude tipicamente social: "iustitia consistit in communicatione" (Santo Tomás).

---

[4] Ver Miguel Reale, *Lições preliminares de direito*, São Paulo: Saraiva, 1984, p. 372.

[5] S. Th., II-II-, q. 58, a. 1. Em outro lugar, Tomás de Aquino escreve: "Ratio justitiae in hoc consistit quod alteri reddatur quod ei debetur secundum aequalitatem" (S. Th., II-II, q. 80, a. unicus).

[6] Tomás de Aquino: "Iustus dicitur quia ius custodit" (S. Th., II-II, qu. 58, art. 1).

Por fim, tem-se entendido que a **alteridade distingue**, de certo modo, **a justiça do *amor*** pois, enquanto a primeira supõe referências a "outro", a quem tem de se satisfazer um débito, o segundo implica tendência para a unidade e para o dom. Como observa J. Pieper, entre os que se amam não se diz "isto é meu e isto é teu", mas, antes, "isto é nosso".

2ª) **O devido.** Referir-se a algo "devido" a outro como próprio e que pode ser exigido, pertence à atitude ética da Justiça. O objeto da justiça constitui, pois, um *debitum* em sentido estrito ou rigoroso, algo cujo cumprimento pode ser imposto legalmente e reclamado por alguém (***debitum legale***). Diferente dele é o débito em sentido lato (***debitum morale***), objeto de virtudes anexas à justiça, por exemplo, a gratidão ou a amizade; não são imprescindíveis para a vida social, mas contribuem para a sua perfeição. Podemos dizer que o cumprimento dos deveres estritos de justiça é indispensável ao bem comum da sociedade, e assim podem ser exigidos; ao passo que nos débitos em sentido lato (*debitum morale*) há apenas um dever moral e não uma relação de justiça, não sendo do mesmo modo imprescindíveis e por isso sua satisfação não pode ser exigida. A violação do dever de gratidão, por exemplo, constituirá uma ingratidão, mas não uma injustiça propriamente dita. Lembramos que essa distinção entre *debitum morale* e *debitum legale* ou jurídico corresponde à diferença entre **"normas de aperfeiçoamento" e "normas de garantia"**, adotada por muitos juristas, entre os quais, Goffredo Telles Júnior em sua *Filosofia do Direito*.

O ***ius suum*** abrange uma **grande variedade de bens necessários** à realização dos mais diversos fins humanos, bens que a ciência jurídica estuda como objeto dos direitos subjetivos e das relações jurídicas. São **ações ou coisas exteriores que os homens podem comunicar entre si**; por isso se fala da *exterioridade* como característica da justiça. É verdade que há quem entenda que se trata de uma ***fórmula vazia***, porque nada esclarece acerca do que a cada um pertence. Lembramos, porém, que os direitos se definem, primordialmente, segundo as exigências decorrentes da natureza humana e, complementar e derivadamente, pelas disposições legais e convenções dos homens. Desse modo, **não se pode dizer vazia a fórmula *suum cuique tribuere*: ela define o dever de justiça, tendo implícitos os fundamentos e títulos que servem de suporte ao direito.**

3ª) **A igualdade.** A igualdade aparece como um código identificador do equilíbrio na distribuição de bens nas relações sociais. A justiça, de fato, representa uma preocupação com a "igualdade e com a proporcionalidade", tratando igualmente os iguais e desigualmente os desiguais, mas na proporção de sua desigualdade e de acordo com seus méritos. Evita-se, assim, o arbítrio.

A igualdade, diz Santo Tomás, repetindo velho ensinamento, **é o meio--termo na virtude da justiça**: o que se encontra entre o excesso e a falta.

O meio-termo se estabelece pela comparação de uma coisa com outra ou pela adequação proporcional de uma coisa a determinada pessoa[7]. Quando a igualdade é encontrada na equivalência entre coisas, temos a **"igualdade simples" ou "absoluta"**. Quando se encontra na **proporcionalidade entre pessoas, é "proporcional" ou "relativa"**. Temos aqui a ideia de equivalência e de proporção.

191. A IGUALDADE

As pessoas ou situações são iguais ou desiguais em função de um **fim** a ser alcançado e de um **critério diferenciador**. Segundo o critério da "idade", por exemplo, devem ser tratadas de modo diferente para votar nalguma eleição, se uma tiver atingido a maioridade não alcançada pela outra; mas devem ser tratadas igualmente para pagar impostos, porque aqui é indiferente a idade. Ou segundo o critério do "sexo", devem ser havidas como diferentes para obter a licença-maternidade se somente uma delas for do sexo feminino; como iguais para votar ou pagar impostos, pois para essas obrigações é indiferente o sexo. Ou segundo o critério da "capacidade econômica", devem ser vistas como diferentes para pagar impostos, se uma delas tiver maior capacidade contributiva; mas devem ser tratadas igualmente para votar e para a obtenção da licença-maternidade, porque perante essas finalidades a capacidade economica é indiferente. Em suma, fins diversos levam à utilização de critérios distintos, pela simples razão de que alguns critérios são adequados à realização de determinados fins, outros, não[8]. Tradicionalmente se fala numa igualdade simples ou absoluta e numa igualdade proporcional ou relativa. O que significam?

---

[7] S. Th., II-II, q. 58, a. 10. A igualdade é uma "relação", como também o são a identidade e a semelhança. No que se distinguem? No fato de que duas realidades são *iguais*, quando têm a mesma *quantidade* (20 é igual a 10 + 10); *idênticas*, quando têm a mesma *essência* (eu sou idêntico tão somente a mim mesmo, a mais ninguém); *semelhantes*, quando têm as mesmas *qualidades* (duas pessoas que se parecem porque têm os mesmos traços, são semelhantes). Nesse sentido é a lição de Tomás de Aquino (Comm. Met., 1999). A igualdade absoluta é, pois, *uma equivalência de quantidades*. Na justiça não buscamos estabelecer "identidade", como seria o caso de receber um objeto e entregar o mesmo objeto. Nem se trata, também, de entregar um objeto "semelhante" ou parecido. O que procuramos estabelecer é uma equivalência ou "igualdade". A igualdade da justiça, contudo, não é um dado subjetivo que pode variar de pessoa para pessoa. É antes uma exigência que pode ser fixada objetivamente, ou seja, que se estabelece pela comparação de uma coisa com outra ou pela adequação proporcional de uma coisa a determinada pessoa. Para uma versão histórica do princípio da igualdade, ver Francisco Amaral, *Direito civil*: introdução, Rio de Janeiro: Renovar, 2008, p. 24-26.

[8] Ver Humberto Ávila, *Teoria dos princípios*, São Paulo: Malheiros, 2019, p. 193-194. Perelman faz referência a seis enfoques da justiça: a cada um o mesmo; a cada um segundo os seus méritos; a cada um segundo as suas obras; a cada um segundo as suas necessidades; a cada um segundo a sua posição; a cada um o que lhe é devido por lei (Larenz, *Metodologia da ciência do direito*, 1989, p. 208).

a) **IGUALDADE SIMPLES**. É uma **equivalência aritmética** que não leva em conta as diferenças e desproporções da vida. Com outras palavras, é uma equivalência de quantidades. Traduz-se na equivalência entre prestações, ou entre dois objetos, que se verifica nas relações de troca: quem compra um objeto que vale 100, deve efetuar um pagamento de igual valor **(100 = 100)**; ela opera segundo uma equivalência entre duas coisas (*secundum aequalitatem rei ad rem*); ela se refere a coisas que se trocam, tanto por tanto.

b) **IGUALDADE PROPORCIONAL OU RELATIVA**. *Ela, por sua vez*, completa a igualdade simples. Ao aplicar o mesmo tratamento a situações desiguais, poderiam resultar injustiças, sendo necessário recorrer ao **princípio da proporcionalidade, tratando igualmente os iguais e desigualmente os desiguais**. A igualdade proporcional se realiza, então, levando em consideração certos critérios que requerem, não um mesmo tratamento, mas um tratamento proporcional à desigualdade das situações. É o que acontece, por exemplo, na distribuição dos benefícios sociais e encargos comuns entre os membros de uma comunidade. Se A, que contribuiu com 50, recebe 5; B, que contribuiu com 80, receberá 8 (**5/50 = 8/80**). Ela opera, portanto, segundo uma proporção entre bens e pessoas (*secundum proportionem rerum ad personas*). Por isso a justiça, nesses casos, **em vez de ser cega, precisa ter muitos olhos**, cada qual visualizando o fato sob uma perspectiva e gerando uma diversa avaliação. Em suma, a cada um de acordo com seu mérito e suas necessidades; e exigindo de cada um conforme suas possibilidades. A igualdade se realiza entre homens desiguais.

Para Aristóteles, o problema da justiça reduz-se ao da igualdade, que, como visto, se apresenta em dois momentos: igualdade entre iguais, e igualdade entre desiguais. Essas considerações nos levam a uma conclusão de capital importância: **a verdadeira igualdade é aquela que trata igualmente os iguais e desigualmente os desiguais**, **na proporção em que se desigualam**. A igualdade, portanto, não significa tratar a todos da mesma maneira. O dar a cada um o mesmo, não é medida ideal. Diante de situações desiguais, é indispensável recorrer ao critério da proporcionalidade na exigência ou repartição. Segundo o próprio **Aristóteles**, *nada mais injusto do que pretender igualar os desiguais*. Por sua vez, **Rui Barbosa** enfatizava: "A regra da igualdade não consiste senão em quinhoar desigualmente aos desiguais, na medida em que se desigualam. Nesta desigualdade social, proporcionada à desigualdade natural, é que se acha a verdadeira lei da igualdade" (*Oração aos moços*).

Ao contrário, portanto, de certas **teorias igualitaristas**, o princípio da justiça não exige o igualitarismo das condições históricas das pessoas, grupos e nações. Na ordem histórica, as desigualdades sempre existiram. Nascemos em famílias e em países desiguais em cultura, condições sociais e materiais. Não é incompatível com a justiça tratamentos ou situações especiais, desde que sejam estendidas a todos aqueles que estejam na mesma situação. Por isso, a igualdade, na maioria das vezes, deve significar proporcionalidade.

O que a justiça não admite é que as desigualdades sejam injustas, ou seja, **exige igualdade de oportunidades dada a todos**. Exige, por exemplo, que a sociedade se organize criando estruturas que garantam a todos os cidadãos as condições de desenvolver suas capacidades e de evoluir em sua vida. Em suma, **não ser um excluído da cidadania**. Essa exigência decorre do fato de todos os homens terem a mesma natureza e dignidade fundamentais. Nenhum homem pode ser considerado simples instrumento e ser usado como tal. "Fundamental é o princípio de que cada ser humano é pessoa, isso é, uma natureza dotada de inteligência e vontade livre", ensina João XXIII, na Encíclica *Pacem in Terris*.

Esse respeito à dignidade fundamental da pessoa humana, que constitui a base da justiça, não pode ser considerado apenas abstratamente, lembra Franco Montoro[9]. É na **realidade histórica**, concreta e variável, em que as relações sociais se desenvolvem, que a justiça e suas exigências devem ser atendidas. É aí que se situa o trabalho e a luta permanente pela justiça, que dá sentido e grandeza à tarefa dos juízes, promotores, advogados públicos e privados, e demais servidores do Direito. Em suma, uma declaração meramente formal de igualdade resulta ilusória quando as pessoas legalmente iguais carecem de meios para exercer os direitos ligados a essa declaração de igualdade.

192. TIPOS DE JUSTIÇA

A respeito das espécies de justiça há inúmeras opiniões, comportando a matéria grandes discussões. Vale relembrar que à distinção aristotélica entre a justiça distributiva e corretiva, Tomás de Aquino acrescentou a justiça geral ou legal[10]. Hoje, a humanidade reconhece a necessidade de implementar a chamada justiça social, oficialmente criada por Pio XI e usada nos documentos do magistério eclesiástico.

Baseados nas diferentes formas como as notas ou características da justiça se realizam, distinguimos **quatro espécies de justiça**: comutativa, distributiva, legal e social. Como caracterizar cada uma delas? Formulando três perguntas: 1ª) Quem deve a quem? 2ª) O que é devido? 3ª) Qual o tipo de igualdade que se estabelece?

---

[9] Franco Montoro, *Introdução à ciência do direito*, São Paulo: Revista dos Tribunais, 1997, p. 138.

[10] S. Th., II-II, q. 58, a. 5. Vem a propósito a opinião de Duguit: "A análise do sentimento de justiça foi feita por S. Tomás em termos que nunca foram ultrapassados".

192.1. Justiça comutativa

Apesar do nome, a **justiça comutativa rege as** *relações entre particulares*: **um particular deve a outro particular.** Ela tem um campo amplo de aplicação, não se restringindo ao dos contratos. Ela preside, assim, tanto às relações de troca como às demais relações entre os particulares (*ordo partium ad partes*).

O ***devido***, por sua vez, diz respeito a um **direito que já é próprio da pessoa**, por exemplo, o respeito à vida, o direito ao cumprimento de obrigações ou à indenização de perdas e danos, o direito de pagar o preço correspondente ao valor da mercadoria, o direito à entrega da mercadoria etc. etc. A justiça comutativa versa, pois, sobre o que é de cada pessoa "por direito próprio". Por exemplo: o comprador paga ao vendedor o preço correspondente ao valor da mercadoria; o agressor é obrigado a reparar o dano, na medida do prejuízo que causou à parte contrária. É também chamada "corretiva", porque seu objetivo é corrigir ou retificar a igualdade nas relações entre particulares.

A ***igualdade***, no caso, é a **simples ou absoluta**, uma vez que deve haver uma **equivalência entre duas coisas** (quantidades iguais = equilíbrio entre o conjunto de direitos e deveres), sem levar em conta a condição das pessoas. Por isso, como lembra Franco Montoro, "o símbolo da justiça comutativa é uma balança, com dois pratos, sustentados por uma mulher com os **olhos vendados** (segundo os romanos), **para não ver as pessoas**"[11]. Assim, na compra de um objeto que vale 100, deve-se efetuar um pagamento de igual valor (100 = 100); se uma pessoa causa a outrem um prejuízo avaliado em 500, deve indenizá-lo com igual quantia (500 = 500); se alguém aluga um apartamento, cuja locação vale 1.000, deve pagar 1.000 de aluguel (1.000 = 1.000). A missão habitual do juiz é restabelecer essa igualdade, quando violada, fixando em cada caso, em termos de igualdade, a obrigação das partes: restituição do objeto, pagamento da dívida, indenização pelos prejuízos etc. Por isso essa justiça é chamada também **"corretiva"**.

Pela observação dessa forma própria na realização das notas da justiça em geral, podemos definir a justiça comutativa como sendo: o tipo de justiça pela qual **um particular dá a outro particular aquilo que lhe é devido como direito próprio, observando uma igualdade simples ou absoluta (ideia de equivalência).**

192.2. Justiça distributiva

Nesse tipo de justiça, as notas apresentam-se com estas características:
a) Ela preside às **relações entre a comunidade e seus membros**.

---

[11] Franco Montoro, *Introdução à ciência do direito*, São Paulo: Revista dos Tribunais, 1997, p. 159.

b) **O devido** consiste em assegurar aos membros da comunidade uma participação equitativa nos benefícios e encargos sociais.

c) **A igualdade** a ser respeitada é **proporcional ao mérito e capacidade de cada um** ("ordo totius ad partes"). Santo Tomás, repetindo o ensinamento de Aristóteles, diz que a igualdade da justiça distributiva consiste em atribuir bens diferentes a pessoas diversas proporcionalmente à sua "dignidade" (S. Th., II-II, q. 57, a. 1; q. 61, a. 2). E por dignidade entende qualquer condição ou qualidade da pessoa que a torna apta para receber um bem. Assim, a ciência é condição adequada para alguém ser promovido ao magistério; a qualidade da prudência, para exercer um cargo de administração.

d) **O sujeito passivo** (devedor) da justiça distributiva é a **pessoa a quem incumbe a distribuição dos bens comuns**; é aquele que administra esses bens. Em primeiro lugar, é a autoridade pública, mas pode ser também uma pessoa privada, chefe de um grupo social, por exemplo, o pai de família, o administrador de uma sociedade comercial ou industrial. **O sujeito ativo** (credor) é **o particular na qualidade de membro de uma comunidade**; é nessa qualidade de membro de uma comunidade que ele participa do bem comum.

Assim, **o grupo social** (Estado, empresa, família etc.) **reparte aos seus membros aquilo que pertence a todos, assegurando-lhes participação equitativa no bem comum, conforme o mérito e capacidade de cada um**. A igualdade, pois, a ser observada é proporcional, ou seja, considera-se a situação das pessoas, repartindo-se os benefícios de acordo com o seu mérito, e os encargos proporcionalmente à sua capacidade. Por exemplo, se A que contribuiu com 50 recebe 5, B que contribuiu com 80 deve receber 8. As funções públicas devem ser conferidas aos mais capazes, daí a exigência de concursos. Nos concursos e exames, por sua vez, o resultado deve ter por base o critério mérito, assim como na fixação do salário a ser pago ao trabalhador.

Note-se que, como os valores apresentam uma bipolaridade, ao lado do mérito **existe o demérito (desvalor)**, que condiciona também a aplicação da justiça. A ele deve corresponder uma pena, que não pode ser única, mas apresentar uma graduação.

Com esses dados, podemos definir a justiça distributiva como sendo o tipo de justiça pela qual **a comunidade dá a cada um de seus membros o que lhe é devido (bens e encargos), segundo o seu mérito e capacidade**.

192.3. Justiça social

Oficialmente criada por **Pio XI** e empregada nos documentos posteriores do magistério eclesiástico para expressar o ideal ético da ordem econômico-social, a justiça social não se deixou reduzir a nenhuma das espécies de justiça aristotélico-escolástica. Deixando de lado a discussão sobre a natureza formal (identificação com a justiça legal? uma espécie nova? uma superespécie?), preferimos apontar a sua função. A justiça social vem a ser **uma forma de justiça que obedece à igualdade proporcional na repartição dos bens, considerando, contudo, não o mérito ou a capacidade, mas as necessidades essenciais dos seus membros**. Tem por objetivo corrigir ou retificar uma determinada situação social, procurando dar a cada um aquilo de que está "privado" ou "despojado" e desfazendo os "desvios" que estão na base da ordem estabelecida.

Modernamente, a justiça social vem se desenvolvendo e se institucionalizando pelo direito. Busca a proteção dos mais pobres e desamparados, mediante a adoção de critérios que favoreçam uma repartição mais equilibrada das riquezas. Defende a luta contra os privilégios e exalta a dignidade humana, no sentido de fazer com que cada um contribua para o desenvolvimento, em todos seus aspectos, da comunidade. Exerce uma função corretora do individualismo, equilibrando a atividade e os interesses dos vários setores sociais.

Mesmo no plano internacional defende-se uma justiça social, no sentido de que as nações mais ricas e poderosas favoreçam as subdesenvolvidas ou em fase de desenvolvimento. O fato é que os desníveis entre nações, entre regiões de um mesmo país, entre classes sociais, revelam a gravidade e importância das exigências da justiça social no mundo contemporâneo. "São muitos os homens que sofrem e aumenta a distância que separa o progresso de uns da estagnação e, até mesmo, do retrocesso de outros"[12]. "É, pois, algo indiscutível; todo o mundo a pede; ninguém a nega e ainda menos se atreveria opor-se a ela", na observação de Julian Marías.

Justiça social, assim, é aquele tipo de justiça pela qual **a comunidade dá aos mais pobres e desamparados segundo suas necessidades essenciais**.

192.4. Justiça geral ou legal

Santo Tomás de Aquino teve o mérito de acrescentar a justiça legal (que muitos identificam com a justiça social). Nela se **destaca o que cada um deve à comunidade**. O **devido** é a **contribuição de cada um para a realização do bem comum**, que é o fim da sociedade e da lei. A **igualdade** a ser observada é a proporcional, ou seja, **na medida de suas possibilidades e responsabilidades**. Assim, se A, que tem capacidade de 50, contribui com 5, B que tem capacidade de 80, deve contribuir com 8. O imposto de renda, cujo valor varia de acordo com os ganhos, é exemplo desse critério ("ordo partium ad totum").

Santo Tomás deu à justiça legal a **preeminência entre todas as virtudes**, porque traça o caminho das obrigações e dos deveres das partes para com o todo. A justiça por excelência não é a comutativa das trocas, ou

---

[12] Paulo VI, *Populorum Progressio*, n. 29.

a corretiva do domínio penal, nem a distributiva, mas antes a justiça geral ou legal que tem como centro os deveres das partes com o todo[13]. Se os homens procurassem realizar somente o "seu" bem, nas relações com os outros homens; se eles não tivessem também que cooperar com o "bem da convivência" como condição do seu próprio bem, esse tipo de justiça não teria sentido (aliás, nem haveria Direito). Em suma, a justiça legal põe o homem a serviço da coletividade. Pode ser vista como a justiça por excelência, uma vez que o bem comum não se realiza sem o bem de cada homem e o bem de cada um não se realiza sem o bem comum. A socialidade da justiça fica desse modo claramente evidenciada.

Com os elementos apontados, podemos definir a justiça geral ou legal como sendo o tipo de justiça pela qual **os membros da sociedade dão a esta sua contribuição para o bem comum, na medida de sua possibilidade e responsabilidade.**

193. IMPORTÂNCIA DA JUSTIÇA

O Direito, quando se divorcia da Justiça, se confunde como **mero sinônimo e manifestação de poder.** Sem dúvida, o Direito emana do poder, mas não é sinônimo de poder, fruto da vontade de um ou de alguns. Em suma, o Direito não é o arbítrio do poder e nem a anarquia generalizada. De outro lado, a ideia de justiça não pertence apenas ao Direito. **A moral, a religião e algumas regras de trato social também se preocupam com as ações justas.** Há muitas coisas que são devidas a alguém independentemente das determinações de ordem jurídica. O "seu" de uma pessoa, por exemplo, é também o respeito moral, um elogio, um perdão etc.

Contudo, a ideia de justiça faz parte da essência do Direito. Entendida na integralidade de suas expressões, a justiça, como realização do bem comum segundo a proporção exigida pelos valores da pessoa e pelo desenvolvimento da cultura, **representa o valor-fim** (a que se prendem múltiplos valores-meio) que serve de fundamento último do Direito[14]. É, na expressão

---

[13] "Secundum quod ordinat hominem ad bonum commune iustitia dicitur virtus generalis" (S. Th., II-II, qu. 58. art. 5).

[14] O direito deve ser a expressão da justiça. Santo Agostinho assim ressaltava a importância da justiça na caracterização da juridicidade: "Se a Justiça não for cumprida, o que são os reinos (os Estados) senão grandes bandos de ladrões? O que são os bandos de ladrões senão pequenos reinos (Estados)?" (*Remota itaque iustitia quid sunt regna nisi magna latrocinia? Quia et latrocinia quid sunt nisi parva regna? De Civitate Dei*, IV, 4). Na prática, porém, adverte Paulo Dourado de Gusmão, nem sempre a justiça está presente na lei e nem sempre a norma possibilita encontrá-la. E por quê? Ele responde: "Talvez, ainda, porque, seja no parlamento seja no judiciário, a solução final depende de maiorias, sendo assim expressão do quantitativo". Mas ressalta: "Isto não significa que por tal motivo a legislação não possa corresponder ao ideal histórico de justiça. Igualmente não significa haver maior possibilidade de o direito ser expressão do qualitativo nas ditaduras, nas oligarquias, nos regimes de partido

feliz de **Del Vecchio**, "a pedra angular de todo o edifício jurídico". Segundo **Salmond**: "o Direito é a Justiça que fala pela voz do Estado". E **Santo Tomás de Aquino**, subscrevendo o elogio de Aristóteles à justiça: **a estrela vespertina e o astro matutino não brilham como a justiça**[15]. **Lembramos, nos dias de hoje, a tese principal de J. Rawls** em seu tratado A teoria da justiça: "a justiça é a primeira virtude das instituições sociais, assim como a verdade o é para os sistemas de pensamento"[16].

193.1. Fator de legitimidade

Embora Kelsen tenha se mostrado cético ao considerar a justiça "um bonito sonho da humanidade", a justiça dá legitimidade à regra de direito. A origem da norma jurídica é a ideia, viva na sociedade, daquilo que é justo (Thon). E para que a ordem jurídica seja legítima, é indispensável que seja expressão da justiça[17].

único, etc., porque a História demonstra o contrário" (*Filosofia do direito*, Rio de Janeiro: Forense, 2008, p. 156).

[15] *Ethic*, V, 906.

[16] J. Rawls, *Uma teoria da justiça*, São Paulo: Martins Fontes, 2008, p. 4. A ética filosófica no século XX segue uma profusão de tendências, como a (1) "**ética naturalista**", com inspiração no positivismo científico do século XX (Henri Bergson); (2) "**ética historicista**", com inspiração no culturalismo do século XX, derivando-se em "**ética hermenêutica**" (Dilthey, Heidegger, Gadamer, Ricoeur), "**ética fenomenológica**" (Husserl, Scheller, Hartmann) e "**ética existencialista**" (Jaspers, Sartre, Marcel); (3) "**ética e linguagem**", distinguindo-se em "**ética analítica**" (Bertrand Russel, Wittgenstein), "**ética e discurso**" (Otto-Appel, Habermas) e "**ética e política**", com destaque para temas da justiça e da condição da humanidade pós-guerra (Hannah Arendt, Rawls); (4) "**ética cristã**" (Maurice Blondel, Jacques Maritain). Na **teoria de Rawls**, os *princípios de justiça são deduzidos por meio de um procedimento contratual hipotético, que representa* uma versão nova do antigo contrato social. O ponto de partida é a "posição original", na qual os indivíduos se encontram sob um espesso "**véu de ignorância**", no sentido de que não sabem nada da própria posição futura na sociedade. Em suma, excluem-se todas as considerações que poderiam introduzir elementos de não imparcialidade no diálogo contratual. As partes, então, concebidas como racionais e em condição de total liberdade e igualdade, escolhem os princípios que devem conferir os direitos e os deveres fundamentais e determinam a divisão dos benefícios sociais. Tais princípios são dois: o primeiro determina que cada pessoa deve ter um direito igual ao mais abrangente sistema de liberdades básicas iguais; o segundo, que todos os principais bens sociais devem ser distribuídos igualitariamente, a menos que uma distribuição desigual traga vantagens aos menos privilegiados. A obra de Rawls abalou uma das teses fundamentais do positivismo, ou seja, a convicção da impossibilidade de uma discussão racional sobre os conteúdos deontológicos ou de uma teoria científica de tais conteúdos.

[17] **Blaise Pascal**, de igual maneira, escreveu contra aqueles que admitiam a existência de leis naturais conhecidas em todos os países: "quase nada se vê de justo ou de injusto que não mude de qualidade mudando de clima... um meridiano decide da verdade... bizarra justiça que um riacho delimita... verdade deste lado dos Pirineus, erro do outro lado" (*Pensamentos*, n. 268).

Quando o direito positivo se afasta do ideal da justiça, pode chegar, como chegou a consagrar o próprio antidireito como direito. É verdade que nem sempre o direito logra êxito na consecução do valor proposto. O que é necessário, porém, é que, pelo menos, haja sempre uma tentativa de realizar o justo. Daí a afirmação de Stammler: "**Todo Direito deve ser sempre uma tentativa de Direito justo**".

193.2. Complementaridade entre Justiça e Direito

É importante que nos lembremos sempre da *complementaridade* que existe entre justiça e direito. "Este, sem aquela, redundaria num conjunto de relações de força desprovido de legitimidade; aquela, sem este, se esfumaria em aspirações quiméricas"[18]. Em suma, o direito positivo pressupõe a justiça como condição de sua legitimidade (sem ela, o direito é um fenômeno sem sentido); e a justiça põe o direito positivo como condição para que possa se realizar (sem ele, é um "bonito sonho" no dizer de Kelsen).

Por fim, **não há justiça sem homens justos**, capazes de traduzir em atos o que lhes dita a consciência dos valores da comunidade. Não há realização plena da justiça quando só a determinam frias proporções traçadas pelo intelecto, enquanto as forças afetivas permanecem alheias ao seu processar-se. A justiça, então, uma vez idealizada, envolve-se no véu da distância, desliga-se da existência quotidiana com suas exigências e o homem como que passa a contentar-se com a mera legalidade exterior, esvaziando o direito de seu conteúdo axiológico próprio. A justiça e a história, Têmis e Clio, não podem ser como o sol e a lua, alternando-se na abóbada celeste. Devem ser antes irmãs inseparáveis, para que a justiça se faça história.

194. O PROBLEMA CLÁSSICO DAS LEIS INJUSTAS

Montaigne dizia que as leis devem ser obedecidas não porque são justas, mas porque são leis (*Essais*). Mas o fato é que, centrando a justificativa da obediência na ideia de autoridade, as regras podem na sua aplicação prática provocar um resultado injusto. Isso, porque o problema de saber qual é o "seu" de cada um pode não apresentar dificuldade quando tratado em abstrato. Mas se torna melindroso quando trazido para o plano concreto da vida. Lembramos que nas sociedades democráticas a vida é cheia de divergências entre o certo e o errado, entre justiça e injustiça. Basta lembrar que enquanto alguns defendem o direito ao aborto, outros o consideram um crime; enquanto alguns defendem o sistema de cotas na admissão ao ensino superior como uma forma de remediar erros do passado, outros consideram esse sistema uma forma de discriminação contra as pessoas que merecem ser

---

[18] Miguel Reale, *Nova fase do direito moderno*, São Paulo: Saraiva, 1990, p. 39.

admitidas pelos próprios méritos; há discussões sobre a desigualdade de rendas, casamento entre pessoas do mesmo sexo etc. etc.

No campo jurídico, já dissemos que, a rigor, são "perfeitas" somente as normas de Direito que, originadas de um órgão competente e efetivamente vividas pelos membros da comunidade, sejam dotadas de **fundamento ético**, ou seja, visam realizar ou tutelar um valor reconhecido necessário à coletividade, ou impedir a ocorrência de um desvalor. **Isso significa que não se legisla sem finalidade e que o direito é uma realização de fins úteis e necessários à vida em sociedade.** Todavia, pode ser que uma norma jurídica se apresente válida apenas em virtude do **Poder de que emana**, ou seja, **por possuir "vigência"**, mas é destituída de fundamento ético, já que **nascida puramente do arbítrio ou de valores aparentes**, só reconhecidos pelo legislador. Do fato surge um problema dos mais delicados e relevantes: o da obediência ou não a estas leis. Com outras palavras, o problema da obediência ou não ao que é "legal", mas não é "justo"[19].

Uma regra de Direito positivo pode ser considerada perfeita quando, promulgada por uma autoridade legítima tendo em vista o bem comum, encontra, em virtude do seu valor ético e de sua racionalidade, a adesão dos membros da uma comunidade. Nessa regra se integram a validade ética, a validade sociológica e a validade formal ou técnico-jurídica. Porém, o bem comum não se alcança sem contrastes, sem divergências entre os homens e os grupos. Daí a necessidade da constituição do poder que deve decidir, com certa autonomia, sobre o justo *in concreto*, dizendo dentre as várias soluções qual delas é a que mais responde aos reais interesses coletivos. A autoridade não decide sobre o justo em si, mas parte do estudo das condições objetivas sociais, econômicas e políticas, para preferir esta àquela outra norma. Por isso, o Direito goza de heteronomia. A contradição, quando existe, existe mais nos casos de exceção do que nos casos normais.

O que deve fazer, então, o intérprete e, sobretudo, o juiz quando as normas jurídicas em vigor levam a resultados injustos ou

---

[19] Dimitri Dimoulis apresenta algumas causas para o descompasso entre os mandamentos do legislador e a solução considerada justa pelo intérprete do direito ou pela maioria da população: "Em primeiro lugar, o descompasso pode ser devido às insuficiências do legislador. Isso ocorre quando o regulamento genérico não se ajusta a um caso concreto ou quando a evolução social tornou insatisfatório o próprio regulamento. Em segundo lugar, o descompasso entre o legalmente imposto e aquilo que é considerado justo pode ser devido a uma legislação que protege os interesses políticos e econômicos de determinados grupos sociais, prejudicando a maioria da população. Finalmente, esse descompasso pode ser devido ao exercício do poder por governos autoritários que oprimem os direitos fundamentais da maioria. Esse é o caso das ditaduras do século XX, que causaram injustiças e discriminações por meio de leis e decisões administrativas" (na Apresentação ao *Caso dos denunciantes invejosos*, de Lon L. Fuller, São Paulo: Revista dos Tribunais, 2010, p. 21-22).

inaceitáveis? Os filósofos do direito apresentam as seguintes soluções: a tese da separação entre o direito e a moral; a tese da vinculação entre eles, que se subdivide em vinculação forte e vinculação fraca.

194.1. Tese da separação

É a posição do positivismo jurídico, para o qual o direito é um fenômeno normativo diferente das obrigações morais. Propõe-se, pois, uma rígida separação entre direito e moral, não admitindo abertura no direito para preceitos morais. Por isso, esta posição é chamada também de **positivismo excludente**. **O jurista, ao interpretar as normas jurídicas, não deve levar em consideração as exigências morais**. Deve interessar-se exclusivamente pelas normas que possuem validade dentro do sistema jurídico. O direito em vigor deve ser aplicado de forma rígida, sem que o operador se deixe influenciar pela sua opinião ou mesmo pela opinião da maioria da sociedade sobre o correto, o justo e o adequado.

O positivismo jurídico **reduz**, portanto, **o direito a uma imposição do poder dominante na sociedade**, e a justiça é considerada um elemento estranho à sua formação e validade. Com a afirmação do princípio da legalidade como norma de reconhecimento do Direito existente, uma norma jurídica não é válida por ser justa, mas por haver sido "posta" por uma autoridade dotada de competência normativa (*auctoritas, non veritas, facit legem*). Se não for assim, dizem seus adeptos, teríamos um verdadeiro caos, sendo destruída a segurança jurídica, pois cada um aplicaria o direito segundo sua visão subjetiva. A solução, para eles, quando o direito se revela injusto ou inadequado, está na sensibilização do legislador e na luta política para que sejam reformadas ou abolidas as leis injustas ou inadequadas. As chamadas leis injustas, por conseguinte, são válidas e obrigatórias, enquanto permanecerem em vigor. No fundo, a lei é a medida da justiça!

194.2. Tese da vinculação

É a **tendência jusnaturalista** que entende que o direito não é simplesmente um conjunto de normas criadas pelo legislador, mas **integra os mandamentos morais aceitos pelos membros da sociedade**. Tal tendência é chamada também de **positivismo includente**, ou seja, **há uma abertura para a moral, como fator de legitimação do direito**. Sob esse enfoque, os autores falam que há duas abordagens: a chamada "vinculação forte" e a "vinculação fraca" entre direito e moral.

a) **Vinculação forte**. Sustenta que **uma norma jurídica só é válida quando respeita os princípios básicos da moral**. Em caso de contradição entre a norma jurídica e as exigências da justiça, a norma deve ser considerada inválida. A validade de uma norma jurídica depende, portanto, de sua concordância com as exigências básicas da moral. Seus adeptos negam validade às leis injustas dizendo que "**direito injusto não é direito**"[20].

b) **Vinculação fraca.** Não afirma uma identidade necessária do direito com a moral. **Normas injustas** e, por conseguinte, imorais **também podem ser direito**. Há, porém, **um limite**, a partir do qual as normas perdem seu caráter jurídico, ou seja, a presença de exigências morais mínimas. **Somente quando esse limiar for ultrapassado, perder-se-ia o caráter jurídico.** Não teríamos, então, o suficiente para que o sistema jurídico possuísse ao menos uma legitimação moral mínima. Devemos permanecer, pelo menos, acima desse limiar da injustiça extrema, pois ficar abaixo do mesmo é ter pela frente injustiças extremas que fariam as normas perder seu caráter jurídico. Exemplo desse limiar a partir do qual as normas perdem seu caráter jurídico é o direito humano à vida e à integridade física. Essas exigências morais mínimas são suscetíveis de uma fundamentação racional.

Quanto à afirmação de que o conceito não positivista de direito põe em risco a **segurança jurídica**, ele poderia valer em relação às variantes do não positivismo que têm como ponto de partida uma *tese forte da vinculação*, ou seja, que defendem que toda injustiça leva à perda da qualidade jurídica. Não vale, porém, em relação ao conceito de direito que não desconsidera o caráter jurídico em todos os casos de injustiça, mas somente naqueles de uma **injustiça extrema**. Ou seja, a aceitação de uma tese fraca da vinculação não poria em risco a segurança jurídica. Nós só confiamos num Direito que nos dê confiança na continuidade das instituições estatais e na vinculação das regras.

195. JUSTIÇA OU SEGURANÇA?

Quando não há uma legitimação moral mínima, pode haver uma tensão entre a segurança jurídica e a justiça. Tradicionalmente, os autores defendem, quando se constata um conflito, ou a prevalência da segurança ou a prevalência da justiça, havendo ainda uma posição de equilíbrio.

195.1. Prevalência da justiça

Os que advogam a prevalência da *justiça* dizem que, se uma das funções do direito é preservar a segurança, contudo a **justiça é um valor superior** a este. Jamais se poderia, em nome da segurança, consagrar a injustiça ou justificar a sentença contrária ao bem comum. Assim, a segurança não pode ser elevada à categoria de valor supremo, em detrimento da justiça, valor maior.

---

[20] Na lição de Miguel Reale, "arriscam-se a repetir o erro do velho jusnaturalismo, todos aqueles que pretendem identificar o justo e o jurídico, afirmando que o Direito só vale quando justo, sem levarem em conta os elementos condicionantes e contingentes da realidade histórica e cultural" (*Fundamentos do direito*, São Paulo: Revista dos Tribunais, 1972, p. 293).

Foi provavelmente nessa direção que Eduardo Couture, advogado e processualista uruguaio, utilizando o vocábulo "direito" como sinônimo de "lei", já recomendara: "Teu dever é lutar pelo direito, mas no dia em que encontrares o direito em conflito com a justiça, luta pela justiça" (*Mandamentos do Advogado*). A preferência pela **segurança indiferente à justiça**, dizem, pode conduzir à insegurança individual, à tirania, ao despotismo e aos abusos do poder.

195.2. Prevalência da segurança

Os que advogam a prevalência da segurança dizem que, predominando o idealismo de justiça, a ordem jurídica ficaria seriamente comprometida e se criaria uma perturbação na vida social. **Sem ordem e segurança**, dizem, **a própria justiça estaria em perigo**. É famoso o dito de Goethe: "Prefiro a injustiça à desordem". A prevalência da justiça sobre todos os valores, comporta o risco de desordem, de anarquismo, de ditadura dos juízes e de arbitrariedade, contrariando assim as razões de ser do direito.

Exemplo de prevalência da segurança teria sido dado por Sócrates que, instado por seus discípulos para fugir à execução de uma injusta condenação à morte, disse-lhes que era necessário que os homens bons cumprissem as leis más, para que os homens maus cumprissem as leis boas. Reale, referindo-se a esse princípio socrático da sujeição à lei, ainda que com sacrifício do filósofo, conclui que Sócrates é "o mártir da legalidade"[21].

195.3. Posição equilibrada

É óbvio que o ideal para o homem é desfrutar de segurança e justiça, numa **conjugação harmônica**. **Uma "ordem injusta" ou uma "justiça na desordem" não satisfaz plenamente.** O direito é sempre uma composição de estabilidade e movimento. Mutabilidade, no entanto, que não pode prescindir da estabilidade marcada pela ordem e segurança. É, em suma, um compromisso entre a justiça e a segurança: "**ordo secundum justitiam**" (ordenação da vida social segundo a justiça), no dizer de Tomás de Aquino. **Sem a ordem, a justiça é impraticável; a ordem, sem a justiça, é insuportável.**

E quando não é possível essa conjugação harmônica? Quando isso não é possível, temos a posição de Tomás de Aquino e Radbruch, segundo os quais, **os extremos devem ser evitados**.

---

[21] Tércio Sampaio Ferraz Jr. ensina: "A justiça enquanto código doador de sentido ao direito é um princípio regulativo do direito, mas não constitutivo. Ou seja, embora o direito imoral seja destituído de sentido, isto não quer dizer que ele não exista concretamente. A imoralidade faz com que a obrigação jurídica perca sentido, mas não torna a obrigação jurídica juridicamente inválida". E por "sentido" ele entende "a valia das coisas, a sua dignidade intrínseca", que não se confunde com seu objetivo ou finalidade (*Introdução ao estudo do direito*, São Paulo: Atlas, 1989, p. 327-328).

a) **Tomás de Aquino**, apesar de considerar ilegítimas as leis injustas, reconhece que a não observância de uma lei injusta pode, às vezes, dar origem a um mal maior, donde a necessidade da *tolerância* nesses casos, segundo o **Aquinate**[22]. Quando, porém, a justiça de uma lei falha em *grau insuportável*, sendo incompatível com a natureza e dignidade humana, surge o *direito de resistência*, ou seja, não deverá ser cumprida, pois nem direito será. Dizia: "(Por onde) tais leis não obrigam no foro da consciência, salvo talvez para evitar escândalo ou perturbações, por causa do que o homem deve ceder mesmo do seu direito"[23]. De modo que a resistência à sua aplicação é de natureza jurídica.

b) **Gustav Radbruch**, filósofo do direito alemão que cultivou a teoria dos valores. Ele, embora assegurando a prioridade do direito positivo, também abre uma exceção quando a injustiça da lei atingir um grau insustentável. É conhecida sua fórmula: "O conflito entre a justiça e a segurança jurídica pode ser resolvido da seguinte maneira: o direito positivo, assegurado por seu estatuto e por seu poder, tem prioridade mesmo quando, do ponto de vista do conteúdo, for injusto e não atender a uma finalidade, a não ser que a contradição entre a lei positiva e a justiça atinja um grau tão insustentável que a lei, como 'direito incorreto', deva ceder lugar à justiça". A fórmula é sintetizada por Robert Alexy na expressão: "a injustiça extrema não é direito"[24]. Radbruch faleceu em 1949, convertido ao catolicismo. Refletindo sobre os resultados da Segunda Guerra, escreveu que "o papel da Ciência Jurídica deve refletir sobre a milenar sabedoria que afirma existir um Direito superior à lei, um direito natural, um direito divino, um direito racional, segundo o qual a injustiça é sempre injustiça, ainda quando esta injustiça apareça sob as formas de uma lei".

Como se vê, se Tomás de Aquino dá prevalência à justiça, Radbruch dá prevalência à segurança pública. **Mas ambos entendem que, embora a justiça ou a segurança sejam um valor muito alto, não são o único, não são valores absolutos.** E, por isso, ambos invertem a hierarquia em casos extremos. De fato, embora a maior glória do direito seja a de ser justo, a justiça não coincide necessariamente com o Direito, nem é o seu único fim. São fins também do Direito, além de outros, a ordem e a segurança. Não são fins antagônicos, mas, subordinados. Na lição de Georges Renard em sua *La Théorie de l'Institution 87*: "O direito não é apenas fator de justiça,

---

[22] S. Th. I-II, q. 96, a. 4.

[23] Tomás de Aquino: "Unde tales leges non obligant in foro conscientiae, nisi forte propter vitandum scandalum vel turbationem: propter quod etiam homo iuri suo debet cedere" (S. Th., I-II, q. 96, a. 4).

[24] *Apud* Robert Alexy, *Conceito e validade do direito*, São Paulo: Martins Fontes, 2009, p. 34. John Rawls, em *Uma teoria da justiça*, afirma: "A injustiça só é tolerável quando é necessário evitar injustiças ainda maiores".

ele é também fator de segurança. A justiça não é mais do que a metade do direito; a metade mais importante, se quiserdes".

A segurança jurídica é uma das exigências feitas ao Direito. Mas devemos **diferenciá-la da certeza ou exatidão matemática**. Esta é impraticável e incoerente no plano das ciências sociais como o Direito. **Segura é a sociedade** para a qual o valor das coisas está antes na qualidade moral das suas relações, na confiabilidade de suas instituições, na cultura de respeito ao outro e na igualdade cívica entre todos os parceiros do Direito[25]. Buscando maior adequação do direito à experiência jurídica concreta, evitamos um conceito de segurança exclusivamente vinculado à *certeza* por meio do conhecimento da determinação prévia e abstrata de hipóteses legais e aferível mediante a descrição da linguagem; um conceito, pois, que obedece ao princípio da legalidade estrita.

Na prática, muitas vezes a questão pode ser resolvida, ou ser amenizada, através de **processos interpretativos, graças aos quais a lei injusta vai perdendo suas arestas agressivas, por sua correlação com as demais normas, no sentido global do ordenamento jurídico**. Vem a propósito o depoimento, nesse sentido, de Reale: "Em minha já longa experiência jurídica, jamais me defrontei com uma questão que não pudesse ser adequadamente julgada segundo a lei ou os modelos negociais". E continua: "Não raro, o que falta é ciência e consciência hermenêutica, o que é lamentável numa época em que, desde o jusfilósofo Emilio Betti até o filósofo Hans Gadamer, a Hermenêutica é vista como sinal dos novos tempos, pondo-se o ato de compreender como captação do sentido essencial da ciência, na medida das contingências humanas"[26].

No decurso da história, o direito tem sido a resultante da força que tende a perseverar na estática da ordem vigente e da força que dá origem à dinâmica dos processos sociais. Não uma resultante mecânica que se processa somente segundo leis causais, mas resultante que obedeça também às leis finais.

195.4. A Justiça pode não ser o valor mais urgente

Entendemos com Miguel Reale, que, colocada a questão no plano estrito do direito positivo, a resistência à aplicação de uma lei injusta é de valor moral ou político, não de natureza jurídica. Isso porque a lei não deixa de ser jurídica, uma vez que possui "vigência", **embora seja uma regra jurídica "imperfeita"**, carecendo de legitimidade. E ao jurista não é dado recusar vigência à lei sob a alegação de sua injustiça, muito embora possa e deva proclamar a sua ilegitimidade ética no ato mesmo de dar-lhe execução. Segundo Reale, a experiência histórica do direito demonstra-nos que a

---

[25] Ver Eduardo Bittar, *Introdução ao estudo do direito*, São Paulo: Saraiva, 2018, p. 480.
[26] Miguel Reale, *Questões de direito público*, São Paulo: Saraiva, 1997, p. 72.

justiça é o valor mais alto, mas pode não ser o mais urgente, inclusive porque, quando se preservam a "ordem e segurança", também se preservam as condições para a reconquista do justo. Assim, apesar dos pesares, o simples fato de existir uma regra jurídica, mesmo que injusta, já representa a satisfação de um mínimo de exigência axiológica: a da ordem e da segurança, condição primordial do Direito, mesmo para que seja possível preparar-se o advento de outra ordem mais plena de conteúdo axiológico[27].

Assim, **a segurança ou a ordem são fins imediatos ou os mais urgentes**, por não haver possibilidade de justiça sem ordem ou segurança. Assim como não há, no sistema constitucional brasileiro, direitos ou garantias que se revistam de caráter absoluto, há também casos em que **a ordem jurídica só pode ser relativamente justa**. Quando, por exemplo, sua recusa e não aplicação importam num mal maior como a desordem social, deve então prevalecer a ordem e segurança jurídica. Sem elas, não pode haver possibilidade de justiça. Veja-se ainda, como exemplo, além dessa hipótese da maior urgência da segurança, os institutos da prescrição, da usucapião e da coisa julgada[28].

A segurança, na sua exigência de **cognoscibilidade**, visa a servir de instrumento de orientação do cidadão, de modo a impedir que este, pautando a sua ação no Direito, venha a enganar-se com relação ao que faz. No seu ideal de **confiabilidade**, ela se destina a garantir a estabilidade do Direito e das suas concretizações, preservando o passado no presente e evitando que o cidadão seja frustrado com relação ao que fez. E no seu objetivo de **calculabilidade**, favorece a continuidade do Direito, resguardando o futuro no presente e impedindo que o cidadão seja surpreendido com relação ao que está fazendo. Em suma, o princípio da segurança se destina a arredar o engano, a frustração e a surpresa, estando sempre vinculada a direitos fundamentais[29]. Para Eros Grau, "o chamado direito moderno é racional, na medida em que permite a instalação de um horizonte de *previsibilidade e*

---

[27] Miguel Reale, *Filosofia do direito*, São Paulo: Saraiva, 1990, p. 594.
[28] Ver Miguel Reale, *Direito natural/direito positivo*, São Paulo: Saraiva, 1984, p. 73-74. A ideia de justiça liga-se à ideia de ordem. No proprio conceito de justiça é inerente uma ordem, que não pode deixar de ser reconhecida como valor mais urgente. Ele está na raiz da escala axiológica, mas é degrau indispensável a qualquer aperfeiçoamento ético. É sobre ele que repousa, em última análise, a obrigatoriedade ou a vigência do direito, pois "toda comunidade necessita de uma ordem jurídica que declare, em última instância, o que é lícito ou ilícito" (ver Miguel Reale, *Filosofia do direito*, São Paulo: Saraiva, 1990, p. 594). Em suma, a ideia de Justiça implica a ideia de Ordem. Justiça é ordem segundo uma certa igualdade. Donde resulta que deve haver harmonia entre Justiça e Ordem.
[29] A CF/88 não só garante a segurança como a protege em várias das suas dimensões, isto é, "como segurança *do* Direito, *pelo* Direito, *frente* ao Direito, *dos* direitos e *como* um direito", na expressão de Humberto Ávila (*Teoria da segurança jurídica*, São Paulo: Malheiros, 2014, p. 684 e 687).

calculabilidade em relação aos comportamentos humanos – vale dizer: *segurança*"[30]. A segurança jurídica é, pois, um ideal normativo de primeira grandeza em qualquer ordenamento jurídico, especialmente no ordenamento pátrio, onde é *princípio-condição*, garantidor de um estado de respeitabilidade dos direitos fundamentais do cidadão. É um princípio que exercendo várias funções em relação às normas, serve de pressuposto funcional para a produção e aplicação do direito, não podendo ser jamais integralmente afastado.

Em suma, segundo Humberto Ávila, o princípio da segurança jurídica vem a ser aquele que, "além de fundar a validade e instrumentalizar a eficácia das normas jurídicas, exige a transparente respeitabilidade da ação do cidadão, e da argumentação que lhe é concernente, por meio da moderação estatal"[31]. O princípio da segurança é por assim dizer a face jurídica da dignidade humana, que, ao exigir a visibilidade da transição do passado ao presente, e do presente ao futuro, impede que o direito se volte contra quem nele confiou e segundo ele agiu.

Havendo uma tensão entre os princípios e as regras, o principal problema vem a ser a **conciliação** entre aquilo que está estabelecido em regras gerais e aquilo que está conforme às circunstâncias do caso individual. Com outras palavras, entre o direito rigoroso e o direito equânime. Dizemos mesmo que a segurança é valor fundamental que, por ser prévio ou pressuposto à justiça, não significa conflito com esta, mas que sem ele não se pode alcançar a justiça[32].

Se a segurança jurídica for concebida, no aspecto material, como mera exigência de previsibilidade do direito e, no aspecto justificativo, como possuindo valor em si, o máximo que ela pode fazer é tornar a **injustiça previsível**. Daí a constatação de que a concepção de segurança pública, além de envolver todas as suas dimensões, deve ser materialmente vinculada a direitos fundamentais. Do contrário, estar-se-ia aceitando que, no governo nazista, os judeus teriam grande segurança jurídica, porque poderiam prever, com absoluta certeza, que seriam discriminados (Peczenik). Mac-Cormick, em perspectiva diversa, procura evidenciar que, mesmo quando há injustiça, a existência de segurança jurídica traz vantagens adicionais aos cidadãos, no sentido de que estes podem adotar ações estratégicas, tentando evitar práticas ainda mais injustas. Essa constatação revelaria um valor intrínseco da própria segurança, não no sentido de se defender ou de se justificar a injustiça, mas no sentido, bem específico, de se defender e jus-

---

[30] Eros Roberto Grau, *Por que tenho medo dos juízes*, São Paulo: Malheiros, 2014, p. 13.
[31] Humberto Ávila, *Teoria da segurança jurídica*, São Paulo: Malheiros, 2014, p. 685.
[32] Como dizia Paulo Dourado de Gusmão: "a conciliação da justiça com a segurança jurídica dá a medida histórica do direito justo" (*Introdução ao estudo do direito*, Rio de Janeiro: Forense, 1989, p. 384)

tificar a segurança jurídica mediante a demonstração de que um sistema injusto com segurança jurídica é melhor do que um sistema injusto sem segurança jurídica (*Legal reasoning and legal theory*). Nesse sentido estrito, a segurança jurídica, em um sistema injusto, teria função de evitar injustiças maiores.

195.5. Direito incerto é direito injusto

Essas ponderações demonstram que não se pode desconsiderar que a segurança jurídica também envolve um valor moral intrínseco relacionado com a justiça, e esta última também abrange tanto uma perspectiva geral quanto uma perspectiva particular. Sendo assim melhor falar em **conexão entre os princípios de segurança jurídica e da justiça** do que propriamente em oposição. Ou no máximo entender existente uma **polaridade**, porém nunca uma verdadeira antinomia entre ambas. Quando se mantém um ato inconstitucional, em nome da segurança jurídica, não se está afastando a justiça em favor da segurança, mas é a própria configuração específica da segurança jurídica que se revela, no caso, a solução justa (Almiro do Couto e Silva); ou, na conclusão de Theóphilo Cavalcanti Filho, "um direito incerto é também um direito injusto"[33]. Recaséns Siches, à imitação dos filósofos gregos e dos jurisconsultos romanos que reconheciam os valores da ordem e da segurança como pressupostos da experiência jurídica, dizia que "poderá haver Direito injusto ou falho, mas nunca inseguro, pois a ausência de segurança nega a essência mesma do jurídico"[34].

O Direito, sob qualquer prisma que se considere, é sempre uma expressão de ordem, mas de ordem a que é inerente uma intencionalidade: **a de ser ordem justa**. Todo Direito, consoante expressão consagrada de Stammler, é sempre uma tentativa de ser realização de Direito justo. Com outras palavras, a ordem jurídica é uma **composição inteligente de estabilidade e movimento**. Uma pura estabilidade significaria a paralisação da vida legislativa e científica, a suficiência das soluções estereotipadas e das fórmulas vazias. O puro movimento traduz o mal oposto: o espírito irrequieto e fútil que não sabe ou não pode se concentrar, a falta de princípios diretores gerando a busca desordenada de fins no jogo tumultuado das impressões

---

[33] Theóphilo Cavalcanti Filho, *O problema da segurança no direito*, São Paulo: RT, 1964, p. 81. Miguel Reale, por sua vez, falando sobre o conceito de "certeza" que esperamos do Direito, relembra que "a certeza, que o direito reclama, não é a dos movimentos calculados de um *robot*, mas a que resulta do sentido objetivo dos fatos, segundo os valores consagrados nos modelos jurídicos. Os valores, por conseguinte, dos quais o juiz ou o administrador devem ser intérpretes, não são os de sua convicção singular ou os de sua predileção individual, mas sim os valores vigentes na comunidade. Maior segurança seria absurdo pretender, na escala da experiência humana..." (*O direito como experiência*, São Paulo: Saraiva, 2002, p. 217). Ver ainda Robert Alexy, *Conceito e validade do direito*, São Paulo: Martins Fontes, 2009, p. 63.

[34] Recaséns Siches, *Filosofía del derecho*, México, Porrúa, 1959, p. 224.

e dos interesses. O Direito, como elemento de ordem e garantia dos valores culturais de uma comunidade, não pode ser só estabilidade (que é a estagnação e a morte), nem só movimento e mudança (que é a falta de continuidade e desperdício da vida). Um imperativo de continuidade e coerência, notável no mundo geral dos valores culturais, mas que se torna necessário no caso particular do Direito, que se destina à salvaguarda dos valores realizados, assim como à realização ordenada de novos valores.

Se houvesse uma harmonia preestabelecida entre os valores, a função do Direito seria de garantia formal, ou seja, de ordem estática. Porém, sendo inegável o conflito de valores, o problema torna-se de ordem dinâmica, uma vez que se sublima em uma questão de *justiça* que, na sua expressão mais simples, é um problema de *ordem segundo proporção e igualdade* (Miguel Reale). Por isso, o Direito é sempre ordem, equilíbrio, composição harmônica de forças, em uma integração de valores. Ele conjuga, como dissemos, a estabilidade com o movimento. Não pode prescindir da *forma* (condição de garantia e estabilidade), nem do *conteúdo social* (condição de eficácia e de perfectibilidade na realização dos valores sociais). A concepção do Direito como fenômeno da cultura, é dotado de conteúdo social e de estrutura formal, elementos estes que se subordinam a um valor a realizar.

Por isso o **culturalismo**, frente às correntes antagônicas do normativismo e do sociologismo jurídicos, procede a uma crítica objetiva dessas duas correntes, integrando e superando-as em uma unidade nova na busca da apreciação completa e orgânica dos elementos do Direito. Afasta, assim, a preferência do jurista sociólogo pelo fato e a unilateralidade dos juristas técnicos seduzidos pela norma (vista como mero juízo lógico posto pelo governante). Esta concepção do Direito como fato cultural abre-nos grandes perspectivas para uma compreensão mais ampla e humana dos problemas jurídicos. A segurança que for compatível com essas exigências fundamentais não frustrará a realização da justiça, tendo razão Radbruch ao dizer que é *uma exigência da justiça que o direito seja seguro* (*Filosofia do direito*).

QUESTIONÁRIO

1. É possível a separação da compreensão subjetiva da objetiva quanto à justiça? Por quê?

2. Segundo Tomás de Aquino, em que consiste a essência da justiça?

3. Qual é a verdadeira igualdade buscada pela justiça? Exemplifique.

4. O que diferencia a justiça comutativa da distributiva?

5. Qual é a sua opinião sobre a chamada justiça social?

6. Que vem a ser justiça geral ou legal? Exemplifique.

7. A ideia de justiça pertence apenas ao direito? Justifique.

8. Demonstre a importância da justiça para o direito.

9. Como os jusnaturalistas, em geral, situam o problema das leis injustas? Qual é, especificamente, a posição de Tomás de Aquino sobre o assunto?

10. Para o positivismo jurídico, como se apresenta o problema das leis injustas?

11. Qual é o pensamento de Miguel Reale perante a questão da aplicação de uma lei injusta?

12. Justifique por que, em sua opinião, perante a questão da aplicação de uma lei injusta, deve prevalecer a justiça ou a segurança.

13. Por que o indivíduo justo é o oposto do egoísta?

14. Qual a sua opinião sobre a posição de Kelsen e de Pascal sobre a justiça?

15. Justifique por que John Rawls tem a ver com o conceito atual de justiça.

16. Como você interpreta a seguinte frase de Montesquieu:

    "Dizer que não há nada de justo ou de injusto, senão o que ordenam ou proíbem as Leis positivas, é dizer que, antes que se houvesse traçado o círculo, nem todos os raios eram iguais. Cumpre, pois, reconhecer relações de equidade anteriores à Lei positiva que as estabelece" (*O espírito das leis*).

17. O estabelecimento de cotas raciais preferenciais para negros e pardos (ou "afrodescendentes") na seleção de candidatos à universidade não representa uma ruptura brutal do critério do mérito? Justifique sua opção.

18. (Provão 2001) A sociologia jurídica e a filosofia do direito têm se ocupado do tema "legitimidade da ordem jurídica", enfatizando a

    A) validade das normas.

    B) técnica do direito.

    C) estrutura do direito.

    D) existência específica das normas.

    E) justificação do direito.

19. (Provão 2001) Analise as seguintes ideias do conselheiro Aires, personagem do romance *Esaú e Jacó*, de Machado de Assis:

    "Depois, imaginou que a grita da multidão protestante era filha de um velho instinto de resistência à autoridade. Advertiu que o homem, uma vez criado, desobedeceu logo ao Criador, que aliás lhe dera um paraíso para viver; mas não há paraíso que valha o gosto da oposição. Que o homem se acostume às leis, vá; que incline o colo à força e ao bel-prazer, vá também; é o que se dá com a planta, quando sopra o vento. Mas que abençoe a força e cumpra as leis sempre, sempre, sempre, é violar a liberdade primitiva, a liberdade do velho Adão. Ia assim cogitando o conselheiro Aires".

As considerações do conselheiro Aires contêm uma justificativa que pode ser vista como

A) jusnaturalista, para o exercício do poder de polícia em matéria de direitos fundamentais.

B) jusnaturalista, para a democracia direta.

C) jusnaturalista, para a prática da desobediência civil.

D) positivista, para a liberdade de consciência e crença.

E) positivista, para a liberdade de manifestação de pensamento.

20. (Provão 2002) "A parte da natureza varia ao infinito. Não há, no universo, duas coisas iguais. Muitas se parecem umas às outras. Mas todas entre si diversificam. Os ramos de uma só árvore, as folhas da mesma planta, os traços da polpa de um dedo humano, as gotas do mesmo fluido, os argueiros do mesmo pó, as raias do espectro de um só raio solar ou estelar. Tudo assim, desde os astros, no céu, até os micróbios no sangue, desde as nebulosas no espaço, até aos aljôfares do rocio na relva dos prados.

A regra da igualdade não consiste senão em aquinhoar desigualmente aos desiguais, na medida em que se desigualam. Nesta desigualdade social, proporcionada à desigualdade natural, é que se acha a verdadeira lei da igualdade. O mais são desvarios da inveja, do orgulho, ou da loucura. Tratar com desigualdade a iguais, ou a desiguais com igualdade, seria desigualdade flagrante, e não igualdade real. Os apetites humanos conceberam inverter a norma universal da criação, pretendendo, não dar a cada um, na razão do que vale, mas atribuir o mesmo a todos, como se todos se equivalessem" (Rui Barbosa, *Oração aos moços*, p. 53-55).

A partir desse texto, analise a validade da adoção da discriminação positiva no Brasil. oferecendo exemplos; a relação entre o princípio da igualdade e o da proporcionalidade; a possibilidade de o juiz decidir unicamente com base no princípio da equidade.

21. (Enade 2006) "A justiça é uma espécie de meio-termo, porém não no mesmo sentido que as outras virtudes, e sim porque se relaciona com uma quantia ou quantidade intermediária, enquanto a injustiça se relaciona com os extremos. E justiça é aquilo em virtude do qual se diz que o homem justo pratica, por escolha própria, o que é justo [...]."

Esse trecho, extraído de uma obra clássica da filosofia ocidental, trata de uma discussão da justiça considerada como

A) Simetria, dentro da filosofia estética de Platão.

B) Valor, no tridimensionalismo de Miguel Reale.

C) Medida, dentro da concepção rigorista e positivista de Hans Kelsen.

D) Virtude, dentro do pensamento ético de Aristóteles.

E) Contradição, na oposição dialética entre justo e injusto, no pensamento de Karl Marx.

22. Quando se diz que a caridade é um dar infinito, e a justiça é um dar segundo proporção e medida, qual o critério de distinção usado?

Lição XLII

O DIREITO NATURAL

Sumário: 196. Jusnaturalismo, positivismo jurídico e pós-positivismo; 197. A ideia de um direito natural na Antiguidade; 198. Idade Média: o Direito Natural como expressão da razão divina; 199. Idade Moderna: o Direito Natural como expressão da razão humana; 200. Historicismo, como reação; 201. Maneiras de ver o direito natural; 202. Concepção transcendental-axiológica; 203. O direito natural como conjunto de princípios fundamentais; 204. Conclusão.

Toda cultura é histórica e não pode ser concebida fora da história. Como a vida social apresenta uma incessante renovação de valores, cada época histórica pode, na práxis, ter a sua imagem ou a sua ideia de justiça, dependendo da escala de valores dominantes.

Mas nem todos os valores estão sujeitos a variação. Há valores que têm a sua fonte imediata na própria natureza humana e, sem eles, a experiência histórica demonstraria que a história do direito não tem sentido. São valores que, uma vez trazidos à consciência das coletividades, transformam-se em **valores fixos e universais, orientando a humanidade**[1]. São **"invariantes axiológicas"**, na terminologia de Miguel Reale. Eles servem de base a preceitos universais; exprimem a conduta ética do direito, **formam o cerne do "direito natural"**.

---

[1] Além dos valores que se ligam necessariamente ao valor-fonte que é a pessoa humana, há outros valores que também servem de base a preceitos universais, como aquele que nos diz que o Direito emanado do Estado vale por uma razão de ordem e de segurança, já que a sociedade se compõe de relações entre pessoas. Servem de fundamento às regras de Direito Positivo na condicionalidade de cada sistema de cultura. Representam as infinitas formas de integração dos valores no desenvolvimento histórico das civilizações em função do lugar e do tempo.

Em última análise, portanto, o problema do fundamento do direito está ligado ao do **direito natural**, expressão que pode ter seus inconvenientes, mas que expressa de maneira cristalina a **existência de algo que não se reduz ao Direito historicamente positivado**. Ele dá dinamismo ao sistema das leis, aquecendo-o com o calor vivo das realidades sociais que perenemente se renovam. Preserva o que deve ser mantido intato e acelera a substituição das peças legais que os fatos tornaram gastas e precárias. Justifica a obediência às leis injustas, mas não condena a resistência que se torne necessária à própria conservação do bem público. É, pois, uma realidade fundamentada sobre valores que dão fisionomia própria às diferentes culturas, e sobre valores comuns a todas as culturas.

196. JUSNATURALISMO, POSITIVISMO JURÍDICO E PÓS--POSITIVISMO

Quanto à fundamentação do direito, há **duas posições básicas**: monista ou dualista, também chamadas de imanente ou transcendente; aquela é representada pelo **positivismo jurídico** e esta pelo **jusnaturalismo**. Hoje, as concepções jurídicas do jusnaturalismo e do positivismo são objeto de profunda revisão crítica, que apontam para sua superação, falando-se numa terceira concepção: o **pós-positivismo**, como veremos.

196.1. Jusnaturalismo

O termo "jusnaturalismo" identifica uma das principais correntes filosóficas que tem acompanhado o Direito ao longo dos séculos: dos gregos passou aos romanos; dos romanos chegou aos medievais na síntese aristotélico-tomista; dos medievais aos modernos e contemporâneos.

Tomamos o termo "jusnaturalismo" na sua **acepção ampla**, designando as inúmeras correntes de pensamento que admitem, além do direito positivo, da ordem jurídica estabelecida pelo Estado, a existência de outra ordem sobre que se apoia a ordem jurídica positiva, expressão do justo e que deve orientar o trabalho do legislador humano. Quando queremos nos referir especificamente ao Direito Natural ligado a tradição aristotélica, estoico-romana e tomista, usamos a denominação de "clássico".

a) O jusnaturalismo é **dualista**. **Admite a existência e o primado do direito natural sobre o positivo**. Defende uma concepção valorativa, ontológica e ética do direito.

Enquanto o positivismo limita as fontes ao direito positivo, o jusnaturalismo **defende o recurso a fontes suprapositivas**. Enquanto o positivismo segue a orientação empirista, considerando o juiz mero aplicador das normas ao caso concreto, segundo procedimentos lógico-dedutivos de subsunção, o jusnaturalismo **propõe um critério teleológico e prudencial na realização do direito, buscando a decisão justa do caso concreto**. Em suma, o jusnaturalismo basicamente defende que há, na sociedade, um conjunto de valores que não decorrem de uma norma jurídica emanada do Estado, ou seja, valores que independem do direito positivo, tendo validade em si. Legitimado por uma ética superior, estabelece limites à própria norma estatal.

A despeito das múltiplas variantes, o direito natural apresenta-se, fundamentalmente, em **duas versões**: a de uma lei estabelecida pela **vontade de Deus**; a de uma **lei ditada pela razão**.

b) O rótulo genérico do jusnaturalismo tem sido aplicado a fases históricas diversas e a conteúdos heterogêneos. Ele remonta à Antiguidade Clássica e chega aos dias de hoje, passando por densa e complexa elaboração ao longo da Idade Média. Em suma, constata-se que o direito, até o final do século XVIII, foi definido de duas formas: o natural e o positivo.

Na **Época Clássica** o direito natural era concebido como "direito comum" (*koinós nomos* conforme o designa Aristóteles) e o positivo como direito especial ou particular de uma dada *civitas*.

Na **Idade Média**, o direito natural é considerado superior ao positivo, uma vez que é visto não mais como "direito comum", mas como norma baseada na própria vontade de Deus e da qual a razão humana participa como a lei escrita por Deus no coração dos homens (no dizer de São Paulo). Essa concepção do direito natural encontra sua consagração oficial na definição que lhe é dada no *Decretum Gratiani*: "Jus naturale est quod in Lege et in Evangelio continetur".

O **direito natural moderno** começa a formar-se a partir do século XVI, procurando superar o dogmatismo medieval e escapar do ambiente teológico em que se desenvolveu. A ênfase na natureza e na razão humanas, e não mais na origem divina, é um dos marcos da Idade Moderna e base de uma nova cultura laica, consolidada a partir do século XVII. **Hugo Grócio**, a quem usualmente é associado o jusnaturalismo moderno, difundia a ideia de direito natural como aquele que poderia ser reconhecido como válido por todos os povos, porque fundado na razão. Desvincula-o não só da vontade divina, como da própria existência de Deus. Mesmo na suposição da inexistência de Deus, os preceitos do justo e do injusto continuariam válidos, uma vez que têm seu fundamento nas leis imanentes à razão, que são universais e imutáveis. **Kant** foi o último grande representante do direito natural ilustrado, que passou à história como expressão da teoria do direito racional.

Fica claro que a modernidade, que se iniciara no século XVI, com a reforma protestante, a formação dos Estados nacionais e a chegada dos europeus à América, desenvolve-se em um ambiente cultural não mais integralmente submisso à teologia cristã. Desenvolvem-se os ideais de **conhecimento** e de **liberdade** e associa-se ao **iluminismo na crítica à tradição anterior**, dando substrato jurídico-filosófico às duas grandes conquistas do mundo moderno: a tolerância religiosa e a limitação ao poder do Estado.

De outro lado, a **burguesia articula sua chegada ao poder**. A crença de que o homem possui **direitos naturais**, vale dizer, um espaço de integridade e de liberdade a ser obrigatoriamente preservado e respeitado pelo próprio Estado, foi o combustível das revoluções liberais e fundamento das doutrinas políticas de cunho individualista que enfrentaram a monarquia absolutista. A Revolução Francesa e sua Declaração dos Direitos do Homem e do Cidadão (1789) e, anteriormente, a Declaração de Independência dos Estados Unidos (1776) estão impregnadas de ideias jusnaturalistas, sob a influência marcante de **John Locke**, autor emblemático dessa corrente filosófica e do pensamento contratualista, no qual foi antecedido por **Hobbes** e sucedido por **Rousseau**. Sem embargo da precedência histórica dos ingleses, cuja Revolução Gloriosa foi concluída em 1689, o Estado liberal ficou associado a esses eventos e a essa fase da história da humanidade. O constitucionalismo moderno inicia sua trajetória.

O **jusnaturalismo racionalista** esteve uma vez mais ao lado do Iluminismo no movimento de **codificação do Direito**, no século XVIII, cuja maior realização foi o Código Civil francês (o Código Napoleônico), que entrou em vigor em 1804. Em busca de clareza, unidade e simplificação, a elaboração de códigos incorporou-se à tradição jurídica romano-germânica. Os códigos procuravam ser documentos legislativos que agrupavam e organizavam sistematicamente as normas em torno de determinado objeto. Se a técnica de codificação tende a promover a identificação entre Direito e lei, a **Escola da Exegese**, por sua vez, **irá impor o apego ao texto e à interpretação gramatical e histórica**, cerceando a atuação criativa do juiz em nome de uma interpretação pretensamente objetiva e neutra.

O advento do **Estado liberal**, a consolidação dos ideais constitucionais em textos escritos e o êxito do movimento de codificação simbolizaram a vitória do direito natural, o seu apogeu. **Paradoxalmente, representam, também, a sua superação histórica**. Isso porque, transposto o direito racional para o código, não se via nem se admitia outro direito senão este. O recurso a princípios ou normas extrínsecos ao sistema do direito positivo foi considerado ilegítimo. No início do século XIX, os direitos naturais, cultivados e desenvolvidos ao longo de mais de dois milênios, haviam se incorporado de forma generalizada aos ordenamentos positivos. Já não traziam a revolução, mas a conservação. Considerado metafísico e anticientífico, o direito natural é empurrado para a margem da história pela onipotência positivista.

Um fato sobressai: é o da passagem da concepção jusnaturalista à positivista, cuja origem está ligada à formação do **Estado moderno**. Este surge com a dissolução da sociedade medieval, uma sociedade pluralista, constituída por uma pluralidade de agrupamentos sociais cada um dos quais dispondo de um ordenamento jurídico próprio: havia o direito feudal, o direito das corporações, o direito das comunas ou *civitates*, o direito dos reinos. O direito se apresentava como um fenômeno social, produzido não pelo Estado, mas pela sociedade civil. Com a formação do Estado moderno, ao contrário, a sociedade assume uma estrutura monista, no sentido de que o Estado concentra em si todos os poderes, em primeiro lugar aquele de criar o direito. Há um verdadeiro processo de monopolização da produção jurídica por parte do Estado. Este quer ser o único a estabelecer o direito, ou diretamente através da lei, ou indiretamente através do reconhecimento e controle das normas de formação consuetudinária.

196.2. Positivismo jurídico

O termo "positivismo", em sentido amplo, designa a crença ambiciosa na ciência e nos seus métodos; em sentido estrito, identifica o pensamento de **Auguste Comte**, que em seu Curso de Filosofia Positiva, desenvolveu a denominada lei dos três estados, segundo a qual o conhecimento humano havia atravessado três estágios históricos: o teológico, o metafísico e ingressara no estágio positivo ou científico. Em suma, **em suas origens (início do século XIX) nada tem a ver com o positivismo filosófico**, embora tenha havido uma certa ligação entre os dois termos (uma vez que alguns positivistas jurídicos foram também positivistas em sentido filosófico) a expressão "positivismo jurídico" não deriva daquela de "positivismo" em sentido filosófico; deriva da locução "direito positivo" contraposta àquela de "direito natural". Se Abelardo é o primeiro autor conhecido a empregar o termo "*ius positivum*", Hugo de São Vitor o precedeu todavia em muitos anos com o uso de uma forma pouco diferente: "*iustitia positiva*".

a) **Características**. O positivismo tornou-se, nas primeiras décadas do século XX, a filosofia dos juristas. O Direito reduzia-se ao conjunto de normas em vigor, considerava-se um sistema perfeito e, como todo dogma, não precisava de qualquer justificação além da própria existência. As normas seriam entidades autossignificantes ou conteriam em si sua significação. O positivismo comportou algumas **variações** (positivismo legalista, positivismo histórico, positivismo sociológico, positivismo conceitual) e, no mundo romano-germânico, teve seu ponto culminante no normativismo de Hans Kelsen.

Um elemento central do positivismo jurídico é o entendimento de que o direito positivo é algo posto por seres humanos para fins humanos. Desse modo, pode ser visto como um importante instrumento de poder governamental para facilitar uma interação social básica e apresentar as condições para que os indivíduos possam agir legalmente. Eis algumas **características essenciais** do positivismo jurídico:

1ª) **Direito e norma** são praticamente sinônimos. O direito seria só o direito positivo posto e imposto pelo Estado.

2ª) Não há ligação necessária entre **Direito e Moral, ou entre o direito como ele é e como deveria ser**. Ao pensamento jurídico competiria conhecer o direito que é (*de iure condito* ou *de lege lata*) e não o direito que deve ser (*de iure condendo* ou *de lege ferenda*). Veja o enunciado de Kelsen que, embora referido diretamente à Teoria Pura do Direito, poderia ser subscrito por todo o positivismo jurídico: "Como teoria, quer única e exclusivamente conhecer o seu próprio objeto. Procura responder a esta questão: o que é e como é o direito? Mas já lhe não importa a questão de saber como deve ser o direito, ou como deve ser feito. É ciência jurídica e não política do direito"[2]. Hoje, porém, há também autores positivistas que não aceitam outro Direito além do Direito Positivo e **chegam a afirmar a natureza moral das regras de Direito**. Assim, se é verdade que os partidários do Direito Natural de feição clássica formam a vanguarda dos eticistas, hoje podemos distinguir entre eticistas, adeptos ou não, de um conceito de Direito Natural.

3ª) A afirmação de que os **juízos morais não podem ser emitidos ou defendidos como o podem as afirmações de fatos**, por meio de argumentação racional, evidência ou prova.

4ª) A **estatalidade do Direito**, ou seja, a ordem jurídica é una e emana do Estado. Se o direito seria só o direito positivo, este direito positivo identifica-se com o direito posto pelas prescrições dos órgãos político-socialmente legitimados para tanto.

5ª) A **completude do ordenamento jurídico**, que contém conceitos e instrumentos suficientes e adequados para solução de qualquer caso, inexistindo lacunas que não possam ser supridas a partir de elementos do próprio sistema.

6ª) O **formalismo**, isto é, a validade da norma decorre do procedimento seguido para a sua criação, independendo do conteúdo. **O direito teria a ver com a forma, não com a matéria ou os fins da relação social**. Segundo Kelsen, "qualquer conteúdo pode ser direito; não há comportamento humano que não possa caber numa norma jurídica". É que, para os positivistas, o que interessa é a rigorosa estrutura escalonada das normas, a "forma" do direito. As causas, os fins, a razão de ser do direito não constituem problemas jurídicos.

7ª) A **subsunção**, herdada do formalismo alemão. A teoria positivista era a de uma **aplicação lógico-dedutiva segundo um esquema silogístico-subsuntivo**[3].

---

[2] Hans Kelsen, *Teoria pura do direito*, São Paulo: Martins Fontes, 2009, p. 1.

[3] Ver Luís Roberto Barroso, *Curso de direito constitucional contemporâneo*, São Paulo: Saraiva, 2015, p. 274; e Castanheira Neves, *Metodologia jurídica, problemas fundamentais*, Coimbra, 1993, p. 73 e s. **Norberto Bobbio** apresenta seis critérios de distinção entre direito natural e direito positivo: 1º) O primeiro, devido a Aristóteles, se baseia na antítese **universalidade/particularidade** e contrapõe o direito natural (que vale em toda parte) ao positivo (que vale apenas em alguns lugares). 2º) O segundo se baseia na antítese **imutabilidade/mutabilidade**: o direito natural é imutável no tempo, o positivo muda. Note-se que essa característica nem sempre foi reconhecida: Aristóteles, por exemplo, sublinha a universalidade no espaço, mas não acolhe a imutabilidade no tempo, sustentando que também o direito natural pode mudar no tempo. 3º) O terceiro critério de distinção refere-se à fonte do direito e funda-se na antítese natura/potestas populus (Grócio). 4º) O quarto se refere ao modo pelo

Tendo em vista essas características, podemos dizer que o positivismo jurídico vê o direito como um conjunto de ordens ou comandos, emanados do Estado e providos de sanção. Desse vínculo com o Estado decorre, por exemplo, a supremacia da lei sobre as outras fontes do direito; a consideração do direito como sistema de normas pleno, coerente e sem lacunas; a consideração da atividade do juiz como essencialmente lógica. Ele, o direito, não necessita de qualquer justificação exterior ou transcendente, porque **se justifica por si mesmo**. O direito fica reduzido apenas à ordem jurídica positiva que é essencialmente uma manifestação da vontade da sociedade ou do Estado e é válido segundo regras imanentes ao próprio sistema, obrigando enquanto suscetível de imposição coativa (*ius quia iussum; ius quia coactum*). Segundo a visão positivista, o Direito é norma, ato emanado do Estado com caráter imperativo e força coativa. A ciência do Direito, como todas as demais, deve fundar-se em juízos de fato, que visam ao conhecimento da realidade. Não é no âmbito do Direito que se deve travar a discussão acerca de questões como legitimidade e justiça.

Em suma, o direito confunde-se com a **legalidade vigente**, e o Estado de Direito não é mais do que Estado de mera legalidade. Trata-se de uma teoria que se fundamenta sobre a autoridade humana.

b) **Juízo crítico.** Porém, o ideal positivista de objetividade e neutralidade é insuscetível de se realizar. **O Direito**, ao contrário de outros domínios, **não tem nem pode ter uma postura puramente descritiva da realidade**, voltada para relatar o que existe. **Cabe-lhe prescrever um dever-ser** e fazê-lo valer nas situações concretas. O Direito tem a pretensão de atuar sobre a realidade, transformando-a. Ele não é um dado, mas uma criação. A relação entre o sujeito do conhecimento e seu objeto de estudo – isto é, entre o intérprete, a norma e a realidade – é tensa e intensa.

Bem se vê que, em última instância, no positivismo jurídico se encontra subjacente uma **atitude antimetafísica** (ou pelo menos ametafísica), ou seja, uma atitude agnóstica ou negativa quanto à existência de uma realidade jurídica metaempírica, ou seja, que não se apoia exclusivamente na experiência e na observação. O jurista, na concepção positivista, deve preocu-

---

qual o direito é conhecido, o modo pelo qual chega a nós (os destinatários), e baseia-se na antítese ratio/voluntas: o direito natural é aquele que conhecemos através de nossa razão, enquanto o direito positivo é conhecido através de uma declaração de vontade alheia, ou seja, através de uma promulgação (Glück). 5º) O quinto critério concerne ao **objeto** dos dois direitos, isto é, aos **comportamentos regulados**: os regulados pelo direito natural são bons ou maus por si mesmos, enquanto aqueles regulados pelo direito positivo são por si mesmos indiferentes e assumem certa qualificação apenas porque e depois que foram disciplinados pelo direito positivo (Aristóteles, Grócio). 6º) O último critério é o da **valoração das ações**, sendo enunciado por Paulo: o direito natural estabelece aquilo que é bom, o direito positivo estabelece aquilo que é útil (Norberto Bobbio, *O positivismo jurídico*, São Paulo: Ícone, 2006, p. 22-23).

par-se apenas **com o direito real** (não com o direito ideal), **com o direito como fato** (não com o direito como valor), **com o direito que é** (não com o direito como deveria ser). A busca de um conhecimento puramente objetivo da realidade, com ênfase na realidade observável e não na especulação filosófica, exclui do seu âmbito os juízos de valor. Para o positivismo, a Ciência do Direito, como todas as demais, deve fundar-se em juízos de fato, que visam ao conhecimento da realidade.

Para o jurista, **o direito é a norma positiva**, seja ela qual for, contanto que tenha sido promulgada em conformidade com o que estabelece a norma positiva anterior. **Direito e vida passam a ser duas realidades paralelas que jamais se encontram.** A separação radical entre o *ser* e o *dever ser* influiu na separação entre o direito e a moral. Isso nos leva a perguntar: para que serviria um direito que tanto serve para este mundo como para qualquer outro? É um direito construído como se o principal não fosse o destino do homem, "do homem concreto, vivo, lutador, que se alimenta e que trabalha, que sonha e que realiza, que ri e que chora. É um puro direito formal, indiferente à realidade, à vida; um direito com qualquer conteúdo, como se a vida real pudesse ser uma qualquer" (Goffredo Telles Júnior).

O positivismo jurídico dominou nos séculos XIX e XX, mas hoje apresenta limitações e insuficiências que atestam a sua crise. Além de insuficiente, seria perigoso. **Insuficiente**, porque, em face da crescente complexidade das relações sociais contemporâneas, vê todo o direito nas regras postas pelo Estado e identificando a lei com o direito, adota o método estreito da exegese que se caracteriza precisamente pelo culto da lei e pela pesquisa da vontade do legislador. **Perigoso**, porque, em nome do Estado, pode-se justificar as leis mais desumanas. Os principais acusados de Nuremberg, por exemplo, invocaram o cumprimento da lei e a obediência a ordens emanadas da autoridade competente para justificar verdadeiros crimes cometidos.

A **decadência do positivismo** é emblematicamente associada à derrota do fascismo na Itália e do nazismo na Alemanha. Esses movimentos políticos e militares ascenderam ao poder dentro do quadro de legalidade vigente e promoveram a barbárie em nome da lei. Até mesmo a segregação da comunidade judaica, na Alemanha, teve início com as chamadas leis raciais, regularmente editadas e publicadas. Ao fim da Segunda Guerra Mundial, a ideia de um ordenamento jurídico indiferente a valores éticos e da lei como uma estrutura meramente formal, uma embalagem para qualquer produto, já não tinha aceitação no pensamento esclarecido. Mas seus operadores não desejavam o retorno puro e simples ao jusnaturalismo, aos fundamentos vagos, abstratos ou metafísicos de uma razão subjetiva. E assim surge o pós-positivismo

196.3. Pós-positivismo

A partir da segunda metade do século XX, o direito já não cabia mais no positivismo jurídico. Daí o surgimento de um movimento chamado de

"Pós-Positivismo" que, defendendo a superação de ambas as concepções, o jusnaturalismo e o positivismo jurídico, apresenta uma nova visão do direito, sem contudo desejar o retorno puro e simples ao jusnaturalismo, com seus fundamentos abstratos ou metafísicos. **Guarda uma deferência relativa ao ordenamento positivo, mas nele reintroduz as ideias de justiça e de legitimidade.** Promove uma volta aos valores e uma reaproximação entre moral e direito. Valoriza os princípios jurídicos, reconhecendo sua normatividade. Robert Alexy lembra que o Tribunal Constitucional Alemão, numa decisão relativa ao caso em que o 11º Decreto da Lei de Cidadania do Reich de 25-11-1941, privava da nacionalidade alemã, por motivos racistas, os judeus emigrados, assim se expressou: "O direito e a justiça não estão à disposição do legislador. A ideia de que um legislador constitucional tudo pode ordenar a seu bel-prazer significaria um retrocesso à mentalidade de um positivismo legal desprovido de valoração, há muito superado na ciência e na prática jurídica".

197. A IDEIA DE UM DIREITO NATURAL NA ANTIGUIDADE

O Direito Natural tem sido uma constante histórica. Desde a Antiguidade, esse pensamento, com formulações diferentes, dominou as especulações filosóficas, éticas e jurídicas sobre o tema[4]. Toda a tradição do pensamento jurídico-ocidental é dominada pela distinção entre "direito positivo" e "direito natural". O reconhecimento da sua existência, distinto do direito positivo, acompanha a formação histórica do direito, continuando a ser um tema atual. Contudo, o uso da expressão "direito positivo" é relativamente recente, uma vez que se encontra apenas nos textos latinos medievais.

O fato é que a ideia de direito natural representa uma das constantes do pensamento do Ocidente. Podemos contestar-lhe a existência como um Direito distinto do Direito Positivo, mas o que não podemos negar é o papel que a sua ideia tem exercido e continua exercendo no desenvolvimento do Direito, espelhando as esperanças e as exigências da espécie

---

[4] Na síntese histórica de Francisco Amaral: "A primeira referência à ideia do direito natural é encontrada na invocação das leis não escritas que Sófocles põe na boca de Antígona. O tema da peça é a resistência consciente do cidadão às leis injustas do Estado, tema esse desenvolvido pelos pensadores gregos, principalmente os estoicos, cujo pensamento foi divulgado em Roma, passando ao cristianismo, à filosofia e à teologia moral das idades média e moderna. O direito natural foi assim cultivado por filósofos gregos (Platão e Aristóteles), jurisconsultos e políticos romanos (Paulo, Ulpiano, Cícero), teólogos católicos (São Tomás de Aquino), os membros da Escola do direito natural e do direito das gentes, nos séculos XVI e XVII (Grotius, Pufendorf, Thomasius), filósofos do século XVIII (Voltaire, Montesquieu), os homens da Revolução Francesa (Declaração dos Direitos do Homem) e, no século XX, entre outras manifestações, o catolicismo social e o socialismo humanista" (*Direito civil*: introdução, Rio de Janeiro: Renovar, 2008, p. 42).

humana, que não se conforma com as asperezas da lei positiva, no processo dramático da história.

197.1. Grécia e Roma

a) Se nós encontramos a ideia de um direito natural nas manifestações mais remotas da civilização ocidental, bem como na cultura do Oriente, é todavia entre os **pensadores gregos** que a sua aceitação, como expressão de exigências éticas e racionais, superiores às do direito positivo ou histórico, passa a ser objeto de estudos especiais. O direito natural era para os gregos o corpo de normas invariáveis e de valor geral. Muitos identificavam o seu fundamento com a justiça e a razão. Em suma, o direito natural era um conjunto de ideias superiores, imutáveis e permanentes, cuja autoridade provém da natureza e não da vontade dos seres humanos.

Uma das primeiras manifestações dessa ideia se encontra em **Antígona**, famosa tragédia de Sófocles (494-406 a.C.), quando a heroína se insurge contra um decreto do rei Creonte que proibia o sepultamento de seu irmão Polinice, alegando que, acima da ordem do tirano, devia cumprir certas "leis não escritas, que não são nem de hoje, nem de ontem, e ninguém sabe quando nasceram". Não é sem razão que Maritain chama Antígona de "a eterna heroína do direito natural"[5].

Aristóteles (384-322 a.C.), no livro V, Capítulo 7, da *Ética a Nicômaco*, distingue o "justo por natureza" do "justo legal". No primeiro caso, algo é justo, em todos os lugares e com o mesmo vigor, por força da natureza e independentemente da vontade humana; em suma, porque corresponde às leis da natureza.

---

[5] Diálogo entre Antígona e Creonte:
"Guarda – Foi ela que, violando tua proibição, deu sepultura ao morto...
Creonte – Ó tu, de olhar amarrado ao chão, confessas ou negas ter feito o que ele afirma?
Antígona – Confesso sim! Não nego coisa alguma!
Creonte – Sabias que eu havia proibido, por uma proclamação, o que fizeste?
Antígona – Sim, eu sabia! Nem o poderia ignorar, pois era coisa pública!
Creonte – E contudo, tiveste a ousadia de desobedecer a essa determinação?
Antígona – Sim, pois não foi decisão de Zeus; e a Justiça, a deusa que habita com as divindades subterrâneas, jamais estabeleceu tal decreto entre os humanos; tampouco acredito que tua proclamação tenha legitimidade para conferir a um mortal o poder de infringir as leis divinas, nunca escritas, porém irrevogáveis; não existem a partir de ontem, ou de hoje; são eternas, sim! e ninguém pode dizer desde quando vigoram! Decretos como o que proclamaste, eu, que não temo o poder de homem algum, posso violar sem merecer a punição dos deuses! Que vou morrer, bem o sei; é inevitável; e morreria mesmo sem o teu decreto. E para dizer a verdade, se morrer antes do meu tempo, será para mim uma vantagem! Quem vive como eu, envolta em tanto luto e desgraça, que perde com a morte? Por isso, a sorte que me reservas é um mal de bem pouca monta; muito mais grave seria aceitar que o filho de minha mãe jazesse insepulto; tudo o mais me é indiferente! Se julgas que cometi um ato de demência, talvez mais louco seja quem me acusa de loucura!" (Sófocles, *Antígona*, São Paulo: Martin Claret, 2002, p. 94-96).

No segundo, no caso do "justo legal", ele é estabelecido por leis emanadas da autoridade pública ou por convenções das partes[6]. Desse modo, Aristóteles opõe-se aos que pretendiam reduzir o direito à pura convenção humana e abriu caminho a uma concepção jusnaturalista. Por isso, segundo alguns, ele é considerado como o "pai do direito natural". Os estoicos equiparam-no à reta razão.

b) Em **Roma**, desenvolveu-se a noção estoica. Os jurisconsultos Romanos ensinavam que, além do direito próprio de cada Estado (*jus civile*), existe um direito decorrente da natureza humana, fundado na razão e, portanto, universal, chamando-o de "**direito das gentes**" (*jus gentium*)[7]. Podemos dizer que o *jus gentium* e o *jus civile* correspondem à nossa distinção entre direito natural e direito positivo, visto que o primeiro se refere à natureza (*naturalis ratio*) e o segundo às determinações de cada povo (*populus*).

Porém, é com **Cícero** (106-43 a.C.) que o jusnaturalismo estoico toma forma. A consciência da lei natural atinge alto grau de beleza e precisão. Com elegância incomparável, ele faz a sua apologia. Não precisa ser promulgada pelo legislador para ter validade. Ao contrário, é ela que dá legitimidade ética aos preceitos da lei positiva, como "vera lex, recta ratio, naturae congruens, diffusa in omnes, constans, sempiterna" = "Há uma lei verdadeira, a razão reta, conforme à natureza, gravada em todos, constante, eterna... Não é uma lei em Roma e outra em Atenas, uma agora e outra depois, mas una entre todos os povos e em todos os tempos... E o homem não a pode violar sem negar-se a si mesmo e despojar-se da sua natureza humana"[8].

---

[6] Aristóteles: "A justiça política é em parte natural e em parte legal; são naturais as coisas que em todos os lugares têm a mesma força e não dependem de as aceitarmos ou não, e é legal aquilo que a princípio pode ser determinado indiferentemente de uma maneira ou de outra, mas depois de determinado já não é indiferente" (*Ética a Nicômaco*, 3. ed., Brasília: Ed. UnB, 1985, p. 103).

[7] "Jus autem civile vel gentium ita dividitur: omnes populi qui legibus et moribus reguntur, partim suo proprio, partim communi omnium hominum jure utentur; nam quod quisque populus ipse sibi jus constituit, id ipsius proprium civitatis est vocaturque jus civile, quasi jus proprium ipsius civitatis; quod vero naturalis ratio inter omnes homines constituit, id apud omnes populos peraeque custoditur vocaturque jus gentium, quasi quo jure omnes gentes utuntur" = "Divide-se o direito em direito civil e direito das gentes. Todos os povos que se regem por leis e costumes usam, em parte, do seu próprio direito, e em parte de um direito comum a todos os homens. O direito que um povo toma para si é, exclusivamente, o direito da própria cidade, e chama-se direito civil, isto é, direito próprio da cidade, mas o direito que a razão natural constituiu para todos os homens é observado igualmente por todos, chamando-se direito das gentes, isto é, direito de que usam todos os povos" (*Institutas*, liv. I, tít. II, par. 1ª).

[8] Cícero, *De Republica*, liv. II, 22.

197.2. Patrística

Na época da Patrística, as figuras de S. Ambrósio (340-397), S. Agostinho (354-430), Isidoro de Sevilha (560-636), inspirados na tradição greco-latina, ensinam que existe uma **lei natural, fundada em Deus**, autor da natureza, **universal e imutável**, cuja observância constitui a virtude da justiça.

Vale notar que o Cristianismo exerceu uma influência profunda e decisiva na evolução do jusnaturalismo, situando-o numa perspectiva global renovada, de ordem filosófica e teológica. Para isso contribuíram segundo Sancho Isquierdo e J. Hervada, noções muito mais precisas acerca de Deus, das suas relações com o homem e com o universo criado, bem como acerca da ordem universal e da ordem moral; a introdução do conceito de pessoa; o aprofundamento do sentido da dignidade humana.

198. IDADE MÉDIA: O DIREITO NATURAL COMO EXPRESSÃO DA RAZÃO DIVINA

A ideia da existência de um direito natural atravessou toda a Idade Média. A concepção de um Direito Natural sempre retorna à cena, seja na sua feição originária (ligada à filosofia aristotélica e estoica, aos jurisconsultos romanos e aos mestres da Igreja, desde Santo Agostinho e Santo Tomás), seja como expressão imediata da razão humana, ou sob um enfoque crítico-transcendental. A **Idade Média** raciocinava e fazia ciência de maneira diferente de hoje. Hoje nos reportamos aos fatos, estamos incessantemente os observando e tirando deles conclusões novas. A Idade Média, ao contrário, "canonizava" certo número de livros que exprimiam a seu sentir a verdade demonstrada e, por isso mesmo, reduzia toda ciência ao silogismo. Havia sempre algum texto para dar-lhe uma premissa maior que ninguém se atrevia a criticar. Desta maneira, toda a verdade religiosa estava na **Bíblia**, toda a verdade jurídica no ***Corpus Iuris***, toda a verdade natural ou política nas obras de **Aristóteles**[9]. Enquanto Aristóteles havia oferecido uma moral naturalista na qual os homens podiam alcançar a virtude e a felicidade mediante a satisfação de suas aptidões ou seus fins naturais, Santo Tomás acrescentou o conceito cristão do fim sobrenatural do homem.

Na cosmologia cristã, o ser humano é colocado no centro do mundo, porque é considerado como imortal. Quando surge a figura notável de **Santo Tomás de Aquino** (1225-1274), ele defende a concepção de um mundo

---

[9] O sistema de Santo Tomás de Aquino estava nessa direção, e daqui resulta que ele resolve todas as questões mas já supondo todos os princípios de que tem necessidade para resolvê-las. Por assim dizer, tem-se a verdade antes de procurá-la. Do exposto, embora o esforço do seu cérebro poderosamente lógico se desenvolva numa sequência rigorosa de princípios e corolários, o sistema tomista limita-se, pela própria natureza dos seus pontos de partida, que se reputam de antemão demonstrados.

governado por leis que guardavam entre si uma hierarquia: lei eterna, lei natural, lei humana e lei divina positiva[10].

A ordem universal, segundo o Doutor Angélico, é estabelecida pela "**lei eterna**", que vem a ser a razão eterna do próprio Deus; ou, nas palavras de Tomás de Aquino: "a razão da sabedoria divina como diretora de todos os movimentos e ações no universo"[11]. A "**lei divina**" é a lei revelada e enquanto lei revelada é uma expressão da lei eterna, mas que com ela não deve ser confundida. De certa forma é lei positiva, porque posta, tornada explícita por Deus para conhecimento dos homens. A lei eterna se manifesta no homem através da natureza humana. Por ela o homem participa da própria razão eterna. A esta participação da razão divina, pela qual conhecemos de modo imediato as normas últimas do agir da comunidade, se dá o nome de "**lei natural**"[12]. Essa lei natural outra coisa não é senão a soma das obrigações reconhecidas pela razão como sendo conforme à natureza. Por fim, se pela lei natural o homem participa da lei divina de um modo geral, isto é, mediante certos princípios comuns, cabe ao legislador humano deduzir as disposições mais particulares, concernentes às sociedades humanas concretas. Essas disposições particulares, estabelecidas pelo homem, inspirado pela lei eterna via da lei natural, chamam-se "**leis humanas**"[13]. Ele já a definira como sendo "uma ordenação da razão para o bem comum, promulgada pelo chefe da comunidade"[14].

Trata-se, portanto, de uma **concepção teocêntrica do Direito**. Uma concepção jurídica escalonada que vai da lei eterna à lei humana, passando pela mediação da lei natural. Em última instância, todas as leis derivam de uma só e mesma fonte, a lei eterna, de onde auferem sua validade. O direito natural fundamenta-se na vontade de Deus. A concepção tomista do direito natural pressupõe, pois, uma visão teleológica da natureza humana. O

---

[10] Tomás de Aquino não é jurista, mas é sobretudo um teólogo e também um filósofo; sem dúvida, um dos maiores teólogos e filósofos de todos os tempos. No âmbito da sua vasta construção teológica e filosófica, deixou reflexões do maior interesse sobre o Direito. Encontramos seu pensamento jurídico, principalmente, nas seguintes obras: a *Summa Theologiae*, que obedece a uma sistematização tricotômica: a primeira parte (*prima pars*); a segunda, que se subdivide em duas seções: a primeira parte (*prima secundae*) e a segunda (*secunda secundae*); e por fim a terceira parte (*tertia pars*). A *Summa Contra Gentiles*. Os *Comentários à Ética a Nicômaco* (*In decem libros Ethicorum ad Nicomachum expositio*) e à *Política* (*In libros Politicorum expositio*) de Aristóteles. O *De Regimine Principum ad Regem Cypri*.

[11] Tomás de Aquino, S. Th., I-II, q. 91, a. 1.

[12] S. Th. I-II, q. 91, a. 2.

[13] S. Th. I-II, q. 91, a. 3.

[14] "Quaedam rationis ordinatio ad bonum commune, ab eo qui curam communitatis habet promulgata" (S. Th. I-II, q. 90, a. 4). Lei e ordem são, portanto, dois conceitos que se completam e se exigem.

homem é naturalmente voltado para determinados fins: a felicidade está em alcançar o fim ou o objetivo do homem.

Quanto à **lei natural**, para Tomás de Aquino, ela **é imutável em seus primeiros princípios**[15]**: o bem deve ser feito e o mal evitado** (*bonum est faciendum et malum vitandum*); dar a cada um o que é seu (*suum cuique tribuere*); não lesar a outrem (*neminem laedere*) etc. Mas, quanto aos preceitos secundários, a situação é diferente à medida que se distanciam dos primeiros princípios. Isto é, aqueles que são conclusões próximas dos primeiros princípios têm aplicação necessária quase sempre, mas comportam *exceções* por motivos que os desaconselham em certas circunstâncias[16]. As conclusões mais particulares daqueles princípios são cada vez mais **contingentes e variáveis**, na medida em que se distanciam dos mesmos[17].

Portanto, para Santo Tomás, **os preceitos da lei natural não são absolutamente imutáveis**. Dos primeiros princípios se inferem outros ajustáveis às múltiplas circunstâncias sociais, que devem ser determinados concretamente, em cada sociedade, pela consideração objetiva das condições historicamente contingentes e variáveis. "Natura hominis est mutabilis" = "A natureza humana é mutável", diz Santo Tomás[18]. Em conclusão, trata-se duma concepção do direito natural como expressão da razão divina, ao qual deve se subordinar a lei positiva humana. O direito natural não é um Código de boa razão, nem tampouco um ordenamento cerrado de preceitos, mas se resume, afinal, em alguns mandamentos fundamentais de conduta, derivados de maneira imediata da razão, por participação na *lex aeterna*.

Com a **Reforma Protestante** (1517) o direito natural passou a ser entendido como expressão da vontade de Deus, porém não deveria ser reduzido dogmaticamente ao interpretado pela Igreja. As igrejas e cada homem, como ser racional, teriam as suas interpretações desse direito. Francisco de Vitória, antecipando-se a Grócio, encontra a sua fonte na natureza das coisas, que não pode ser alterada, nem por Deus. Começa, então, a laicização do direito natural.

199. IDADE MODERNA: O DIREITO NATURAL COMO EXPRESSÃO DA RAZÃO HUMANA

Com o **desmoronamento da sociedade medieval**, as duas grandes concepções predominantes, relativas ao mundo da natureza e ao mundo do espírito (respectivamente, o sistema astronômico de Ptolomeu e o sistema filosófico de Tomás de Aquino) começavam a ruir sob as consequências

---

[15] S. Th. I-II, q. 94, a. 5.
[16] S. Th. I-II, q. 94, a. 5.
[17] S. Th. I-II, q. 97, a. 1.
[18] S. Th. I-II, q. 57, a. 2, a. 1.

econômicas dos descobrimentos e dos progressos geográficos e científicos. **Abrem-se os caminhos comerciais**. O eixo das atividades desloca-se do Mediterrâneo para o Atlântico. Surgem portos. Aparecem os metais preciosos da América. O comércio desenvolve-se. Formam-se as grandes companhias. Perspectivas de novos mercados estimulam as indústrias. Nasce o capitalismo. Tamanha transformação traria, fatalmente, novos modos de vida, novas instituições e novos pontos de vista. Ao dogmatismo escolástico vai sucedendo o anseio de novas experiências sociais e intelectuais. Desaparecem as condições que impunham a Fé como base do conhecimento. Estava preparado o terreno para a reação contra as concepções medievais.

Surge, então, a chamada **Escola do Direito Natural, ou doutrina racionalista**, que não se limita a procurar no direito natural princípios diretores para a elaboração jurídica, mas pretende estabelecer um **sistema completo de preceitos que descem até os menores detalhes**. O direito natural passa a constituir um Código completo de regras, que servem de modelo ao direito positivo. Tais normas são obtidas pela razão humana, dela derivando. São expressões da razão humana, que perscruta a natureza e não pode se enganar, por isso todas essas normas têm a mesma validade absoluta e universal. Em suma, o **direito natural é pura exigência da razão**, a tal ponto que ele existiria "mesmo que Deus não existisse" (Grócio).

Trata-se, pois, de **um direito antes "racional" que "natural"**: a razão, por si mesma, era suficiente para descobrir e decretar fórmulas políticas ou jurídicas (jusracionalismo). O direito natural, segundo Grócio, é formulado exclusivamente pela razão, de acordo com a natureza social do homem. Ao novo direito natural reconhecia-se existência própria, como conjunto de princípios racionais e permanentes, que se projetavam sobre a conduta dos homens e do Estado. Embora não se disputasse acerca da existência de Deus, separava-se do sistema teológico medieval por derivar o direito natural da razão e não de Deus. Desde então o conhecimento do direito natural passa a depender da razão, independendo de revelação e da interpretação que lhe dava a Igreja. Era já tendência do tempo e exigência das novas condições de vida, considerar-se a religião assunto do foro íntimo dos indivíduos[19]. Segundo o racionalismo jurídico, o direito constituía uma ordem preestabelecida, decorrente da natureza do ser humano e da sociedade, cujo acesso não podia ser oferecido por meio de

---

[19] Note-se que a denominação "direito natural" surgiu propriamente dos estudos de Grócio, que o definiu como aquilo que a reta razão demonstra ser conforme à natureza sociável do homem. Sua definição sobre o Direito Natural é a seguinte: "O Direito Natural é um ditame da justa razão destinado a mostrar que um ato é normalmente torpe ou moralmente necessário segundo seja ou não conforme a *própria natureza racional* do homem, e a mostrar que tal ato é, em consequência disto, vetado ou comandado por Deus, enquanto autor da natureza [...] Os atos nos quais existe o ditame da justa razão são *obrigatórios ou ilícitos por si mesmos*" (*De Iure Belli ac Pacis*, I, 10).

textos ou tradições sagradas, como sustentava a visão teológica medieval. O uso da razão humana era o único meio adequado para descobrir os fundamentos da ordem jurídica natural. Não se fala dos desígnios de Deus, mas da importância da razão humana. A Escola teve como seus principais representantes um grande número de pensadores, inclusive alguns dos maiores espíritos da chamada civilização burguesa: **Hugo Grócio (1538-1645), Pufendorf (1632-1694), Spinoza (1632-1677), Locke (1632-1704), Rousseau (1712-1778) e Kant (1724-1804).** Esses autores vivem um momento de transição, dizia Ana Lúcia Sabadell. Uma característica comum a todos é a substituição dos métodos do pensamento dogmático da teologia pelo uso da razão[20].

A escola racionalista concebeu, ainda, o direito natural como sendo **imutável e universal**, não apenas nos princípios, mas também em sua aplicação prática, à diferença de Santo Tomás de Aquino. Aliás, ela se distingue da concepção clássica do Direito Natural aristotélico-tomista, uma vez que para Tomás de Aquino **primeiro se dá a "lei"** para depois se colocar o problema do "agir" segundo "lei". Para a Escola do Direito Natural, ao contrário, **primeiro se põe o "indivíduo"** com o seu poder de agir, para depois se colocar a "lei". É da autoconsciência do indivíduo que vai resultar a lei. Em primeiro lugar está o indivíduo com todos os seus problemas, com todas as suas exigências. Esse era o pensamento do **Renascimento**. O dado primordial passa a ser o homem, orgulhoso de sua força racional e de sua liberdade, capaz de constituir por si mesmo a regra de sua conduta. É por isso que surge, na época, a ideia do contrato ou do **contratualismo**: a sociedade existe porque os homens concordaram em viver em comum; o direito, por sua vez, existe também porque os homens pactuaram viver segundo regras delimitadoras dos arbítrios.

Assim, na época moderna, o direito natural desenvolve-se com o nome de *jusnaturalismo* (Grotius e Pufendorf), sendo visto como expressão de princípios superiores ligados à natureza racional e social do homem, dos quais se pode deduzir um sistema de normas jurídicas. No século XVIII, por influência do Iluminismo, que lutava pelo progresso e pelo primado da razão em todos os campos da experiência humana, o direito natural torna-se a expressão do racionalismo no direito, denominando-se, por isso mesmo, *jusracionalismo*[21]. Em suma, o jusnaturalismo moderno desvincula o Di-

---

[20] Ana Lúcia Sabadell, *Manual de sociologia jurídica*, São Paulo: Revista dos Tribunais, 2017, p. 23.
[21] O **Renascimento**, que marcou o despertar da cultura para um novo mundo, coloca o homem no centro do universo e passa a indagar da origem daquilo que o cerca. Sujeita tudo a uma verificação de ordem racional. Não procura receber do alto qualquer explicação. Só a Razão, como denominador comum do humano, é a fonte de conhecimentos claros e distintos, capazes de orientar melhor a espécie humana a decidir por si seu destino. Em suma, para o homem do

reito Natural da lei divina. Fundamenta-o na razão humana. Separa a Moral (= foro interno) do Direito (= foro externo).

200. HISTORICISMO, COMO REAÇÃO

Como reação aos excessos do poder criador da razão, surge no século XIX o "historicismo", cujo ramo jurídico se consubstanciou na Escola Histórica do Direito, representada por juristas alemães como Savigny (1779-1861), Puchta (1798-1846), Gustav Hugo (1764-1844). Na segunda metade do século XX, como vimos, surge o chamado pós-positivismo.

200.1. Escola Histórica do Direito (séculos XVIII-XIX)

A Escola Histórica repudiou essa presumida onipotência da razão, sustentando que **o direito nasce espontaneamente da convivência dos homens, atribuindo-lhe natureza histórica e não a de fruto da razão**.

Para os doutrinadores da escola, o direito já não é mais criação da razão humana, de onde se possam deduzir regras imutáveis, mas simplesmente decorrência do fato histórico. Em vez do primado da razão humana na concepção do direito, a Escola Histórica do Direito **colocava como fundamento desse mesmo direito a realidade social de cada povo**. A "reta razão" e a "natureza das coisas" deixaram de ser a fonte suprema do direito, substituídas pela "vontade do povo". A Escola Histórica, especialmente através de **Savigny**, que foi seu lídimo chefe, defendia uma visão mais concreta e social do Direito, comparando-o ao fenômeno da linguagem, por terem surgido ambos de maneira anônima, atendendo a tendências e interesses da coletividade.

Para a escola histórica, o direito não surge por acaso; ele é, como a moral, a religião, a língua, a arte, fruto do **"espírito do povo"**, concreção vital das suas convicções e sentimentos, que se alimenta da história. Nasce de um produto histórico. Por isso, o **costume**, que é a sua manifestação mais espontânea, brota como fonte primordial do direito.

Graças a Savigny, a Escola se impôs na Alemanha: contrariou Thibaut (que queria um só Código para todo o país); conseguiu que cada província tivesse um código próprio, adequado aos seus costumes e à sua história[22].

Renascimento o dado primordial é o indivíduo, com todos os seus problemas e exigências; é o homem mesmo, orgulhoso de sua força racional e de sua liberdade, capaz de constituir por si mesmo a regra de sua conduta (ver Miguel Reale, *Filosofia do direito*, São Paulo: Saraiva, 1990, p. 644-646).

[22] Quando Anton Friedrich Thibaut publicou uma monografia preconizando a necessidade de um código do direito civil que fosse comum para toda a Alemanha, Savigny se opôs realçando a importância dos costumes, expressão única verdadeira do espírito do povo, e afirmando que ao legislador não cabia senão ser intérprete e tradutor oficial das regras costumeiras.

Savigny praticamente derrubou o Direito fundamentado na lei natural, tendência muito forte na época, na Alemanha, graças a Thomasius.

Podemos dizer que **três teses norteiam a Escola**:

1ª) Compara o Direito à linguagem. Assim como a língua é viva e se modifica, a mesma coisa acontece com o Direito no decorrer do tempo.

2ª) A origem do Direito é o "espírito do povo" (Volksgeist), não o Direito divino, nem o Direito Natural.

3ª) Os costumes são a fonte mais importante do Direito[23].

200.2. Juízo crítico

É bem verdade que o jurista não deve perder contato com a realidade histórico-social. Mas quando a ideia da Escola Histórica é **levada ao exagero** de pensar que o direito se forma unicamente através de uma lenta formação histórica, "sem dor, sem pena, sem ação, como a herva dos campos" (na descrição de Ihering), o fato traduz um erro muito bem lembrado por Jacques Leclercq: "Não é verdade que o homem, seja em tudo, como uma planta, sujeito absolutamente, em todas as coisas, às necessidades das leis fisiológicas. O homem é um ser livre, agindo de um modo consciente e deliberado, capaz de modificar o curso cego dos acontecimentos. A história é o encontro da fatalidade dos acontecimentos com a liberdade do homem". Não se pode, portanto, desconhecer a interferência da vontade livre do homem no curso cego dos acontecimentos. Em suma, o direito não é o que a história declarar, independente da qualquer julgamento de valor.

Além disso, muitos continuadores da Escola Histórica não se mantiveram fiéis às exigências vivas do espírito do povo, daquilo que na sociedade é espontâneo. Fizeram como que um armistício com a Escola da Exegese, *formalizando*, aos poucos, seu historicismo, em prol de um direito racionalmente querido e logicamente formulado. O historicismo cessava de ser historicismo de conteúdo social, para ser historicismo meramente lógico-dogmático. Com os aplausos da Escola da Exegese, passou a ser visto mais **como um processo de interpretação (a interpretação histórica)**, que vinha completar a gramatical e a lógico-sistemática.

Para terminar, seria errôneo esquecer que a corrente positiva fez o Direito descer do céu para a terra, deixando claro que não se deve estudá-lo sem uma permanente tomada de contato com a realidade social. Ela contribuiu para dissipar confusões entre Teologia, Moral e Direito, como as que se veem, por exemplo, entre nós, nas obras de Sá e Benevides.

---

[23] Ver Martin Ruiz Moreno, *Filosofía del derecho*, Buenos |Aires: Editorial Guillermo Kraft, 1944, p. 327.

200.3. Renascimento do direito natural

Hoje volta o direito natural a polarizar as inteligências, num movimento de autêntica floração renascentista (Machado Paupério), à maneira de um fermento revolucionário (Georges Renard). É uma questão sempre atual, ainda mais se levarmos em conta a crescente preocupação pelos direitos humanos de caráter universal, bem como a proteção jurídico-constitucional dos valores da pessoa[24]. Facilitaram o renascimento do direito natural, as arbitrariedades dos governantes, os abusos de poder e as desumanidades praticadas em nome do direito, sobretudo na **Segunda Guerra Mundial**. Basta lembrar que, em Nuremberg, os vencidos são condenados como criminosos de guerra por um direito não escrito, mas inscrito na consciência dos homens. Como lembra Paulo Dourado de Gusmão, o direito natural que renasce não é o direito natural individualista dominante até 1914, mas um direito supralegal, acima das leis, ditado pela razão ou por ela descoberto, que independe do poder público, destinado a proteger a pessoa humana, não individualistamente considerada, mas em sua dignidade de homem livre, criador de cultura e de civilização, das quais o poder público é fruto; de homem livre, respeitado pelo Estado, consciente de seus direitos[25].

---

[24] Há pensadores contemporâneos para os quais o direito natural simplesmente seria uma **instância crítica**. Sustentam: a) a necessidade de administrar e arbitrar os problemas que afligem pessoas e nações; b) arbitragem que deve basear-se em critérios éticos independentes de qualquer tipo de poder pessoal ou coletivo; c) esses critérios éticos avaliam também a ordem jurídica vigente nas comunidades nacional e internacional. Defendem, no fundo, apenas uma tese: a eticidade do direito. A ordem jurídica e o Estado devem submeter-se a uma instância ética independente a partir da qual seria possível o julgamento moral do direito. No entanto, há uma dificuldade de elaborar essa instância ética.

[25] O primeiro abalo do direito natural ocorreu com o **kantismo**, que abriu a crise do racionalismo dogmático, depois com o **positivismo**, o **historicismo** e o **sociologismo**, que despontaram no século XIX. O culto dos códigos, que haviam incorporado muitos princípios defendidos pelos jusnaturalistas, e a veneração pela lei, juntamente com a obra gigantesca dos pandectistas alemães, criadores da ciência do direito, abriram o caminho para a *filosofia do direito positivo* (seja como *Analytical Jurisprudence*, seja como Teoria Geral do Direito) que passou a ocupar lugar de destaque no cenário jurídico, outrora privativo da Teoria do Direito Natural. A *Revolução Industrial*, processada segundo os princípios do individualismo jurídico e do contratualismo, criou um clima tal de injustiça social que acabou gerando a chamada "questão social". Essas ideias, mais as atrocidades e desumanidades praticadas em muitos países com aparência jurídica, os horrores da *guerra de 1939-1945*, culminando com o lançamento da bomba atômica, suas trágicas consequências, o progresso ameaçador da tecnologia, da eletrônica e do poder econômico multinacional, o agigantamento da empresa e do Estado, levaram os juristas, por diferentes caminhos, a admitir a validade de um direito superior ao legislador, fundado no valor da personalidade humana, impondo o respeito à vida e à liberdade. Assim é que juristas, outrora indiferentes à ideia do direito natural ou que a consideravam mera ideologia, depois de terem sofrido ou presenciado as atrocidades praticadas com apoio na lei, passaram a admitir "valores do direito" (como fez de certa forma o próprio Kelsen), ou a existência de um direito supralegal (como inequivocamente fez Radbruch). As ameaças que pairam

201. MANEIRAS DE VER O DIREITO NATURAL

Tendo tudo isso em vista, há duas maneiras fundamentais de conceber o direito natural, "transcendente" e "transcendental", segundo Miguel Real.

201.1. Direito natural transcendente (jusnaturalismo clássico)

De acordo com os adeptos desta teoria, que atualmente se filiam sobretudo à filosofia tomista, haveria, acima do direito positivo e independente dele, um conjunto de imperativos éticos, expressão não apenas da razão humana (como sustentaram os jusnaturalistas do século XVIII, cuja concepção era a de um direito natural como pura exigência da razão) mas **também da razão divina**, como vimos. Segundo a doutrina de Santo Tomás de Aquino, expõe Reale, "o Direito Natural repete, no plano da experiência social, a mesma exigência de ordem racional que Deus estabelece no universo. À luz dessa concepção, a lei positiva, estabelecida pela autoridade humana competente, deve se subordinar à lei natural, que independe do legislador terreno e se impõe a ele como um conjunto de imperativos éticos indeclináveis, dos quais se inferem outras ajustáveis às múltiplas circunstâncias sociais. Desse modo, haveria duas ordens de leis, uma dotada de validade em si e por si (a do Direito Natural) e outra de validade subordinada e contingente (a do Direito Positivo)"[26].

201.2. Teoria Transcendental do Direito Natural

Essa doutrina se distingue da anterior por só admitir **o direito natural em função da experiência histórica**. Em geral, é aceita por juristas que partem de Kant, para quem todas as formas de experiência são condicionadas por certas formas e conceitos (categorias) que tornam a mesma experiência possível. Essa é a posição, por exemplo, de Stammler e Del Vecchio. De Rudolf Stammler, aliás, é conhecida a teoria de um "Direito Natural de conteúdo variável", ou seja, cujo conteúdo varia no decorrer da história, sem prejuízo de uma forma constante, que seria representada, como já o enunciara Kant, pela coordenação harmônica das liberdades iguais segundo uma lei universal de liberdade.

---

sobre o Homem e a Civilização fazem com que os juristas, por caminhos diversos, defendam um direito superior à lei. Os vários caminhos que levam ao moderno direito natural desembocaram, em 1948, na Declaração Universal dos Direitos do Homem da ONU. No Brasil, Miguel Reale foi o autor da **Teoria Tridimensional do Direito**, de fama internacional. O direito, para ele, é a síntese histórica de dois elementos pertencentes a realidades diferentes, o fato e o valor, concretizados dialeticamente na norma jurídica. O direito, nesse sentido, é processo normativo, de natureza dialética, que, disciplinando fato segundo valores, cria modelos jurídicos normativos (*vide* Paulo Gusmão, *Introdução ao estudo do direito*, Rio de Janeiro: Forense, 1997, p. 352-356).

[26] Miguel Reale, *Lições preliminares de direito*, São Paulo: Saraiva, 1984, p. 308.

202. CONCEPÇÃO TRANSCENDENTAL-AXIOLÓGICA

Miguel Reale, embora partindo de Kant, tem posição diversa. Se ele aceita a concepção transcendental do direito natural, não coloca o problema em meros termos **lógico-formais**, mas antes em **termos axiológicos**. Segundo ele, "a experiência jurídica pressupõe determinadas constantes valorativas ou axiológicas, sem as quais a história do Direito não teria sentido" (por exemplo, a constante do valor originário da pessoa humana)[27]. Ou ensina que "a experiência histórica demonstra que há determinados valores que, uma vez trazidos à consciência histórica, se revelam ser constantes éticas inamovíveis que, embora ainda não percebidas pelo intelecto, já condicionavam e davam sentido à práxis humana". E como é salientado pelo mestre paulista, de todos esses valores o primordial é o da *pessoa humana*, cujo significado transcende o processo histórico, através do qual a espécie toma consciência de sua dignidade ética: daí dizer ele que a pessoa é o *valor fonte*. Em suma, são essas constantes ou invariáveis axiológicas que formam o cerne do direito natural. Cuida-se, portanto, de uma concepção do direito natural, em termos de **condição transcendental, lógica e axiológica, da experiência histórica possível**. A expressão "**transcendental**" significa, pois, o conjunto de **todas as condições** *a priori*, **histórico-axiológicas, que possibilitam a experiência jurídica**, tais como o valor da pessoa, a existência de certos valores constantes (liberdade, integridade etc.). O adjetivo é, portanto, empregado por Reale no sentido em que Kant e Husserl o usaram, bem diverso do vigente na metafísica tomista[28].

a) **CONSTELAÇÕES AXIOLÓGICAS.** Os valores, segundo **Miguel Reale**, não pertencem a um mundo independente do mundo histórico-real, nem podem estar isolados uns dos outros, como sustentara o "ontologismo axiológico" de Max Scheler e Nicolai Hartmann. Pelo contrário, a história humana apresenta épocas dominadas por uns valores em detrimento de outros. Podemos afirmar que, no desenrolar do processo histórico-cultural, constituem-se diferentes concepções ou interpretações do mundo, correspondentes a uma época ou momento histórico determinado, que se organizam como que unidades históricas da espécie hu-

---

[27] Miguel Reale, *Lições preliminares de direito*, São Paulo: Saraiva, 1984, p. 309.
[28] O termo "transcendental", em filosofia, possui dois sentidos principais: o aristotélico-escolástico e o kantiano: a) Na filosofia aristotélico-escolástica significa *as propriedades fundamentais do ser*, que segundo alguns autores são três: o uno, o verdadeiro e o bem; segundo outros são quatro: às três anteriores acrescentam também o belo. b) Na filosofia kantiana, transcendental significa *as condições a priori do conhecer e o seu estudo* (estética transcendental, analítica transcendental e lógica transcendental); em suma, o transcendental é para Kant uma "condição de possibilidade"; para ele, a palavra "transcendental" não significa algo que ultrapassa toda experiência, e sim aquilo que, embora a anteceda (*a priori*), destina-se apenas a tornar possível a recognição da experiência.

mana, a que chamamos de "civilizações". A característica essencial das civilizações é, portanto, seu "agrupamento axiológico peculiar", que Reale denomina "constelações axiológicas".

As *constelações axiológicas* seriam então integradas pelas diferentes concepções axiológicas agrupadas ou subordinadas em torno dos valores fundamentais, dominando os comportamentos individuais e coletivos de certo momento histórico-cultural. Por sua vez, todos eles gravitam em torno do valor fundamental da pessoa humana, em razão da qual e pela qual todos os valores valem. Os valores fundamentais representam as objetivações e aspirações axiológicas que determinaram a conduta individual e social em diferentes ciclos culturais ou civilizações, transformando-se numa herança da humanidade, embora possam mudar de concepção ao longo do tempo. Daí que cada civilização possa possuir diferentes constelações axiológicas denotadoras da sua concepção do mundo e da vida, ou seja, referida mutação obedece à emergência ou à eclipse de convicções valorativas. Uma constelação axiológica, portanto, não aflora *ex abrupto* e perfeita, como a deusa Minerva, toda armada e resplandecente da cabeça de Júpiter. Ao contrário, o que caracteriza o seu processo é o perene enriquecimento das ideias-forças, adensando-se ao redor dos núcleos iniciais. Por exemplo, nem sempre foi entendida a mesma coisa quando se diz "verdadeiro", "belo" ou "bom". Há, pois, certo relativismo axiológico, conclui Reale.

b) **INVARIANTES AXIOLÓGICAS**. Há, contudo, determinados valores que, uma vez reconhecidos racional e coletivamente, **adquirem um caráter permanente e definitivo**; isto é, transformam-se em valores fixos e universais, orientando a humanidade. É o que Miguel Reale chama de "invariantes ou constantes axiológicas"[29]. Elas representam "a existência de valores fundamentais e fundantes que guiam os homens, ou lhes servem como referência, nas suas fainas cotidianas"[30]. Cita como exemplo: os valores da pessoa humana, o direito à vida, a intangibilidade da subjetividade, a igualdade perante a lei, a liberdade individual etc., que constituem o fundamento da vida ética; a eles, relembra, correspondem os chamados "direitos fundamentais do homem". Mas, como ressalta Reale, se eles devem ser sempre havidos como valores supremos, nem por isso deixam de sofrer "mutações circunstanciais de sentido" em função de fatos e valores supervenientes, ampliando seu campo de incidência; "não penso se possa dizer que cada época histórica não os conceberá a seu modo, no infinito das valorações hermenêuticas". Não se trata, pois, de um espaço fechado, pois ele

---

[29] Ver a conferência proferida por Miguel Reale na instalação da VI Semana Internacional de Filosofia (Rio de Janeiro), em que trata das "Invariantes Axiológicas", com uma análise histórica do "valor" (*Paradigmas da cultura contemporânea*, São Paulo: Saraiva, 1996, p. 95 e s.).

[30] Miguel Reale, *Paradigmas da cultura contemporânea*, São Paulo: Saraiva, 1996, p. 95.

pode ser ampliado e modificado, como ocorre, por exemplo, com o valor do ecológico, que está surgindo em nosso contexto cultural como um dos valores fundamentais da humanidade, seja pela proteção do meio ambiente, seja pelo que significa para o valor da vida humana.

As constantes axiológicas seriam, no dizer do mestre paulista, "**como estrelas valorativas**" que conduzem a humanidade em diferentes direções e que formam o cerne do direito natural[31]. De tais constantes ou invariantes axiológicas "resultam determinadas normas que são consideradas ideias diretoras universais da conduta ética, costumeira e jurídica. A essas normas, que nos permitem compreender a natureza e os limites do Direito Positivo é que denomino Direito Natural, de caráter problemático-conjetural"[32].

A questão que se levanta é determinar a sua *origem*. Sabemos já, como a resposta não surge isenta de dificuldades, porque são muitas as polêmicas suscitadas em torno do assunto. Segundo Reale, o problema dos valores "não pode ser colocado fora da história", porque é nela que eles se manifestam e adquirem sentido, como sínteses constantes das decisões humanas (dever ser) sobre o real (ser)[33]. Se, como vimos, constatamos a existência de valores constantes que não deixam de existir com o passar do tempo, permanecendo gravados na consciência histórica, que é que provoca essa permanência indefinida de certos valores?

A resposta de Miguel Reale é dupla: Primeiro, ele mostra a semelhança com as "**invariantes biológicas**", inspirado em Jacques Monod (*O acaso e a necessidade*). "Há um paralelismo entre a experiência da biosfera e a história, no que diz respeito ao advento, às vezes inesperado (Monod fala até em acaso), de invariantes, biológicas umas e axiológicas outras, as quais se impõem ao consenso universal, isto é, à estima e à aceitação de toda gente, do homem comum e do homem de ciência, até o ponto de parecerem inatas, mas, no que tange ao mundo da cultura, são transcendentais, na acepção kantiano-husserliana que Reale dá a esta palavra. Assim, como cada indivíduo obedece ao seu 'código genético', também todo homem se vincula à sua 'estrela polar valorativa'"[34].

---

[31] Miguel Reale, *Paradigmas da cultura contemporânea*, São Paulo: Saraiva, 1996, p. 95.

[32] Miguel Reale, *Nova fase do direito moderno*, São Paulo: Saraiva, 1990, p. 47-48.

[33] Miguel Reale, *Paradigmas da cultura contemporânea*, São Paulo: Saraiva, 1996, p. 106

[34] Miguel Reale, *Paradigmas da cultura contemporânea*, São Paulo: Saraiva, 1996, p. 108-109. Jacques Monod empresta ao termo "inato" o sentido de os valores definitivos ou invariantes inseridos na estrutura biológica da espécie humana. Reale, por sua vez, lembra que mesmo no âmbito da Biologia se reconhece que certos valores, uma vez adquiridos pela espécie humana, podem ser considerados "inatos", no sentido de terem se tornado invariantes no "código genético", isto é, inscritos definitivamente no destino do homem. Esse conceito empírico de inatismo, a que se pode chegar no campo da investigação científico-positiva, é apresentado por Reale no plano filosófico, como "transcendentalidade".

Reale explica essa "estrela polar valorativa" como sendo a própria **vocação** de cada homem. A *vocatio* é um "chamado que cada um de nós sente no âmago de nossa consciência, inclinando-nos a fazer isto ou aquilo, não raro nos arriscando a graves desafios e sacrifícios, só nos sentindo realizados quando conseguimos atendê-la"[35].

Segundo, ele afirma que a **objetividade das invariantes axiológicas é histórica** (fruto da experiência). Ela "se funda sobre a historicidade radical do ser humano, o qual dá origem e legitimidade às demais invariantes axiológicas, que não se inferem dedutivamente e in abstracto da ideia da pessoa humana, mas sim, concretamente, no processo histórico"[36].

Como ocorre a seleção axiológica? Nem toda valoração subjetiva ou opção empírico-concreta transforma-se em parte integrante da concepção axiológica de um momento histórico determinado. O que acontece é uma "seleção de opções", dentre as quais surgem as diferentes "constelações axiológicas" de cada ciclo cultural ou momento histórico. Reale assim explica esse complexo processo de seleção axiológica: "Por seletividade entendo o fenômeno irrecusável de que na 'memória histórica', por assim dizer, não permanecem ou se gravam todas as opções feitas, no fluxo das infinitas preferências e situações cotidianas ou de rotina. Não nos esqueçamos, embora pareça afirmação banal, que nem tudo que acontece é histórico, mas tão somente aquilo que, por motivos múltiplos e muitas vezes fortuitos ou insondáveis, possui relevância de significação". Já que todo valor pode chegar a ser reconhecido como "motivo necessário da ação humana", é essa sua peculiaridade que tornará possível o conhecimento racional dos valores, sua captação ontognoseológico-racional, possibilitando, ao mesmo tempo, sua seleção através da história[37].

Pretender ir além dessas afirmações, conclui Reale, procurando a origem desses valores constantes na transcendência de um ser pessoal e teológico, significa ultrapassar os limites da pesquisa ontognoseológica[38]. Somente a **razão conjetural**, como foi descrita por ele em seu livro *Verdade e conjetura*, poderá estabelecer como plausível, sem perder seu sentido problemático, uma possível correlação entre transcendental e transcendente, abrindo campo para a meditação metafísica. Vale relembrar que Reale vê a *problemática metafísica* como compreensão conjetural do todo da experiência, em função de seus pressupostos transcendentais de possibilidade. Ele chega mesmo a dizer que, "nesse ponto-limite, o filosófico se confina com o

---

[35] Miguel Reale, *Paradigmas da cultura contemporânea*, São Paulo: Saraiva, 1996, p. 27.
[36] Miguel Reale, *Paradigmas da cultura contemporânea*, São Paulo: Saraiva, 1996, p. 109.
[37] Miguel Reale, *Experiência e cultura*, São Paulo: Saraiva, 1977, p. 215.
[38] Miguel Reale, *Paradigmas da cultura contemporânea*, São Paulo: Saraiva, 1996, p. 109-110.

teológico, pondo um problema, não de conhecimento, mas de fé, o que nos remeteria ao plano do inefável"[39].

c) **DIREITO NATURAL**. Miguel Reale **admite, pois, a existência de um direito natural compatível com sua concepção axiológica, baseada no historicismo e no personalismo axiológico**. São as invariantes axiológicas, enquanto referidas à experiência jurídica, que dão origem ao direito natural. Seu jusnaturalismo, portanto, está muito distante de qualquer teoria do direito natural clássico (seja ela de inspiração racionalista, idealista ou teológica) que venha em defesa de valores imperecíveis e separados do desenvolvimento histórico-concreto do direito e da realidade.

Quais, então, as relações estabelecidas entre direito natural e direito positivo? Qual a concepção do jusnaturalismo de Miguel Reale?

Primeiro, para Reale não se pode tratar do direito natural a não ser em *correlação dialética* **com o direito positivo**. Não se nega, assim, a existência de uma relação complementar entre os dois, embora delimitando o âmbito específico de cada um. O *historicismo axiológico* mantém a tensão dialética entre ambas as concepções do direito; ele se caracteriza, vale relembrar, pelo reconhecimento de que os valores, como um *tertium genus*, constituem uma categoria autônoma de objetos, acrescida aos objetos naturais e ideais, com a diferença de que, enquanto estes "são", aqueles, ao contrário, "devem ser". Foi essa compreensão da axiologia, nos termos do historicismo axiológico, que determinou a sua compreensão definitiva do problema jurídico, ou seja, o seu normativismo jurídico concreto como expressão da correlação dialética entre fato, valor e norma, em cada manifestação jurídica concreta (*Teoria Tridimensional do Direito*). Pois bem, o direito, segundo Reale, é entendido como "**a objetivação concreta e contínua dos valores de justiça**", abertos a um permanente desenvolvimento ao longo da história, que transcende o já alcançado de fato e tornado concretamente positivo[40]. **Ele não aceita a existência de duas ordens legais diferentes**, uma que possui validade em si e por si (direito natural), e outra contingente e derivada (direito positivo). **Existe apenas uma realidade jurídica, embora ela possa ser abordada a partir de diferentes perspectivas:** o direito natural, atendendo às suas consequências histórico-axiológicas-transcendentais, e o direito positivo, como manifestações concretas da inter-relação dialética entre fatos e valores. Com outras palavras: o direito natural, como esquema normativo de exigências transcendentais, e o direito positivo, como ordenamento normativo de fatos e valores no plano experiencial[41]. Em suma, com a expres-

---

[39] Miguel Reale, *Paradigmas da cultura contemporânea*, São Paulo: Saraiva, 1996, p. 110.
[40] Miguel Reale, *Direito natural/direito positivo*, São Paulo: Saraiva, 1984, p. 5.
[41] Miguel Reale, *Direito natural/direito positivo*, São Paulo: Saraiva, 1984, p. 49.

são direito natural, Reale "não se refere a um ente jurídico ontologicamente diverso do Direito Positivo"[42].

Segundo, a **relação do direito natural com as invariantes axiológicas é fundamental** porque supõe a própria *origem* do direito natural. Vimos como há determinados valores que, uma vez "revelados à consciência popular, eles adquirem objetividade e força coativa, apesar de sua fonte subjetiva individual originária..., transformando-se em pressupostos conjeturais necessários para a convivência humana". Essas invariantes axiológicas "dão lugar a certas formas que são consideradas como ideias diretrizes e universais da conduta ética". Essas normas, que constituem os parâmetros de valoração do direito positivo, são denominadas direito natural de "natureza problemática e conjetural", por Miguel Reale. Ele não reduz o direito natural a uma simples condicionalidade lógico-transcendental, com a qual Kant exprimiu o individualismo fundamental da sua época. Nem a uma condicionalidade sociológica, à maneira de Ihering, tentando um compromisso garantido pelo poder público entre interesses individuais reciprocamente compensados. Segundo Reale, o direito natural só pode e deve ser visto em termos de condicionalidade histórico-axiológica, visando a uma ordem social justa, na qual os homens e os grupos possam se desenvolver livremente, assim como completar-se econômica e eticamente uns aos outros no sentido de uma comunidade concreta[43]. Sua concepção do direito natural pode, então, ser resumida em torno desses dois termos: natureza transcendental e caráter conjetural.

Com outras palavras, o direito natural se põe em função das condições histórico-axiológicas que tornam possível e legítima a experiência jurídica, assegurando a continuidade dessa mesma experiência. Ele resulta, pois, da constatação de que o homem, através do processo dialógico da história, vai tomando consciência de determinados valores fundamentais (por exemplo, o da inviolabilidade da pessoa humana), os quais, uma vez trazidos à luz da consciência histórica, são considerados intangíveis.

De fato, já vimos como na experiência ético-jurídica dá-se o advento das chamadas "invariantes axiológicas", ou seja, e ainda na expressão realeana: "de exigências axiológicas constantes e inamovíveis, por serem consideradas da essência mesma do ser humano"; são chamadas de "transcendentais", porquanto, no fundo, foram elas que tornaram a experiência jurídica possível. E conclui que do reconhecimento dessas invariantes axiológicas deflui o *caráter normativo* do direito natural, ou melhor, sua estrutura paradigmática de modos de ser e de agir. Em suma, o direito natural é necessariamente correlacionado com a experiência histórico-social.

---

[42] Miguel Reale, *Pluralismo e liberdade*, São Paulo: Saraiva, 1963, p. 77.
[43] Ver Miguel Reale, *Filosofia do direito*, São Paulo: Saraiva, 1990, p. 591; *Filosofia em São Paulo*, São Paulo, 1962, p. 131 e s.

d) **CARÁTER CONJETURAL**. O caráter **conjetural** significa que **as indagações sobre a determinação dos valores que regem a constituição do direito natural são entendidas de "forma problemática e conjetural"**, ou seja, "**como suposições possíveis**, de acordo com aquilo que é certo ou verificável, em relação com a totalidade do universo, a totalidade da cultura ou a totalidade do experienciável".

Reale dá ao termo "conjetural" o sentido de "**plausível**", que lhe parece preferível à qualificação de "razoável" empregada por Recaséns Siches ou por Chaïm Perelman[44]. É só em função da razão conjetural que podemos fazer certas afirmações cientificamente não demonstráveis, mas que somos levados a admitir como plausíveis[45].

Abandonar essa perspectiva problemática e conjetural conduziria a uma compreensão anti-histórica e transcendente do Direito Natural, na medida em que seria possível admitir, a seu respeito, a existência de um mundo de imperativos éticos, baseados na razão humana ou divina. E Reale não acolhe a tese de um direito natural transcendente e a-histórico, como vimos.

203. O DIREITO NATURAL COMO CONJUNTO DE PRINCÍPIOS FUNDAMENTAIS

Ninguém, em sã consciência, deixará de reconhecer qualidades notáveis ao paradigma histórico tradicional do Direito Natural. Ele, por exemplo, foi a matriz dos direitos humanos modernos. Na atualidade nota-se, contudo, um desgaste do Direito Natural, levando a muitos considerarem-no inadequado para exprimir a dimensão moral da sociedade democrática. Entre os motivos para essa conclusão estariam, por exemplo, a pouca consideração das três grandes variáveis do humano (história, cultura e situação individual);

---

[44] Miguel Reale, *Nova fase do direito moderno*, São Paulo: Saraiva, 1990, p. 28.

[45] Eis algumas conclusões de Miguel Reale sobre a **conjetura**, a partir das referências de Kant ao pensamento problemático: a) a conjetura não se confunde nem com o quimérico nem com o arbitrário, mas corresponde antes a um juízo de plausibilidade; b) a conjetura não corresponde a um juízo aleatório ou eventual, mas nasce, ao contrário, da necessidade de atender a certos reclamos experienciais que a ciência desconsidera por estarem além de suas possibilidades certificadoras ou verificadoras; c) a conjetura possui um *status* epistemológico próprio, não se confundindo com a probabilidade, cujos dados numéricos são certificáveis, nem com a analogia, que obedece a parâmetros racionais próprios, de procedência ou viabilidade; d) a conjetura, não obstante a problematicidade que a envolve, alberga uma compreensão de sentido válida tanto no plano da Ciência como no da Metafísica; e) a conjetura, na tela científica, às vezes opera como uma "suposição", uma "hipótese imaginária", ou uma "ficção", a partir da qual se pode chegar a formas de conhecimento verificáveis (*O direito como experiência*, São Paulo: Saraiva, 2002, p. XXIII). Vale relembrar que Newton Carneiro Afonso da Costa considera o conceito realeano de conjetura equivalente à noção de "meia-verdade" de sua Lógica Paraconsistente.

a redução do "humano" ao "natural" (= biológico); o apoio a uma visão estática da realidade[46].

Não tenho a pretensão de esclarecer um problema tão rico e complexo como o do direito natural, mas prefiro concebê-lo como **expressão da natureza humana, uma vez que dela se origina e nela se fundamenta**. Mas entendemos a palavra "natureza" com as devidas atualizações. Entendo que o Direito Natural não é um simples corolário da sociabilidade humana, como o direito positivo. Nem é cópia de algo dado de antemão no processo social. Nossa sociabilidade é marcada pelo caráter evolutivo e mutável, cabendo ao direito, como forma de regulação das relações humanas, seguir o rumo dessas transformações, moldando seus elementos às novas realidades. É o direito projetado na linha ideal de seu desenvolvimento, na plena implicação e polaridade do homem como ser passado e ser futuro, que é e deve ser. Assim, creio que o direito natural assume aquele aspecto **crítico** que esperamos dele; seja uma instância ética independente a partir da qual possamos julgar moralmente o direito.

Parto, pois, da conhecida definição de Santo Tomás de Aquino: "**Direito Natural é aquilo para o qual a natureza inclina o homem**"[47]. Assim, a noção de direito natural pressupõe, primeiramente o conceito fundamental de "natureza humana" e de "inclinação natural".

203.1. Conceito histórico-cultural da natureza humana

Poucos conceitos oferecem tanta riqueza e tanta ambiguidade de significação real como o conceito de "natureza". Falamos, por exemplo, tanto na "natureza" que se opõe ao "espírito" como falamos da "natureza do espírito" ou dos seres espirituais. No *primeiro c*aso, a natureza é apresentada como sendo uma determinada classe de seres; no outro, como algo que se encontra em todos os seres. O ponto central do qual procedem as múltiplas significações, distintas, mas relacionadas entre si, é a ideia de uma realidade que se realiza a partir de si mesma sem influências exteriores. A esse núcleo significativo corresponde a origem do conceito expresso em grego

---

[46] O paradigma do direito natural tem uma grande polissemia, sendo usado antes do cristianismo (estoicismo), no cristianismo (na tríplice escolástica: medieval, renascentista e restauracionista) e fora do cristianismo. Por outro lado, como lembra Marciano Vidal, o uso do direito natural teve uma funcionalidade muito variada: "da condenação absoluta da mentira até a justificação da escravidão, da justificação da propriedade privada até a condenação moral dos pecados sexuais 'contra a natureza', desde a legitimação da guerra em caso de legítima defesa de um Estado soberano até a deslegitimação da insurreição armada, desde a defesa da indissolubilidade do matrimônio até a não aceitação dos métodos não naturais (artificiais) de controle da natalidade etc." (*Nova moral fundamental*, Aparecida: Ed. Santuário; São Paulo: Paulinas, 2003, p. 656-657).

[47] Tomás de Aquino: "Justum naturale est ad quod hominem natura inclinat" (Ethic, V, 1019).

por **phisis** e em latim por ***natura***, termos que designam o fato de engendrar, nascer, crescer.

Isso não significa que se deva conceber a natureza, em especial a natureza humana, como sendo estática e imutável. Pelo contrário, afirmamos logo de início a **sua mutabilidade e historicidade**, bem como a vemos como uma **realidade dinâmica**. Em suma, o **"humano" é uma síntese do "natural" e do "histórico"**.

a) **Mutabilidade da natureza humana.** Deixamos de lado o fixismo da natureza e da lei natural. Tomás de Aquino afirma que o conceito de natureza não é unívoco e aplicável por igual a todos os seres. Se são imutáveis os seres físicos (o fogo queima em Atenas e na Pérsia), com os seres humanos não é assim. Nossa natureza é muito mais complexa e perfeita que uma simples realidade física.

Santo Tomás distingue nela um duplo aspecto: o **animal** e o **racional**. Os componentes essenciais das coisas são imutáveis; por exemplo, o homem é animal e isto nunca mudará. Mutável é o que decorre da natureza humana: nossas inclinações, disposições, ações e atitudes. É pela dimensão racional que distinguimos o que serve e o que não serve ao fim de nossa natureza, distinguimos o que é justo do que é injusto (Ethic. V, 1025). Expressamente afirma: **"mutabilis est natura hominis"** (*De Veritate*, I I-II, qu. 57, art. 2, ad. 1; Ethic, V, 1026). É isto que quer dizer a definição do direito natural de Tomás de Aquino: **justo é aquilo para o qual a natureza nos inclina**. Podemos, pois, concluir que a definição de direito natural de S. Tomás assenta sobre a mutabilidade da natureza humana.

Por isso, não defendemos aqui o jusnaturalismo que se cristalizou numa concepção dogmática, minimizando o conceito de direito natural. Visão que, contra Aristóteles e Santo Tomás, sustentava o direito natural como a materialização de leis eternas, cuja imutabilidade se impõe. "Estaríamos quase às ordens de um catecismo de leis e verdades atemporais impressas na natureza e escritas no coração do homem que toda lei positiva, para ser justa, deveria copiar", segundo Olinto Pegoraro. Como consequência, o Direito Natural sofreu o peso de objeções levantadas a partir dessa ambiguidade do conceito de natureza e do fixismo absoluto das leis naturais, que descarta não só a evolução da natureza, mas também o debate livre entre correntes científicas e filosóficas[48]. De fato, como já vimos, Santo Tomás de Aquino é claro ao afirmar que a natureza humana é mutável por dois motivos: por ser um composto de matéria e forma, portanto situado entre os seres

---

[48] Olinto Pegoraro, *Ética é justiça*, Petrópolis: Vozes, 1999, p. 46. Carlos Boyer salienta a "imutabilidade" das leis naturais, descrevendo-a como a propriedade "qua eadem manet diversis in temporibus et locis" (*Cursus philosophiae*, volumen alterum, Paris, 1937, p. 489). Aristóteles sublinhava a universalidade do direito natural no espaço, mas não acolhia a sua imutabilidade no tempo, entendendo que o direito natural também podia mudar no tempo.

corruptíveis na escala das criaturas; e por ser consciente e livre, elevando-se acima da determinação da natureza e suas leis[49].

b) **Historicidade do homem e do mundo.** Ressaltamos, depois, a consciência da *historicidade do homem e do mundo*. Em certo sentido, não é a história que pertence a nós, mas nós é que pertencemos a ela. Hoje, pela pressão dos desafios mencionados, o direito natural está sendo reabilitado em novos termos, em oposição ao dogmatismo anterior. **O ser humano como natureza indeterminada está profundamente marcado pela temporalidade, historicidade, finitude e experiência histórica. Em face de tanta variedade, uma ordem natural fixa traduzida em leis imutáveis é inconcebível.** Os progressos científicos obrigaram a repensar o conceito de natureza humana e de lei natural. O chamado "**jusnaturalismo historicista**" ressalta, por exemplo, que o homem possui como traço inerente a sua **sociabilidade, marcada pelo caráter evolutivo e mutável**, cabendo ao direito, como forma de ordenação das relações intersubjetivas, seguir o rumo dessas transformações, moldando seus elementos às novas realidades.

Trata-se de uma natureza histórica do ser humano, ou seja, que não acha possível compreender qualquer fato humano sem situá-lo nas coordenadas significativas do tempo. Em certo sentido, podemos repetir que não é a história que pertence a nós, mas nós é que pertencemos a ela. Temos, portanto, uma reformulação dos postulados do direito natural. Na conclusão de Guido Fassò: "O direito natural e o caráter histórico do direito não são, por isso, inimigos recíprocos; pelo contrário, a historicidade do direito significa sua abertura para o direito natural, porque mirando o que não pode alcançar, obtém o que é possível em um lugar e em um momento determinados: o direito historicamente justo"[50].

c) **Síntese entre natureza e história.** E, por fim, vemos o humano como uma *síntese entre natureza e história*. A pessoa humana somente pode ser compreendida corretamente pela dialética dessas duas polaridades: o natural e o histórico.

Aplicando o conceito de natureza ao homem, deparamo-nos com um aspecto no humano a que chamamos "**natural**". Não vamos assinalar em que consiste em concreto esse aspecto natural do homem. O que nos interessa anotar agora é **a existência no homem de um conjunto de fatores dados por sua condição natural e que integram o que chamamos de "natureza humana"**. Nascemos com toda a carga de nossa genética física e psíquica. O conteúdo dessa natureza tem de ser descoberto através das

---

[49] Tomás de Aquino, *De Veritate*, II-II, qu. 57, art. 2, ad 1.
[50] Guido Fassò, *Che cosa intendiamo con diritto naturale?*, p. 182, *apud* Norberto Bobbio, *Locke e o direito natural*, Brasília: Ed. UnB, 1997, p. 25.

contribuições de todas as ciências humanas. Somente assim se pode ter uma ideia exata do significado do natural no homem.

A reflexão moral, em sentido contrário, serviu-se com muita frequência do conceito de "natureza" para formular os valores éticos do homem. Em concreto, a moral cristã considerou a "natureza" como o lugar abstrato dos valores e dos princípios éticos. Nasceram assim os sistemas morais denominados naturalistas, porque situavam o modelo normativo do humano na "natureza". Dentre a diversidade de modelos éticos naturalistas ressaltamos o "modelo jusnaturalista" (o natural = natureza abstrata e imutável), próprio da ética baseada na concepção de um *direito natural* abstrato e imutável.

O histórico se diz do que se inseriu ou se insere nas coordenadas do espaço e do tempo. No humano existe também um conjunto de aspectos que, ao não se identificar com a chamada "natureza humana", é chamado de "história". **O homem é**, de fato, **um ser histórico; não somente vive "no" tempo, mas também "é" temporalidade.** E se a temporalidade pertence à ontologia da pessoa, é em nossa época que o homem mais vivenciou sua condição temporal. "A própria história está submetida a um processo tal de aceleração que mal o homem consegue acompanhá-la. A humanidade passa assim de uma concepção antes mais estática para outra mais dinâmica e evoluída, de onde surge um conjunto de problemas que exige novas análises e novas sínteses" (*Gaudium et Spes,* n. 5). Dessa dimensão histórica do humano **fazem parte muitos fatores**, por exemplo, o caráter criativo do homem, as configurações culturais, o processo histórico como realização livre dos homens etc. Na afirmação de Reale: "O homem é um ser essencialmente histórico, porque ele é tanto aquilo que 'é' quanto aquilo que ele 'deve ser', numa abertura irrenunciável para opções e atos futuros, embora condicionados pela sua natural circunstância"[51].

Como constatamos **reduções naturalistas**, verificamos também **reduções historicistas**, nas quais se exagera indevidamente o caráter relativo dos valores éticos[52]. Toda forma de reducionismos impede a necessária compreensão complementar do homem e da sociedade. Para evitar os reducionismos éticos tanto naturalistas como historicistas, é necessário fundamentar a ética do humano sobre uma compreensão da pessoa como **síntese dialética da "natureza" e da "história". Os valores éticos não residem nem no céu imutável da abstração (= natureza humana), nem no futuro continuamente variável do relativo (= história).** Se

---

[51] Miguel Reale, *Nova fase do direito moderno*, São Paulo: Saraiva, 1990, p. 43.

[52] Esse reducionismo histórico-relativista aparece, por exemplo, nos seguintes sistemas morais: sociologismo moral do século XIX (Durkheim); negação da moral como ciência normativa e sua redução à "sociologia dos costumes morais" (Lévy-Bruhl); sociologismo moral psicanalítico que identifica a moral com o "super-Eu" social introjetado (Freud); relativismo existencial (Sartre).

o "natural" no homem orienta a ética da pessoa para as valorações com validade fixa e universal, o "histórico" traz outros aspectos para a valoração ética da mesma: dimensão histórica dos valores éticos; seu caráter dinâmico; importância do pluralismo cultural como suporte da valoração ética etc.

Se o homem é um ser cultural e histórico, não se pode perder de vista o natural, ou seja, o que nele possui validade universal. Por isso, segundo Ferrater Mora, a natureza invariável dos homens, de um lado, e, do outro, a sua infinita maleabilidade e plasticidade não são conceitos absolutos, mas antes conceitos-limites: "**a realidade humana concreta é a que oscila continuamente entre tais polos; o homem não é nunca nem pura circunstancialidade, nem elemento puramente invariável; não sendo, assim, nem pura história, nem pura natureza, o que significa que é, de certo modo, ambas**". Lembramos a afirmação de Ortega y Gasset: "eu sou eu e a minha circunstância", e a também conhecida assertiva de Miguel Reale: "o ser do homem é o seu dever ser".

Compreendida como síntese da "natureza" e "história", a *pessoa* pode ser o lugar adequado da *normatividade humana*. Isso porque ela não é uma abstração, mas é considerada dentro de um contexto estrutural de suas relações com os demais homens e com a natureza, de seus condicionamentos biológicos, psicológicos, econômicos, políticos, sociais, culturais etc. Além disso, não é considerada estaticamente, como uma realidade já constituída, mas sim dinamicamente, como uma realidade que se está fazendo (*in fieri*), como um centro de iniciativa pessoal e histórica. Por isso, talvez fosse preferível falar de "pessoa" em vez de "natureza humana". Com efeito, esta última expressão é interpretada ordinariamente num sentido individualista e estático, com tudo o que se supõe de abstrato na elaboração seja da moral "natural" ou do direito "natural".

Contudo, não consideramos que seja preciso abolir sem mais nem menos a noção de natureza humana. **Importante é compreendê-la nessa tensão dialética com a história, inerente ao ser humano, já que o homem é uma síntese entre "natureza" e "história"**. Essa concepção dinâmica da realidade traz consigo uma maneira especial de perceber os valores e, em concreto, o direito natural. Por conseguinte, com base nos conceitos de "natureza mutável" de Aristóteles e de Santo Tomás e de "historicidade e temporalidade da existência" dos filósofos contemporâneos, quando enfocamos o direito natural como expressão da "**natureza humana**", a entendemos como sendo "**a raiz das tendências e suas correspondentes exigências que levam o homem ao seu fim próprio, através de uma objetivação histórica**". É, pois, um conceito teleológico, que implica o dinamismo da ação do homem voltada para os seus fins essenciais. O ser humano perfeito é o homem realizado de acordo com a sua natureza[53].

---

[53] Na lição de Recaséns Siches, "la expresión naturaleza humana significaria los principios

203.2. Noção de inclinação natural

A natureza é princípio operativo provido de uma tendência (*pondus*) inata para o perfectivo, pois além de causa eficiente é fim (*telos*), como já havia advertido a filosofia clássica grega. Porém essa estrutura essencial e finalista se manifesta a partir que gera; atividade ordenada a fins específicos através de certas operações determinadas. E a determinação intrínseca do agir em busca desses fins se origina nas inclinações. São as "inclinações" que manifestam a presença da "natureza"; e a presença da natureza se revela através de tais inclinações.

A inclinação representa o **aspecto dinâmico do ente**, o leito do seu desdobramento operativo fundamental. É o que expressa o aforismo clássico: *operatio sequitur esse* (o agir acompanha o ser). Como justamente observara Espinoza, cada coisa é dotada de um *conatus essendi*, ou seja de uma inclinação natural que não exige nenhum conhecimento. Aliás, Tomás de Aquino retoma essa ideia afirmando que não existe substância que careça de operação própria, sendo justamente a inclinação que encarna o movimento tendencial de todo ser a seus fins próprios[54].

Em suma, à cada natureza corresponde um tipo específico de inclinação; ela se origina do caráter de conveniência que algo tem em relação ao agente. "**A natureza pende para aquilo que lhe é conveniente**" ("natura quaedam inclinat in id quod est sibi conveniens"), diz Tomás de Aquino. Por isso destacamos no conceito de natureza duas notas fundamentais. A primeira consiste naquelas "inclinações naturais" ("a natura") emanadas do que é genuíno no ente, que estão ínsitas na essência do homem. Esse sentido de "natural" pode dizer-se **inato incoativa ou potencialmente**. Ele compõe-se com outro, mais fundamental, que consiste no "natural" como orientado para o fim plenificante, isto é, que se encontra na linha de **perfeição do ser**. Cuida-se de uma noção dinâmica de natureza, como princípio de operações e que constitui a marca distintiva do conceito clássico de natureza.

203.3. Tendências e exigências naturais

Da natureza humana brotam, pois, tendências e exigências, que culminam numa objetivação histórica.

a) **Brotam tendências íntimas** que impelem o homem aos seus fins próprios, que o inclinam a fazer isso ou aquilo. E esses fins, aos quais se tende, são vistos como valiosos (valores), por representarem um bem. Como justamente observou Spinoza, cada coisa é dotada de um "***conatus essen-***

---

internos estructurales y de finalidad insertos en el hombre, lo mismo que persona individual, como también en tanto que ser essencialmente social" (*Panorama del pensamiento jurídico en el siglo XX*, México: Porrúa, 1963, p. 524).

[54] Tomás de Aquino, *De Veritate*, 22, 1 c.

di" (impulso a ser ou a persistir-em-ser), de um **"*nisus*" (esforço) de preservação e de autorrealização fundamental**. A que coisa seja efetivamente dirigido esse *conatus* pode ser objeto de discussão, mas o fato da sua existência é mais do que certo. Esse *conatus essendi* fundamental, na filosofia clássica, é geralmente chamado de *apetitus naturalis* ou inclinação natural, porque é ínsito na própria natureza[55]. Quem não percebe, bem no seu íntimo, a existência de certas "inclinações naturais", com as quais já nasceu, sem a necessidade de um prévio conhecimento?

b) Pois bem. **A essas tendências correspondem *certas exigências*,** que brotam também da natureza humana e que decorrem daquelas inclinações naturais. **Ambas se complementam**, uma vez que estas, as exigências, visam a realização daquelas, ou seja, das tendências. Não podemos, pois, deixar de reconhecer uma exigência nascida das "entranhas" humanas (natureza humana).

Em suma, há certos fins/valores que buscamos espontaneamente, vendo-os como exigências fundamentais de nossa natureza: a vida, a liberdade, a integridade física e moral etc. Sentimo-nos com "direito" a eles, surgindo um conjunto de princípios correspondentes a essas exigências dominantes da natureza. São os "fins existenciais do homem" (J. Messmer), indicados em sua natureza pelos instintos corporais e espirituais, como algo que ele tem de realizar e que condiciona toda sua existência[56].

c) Ora, todos esses valores não passariam de utopias, se nunca pudéssemos *convertê-los em* **momentos da experiência humana**. Aliás, é da essência do valor a sua realizabilidade. Se assim é, o campo de realização dos valores é representado pela **História**. Os valores devem ser entendidos, não platonicamente, mas dentro da história. As tendências e exigências dominantes da natureza culminam sempre numa projeção ou objetivização histórica, compondo o universo da cultura. "**É naquilo que a história produz que descobrimos os valores éticos**" ("C'est dans ce que l'histoire produit que se découvrent les valeurs éthiques" – J. Ladrière); isso significa que o mundo da cultura é decorrência da realização histórica dos valores.

---

[55] Na lição de Tomás de Aquino: "Primum principium in ratione practica est quod fundatur supra rationem boni quae est, bonum est quod omnia appetunt. Hoc est ergo primum praeceptum legis quod bonum est faciendum et prosequendum, et malum vitandum; et super hoc fundantur omnia alia praecepta legis naturae" (S. Th., I-II, q. 94, a. 2).

[56] Segundo J. Messmer, os fins existenciais podem catalogar-se em: "(1) autoconservação, incluindo a integridade física e a consideração social; (2) realização perfeita de si mesmo, abrangendo o desenvolvimento da capacidade humana em ordem à elevação das condições de vida...; (3) o alargamento da experiência do saber e da aptidão para apreciar a beleza; (4) a procriação através da união dos sexos e da educação dos filhos; (5) a participação voluntária no bem-estar espiritual e material dos outros homens...; (6) a união social em ordem à promoção da utilidade integral" (*apud* Elcias Ferreira da Costa, *O conceito objetivo do direito*, Rio de Janeiro: Forense, 1983, p. 61).

Por sua vez, se existem valores que flutuam com as mutações da história, **há também certos valores constantes** que não deixam de existir com o passar do tempo e permanecem gravados na consciência histórica. Eles se impõem ao consenso universal, isto é, à estima e à aceitação de toda gente, do homem comum e do homem de ciência. Uma vez reconhecidos racional e coletivamente, adquirem um caráter permanente e definitivo. Ou seja, transformam-se em valores fixos e universais, orientando a humanidade, apesar das incessantes mutações históricas operadas na vida do direito. Resistem ao tempo exatamente por corresponderem a estruturas conaturais ao homem e serem fruto da experiência ética da humanidade.

Vemos como essa revelação dos valores fundamentais ocorreu ao longo dos séculos ou dos milênios, em múltiplas perspectivas ou diferentes tipos, pois cada época histórica ou civilização possui sua própria constelação cultural valorativa: na Antiguidade Clássica foi predominantemente ontológica; na Idade Média foi fundamentalmente teológica; na Época Moderna, decididamente gnoseológica; e na Era Contemporânea é de crescente sentido axiológico[57].

203.4. Direito natural e direitos fundamentais do homem

Exemplos desses núcleos resistentes, a salvo de transformações políticas, técnicas ou econômicas, (chamadas por Miguel Reale de "**constantes ou invariantes axiológicas**"), são os valores da pessoa humana, o direito à vida, a intangibilidade da subjetividade, a igualdade perante a lei, a liberdade individual etc., que constituem o fundamento da vida ética. São os direitos humanos essenciais garantidos constitucionalmente aos cidadãos, enquanto membros de um determinado Estado. Outorgam a seus titulares a possibilidade de impor seus interesses em face dos órgãos obrigados, formando a base de ordem jurídica de um Estado democrático de Direito.

Claro que esses **valores fundamentais** podem sofrer **oscilações de sentido** ao longo do tempo, mas, em sua essência, constituem aquisições históricas definitivas. Assim, se há certo relativismo axiológico, entendemos que este é sempre *a parte subjecti*. A eles correspondem os chamados "direitos fundamentais do homem" que **formam o cerne do direito natural**. Não se trata, pois, de algo intemporal ou a-histórico. O direito natural não é cópia de algo dado de antemão no processo social. Não podemos concebê-lo de forma abstrata, desligado da história, não relacionado com a experiência histórico-social. São, em suma, **o conjunto de valores constantes e fundamentais que orientam a humanidade e postos em função das tendências naturais do homem e das condições históricas**.

---

[57] Ver Miguel Reale, *Paradigmas da cultura contemporânea*, São Paulo: Saraiva, 1966, p. 110.

Há no direito natural um elemento *a priori* e um *a posteriori*, ou seja, a **tendência inata** que resulta das necessidades essenciais da natureza humana, e a **objetivação dos valores**, a que se tende naturalmente mediante a apreensão dos seres dados na experiência. Em suma, as tendências inatas dão origem a certo número de princípios que se concretizam em valores[58].

203.5. Direito natural e direito positivo

O Direito Natural pode ser concebido, *in abstracto*, como um conjunto de princípios éticos e racionais que inspiram e norteiam a evolução e as transformações do Direito e que, sem serem redutíveis às categorias do Direito Positivo, banham as matrizes da positividade jurídica. Tal modo de entender o Direito Natural deve pressupor, segundo Miguel Reale, a compreensão como algo de "transcendental" (no sentido kantiano desse termo) em relação ao Direito Positivo. E explica: o Direito Natural é, em suma, o conjunto das condições lógicas e axiológicas imanentes à experiência histórica do Direito, ou, por outras palavras, corresponde às estimativas de cuja validade universal o homem se apercebe na história e pela história. Entre Direito Natural e Direito Positivo há, de certa forma, uma irredutibilidade essencial, mas há também um nexo essencial de implicação e polaridade, o que corresponde à dupla característica dos valores, ou seja, não "valeriam" se não fossem dotados de *realizabilidade*, mas deixariam de ser valores se *se exaurissem* no processo histórico. As concepções monistas ou sacrificam o Direito reduzindo-o aos quadros do Direito Positivo, ou incidem no erro de admitir a possibilidade de se converter o Direito Natural em Direito Positivo, como se naquele nada houvesse de imutável e este não estivesse sujeito a mil contingências históricas. Por outro lado, seria errôneo pensar que o Direito Positivo seja derivação do Direito Natural, como no silogismo se concatenam as premissas e a conclusão. Isso seria esquecer que o Direito Positivo é sempre um produto social e cultural, portanto um encontro de exigências humanas universais com as exigências múltiplas da convivência social[59].

Como assinala **Stammler**, o Direito Natural não deve ser concebido nos moldes do abstrativismo do século XVIII, pois abrange um complexo de regras que, em função de situações culturais diversas, conduz a figuras jurídicas distintas, ou melhor dizendo, a valores jurídicos diversos, aos quais

---

[58] O próprio Hart sustentou a tese do **conteúdo mínimo do direito natural**. Entendia com essa tese que existem fatores aparentemente inalteráveis na *conditio humana*, e por esse motivo é natural que em todos os ordenamentos jurídicos existam normas *de neminem laedere*, normas para a conservação da terra, bem como para a distribuição de seus frutos (*O conceito de direito*).

[59] Ver *Teoria do direito e do Estado*, São Paulo: Saraiva, 2000, p. 97-98.

correspondem distintos sistemas de Direito Positivo. Por isso, segundo Stammler, o Direito Natural é formado por um número exíguo de preceitos gerais que, projetados sobre circunstâncias diversas da vida social, fazem surgir distintos ideais concretos de justiça. Daí ter renovado, com penetração surpreendente, a ideia de um Direito Natural que chamou de "Direito Natural de conteúdo variável". É na imanência da história que Direito Natural e Direito Positivo se correlacionam.

204. CONCLUSÃO

204.1. Natureza humana

A **NATUREZA HUMANA**, quando aplicada essa noção ao direito para daí chegar à ideia de direito natural, **é algo de concreto, de vivido, de realizado na história**. Não uma entidade abstrata e imutável, visão que a tornaria uma natureza "desumanizada". A historicidade é uma dimensão constitutiva da existência pessoal e intrínseca à ordem social.

O fato inegável é que o homem, impelido por tendências naturais, vai, ao longo da história, selecionando e optando por determinados valores que ele considera essenciais à humanidade como um todo. Essas tendências naturais são como o solo fértil e indispensável de onde vão germinar os valores concretamente na experiência histórica. Os valores, como toda cultura, se expressam, portanto, dentro da história; não podem ser concebidos fora da história. Aliás, todos os três elementos que compõem o direito (fato, valor e norma) sempre se apresentarão e terão sentido dentro do seu contexto histórico.

Temos, pois, um processo de criação permanente, superando assim uma concepção do direito natural que se refere a um direito previamente estabelecido, que o realizador do direito já encontra formulado à sua disposição, anterior à realidade que ele deve ordenar[60]. **A vida ri dos castelos de fórmulas intocáveis, sejam eles castelos positivistas ou castelos jusnaturalistas**, pois ela oferece todo dia casos imprevistos, a que é impossível aplicar as velhas fórmulas. São necessárias fórmulas novas, feitas sob medida, para que se possa dominar a nova realidade histórica.

Em última análise, o fundamento último que o Direito tem em comum com a Moral e com todas as ciências normativas deve ser procurado na natureza humana, nas tendências naturais do homem, não como entidade abstrata (à maneira dos jusnaturalistas), mas como ser racional destinado por natureza a viver em sociedade e a realizar os seus fins superiores. É, pois, **no homem mesmo, na sua condição humana, que procuramos fundamentar o direito**. Quando está em causa o problema dos fundamen-

---

[60] Francisco Amaral, *Direito civil: introdução*, Rio de Janeiro: Renovar, 2008, p. 51.

tos do direito, põe-se, concomitantemente, a indagação a respeito da natureza humana. Com outras palavras: não se pode alcançar o sentido essencial do direito sem se levar em conta a natureza do homem, segundo o clássico ensinamento de Cícero: "natura juris ab hominis natura repetenda est", ou seja, **"a natureza do Direito resulta da natureza mesma do homem"**[61].

204.2. Valores fixos e universais

O **DIREITO NATURAL** sendo "aquilo para o qual a natureza inclina o homem" (Tomás de Aquino), é **formado por certos valores fixos e universais**. Não é um paradigma ideal a servir de modelo ao direito positivo, mas um conjunto de valores e princípios que, como fundamento e diretriz, condiciona, formal e materialmente, a experiência jurídica possível. Se a cultura é dinâmica e vai assumindo variadas formas, o direito desenvolve-se num processo contínuo, mas sem prejuízo desses valores permanentes. Lembramos que o valor indica algo que deve ser em virtude do significado e do papel que lhe atribuem as opções e preferências dos indivíduos e dos grupos sociais[62].

204.3. Seiva do Direito

Não negamos, por fim, que as questões que o direito natural levanta para a filosofia e para a ciência do direito não são pequenas. Aliás, na observação de Javier Hervada, "tudo o que se refere ao homem suscita muitas e profundas questões"[63].

Mas este livro é uma "introdução", não um tratado. Por conseguinte, podemos concluir dizendo que, sob qualquer ótica, transcendente ou transcendental ou axiológico-historicista, o fato incontesto é que a **árvore jurídica, com seus vários ramos, é vivificada pela seiva do direito natural. Se esta não circula, a árvore se reduzirá a um acúmulo de galhos secos.**

Finis Coronat Opus.

QUESTIONÁRIO

1. O jusnaturalismo é uma concepção científica do Direito, porque não mantém o princípio da neutralidade axiológica. Perante tal afirmação, escolha a opção correta.

---

[61] Miguel Reale prefere partir da ideia de pessoa humana, chamada por ele de "valor-fonte" (*Fundamentos do direito*, São Paulo: Revista dos Tribunais, 1972, p. 305).

[62] Miguel Reale também compreende o Direito Natural como a "versão normativa dos valores fundantes conquistados pela espécie humana, representativos de sua perfectibilidade ética" (*Nova fase do direito moderno*, São Paulo: Saraiva, 1999, p. 57).

[63] *Javier Hervada, O que é o direito?* A moderna resposta do realismo jurídico, São Paulo: Martins Fontes, 2006, p. 70.

A) Asserção certa e razão certa.

B) Asserção certa e razão errada.

C) Asserção errada e razão certa.

D) Asserção errada e razão errada.

2. Explique as posições do positivismo jurídico, do jusnaturalismo e do pós-positivismo quanto à fundamentação do direito.

3. Qual o ensinamento de Santo Tomás de Aquino a respeito das leis em geral e da lei natural em particular?

4. Qual foi a doutrina racionalista dos jusnaturalistas dos séculos XVII e XVIII?

5. A secularização do Direito Natural é devida a Grócio, porque ele é um partidário da Escola da Exegese. Perante tal afirmação, escolha a opção correta:

A) Asserção certa e razão certa.

B) Asserção certa e razão errada.

C) Asserção errada e razão certa.

D) Asserção errada e razão errada.

6. Quando se concebe o direito natural como "expressão da natureza humana", o que se entende por "natureza humana?" Há alguma correlação entre ela e o que Reale chama de "estrela polar valorativa?"

7. O direito natural pode ser algo abstrato e desligado da história? Por quê?

8. Segundo a concepção de Miguel Reale, o que forma o cerne do direito natural? Explique.

9. Qual a correlação entre o direito natural e o direito positivo, na ótica de Miguel Reale?

10. Como você explica as palavras de Giuseppe Graneris (1888-1981), ilustre professor da Pontifícia Universidade Lateranense: "Direito natural e direito positivo não são dois direitos justapostos ou contrapostos, mas dois andares do mesmo edifício".

11. Que significam a natureza transcendental e o caráter conjetural do direito natural, segundo a concepção de Miguel Reale?

12. Certos valores, uma vez adquiridos pela espécie humana, podem ser considerados inatos, no sentido especial de se terem tornado invariantes na linguagem do "código genético", isto é, inscritos definitivamente no destino do homem (Jacques Monod). E Reale adverte que esse conceito

empírico de "inatismo", a que se pode chegar no campo da investigação científico-positiva, apresenta-se, no plano filosófico, como "transcendentalidade", no sentido especial que ele dá a essa palavra.

Pergunta-se: mesmo não admitindo um direito natural inato, não há algo de inato no direito natural? Justifique.

13. Não se pode negar que há certo relativismo axiológico. Em sua opinião: a relatividade está no homem e o valor é absoluto, ou o valor é que vem a ser relativo? Justifique.

14. (Provão 1998) O positivismo jurídico engloba doutrinas que
    - igualam o direito natural ao direito positivo.
    - acreditam ser o direito positivo o desdobramento inevitável do direito natural.
    - afirmam serem as leis do Estado portadoras de valores positivos.
    - defendem a observância do direito positivo como um dever moral.
    - repelem a crença em um fundamento valorativo do direito.

15. (Enade 2006) A formação da consciência ética, baseada na promoção dos valores éticos, envolve a identificação de alguns conceitos, como "consciência moral", "senso moral", "juízo de fato" e "juízo de valor".

    A esse respeito, leia os quadros a seguir.

    Quadro I – Situação

    Helena está na fila de um banco, quando, de repente, um indivíduo, atrás na fila, se sente mal. Devido à experiência com seu marido cardíaco, tem a impressão de que o homem está tendo um enfarto. Em sua bolsa há uma cartela com medicamento que poderia evitar o perigo de acontecer o pior. Helena pensa: "Não sou médica – devo ou não devo medicar o doente? Caso não seja problema cardíaco – o que acho difícil –, ele poderia piorar? Piorando, alguém poderá dizer que foi por minha causa – uma curiosa que tem a pretensão de agir como médica. Dou ou não dou o remédio? O que fazer?"

    Quadro II – Afirmativas

    1 – O "senso moral" relaciona-se à maneira como avaliamos nossa situação e a de nossos semelhantes, nosso comportamento, a conduta e a ação de outras pessoas segundo ideias como as de justiça e injustiça, certo e errado.

    2 – A "consciência moral" refere-se a avaliações de conduta que nos levam a tomar decisões por nós mesmos, a agir em conformidade com elas e a responder por elas perante os outros.

Qual afirmativa e respectiva razão fazem uma associação mais adequada com a situação apresentada?

A) Afirmativa 1 – porque o "senso moral" se manifesta como consequência da "consciência moral", que revela sentimentos associados às situações da vida.

B) Afirmativa 1 – porque o "senso moral" pressupõe um "juízo de fato", que é um ato normativo enunciador de normas segundo critérios de correto e incorreto.

C) Afirmativa 1 – porque o "senso moral" revela a indignação diante de fatos que julgamos ter feito errado provocando sofrimento alheio.

D) Afirmativa 2 – porque a "consciência moral" se manifesta na capacidade de deliberar diante de alternativas possíveis que são avaliadas segundo valores éticos.

E) Afirmativa 2 – porque a "consciência moral" indica um "juízo de valor" que define o que as coisas são, como são e por que são.

16. A secularização do Direito Natural é devida a Grócio, porque ele é um partidário da Escola da Exegese.

    A afirmação supra é verdadeira ou falsa? Justifique.

REFERÊNCIAS BIBLIOGRÁFICAS

ABBAGNANO, Nicola. *Filosofia, religione, scienza.* Torino, 1947.
ABIB NETO. *Novo Código Civil interpretado e comentado.* São Paulo: Letras & Letras, 2003.
ABREU, José. *O negócio jurídico e sua teoria geral.* São Paulo: Saraiva, 1984.
ADEODATO, João Maurício. *Filosofia do direito.* São Paulo: Saraiva, 2009.
AKEL, Hamilton Elliot. *O poder judicial e a criação da norma individual* São Paulo: Saraiva, 1995.
ALBUQUERQUE, Francisco Uchoa de. *Introdução ao estudo do direito.* São Paulo: Saraiva, 1982.
ALEXY, robert. *Conceito e validade do direito.* São Paulo: Martins Fontes, 2009.
ALEXY, Robert. *Teoria da argumentação jurídica.* Rio de Janeiro: Forense, 2013.
ALEXY, Robert. *Teoria dos direitos fundamentais.* São Paulo: Malheiros, 2011.
Almeida Júnior, João Mendes de. *Direito judiciário brasileiro.* Rio de Janeiro: Freitas Bastos, 1960.
ALVES, Alaôr Caffé. *O que é a filosofia do direito?* Barueri: Manole, 2004.
AMARAL, Francisco. A interpretação jurídica segundo o Código Civil. *Revista do Advogado*, São Paulo, ano XXVIII, n. 98, 2008.
AMARAL, Francisco. *Direito civil*: introdução. Rio de Janeiro: Renovar, 2008.
Aranguren, José Luis López. *Ética.* Madrid: RevOcc, 1972.
ARANHA, Maria Lúcia de Arruda; MARTINS, Maria Helena Pires. *Temas de filosofia.* São Paulo: Moderna, 2005.
ARELLANO, Joaquim Ferrer. *Filosofía de las relaciones jurídicas.* Madrid: Rialp, 1963.
ARISTÓTELES. *Ética a Nicômaco.* 3. ed. Brasília: Ed. Universidade de Brasília, 1985.
ARISTÓTELES. *Metafísica.* Tradução de Edson Bini. São Paulo: Edipro, 2016.
ASCENSÃO, José de Oliveira. *O direito*: introdução e teoria geral – uma perspectiva luso-brasileira. Rio de Janeiro: Renovar, 1994.
ÁVILA, Humberto. *Teoria da segurança jurídica.* São Paulo: Malheiros, 2014.
ÁVILA, Humberto. *Teoria dos princípios.* São Paulo: Malheiros, 2011.

BARROSO, Luís Roberto. *Curso de direito constitucional contemporâneo*, São Paulo: Saraiva, 2015.

BARROSO, Luís Roberto. Fundamentos teóricos e filosóficos do novo direito constitucional brasileiro. *Revista Diálogo Jurídico*, Salvador, ano 1, n. 6, set. 2001.

BARROSO, Luís Roberto. Grandes transformações do direito constitucional contemporâneo e o pensamento de Robert Alexy. *In:* TRIVISONI, Alexandre Travessoni Gomes; SALIBA, Aziz Tuffi; LOPES, Mônica Sette (org.). *Princípios formais*. Rio de Janeiro: Forense, 2014.

BARROSO, Luís Roberto. *Interpretação e aplicação da Constituição*. São Paulo: Saraiva, 1999.

BETIOLI, Antonio Bento. *Evolução do pensamento jurídico*. São Paulo: Linardi Editora, 2020.

BETIOLI, Antonio Bento. *Bioética, a ética da vida*. São Paulo: LTr, 2013.

BETTIOL, Giuseppe. *Diritto penale* (Parte Generale). Palermo: Caetano Priulla Editore, 1962.

BEVILÁQUA, Clóvis. *Em defesa do Projeto de Código Civil Brasileiro*. Rio de Janeiro: Francisco Alves, 1906.

BITTAR, Eduardo. *Introdução ao estudo do direito*. São Paulo: Saraiva, 2018.

Bobbio, Norberto. *Teoria do ordenamento jurídico*. Brasília: Ed. Universidade de Brasília, 1997.

BOBBIO, Norberto. *O positivismo jurídico*: lições de filosofia do direito. São Paulo: Ícone, 2006.

BOBBIO, Norberto. *Teoria da norma jurídica*, São Paulo: Edipro, 2012.

BOBBIO, Norberto. *Teoria geral do direito*, São Paulo: Martins Fontes, 2010.

BOBBIO, Norberto. *Teoria della scienza giuridica*. Torino, 1950.

BOBBIO, Norberto. *Locke e o direito natural*. Brasília: Ed. UnB, 1997.

BONAVIDES, Paulo. *Curso de direito constitucional*. São Paulo: Malheiros, 2011.

BROCHADO, Mariá. *Magistratura*: noções gerais de direito e formação humanística. Niterói: Impetus, 2012.

BRÜGGER, Walter. *Dicionário de filosofia*. São Paulo: Herder, 1969.

CAMPOS, Ricardo (org.). *Crítica da ponderação:* método constitucional entre dogmática jurídica e teoria social. São Paulo: Saraiva, 2016.

CANOTILHO, J. J. Gomes. *Direito constitucional*. Coimbra: Almedina, 1993.

CARDIM, Carlos Henrique (org.). *Bobbio no Brasil:* um retrato intelectual. Brasília: Ed. UnB, 2001.

Carreiro, Porto. *Introdução à ciência do direito*. Rio de Janeiro: Ed. Rio, 1976.

CASTANHEIRA NEVES. *O atual problema metodológico da interpretação jurídica*. Coimbra: Coimbra Ed, 2003.

CASTRO, Celso A. P. de. *Sociologia e direito*. São Paulo: Atlas, 1979.

CAVALCANTI FILHO, Theóphilo. *O problema da segurança no direito*. São Paulo: RT, 1964.

CAVALCANTI FILHO, Theóphilo. *Teoria do direito*. São Paulo: Bushatsky, 1976.

CHAVES, Antonio. *Tratado de direito civil*: parte geral. São Paulo: Revista dos Tribunais, 1982.

CHORÃO, Mário Bigotte. *Introdução ao direito.* Coimbra: Almedina, 2000. v. 1.

COELHO, Fábio Ulhoa. *Roteiro de lógica jurídica.* São Paulo: Max Limonad, 1996.

COELHO, L. Fernando. *Aulas de introdução ao direito.* Barueri: Manole, 2004.

COELHO, L. Fernando. *Lógica jurídica e interpretação das leis.* Rio de Janeiro: Forense, 1981.

COSTA, Elcias Ferreira da. *O conceito objetivo do direito.* Rio de Janeiro: Forense, 1983.

COSTA, Elcias Ferreira da. *Analogia jurídica e decisão judicial.* Porto Alegre: Fabris, 1987.

COTRIM, Gilberto. *Fundamentos da filosofia.* São Paulo: Saraiva, 1996.

CRETELLA JÚNIOR, José. *Primeiras lições de direito.* Rio de Janeiro: Forense, 1965.

CZERNA, Renato Cirrell. A justiça como história. In: *Ensaios de filosofia do direito.* São Paulo, 1952.

DEL VECCHIO, Giorgio. *Leziones de filosofia del diritto.* Milano: Giuffrè, 1946.

DIMOULIS, Dimitri. *Manual de introdução ao estudo do direito.* São Paulo: Revista dos Tribunais, 2013.

DINIZ, Maria Helena. *As lacunas no direito.* São Paulo: Revista dos Tribunais, 1981.

DINIZ, Maria Helena. *Compêndio de introdução à ciência do direito.* São Paulo: Saraiva, 2010; 2012.

DINIZ, Maria Helena. *Conceito de norma jurídica como problema de essência.* São Paulo: Revista dos Tribunais, 1985.

DINIZ, Maria Helena. *Conflito de normas.* São Paulo: Saraiva, 1987.

DU PASQUIER, Claude. *Introduction à la théorie générale et à la philosophie du droit.* Switzerland: Neuchâtel, 1967.

DURANT, Guy. *A bioética.* São Paulo, 1995.

FARALLI, Carla. *A filosofia contemporânea do direito*, São Paulo: Martins Fontes, 2006.

FERRAZ JR., Tércio Sampaio. *A ciência do direito.* São Paulo: Atlas, 2010.

FERRAZ JR., Tércio Sampaio. *Introdução ao estudo do direito.* São Paulo: Atlas, 1989.

FREIRE, Paulo. *Pedagogia da autonomia*: saberes necessários à prática educativa, Rio de Janeiro: Paz e Terra, 2002.

FRONDIZI, Risieri. *¿Qué son los valores?* México: Fondo de Cultura Económica, 1972; 2004.

GALVES, Carlos Nicolau. *Manual de filosofia do direito.* Rio de Janeiro: Forense, 1995.

GARCÍA, Angeles Mateos. *A teoria dos valores de Miguel Reale.* São Paulo: Saraiva, 1999.

GRANERIS, Giuseppe. *La filosofia del diritto.* Desclée e Cia., 1961.

GRAU, Eros Roberto. *Por que tenho medo dos juízes.* São Paulo: Malheiros, 2014.

GUSMÃO, Paulo Dourado de. *Filosofia do direito.* Rio de Janeiro: Forense, 20008.

GUSMÃO, Paulo Dourado de. *Introdução ao estudo do direito.* Rio de Janeiro: Forense, 1997.

HERKENHOFF, João Baptista. *Como aplicar o direito.* Rio de Janeiro: Forense, 1986.

HERVADA, Javier. *O que é o direito?* A moderna resposta do realismo jurídico. São Paulo: Martins Fontes 2006.

HERVADA, Javier. *Filosofia do direito*. São Paulo: Martins Fontes, 2008.

HESSEN, Johannes. *Filosofia dos valores*. Coimbra, 1967.

IHERING, Rudolf Von. *A luta pelo direito*. São Paulo: Revista dos Tribunais, 2008.

IHERING, Rudolf Von. *A finalidade do direito*. Rio de Janeiro: Ed. Rio, 1979. 2 v.

JOLIVET, Régis. *Vocabulário de filosofia*. Rio de Janeiro: Agir, 1975.

JOLIVET, Régis. *Curso de filosofia*. Rio de Janeiro: Agir, 1995.

JUSTO, A. Santos. *Introdução ao estudo do direito*. Coimbra: Coimbra Ed., 2001.

KELSEN, Hans. *Teoria pura do direito*. São Paulo: Martins Fontes, 2009.

KELSEN, Hans. *Teoria geral do direito e do Estado*. São Paulo: Martins Fontes, 2016.

LARENZ, Karl. *Metodologia da ciência do direito*. 1989.

LATORRE, Angel. *Introducción al derecho*. Barcelona: Editorial Ariel, 1976.

LIMA, Alceu Amoroso. *Legado político do Ocidente*: o homem e o Estado. Rio de Janeiro: Difel, 1977.

LIMA, Hermes. *Introdução à ciência do direito*. Rio de Janeiro: Freitas Bastos, 1996.

LOPES, José Reinaldo de Lima. *O direito na história:* lições introdutórias. São Paulo: Atlas, 2008.

MACEDO, Sílvio de. *Lógica jurídica*. Maceió, 1966.

MACHADO NETO, A. L. *Compêndio de introdução à ciência do direito*. São Paulo: Saraiva, 1988.

MACHADO NETO. *Teoria geral do direito*. Rio de Janeiro: Tempo Brasileiro, 1966.

MASCARO, Alyson Leandro. *Filosofia do direito*. São Paulo: Atlas, 2010.

MAXIMILIANO, Carlos. *Hermenêutica e aplicação do direito*. Rio de Janeiro: Forense, 2011.

MÁYNEZ, Eduardo García. *Introducción al estudio del derecho*. México: Porrúa, 1949.

MELLO, Celso D. de Albuquerque. *Direito constitucional internacional*. Rio de Janeiro: Renovar, 2000.

MENDES, Renato Geraldo. *A quarta dimensão do direito*. Curitiba: Zênite, 2013.

MIRANDA, Jorge. *Manual de direito constitucional*. 4. ed. Coimbra.

MONCADA, Cabral de. *Filosofia do direito e do Estado*. Coimbra: Atlântida Editora, 1966. v. II.

MONDIN, Battista. *O homem, quem é ele?* São Paulo: Paulinas, 1986.

MONTESQUIEU. *O espírito das leis*. São Paulo: Saraiva, 2008.

MONTORO, Franco. *Estudos de filosofia do direito*. São Paulo: Revista dos Tribunais, 1981.

MONTORO, Franco. *Introdução à ciência do direito*. São Paulo: Revista dos Tribunais, 1997.

MORA, Ferrater. *Dicionário de filosofia*. Edição abreviada. Lisboa: Dom Quixote, 1991.

MORAES, Alexandre de. *Direito constitucional*. São Paulo: Atlas, 1999.

MORENO, Martin Ruiz. *Filosofía del derecho*. Buenos Aires: Editorial Guillermo Kraft, 1944.

MORENTE, Manuel Garcia. *Fundamentos de filosofia*. São Paulo: Mestre Jou, 1970.

MORIN, Gaston. *La révolte du droit contre le code*. Paris: Librairie du Recueil Sirey, 1945.

MOUCHET, Carlos; BECÚ, Ricardo. *Introducción al derecho*. Buenos Aires: Ediciones Arayú, 1953.

MOUNIER, Emmanuel. *o personalismo*. Santos: Livraria Martins Fontes Editora, s. d.

NADER, Paulo. *Introdução ao estudo do direito*. Rio de Janeiro: Forense, 1996.

NEVES, Castanheira. *Metodologia jurídica, problemas fundamentais*. Coimbra, 1993.

NEVES, Castanheira. *O actual problema metodológico da interpretação jurídica*. Coimbra: Coimbra Ed., 2003.

NINO, Carlos Santiago. *Introdução à análise do direito*. São Paulo: Martins Fontes, 2015.

NUNES, Luiz Antonio. *Manual de introdução ao estudo do direito*. São Paulo: Saraiva, 1996.

ORTEGA Y GASSET, José. *Introducción a una estimativa:* obras completas VI. Madrid, 1955.

PADOVANI, Umberto; Castagnola, Luis. *História da filosofia*. São Paulo: Melhoramentos, 1995.

PAUPÉRIO, A. Machado. *Introdução ao estudo do direito*. Rio de Janeiro: Forense, 1981.

PEGORARO, Olinto A. *Ética é justiça*. Petrópolis: Vozes, 1999.

PEGORARO, Olinto. *Ética dos maiores mestres através da história*. Petrópolis: Vozes, 2010.

PEREIRA, Caio Mário da Silva. *Instituições de direito civil*. Rio de Janeiro: Forense, 1992.

PERELMAN, Chaïm. *Ética e direito*. 1996.

PERLINGIERI, Pietro. *Perfis do direito civil*. Rio de Janeiro: Renovar, 1997.

PHILOTEUS, Boehner; Gilson, Etienne. *História da filosofia cristã*. Petrópolis: Vozes, 1995.

PICARD, Edmond. *O direito puro*. São Paulo: Editorial Ibero-Americano, 1942.

PONTES DE MIRANDA, Francisco Cavalcanti. *Sistema de ciência positiva do direito*. Rio de Janeiro: 1922. v. 1.

PONTES DE MIRANDA, Francisco Cavalcanti. *Tratado de direito privado*. Rio de Janeiro, 1954. t. I.

RÁO, Vicente. *O direito e a vida dos direitos*. São Paulo: Max Limonad, 1960.

Reale, Miguel. *Direito natural/direito positivo*. São Paulo: Saraiva, 1984.

REALE, Miguel. *Filosofia do direito*. São Paulo: Saraiva, 1990.

REALE, Miguel. *Filosofia em São Paulo*. São Paulo, 1962.

REALE, Miguel. *Fontes e modelos do direito*. São Paulo: Saraiva, 1994.

REALE, Miguel. *Introdução à filosofia*. São Paulo: Saraiva, 1988.

REALE, Miguel. *Lições preliminares de direito*. São Paulo: Saraiva, 1984.

REALE, Miguel. *Nova fase do direito moderno*. São Paulo: Saraiva, 1990.
REALE, Miguel.. *Paradigmas da cultura contemporânea*. São Paulo: Saraiva, 1996.
REALE, Miguel. *Teoria tridimensional do direito*. São Paulo: Saraiva, 1994.
REALE, Miguel. *Fundamentos do direito*. São Paulo: Revista dos Tribunais/Edusp, 1972.
REALE, Miguel. *Questões de direito público*. São Paulo: Saraiva, 1997.
REALE, Miguel. *Pluralismo e liberdade*. São Paulo: Saraiva, 1963.
REALE, Miguel. *O direito como experiência*. São Paulo: Saraiva, 1968; 1992; 2002.
REALE, Miguel. *Cinco temas do culturalismo*. São Paulo: Saraiva, 2000.
REALE, Miguel. *O Estado Democrático de Direito e o conflito das ideologias*. São Paulo: Saraiva, 1998.
REALE, Miguel. *Experiência e cultura*. São Paulo: Grijalbo/Edusp, 1977.
REALE, Miguel. *Filosofia e teoria política*. São Paulo: Saraiva, 2003.
REALE, Miguel. *Parlamentarismo brasileiro*. São Paulo: Saraiva, 1962.
REALE, Miguel. *Teoria do direito e do Estado*. São Paulo: Saraiva, 2000.
REALE, Miguel. *Verdade e conjetura*. Rio de Janeiro: Nova Fronteira, 1987.
REALE JR., Miguel. *Antijuridicidade concreta*. Bushatsky, 1974.
RODRIGUES-ARIAS, Lino. La teoría de la institución. In: *Anais do VIII Congresso Interamericano e Filosofia*. São Paulo: Instituto Brasileiro de Filosofia, 1974.
ROUBIER, Paul. *La théorie générale du droit*. Paris: Recueil Sirey, 1951.
ROUBIER, Paul. *Droits subjectifs et situations juridiques*. Paris: Dalloz, 1963.
ROUSSEAU, Jean-Jacques. *Les confessions*, Paris, Garnier Flamarion, 1958. v. 1.
SABADELL, Ana Lúcia. *Manual de sociologia jurídica*. São Paulo: Revista dos Tribunais, 2017.
SANDEL, Michael J. *Justiça*: o que é fazer a coisa certa, Rio de Janeiro: Civilização Brasileira, 2013.
SECCO, Orlando de Almeida. *Introdução ao estudo do direito*. Rio de Janeiro: Freitas Bastos, 1981.
SICHES, Luis Recaséns. *Filosofía del derecho*. México: Porrúa, 1959.
SICHES, Luis Recaséns. *Panorama del pensamiento jurídico en el siglo XX*. México: Porrúa, 1963.
SILVA, Antonio Pinto. Nota crítica sobre a relação direito e moral. In: ANJOS, Márcio Fabri dos; LOPES, José Reinaldo de Lima (org.). *Ética e direito*: um diálogo. Aparecida: Ed. Santuário, 1996.
SILVA, José Afonso da. *Aplicabilidade das normas constitucionais*. São Paulo: Revista dos Tribunais, 1982.
SILVA, José Afonso da. *Curso de direito constitucional positivo*. São Paulo: Malheiros, 1989.
SILVA, Márcio Bolda da. *Rosto e alteridade*. São Paulo: Paulus, 1995.
SILVA, Virgílio Afonso da. Princípios e regras: mitos e equívocos em torno de uma distinção. *Revista Latino-Americana de Estudos Constitucionais*, Del Rey, n. 1, jan./jun. 2003.

SILVEIRA, Alípio. *Hermenêutica no direito brasileiro*. São Paulo: Revista dos Tribunais, 1968.

SIQUEIRA JR., Paulo Hamilton. *Teoria do direito*. São Paulo: Saraiva, 2009.

SÓFOCLES. *Antígona*. São Paulo: Martin Claret, 2002.

SOUSA, Daniel Coelho de. *Introdução à ciência do direito*. São Paulo: Saraiva, 1983.

SOUSA, José Pedro Galvão de. *Direito natural*: direito positivo e Estado de Direito. São Paulo: Revista dos Tribunais, 1977.

SOUSA JUNIOR, José Geraldo. *O direito achado na rua*. Rio de Janeiro: Lumen Juris, 2015.

TELLES JÚNIOR, Goffredo. *A criação do direito*. São Paulo: Revista dos Tribunais, 1953.

TELLES JÚNIOR, Goffredo. *O direito quântico*. São Paulo: Max Limonad, 1980.

TELLES JÚNIOR, Goffredo. *Iniciação na ciência do direito*. São Paulo: Saraiva, 2001

TELLES JÚNIOR, Goffredo. *Filosofia do direito*. São Paulo: Max Limonad, s. d.

VASCONCELOS, Arnaldo. *Teoria da norma jurídica*. Rio de Janeiro: Forense, 1978.

VÁSQUEZ, Adolfo Sánchez. *Ética*. Rio de Janeiro: Civilização Brasileira, 1995.

VENOSA, Sílvio de Salvo. *Direito civil*: teoria geral. São Paulo: Atlas, 1984.

VENOSA, Sílvio de Salvo. *Introdução ao estudo do direito*. São Paulo: Atlas, 2004.

VIDAL, Marciano. *Moral de atitudes*: moral fundamental. Aparecida: Ed. Santuário, 1983.

VIDAL, Marciano. *A ética civil e a moral cristã*. Aparecida: Ed. Santuário, 2001.

VIDAL, Marciano. *Nova moral fundamental*. Aparecida: Ed. Santuário; São Paulo: Paulinas, 2003.

VILLEY, Michel. *Filosofia do direito*: definições e fins do direito. São Paulo.

VIRALLY, Michel. *La pensée juridique*. Paris: Librairie Générale de Droit et de Jurisprudence, 1960.

ÍNDICE ANALÍTICO-REMISSIVO

(Os números referem-se aos parágrafos.)

A

Ab-rogação da lei, 164.1
Acaso (e determinismo), 10.1
Alteridade, 182.1
Analogia:
– conceito, 151
– analogia *in bonam partem*, 156
– princípio da igualdade jurídica, 152
– operação lógica e axiológica, 153
– *analogia legis* e *analogia juris*, 154
– analogia e interpretação extensiva, 155
– exclusão da analogia, 156
Antinomia jurídica, 167
Aplicação da lei:
– no tempo, 165
– no espaço, 166
Aplicação do direito, 148
Argumentação jurídica, 147.3
Ativismo judicial, 68.2
Associações, 107.3
Ato e potência, 17.2
Ato jurídico, 96
Ato jurídico perfeito, 165.3
Ato lícito e ilícito, 95.3
Atos anuláveis, 73.2
– inexistentes, 73.3
– nulos, 73.1
Atributividade, 18.1
Autointegração, 150.1
Autotutela, 103
Autonomia (e heteronomia), 16
Autonomia da vontade, 71

Axiologia e ontologia, 9.3
Axiomas jurídicos, 132

B

Bem individual e social, 14.3
Bens culturais (estrutura), 6.3
Bilateralidade atributiva, 19
Biodireito, 14.4
Bioética, 14.4
Brocardos jurídicos, 162

C

Capacidade jurídica (e personalidade), 104.2
Capacidade de fato (e legitimação), 103.4
Caráter contrafático do direito, 12.2, c
Casos difíceis (*hard cases*), 134.4
Causa, 168.2
Causalidade (e imputabilidade e responsabilidade), 47
Certeza (do direito), 147.2, f
Ciência:
– conceito, 168.1
– e causas, 168.2
– e objetos, 168.3
Ciências jurídicas:
– dogmática jurídica, 170.1
– teoria geral do direito, 170.2
– sociologia jurídica, 170.3
– história do direito, 170.4
– política do direito, 170.5
– filosofia do direito, 170.6
– zetética e dogmática jurídica, 170.7
Ciências naturais e culturais, 169

Círculos concêntricos (Teoria dos), 21.2, IV
Círculos secantes (Teoria dos), 21.2, V
Civil law, 66.4
Civilizações, 5.3
Cláusulas abertas ou gerais, 147.2, c
Coação, 17.2
Coerção, 17.2
Coercibilidade (Teoria da), 17.4
Código de Napoleão, 138
Coisa julgada, 165.3
Comando despsicologizado, 22.1
Comentaristas, 138.2
Common law, 66.4,
Comoriência, 103.5
Competência privativa, exclusiva e concorrente, 74.3
Competição social (e direito), 2.3
Compreensão (e explicação), 6.3,
Conflito social (e direito), 2.3
Conhecimento científico, 168
Conjetura, 191.3, c
Consequência, 47.1
Constelações axiológicas, 191.3, a
Contratualismo, 1.2, c
Controle social, 2.1
Cooperação social (e direito), 2.3
Costume jurídico:
 – definição, 63.1
 – elementos, 63.2
 – fixação de prazo, 63.3
 – e norma de trato social, 63.4
 – valor dos costumes jurídicos, 66
Costume *secundum legem*, 65.1
Costume *praeter legem*, 65.2
Costume *contra legem*, 65.3
Common law e sistema romano-germânico, 66.4
Costume supletivo, 150
Cultura:
 – características, 6
 – conceito, 5.1
 – e erudição, 5.2
 – e civilização, 5.3
 – e o homem, 5.43
 – relações entre cultura e natureza, 5.5

D

Dado (e construído), 38.1
Declaração de inconstitucionalidade, 74.5

Declarações dos direitos, 127
Decreto, 61.2
Decretos regulamentares, 61.1
Decreto legislativo, 60.7
Dedução (silogística e amplificadora), 172.3
Definição do direito:
 – critérios, 32
 – nominal, 33
 – real, 34
 – real analítica, 34.2
 – real sintética, 34.3
Democracia de rua, 102.3
Deontologia, 12.4, d
Derrogação da lei, 165.1
Desuso, 75.4
Determinismo (e acaso), 10.1
Dever jurídico:
 – direito e obrigação, 128
 – natureza e conceito, 129
 – origem e extinção, 130
 – espécies, 131
Dever ser, 6.4, c
Dialética, 30.2, a
Dialética de complementaridade, 30.2
 – de implicação-polaridade, 30.2
 – hegeliano-marxista, 30.2, b
Diferença específica, 36.1
Direito-ciência, 35.1
Direito-faculdade, 35.4
Direito-fato social, 35.2
Direito-justo, 35.5
Direito-norma, 35.3
Direito-relação, 35.6
Direito:
 – absoluto e relativo, 120.1-2
 – administrativo, 89.2
 – adquirido, 165.3
 – civil, 90.1
 – comercial, 90.2
 – como ciência, 35.1
 – como faculdade, 35.4
 – como fato social, 35.2
 – como instrumento de controle social, 3.1
 – como norma, 35.3
 – como ordenação da convivência, 4.2
 – como realidade cultural-ética, 7.2
 – como valor, 35.5
 – constitucional, 89.1
 – construído (realidade cultural), 38.1

– corolários do direito, 36.3
– dado (realidade natural), 38.2
– de grupo(direitos), 102.2
– do consumidor, 89.9
– do trabalho, 89.5
– e obrigação, 128
– e religião, 19
– eleitoral, 89.8
– estrutura tridimensional, 29 e s.
– formação do, 38
– filosofia do, 170.6
– financeiro, 89.6
– função (poder-dever), 113
– fundamento, Lição XL
– heteronomia, 16
– público e privado, 87
– humanos, 125
– internacional e interno, 89
– livre (corrente do), 142
– objetivo, 79.2
– patrimoniais e não patrimoniais, 122.4
– penal, 89.4
– positivo, 79.3
– potestativo, 113.2
– privado, 87
– principais e acessórios, 120.5; 120.6
– renunciáveis e não renunciáveis, 120.7; 120.8
– processual, 89.3
– público, 87
– real e obrigacional, 121.4
– sociologia do, 170.3
– subjetivo, 80.1, 10
– transmissíveis e não transmissíveis, 120; 129.4
– tributário, 89.7
Direito subjetivo:
– noção, 110.1
– características, 110.2
– vinculação com o direito objetivo, 110.3
– direito subjetivo e os direitos humanos, 110.4
– natureza (teorias), 115 a 119
– direitos da pessoa e da personalidade, 122.3
– direitos subjetivos públicos, 123
Direito e moral
– Distinções quanto à forma, 21.1.
– Distinções quanto ao conteúdo, 21.2

– Histórico, 21.3
– Roma e Grécia, 21.4
– Teoria de Thomasius, 21.4, a
– Teoria do Mínimo Ético, 21.4, b
– Teoria dos Círculos Secantes, 21.4, c
– Distinguir sem separar, 21.5
– Critérios distintivos de Miguel Reale, 21.6
– Liceidade jurídica e exigência moral, 22
Direitos humanos:
– conquista da cultura, 125
– fundamento: a pessoa humana, 126
– gerações de direitos humanos, 127.3
– principais declarações, 127.4
Direito natural:
– jusnaturalismo, 187.1
– positivismo, 187.2
– pós-positivismo, 187.3
– na Antiguidade, 188
– como expressão da razão divina, 189
– como expressão da razão humana, 190
– historicismo, 191
– direito natural transcendente, 192
– direito natural transcendental, 193
– direito natural como conjunto de princípios fundamentais, 194
Direito objetivo/positivo, 79
Direito objetivo/subjetivo, 80.1
Direito positivo/natural, 80.2
Direito público e privado, 87
Direitos subjetivos privados, 122
Direitos subjetivos públicos, 123
Direitos subjetivos públicos na Constituição Brasileira, 124
Distrito Federal, 86.2
Dogmática jurídica, 171.1
Dogmatismo legal, 138.1, a
Doutrina jurídica:
– força convincente, 42.1
– Importância, 42.2

E

Economia, 38.2, a.3
Eficácia:
– conceito, 75.1
– importância, 75.2
– espontânea, compulsória e nula, 75.3
– eficácia e direito costumeiro, 75.5

677

Emenda constitucional, 60.2
Ementa e súmula, 69.5
Endonorma, 46.4
Entes despersonalizados, 75.5
Epistemologia, 102.4
Equidade:
– como o direito do caso concreto, 162
– como a justiça do caso concreto, 163
– aplicação da equidade, 164
Erudição, 5.2
Escolas:
– do direito livre, 142
– da exegese, 139.3
– histórica do direito, 140.1
– histórico-evolutiva, 140.2
– livre pesquisa do direito, 141.2
– racionalista, 190
Estimativa (e valor), 178
Estrutura da norma jurídica de conduta, 45
Estruturas sociais (e modelos jurídicos), 78
Estrutura tridimensional do direito:
– visão técnico-formal, 29.1
– corrente sociológica, 29.2
– corrente culturalista, 29.3
– tridimensionalidade genérica, 29.4, a
– tridimensionalidade específica, 29.4, b
– tridimensionalidade concreta e dinâmica, 30.4
– três dimensões essenciais: fato, valor e norma, 30.1
– dialética de complementaridade, 30
Ética da situação, 12.1
Ética, moral e direito, 12.4
Exigibilidade, 18.2, 3º
Explicação (e compreensão), 6.3
Extraterritorialidade, 166.1
Extravagante (norma), 56.3

F

Faculdade jurídica, 111
Fato no direito:
– o direito nasce do fato e ao fato se destina, 92
– passagem do fato para a lei, 93
– fato-tipo e fato jurídico, 94

Fato jurídico:
– conceito, 95.1
– classificação, 95.2
– fato natural e voluntário, 95.3
– lícito e ilícito, 95.3
– questão de fato e questão de direito, 97
Filosofia do direito, 170.6
Fim (e valor), 6.1
Finalidade da lei, 146
Fins do direito, 186.4
Fonte legal, 60.1
Fontes do direito, 40 e s.
– meios de formação e manifestação, 40.1
– meios de manifestação, 40.2
– ponto de transição, 40.3
– pressupostos: inovar e poder, 41
– caráter prospectivo, 40.5
– elenco das fontes, 41.3
Formação do direito:
– teoria jurídica tradicional, 37.1
– teoria crítica do direito, 37.2
– pós-positivismo, 37.3
– o dado e o construído, 38.1
– fatores sociais e valores, 38.2
Formalismo jurídico, 48.1
Foro externo e foro íntimo (Thomasius), 21.4, a
Fundação, 107.3
Fundamento:
– da validade do ordenamento jurídico, 84
– ético da norma jurídica, 76
-- e vigência, 81.2
Função ativa do intérprete, 147.2, d

G

Gênero próximo, 36.1
Geografia e direito, 38.2, e
Glosadores, 138.1

H

Hermenêutica jurídica, 133
Heterointegração, 149.1
Heteronomia do direito, 16
Hierarquia das leis, 62.2
Hipótese e consequência, 46.1
História do direito, 170.4
Historicismo, 191
Historicismo axiológico, 9.10

Homem: ser cultural, 5.4
Homem: ser social e político, 1.1

I

Identidade de razão, 152
Igualdade e igualitarismo, 182.3
Imperatividade (da norma ética), 12.2, a
Imperativo-atributivo, 18.3
Imperativo-autorizante, 18.3
Imperativo categórico e hipotético, 46
Imputabilidade e responsabilidade, 47
In claris cessat interpretatio, 136.2
Incapacidade absoluta e relativa, 103.4
Inclinação natural, 194.2
Inconstitucionalidade (declaração), 74.5
Indução, 172.2
Instituto e instituição, 85.2
Instrumentos de controle social, 2.4
Integração do direito, 149
Intenção (no direito), 21.6 e 21.7b
Interação social, 2.3
Interesse (teoria do), 116
Interesse legítimo (situação subjetiva), 112
Interpretação do direito:
 – momento cognitivo, 134.2
 – momento construtivo, 134.3
 – escolas, 138 a 142
 – espécies, 137
 – momentos, 143 a 146
 – natureza lógico-valorativa, 147
 – necessidade, 136
Intérprete (trabalho criador), 147.2, d
Intersubjetividade, 18.2
Intuição, 172.1
Invariantes axiológicas, 191.3, b
Irretroatividade da lei, 165.2

J

Jusnaturalismo, 187.1
Judicialização (e ativismo judicial), 68.2
Juiz
 – ação criadora, 67.4
 – autonomia, 71.1
Juízo categórico, 46.1
 – de realidade, 6.4
 – de valor, 6.4
 – hipotético, 46

Jura novit curia, 64
Jurisdição:
 – conceito, 67.1
 – força vinculante, 67.2
 – capacidade de inovar, 67.3
 – importância da atividade jurisdicional, 68
Jurisprudência:
 – conceito, 69.1
 – força não vinculante, 69.2
 – súmula vinculante, 69.3
 – sumula e ementa, 69.5
 – importância da jurisprudência, 69.6
Justiça:
 – conceito, 181
 – alteridade, 181.1
 – o devido, 181.2
 – a igualdade, 181.3
 – comutativa, 182.1
 – distributiva, 182.2
 – social, 182.3
 – geral ou legal, 182.4
 – importância, 183
Justiça ou segurança?:
 – tese da separação, 184.1
 – tese da vinculação, 184.2
 – situação de equilíbrio, 184.3
 – prevalência da justiça, 185.1
 – prevalência da segurança, 185.2
 – posição equilibrada, 185.3
 – visão crítica, 185.4
 – direito incerto e direito injusto, 185.5

L

Lacunas do direito:
 – lacunas da lei e lacunas do ordenamento, 149.3, a
 – norma geral exclusiva e inclusiva, 149.3, b-c
 – lacunas normativa, ontológica e axiológica, 149.3, d
 – lacunas voluntárias e involuntárias, 149.3
 – postulados da completude e da coerência, 149.4
 – meios de integração, 149.6
Legal e legítimo, 76.2
Legitimação, 103.4
Legitimidade de procedimento na feitura da lei, 74.4

Lei:
- compreensão do termo "lei", 58.1-2
- como realidade histórica, 140.2
- como realidade morfológica e sintática, 139.1
- origem etimológica, 59.1
- fonte, 60.1
- importância, 59.2
- primazia, 62.1
- hierarquia, 62.2

Lei complementar, 60.3
Lei compreensiva, 11.1
Lei cultural, 11
Lei da Boa Razão, 63.3
Lei delegada, 60.5
Lei descritiva, 10.2
Lei em desuso, 75.4
Lei (norma) ética, 12
Lei física, 10
Lei interpretativa, 137.1
Lei injusta, 185
Lei ordinária, 60.4
Leis nacionais, federais, estaduais, municipais e distritais, 50.3
Lei puramente compreensiva, 11.2, a
Lei compreensivo-normativa, 11.2, b
Lesão e negócio leonino, 72.3, d
Liceidade jurídica e exigência moral, 22
Linguagem prescritiva, 44.1
Livre pesquisa do direito, 141
Lógica valorativa (do razoável e da razão vital), 147

M

Maioria (qualificada, absoluta e simples), 74.4, b (nota)
Manifestação do direito, 39
Medida provisória, 60.6
Metafísica, 9.8
Metodologia do direito:
- conceito e espécies, 171
- intuição, indução, dedução e analogia, 172
- pluralismo metodológico, 173

Mínimo ético (teoria do), 21.4, b
Modelos jurídicos *stricto sensu*, 78.4
Modelos dogmáticos, 78.3
Modulação de efeitos, 74.5, c
Momento histórico-evolutivo, 145
Momento literal-gramatical, 143
Momento lógico-sistemático, 144
Momento teleológico, 146

Monismo de Kelsen, 118.2
Moral e direito, 21.1 a 21.9
Moral e ética, 12.4
Moral e religião, 23
Moral individual e social, 12.4, c
Moral kantiana, 21.4, a (nota)
Morte civil e presumida, 103.5
Multiculturalismo e os direitos de grupo, 102.2
Mundo ético, 7

N

Natimorto, 103.3
Natureza (e cultura), 5.1
- relações entre natureza e cultura, 5.5

Natureza humana, 194.1
Natureza lógico-valorativa da interpretação, 147.2
Negócio jurídico:
- conceito, 72.1 e 96
- elementos essenciais, 72.2
- vícios, 72.3
- classificação, 72.4
- interpretação, 72.5
- nulos, anuláveis, inexistentes, 73

Negócio leonino e lesão, 72.3, d
Negócio potestativo, 113.2
Nepotismo, 112
Nomogênese legal, 43
Norma agendi, 111
Norma de decisão, Lição XI (nota)
Norma de reconhecimento (Hart), 83.1
Norma geral exclusiva, 149.3, b
Norma fundamental, 77.3 e 83.1
Norma geral inclusiva, 149.3, c
Norma jurídica:
- gênese, 43
- conceito, 44
- estrutura, 46
- estrutura tridimensional, 48

Norma transcendental (Kelsen), 83.1
Normas:
- autoaplicável, 54.1
- codificada, consolidada e extravagante, 56.1-3
- costumeiras, 57.2
- de conduta, 49.2
- culturais, 11
- de direito externo, 50.1
- de direito interno, 50.2
- de eficácia plena, contida e

limitada, 54.4
- de ordem pública, 51.1
- de organização, 49.1
- de trato social, 12.3, c
- dependente de complementação, 54.2
- dependente de regulamentação, 54.3
- dispositivas ou supletivas, 51.2
- éticas (e técnicas), 14
- genéricas, particulares, individualizadas e excepcionais, 53.1-4
- hierarquia das normas legais, 62.2
- jurisdicionais, 57.3
- legais, 57.1
- morais, 12.3, b
- negociais, 57.4
- nacionais e federais, 50.3, a-b
- estaduais, municipais e distritais, 50.3, c
- mais que perfeitas, perfeitas, imperfeitas, menos que perfeitas, 52.1-4
- preceptivas, proibitivas e permissivas, 51.3
- primárias e secundárias, 46
- primazia da norma legal, 62.1
- programáticas, 52.4, b
- religiosas, 12.3, a
- substantiva e adjetiva, 55.1-2
- técnicas (e éticas), 14
Normas éticas:
- conceito, 14.1.
- características, 12.2
- espécies, 12.3
Normas éticas religiosas, 12.3, a
Normas éticas morais, 12.3, b
Normas éticas de trato social, 12.3, c
Normas éticas jurídicas, 12.3, d
Normas-princípio e normas-regra:
- evolução histórica, 45.1
- correntes doutrinárias, 45.2
- normas finalísticas e descritivas, 45.3
Normatividade, 7.1, b
Normativismo concreto, 48

O

Objeto (teoria do)
- conceito, 9.1
- ontognoseologia, 8

Objeto da ciência (material e formal), 168.3
Objeto da relação jurídica, 100.3
Objetos naturais, 9.4
Objetos ideais, 9.5
Objetos valiosos, 9.3
Objetos culturais, 9.4
Objetos metafísicos, 9.8
Obrigação civil e natural, 52.4, c
Obrigações e direitos, 128
Occasio legis, 136.2, c
Origo legis, 136.2, c
ONG, 106.3, a (nota)
Ontognoseologia, 8
Ontologia, 8
Ônus, 114
Ordenação social (e direito), 4.2
Ordenação social (forma jurídica), 20
Ordenações jurídicas não estatais, 28
Ordenamento jurídico:
- brasileiro, 86
- concepção lógico-normativa, 83.1
- concepção histórico-cultural, 83.2
- elementos constitutivos, 85.1-4
- noção, 82.1
- postulados, 82.2
- pluralidade, 86
- validade, 84.1-2

P

Pandectas, 139.1 (nota)
Paradigma (no processo analógico), 151.1
Paralelo entre direito, religião, moral e normas de trato social, 19
Participação ativa do juiz, 67.4
Participação social, 102.3
Perinorma, 46.2
Personalidade jurídica, 103.2
Pessoa jurídica individual:
- conceito, 104.1
- início, 103.3
- fim, 103.5
Pessoa jurídica coletiva:
- conceito e características, 104.1-2
- classificação, 107.1-3
- desconsideração da pessoa jurídica, 104.2
- importância, 108
- natureza (teorias), 105.1-2
Pirâmide normativa, 83.1
Planos compreensivo e normativo, 7.1

Plenitude ou completude da ordem jurídica, 149.4
Pluralidade da ordem jurídica, 85.4
Poder-dever, 113
Poder no direito, 43.2
Poder negocial, 71.2
Política do direito, 170.5
Pombalismo (Lei da Boa Razão do Marquês de Pombal), 63.3
Ponderação, 52.3, b; 142
Positividade, 81.1
Positividade e soberania, 81.4
Positivismo jurídico, 187.2
Pós-positivismo, 187.3
Postulado, 52.3
Precedentes judiciais, 66.4
Pré-compreensão (no processo interpretativo), 147.2, b
Prescrição, 101
Princípio da legalidade, 132.2
Princípio da igualdade jurídica, 152
Princípio da autonomia da vontade, 71.1
Princípio da causalidade, 10.1
Princípio da realizabilidade do direito, 119.1
Princípios gerais de direito:
– conceito, 157.1-2
– com força de lei, 157.3
– e brocardos jurídicos, 161
– funções, 165
– natureza e fundamento, 160
Processo do ato interpretativo, Lição XXXII
Processo legislativo, 60
Proibição de excesso, 52.3, b
Promulgação, 74.4
Proporcionalidade, 52.3, b
Publicação, 74.4, e

Q

Questão de fato e de direito, 98.1-2
Quorum, 81.4, b

R

Razoabilidade, 52.3, b
Realizabilidade do direito, 119.1
Realizabilidade do valor, 179.6
Régua de Lesbos, 163.1
Regulamentos, 61.1
Relação jurídica:
– conceito e requisitos, 99.1-2
– e relação social, 98
– de fato, 99.2
– espécies, 100
– objeto, 100.3
– origem, 98.2
– proteção jurídica, 101
– sujeitos (da), 100.1
– vínculo de atributividade, 100.2
Religião e moral, 23.1-5
Repristinação da lei, 165.1
Reserva legal (princípio da), 155.1
Resoluções, 60.8
Responsabilidade e imputabilidade, 47
Retroatividade da lei, 165.2
Revogação da lei, 165.1
Revolução Industrial, 139.3

S

Sanção:
– conceito, 24
– sanção e coação, 25
– espécies, 26
Sanções jurídicas, 26.4
– organizadas de forma predeterminada, 26.4, a
– sanções penais e premiais, 26.4, b
– multiplicidade, 26.4, c
– aplicação da sanção, 27.1-4
– sanção estatal e não estatal, 28
Sanções morais, 26.3
Sanções religiosas, 26.1
Sanções sociais, 26.2
Segurança e certeza do Direito, 146.2, f
Ser (e dever ser), 6.4, c
Ser social e político (o homem), 1.1
Silogismo da sociabilidade, 4.1
– e aplicação do direito, 148.2
Sistema (e o ordenamento), 85.3 e 86
Situações subjetivas:
– conceito, 109.1
– espécies, 109.2
Soberania (e positividade), 81.4
Sociabilidade humana, 1
Sociabilidade (silogismo), 4.1
Sociedade, 2.1
Sociedade e direito, 3.1-2
Sociedade (características), 2.2
Sociedades (empresária e simples), 107.3
Sociologia jurídica, 170.3
Status juridicus, 122.2

Subordinação ao fato (da lei física), 10.3
Subsunção (aplicação do direito), 148.1-2
Sujeitos da relação jurídica, 100.1
Sujeitos do direito, 104.1
Summum jus, summa injuria, 163.2
Súmula e ementa, 69.5
Súmula vinculante, 69.3
Suposto jurídico, 94

T

Teleologia, 6.1 (nota)
Teoria:
– da pessoa jurídica coletiva, 105 e 106
– da vontade (sobre o direito subjetivo), 115 a 119
– de Thomasius, 21.4, a
– do interesse, 116
– do mínimo ético, 21.4, b
– dos círculos concêntricos, 21.4, b
– dos círculos secantes, 21.4, c
– eclética (Jellinek), 117
– tridimensional do direito, 29.4 e 30.1-2
Teoria Geral do Direito, 107.2
Tempo numérico e tempo axiológico, 5.1
Terceiro setor, 107.3 (nota)
Territorialidade, 166.1-2
Título, 100.2
Tradição anglo-americana, 66.4
Tradição romanística, 66.4
Transcendente e transcendental (direito natural), 192 e 193
Tribunal dos mortos, 42, 1
Tridimensionalidade da ordenação jurídica, 30.1
Tridimensionalidade do direito:
– específica, 29.4, b
– genérica ou abstrata, 29.4, a
– concreta e dinâmica (Reale), 30

U

Uniformização das decisões judiciais, 70

Universalidade da sanção estatal, 29.1
Usos sociais, 64.2
Utilitarismo de Bentham, 22.2, V (nota)

V

Vacatio legis, 74.4, f
Validade da norma jurídica:
– ética ou fundamento, 76.1-3
– formal ou vigência, 74.1-5
– social ou eficácia, 75.1-5
Validade do ordenamento jurídico, 84.1-2
Validade e norma fundamental, 77.3
Validade e Estrutura Tridimensional, 77.2
Valor:
– noção, 174
– realidade objetiva, 176
– captação pelo homem, 177
– estimativa, 178
– bipolaridade, 179.1
– implicação, 179.2
– referibilidade, 179.3
– preferibilidade, 170.4
– absoluteza, 179.5
– realizabilidade, 170.6
Valores e a justiça, 181
Verificação analítica e sintética, 171
Veto, 74.4, c
Vigência, 74.1
Vigência e eficácia, 81.3
Vínculo de atributividade, 100.2
Vingança privada e social, 27.1-2
Violação (da norma ética), 12.2, b
Visão retrospectiva e prospectiva da norma, 147.2, a
Vontade do legislador, 138.1, b
Vontade presumida do legislador, 138.2, c
Vontade (Teoria da), 115

Z

Zetética (e dogmática jurídica), 170.7